抱 朴

本书系国家社会科学基金
重大项目"域外苏轼文献汇编、整理与研究"(23&ZD297)
阶段性成果

Word, Image,
and Deed
in the Life of
Su Shi
by Ronald Egan

〔美〕艾朗诺 著
赵惠俊 译

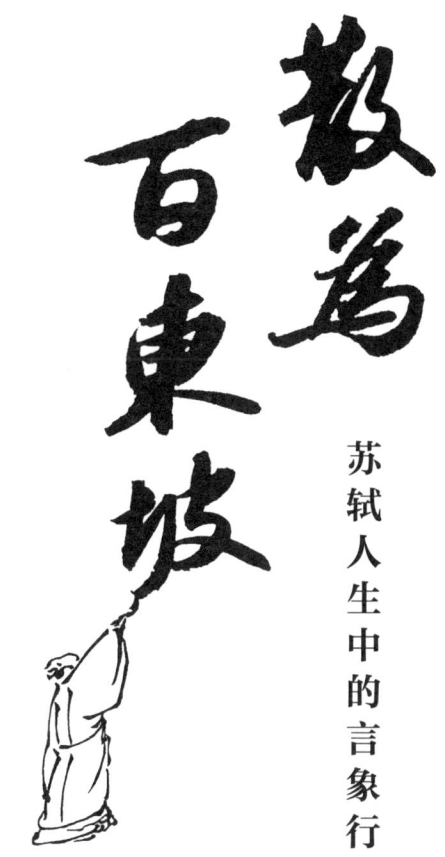

散为
百东坡

苏轼人生中的言象行

上海古籍出版社

Word, Image, and Deed in the Life of Su Shi, by Ronald Egan, was first published by the Council on East Asian Studies, Harvard University, and the Harvard-Yenching Institute in 1994. Copyright © 1994 by the President and Fellows of Harvard College. Translated and distributed by permission of the Harvard University Asia Center.

艾朗诺(Ronald Egan)的《散为百东坡：苏轼人生中的言象行》1994年由哈佛大学东亚研究理事会和哈佛燕京学社首次出版。该书版权归哈佛大学所有，翻译与发行须经哈佛大学亚洲中心许可。

图1 〔金〕武元直《赤壁图》（局部）
（纸本，台北故宫博物院藏）

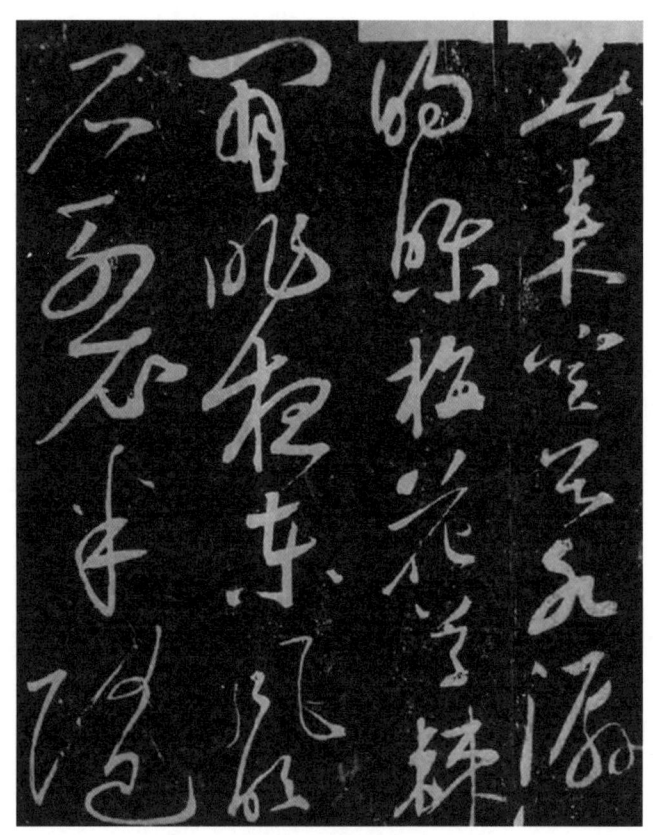

图 2.1　苏轼《梅花诗帖》(局部)
(见《西楼苏帖》,《中国书法全集》第 33 卷)

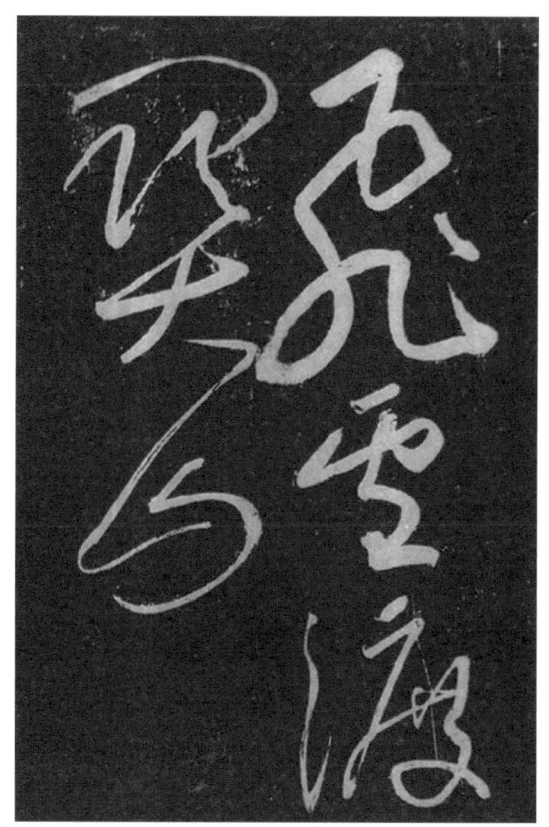

图 2.2　苏轼《梅花诗帖》(局部)
(见《西楼苏帖》,《中国书法全集》第 33 卷)

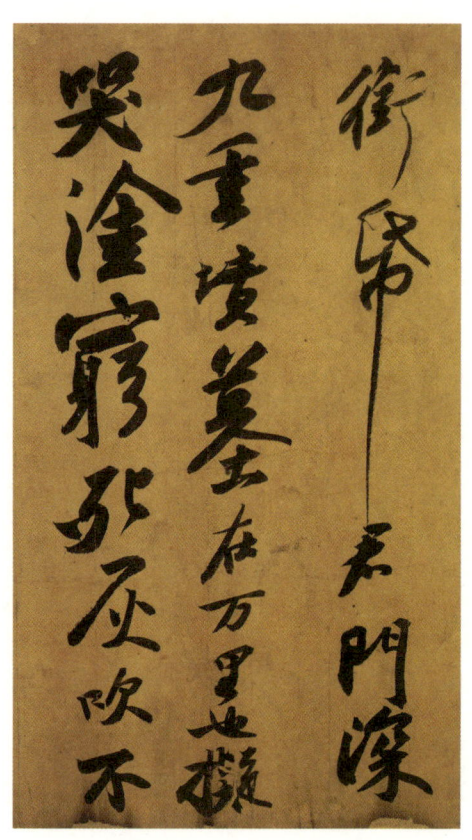

图3 苏轼《寒食帖》(局部)
(纸本长卷,台北故宫博物院藏)

图 4 文同《墨竹图》
（绢本立轴，台北故宫博物院藏）

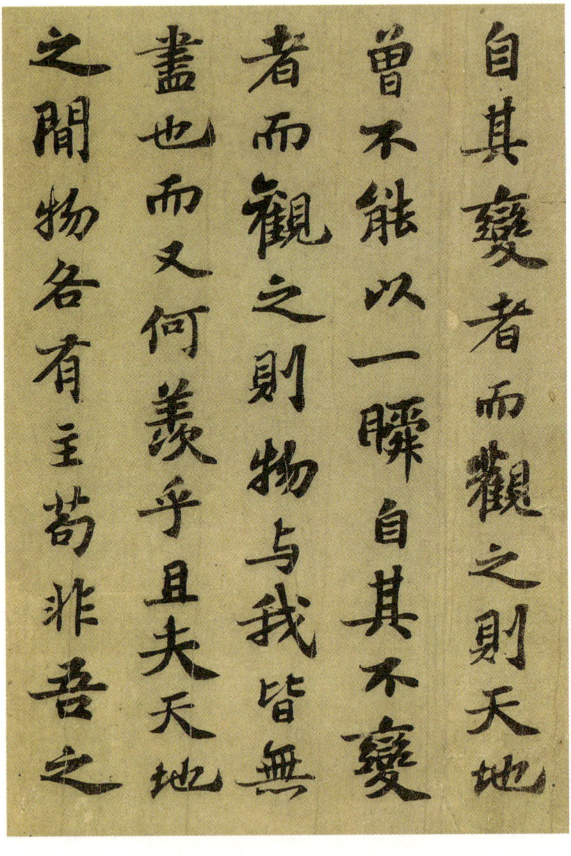

图 5　苏轼《赤壁赋》（局部）
（绢本长卷，台北故宫博物院藏）

鸣　　谢

首先，我得感谢译者赵惠俊教授并向他致敬。这本书的中文版若能对苏轼研究有任何补益，多有赖于他无私的奉献精神。

理想的译者除对两种语言都通晓，文辞流畅外，对原著的内容须有深入的了解。遗憾的是，无论在中国还是在北美的学术圈里，翻译工作往往被低估，连原始资料的翻译都没受到应有的尊重，像本书这种二手学术著作的翻译更不用说了。赵惠俊仍是研究生的时候，曾和夏丽丽合译了我的《才女之累：李清照及其接受史》；他现在已经是复旦大学副教授，有多种出色的著作，愿意牺牲自己研究的光阴，慎重地扛起这吃力不讨好的任务，确实难能可贵。翻译参考书目和整理索引是很费事的工作，所幸赵惠俊的学生、现在斯坦福大学读硕士的周晗琪承担了下来。

这是上海古籍出版社推出的我的第三本译著，对我来说是莫大的荣幸。本书原先由哈佛于1994年刊印，是写给英美学人看的，但副总编刘赛老师坚信对今天的中文读者仍有参考价值，非常感激他多年的关照。此项目的责任编辑是彭华老师。感谢她自始至终不断和我沟通，支持我。

这三十年来我相继选译《管锥编》、泛论宋代审美观、梳理李清照的著作、浏览《夷坚志》、探究明清绘画上古诗词的来源和功用，绕了一大圈又回到苏轼研究。我最近准备出一部共有四册的中英对照苏轼选集，重读这位天才作家的各种文类，几乎每一次都发现以前没有注意到的亮点，以及他人格中令人特别钦佩的层面。

在我半个多世纪的学术生涯中,唯一没有变动的是我"较好的另一半"(my better half)陈毓贤。她兴趣广泛,最热衷于学术史和跨文化交流。我阅读中每遇到惊喜,总是急不可待地和她分享,尤其是关于(用赵惠俊在书末"译后记"中引王水照的话)"说不全、说不完、说不透的"苏东坡。

艾朗诺

2024 年 5 月 14 日

目　录

鸣谢 ·· 001

引言 ·· 001

第一章　雏凤之声：贤良进卷中的策论 ············· 008
　　论礼、性以及为政 ·· 015
　　论历史人物 ·· 024
　　《留侯论》 ·· 031

第二章　国政主张：反对新法 ····························· 038
　　变法初期发表于京城的异议 ································ 046
　　作于地方的讽喻诗 ·· 053
　　乌台诗案 ·· 061

第三章　苏轼的知识论与自我论 ························· 071
　　对于新学以及其他哲学思潮的批判 ···················· 073
　　《东坡易传》与《东坡书传》 ································ 087
　　"道"与"性" ··· 094
　　阴阳调和 ·· 097
　　"无我" ·· 104

第四章　再登朝堂：元祐时代的党争 ················· 110
　　与司马光之间的分歧 ·· 111

与程颐之间的论争 ································· 120
　　"以白为黑，以西为东" ······························ 126

第五章　知州与谪臣：地方政务上的表现 ············· 139
　　在杭州的饥荒赈济 ································· 139
　　知州任上的其他政务表现 ··························· 158
　　以个人身份主动参与的地方事务 ····················· 165

第六章　千手千眼：佛教对苏轼的影响 ··············· 172
　　作为核心佛法要义的慈悲 ··························· 173
　　禅·净土·菩萨 ··································· 181
　　无心与应物 ······································· 190
　　"不执" ·· 198
　　未曾消逝过的疑虑 ································· 203

第七章　胸中水镜：苏轼的诗 ······················· 211
　　游戏文字 ··· 211
　　诗人眼中的世界 ··································· 221
　　情的难题 ··· 241

第八章　贬谪时期的文学 ··························· 251
　　苏轼的谪居境况 ··································· 252
　　哲学思考及其局限 ································· 269
　　东坡·陶渊明·坚定的满足感 ······················· 277
　　超越尘世 ··· 286
　　怨愤与反抗之诗 ··································· 301

第九章　书法与绘画 ·············· 310
　　拓展改进古文家的书学主张 ·············· 317
　　自出新意 ·············· 324
　　落笔的瞬间 ·············· 330
　　两种绘画技法 ·············· 336
　　所绘之物的人格品性寄寓 ·············· 341
　　理·寓·识 ·············· 348
　　画与诗 ·············· 352
　　动机之问 ·············· 355

第十章　一洗绮罗香泽之态：东坡词里的自我抒情 ·············· 368
　　革新词体的原因 ·············· 376
　　小令：漫步于尘世 ·············· 393
　　慢词：幽寂昏暗的场景与闪现其间的思辨 ·············· 402

结语 ·············· 417
　　对于苏轼的早期评价 ·············· 417
　　内心充满矛盾的艺文追求 ·············· 432
　　"文"的意蕴所指 ·············· 439
　　多维视角的认知功效 ·············· 445

引用书目 ·············· 456
标题索引 ·············· 479
专名索引 ·············· 484

译后记 ·············· 赵惠俊　514

引　言

苏轼泛舟于颍水之上，从船舷边望见自己倒映在河中的面庞。突然间一阵浪涛打过，他看到自己的倒影随波延展，散作无数的碎片，似乎幻化出上百个苏轼。然而水面很快就复归平静，所有的倒影瞬间重新聚合为一，依旧如先前那般静静地抬头凝望着他。[1] 每一位读者似乎都会在阅读苏轼作品的过程中，感受过与此类似的令人目眩神迷的变化。由于苏轼在众多相互独立的知识领域里，都展现出过人的天赋并取得了非凡的成就（只要谈及苏轼，这个事实便会被提起），从而他总是会被明确冠以一连串的身份头衔，哪怕是最为简单的罗列就能够囊括政治家、佛学家、美食家、炼丹家、经学家、重要的旧党成员、水利工程专家、哲学家等等，当然还有那三个最为重要的身份头衔：诗人、书法家以及艺术鉴赏家。这些纷繁复杂的苏轼面相很容易令人产生这样的疑问，它们互相之间有着怎样的联系？其间是否存在着某种平衡？除了一个人物身上汇聚了多重的身份之外，读者还需要去应对一个超越于其上的问题，即苏轼对于不同领域里的许多重要议题都曾发表过大量的论述，分别留下了篇帙浩繁的文字，但如果我们结合这些议题的论说传统与写作惯例来考察的话，则会发现无论在哪个领域，苏轼的相关文字都会与该领域的表达习惯产生严重的分歧，甚至还会出现不少明确的反对传统的言论。这个现象在苏轼的时代着实相当罕见。

本书的目标并不是想要将苏轼人生中的这些形形色色的不同面相予以整齐划一的分别呈现，或是对其作一种整体系统性的勾连。任何对于苏轼生平及其作品的论述都必须适应大量互不相关的、同时又偏离、溢出

---

[1]　见下文引录的《泛颍》一诗。

主要讨论对象之外的内容,毕竟这是苏轼无限而特别之魅力的重要组成部分。与此同时,这位卓越非凡的人物也需要获得一次全面综合的生平考察。尽管苏轼的人生面相是复杂丰富的,任何一本论著都无法做到对苏轼所有的人生面相逐一做出全然公正的评价,但是只要我们对于北宋历史与苏轼生平有着浓厚的兴趣,那么就足以为这位最负盛名的生命个体做出一次全面的评述。

按照本书所采取的研究方案,苏轼的文学艺术成就将会对本书的论述起到至关重要的作用,但这并不意味着本书将要否认苏轼的其他人生面相也有着同样重要的意义(恰恰相反,本书相当坚持这一点)。相应地,本书也不会质疑抛却苏轼非文学一面的纯文学研究方法是否真的有效。纯文学的研究方法已经为苏轼研究带来了诸多重要的推进,有力地增强了我们鉴赏评析苏轼诗歌的能力,深化了对于苏轼诗歌的文学史地位及意义的认识,而且还将持续不断地带来更多的认知推进与观念更新。只是由于本书采用的研究方法是全面综合地考察苏轼在各个领域所取得的成就,故而他的艺术造诣被置放在了一个全新的考察视角之中。这种考察视角能令我们非常容易地注意到苏轼并不只是在诗歌一体上取得过杰出的成就,甚至还能使我们进一步地察觉到,他的贡献与影响也绝不仅仅局限在文学艺术这一个领域上。其实我们只需凭借这个事实,就可以迅速地将苏轼与绝大多数宋代以前的著名诗人区分开来。是以本书所采取的研究方法本就值得在文学史研究中获得一席之地,更何况除了这个考察视角之外,该研究方法还能为苏轼研究挖掘出更多且更加隐秘的新视角与新观念。

众所周知,论者一旦将自我局限在文学或文体的分析当中,便很难解释清楚与作者写作动机相关的问题(比如这位诗人为何会开创出如此特别的风格体式? 或者这位诗人何以会选择这种特定的方式来表达自我)。这样的解释困境在苏轼身上表现得尤为明显,因为苏轼不仅是一名诗人,还是一位在党争不已的北宋朝堂政治当中地位极高又颇具争议的政治人物。他卷入的新旧党争,是北宋中后期的重要政治事件。其间不仅包括了政治领域的争论，还涉及了学术思想方面的对立，也与苏轼作为艺术家的一面有着颇为明显又相当紧密的关联。实际上，在许多作家身上都能或多或少地发现这种诗人身份与时代政治之间的关联性，但是并没有哪一位作家的相关表现会像苏轼这样，如此强烈又如此特别。

论者已经注意到，正如我们很难在谈论杜甫的时候不联系安史之乱对其造成的巨大影响一样，我们也无法在论述苏轼的时候完全不牵涉王安石变法以及苏轼对于变法的强烈反对。但在苏轼深度参与了当日诸多重大社会政治事件的历史事实面前，仅仅做这样的苏杜类比，实在是过于轻描淡写了，完全无法据此看出这些社会政治事件对于苏轼艺术创作的重要意义。对于杜甫来说，安史之乱是突然降临在其生命当中的一次重大政治剧变，他更多地只是这场动乱的见证者，而非相关军事冲突、政治斗争的制造者或参与者。苏轼的情况则与杜甫相反，他在北宋中后期的政治舞台上扮演着相当重要的角色，不仅亲身参与了新旧党争，而且党争的深刻影响更贯穿于他此后的整个政治生涯。实际上，北宋中后期文化史与政治史的各个方面都笼罩在新旧党争的阴云之下，故而在此纷争不已的朝堂政治当中发展成熟起来的苏轼诗歌，也在苏轼的政治生涯里扮演着关键性角色。苏轼因其诗歌中的政治讽刺内容，遭受了一次关押与审讯。数年之后，他又成为一个重要旧党派系——蜀党的领袖。蜀党之所以能够与旧党中的其他派系相区分，一个很重要的原因就是蜀党成员对于诗歌以及与诗歌相关的艺文活动有着共同的特别嗜好。作为蜀党的领袖，苏轼还在后来的绍圣党禁中被贬至偏远蛮荒的岭南之地（甚至最终被贬到了海南岛上），直到其生命的最后一年方才获赦北归。但就在这段谪居岭南的生涯期间，苏轼仍然持续不断地用诗歌记录与表达自我情志。如此来看，我们完全有充足的理由去为苏轼的诗歌引入一种新的阅读方式，即将其置于新旧党争这个重要的非文学事件的视野之下，毕竟苏轼本就是定义并促成该政治纷争的关键人物。也正是出于这个原因，本书将关于苏轼文学及艺术作品的讨论安排在了较后的章节里。不过本书依然认为，文学与艺术是苏轼最为巅峰的人生面相，确实具备着超越于人物生平、历史背景之上的价值与意义。故而本书还是一如过往研究的惯例,将苏轼的文学与艺术成就作为这本苏轼研究论著的绝对重心。只不过本书试图在一个更大的历史与思想语境中分析苏轼的各体艺术作品,毕竟这些艺术作品本就被创作于北宋中后期复杂多变的诸多历史事件之中,深深地被这些历史事件以各种不同的方式所左右,同时又理所当然地对这些历史事件产生反作用,影响着它们的走势,推动着它们的进程。

这种以全面综合的视角考察一位具有多维面相的历史人物的研究方法,本就会更好地提醒我们注意到,在我们观念中的苏轼(主要承继的是明清两朝的观念)与苏轼的自我形象认知之间,存在着明显而巨大的差异。在我们的观念里,苏轼最为首要的身份毫无疑问是诗人,但他自己却似乎在心中对这一点充满着矛盾与犹豫。通常情况下,苏轼会明确宣称其在文学与艺术领域之外的成就才是被他自己最为看重的内容(他的门生在谈及苏轼的时候,也会反复重申这个观点)。无论我们最终选择以怎样的方式来看待苏轼,这个差异的存在本身就足以令我们衍生出理解苏轼诗歌的另一重路径。而充分关注苏轼在文学领域之外的所作所为,会让我们更为深刻敏锐地领悟这个话题。

在20世纪80年代至90年代初,学术界涌现出了数量惊人的苏轼研究成果,有力地推进了我们对于苏轼生平、政治、思想以及文学作品的认识。中国曾在20世纪80年代召开过多次面向全国学者的苏轼研究学术研讨会,正是在这些会议的基础上,会方相继出版了五部苏轼研究论文集。这五部论文集皆以某个专题研究的专辑形式编成,有的针对苏轼某个文体写作展开详细的讨论,有的则聚焦于苏轼某个人生阶段的研究,共同将苏轼的生平考证以及对于苏轼作品的批评提升到了一个新的认知维度。除了这五本论文集,这一时期还出版过不少其他的苏轼研究专著,包括苏轼传记(比如曾枣庄所撰的《苏轼评传》)、苏轼专题研究(陈英姬、刘乃昌、朱靖华)、苏轼生平资料与批评资料汇编(颜中其、李福顺)、苏轼作品选注(王水照、王思宇、颜中其)以及关于苏轼著作的版本文献研究(刘尚荣)。在20世纪80

年代出版的与苏轼相关的著作中，需要特别拈出的当属孔凡礼点校的《苏轼诗集》与《苏轼文集》。《苏轼诗集》是清人王文诰辑注本的现代点校整理本，既收录了苏轼的全部诗作，还荟萃了数量众多又不可或缺的历代苏诗注文。《苏轼文集》共计六册，是首部完备可靠的收录苏轼所有文章作品的现代标点本，其间还一并附载了孔凡礼撰写的校勘记。

美国学界的苏轼研究成果同样在20世纪70年代至90年代初这二十余年间出现了爆炸式的增长，而在此之前的学术成果则相当乏善可陈，若向上追溯更早的苏轼研究代表性著作，就只有林语堂的《苏东坡传》（1947）这一种了。直到20世纪70年代，随着斯坦利·金斯伯格（Stanley Ginsberg）提交了一部关于苏轼黄州贬谪生涯的博士论文，以及贺巧治（George Hatch）撰写了叙述苏轼生平的长篇论文以及多部苏轼著作提要，英语世界的苏轼研究才终于相较《苏东坡传》的认知获得了进步。进入20世纪80年代之后，致力于苏轼研究的学位论文日益增多，同时也开始出现在学位论文的基础上发展而来的专著。重要成果有包弼德（Peter Bol）的苏轼思想研究，管佩达（Beata Grant）的苏轼与佛教之关系研究，以及郑文君（Alice Cheang）、傅君劢（Michael Fuller）、萨进德（Stuart Sargent）、唐凯琳（Kathleen Tomlonovic）、杨立宇（Vincent Yang）等学者角度各异的对于苏轼诗歌及其艺术性的研究。即使是在笔者本人对于苏轼的理解已经基本成形的情况下，以上这些研究依然能够给予笔者相当有益的启发。

如苏轼这般拥有高度声望的人物，本就应该获得各式各样的研究论述，而且也会持续产生对其予以更加具体化与专门化的研究需求（即便如此，相关的研究对象很可能仍然是相当庞大的）。由于现存的苏轼研究资料非常丰富，其间包括了苏轼本人的自述以及他人撰写的与苏轼相关的材料，故而本书的每一章都能够很容易地做到全面处理与分析本章所论的话题，而且还能在此基础上做出篇幅较大的延伸论述。不过对于专家学者来说，本书所使用的论述材料或许大多都是早已广为人知的文献。

有赖于美国国家人文基金会（the National Endowment for the Humanities）1990—1991年度基金的支持，笔者获得了充足的增删修订时间。卜寿珊(Susan Bush)、周杉(Chou Shan)以及刘子健(James T. C. Liu)曾阅读过本书的部分内容,并提出了许多极富价值的改进建议。萨宾·格罗斯(Sabine Gross)阅读过本书的若干章节手稿,在行文风格与论述内容两个方面提出了相当多的修改建议。孙康宜(Kang-i Sun Chang)、郑文君(Alice Cheang)、韩南(Patrick Hanan)、姜斐德(Freda Murck)、田浩(Hoyt Tillman)、魏世德(Timothy Wixted)以及余国藩(Anthony Yu)等学者,也都为本书提供过非常有用的建议和帮助。笔者还要感谢包弼德无私地分享了他所撰写的一本唐宋士大夫研究论著中的若干章节手稿;感谢韩明士(Robert Hymes)提供给笔者他的一篇尚未发表的讨论宋朝赈灾问题的论文复印件;感谢史乐民(Paul Jakov Smith)将他并未发表的对于王安石变法的论析提供给笔者参考;感谢石慢(Peter Sturman)允许笔者参阅他关于米芾的博士论文草稿。本书中的一些观点曾在本书出版之前被笔者以报告的形式公开分享过,狄培理(Wm. Theodore de Bary)、林顺夫和余英时就针对笔者的报告提出过批评。在笔者的同事白先勇(Kenneth Hsien-yung Pai)和彭松达(Peter Pang)的提醒与帮助下,本书参考到了许多最新出版的相关论著。本书的编辑凯瑟琳·基纳姆(Katherine Keenum)为原稿中许多艰涩难懂的段落做了大量的文句疏通工作,同时还修正了其间存在的不少错误与疏漏。最后笔者还要将最为诚挚的感谢献给陈毓贤(Susan Chan Egan),感谢你一直以来给予我的建议与批评。

苏轼生平年表

帝 王 年 号	公元纪年	苏轼生平大事
仁宗: 　景祐三年 　至和元年 　嘉祐二年 　嘉祐二年—四年 　嘉祐六年	1037 1054 1057 1057—1059 1061	生于眉山。 与王弗成婚。 进士及第。 返回眉山守母丧。 高中制科。

续 表

帝 王 年 号	公元纪年	苏轼生平大事
英宗		
嘉祐七年—治平元年	1062—1064	出任凤翔府签判。
治平二年	1065	任满回京,王弗去世。
神宗		
治平三年—熙宁元年	1066—1068	返回眉山守父丧,续娶王闰之。
熙宁二年—三年	1069—1070	丧满回京,反对新法。
熙宁四年—六年	1071—1073	出判杭州。
熙宁七年—九年	1074—1076	任密州知州,纳朝云为妾。
熙宁十年—元丰二年	1077—1079	任徐州知州。
元丰二年	1079	乌台诗案,被指控诋毁皇帝及朝廷。
元丰三年—七年	1080—1084	被贬黄州。
元丰八年	1085	任登州知州。
哲宗		
元祐元年—三年	1086—1088	奉诏回京,升任翰林学士。
元祐四年—五年	1089—1090	出知杭州。
元祐六年	1091	奉诏回京,复任翰林学士。
元祐六年—七年	1091—1092	出知颍州,改知扬州。
元祐八年	1093	奉诏回京,出任礼部尚书,王闰之去世,出知定州。
绍圣元年—四年	1094—1097	被贬惠州,朝云去世。
绍圣四年—元符三年	1097—1100	再贬儋州(海南岛)。
元符三年	1100	获赦北归。
徽宗		
建中靖国元年	1101	卒于常州。

第一章 雏凤之声：贤良进卷中的策论

当苏轼凭借其在两次京城试策中的优异表现而名震天下之时，他还只是一个二十五六岁的年轻人。苏轼在嘉祐二年（1057）举行的礼部省试中排名第二，到了嘉祐六年（1061），他又高中了制科试的第三等。这个等第不仅是北宋开国百余年来所有应制科试者所取得过的最高成绩，而且在苏轼之前，也仅仅只有一位举子考中过这个等第。苏轼的弟弟苏辙同样也顺利通过了这两场考试，只不过在最终成绩上略逊苏轼一筹。他们的父亲苏洵尽管未曾及第，也没有参加这两次考试，但他也确确实实地在这几年间得到了当世名公巨儒的交口称赞。父亲的荣遇与弟弟的成绩似乎将苏轼的成功烘托得更加引人注目，三苏的声名很快便在京城传播了开来。

苏轼与他的弟弟苏辙是在嘉祐元年（1056）跟随父亲一起来到京城开封的。苏洵之所以会在本年带着两个儿子踏上千里赴京的旅程，主要是因为受到了时任益州知州的张方平的劝说与举荐。苏轼的故乡眉山（今属四川），便在张方平的管辖区域之内。[①] 本年之前，苏洵自己曾前去京城应过三次举，但无论是试进士还是举茂才异等，他都名落孙山。当他在庆历六年（1046）又一次应举失败之后，苏洵决定彻底放弃举业，将此

---

① 张方平：《文安先生墓表》，《乐全集》卷三十九，《景印文渊阁四库全书》本，上海：上海古籍出版社，1987年版，第57页下—58页上。叶梦得：《避暑录话》卷下，《全宋笔记》第二七册，郑州：大象出版社，2019年版，第71页。参见曾枣庄：《苏洵评传》，成都：四川人民出版社，1983年版，第58—63页，第210—212页。译者按：由于本书英文原著的出版时间距今已过去三十余年之久，故而英文原著所使用的古籍文献版本在今日看来多有质量不高或早已绝版难觅的问题。因此译者在翻译的过程中将存在此类问题的引用书目均更换为当下新出且较为通行的版本，导致译著正文的页下注释所标注的文献版本信息与英文原版的引用书目所示并不完全一致。下文皆循此例，不再一一说明。至于译著于正文之后所附的引用书目，则完全本之英文原版的引用书目翻译而来，未作任何的版本更换，以存原书文献使用情况的本来面貌。

前所作的应试程文悉数焚毁,回到故乡眉山的家中闭户读书,在与世隔绝的状态中度过了十余年的时光。

就在三苏父子抵达京城后不久,苏洵向欧阳修投献了一封自荐信,随信附呈的还有张方平等官员为苏洵所写的多封举荐信,以及苏洵自己撰写的数篇策论。当时的欧阳修已官至翰林学士,是最具影响力的政坛人物之一。[1] 欧阳修显然被眼前所看到的这些文字深深震撼了,因为他曾非常正式地将苏洵的文章上呈给朝廷,同时还在此后的时间内持续不断地向朝廷建议应该直接录用尚未进士及第的苏洵。[2] 不过欧阳修的提议与举荐全都没有什么下文。

在嘉祐元年的下半年到嘉祐二年初的数月间,苏洵一直游走于京城上流文化圈内。他通过欧阳修结识了不少声名显赫的士大夫,从而频繁出入于他们的宴席之上,其间包括了两位高居相位的士人富弼与文彦博,以及枢密使韩琦。虽然苏洵最终还是没有得赐一官半职,但这场非同寻常的发生在"布衣"与达官贵人之间的亲密交往也很快地就被传为美谈。[3] 与欧阳修不同,苏洵在此时结识到的其他高官显宦并没有为其政治理想的实现提供任何的帮助。我们甚至还能在一条宋人笔记里看到,韩琦和富弼并不认同苏洵在其策论中所提出的军事及边防主张。[4]

作为最坚定的苏洵支持者的欧阳修,恰好担任了嘉祐二年那场省试的主考官,这不得不说是一次微妙的巧合。按照宋朝的科举制度,省试的试卷需要被糊名,也就是说欧阳修及其手下其他考官在阅卷的时候无法知晓哪份试卷是二苏兄弟所作。最终共计三百八十六名举子顺利通过了那年的科考,苏辙即名列其间,而苏轼则取得了更好的成绩:他在省试中

---

[1] 苏洵:《上欧阳内翰第一书》,见苏洵撰,曾枣庄笺注:《嘉祐集笺注》卷十二,上海:上海古籍出版社,1993年版,第329—330页。
[2] 欧阳修:《荐布衣苏洵状》,见欧阳修撰,李逸安点校:《欧阳修全集》卷一百一十二,《奏议集》卷十六,北京:中华书局,2001年版,第1698页;欧阳修:《故霸州文安县主簿苏君墓志铭》,《欧阳修全集》卷三十五,《居士集》卷三十五,第513页。(亦见曾枣庄:《苏洵评传》,第215页、216页。)
[3] 叶梦得:《石林诗话》卷下,见何文焕:《历代诗话》,北京:中华书局,1981年版,第430页。
[4] 叶梦得:《避暑录话》卷上,第29页。

被排名第二。不仅如此,我们还能根据苏辙的记录进一步获知,苏轼的试卷本来被欧阳修排在了第一位,只不过他将这份卷子错误地猜测为是其门生曾巩所作,为了不招致私心偏袒的口舌,欧阳修故意将其降为第二名。①

在苏轼所作的数篇应省试的文章之中,最受论者关注的当属苏轼就"刑赏忠厚之至"一题所撰写的论文(正是这篇论文被欧阳修误以为是曾巩所作)。该题出自《尚书·大禹谟》的伪孔安国传:"刑疑附轻,赏疑从重,忠厚之至。"②苏轼在承继传统经学理解的基础上,结合《尚书》正文里的"罪疑惟轻,功疑惟重。与其杀不辜,宁失不经"等句,通过几个相互独立的语段为这则注文予以了详细的阐释,并在每个语段中都分别给出了一个新的理解视角。这种多维视角交织的文章结构以及由此生发而出的议论,正是这篇文章最受传统文章批评家关注与赞许之处。③苏轼还在文中提到了这样一个故事,帝尧曾三次否决了刑狱大臣皋陶所建议的死刑判决(一个颇足称道的圣君贤王慎用刑罚的例子)。据说当日的考官集体对此感到了困惑,他们完全想不起来是哪一部经典记载了这么一个事件。等到苏轼按照惯例于省试发榜之后前来拜谢考官的时候,欧阳修便向苏轼问起了这则故事的出处,不料苏轼的回答居然是:"想当然耳。"这番问答后来成为一个尤为著名的文章史公案。

无论欧阳修是否真的将这篇文章故意降档为第二名,仅凭该故事被日后的宋人持续不断地复述这一事实来看,便可以想见苏轼在文中杜撰帝尧故事的大胆鲁莽之举,给每一位读者都留下了无比深刻的印象。④

---

① 苏辙:《亡兄子瞻端明墓志铭》,苏辙撰,曾枣庄、马德富点校:《栾城集》,后集卷二十二,上海:上海古籍出版社,1987年版,第1411页。
② 苏轼的文章题作"(省试)刑赏忠厚之至",苏轼撰,孔凡礼点校:《苏轼文集》卷二,北京:中华书局,1986年版,第33—34页。
③ 参见明代批评家杨慎(升庵)与王世贞(凤洲)的评论。杨慎编选:《百三十二家评注三苏文范》卷五,民国三年(1914)嘉乐斋刊本,第1页上。
④ 杨万里:《诚斋诗话》,见《历代诗话》,第148—149页(丁传靖:《宋人轶事汇编》卷十二,北京:中华书局,1981年版,第591页);陆游撰,李剑雄、刘德权点校:《老学庵笔记》卷八,北京:中华书局,1979年版,第102页;叶梦得撰,侯忠义点校:《石林燕语》卷八,北京:中华书局,1984年版,第115页。

当欧阳修亲眼见证了苏轼的省试表现之后,再加之他很快又阅读到了苏轼写给各位考官的谢启,不禁在写给同僚梅尧臣的一封书简中流露出了这样的心情:"读轼书,不觉汗出,快哉快哉! 老夫当避路,放他出一头地也。可喜可喜。"①

然而令人遗憾的是,在嘉祐二年的殿试结束一个月后,苏洵便收到了妻子在眉山去世的消息。父子三人旋即仓皇离京,返回四川料理丧事。由于苏轼开启了为期三年的守丧,故其声名暂时地陷入了沉寂。直到丧期结束,他的名字才重新被世人提起。这主要是因为苏轼在守丧结束后不久,便取得了他无比成功的应举生涯当中的那个最为辉煌的成绩。

嘉祐五年(1060)春,三苏父子再一次来到了京城。这一次的进京,他们带上了自己所有的家人,包括了苏轼与苏辙的妻子、二人年幼的孩子以及他们的女婢。因此苏洵选择走长江水路进京,不仅为这一大家子人雇了许多艘船,而且还在旅途中频繁地驻足停留,最终花费了四个多月的时间才抵达开封。嘉祐五年秋,苏洵终于被朝廷直接授予了寄禄官阶,当然他所获的不过是一个低品阶的试秘书省校书郎而已(其在北宋中前期的寄禄官品级中属于最低一级的从九品),更高的荣耀其实等待着他两个儿子去获取。二苏兄弟都被推荐参加将在嘉祐六年(1061)举行的制科试,苏轼的推荐者就是欧阳修本人,而苏辙则由时任知谏院的杨畋举荐。

制科试对于朝廷征选有才之士有着非常特别的意义,顺利通过制科试的士子也会因此获得极大的尊荣。制科试的举办时间并不固定,考生必须获得高级官员的举荐方可应试,不过尚未通过进士科考试者也可以被推荐参试(苏洵便在庆历六年参加过一次制科试,但是他没有考中)。然而在另一个方面,制科试又有着相当之高的评价标准,其考试难度远远超过了进士科考试。在北宋 170 余年的历史上,只有三十九位士人考中

---

① 欧阳修:《与梅圣俞》(其三十一),《欧阳修全集》卷一百四十九,《书简》卷六,第 2459 页。

过制科,而在这同样的时间段内,却有一万八千名士子进士及第。①

二苏兄弟参加的这次制科试共有三个考试阶段。首先,每位获得推荐的考生需要在规定的时间内自行撰写五十篇文章,然后将其汇编成一份贤良进卷提交给考官以评定成绩。此阶段对考生的唯一要求便是这五十篇文章必须由策、论两个部分组成。策与论都属于政论文体,但二者讨论的议题却有所区别。策主要被用来发表对于帝国当下所面临的种种现实问题的意见,而那些范围更广的且被历代士人反复论说的治国之道与历史兴衰等话题,则需要通过论的文体形式予以探讨。至于这五十篇文章具体讨论哪些策论话题,则由考生自行决定。制科试的第二阶段要求通过进卷考核的考生在一天的时间内,完成六篇当场论文。这六篇论文的题目,皆由考官从先秦典籍之中摘选而出。顺利进入制科试最后阶段的考生则需要在皇帝的亲自监考下当堂完成一道长篇政论(字数需要超过三千),这篇政论所要回答的问题也都是由皇帝亲自提出。苏轼最终成功通过了这三道关卡,并被评定为第三等。实际上制科试的第一等与第二等皆为虚设,并且终北宋一朝也只有四人被评为第三等。苏辙同样也顺利地考中了制科,他与另一位考生王介一起被评为第四等。事实上,也只有二苏兄弟与王介这三位考生考中了那一年的制科试。

在苏轼作于这次制科试的所有文章中,尤属贤良进卷所收的五十篇策论最能引发我们的关注与讨论。在苏轼完全自由的选择下,这五十篇策论最终触及了历史、社会民生以及哲学思想等多个领域的论题,全面展示出了苏轼广博的知识以及杰出的议论文字写作技巧,这些都是在制科试的另两个阶段里所作之文章无法呈现出的内容。在制科试结束之后,

---

① 关于制科试的研究,可参看王德毅的专论《宋代贤良方正科考》,见柯睿格(E. A. Kracke):《宋代前期的官僚制度》(*Civil service in early Sung China, 960—1067*),剑桥:哈佛大学出版社,1953年版,第71—72页、第95—97页。关于北宋进士的数量,参见贾志扬(J. W. Chaffee):《棘闱:宋代科举与社会》(*The Thorny Gates of Sung Learning: A Social History of Examinations*),剑桥:剑桥大学出版社,1985年版,表21,第133页以及附录2,第192—195页。

这一组五十篇的贤良进卷很快就被好事者转相抄录,从而在社会上获得了极为广泛的流传,使得苏轼的声名更加地远扬。

苏轼贤良进卷中的二十五篇策,被其按照各篇所关涉的主题类聚编次:六篇讨论官员问题的《课百官》,六篇讨论如何治理百姓的《安万民》,两篇讨论贸易与财政问题的《厚货财》,三篇讨论军队训练问题的《训兵旅》。在这四组策别之文的前面,是五篇议论国家总体施政方针的《策略》,最后则以三篇关注边疆形势及相应军事策略的《策断》结束贤良进卷的策部分。至于二十五篇论,绝大多数议论的是上起商初、下至唐朝的著名历史人物,包括帝王(比如汉高祖、曹操)、重臣(比如周公、诸葛亮)以及思想家(比如孟子、韩非、韩愈)等。各篇论按照所论人物的生平年代先后编次,其间只有五篇不以历史人物为论题,分别是三篇《中庸论》与两篇《大臣论》。①

多年之后,被贬黄州的苏轼甚是蔑视自己早年间所作的这些应试文章,甚至予以了近乎完全的否定。他在写给友人的信中如此说道:"妄论利害,搀说得失,此正制科人习气。譬之候虫时鸟,自鸣自已,何足为损益。"②毋庸置疑,在这些文章之中,确实存在许多故作姿态与夸夸其谈。毕竟这场制科试的全名叫做"贤良方正能直言极谏科",当日在位的仁宗皇帝就是期待能够从文章当中考察出苏轼是否具备甚至极富这方面的能力。这场制科试的旨趣其实相当适合这位才华横溢的年轻士人,也有足够的证据表明,他对这次机遇也感到异常的兴奋,从而尽其所能地让自己可以在皇帝及诸位考官的心中留下深刻的印象。

不过这并不意味着我们就必须接受苏轼后来对其应试文章的全盘否定。这些文章所讨论的内容都是北宋切实存在的政治、经济以及社会问题,而苏轼这么一位有抱负的士人,此刻正被赋予确切阐述如何解

---

① 这组文章最早被收录在郎晔编选的《经进东坡文集事略》卷四至卷八之中,本书引用的文字则本之孔凡礼点校的《苏轼文集》。但遗憾的是,孔凡礼按照文体为集中所收苏文重新做了编次,从而打乱了这组文章的原本顺序。

② 《答李端叔书》,《苏轼文集》卷四十九,第1432页。

决这些问题的机会。实际上，苏轼在贤良进卷中将自己安置在了一长串的潜在改革者的序列之中（包括了范仲淹、欧阳修、张方平、司马光、沈括以及李觏），他们呼吁改革的声音在数十年前就已经开始响起，而且一直到苏轼应制科试的时候也不曾减弱。北宋王朝面临着严峻的边防形势：西北有盘踞在河西走廊的党项族建立的西夏，东北则有契丹族建立的大辽（其领土范围甚至到了长城以南）。逐年增长的边防军费以及支付给两国的岁币侵吞了大量的政府财政预算，严重削弱了北宋王朝应对国内突发性事件的能力。北宋王朝还出于各种原因，不断地增加本就远超实际需求的官员数量，而且腐败也在如此繁冗庞大的各级官僚体系中迅速蔓延开来。北宋的地方经济则由富户巨室牢牢把控，正是由于他们对于物价的操持，使得小商户与中小地主大量地破产。苏轼在贤良进卷中对上述的诸多方面问题都有所论述，但最终还是因为此中的严重隐患，酿成了北宋王朝在七十余年之后无力抵御金兵的入侵以及接踵而至的中原沦丧。

　　苏轼充分利用了这五十篇策论所提供的机会，在其间发出了响亮的警示与呐喊，并极力敦促朝廷应当尽快改革。除此之外，他还公开谴责了软熟懒散与懈怠自满的士风，认为这是使得国家不断衰落的重要原因。苏轼甚至在文中如此地警告朝廷：我们或许会认为现在是一个承平昌盛的时代，但这只是我们的一种自我欺骗，如果持续这么自我欺骗下去的话，国家将会陷入毁灭。当然，这样的表达除了反映出苏轼真切地担忧着北宋朝政的诸多弊病，其实也不可避免地掺杂了不少夸张展示自己"熟练掌握"直言极谏能力的应试技巧。总而言之，苏轼的贤良进卷议论的是治国方略与道德人伦两个领域的关键性命题，是他最早的对于这两个命题的观点表述。我们能够在这些观点之中发现，此刻的苏轼已经持有了一些鲜明的立场选择与观念偏向。它们在日后被逐渐发展成熟甚至是有所转型，但依然会反复重现于苏轼后来所写的文章里。于是如若我们要对苏轼的思想与行为做任何的探究，贤良进卷里的这五十篇策论都应该在逻辑上被视作探讨的起点。

论礼、性以及为政

《中庸》是儒家经典《礼记》中最为复杂难解的一章，但却是最受宋代士大夫喜爱的一章。苏轼在其所撰的《中庸论》里特为拈出了《中庸》的这段话并对其加以分析："君子之道费而隐。夫妇之愚，可以与知焉，及其至也，虽圣人亦有所不知焉。"[1]很显然，这段话存在着多种解释的可能，但是苏轼却选择了颇具片面性的解释方式，他仅仅着重强调了这段话的前半部分，并且还完全将其视作最为关键的儒家经典教义。苏轼对此倒是做了详细的阐述，他认为孔子试图教化世人的最高道德轨范，恰恰就根植于最为简单普通的行为之中。换句话说，正如苏轼在这篇文章的其他地方所表达的那样，圣人之道本就出自人情，故而只要能够"循本而观"，任何人都能够心晓圣人之道并乐意履践。但是如果不循其本而"逆观于末"，仅仅聚焦于最为崇高的圣人之道的外在表现，那么就会认为圣人之道源于自我强迫、纪律约束以及勉力为之，由于这些事情皆非人情之所乐者，于是乎圣人对于道的宣传倡导，就反倒成了在强人所难。

苏轼在《中庸论》里所表达的如此特别的对于道的观点，或许可以被视作苏轼贤良进卷的论道总纲。如果道确实与"人情"有着如此密切的联系，那么所有符合道的行为举止必然都是从最为朴素且普泛的人类行为意愿倾向中培育而出，哪怕是那些明确受到礼教以及社会道德准则严密规范的高尚行为，同样也是如此。苏轼针对这一点展开了详细的论辩，认为近世之人对礼产生了严重的误解，陷入了过度勤勉习礼的误区，同时又甚为夸大了礼的重要性，错误地将其视作最为终极的修身目标，以至于

---

[1] 《中庸论中》，《苏轼文集》卷二，第62页。参见郑玄注，孔颖达正义，吕友仁整理：《礼记正义》卷六十，《中庸》，上海：上海古籍出版社，2008年版，第1996页。孟克文(Christian Murck)曾经分析过苏轼关于《中庸》的文章，见孟克文(Christian Murck)：《苏轼的〈中庸〉观》(Su Shih's Reading of the *Chung yung*)，载卜寿珊(Susan Bush)，孟克文(Christian Murck)主编：《中国艺术理论》(*Theories of the Arts in China*)，普林斯顿：普林斯顿大学出版社，1983年版，第267—292页。

认为只有圣人才能够真正按照他们所倡导的严苛标准生活。正是在这样的认识下，近世学者才会越来越沉溺于对先秦儒家典籍的注疏，并且坚定地认为所有被六经阐发的行为规范都必须得到一丝不苟的效法，甚至不能漏过每一个细节。与此相反，苏轼则始终坚持礼之本初面貌并非一成不变，同样也并没有什么相沿成习的一定之规，即其所论之："夫礼之初，缘诸人情，因其所安者，而为之节文，凡人情之所安而有节者，举皆礼也，则是礼未始有定论也。"苏轼的这段话是针对《礼记·坊记》"礼者，因人之情而为之节文"的原文而发，他承认了将礼论述为一种稳定的相沿成习的一定之规，确实是一种有效的权宜之计，这样可以使得世人在培育自我德行的时候获得一些具体的范式依托；但他还是坚定地认为这并非礼的本初面貌，同时也不是对礼的终极理解。不过有一点必须要稍作说明，苏轼将这句话中的关键性词汇"情"理解为"情感"，但《礼记》的本意或许更应是在使用该词的"情况"或"实际情形"义项，只是苏轼的阐释完全忽略了这可能存在的另一重语意所指。①

苏轼所持的"礼之根本在于人情"的观点，与北宋时代对于礼的普遍认识完全相左，他也强烈地觉得相当有必要修正世人目前的普遍认知。在下面这段引文中，苏轼选取了一个似乎是礼教规范下的最为强人所难的行为，并详细论证了哪怕是这种类型的行为也同样能与他的观点相契无间：

> 今吾以为磬折不如立之安也，而将惟安之求，则立不如坐，坐不如箕踞，箕踞不如偃仆，偃仆而不已，则将裸袒而不顾，苟为裸袒而不顾，则吾无乃亦将病之！夫岂独吾病之，天下之匹夫匹妇，莫不病之也，苟为病之，则是其势将必至于磬折而百拜。由此言之，则是磬折而百拜者，生于不欲裸袒之间而已也。夫岂惟磬折百拜，将天下之所

---

① 这段论述本自苏轼《礼以养人为本论》一文的基本观点，这也是一篇应嘉祐六年制科试的文章。《苏轼文集》卷二，第 49 页。至于《礼记》的原文意旨以及前代经学家的传统阐释，则可参见《礼记正义》卷五十九，《坊记》，第 1954 页。

谓强人者,其皆必有所从生也。①

礼必须不能被误解为强人所难或异乎寻常,因为礼是与最普泛的人情相一致的。这种首重"人情"的思维方式与论说义旨,其实普遍存在于苏轼的贤良进卷之中,是这组文章最为突出的共性特点。他的论述往往会从观察特定的感官知觉(比如饥饿、寒冷、情欲)开始,先指出它们对于人类生活来说,无疑是不可或缺的;随后便会提到那七种总是被一并提起的经典情感类型(喜、怒、哀、惧、爱、恶、欲),并断言这七种情感同样也是人生不可避免的经历。在此之后,苏轼便会下出更为坚定明确的断语:这些人间情感就是真实明确的儒家道德泉源,如果没有了"人情",那么诸如仁这样的至高美德亦将不复存在。

> 人生而莫不有饥寒之患,牝牡之欲,今告乎人曰:饥而食,渴而饮,男女之欲,不出于人之性也,可乎?是天下知其不可也。圣人无是,无由以为圣;而小人无是,无由以为恶。圣人以其喜怒哀惧爱恶欲七者御之,而之乎善;小人以是七者御之,而之乎恶。②

> 仁义之道,起于夫妇、父子、兄弟相爱之间;而礼法刑政之原,出于君臣上下相忌之际。相爱则有所不忍,相忌则有所不敢。夫不敢与不忍之心合,而后圣人之道得存乎其中。③

在苏轼的观点里,人情不仅是伦理道德的本质,也与另一个重要的经学命题——"性"密不可分。苏轼也在贤良进卷中反复论述着这个观点,并对割裂"人情"与"性"的前代经学家提出了批评。苏轼此论,其实可以被勾连至对于"性"之本质属性的论争,这是中国哲学史上一个长期争论不休的话题,即性的本质究竟是善的,还是恶的,抑或是两者兼具的。九世纪的哲学家李翱曾经宣称人性本善,但是独立于性之外的"人情"却会将"性"遮蔽,并且压倒它的本善之力。于是修身法圣的工作主要就是持

---

① 《中庸论中》,《苏轼文集》卷二,第62页。
② 《扬雄论》,《苏轼文集》卷四,第111页。
③ 《韩非论》,《苏轼文集》卷四,第102页。

续不断地抑制并克服自我之"情"的负面作用,从而把自我本性之善重新激发彰明出来。① 正如我们在下文的论述中会看到的那样,北宋前期的杰出经学家基本上承继了李翱"人性本善而人情为恶"的观点,并对此不断予以新的申说阐释。与之相反,苏轼则力求驳倒这个观点,他想要不断地唤起学者注意这样一个事实——人情也能够带来善行。

对于李翱所构建的这个理论体系(人性本善,人情为恶)来说,首先需要承认的是"情"并非"性"的固有内在之物。正因为如此,苏轼尤为反对这个判断,哪怕此论的辩护支持者是韩愈(李翱的老师之一),苏轼也同样会在贤良进卷里的多篇文章中对其予以质疑、抨击。② 与之相似,苏轼还会对所有尝试定义"性"之本性的论述都提出批评。他坚称"性"既非善亦非恶,更不是善恶兼具,最多只有这么一个简单的标签印记:孔子曾经充满智慧地拒绝了具体描述"性"之特征的请求。因此后世学者应该与孔子的选择保持一致,而不必有其他更多的想法。

> 儒者之患,患在于论性,以为喜怒哀乐皆出于情,而非性之所有。夫有喜有怒,而后有仁义;有哀有乐,而后有礼乐。以为仁义礼乐皆出于情而非性,则是相率而叛圣人之教也。老子曰:"能婴儿乎?"喜怒哀乐,苟不出乎性而出乎情,则是相率而为老子之"婴儿"也。③

> 昔之为性论者多矣,而不能定于一。始孟子以为善,而荀子以为恶,扬子以为善恶混。而韩愈者又取夫三子之说,而折之以孔子之论,离性以为三品,曰:"中人可以上下,而上智与下愚不移。"……嗟夫,是未知乎所谓性者,而以夫才者言之。夫性与才相近而不同,其别不啻若白黑之异也。圣人之所与小人共之,而皆不能逃焉,是真所

---

① 李翱:《复性书》,《李文公集》卷二,《四部丛刊》本,第 1 页上—9 页下。
② 苏轼很可能是通过韩愈的著名文章《原性》了解到韩愈对于性的观点,详见韩愈著,马其昶校注,马茂元整理:《韩昌黎文集校注》第一卷,上海:上海古籍出版社,2021 年版,第 27—32 页。参见蔡涵墨(Charles Hartman)围绕韩愈的其他文章所做出的对于韩愈之性观点的讨论,蔡涵墨:《韩愈与唐代的道统探寻》(*Han Yu and the T'ang Search for Unity*),普林斯顿:普林斯顿大学出版社,1986 年版,第 204—210 页。
③ 《韩愈论》,《苏轼文集》卷四,第 114—115 页。

谓性也。而其才固将有所不同。今夫木,得土而后生,雨露风气之所养,畅然而遂茂者,是木之所同也,性也。而至于坚者为毂,柔者为轮,大者为楹,小者为桷。桷之不可以为楹,轮之不可以为毂,是岂其性之罪耶?天下之言性者,皆杂乎才而言之,是以纷纷而不能一也。孔子所谓中人可以上下,而上智与下愚不移者,是论其才也。而至于言性,则未尝断其善恶,曰"性相近也,习相远也"而已。……而韩愈欲以一人之才,定天下之性,且其言曰"今之言性者,皆杂乎佛老"。① 愈之说,以为性之无与乎情,而喜怒哀乐皆非性者,是愈流入于佛老而不自知也。②

上文所论的这些苏轼在经学方面的观点,深刻影响到了他对于中国官僚体系应当如何运转这个问题的见解。苏轼始终坚持以人情为先的理念,完全相信普通人本就具备高尚德行,甚至有成圣的能力,并坚定地认为礼法对于人的种种行为规范,其实都不是强人所难。这些观念无不渗透在他对于如何治国理政的理解之中。苏轼认为朝廷应当对广大下层民众的想法与需求予以充分的重视,并为中央政府能够有效回应并满足低级官员以及毫无特权的底层百姓的观点与需求,提供制度的保障与便利。尽管苏轼从来没有质疑过皇权体系的正统性,也没有怀疑过繁复琐细的礼法等级制度在社会与政治生活中是否真的有必要,而且从上文所述的内容之中还能看到,他甚至也不会认为下级官员依礼对其上司卑躬屈膝是一件毫无意义的事情。但是他能够提出如此的为政观念,便足以使其成为超越时代的存在。

举例来说,面对着朝廷切实存在的均衡不同地区户口数量的需求,苏轼就给出了一个以"因人之情"与"因时之势"的原则为基础的解决方案。北宋的许多地区都面临着人口超负荷的问题,这些地区的人口总量已经几近当时生产条件下的人口负荷上限,尤其以黄河与长江沿岸地区的情

---

① 韩愈:《原性》,《韩昌黎文集校注》第一卷,第32页。
② 《扬雄论》,《苏轼文集》卷四,第110—111页。

况最为严峻。但是在北宋的疆域里仍然大量存在人口稀少的宜居之地，有些甚至还处于京畿范围之内，完全可以吸纳超负荷地区的多余人口。但关键的问题在于，应该如何推动并实现如此的人口迁徙呢？苏轼对此指出，朝廷应该设计两套不同的分别面向士大夫与普通民众的迁徙方案。对于士大夫来说，尽管该群体有着相对较高的迁徙接受度，但是他们也只有在觉得未来不会面临离群索居的前提下，才会产生迁居的意愿。因此，如果朝廷让官至某阶以上的士大夫集体迁居到目前人口稀少的宜居地区，那么很快就会扭转人们对于该地区文化面貌的判断，从而使得越来越多的士大夫主动迁居至此。这便是"因人之情"原则的运用。但是世俗民众却与士大夫不同，他们有着更加强烈的安土重迁观念，相当不愿意被强行迁至他处。因此政府需要采取另外的对策，比如可以等到不幸遭遇连年饥荒之时再发布迁徙的命令，届时民众对于离开家乡将不会有太多的抵触情绪，政府也就能够轻松地完成将他们迁徙至人口稀少地区的规划。这种方案运用的就是"因时之势"原则。①

如果想让政策的制定者能够做到知晓其下属以及民众的需求与喜好，那么紧密的联络与顺畅的沟通便是必不可少的条件。苏轼所提出的尖锐批评有一些就是针对那些严重阻碍上下沟通的势力群体而发的。正是因为他们的从中作梗，才导致了大量官员冷漠因循、不晓民情，甚至对百姓毫无同情怜悯之心。苏轼的首要抨击对象是胥吏群体。由于该群体主要承担着辅助各级行政的职能，故而其群体规模相当庞大，经常会在官员与民众之间横加干预，截断二者之间的必要联系。苏轼还敏锐地观察到，胥吏之所以总会如此行事，一方面是因为该群体本就热衷于此道（比如这样做可以成倍增加他们敲诈钱财的机会），另一方面则恰恰缘于许多官员相当乐于将自己的行政职责交付给这些手下去处理。②胥吏之外，持有错误为政观点的学者也是苏轼的重点抨击对象。正是在他们的误导

---

① 《策别安万民三》，《苏轼文集》卷八，第 259—260 页。
② 《策别课百官三》，《苏轼文集》卷八，第 246 页。

下，许多高级官员才会相信，他们应该逐渐养成一种严厉而冷酷的为官方式。这些学者认为，官员只有做到对下位者保持距离感以及喜怒不形于色，才能有效增强其权威性。许多官员因此形成了这样的认识，他们应当在下属面前丝毫不流露个人情绪，也不在他们面前谈论自己的内心想法，如此便能够将自我神秘化，从而对下属形成足够的震慑。①

相较于官员对于下属及百姓施以威吓与疏远不察，全面顺畅的上情下达与下情上通才是苏轼理想中的为政状态。为此苏轼在下面这段文字里做出了一个非常精细的类比：

> 今夫一人之身，有一心两手而已。疾痛苛痒，动于百体之中，虽其甚微不足以为患，而手随至。夫手之至，岂其一一而听之心哉，心之所以素爱其身者深，而手之所以素听于心者熟，是故不待使令而卒然以自至。圣人之治天下，亦如此而已。百官之众，四海之广，使其关节脉理，相通为一。叩之而必闻，触之而必应。夫是以天下可使为一身。天子之贵，士民之贱，可使相爱。忧患可使同，缓急可使救。②

当苏轼讨论起应该予以人的情感意愿更为广泛的重视与认可等话题之时，他会提出更为惊人的观点，比如一篇谈及善恶之意蕴所指的文章即是如此。按照苏轼的观点，在太古之初的时候，并没有什么善与恶的分别，不过每一个人只要发现某种事物能够让自己感到快乐，便会对其产生不断索求的心理。圣人正是看到了这种心理的愚昧之处，才会提出这么一个定义善恶的原则：能够让天下众人都感到安乐的事物可以被称为善，而只能令某人独自享受快乐的事物则被称为恶。苏轼在这里很显然将议论推向了更为宏大的论题之中，再一次提出了对于性善性恶争论之本身的反对。同时他还触及了对于善恶观念之起源问题的讨论，认为二者在最开始的时候完全不是为了论述"性"之本质而构建出的概念。在此之外，苏轼对于最原初的善恶意蕴所指的解释也颇为罕见和特别。他

---

① 《策略四》，《苏轼文集》卷八，第236页。
② 《策别课百官三》，《苏轼文集》卷八，第246页。

并没有根据最基本的儒家道德伦理(仁、德、忠等等)为善做出定义,也没有将此话题勾连至"上古之道",而仅仅是通过"天下之所同安"与"一人之所独乐"的相对,就给出了善与恶的定义。①

翻开苏轼的贤良进卷,读者其实最先会产生这样的阅读感受,其间似乎充满了改革政府行政管理程序与执行流程的建议。苏轼的相关讨论涉及了如下几个方面:不应由"中书"承担应对反复发生的边境军事危机之责,改革官员选任制度,放松对于某一官员长期任职于同一政府部门的限制,改革税收与土地制度,以及逐步提升国家财政收入与减少财政支出。不过综观这些制度改革的呼吁,其实不难发现它们反映了苏轼深深反感现行的以程序严密规范为首要原则的行政制度模式,也就是苏轼极度不信任缺乏灵活变通的行政体制。这其实与上文讨论的应该充分照应民众所需的为政理念相一致。苏轼通过引入法治与人治这组早已存在于中国历史当中的矛盾统一命题,指出了当下政府存在过度看重法治而忽视人的主观能动性对于政治之影响的问题。(汉语词汇"法"是一个含义广泛的术语,其可能的意蕴除了"法律",还包括了"方法""规章程序"等。至于该词汇在文中的具体语义所指,则主要由上下文语境决定。)在苏轼看来,北宋的现行法令虽有不少确实亟待修正的瑕疵,但这并非是过去几十年里最大的政治症结所在。相反地,天下之所以"大不治"的原因恰恰在于过分地将罪责归咎于法制的不完善,而严重忽略了人的主观能动作用与行事意愿对于朝政所能起到的深刻影响,尤其是未能充分重视应将权力交由正确之人执掌的用人任人原则。②

苏轼对此观点还予以了进一步的阐释。他认为在上古时期,并没有任何的法规制度的设置,人们只是简单纯粹地依循自我的意愿倾向行事。这样的政治组织方式有时会带来伟大成就,但同时也很可能会令社会陷入动乱而崩溃。为了避免动乱的发生,相应的法规制度被建立了起来。

---

① 该段内容见于《扬雄论》,《苏轼文集》卷四,第111页。金诤《论苏轼与理学之争》一文也有类似的分析,载《学术月刊》1985年第2期,第64页。
② 《策略三》,《苏轼文集》卷八,第232页。

然而后世却错误地认为应该全面地信任与依赖法治,并且日益加深对于人情意愿的警惕与防范。如此一来,后人便距离本应达成的法治与人治相平衡统一的状态愈发遥远了。

> 夫人胜法,则法为虚器。法胜人,则人为备位。人与法并行而不相胜,则天下安。今自一命以上至于宰相,皆以奉法循令为称其职,拱手而任法,曰,吾岂得自由哉。法既大行,故人为备位。其成也,其败也,其治也,其乱也,天下皆曰非我也,法也。法之弊岂不亦甚矣哉。……今天下所以任法者,何也?任法生于自疑。自疑生于多私。惟天下之无私,则能于法律之外,有以效其智。何则?其自信明也。①

实际上,苏轼的许多政治改革主张是想要舒缓法令条规带给人的强大束缚力的,他希望能够以此让各级官员变得更加地灵活通达、公正明智以及充满仁爱。比如在一篇讨论官员考核的文章中,苏轼就建议应该废除举主的连坐之责,使其日后不会因为自己所荐官员的作奸犯科而牵连获罪。② 在宋代的官僚制度中,获得举荐是官员得以升迁的重要方式,其常见程度并不亚于任期考评优异或者有德行功绩的认定。然而举荐本身还依法带有对于被举荐者的长期行为担保,如果一位官员在其获得举荐的数年甚至十余年之后犯下了罪行,那么当初举荐他的官员亦将对此负责并受到责罚。苏轼将举主所要承担的这番责任描述为一种完全无理的要求(因为这要求举主提前好久就对此人未来的行为做出担保),是官员监察制度里的一个错误僵化之处。

在讨论如何有效征召选拔布衣入仕的文章之中,苏轼也提出了与上述内容相似的看法,着重批判了仅仅机械遵循制度条例以选士授官的方式。他指出,对于通过科举考试的年轻人来说,无论他通过的是哪一个科目,都不应该被直接授予一个与考试成绩直接挂钩的特定职位。相反地,

---

① 《应制举上两制书》,《苏轼文集》卷四十八,第1391页。
② 《策别课百官五》,《苏轼文集》卷八,第250页。

吏部应该将通过科举的士子与经由其他正规渠道释褐的士子全部集中在一起，对他们再做一次评估并重新排定名次等第，然后再充分结合评估成绩、官职高低以及缺额所需为他们授予相应的官职。这一次的评估主要考察的是士子的才性优劣，因此不能再以统一笔试的方式进行，而应换以由一两个大臣面试的形式。苏轼认为这种方式的优势在于能够有效地避免机械遵循"一定之制"，从而保证最终起到决定作用的是对于人的考评，而非对于法规条例的依循。苏轼也承认他的方案会令人感到不满，人们会指责他的这个方案很容易开启私心偏袒的不正之风。但是他坚定地认为所谓的法不过是存其大纲而已，其在具体执行的过程中依旧将"付之于人"，故而原来的选士之法本就存在着与他的方案相同的隐患。① 在另一篇文章里，苏轼讨论了官员的晋升提拔问题。他发现不少士人因某些特定的原因而被直接剥夺了升迁的机会，于是便以此为标靶，对于全面而机械地遵循法令规制之举再次发起了挑战。苏轼指出，真正有才华的人也会仅以低级小官的身份开启他的仕宦生涯，甚至在那些曾经身陷罪戾的官员之中，同样也不乏有才之士。那么凭什么这些人将永远不能得到官位晋升的机会呢？毕竟世间的贤德之人，本就没有什么常态可言，他们"或出于贾竖贱人，甚者至于盗贼，往往而是。而儒生贵族，世之所望为君子者，或至于放肆不轨，小民之不若"。②

论历史人物

苏轼在撰写讨论历史人物（哲学家、政治家以及军事家）的文章之时，相当乐于针对文中所论人物的生平、思想等问题给出自己新的理解与阐释。比如《乐毅论》就是一个颇为值得关注的例子。苏轼在该文中提出，应该以一种具有相对性的视角看待如何施行王道的问题。这似乎与

---

① 《策别课百官二》，《苏轼文集》卷八，第 243—245 页。
② 《策别课百官六》，《苏轼文集》卷八，第 252—253 页。本段最后所征引的文字位于第 252 页。

上文论述的他对于死板教条地遵守法规条例的厌恶有着一致的思维逻辑。乐毅是战国时期的一位燕国将军,曾经率领以燕国为首的五国联军大举伐齐。他势如破竹地占领了绝大多数的齐国城市,然而却始终未能攻破齐国仅剩的两座城市即墨与莒,一直持续围攻了五年之久。最终,乐毅与新继位的燕王之间产生了严重的嫌隙,他不得不只身逃往赵国以避祸,齐军也随即在即墨守将田单的指挥下大举反攻,很快就打垮了燕国的军队,收复了此前被乐毅攻占的全部失地。

传统的历史学家基本上会对乐毅予以肯定与赞赏,而将战争失利的罪责归咎于不信任乐毅的燕王。苏轼对此的看法则恰恰相反,他认为乐毅之所以没有完全占领齐国,主要是因为他希望在战争的最后能以怀柔感化的方式完成彻底征服齐国的任务,从而并未对即墨与莒发起全力的进攻。苏轼明确指出,在当时的情形下,儒家的伦理道德其实是没有用武之地的,乐毅此举完全是错误地将"仁义"王道派作了小用。正如苏轼观察到的那样,当时毕竟是诸侯相吞相侵不已的战国时代,如果乐毅能够指挥他的雄师全力进攻即墨与莒,完全"可灭此而后食,其谁曰不可。呜呼!欲王则王,不王则审所处,无使两失焉而为天下笑也"。[1] 苏轼借此在文中呼吁,儒家的王道应该只能被施行在切合于斯的大用之处。

在苏轼的时代,肯定还有大量的学者也发现了古老的儒家伦理道德存在着局限性,但却很少有人会真的将此观点表达出来。毕竟一篇诸如《乐毅论》这样的文章,其实几乎可以被看作是在质疑儒家思想的一些基本理论内核。或许苏轼在撰写此文的时候,脑海中联想到的是令自己的王朝烦恼不已的西北边患。如果真的是这样,那么苏轼应该是希望以此敦促朝廷尽快地清醒认识到,现在所面对的问题是边境的军事局势紧张,故而不要让相关决策受到儒家伦理道德价值观的影响而扭曲变形,毕竟儒家的伦理道德是完全不适用于解决边患问题的。不管怎样,诸如根据具体情境灵活决定是否应该施行王道之类的观点,的确是苏轼最容易遭

---

[1] 《乐毅论》,《苏轼文集》卷四,第100页。

人非议之处,而他的政治生涯也确实自始至终都伴随着这样的抨击。此类观点很容易令人联想到战国的纵横之术,比如王安石就曾明确地将苏轼的应试文章斥作"全类战国文章"。①

在评价政治家与军事家的时候,苏轼会对那些成功摒除自私自利与个人政治野心的历史人物投以最高的赞誉。商初贤相伊尹与西汉权相霍光,便分别是这两类人物的代表。② 伊尹与霍光都曾废掉过不能胜任其职的君王,并皆自行摄政以弥补权力的真空,但是二人最终都主动将权力分别交还给殷商王室与西汉皇族。不过最令苏轼感兴趣的并非二人的政治成就,而是促成二人实现如此政治成就的心态。苏轼着重强调了二人都在其政治生涯伊始便相当淡漠自我的个体私欲,并因此提出"气"超越于才与节之上,是一个人能够取得伟大成就的首要素质。正是出于这个观念,苏轼才会认为汉高祖的重要谋士张良尽管对于西汉王朝的建立有着至关重要的作用,但他的所作所为仍然不能企及那两位曾行摄政之事的重臣。③ 苏轼将张良的整个人生诠释为其内在品性"有所忍"的映射,即张良为了达成他所期待的崇高目标,能够忍受各种对其的人格侮辱与暂时的挫折。苏轼将更低的评价予以了想要出任公卿之位的西汉士人贾谊。④ 贾谊是一位才华横溢的年轻人,但他却并不懂得如何运用他的才华。他完全不愿耐心地等待他的帝国会在日后渐渐形成对他的赏识,而希望此刻就以少年之姿获得高位。于是当他发现皇帝逐渐疏远他的时候,便将自我封闭起来,并自比为历史上那位悲惨的逐臣屈原。相较于张良,贾谊毫无"有所忍"之心,从而他的性格便因其想要迅速获得认可的过分私心而有所缺陷。

尽管苏轼在上述这些文章中谈论到了耐心、坚忍以及毫无私心私利的高贵品德,但我们并不能由此认为苏轼理想中的官员形象是胆怯犹豫

---

① 邵博撰,李剑雄、刘德权点校:《邵氏闻见后录》卷十四,北京:中华书局,1983年版,第111页。
② 《伊尹论》《霍光论》,《苏轼文集》卷三,第84—85页;卷四,第108—109页。
③ 《留侯论》,《苏轼文集》卷四,第103—104页。
④ 《贾谊论》,《苏轼文集》卷四,第105—106页。

且毫无进取之心的。恰恰相反,苏轼呼吁应将执政之位委任给那些敢于大胆推行变法的士人,尤其需要大力征召所谓的"狂人"。"狂人"一词源自《论语》,指的是那些通过佯狂近癫的行为表达应尽快修正朝政之严重缺失的人。① 如此来看,苏轼对于"有所忍"之心的追求与认可是有所限定的,这仅仅是个人自我修身层面应该努力追求的优秀品德,而在国家政治、政策改革的层面上来说,则完全不应有任何的拖延等待。苏轼的为政主张可以说是相当激进,他还曾将国家政治拟喻为人的身体,通过运动锻炼相当有益于身体的这个事实,类比论证"动"(也就是激进的变法运动)也能对国家政治起到相似的正面作用。② 不过苏轼也意识到,当下的朝堂之中大量充斥着对变法充满敌意的官员,他们往往是现行政治政策的最大既得利益者。因此苏轼做出了这样的预测,由于变法将会不可避免地打乱这些官员原本舒适便利的生活,故而那些真正想要有所作为的高才之士,势必会受到来自他们的敌对甚至诽谤。③

苏轼还把当日政坛中一类数量众多的中下层官员称呼为"乡原"(即乡愿),这又是一个从儒家经典当中借用而来的术语,指的是貌似有着谨厚的德行但实际上却一心只谋私利的伪善者。孔子和孟子都曾对该群体予以过轻蔑与贬抑,因为他们在表面上装作一副和蔼可亲的模样,以此为自己营造出正直可靠的乡里名声,但是他们内心里的真正目标也就唯有获得世间的赞许而已。

在苏轼看来,世间流行的一种非常怪异与低俗的"中庸"观念,正是乡原群体大量涌现的重要原因之一:

> 古之所谓中庸者,尽万物之理而不过,④故亦曰皇极。夫极,尽

---

① 《策略四》,《苏轼文集》卷八,第236页。
② 《策略一》《策别安万民五》,《苏轼文集》卷八,第227页、第263—264页。
③ 《策略三》,《苏轼文集》卷八,第233—234页。
④ 作者在书中将"礼"统一英译为"Pattern"或"inherent Pattern",这主要参考的是傅君劢(Michael A. Fuller)在《通向东坡之路——苏轼诗歌中的抒情主体演变》一书中的观点。详见傅君劢(Michael A. Fuller):《通向东坡之路——苏轼诗歌中的抒情主体演变》(*The Road to East Slope: The Development of Su Shi's Poetic Voice*),斯坦福:斯坦福大学出版社,1990年版,第82—89页。

也。后之所谓中庸者,循循焉为众人之所能为,斯以为中庸矣,此孔子、孟子之所谓乡原也。一乡皆称原人焉,无所往而不为原人。同乎流俗,合乎污世,曰:古之人何为踽踽凉凉,生斯世也,为斯世也,善斯可矣。谓其近于中庸而非,故曰"德之贼也"。①

这段对于中庸的论述大量充斥着从孟子那里沿用而来的观念与词句,②比如其间的"德之贼"云云便不是苏轼自己的生造。尽管苏轼并没有曲解孟子使用此语的本意,他还是将自己的个人观点编织进了整段论述之中。紧接在这段话后面的内容,就是苏轼对于"狂人"的呼唤,他认为"狂人"可以使这种低劣的"中庸"理解逐渐退却,进而为整个国家带来根本性的改变。实际上,孟子仅仅将"狂人"视为次善者,他还是坚持孔子的观点,认为首善者应该是那些能够完全秉持中庸之道的人。然而这类完全秉持中庸之道的人,却被苏轼摒弃在了他对于中庸的讨论之外。

与之类似,苏轼在另一篇文章里对于一个至关重要的术语"时中"也予以了新的所指意蕴选择。这个取自《中庸》的术语如果按照苏轼的观点被理解的话,是具有被选择的自由度与灵活适应性的。《中庸》如是云:"君子之中庸也,君子而时中。"按照传统的经学注疏,"时中"的意思是君子会根据"时势"的需要而将自我行为管理调控至与之相适合的"中"。但是苏轼却将其阐释为君子"有时"遵循中庸,"有时"不遵循中庸。在苏轼的观点里,这种在特定情况下的不履行中道,最终还是会回归至最高层级的中庸之道的。③

苏轼写于贤良进卷之中的"直言",主要针对的是他在当日所察觉到的沾沾自满、慵懒倦怠以及贪污腐败的官场之风。正如他在多年之后所

---

① 《策略四》,《苏轼文集》卷八,第236页。
② 焦循撰,沈文倬点校:《孟子正义》卷二十九,《尽心章句下》,北京:中华书局,1987年版,第1029—1031页。
③ 《中庸论下》,《苏轼文集》卷二,第63页。参见《礼记正义》卷六十,《中庸》,第1996页。

写的那样,"臣昔于仁宗朝举制科,所进策论及所答圣问,大抵皆劝仁宗励精庶政,督察百官,果断而力行也"。① 如果结合下文将要谈论到的苏轼与王安石之间的争执冲突,我们或许会在这个事实的诱使下将苏轼的贤良进卷视作他早年间对于王安石为政主张的反对。毕竟嘉祐六年(1061)的王安石尽管尚未登上权力巅峰,但也已经在京城担任了要职(知制诰),更是士林所公认的正在冉冉升起的未来巨星。嘉祐三年(1058),王安石进呈了那篇著名的上仁宗皇帝的"万言书",他于书中严肃批判了国家朝政因法度不全而存在的诸多弊病。而在苏轼作于三年之后的贤良进卷当中,确实存在着不少与王安石这封万言书有分歧的观点与阐释。但尽管如此,将苏轼贤良进卷的抨击对象明确断定为王安石,则很可能还是无法成立的。因为当日所运行的官僚制度本身就足以给苏轼提供充足的谲谏质询材料,并且王安石的影响力也尚未大到需要特为挑出并专门予以对抗的程度。

不过苏轼贤良进卷之中的那些关于儒学思想话题的论述,也许确实是针对当日由王安石与程颐共同主导推动的学术思潮而发。皇祐三年(1051),程颐进入太学学习,写下了一篇题作"颜子所好何学论"的文章,②引发了京城学界的巨大震动。程颐在该文中重申了李翱人性本善而人情为恶的观点,并坚称每个人都生而齐备五种德性(即仁、义、礼、智、信),但是外在事物会触动其形并进而摇曳其心,最终催生出人之七情。随着七情的产生与增强,人性的力量(以及寓于其间的德性)便会被不断地削弱。在程颐的观点里,"情"与"性"的关系完全是针锋相对的,故而识此道理的觉者总在约束规范着他的"情",即所谓"性其情";而对此茫然不知的愚者则会一味地纵容其情的扩张,也即所谓"情其性"。

正如我们将在下文看到的那样,苏轼对于哲学思想当中的性命之学

---

① 《辩试馆职策问札子》(其二),《苏轼文集》卷二十七,第 790 页。
② 程颐:《颜子所好何学论》,程颢、程颐著,王孝鱼点校:《二程集》,《河南程氏文集》卷八,北京:中华书局,1981 年版,第 577—578 页。

部分有着相当大的成见。但相较于程颐,他在未来的时光里还是更多地将王安石当作最大的性命之学论争对手。令人遗憾的是,由于王安石讨论哲学思想问题的文章大多无法被系年,故而我们不能有效地还原王安石哲学思想的前后发展变化轨迹,尤其难以知晓他早年间的哲学思想样态。不过我们还是能够根据几篇王安石作于日后的文章,大致推断出他在苏轼应制科试这段时期内的哲学思想概貌。比如王安石在一篇作于治平元年(1064)的碑文之中,就明确声称先王之道与先王之德源自性命之理。① 这样的观点非常典型地展现出了所谓"内圣"的思想倾向,而这种思想倾向恰恰又能够生成那些被苏轼强烈批判的与性命、性情相关的思考及观念。

尽管我们不能确认王安石(或者程颐)在嘉祐六年(1061)就已深刻影响到了北宋的哲学思潮,但至少可以明确的是,当时的学术界正在发生着一个与其观点相关的重要学术思想转型,那些最杰出的儒家学者及其弟子已经开始将学术重心转至即将蔚然大兴的性命之学上。换句话说,虽然我们不能断言苏轼在嘉祐六年论述相关议题的时候就已经在明确对抗这两位伟大的日后竞争对手中的某一位,但却可以确切地知道他并没有被卷入由韩愈、扬雄以及其他前代思想家相继辩论了几个世纪的哲学论争之中。苏轼在一篇也作于嘉祐六年的贤良进卷之外的文章里猛烈抨击了当下的学风,他认为现在的学者不再像古代学者那样满足于对某一领域或某一本经书的专精,而是一味地将学术精力与学术追求放在了对于所谓至高真理的探索上,但却始终一无所获。"学者莫不论天人,推性命,终于不可究,而世教因以不明。自许太高,而措意太广。"②实际上,苏轼对于性的观点大体上非常接近于欧阳修。欧阳修也与之类似地抱怨过当下学界为何要如此执着地辩论性善还是性恶,同时他也认为这个问题

---

① 王安石:《虔州学记》,王安石撰,刘成国点校:《王安石文集》卷八十二,北京:中华书局,2021年版,第1427—1429页。关于这篇文章的系年,参见蔡上翔《王荆公年谱考略》卷十一,上海:上海人民出版社,1959年版,第164页。
② 《应制举上两制书》,《苏轼文集》卷四十八,第1392页。

是没有办法彻底得到解决的，纠结于此只会分散学者的注意力，从而使其无暇应对那些更为重要的事情。① 只是欧阳修并没有像这位被他大力推举的年轻人一样，将自己对于当下学风的不满表述进如此成体系的世界观与价值观之中。

《留侯论》

如上所述，苏轼在贤良进卷中提出了许多令人印象深刻的关于历史人物、国政经纶以及道德性命等话题的观点，而其间所收文章之强大充盈的文气以及高超精妙的论辩技巧也同样颇能引发读者的关注兴趣。这些来自文学层面的特质同时也与上文讨论过的诸多观点一样，都在苏轼学术、思想的发展成熟进程中，扮演着极为重要的角色。正是在二者的共同作用下，苏轼的贤良进卷才会拥有如此突出的影响力。比如苏轼在贤良进卷中重述了不少儒家的传统规范准则（例如人治应高于法治），但他的论述却能够让这些古老的甚至有所陈旧的命题听上去非常新颖且极具说服力。正是这种在构思与论述方面的天赋，令年长的考官对苏轼的进卷文章颇感震撼。同时极见上乘的修辞技巧与文学质量，也是这些文章能取得如此成功的关键要素之一。尽管在思想观念的层面，苏轼于接下来的时光中会改变或者进一步详论自己此刻提出的对于许多论题的看法；但是在文学的层面，我们从他的贤良进卷之中就已经能够瞥见极具苏轼个性与天赋特征的文章结构、论辩方式以及修辞效果（正如在省试中杜撰的帝尧故事所呈现出的那样）。这些内容与特征贯穿在苏轼一生所写的文章之中，最终成为苏轼文章的重要个性标志，甚至还延伸到了他的诗歌里。

下面引录的这篇议论汉代谋臣张良的文章，就全面而具体地展现了

---

① 详见欧阳修写给李诩的两封信，《欧阳修全集》卷四十七，《居士集》卷四十七，第668—670页。

上述的诸多优秀文学特质。当然对于英译文本来说，很难做到将这些特质完整地保留下来。在这篇文章里，我们还能再次看到上文论述过的苏轼思想体系里的一些关键要旨，包括了应该对于情势的突变有所敏锐感知、辅政谋臣的关键职责是为统治者指引正确的为政之路与纠正他的过失、将崇高而长远的理想目标放在个人私利（私仇）之前，以及培养有所忍之品性的重要性。此外，这篇文章还能显示出，尽管苏轼公开肯定过人情的重要意义，但这却并不意味着他认可那些仅仅出于冲动、一时兴起或者不假思索等情绪反应的行为。

苏轼的每篇史论文章都有着较高的对于读者知识储备的预设，故而在阅读相关文章之前，读者必须预先对文中所论话题的基本史实与前代的论说传统有所了解。下面就将简单介绍一下与这篇文章相关的背景信息。张良是中国历史上著名的谋士，在他的辅佐下，刘邦（汉高祖）成功地打败了项羽并建立了西汉王朝。根据《史记》（大约成书于公元前90年）中的张良传记《留侯世家》所载，由于张良的祖国韩国被秦所灭，故而急于为国复仇的他很快谋划了一场针对秦始皇的刺杀，只是最终遗憾失败。这场失败的刺杀不仅令年轻的张良差点当场丧命，也让他遭到了全国范围的通缉，使其此刻的人生前景变得相当黯淡。在叙述完这个故事之后，《留侯世家》便提到了一个意在解释张良何以在日后具备高超军事谋略的轶闻传说：

21　　良尝间从容步游下邳圯上，有一老父，衣褐，至良所，直堕其履圯下，顾谓良曰："孺子，下取履！"良鄂然，欲殴之。为其老，强忍，下取履。父曰："履我！"良业为取履，因长跪履之。父以足受，笑而去。良殊大惊，随目之。父去里所，复还，曰："孺子可教矣。后五日平明，与我会此。"良因怪之，跪曰："诺。"五日平明，良往。父已先在，怒曰："与老人期，后，何也？"去，曰："后五日早会。"五日鸡鸣，良往。父又先在，复怒曰："后，何也？"去，曰："后五日复早来。"五日，良夜未半往。有顷，父亦来，喜曰："当如是。"出一编书，曰："读此则为王者师矣。后十年兴。十三年孺子见我济北,谷城山下黄石即我矣。"遂去,无他言,不复见。旦日视其书,乃《太公兵法》也。良因异之,常习诵读之。①

尽管张良获得的这份书卷并不见诸任何的其他文献(书名中的太公极有可能指的就是周文王的重要辅政大臣姜子牙),但我们可以明确地做出这样的推断,这是一本奇妙而神秘的军事宝典。

未过多久,天下便爆发了反抗秦朝暴政的起义,全国各地都出现了由本地强人领导组织的军事集团,张良加入的刘邦集团便是其间的一股势力。随着秦帝国的土崩瓦解,刘邦集团的力量逐渐增强,最终与其旧日的统帅项羽所领导的集团一道,成为全国范围内最强大的两支军事力量,新一轮的战争也就不可避免地爆发于刘项之间。在这场持续数年的著名战争中,张良始终站在刘邦的一方,不断地给刘邦出谋划策并予以支持与鼓励,成功消弭了多次关键性危机,最终辅佐刘邦取得了胜利。刘邦曾经不止一次地陷入绝境,或是因为自己的愚蠢冲动,或是因为采纳了其他谋士的拙劣谋略,但他每一次都能够在张良的帮助下成功地化险为夷。不仅如此,张良还主谋了一场离间计,成功地挑起了项羽对其最重要的谋士范增的猜忌。在汉帝国建立之后,刘邦曾经公开地自我承认,他的成功全部倚赖于张良和另外两位深受其信任的能臣的贡献。下面引录的就是苏轼这篇文章的全文:

留 侯 论

古之所谓豪杰之士者,必有过人之节。人情有所不能忍者,匹夫见辱,拔剑而起,挺身而斗,此不足为勇也。天下有大勇者,卒然临之而不惊,无故加之而不怒。此其所挟持者甚大,而其志甚远也。

夫子房受书于圯上之老人也,其事甚怪;然亦安知其非秦之世,有隐君子者出而试之。观其所以微见其意者,皆圣贤相与警戒之义;而世不察,以为鬼物,亦已过矣。且其意不在书。

---

① 司马迁:《史记》卷五十五,《留侯世家》,北京:中华书局,1982年版,第2034—2035页。

当韩之亡,秦之方盛也,以刀锯鼎镬待天下之士。其平居无罪夷灭者,不可胜数。虽有贲、育,无所复施。① 夫持法太急者,其锋不可犯,而其势未可乘。子房不忍忿忿之心,以匹夫之力而逞于一击之间;当此之时,子房之不死者,其间不能容发,盖亦已危矣。

千金之子不死于盗贼,何者?其身之可爱,而盗贼之不足以死也。子房以盖世之才,不为伊尹、太公之谋,②而特出于荆轲、聂政之计,③以侥幸于不死,此圯上老人所为深惜者也。是故倨傲鲜腆而深折之。彼其能有所忍也,然后可以就大事,故曰:"孺子可教也。"

楚庄王伐郑,郑伯肉袒牵羊以逆;庄王曰:"其君能下人,必能信用其民矣。"遂舍之。④ 勾践之困于会稽,而归臣妾于吴者,三年而不倦。⑤ 且夫有报人之志,而不能下人者,是匹夫之刚也。夫老人者,以为子房才有余,而忧其度量之不足,故深折其少年刚锐之气,使之忍小忿而就大谋。何则?非有生平之素,卒然相遇于草野之间,而命以仆妾之役,油然而不怪者,此固秦皇之所不能惊,而项籍之所不能怒也。

观夫高祖之所以胜,而项籍之所以败者,在能忍与不能忍之间而已矣。项籍唯不能忍,是以百战百胜而轻用其锋;高祖忍之,养其全锋而待其弊,此子房教之也。当淮阴破齐而欲自王,高祖发怒,见于词色。⑥ 由此观之,犹有刚强不忍之气,非子房其谁全之?

---

① 孟贲与夏育,上古时期的两位勇士。见王充:《论衡》卷七,《语增》,北京:中华书局,1990年版,第339页。
② 伊尹与太公分别是殷商与西周的开国宰相。
③ 荆轲企图刺杀秦始皇而未遂,聂政则成功刺杀韩相侠累。
④ 左丘明撰,杜预集解:《左传》第十一,宣公十二年,上海:上海古籍出版社,1997年版,第582页。
⑤ 越国曾一度被吴国所灭,越王勾践沦为吴王奴仆,三年后方得放还。但最终勾践率领越国军队成功复仇,彻底亡了吴国。苏轼此处的论述主要本之《国语》的记载。《国语》卷二十一,《越语下》,上海:上海古籍出版社,1978年版,第643—645页。
⑥ 韩信是刘邦手下最为重要的将领,为刘邦征战四方,立下赫赫功勋,但始终没有得到刘邦的封王之赏。后来韩信主动向刘邦请封自己为齐王,刘邦收到这个消息的时候相当愤怒,但在张良的劝谏下同意了韩信的封王之请,从而获得了韩信的完全效忠,方才得以彻底击败项羽,建立西汉王朝。《史记》卷九十二,《淮阴侯列传》,第2621页。

太史公疑子房以为魁梧奇伟,而其状貌乃如妇人女子,不称其志气。① 呜呼! 此其所以为子房欤!②

苏轼以勇有小大之别的论述作为此文的开篇,其间提到的关键术语"忍"即是此文的全篇要旨。随后苏轼提到了张良遇见圯上老人的故事,认为这个故事尽管听上去确实甚为神秘诡异,但它还是非常有可能是真实的。除此之外,苏轼还从心理分析的角度而非神秘主义的角度为这个故事做出了新的意义阐释,他在文中鲜明地提出了授书并非圯上老人真实意图的观点,而前人则主要就将这个故事理解成张良为何会具备世所罕见之军事天赋的原因(也就是因为张良获得了《太公兵法》这本书)。

在苏轼之前,这个故事中的圯上老人通常被认作是一位神仙,而他在张良面前的显圣与赐物更被视为天命已然降至张良的未来君王刘邦身上的标志。③ 由于张良在日后所取得的开国之功对于汉帝国来说实在太过重要,从而尽管质疑鬼神存在的思潮在汉代非常兴盛,但依旧无法阻止圯上老人是神仙显圣之说的广为流行。这个圯上老人赐书的故事也可以视作张良信仰的重要部分,该信仰在西汉立国后不久即已产生,更在日后获得定型,使其信徒崇拜的"谋圣"张良成为中国神话传说中代代相传的经典神灵。在《留侯世家》中,其实也存在着一些道教及神秘主义元素:据说张良非常善于辟谷,他也修习过道教的呼吸吐纳之法,甚至还行过献祭之事。更加神秘的是,我们还能在《留侯世家》的记载中看到张良于多年之后真的遇见了一块黄色的岩石(正是那位圯上老人的化身),完全应验了圯上老人当初在赠书之后所留下的预言。④

对于张良偶遇圯上老人这个故事来说,苏轼是首位提出应以一种综合考虑的新方式理解其内在意蕴的论者。苏轼认为,相较于神仙鬼怪之

---

① 《史记》卷五十五,《留侯世家》,第 2049 页。
② 《留侯论》,《苏轼文集》卷四,第 103—104 页。
③ 将圯上老人认定为"鬼神"的说法首见于王充的《论衡》。详见《论衡》卷十八,《自然》,第 779 页。
④ 《史记》卷五十五,《留侯世家》,第 2044 页、第 2048 页。

论，将这个故事置于张良的一生及其所取得的巨大功业的宏大背景之下，才是阅读理解该故事的正确有效方式。苏轼接下来的论述更能展现出他重新阐释这个故事的高妙之处。苏轼追叙了张良在两个时期的所作所为，一个是年轻易怒的张良差点在刺杀秦始皇失败的过程中丢掉性命，一个是成熟稳重的战略家张良成功辅佐汉高祖战胜了更为强悍的项羽。在苏轼看来，正是能否具备"有所忍"的品性导致了这一前一后张良行为及其成就的差异。年轻的张良完全没有"有所忍"之心，但他在后来却完全具备了这种品性（正是通过圯上老人对他的羞辱一事从而明悟并逐渐培养起来的）。苏轼不仅提供了一种新的理解圯上老人故事的方式，同时也一举将张良的全部人生置于一个新的考察视角之中。

在《留侯论》的倒数第二段里，苏轼将他的考察视野进一步扩展至整个楚汉相争，认为汉高祖之所以能够取得最终的胜利，就是因为张良依托"有所忍"的品性对其予以了极好的指导与保护。在传统的历史认知中，楚汉相争的结局很大程度上受到刘邦与项羽这两位领导人极为不同的个性左右。与这段历史相关的史料文献基本就见于司马迁的《史记》，据此我们可以发现项羽被司马迁描述成一位无畏勇猛但却冲动多疑的领导者，而刘邦则是一副虚心纳谏的形象，尽管他自己独立做出的决策每每出错。项羽其实很有军事方面的才华，无论是个人的武艺还是指挥作战的能力，都要比刘邦强出许多，但是刘邦善用麾下谋臣武将才智的能力却远高于项羽。此外，项羽还非常不愿意将权力分享给他的部将，同时也总是会将胜利全部归功于自己，但刘邦则恰恰与他相反。当然在很多时候，刘邦是在张良的劝谏下才选择与手下部将分享权力并高度肯定他们为胜利所做出的重大贡献。相较于项羽在史书中的易怒、凶残与冷酷形象，刘邦则要沉着内敛得多，而且还明显地是在身边谋臣的不断劝谏下才逐渐具备了一位优秀君主的素养。刘项二人在传统的历史叙述下所呈现出的这些形象差异，能够很容易地与苏轼"有所忍"的理论相系联，可以简单地用刘邦具备"有所忍"之心与项羽没有"有所忍"之心来解释个中的诸多事件。正如通常会想到的那样，刘项二人之间的所有差异是无法仅仅用

"有所忍"这一个要素就能全部解释得通的,但是相较于其他概念在这个问题上的独立解释能力与适用度,"有所忍"终究是鹤立鸡群式的存在。

在这篇文章的结尾,苏轼提到了司马迁《留侯世家赞》中关于张良"状貌如妇人好女"的描述。司马迁的这番评论不过是随笔偶记,只是想表达一下他在看到这位著名的本朝开国功臣的画像之时所感到的诧异。尽管司马迁相当惊讶于张良的实际体貌与他所取得的伟大成就之间有着如此巨大的反差,但对他来说这番差异并没有什么特别的意义。然而司马迁的这段评论却相当契合于苏轼这篇《留侯论》的论点。尽管张良的形貌特征或许会给人产生温和柔顺或者胆怯害羞的感觉,显然与苏轼所谓的"有所忍"特质并不相同,但苏轼还是用一个反问句结束全文,出人意料地将张良的形貌特征视作其"有所忍"之品性的外露表现,以此再次重申并强调了他的全篇要旨。

对于"有所忍"品性的看重,显然长期潜藏在这位正在应制科试的士子心中,以至于他要用张良的一生为例子,将这个观点详细陈述出来。事实证明,苏轼将在接下来的岁月间不断碰上可供检验自身忍耐力的挫折与失意。不过此时此刻,年轻的他正在为自己的崭露头角而踌躇满志,甚至可能就在以张良之才自诩。至少我们能在苏轼的作品里看到他将自己比作了陆机,有着笔头千字的才华与胸中万卷的学识,足以轻松地完成"致君尧舜"的事业。[①]

26

[①] 苏轼的这番自我夸耀见于《沁园春》(孤馆灯青)一词,详见龙沐勋:《东坡乐府笺》卷一;唐圭璋:《全宋词》第一册,北京:中华书局,1965年版,第282页。

第二章　国政主张：反对新法

高中制科后的苏轼，旋即被授官大理评事、签书凤翔府判官，这是他首个正式赴任的官职。在接下来的三年时光里，苏轼都在凤翔（位于长安以西）度过。治平元年（1064）夏，就在苏轼从凤翔任满归京后不久，他的父亲苏洵病逝于开封。苏轼苏辙兄弟随即沿长江水路扶柩归乡，开始了为期三年的守丧。直到熙宁二年（1069），他们才又回到京城，苏轼也在此时获除殿中丞、直史馆、判官告院的新职。

北宋的朝堂政治局势在苏轼此次归京之际发生了彻底的剧变。治平四年（1067），宋英宗驾崩，神宗以太子身份顺利登基。这位年轻的皇帝比他的父皇更加地积极进取，更为重要的是，他有着远超仁宗皇帝（1022—1063年在位）的冒险激进之心，欲以虎狼猛药的方式解决帝国的积年沉疴。数十年来，连绵不断的对辽与西夏的边防战事始终是北宋宰执群体的心头重压，帝国的财政也早已因此不堪重负。[1] 康定元年（1040）到庆历二年（1042）间，宋军连续于三川口、好水川以及定川寨三地被西夏军队击败，促使以范仲淹为首的一批士大夫再次强烈地呼吁朝廷：现在需要进行一场军事与经济方面的改革。宋仁宗也顺应了他们的请愿，任命范仲淹为参知政事并让他主持被后世称为"庆历新政"的改革。然而庆历新政最终还是在巨大的反对声中遗憾地失败了，大多数的

---

[1] 笔者在此处所做的对于北宋财政与军事状况的简述，主要参考了史乐民（Paul J. Smith）的论文《王安石变法期间的国家权力与激进的经济政策》（State Power and Economic Activism During the New Policies, 1068—1085），这篇论文曾在1986年举办于亚利桑那州斯科茨代尔市的"宋代的治国方略与实践"学术会议上发表。同时也参考了他的著作《征税于天府之国：1074—1224年马匹、官僚和四川茶业的衰落》（*Taxing Heaven's Storehouse: Horses, Bureaucrats, and the Destruction of the Sichuan Tea Industry 1074—1224*），剑桥：哈佛东亚研究中心，1991年版，第111—118页。

新政政策随后都遭到了废除。为了应对西部与北部边境防务的需要,北宋朝廷长年供养着一支人数高达125万的军队,从而带来了被后世称为"冗兵""冗费"的重大财政问题。① 而庆历新政失败的严重后果之一,便是使得北宋的这个财政问题更加持续不断地恶化下去。以英宗治平二年(1065)为例,本年的军费开支已占政府全年可支配现钱的百分之八十三以及当年财政收入的百分之四十三。② 如此庞大的军费开支早已使得北宋政府的总财政支出超过了总财政收入,也就是说北宋的国家财政常年深受赤字问题的困扰。更为严重的是,由于北宋士大夫的知识结构远不足以全面应付庞大帝国运行所需的各种复杂多样的具体事务,因此当时的财政官员不仅难以解决严峻的赤字问题,甚至连财政赤字究竟有多少规模也无法准确地判断。③ 治平三年(1066),宋夏边境再次爆发战争,④西夏军队大举入侵北宋西北边境的秦凤路与永兴军路两地,并对重镇大顺城(长安西北约250公里处)实施围攻。治平四年(1067),西夏以和谈为名,将北宋知保安军杨定诱杀,企图由此展开更为猛烈的进攻,并反击北宋军队先前做出的有效抵抗。也是在同一年,新继位的神宗皇帝委派司马光深入调查财政赤字问题,希望他能够对此提出富有针对性的解决意见。司马光在其后所上的札子中认为:"窃惟方今国用所以不足者,在于用度太奢、赏赐不节、宗室繁多、官职冗滥、军旅不精。"⑤神宗按照司马

---

① 斯波义信:《宋代市籴制度的沿革》,载《宋代史论丛:青山博士古稀纪念》,东京:省心书房,第128页。(亦参见史乐民《王安石变法期间的国家权力与激进的经济政策》,第5页。)
② 曾我部静雄:《宋代财政史》,东京:大安株式会社,1966年版,第3页。参见史乐民(Paul J. Smith):《王安石变法时期(1068—1085)的国家权力与经济活动:茶马贸易与青苗法》(State Power and Economic Activism During the New Policies, 1068‐1085: The Tea and Horse Trade and the Grenn Sprouts Loan Policy),该文曾在1986年亚利桑那州斯科茨代尔市举行的"宋代的治国方略与实践"研讨会上发表。
③ 程民生:《论北宋财政的特点与承平的假象》,载《中国史研究》1984年第3期,第27—40页。亦参见史乐民《王安石变法期间的国家权力与激进的经济政策》,第6页。
④ 陈邦瞻:《宋史纪事本末》卷四十,北京:中华书局,1977年版,第385—387页。
⑤ 见黄以周等辑注,顾吉辰点校:《续资治通鉴长编拾补》卷三上,北京:中华书局,2004年版,第104页;马端临撰,华东师范大学古籍所、上海师范大学古籍所点校:《文献通考》卷二十四,《国用考二》,北京:中华书局,2011年版,第704页;司马光:《辞免裁减国用札子》,《司马温公传家集》卷四十二,《国学基本丛书》本,第533—534页。

光的建议做出了一些裁减用度的尝试,但仅仅过了一年,他便放弃了这种"节流"的方法,转而选择了王安石建议的"开源"方案。

熙宁二年(1069)初,王安石被宋神宗任命为参知政事,首次跻身宰执之列,并于一年之后进一步升任同中书门下平章事,正式被拜为宰相。正是在这两三年间,北宋朝廷陆续推出了被日后统称为新法的一系列改革措施。这些改革措施以富国强兵为核心目标,触及了帝国治理的各个方面,主要的手段包括:(1)提升官员的执政素养与行政能力;(2)通过刺激个体经济与地方经济的方式增加国家财政收入。在历代学者的努力下,王安石变法已经获得了全面而详细的论述,哪怕是在英语世界,也能找到相当丰富的研究成果,故而本书只需在此对王安石变法中的几项最重要的措施稍作交代即可。[①]

青苗法。此法近似于一种农业贷款,专为自耕农设计,旨在防止他们因难以度过每年的青黄不接时期而被迫出卖土地,并希望能够由此大幅提升农业产值。具体方案大致为:政府在每年春、夏播种之后放贷给农民以助其顺利生产,农民则须在收获之后偿还此贷。借贷的农民除了需要偿还本金之外,还需向政府缴纳一笔占本金百分之二十四的利息(也就是百分之二的月化利率)。由于这个利率要比本地富室向农民所放贷款的利率低得多,故而青苗法显然有着极强的针对性,就是试图削减限制这些富室在地方的影响与权力。

募役法。此法废除了北宋民户原有的差役负担,使其不用再轮流地被地方政府征召去无偿从事政府衙门里琐碎繁重的行政事务。民众对此差役早已怨声载道,因为家中的男性劳动力一旦被征召服役,通常要数月

---

① 详见刘子健(James T. C. Liu):《宋代中国的改革》,载穆四基(John Meskill)编:《王安石》。亦可参见上引的史乐民(Paul J. Smith)论著;包弼德(Peter K. Bol):《政府、社会和国家:关于司马光和王安石的政治蓝图》(Government, Society, and State: On the Political Visions of Ssu-ma Kuang and Wang An-shih),载王德毅编:《纪念司马光王安石逝世九百年学术研讨会论文集》,台湾文史哲出版社1986年版,第5—107页;包弼德:《斯文:唐宋思想的转型》,第212—253页。本书所参考的中国学者关于王安石及其变法的研究论著主要有漆侠:《王安石变法》,上海:上海人民出版社,1979年版;邓广铭:《王安石:中国十一世纪时的改革家》,北京:人民出版社,1981年版。

甚至一两年之后才能回来，这将严重损害自家的农业生产。募役法颁布之后，政府将根据每户人家的经济状况分别向其征收相应的免役钱或助役钱（用以免除差役的税款），地方官员则被允许使用这笔役钱雇人充任差役。

均输法。此法授权两浙、江淮、京湖六路地区的发运使可以根据当地市场的实际情况，灵活调整上供京师之物品的购置数量。而不再如以往那样，无论丰年还是灾年，都得按照一个固定不变的配额向京城上供物品。这样不仅可以平抑物价，还能使得地方政府与中央政府的物资供应都能得到优化。

市易法。政府在京城设立市易务，当市场出现商品滞销的时候，中小商人便可将手中的商品直接卖给市易务，或者按照自己的需求向市易务申请贷款。政府试图通过此法使得中小商人摆脱富商巨贾的控制。

保甲法。此法将民户按照十家一保、五十家一大保的方式组织起来，每户人家如有两个及以上数量的丁男，则须选派其中一人充任保丁。这些保丁主要被用于保内的治安、执法甚至收税等事务之上，而边境地区的保丁还被视作北宋常备军之外的预备役力量。

贡举取士法。改革后的科举考试将议论国是的水准以及用儒家学问经世的能力作为考察的重点内容，故而科举考试中的诸科被废除，特别是本来相当流行的明经一科，即因其主要考察的是举子记诵儒家经典的能力（帖）及其对于经文大义的基本理解能力（墨义）而被一并省废。也是在此精神之下，进士科考试被改为只考经义与时务策，而不再考察诗赋，同时还特为增设了专门考核刑统大义与断案的明法科。

王安石变法最为核心的目标，便是通过一种全新的为国理财之法增加国家财政收入。除此之外，王安石同样期望新法可以提升帝国官员的整体道德素质与行政能力，这其实才是他进呈于嘉祐三年（1058）的那篇"万言书"的论述要旨。不过随着王安石在十年之后的成功拜相，由他主导推行的类目繁多的新法不再仅仅只针对养育士风士气这一个问题，而是在财政、税收、农业生产以及劳役等诸多领域全面铺开。就连王安石此刻推行的科举改革，也与他在嘉祐三年提出的取士主张有所差异，那时的他看上去支持的是多样化的人才选拔方案。

王安石不仅将国家财政作为他的核心执政任务，甚至还把理财与神圣的儒家德行操守等同了起来。在一篇写给友人的信中，王安石先简单复述了孟子对于优秀执政者的一段形容，即善政者应当明晓在丰年时积极储粮、荒年时开仓放粮的道理，随后他便得出这样的结论："政事所以理财，理财乃所谓义也。"①读者或许能够从《孟子》这部儒家经典的原文中找到王安石此说的理论渊源，但孟子本人终究从未像王安石这样明确直接地下过这么一个结论。

王安石除了认为理财是政府最为关键的职能之外，还相当自信地觉得正确的理财方式能够大幅度提高帝国的财政收入。他反对将帝国的财政赤字归因于过度冗滥的开支，认为官员缺乏财政知识与理财能力才是引起财政危机的根本原因。他还屡次向世人发出明确的提醒：我们似乎已经忘记了解决赤字问题的最佳方案其实应该是利用财政手段——"盖因天下之力以生天下之财，取天下之财以供天下之费，自古治世，未尝以不足为天下之公患也，患在治财无其道耳。"②

王安石坚信，如果理财有道的话，那么经济就将高速发展，财政收入也将大幅增加，无论是朝廷还是百姓，都将因此变得更为富裕。当然，也有不少人反对王安石的这个观点，他们认为国家的财富总量自有定数，财富的分配方式或许可能多种多样，但其总量则是永远不会增加的。下面这段材料记录了王安石与司马光就此问题发生的一次争论：

> 王安石曰："常衮辞堂馔，时以为衮自知不能，当辞职，不当辞禄。且国用不足者，以未得善理财者故也。"光曰："善理财者，不过头会箕敛耳。"安石曰："不然，善理财者，不加赋而国用足。"光曰："天下安有此理？天地所生财货百物，不在民，则在官，彼设法夺民，其害乃

---

① 王安石：《答曾公立书》，《王安石文集》卷七十三，第 1271 页。
② 王安石：《上仁宗皇帝言事书》，《王安石文集》卷三十九，第 651 页。

甚于加赋。此盖桑弘羊欺武帝之言,司马迁书之以见其不明耳。"争议不已。①

由于王安石的期待是增加帝国的财政收入、改善自耕农的生存状况以及让朝廷重新获得支配债务的能力,从而他毫无半点顾虑地做出了进一步增加朝廷官员数量的决策(与此同时,司马光及其同道恰恰在公开抨击已然臃肿的官僚体系),毕竟如果想要让新法能够被一一落实,那就必须得依靠一支庞大有力的官员队伍。事实上,我们也能够通过文献记载得知,北宋官员的数量在王安石变法之后又发生了一次大规模的增加:从治平四年(1067)的24 000余人跃升为元丰三年(1080)的34 000余人,增长率约百分之四十一。② 新法的反对者自然会围绕新法导致的官员数量激增展开富有针对性的抨击,为了回应该抨击,王安石始终在坚称,新法为国家增加的财政收入总额,可以远远覆盖掉那笔因官员数量的变多而额外新增出来的官员薪俸开支。③

从许多方面来说,王安石想要重用的就是足以胜任并热衷于地方经济事务的官员群体。史乐民(Paul J. Smith)便将王安石变法的目标描述为构建一种能够刺激地方官员积极用世并主动与富商巨贾展开市场竞争的官僚体系。④ 王安石将以京城的富商巨贾与地方的豪强地主为代表的、通过剥削民众以换取自我财富并不断扩张的群体,统称为"兼并之家",认为正是由于他们的种种剥削行为,才使得北宋王朝的经济每况愈下。比如地方上的豪强地主会在荒年时向自耕农放贷,当自耕农还不上贷款的时候,他们便会强行让自耕农交出自己的土地以抵债,从而造成大量的自耕农破产。再比如京城的富商巨贾会通过大量买进或卖出商品的方式,完全根据自我利益操纵商品价格,从而使得城市物价屡屡崩坏。因

---

① 《宋史纪事本末》卷三十七,第326页。
② 贾志扬(John Chaffee):《棘闱:宋代科举与社会》,表4,第27页。(参见史乐民:《王安石变法期间的国家权力与激进的经济政策》,第11页。)
③ 李焘撰,上海师范大学古籍所、华东师范大学古籍所点校:《续资治通鉴长编》卷二百五十,北京:中华书局,2004年版,第6095页。
④ 参见上引的史乐民两种论著。

此在王安石变法的计划里，打击削弱这些"兼并之家"的势力与财富便是一项重要内容。

　　王安石想要通过青苗法、均输法以及市易法等新政措施严厉打击的，正是上述的这些发生在经济领域里的兼并现象。然而自从他发起针对"兼并之家"的利益挑战之后，北宋的国家经济形态也就开始变得越来越像一个大企业。因此，王安石坚定地主张必须赋予新任命的官员以更为宽泛的便宜行事之权，无论他们的监管职责究竟是什么，都应该拥有超越其上的权力。比如官员的任期不应被限制在某个固定的年份期限上，而应该等到他完成了某个既定目标之后才可以被调以他任。再如官员应该获得自由选择下属的权力，以便他们能够在志趣相投之人的帮助下更加有效地开展工作。又如官员应该被积极鼓励试验或尝试各种新的为政方法，只要能够有助于他们完成既定的为政任务与目标即可。在王安石的设想当中，一旦这批新委任的官员被赋予了如此高的自由度，那么他们就完全具备了打击整肃"兼并之家"的能力，从而可以成功地解决国家所面临的经济滞胀问题，并带领国家经济走向繁荣。①

　　然而从新法在神宗朝初期不断受阻的推行情况来看，王安石的反对者并没有意识到新法的这些目标。随着年轻的皇帝对王安石的信任与日俱增，政治上的新法反对派主要关注到的是新法的纷繁多事及其使得政府看上去越来越像在与民争利。在发生于熙宁四年（1071）的一次神宗御前论辩中，政坛元老文彦博便如此直接地挑战王安石道："祖宗法制具在，不须更张以失人心。"②王安石则回应道，如果所有正确的法令与制度都得到了切实有效的推行，那么朝廷便不会面临严重的赤字危机，边境也不会被迫承受巨大的军事威胁。对此文彦博说道，当下最需要去做的事情其实正是找到能够尽责推行祖宗法度的官员而已。王安石则随即指出，他的变法正是以选拔此类勤勉认真的官员为追求，并期望能够给他们

---

① 此处对于王安石所规划的近乎企业家的官僚体系的描述，主要参考的是史乐民的研究，见史乐民：《王安石变法期间的国家权力与激进的经济政策》，第 11—14 页。
② 《续资治通鉴长编》卷二百二十一，第 5370 页。

提供更多的工作便利。其后王安石举了赵子幾的例子,为其新法再作具体的辩护。赵子幾是一位在变法之初即被派往陈留县推行保甲法的官员,在他到任陈留之后,陆续上表揭发了十余起未获报官的敲诈勒索案件(想必皆是"兼并之家"所犯),王安石对此事做出了这样的评论:"条保甲乃所以除此等事,而议者乃更以为扰,臣所未喻也。"

  由于王安石变法的各项措施是在五六年间陆续推出的,因此也就相应地出现了连绵不绝的反对声音以及高级士大夫一个接一个地抱怨新法的现象。反对新法的旧党士人会在更广泛的哲学领域展开对于新法的抨击:由于以王安石为首的新党士人普遍主张法治高于德治,因此他们被公开指责为法家,也就是将财富利益置于道德仁义之上的士人群体。① 不仅如此,新法还在具体执行层面上给旧党留下了大量可抨击之处:比如一些地方官在推行青苗法的时候太过积极,强迫那些本不需要贷款的农民也必须向政府借贷青苗钱,最终导致了这些农民的大面积破产。再如青苗法摧毁了原本在地方上运转有效的私人借贷体系,但该体系的许多重要功能其实是新建立的政府借贷体系所不具备的。② 因此旧党就将青苗法指责为不仅基本无效,甚至还给农村带来了相当程度的灾难。王安石变法的每一项条款都在颁行之际遭受过类似的批判,神宗皇帝有时候会因为这些反对意见而推迟法令的正式颁布时间,或者是暂时先将之试行于某一地区。但无论如何,最终的结局似乎都是一致的:王安石变法的所有措施终究都会得到全国范围内的推行,而当其正式颁布之后,先前提出过反对意见的官员要不在王安石及其同党的弹劾下逐一遭到贬官,要不通过自请外任的方式以示最后的抗议。在陆续发布新法具体条款的这几年间,司马光向朝廷提出了辞职并退居洛阳;二程兄弟随后也同样地回到洛阳,潜心于学术与授徒;欧阳修上表致仕,归居颍州;吕公著则

---

① 相关批评案例如《续资治通鉴长编拾补》卷五记载的范纯仁之论,第221—223页;亦见《宋史纪事本末》卷三十七,第330页。亦可参考程颢对此的批评,《宋史纪事本末》卷三十七,第340页。
② 详见韩琦的奏疏。见《续资治通鉴长编拾补》卷七,第300—304页;《宋史纪事本末》卷三十七,第337页。亦可参考司马光的奏疏,见《宋史纪事本末》卷三十七,第338—339页。

被贬为颍州知州;时任宰相的富弼出判亳州,范纯仁出知和州;范镇辞官致仕;文彦博亦最终出判河阳。

变法初期发表于京城的异议

相较于上文列举的这些旧党要员,苏轼在变法之初只不过是一位年轻的小辈,但他同样也在积极而猛烈地抨击着新法。根据一组苏轼写于熙宁二、三年间的文章可知,他实际上对每一项新法措施都曾予以过驳斥。① 苏轼在王安石变法之初最重要的陈述异议的文章,当属他自己的那篇针对新法诸多问题而上陈的"万言书"。② 在这场旷日持久的围绕新法的论争中,苏轼的文字引起了新旧两党的共同关注。司马光与范镇正是因为苏轼勇于表达自我反对意见的魄力而对他产生了深刻的印象,才向朝廷联名举荐苏轼供职谏院。③ 与此针锋相对的是,王安石亲自阻止了对于苏轼的提拔与任命,并在神宗皇帝面前多次批评指责苏轼。④ 据说苏轼在此时遭受到的多次渎职弹劾,主要就是王安石在幕后推动的。此时对苏轼影响最大的一次弹劾,莫过于王安石的姻亲谢景温在担任御史期间的上奏。谢景温弹劾苏轼趁护送其父苏洵灵柩回川的机会,利用官船运送并贩卖私盐。司马光与范镇都曾在神宗面前为苏轼做出过辩护,认为苏轼贩卖私盐的事情纯属子虚乌有,之所以会发生这场弹劾,仅仅是因为王安石对于苏轼有着深刻的敌意。⑤ 尽管如此,苏轼还是迫于

---

① 这几篇文章长久以来的编年错误已获得了今人黄任轲的订正,详见黄任轲:《苏轼论新法文字六篇年月考辨》,载《苏轼研究专辑》,第103—110页。这些文章及其写作时间依次为:《议学校贡举状》,熙宁二年(1069)二月,《苏轼文集》卷二十五,第723—726页;《国学求试策问》,熙宁二年八月,《苏轼文集》卷七,第208—210页;《谏买浙灯状》,熙宁二年十二月,《苏轼文集》卷二十五,第729—748页;《再上皇帝书》,熙宁三年二月,《苏轼文集》卷二十五,第729—748页;《拟进士对御试策》,熙宁三年三月,《苏轼文集》卷九,第301—309页。
② 这篇文章是上面列举的第四篇,在郎晔编选的苏轼文选中,这篇文章就被题作"万言书"。郎晔:《经进东坡文集事略》卷二十四,香港:中华书局,1979年版,第369页。
③ 王文诰:《苏诗总案》卷六,成都:巴蜀书社,1985年影印嘉庆二十四年(1819)刻本,第3页下;《续资治通鉴长编》卷二百一十六,第5263页。
④ 《续资治通鉴长编拾补》卷六,第256页。
⑤ 《续资治通鉴长编》卷二百一十四,第5201—5202页、第5207页,以及卷二百一十六,第5263页。

此次弹劾所引起的巨大舆论压力而自请外任,最终他被任命为杭州通判。而在范镇后来所做的叙述中,甚至认为这场针对苏轼的诬告其实是导致自己被迫致仕的重要原因之一。

苏轼在熙宁二年至四年间所撰写的系列文字,充满了经他深思熟虑之后所形成的对于王安石变法的具体反对意见,其间的许多内容还被日后其他的旧党士人复述到了自己对于新法的批判之中。不过,苏轼的观点还是呈现出个性鲜明的彻底务实性。下面引录的是苏轼针对均输法的缺陷所做出的一段批判,他的论述主要围绕着均输法所造成的政府财政官员损害个体商贾利益的问题展开:

> 夫商贾之事,曲折难行,其买也先期而与钱,其卖也后期而取直,多方相济,委曲相通,倍称之息,由此而得。今官买是物,必先设官置吏,簿书廪禄,为费已厚,非良不售,非贿不行,是以官买之价,比民必贵,及其卖也,弊复如前,商贾之利,何缘而得。①

苏轼对于新法的批判不仅会针对朝廷颁布的具体条文而发,同时还会结合当下现行的做法与惯例提出更为坦率的批评。比如他对于进士科废考诗赋的反对意见便是如此。苏轼首先承认,从文章写作的角度来说,王安石所青睐的策论确实比诗赋更具实用价值。但他随后却指出,无论是诗赋还是策论,其实都无法具体显示作者在政务方面的能力或品质。为了更好地证明这个观点,苏轼特为列举了宋初士人杨亿的例子,指出尽管杨亿以辞藻华丽但内容空洞的诗文著称,但并不影响他有着忠清鲠亮的立朝大节。苏轼还一并提到了两位渊博的学者孙复与石介,指出二人虽因其气盛有力的文章而备受尊敬,但他们甚为暴躁古怪又迂阔矫诞的性格终究使其并不足以成为优秀的官员。既然诗赋对于选拔优秀官员而言并不存在任何的相较其他文体的劣势,而且自唐以来就一直被作为进士科的考试内容,那么此刻也就没有必要非得将其从进士科考试中废除。不过反对废诗赋并不是苏轼在科举问题上的核心观点,他还是在更多地呼吁官员的选任不应该

---

① 《上神宗皇帝书》,《苏轼文集》卷二十五,第736页。

以科举考试的成绩作为决定性的因素。苏轼认为，无论科举考试以何种形式举行，其最终目标都应该仅仅是为朝廷选拔出一批官员候选人。而这些候选人在初任官上的表现，才是对于他们的最终决定性考核。也就是说，一位士子可能会因其文章写作能力而获得释褐机遇，但其究竟应该被委任什么官职以及日后将会得到怎样的晋升，都应该以他的实际行政能力为准。①

王安石的均输法意在建立一套由政府管控私人经济的制度体系；而他的科举改革，至少在苏轼看来，是想要通过制度改革的方式解决存在于官员选任层面的诸多问题。我们可以通过苏轼对于这两项政策的反对意见了解到苏轼批判新法的基本思路。在苏轼看来，王安石变法的具体手段与最终目的都是错误的，其会使得北宋朝廷陷入被机械僵化的规章制度捆绑束缚的困境。苏轼发现，尽管王安石在不遗余力地强调增加国家财政收入的必要性，但他以此为目标而设计出的新法却需要进一步膨胀官员数量，而且还将政府的调节管控职能深入到了生活的各个领域之中。苏轼对此深感忧虑，认为在王安石变法的错误方向引领下，大宋王朝似乎注定将会走进更加黑暗的深渊。

很显然，苏轼的这些看法是绝大多数新法反对者的基本共识。然而正如刘子健（James T. C. Liu）分析的那样，王安石完全不受这些反对意见的影响，依然在持续强调于士大夫阶层中养育"人才"的必要性。② 王安石在这一方面的规划完全没有引起旧党的任何关注，这很可能是因为这些人才被选拔出来后都将被委以推行新法的任务，于是本就认为新法毫无必要甚至荒谬有害的旧党，自然会觉得以此为目标进行的人才培养与选拔也同样似是而非。苏轼除了在上述这些最为基本的政治层面上提出了与旧党其他代表人物相同的批评意见，他也在哲学领域内与王安石意见相左，完全算得上是一位在哲学层面抨击王安石变法的重要人物。正如我们在第一章里所论的那样，苏轼早在嘉祐六年（1061）就已经形成了

---

① 《议学校贡举状》，《苏轼文集》卷二十五，第 724 页。
② 刘子健（James T. C. Liu），《宋代中国的改革》，第 40—58 页。

一系列关于情、性以及为政的观点,它们在事实上与十年之后的王安石学说有着明显的分歧。当然,此时的苏轼已经不再按照当年的思想体系论述这些宏观命题了,而且他的绝大部分观点在旧党当中也显得非常特别。

考虑到苏轼的总体哲学观点,我们可以很容易地理解他为何必然会反对绝大多数的新法措施。但尽管如此,我们仍然有必要做出这样的追问:苏轼为何会如此明确地对新法持以否定的态度?[①] 苏轼对于新法的全面批判是否有失公允?其间是否存在他的个人偏见?毕竟新法并不是以类似系统性改组政府的方式一次性全部颁布的,新法最主要的几项政策其实都是被渐次推出的,同时每条措施又都是经过了激烈的论争之后才被一个接一个地正式颁布。那么为何苏轼还是会对任何一项新法政策都感到不合其意呢?

如果我们联想起苏轼自己在嘉祐六年(1061)所上的贤良进卷中其实曾大声疾呼过北宋王朝迫切需要一场彻底的改革的话,那么上文提到的需要考虑的问题便会因为苏轼的观念反转而变得更加令人费解。就在王安石变法之前的几年,苏轼还在告诫朝廷,在上下官员间蔓延开来的软熟自满之风已经成为国家的严重隐患,如果不予以变革,当下的这个隐患最终将会发展成帝国的灾难。那时的苏轼也曾指出,尽管在清理淘汰冗余无用与自私自利的官员之时,势必会引起极大的朝堂动荡,而且那些想要维护保持自身既得利益的官员也会对推动改革的官员展开抨击甚至诽谤,但是当下朝廷依然迫切需要提拔一批大胆的富有革新精神的官员。早在南宋时期,朱熹就曾对苏轼在王安石变法前后明显不一致的观点表述提出过疑问,而这个问题也得到了现代学术界的重新关注。[②]

---

① 苏轼在万言书的结尾还是认可了王安石变法中的一些政策(例如裁减恩荫之例以及修缮武备),但这些政策都不是王安石变法的重点,故而笔者还是认为苏轼之所以会提到它们,很可能只是一种缓和语气的修辞手段。龚延明认为苏轼并不是一位绝对彻底的新法反对者,但他所举的例子大多来自苏轼晚年的文字(那时苏轼的立场发生了改变)。详见龚延明:《略论苏轼反对王安石变法的性质》,载《苏轼研究专辑》,第85—89页。
② 黎靖德编,王星贤点校:《朱子语类》卷一百三十,北京:中华书局,1986年版,第3112页。罗思鼎:《从王安石变法看儒法论战的演变》,载《红旗》1974年第2期,第26页。

从最简单的意义上来说,苏轼从嘉祐六年(1061)的呼吁改革者变为熙宁四年(1071)的全面否定新法任何政策的反对者,确实有着前后不一致的矛盾。此外,苏轼对于王安石变法其实是有个人偏见的,因为他并不愿意客观公正地承认某些新法政策确实颇具正面价值与优长。我们很容易意识到并接受苏轼持有个人偏见这个事实,毕竟正如我们将在下文看到的那样,苏轼自己在多年之后也对此供认不讳。但是我们却难以准确地指出,引发苏轼这番偏见的原因究竟是什么。

苏轼在那篇"万言书"中详细剖析了王安石变法的全部政策,具体阐释了存在于新法理论基础中的严重错误,还针对新党士人颇为倚重功利主义与严刑峻法的现象,指责由他们设计推行的新法将会极大地破坏国家的"风俗"。不过这篇奏议最为特别之处并非这些内容,而是苏轼在此文的第三部分向神宗皇帝做出的一定莫让王安石毁坏帝国"纪纲"的力劝。苏轼所说的纪纲具体指的是北宋中央官僚制度中承担监督与纠弹职能的台谏体系。北宋设立于中央的台谏机构在开国后的百余年间始终掌握着重要权力,屡屡推动了针对政府政策命令的有效审核与复议。[①] 苏轼认为王安石正在严重摧毁台谏体系的本职功能,因为他一方面大量将自己亲信安插为台谏官,另一方面还以恐吓威胁的方式强令其他的台谏官保持沉默。苏轼在这一问题上的论述除了能够使人看到他对于北宋台谏体系的无比自豪,更可以充分展示他对王安石的堵塞言路负面影响的评估,以及他自己对于意识形态多元化的坚定信念。兹将苏轼这篇奏议中的相关内容摘录征引如下:

> 历观秦、汉以及五代,谏诤而死,盖数百人。而自建隆以来,未尝罪一言者,纵有薄责,旋即超升,许以风闻,而无官长,风采所系,不问尊卑,言及乘舆,则天子改容,事关廊庙,则宰相待罪。……台谏固未必皆贤,所言亦未必皆是,然须养其锐气而借之重权者,岂徒然哉,将

---

① 柯睿格(E. A. Kracke, Jr.):《北宋前期的官僚制度》(*Civil Service in Early Sung China, 960—1067*),剑桥:哈佛燕京学社,1953年版,第33—37页。

以折奸臣之萌，而救内重之弊也。夫奸臣之始，以台谏折之而有余，及其既成，以干戈取之而不足。今法令严密，朝廷清明，所谓奸臣，万无此理。然而养猫所以去鼠，不可以无鼠而养不捕之猫。……臣自幼小所记，及闻长老之谈，皆谓台谏所言，常随天下公议，公议所与，台谏亦与之，公议所击，台谏亦击之。及至英庙之初，始建称亲之议，本非人主大过，亦无礼典明文，徒以众心未安，公议不允，当时台谏，以死争之。今者物论沸腾，怨讟交至，公议所在，亦可知矣，而相顾不发，中外失望。夫弹劾积威之后，虽庸人亦可奋扬，风采消委之余，虽豪杰有所不能振起。臣恐自兹以往，习惯成风，尽为执政私人，以致人主孤立，纪纲一废，何事不生。……君子和而不同，小人同而不和。① 和如和羹，同如济水。② 孙宝有言："周公上圣，召公大贤，犹不相悦，着于经典。两不相损。"③……若使言无不同，意无不合，更唱迭和，何者非贤。万一有小人居其间，则人主何缘知觉。臣之所愿存纪纲者，此之谓也。④

写于这一时期的反对新法文章，鲜见能够上升到如此高度的论辩。不过苏轼在看似冷静客观地论述台谏功用的同时，还是留下了一些线索，透露他对于站在新法背后之人的真实感受。苏轼在文中持续追问，要是在台谏式微之时发生"小人"或"奸臣"掌权之事，那该怎么办呢？实际上，苏轼相信这个局面已然真实发生了，而且在苏轼心中，王安石谋求操控台谏一事（台谏本为保证朝堂上能有批评声音之存在而设计的），就是最能证明他是虚伪狡诈之人的证据。（文中的"执政"一词甚至都不是线索或暗示，而是对王安石的明确指称。因为王安石在这篇奏议进呈的时候正任参知政事，而执政恰恰是参知政事一职的专用简称。）

---
① 皇侃撰，高尚榘校点：《论语义疏》卷七，《子路第十三》第23则，北京：中华书局，2013年版，第344页。
② 《左传》第二十四，昭公二十年，第1463—1464页。
③ 班固：《汉书》卷七十七，《孙宝传》，北京：中华书局，1962年版，第3263页。
④ 《上神宗皇帝书》，《苏轼文集》卷二十五，第740—741页。

文中出现的"奸"这个词可以勾连起一个与之相关但又颇为棘手的问题。在苏轼之父苏洵的名下有一篇作于嘉祐五年(1060)前后的文章,文章的主旨据说是苏洵在警告朝廷千万不要把朝政托付给王安石。这篇题为"辨奸论"的文章其实并没有直接点出王安石的名字,但是长久以来皆被认作就是在讽刺王安石。这篇文章的文字相当老辣,提出的论点极富远见又有着充分必然的合理性,从而成为后世所尊奉的论说文典范,被广泛地选入各种文章选本之中。这篇文章的归属问题本来并无争议,但到了清朝的时候,开始出现质疑此文作者是苏洵的声音。一些学者认为,这篇文章其实是旧党士人在新旧党争日趋激烈的元丰三年(1080)至元符三年(1100)之间所作,并将其不合时代地署以苏洵的名姓。旧党之所以要杜撰此文,主要就是为了进一步败坏这位新法发起人的名誉。[1] 这个问题现在依旧悬而未决,尽管有不少篇文献提到了苏洵曾写过这篇文章(包括张方平为苏洵撰写的墓表,以及苏轼写给张方平的一封信),似乎足以成为此文是苏洵所作的铁证,[2]但我们一旦回到《辨奸论》的内容本身,都无可避免地会对如此富有先见之明的论述感到难以置信。那些完全不能相信有人可以早在仁宗嘉祐末年或英宗治平初年就写出这篇文章(苏洵卒于英宗治平三年,公元1066年)的论者,会将那几篇"证据文字"也同样断定为经由后人篡改伪造的。[3]

---

[1] 对于《辨奸论》是否为苏洵所作之争论的简要梳理,可参考刘乃昌:《苏轼同王安石的交往》,见刘乃昌:《苏轼文学论集》,济南:齐鲁书社,1982年版,第217—222页。

[2] 张方平:《文安先生墓表》,《乐全集》卷三十九,《景印文渊阁四库全书》本,第60页上—61页下;苏轼:《谢张太保撰先人墓表》,《苏轼文集》卷四十九,第1426页。其他提到苏洵作此文章的早期文献有:方勺撰,许沛藻、燕永成整理:《泊宅编》卷上,《全宋笔记》第二三册,郑州:大象出版社,2019年版,第217页;《邵氏闻见后录》卷十二,第130—131页;叶梦得撰,徐时仪整理:《避暑录话》卷上,《全宋笔记》第二七册,郑州:大象出版社,2019年版,第28—29页。赞同此文为苏洵所作的现代学者及其论文有章培恒:《〈辨奸论〉非邵伯温伪作》,载《古典文学论丛》,第138—183页;曾枣庄:《苏洵评传》,第102—115页;曾枣庄:《苏洵〈辨奸论〉真伪考》,载《四川大学学报丛刊》第十五辑,成都:四川人民出版社,1982年版,第109—116页。

[3] 宫崎市定曾指出,《辨奸论》所批评的"奸人"在此文写作之初并非特指王安石。见宫崎市定:《辨奸论的奸》,载衣川强主编:《刘子健博士颂寿纪念宋史研究论集》,同朋舍,1989年版,第317—326页。

无论苏洵是否真的写过《辨奸论》，他的儿子在熙宁三年（1070）看待王安石的方式完全与这篇文章风神一致。苏轼之所以会明确反对新法，就是因为他根本不信任这位新法的制订者与推行者。而导致他不信任的理由，则是他看到王安石在一步步地阻断反对者的发声途径，令他们噤若寒蝉。苏轼并不是唯一一个持此观点的人，①只是在苏轼看来，王安石的本心（他的"奸"）以及他的不容异议是最为本质的重要问题，因而苏轼从来不会觉得，被公之于众的某些新法措施的具体目标，的确就是王安石及其党羽的真实目的。例如苏轼目睹了王安石新设了一个看上去在更加残酷地剥削百姓财富的政府机构制置三司条例司，虽然王安石并不承认该机构是出于这个目的而设置，但苏轼完全不相信他的辩解，尤其是当他认定王安石试图镇压禁锢所有的异议之后，更是变本加厉地不予相信。为此他还做了这样一个类比：如果一个人带着猎犬与猎鹰走进了森林，就算他反复告诉别人他并不是要来打猎，但也不应该对别人完全不相信他的这番话而感到惊讶。②

作于地方的讽喻诗

熙宁四年（1071），随着苏轼的动身离京，他的人生开启了一个新的阶段。在接下来的数年间，他相继担任了帝国几个东部城市的长官（杭州、密州、徐州、湖州）。这是一段令苏轼的人生、兴趣以及写作都获得明显拓展的黄金岁月，由于远离京城的缘故，苏轼得以将精力分散到国政以外的事情上，不必完全以此为中心地殚精竭虑。毫无疑问，这是苏轼人生中首个以伟大诗人之面目示人的阶段，同时他也是在这个时期对于其他的艺术形式以及佛教开始产生了浓厚的兴趣。

不可否认，苏轼在这几年的地方官生涯间依旧从事了大量的与国政

---

① 范镇对于王安石及其僚属打压异议的批评便是一个显例。详见《续资治通鉴长编》卷二百一十六，第5263—5265页。
② 《上神宗皇帝书》，《苏轼文集》卷二十五，第731页。

相关的工作,最引人注目的莫过于他在这段开始于熙宁四年的十年间持续且大量地发出反对新法的声音。当变法之初苏轼还在京城的时候,他主要通过正式的奏疏文章发表自己的异议,而现在的他则转而使用以诗歌为主的其他文体抨击或讥讽新法及其具体的实施效果。尽管从数量上来看,这些讥讽新法之诗只占苏轼这一时期所作诗歌的一小部分,但这组规模极小的作品依旧有着极为重要的意义。这主要与如下两个原因有关。首先是这组作品生动展现了苏轼个人性格当中的一副重要面相——大胆、挑剔以及倔强;其次则是这些诗歌导致了苏轼生平中那场著名事件——"乌台诗案"的发生,实际上该事件同样也是宋代文学史与司法史上的大事:他在元丰二年(1079)因诽谤皇帝与朝廷的罪名被捕入狱。今日的我们在回顾这场案件的时候也许会发现其中存在着不少荒谬古怪甚至滑稽可笑的元素,但对于时人而言则完全是一个极其严肃的恐怖事件(苏轼差一点就因此丢掉性命),以至于无比深刻地影响到了苏轼及其日后的人生。

多年之后,苏轼曾为他的这些讥讽新法之诗做过这样的辩解:"昔先帝召臣上殿,访问古今,敕臣今后遇事即言。其后臣屡论事(即指熙宁二、三年间撰写的奏议),未蒙施行,乃复作为诗文,寓物托讽,庶几流传上达,感悟圣意。"①可是苏轼的诗歌同样也没有实现苏轼对其的期待,它们的全部贡献只是激起了在京执政的新党领袖的恼怒。这些讽喻诗被收录在了几部公开印版发行的苏轼诗集当中,很可能就是这些诗集的主体内容。由于书籍的印刷出版是苏轼时代的新技术(至少对于诗歌来说确实是如此),从而苏轼诗歌获得印刷出版并且在民间广泛流传的事实,不仅被写入了指控苏轼的诉状之中,而且还在其间显得相当突出与重要。②

---

① 《乞郡札子》,《苏轼文集》卷二十九,第829页。
② 何大正与舒亶所上之提及公开出版的苏轼文集的弹劾奏疏,以及李定论述苏轼诗歌广为流传的现状及其所产生的极坏社会影响的奏疏,皆被保存于朋九万《乌台诗案》(《百部丛书集成》所收之《函海》本)之中。

苏轼在熙宁六年（1073）写过一组题为"山村"的五首绝句，他在诗中具体描绘了普通百姓艰难困苦的生活，以此展开对于新法实际推行效果的讽刺与挖苦。无论是那篇指控苏轼的诉状，还是作于其他场合下的弹劾苏轼的文字，都不约而同地将这五首绝句列为苏轼的重要罪证，认为据此足以判断这几首诗毫无疑问地就是在抨击新法。比如下面引录的这首，便是在暗讽青苗法给农村自耕农造成的负面影响：

> 杖藜裹饭去匆匆，过眼青钱转手空。赢得儿童语音好，一年强半在城中。①

按照青苗法的规定，农民需要在每年的春天从乡间长途跋涉地来到城中，以向政府借贷青苗钱。而到了秋季偿还本息的时候，他们又得再进一次城。这一年两次的旅程本就会浪费掉农民大量的耕作时间，而官府漫长的手续流程以及不良文吏的从中作梗，使得来到城中的农民还得再花去数周的时间才能完全办好青苗钱的相关事宜。② 苏轼在这首诗中提到，农村儿童在每年漫长的滞留城市期间，逐渐习得了城市的典雅口音，他将此事认作是青苗法带给农民的唯一收益。苏轼还在别的诗文里详细描述过贪官污吏是如何将质朴单纯的农民刚刚贷出的青苗钱敲诈诱骗占为己有的。在每年春日放贷青苗钱的时候，官府会命令官方开办的酒坊在城中举办大型的娱乐活动，其间甚至可以赌博与狎妓。许多农民会将自己刚刚借贷来的青苗钱于此瞬间地挥霍殆尽（"过眼青钱转手空"），到头来只能两手空空地回到农村。③

这组绝句中的另一首诗关注的是新法的盐政带给农民的负面影响。在新法进一步加强食盐专卖的政策之下，大量居住在乡村的百姓无奈地陷入了食盐供给不足的困境：

> 老翁七十自腰镰，惭愧春山笋蕨甜。岂是闻韶解忘味，迩来三月

---

① 《山村五绝》（其五），《苏轼诗集》卷九，北京：中华书局，1982年版，第439页。
② 参见《乌台诗案》所记载的苏轼对于这首诗歌的自供。《乌台诗案》，第10页下。
③ 《乞不给散青苗钱斛状》，《苏轼文集》卷二十七，第784页。

食无盐。①

根据《论语》的记载，孔子在齐地听闻《韶》乐（此乐是为了歌颂舜帝的盛德而作）之后，一连三个月都尝不出肉的滋味。②但是苏轼在诗中提到的这位老翁并没有孔子的闲情雅致，他就是因为长期无盐调味才会忘记饭菜的味道。

在乌台诗案中负责向苏轼提起控诉的御史，还于诉状里特为拈出了一首采用了另一种讽刺手段的长诗。这首诗是苏轼遥寄给其弟苏辙的，故而诗中出现了不少苏轼对于新法的坦率直陈。其时苏轼正在杭州通判任上，而苏辙则担任陈州州学教授，苏轼便应景地在此诗的开篇提到了苏辙的身高，并由此衍生出崇高之德日渐沦丧的主题：

戏 子 由

宛丘先生长如丘，宛丘学舍小如舟。常时低头诵经史，忽然欠伸屋打头。斜风吹帷雨注面，先生不愧旁人羞。任从饱死笑方朔，肯为雨立求秦优。眼前勃蹊何足道，处置六凿须天游。读书万卷不读律，致君尧舜知无术。劝农冠盖闹如云，送老斋盐甘似蜜。门前万事不挂眼，头虽长低气不屈。余杭别驾无功劳，画堂五丈容旂旄。重楼跨空雨声远，屋多人少风骚骚。平生所惭今不耻，坐对疲氓更鞭棰。道逢阳虎呼与言，心知其非口诺唯。居高志下真何益，气节消缩今无几。文章小技安足程，先生别驾旧齐名。如今衰老俱无用，付与时人分重轻。③

东方朔是西汉的一位学者与才士。他在待诏皇宫的时候发现自己的地位与薪俸和宫中的倡优侏儒一样，从而抱怨道："侏儒饱欲死，臣朔饥欲死。"④

秦优指优旃，他是秦国的一位侏儒，曾经调侃宫中卫士的高大身材只给他们带来有幸

---

① 《山村五绝》(其三)，《苏轼诗集》卷九，第438—439页。诗中"惭愧"一词的释义，可以参看张相《诗词曲语辞汇释》卷六，北京：中华书局，1977年版，第773页。
② 《论语义疏》卷四，《述而第七》第14则，第162页。
③ 《戏子由》，《苏轼诗集》卷七，第324—326页。
④ 《汉书》卷六十五，《东方朔传》，第2843页。

露天淋雨的好处。苏轼在这里用优旃类比皇帝身边的近臣,讽刺他们能够干出任何可以媚上的事情。①

劝农冠盖,此指被派往各地推行青苗法的提举官。②

阳虎是孔子深为厌恶的执掌鲁国朝政的季孙氏家臣,但孔子在道遇阳虎的时候,也只能暂时从权地答应阳虎让其出来做官的要求。③

此诗的前半部分描绘了苏辙官位卑下但却能够保持自我德行操守的现状,后半部分则述说着苏轼自己虽担任要职,却只能无奈妥协地做着自己并不情愿之事。结尾四句透露出二苏兄弟至少还能在文学领域一较高下,但在苏轼看来,相较于前文提到的他在道德气节方面出现的极为严重的缺憾,就算他能在文学方面胜过苏辙,那也完全是无足轻重的。

此诗展现出的存在于二苏兄弟之间的悬殊差异,就是二人的官职之别所致。苏轼担任的杭州通判令他不得不参与新法的具体实施工作,但苏辙的陈州教授却是个非实务性官职,故而能够令其置身事外,并不需要和与日俱增的新法政策保持同步。因此苏轼会在诗中认为,自己并没有像弟弟那样做到坚守自我的道德信念。苏轼的这番自谦本身可以说是遵循寄赠诗的写作传统,而且他还选择了一种近乎滑稽的写作方式予以修饰。但尽管如此,这首诗还是因其明显流露出的异于常态的深重自责而广为人知。苏轼曾在多封写给友人的信件中无比悲愤地诉说着,他不得不在一片反对声中在杭州强行施行新法,甚至还特别提到,仅两浙一路,每年就有一万七千余人因触犯新法的盐政而被捕入狱,这个数字令人难以置信。④ 苏轼的这首寄赠苏辙之诗,只不过将自己在这些信中所流露的忧愤换以诗歌的形式表达出来而已。

不得不说,苏轼在某些时候的做法会令人怀疑他是不是有些过度痴迷于批评新法。因为他会时不时地在一些完全与新法、新党没有关联的

---

① 优旃的典故见于《史记》卷一百二十六,《滑稽列传》,第 3202 页。苏轼自己对此联的解释,见《乌台诗案》,第 9 页上一下。
② 《乌台诗案》,第 9 页下。
③ 《论语义疏》卷九,《阳货第十七》第 1 则,第 441—444 页。
④ 《上韩丞相论灾伤手实书》,《苏轼文集》卷四十八,第 1397 页。亦可参考《上文侍中论榷盐书》,《苏轼文集》卷四十八,第 1401 页。

场合间，出人意料地表达起自己对于新法的不满。比如他在熙宁五年（1072）为友人张次山（字希元）贮藏金石碑拓、古今书画真迹的墨宝堂撰写记文的时候便是如此。这篇文章像苏轼为别人的书画收藏所撰写的文章一样，直面士大夫其实本不应该酷嗜这些"小物"的问题。为了更好地对此问题做出辩解，苏轼在文中花了大量笔墨提出了这么一个观点：不同的人有着各不相同的最高人生追求，而所有的这些人生追求无不带有强烈的主观性。更为重要的是，只要某人能够在从事某个特定活动中感到快乐，那么无论这个活动看上去多么微不足道，他人就都不应该嘲笑他（"人特以己之不好，笑人之好，则过矣"）。这番论述出现在为墨宝堂所撰的记文之中是非常合适的，但紧接其后的却是这么一段出人意料的文字：

> 毗陵人张君希元，家世好书，所蓄古今人遗迹至多，尽刻诸石，筑室而藏之，属余为记。余蜀人也。蜀之谚曰："学书者纸费，学医者人费。"此言虽小，可以喻大。世有好功名者，以其未试之学，而骤出之于政，其费人岂特医者之比乎？今张君以兼人之能，而位不称其才，优游终岁，无所役其心智，则以书自娱。然以余观之，君岂久闲者，蓄极而通，必将大发之于政。君知政之费人也甚于医，则愿以余之所言者为鉴。①

对于本文的原来主旨而言，以这么一段话作为全文的结尾很显然是有些不着边际的，但无论如何这都是苏轼对于新法的又一次抨击，反映出新党士人在他看来多是用心险恶之辈。

最后还需要提到一组明显是在针对新党要员的个人道德缺陷而发之诗。神宗皇帝在按照王安石的建议推行新法的同时，还新提拔了一大批官员出任朝中要职。王安石本人曾于熙宁七年（1074）因其下属与旧党政敌的联合攻击而被短暂罢相，到了熙宁九年（1076），他再度被罢相。自此之后，王安石再也没有获得重归朝堂的机会，就在金陵郊外的半山园

---

① 《墨宝堂记》，《苏轼文集》卷十一，第358页。

之中度过了他的余生。但是新法并没有随着王安石的罢相而被废止,其在王安石原先亲信的领导下,又继续推行了十年。

在这组写给友人与旧党同僚的诗歌中,苏轼严厉地抨击了这些新近被进用的新党要员的个人品性,认为他们傲慢而轻率、毫无诚心与同情怜悯之心,同时还是投机主义者。很难知晓苏轼究竟想要通过这些诗歌达成怎样的目的,但相当明显的是,神宗皇帝基本不可能因为此诗内容就不再信任新党。不同于上文分析过的那些苏轼反对新法的诗歌,这组诗并没有描绘普通民众正在经历的疾苦,也没有提到类似苏轼这样的地方官员在不得不强行实施看上去甚为严苛的新法之时所感受到的困窘,而是发起了针对全体新党高层的人身攻击。或许最合适的阅读这组写给友人之诗的方式,就是将其理解为苏轼把自己的挫折与愤慨予以了夸张的文学修辞,毕竟诋毁性的内容几乎充斥于其间的每一首诗当中。

这组诗歌有着精致而新颖的写作技巧,更能展现出作者具备渊博的学识,这两方面的特质避免了它们会流于直截了当或无趣乏味的谩骂。当然,苏轼也不会担忧诗歌的酬赠对象很难理解诗中的闪烁其词以及影射暗喻所指,因为他的朋友也和他一样,被深深裹挟于当日极端对立的新旧党争之中,故而他们能够很容易地理解其诗之所指,尽管今天的我们会觉得苏轼的诗句似乎有些过于含混与晦涩了。下面是一首苏轼次韵刘恕的诗:

仁义大捷径,诗书一旅亭。相夸绶若若,犹诵麦青青。腐鼠何劳吓,高鸿本自冥。颠狂不用唤,酒尽渐须醒。①

在后来的乌台诗案中,苏轼留下了这样一段对于此诗的自我交代:

此诗讥讽朝廷近日进用之人,以仁义为捷径,以诗书为逆旅,但为印绶爵禄所诱,则假《六经》以进,如庄子所谓"儒以诗礼发冢",故

---

① 《和刘道原寄张师民》,《苏轼诗集》卷七,第333—334页。

云麦青青。① 又云:小人之顾禄,如鸱鸢以腐鼠吓鸿鹄,②其溺于利,如人之醉于酒,酒尽则自醒也。③

苏轼还能够将自己对于新法的不满表达得比这首诗还要隐晦。熙宁六年(1073),苏轼获赠了一份产自福建的茶叶,从而写了一首长诗以表谢忱。他在这首诗的开篇历数福建茶叶的种种优长,并使用了常见于艺术品鉴与人物品评的术语及譬喻方式,将茶叶的外观形貌与人的身形体貌相类比,最终将其与道德品质联系在一起(例如"骨清肉腻和且正")。随后苏轼转而描述起一种品质低劣但却广为流行的茶叶品种,该茶被称作"草茶",主要出产于长江中下游的两浙路,而这一地区恰恰就是许多新党士人的家乡:

> 草茶无赖空有名,高者妖邪次顽懭。体轻虽复强浮沉,性滞偏工呕酸冷。

随后此诗复又转回到了此刻获赠的极品福建茶叶之上,在甚为不动声色地又夸赞了几句之后,苏轼以下面这一联诗句结束全诗:

> 此诗有味君勿传,空使时人怒生瘿。④

还是在乌台诗案的供词里,苏轼承认心细如发的读者会对此诗产生的阅读猜测是正确的:尽管这几句诗被掩藏于完全与政治无关的主题之下,但依然还是在痛斥那些投机取巧的新党人物。⑤

最后再举一首绝句的例子,此诗描绘的是一朵盛开于冬日的牡丹花:

---

① 据说"麦青青"出自一首佚诗,曾被庄子引用以抨击儒生:"儒以诗礼发冢。大儒胪传曰:'东方作矣,事之何若?'小儒曰:'未解裙襦,口中有珠。''诗固有之曰:"青青之麦,生于陵陂。生不布施,死何含珠为!"'"这段话听上去像是平民在为他们从贵族尸体上盗取口含之礼玉的行为所做的辩解。王先谦撰,沈啸寰点校:《庄子集解》卷七,《杂篇·外物第二十六》,北京:中华书局,1987年版,第239页。
② 《庄子集解》,《外篇·秋水第十七》,第148页。
③ 《乌台诗案》,第36页上。
④ 《和钱安道寄惠建茶》,《苏轼诗集》卷十一,第530—531页。
⑤ 《乌台诗案》,第40页下。

一朵妖红翠欲流,春光回照雪霜羞。化工只欲呈新巧,不放闲花得少休。①

这首诗当然可以只按照字面所写获得理解与欣赏,而且作为一首时代较早的吟咏牡丹花的诗歌,其实还有着极高的艺术成就。但是就在这首诗被创作出来的熙宁六年(1073),北宋的朝堂政治正处于极度分裂的新旧党争之中,故而当时没有人会放过诸如"新巧"一词背后可能会承载的特殊深意,尤其是其作者还是苏轼,而且最后一句还提到了剥夺某物应有之安闲休养,完全就是旧党诋毁王安石变法的常见表达(王安石自己曾经尝试过为"新"这个词赋予积极的内涵,但是他并没有完全取得成功)。苏轼在乌台诗案中对此同样供认不讳,直接交代了这首诗就是在批评那些残忍无情地折磨普通百姓的新党要员。②

乌 台 诗 案

像苏轼这样写作政治讽喻甚至人身攻击之诗的行为,其实在旧党士人之中并不常见,他可以说是一位孤独的、用文学手段表达政见异议的人。不仅如此,甚至连苏轼的好友也觉得他那些讽喻批评新法与新党的诗歌写得有些过激,同时也认为这种写作本身就是相当鲁莽轻率之举,苏轼实在太过无所顾忌其可能会带来的后果。根据文献记载可知,早在熙宁三年(1070)苏轼那篇反对新法的万言奏议被朝廷忽视的时候,他就时常在结束当天行政工作之后的宴饮闲谈中讥讽嘲弄新党士人,以此向席间在座的友人逗笑打趣。极擅墨竹的画家文同曾多次劝说苏轼不要这么做,但苏轼从来都置若罔闻。在苏轼离京赴杭之际,文同还特为写了一首送别诗给他,在诗中力劝苏轼到任杭州后一定要克制写诗的冲动,同时也千万不要打探最新的京城消息。当苏轼的一些作于杭州的诗歌在后来被

---

① 《和述古冬日牡丹四首》(其一),《苏轼诗集》卷十一,第 525—526 页。此诗第一句中的"翠"表明亮鲜艳之意,这种怪异的表达通常认为是苏轼使用了自己的家乡方言所致。
② 《乌台诗案》,第 32 页下—33 页上。

当作指控他的证据之时,人们才意识到文同在此刻提供给苏轼的建议是多么富有远见。① 苏轼的另一位好友黄庭坚,则结合自己的观察在写给其外甥的一封信里做出如下劝诫:"东坡文章妙天下,其短处在好骂,慎勿袭其轨也。"② 相似的评论不仅能够见于同时代的其他人笔下,还得到了一些后世评论家的附和,比如元好问与王夫之便冷酷无情地认为,苏轼自己才是唯一需要为他后来所陷入的艰难困苦承担责任的人。③

苏轼对于自己在批评议论他人之时所表现出的异乎常人之个性其实是有所自知的,他曾如此自言道:"余性不慎语言,与人无亲疏,辄输写腑脏,有所不尽,如茹物不下,必吐出乃已。"④ 几年之后,苏轼欣喜地从陶渊明诗中发现了与自己极为近似的情感态度取向,于是又复述了一遍他先前说过的话:"言发于心而冲于口,吐之则逆人,茹之则逆予,以谓宁逆人也,故卒吐之。"⑤

苏轼或许能够从发生于乌台诗案之前的一些事情中预见到自己如此为人处世的结局。熙宁七年(1074),光州司法参军郑侠上表朝廷,直陈新法给他所管辖之区域内的百姓造成了严重的灾难性后果。郑侠还将他亲眼见到的破产流民惨状绘制成图,并将此图与奏疏一道进呈朝廷。这幅流民图使神宗大受震撼,随即向王安石详细询问此事,据说郑侠的此番

---

① 叶梦得:《石林诗话》卷中,第 417 页;亦被引录于胡仔:《苕溪渔隐丛话》前集卷三十九,北京:人民文学出版社,1962 年版,第 263—264 页。
② 黄庭坚:《与洪驹父书》,黄庭坚撰,刘琳等点校:《黄庭坚全集》,正集卷十九,北京:中华书局,2021 年版。黄庭坚这段评价的知名度很高,南宋人陈善(逝世于 1160 年)就曾在其笔记《扪虱新话》里引录过。见陈善:《扪虱新话》卷六,《全宋笔记》(第四七册),郑州:大象出版社,2019 年版,第 284 页。
③ 元好问:《论诗三十首》(其二十三、二十五),《遗山先生文集》卷十一,《四部丛刊》本,第 5 页下一第 6 页上。对于这两首诗的论述,可以参见魏世德(John Timothy Wixted)《论诗诗:元好问的文学批评》(Poems on Poetry: Literary Criticism by Yuan Hao-wen),威斯巴登:兰茨·石泰出版社,1982 年版,第 173 页,179—181 页与 190—194 页。王夫之:《姜斋诗话》卷下,见《清诗话》,上海:上海古籍出版社,1978 年版,第 18 页。(陶道恕:《"乌台诗案"新勘》,载《文学遗产》1982 年第 A14 期,第 305 页。)另有一个苏轼同时代人的评价可以参看,见杨时:《龟山语录》卷二,《四部丛刊续编》本,第 2 页下(参见周紫芝:《诗谳》,《学海类编》本,第 2 页下—第 3 页上。)
④ 《密州通判厅题名记》,《苏轼文集》卷十一,第 376 页。
⑤ 《录陶渊明诗》,《苏轼文集》卷六十七,第 2111 页。

上表,还成为王安石在本年被短暂罢相的导火索。尽管如此,王安石的两位得力干将吕惠卿与邓绾还是在不久之后成功地以"擅发马递罪"问责了郑侠,并将其短暂收押进御史台的大狱。就在下一年里,刚毅勇敢的郑侠又上了一封弹劾吕惠卿的奏疏,未过多久他便在前往新一任官职的路上被御史中丞舒亶逮捕。舒亶还搜检了他的随身行李,发现了几封语涉新法之过失的与友人往来的书信。于是郑侠又一次被关进了御史台大狱,被冠以谤讪朝廷与吕惠卿的罪名。此时的吕惠卿已官至参知政事,极力奏请应该处死郑侠,但是神宗最终选择了宽大处理的方式,将郑侠流放至英州。①

苏轼的乌台诗案突发于元丰二年(1079),主要的导火索是他在到任湖州知州后按例写给朝廷的一篇谢表。苏轼在这篇谢表里提到,皇帝之所以会授予他这么一个地方官职,必然是因为深知苏轼无法理解当下的朝政事务并难以追随辅佐"新进"。②"新进"一词的意蕴与英文语境里的"暴发户"(upstarts)比较接近,带有强烈的讥贬之意,因此苏轼旋即遭到了监察御史里行何正臣的弹劾。何正臣不仅弹劾苏轼在这篇谢表里侮辱朝廷,还从苏轼的其他文字中搜集出了大量诽谤朝廷的证据,并予以如此之陈述:"况今法度未完,风俗未一,正宜大明诛赏,以示天下。如轼之恶,可以止而勿治乎?"③

另有两位御史也对苏轼提出了弹劾,他们还从本朝的刑讼档案中征引与苏轼此案同类型的审判记录,以遵照先例的理由认为苏轼应该被判处死刑。④ 舒亶从苏轼的诗集里挑出了几首讥讽新法的诗歌,其中就包括了上文讨论到的《山村五绝》与《戏子由》。除了诽谤朝廷之罪,苏轼还

---

① 郑侠事件详见《宋史纪事本末》卷三十七,第359—360页、第363页。
② 《湖州谢上表》,《苏轼文集》卷二十三,第654页。
③ 《乌台诗案》,第1页下。
④ 苏轼乌台诗案的法律相关问题的研究,参见蔡涵墨(Charles Hartman):《1079年的诗歌与政治:苏轼乌台诗案新论》(Poetry and Politics in 1079: The Crow Terrace Poetry Case of SuShih),载《中国文学》《Chinese Literature: Essays Articles Reviews》第十二辑(1990年),第18—22页。

遭到了败坏皇帝声誉而有背君臣之义的弹劾,如李定在弹劾诉状中列举的苏轼所犯之四大罪行:(1)苏轼先前就犯过诽谤诋毁朝政之罪,尽管先帝予以其宽容不咎,但他却完全没有因此悔过;(2)苏轼直至今日还在持续不断地发表傲慢自大的狂悖言论;(3)苏轼的文章尽管充满谬论,但却很容易煽动起流俗之人的情绪,从而引发骚乱;(4)苏轼明明知道目无君上地讥讪朝政是死罪,但却还是因为有恨于自己不被皇帝重用而发表污蔑诽谤新法的言论。①

元丰二年(1079)七月末,苏轼在湖州被全副武装的执法人员逮捕(他自己将此描述为"如捕寇贼"),②随后即被押解进京。

> 臣即与妻子诀别,留书与弟辙,处置后事,自期必死。过扬子江,便欲自投江中,而吏卒监守不果。到狱,即欲不食求死。而先帝遣使就狱,有所约敕,故狱吏不敢别加非横。③

苏轼的家人随后沿大运河北上,前往北宋的南京(今河南商丘)投奔苏辙。他们的这趟旅程曾被御史台的执法人员打断,因为御史台下令反复搜检苏轼的财物,看看能不能找到更多的文字罪证。苏轼家人所乘坐的船只就这样遭遇到了军船的包围,所有的财物都被官兵粗鲁而彻底地搜检数遍,无论老人还是小孩都受到了极大的惊吓。苏轼后来还将家中女眷此刻对于不在现场的自己的痛骂记录了下来:"是好著书,书成何所得,而怖我如此!"她们旋即将未被官兵抄没的苏轼所作文字尽数焚毁。苏轼后来也估算过,这段人生经历使他作于此前的文稿丢失掉了十之七八。④

被押解入京之后的苏轼,直接就被关进了御史台的大狱之中,他在此处一直被关押到最终结案,入狱时间共计四个多月。与此同时,朝廷从京城向杭州派出了一批负责调查此案的官员,他们前往杭州的任务就是全

---

① 舒亶的诉状见《乌台诗案》第2页下,李定的诉状见《乌台诗案》第5页上—下。
② 《杭州召还乞郡状》,《苏轼文集》卷三十二,第912页。
③ 《杭州召还乞郡状》,《苏轼文集》卷三十二,第912页。
④ 《黄州上文潞公书》,《苏轼文集》卷四十八,第1380页。

面搜集苏轼作于此地的诗歌（包括了苏轼与友人的唱酬诗以及作于杭州的题壁诗）。最终这些官员带着几百首苏轼的作品回到了京城，它们都在案件审理的过程中被当作了指控苏轼的证据。① 苏轼在这段被监押的期间，也曾被反复问询过这些诗文究竟有着怎样的深层意蕴。② 起初，苏轼拒不承认他的诗歌有任何的指涉朝政之处，他也矢口否认曾与朋友在往来唱酬诗中写过什么批评朝廷的内容，当然《山村五绝》是其中的一个例外。③（苏轼在案件审理之初很显然是想要尽力保全他的朋友，而《山村五绝》几乎是被审查的诗文当中唯一不会牵连到朋友的一组作品。）不过随着案件审理的推进，苏轼逐渐改变了他的申辩策略。我们有充分的理由相信，苏轼在这场审讯之中遭到了严刑拷打。苏轼自己就曾说过，他因为自度忍受不了狱卒对其的"见侵"，从而无比确信自己将会死在狱中。不仅如此，据说一位与苏轼同时被关押在御史台大狱的犯人后来曾在诗中提到，苏轼的囚室内时常传来终夜不绝的"诟辱"之声，其凄惨程度使他完全不忍听闻。④ 于是苏轼在后来一首接一首地承认了他确实在诗中寄寓了对于朝政的贬损蔑视。到了本年的十月底，也就是乌台诗案的审理阶段全部结束的时候，苏轼总共向提起诉讼的御史承认了几十首涉及讥讽批判新法的诗作。苏轼的这些自供以及御史台对他的诉状，被一同收录在了一篇就题为"乌台诗案"的文献之中而流传至今。⑤

---

① 参见苏轼《杭州故人信至齐安》一诗的自注，《苏轼诗集》卷二十一，第1091页。
② 有几首诗的审讯时间被《乌台诗案》明确标注了出来，亦有几首诗的审讯记录被完整地记载在了《乌台诗案》当中。据此可以发现绝大部分诗歌是在八月或九月被用于审讯的，此时的苏轼还没有完全承认这场指控。
③ 《乌台诗案》，第43页上一下。
④ 参见这首诗的诗题："予以事系御史台狱，狱吏稍见侵，自度不能堪，死狱中，不得一别子由，故作二诗授狱卒梁成，以遗子由，二首"，《苏轼诗集》卷十九，第998页。一同被关押的犯人名叫苏颂（他是因为另外的原因被收监于御史台，完全与此案无关），参见周必大：《记东坡乌台诗案》，《二老堂诗话》，见《历代诗话》，第667—668页。苏颂另有几首表达对于苏轼的悲惨遭遇感到同情的诗作，题作《己未九月予赴鞫御史闻子瞻先已被系予昼居三院东阁而子瞻在知杂南庑才隔一垣不得通音息因作诗四篇以为异日相遇一噱之资耳》，见苏颂著，王同策等点校：《苏魏公文集》卷十，北京：中华书局，1988年版，第129—130页。
⑤ 《乌台诗案》的现存版本据说是抄录自御史台所保存的此案之诉状与供状的档案。南宋前期士人周必大已对此案的版本来源做了考察与辨析，见《记东坡乌台诗案》，《二老堂诗话》，第667—668页，据称此案的文本是由一位名叫朋九万的人编辑厘定。不过南宋时（转下页）

就弹劾起诉苏轼的一方而言，他们在乌台诗案的起诉与审理过程中其实做出了不少偏激与过度阐释之举。例如在一篇弹劾苏轼的奏疏中，弹劾者声称从苏轼为友人的郊野园林所写的一篇记文里发现了诽谤朝政的内容。苏轼在这篇记文里友好地称赞了这座私家园林的极佳选址，指出正因为这座园林建于离开封不是那么遥远的灵壁（今安徽宿州灵壁），所以友人的家族后人才能既有入朝为官之便，又不废悠游山林之乐。不过苏轼同时也提到，绝大多数的古人不得不在出仕为官与归隐山林之间做出非此即彼的选择："古之君子，不必仕，不必不仕。必仕则忘其身，必不仕则忘其君。"相较之下，这座园林的主人显然做出了更为称心适意的仕隐选择。① 国子博士李宜之对此做出了令人难以置信的阐释，他认为这几句话充分反映出苏轼既无尊君之义，又亏大忠之节。②

在乌台诗案的起诉与审理过程中，还存在着比李宜之所论更加牵强附会的指控，这些指控甚至还对案件进程起到了重要影响。苏轼曾经写过两首诗，描绘的是杭州友人王复种在其宅第之外的一对桧树。其中的一首提到了这两棵桧树凌云高大的凛然之姿，苏轼由此想象它们应该有着同样笔直虬长的树根，并将其认作是王复正直耿介之人品的写照，故而写出了这一联诗句：

根到九泉无曲处，世间惟有蛰龙知。③

（接上页）期其实流传着不止一种的《乌台诗案》版本（不同版本间互有内容详略上的差异），这些版本的源头以及它们与朋九万编辑本的关系目前尚不明确。参见永瑢等撰：《四库全书总目》卷六十四，北京：中华书局，1965年版，第571页。尽管周紫芝《诗谳》的内容较为残缺，但其依然相当有参考价值，因为是书抄录了所有被交付审讯的苏轼诗歌。

关于《乌台诗案》版本源流以及与此案相关的法律、历史问题的探究，详见蔡涵墨（Charles Hartman）：《1079年的诗歌与政治：苏轼乌台诗案新论》，第15—44页。另有两种现代研究文献值得参考：陶道恕：《"乌台诗案"新勘》，载《文学遗产》1982年第A14期，第290—317页；王学泰：《从"乌台诗案"看封建专制主义对宋代诗歌创作的影响》，载《文学遗产》1983年A16期，第198—220页。关于苏轼政治讽喻诗的研究，参见横山伊势雄：《苏轼的政治批判诗》，载《汉文学会会报》第31号，第26—39页（1972年）。

① 《灵壁张氏园亭记》，《苏轼文集》卷十一，第369页。
② 《乌台诗案》，第4页上一下。
③ 《王复秀才所居双桧二首》（其二），《苏轼诗集》卷八，第413页。

据说宰相王珪曾拿着这两句诗在神宗面前批评苏轼道:"陛下飞龙在天,轼以为不知己,而求之地下之蛰龙,非不臣而何?"不过神宗断然否决了这番牵强附会的强行阐释,直接回答道:"诗人之词安可如此论?彼自咏桧,何与朕事?"①

在某些情况下,苏轼自己也会出于各不相同的原因对其诗歌做出过度而牵强的阐释,尤其在他决定认罪之后,更开始肆意无度地这样做。此刻的苏轼,甚至会将其诗中那些相当正常且传统的提到朋友穷困潦倒或者未被欣赏的语句,也供认为幽微寄寓了自己对于朝政的不满。② 比如他在某次酒宴上曾写过一联诗,内容是在座的诸位无论是谁言及了时事,都必须被罚饮一杯酒。这看似完全风马牛不相及的诗句也被苏轼明确肯定为寄寓了他对于新法的不满。③ 苏轼这么做似乎是出于这样的原因,他觉得如果想要增加自己以及被牵连的朋友获得宽大处理的机会,或许也就只有积极配合御史台的调查甚至不惜自我指控这一条路了。

无论哪一方的过度阐释都不能分散掉我们对于一个核心问题的关注,即执政的新党群体被苏轼对他们所推行的新法及其个人操守的批评给激怒了。在被印刷出版并广泛流传的诗歌中,苏轼讽刺挖苦了新法的"逐利",把新党士人的言论比作蛙鸣与蝉鸣,记录了地方官员以严刑拷打的方式向民众征税,以及描述了消失许久的城外抛尸现象又重新出现。④ 更为严重的是,苏轼还在连续不断地写作类似的新诗,丝毫没有停下来的迹象。

---

① 叶梦得:《石林诗话》卷上,第 410 页;亦被引录于胡仔:《苕溪渔隐丛话》前集卷四十六,第 312 页。亦可见商辂编撰:《御批资治通鉴纲目选编》卷七,《景印文渊阁四库全书》本,第 46 页下。另一则关于此诗的轶闻则见胡仔:《苕溪渔隐丛话》后集卷三十,第 223 页上。
② 《寄刘孝叔》,《苏轼诗集》卷十三,第 633—637 页。(《乌台诗案》,第 18 页上);《答黄鲁直》(其一),《苏轼文集》卷五十二,第 1531—1532 页(《乌台诗案》,第 22 页上)。
③ 《乌台诗案》,第 25 页下。
④ 蝉鸣与蛙鸣的比喻见《送曾子固倅越得燕字》与《张安道见示近诗》二诗,《苏轼诗集》卷六,第 246 页;卷十七,第 874 页(《乌台诗案》,第 33 页上—34 页上,第 27 页下—28 页上);官吏答民的记录见《送钱藻出守婺州得英字》,《苏轼诗集》卷六,第 242 页(《乌台诗案》,第 25 页下);城外抛尸事见《次韵刘贡父李公择见寄二首》(其二),《苏轼诗集》卷十三,第 647 页(《乌台诗案》,第 28 页上—下)。

在多年之后的元祐时期，苏轼又一次受到了以诗文诬妄君上的弹劾。这一次他完全相信对自己的指控是毫无事实根据的，故而在自辩表疏中如此真情实感地提到了先前发生的乌台诗案："其后臣屡论事，未蒙施行，乃复作为诗文，寓物托讽，庶几流传上达，感悟圣意。而李定、舒亶、何正臣三人，因此言臣诽谤，臣遂得罪。然犹有近似者，以讽谏为诽谤也。"①苏轼在后来的这场弹劾中所感受到的不公令他觉得，当初李定等人在元丰二年（1079）对他提起的控诉多多少少还有些依据可言。②

事实上，在北宋之前的各个朝代里，存在着大量的利用诗歌表达政治不满情绪的先例。当苏轼决定写下这些饱含朝政批判的政治讽喻诗的时候，他的脑海中完全可以浮现出一条能够从唐朝一直追溯到《诗经》的此类诗歌写作传统。唯一难以找到前代先例的就是当下正在进行着的激烈党争，而且像苏轼这样拥有杰出文学才能的士人还站在了反对朝政的一方。正因为苏轼在诡谲多变的朝政局势中始终坚持写作坦率直言的政治讽喻诗，所以他才会受到如此严厉的惩罚。李定等人很明显是想把苏轼树立成一个典型的反面案例，以此恐吓威胁反对者，从而迫使他们保持沉默。数年之前，该手段已经在郑侠身上被用过一次，但效果并不能令他们感到满意。在王安石变法之前，北宋士大夫相当自豪于本朝对于直言进谏的宽容，我们已经从苏轼论说台谏的文字中看到过这种心态（"自建隆以来，未尝罪一言者"），而与之类似的表达在其他士大夫的笔下也比比皆是，③于是士大夫逐渐习惯了放心大胆地将自己的内心所想陈述出来。而且在朝为官的士大夫被指控为妄议朝政是一回事，地方官员因其广为流传的政治讽喻诗而被问罪则完全是另一回事。可见北宋的朝堂政治氛围在变法时期发生了剧烈的变化，但是像郑侠与苏轼这样的人却还是秉持先前的精神立身行事，再加之王安石及其新党士人并没有打算通过温

---

① 何正臣是元丰二年（1079）另一位不遗余力地弹劾苏轼的御史。（此人很容易与上文提到的何大正混淆起来。）
② 《乞郡札子》，《苏轼文集》卷二十九，第829页。
③ 详见欧阳修：《与高司谏书》，《欧阳修全集》，《居士外集》卷十七，第58页。

和宽容的方式实现他们"一风俗"(此词出现在何大正弹劾苏轼的诉状之中)的理想,从而郑侠与苏轼才会相当不幸又首当其冲地成为新的政治形势里第一批被打击的对象。对于苏轼来说,还存在着一个相当不利于他的特别因素,这便是清代学者赵翼所指出的新兴印刷出版技术。① 当权者迅速意识到印刷出版使得潜在于文字之间的批评力量被显著地放大出来,哪怕是诗歌也同样会如此。

在乌台诗案中,自然还存在着维护营救苏轼的一方。就在苏轼入狱后不久,张方平与范镇就上表神宗,请求赦免苏轼。② 二人认为,尽管苏轼或许确实写下了一些考虑欠妥的诗句,但这些诗句并不至于要让他遭到如此严重的指控。当然了,苏辙也在上表皇帝为他的兄长求情,并表示自己愿意代替他接受惩罚。③ 更为重要的是,甚至连包括宰相吴充、王安礼(王安石之弟)在内的一些重要新党士人也向神宗表示,这场对于苏轼的指控并非明智之举。他们认为如果神宗坚持要杀苏轼,那么他将给后世留下一个既不能容忍异议又不能容才的形象。④ 据说身患重病的太皇太后曹氏在本年十月也为身陷囹圄的苏轼求过情。她在神宗面前将苏轼此案评价为一场莫须有的迫害,并充满忧伤地回忆起他的夫君(仁宗)在二苏兄弟高中进士之后异常高兴地对她说,他为子孙选拔到了两位宰相。未过数日,这位谥号"慈圣光献皇后"的太皇太后便去世了。⑤

无论如何,出于一些目前尚难明悉的原因,神宗皇帝最终决定饶恕苏轼。在本年的十二月末,朝廷正式发布了乌台诗案的最终判决,苏轼终免

---

① 赵翼:《瓯北诗话》卷五,北京:人民文学出版社,1981年版,第64—65页。
② 张方平:《论苏内翰》,《乐全集》卷二十六,第16页上—18页上。范镇的奏疏见载于《续资治通鉴长编》卷三百零一,第7334页。张方平的奏疏亦见载于此。
③ 苏辙:《为兄轼下狱上书》,《栾城集》卷三十五,第778页。
④ 《续资治通鉴长编》卷三百〇一,第7336页;颜中其在《苏东坡轶事汇编》辑录此事的条目下注引文献来源为吕希哲的《吕氏杂记》,详见《苏东坡轶事汇编》,第59—60页。不过笔者在《四库全书珍本集刊》本《吕氏杂记》中并没有找到这段内容。译者按,李焘于《续资治通鉴长编》中以小字注文的方式记载了吴充援救苏轼之事,并注云本自吕本中的《杂说》。颜中其在辑录此事的时候当是本之《长编》所载的文本,并将吕本中的《紫微杂说》与吕希哲的《吕氏杂记》弄混。不过在今传本《紫微杂说》中,亦不见这段被《长编》征引的吴充援救苏轼的故事。
⑤ 《宋史》卷二百四十二,第8622页。

一死,被贬至长江中游的荒僻城市黄州。尽管他还是被授予了一个"黄州团练副使"的职衔,但却被严令不得签书公事。这样的判决并非御史期待中的惩罚,但也足以称得上严苛。三位与苏轼过从最为紧密之人也都被贬谪到了偏远州郡,他们是苏辙、王诜与王巩。另有包括张方平、范镇与司马光在内的二十五人因收到过苏轼讥讽诽谤朝廷的诗文而受到牵连,分别被责以相应数量的罚铜。

在接下来的几年间,苏轼曾随手记下了他通过斋戒获得的一些领悟。这则文字虽然看上去随意散漫,但却饱含着苏轼对于这场诗案给他带来的深刻人生影响的思考。苏轼在其间提到,他一向不喜欢杀生,但因为自己酷嗜吃蟹蛤,故而也免不了干过杀生以食的事情。但是自从他经历了乌台诗案,便从此不复杀一物。苏轼还进一步解释了此举的原因:"非有所求觊,但以亲经患难,不异鸡鸭之在庖厨,不忍复以口腹之故,使有生之类,受无量怖苦尔。"①

尽管乌台诗案带给了苏轼如此巨大的人生惊惧,但他依然会时不时地写下未经思虑的放言诗句。在贬谪黄州之初,苏轼重逢了旧相识陈慥,他是苏轼在签判凤翔时的长官陈希亮的儿子。陈慥向苏轼出示了一幅自己收藏的《朱陈村嫁娶图》,这个村子坐落于苏轼几年前做过知州的徐州郊外。苏轼特别为此图题写了两首诗,第一首诗复述了图中所绘的田园牧歌之景,这是士人传统观念里无比向往的平淡与美好。但苏轼在第二首诗里却谈及了当下正在发生的事情:

　　我是朱陈旧使君,劝农曾入杏花村。而今风物那堪画,县吏催租夜打门。②

就是这样的诗歌,差点让苏轼丢掉了性命。

---

① 《书南史卢度传》,《苏轼文集》卷六十六,第 2048 页。
② 《陈季常所示朱陈村嫁娶图》(其二),《苏轼诗集》卷二十,第 1030—1031 页。

第三章　苏轼的知识论与自我论

王安石变法不仅剧烈震荡着北宋中后期的政坛,同时也对那个时代的哲学思想界产生了深刻的影响。在全面对抗新法这个主要目标的推动下,苏轼的哲学思想在熙宁三年(1070)至元符三年(1100)这三十年间逐渐发展成熟,并引领出了一个宋代新儒学的重要流派。换句话说,苏轼并不满足于只是用奏疏文章批评新法,或者是通过诗歌讽刺新法背后的那个人,他也想参与进哲学领域的新旧论争之中,从而批判王安石的一些思想观念,并提出富有针对性的个人意见。苏轼最初是通过短文的形式(杂文、序跋以及尺牍)着手此事,后来又逐渐换以注疏儒家经典的形式。苏轼的某些哲学观点表达最初可以追溯到他在嘉祐六年(1061)所撰的贤良进卷,但这些文章并不同于他在日后发展出的更具抱负且全面完备的哲学思想体系,主要还是局限在治国理政的经纶主题之上。不过,苏轼在这个阶段所做的相关论述还是鲜明地呈现出了他的哲学思想的重要特色:其有着丰富驳杂的关注兴趣,时常会讨论到一些与世俗生活无关的问题,但却又总是能够回到苏轼正在应对的当下现实问题之上,而读者也能够很容易地察觉到这二者之间的密切关联。我们将在本章首先探究广泛存在于苏轼熙宁年间所撰文章中的一个显著突出的写作主旨或基本观点,然后再转入他在注疏《周易》与《尚书》之时发展成熟起来的核心哲学思想理念。

日　喻

生而眇者不识日,问之有目者。或告之曰:"日之状如铜盘。"扣盘而得其声。他日闻钟,以为日也。或告之曰:"日之光如烛。"扪烛而得其形。他日揣籥,以为日也。日之与钟、籥亦远矣,而眇者不知其异,以其未尝见而求之人也。道之难见也甚于日,而人之未达也,无以异于眇。达者告之,虽有巧譬善导,亦无以过于盘与烛也。自盘而之钟,自烛而之籥,转而相之,岂有既乎! 故世之言道者,或即其所见而名之,或莫之见而意之,皆求道之过也。然则道卒不可求欤? 苏子曰:"道可致而不可求。"何谓致? 孙武曰:"善战者致人,不致于人。"①子夏曰:"百工居肆以成其事,君子学以致其道。"②莫之求而自至,斯以为致也欤? 南方多没人,日与水居也,七岁而能涉,十岁而能浮,十五而能浮没矣。夫没者,岂苟然哉,必将有得于水之道者。日与水居,则十五而得其道。生不识水,则虽壮,见舟而畏之。故北方之勇者,问于没人,而求其所以没,以其言试之河,未有不溺者也。故凡不学而务求道,皆北方之学没者也。昔者以声律取士,士杂学而不志于道。今者以经术取士,士求道而不务学。渤海吴君彦律,有志于学者也,方求举于礼部,作《日喻》以告之。③

55 这篇文章应该是苏轼最为简明扼要地讨论阐发"道"的文字。在此文的结尾,苏轼的关注点从形而上的哲学论题陡然转至吴彦律当下正在面对的具体现实事务,读者可以从中看到苏轼是如何从哲学思想的层面对于王安石科举改革提出异议的,而且其间的相关内容几乎都没有在他撰于熙宁二年至四年间的奏疏当中出现过,这意味着苏轼对于新法的抨击已经上升到了一个新的层次。此刻的苏轼仍然坚定地反对新法,但他的反对已经获得了一个颇具体系的哲学思想的支撑,现在的他不再逐一地抨击王安石变法的各项具体措施。同时,在背后支撑起苏轼之反对立场的更宏观更抽象的哲学思想,也不再仅仅是那些传统的儒家观念。

在几乎任何的其他文字中,苏轼都用类似本文的这种近乎苛责的话

---

① 孙武撰,曹操等注,杨丙安校理:《十一家注孙子校理》卷中,北京:中华书局,1999年版,第106页。
② 《论语义疏》卷十,《子张第十九》第7则,第500页。
③ 《日喻》,《苏轼文集》卷六十四,第1980—1981页。

语来形容过去之人的为学方式("杂学而不志于道")。但是对于苏轼来说,相比于占据目前主导地位的为学之法,这种为学方式其实是更为可取的。那么过去之人的杂学究竟是在学些什么呢?苏轼于另一篇文章里列举了一个包括"天文、地理、音乐、律历、宫庙、服器"等在内的学习内容清单,并将之总结概括为"《春秋》之所去取,礼之所可,刑之所禁,历代之所以废兴,与其人之贤不肖"。[①] 据此可知,我们必须谨慎地解释上引《日喻》一文中的游泳譬喻,其并非在简单地讨论深思熟虑与草率鲁莽之间的差异。苏轼作此譬喻的关键旨趣其实在于,他想要说明技能或者说"道",既不能以直截了当的方式习得,也不能通过反复思考的方式(即日喻之所指)获取。文中提到的那个学习游泳的北方人之所以会溺水,正因为其仅仅在不断地获取与游泳相关的理论知识,但却并没有致力于掌握实际的游泳技巧。

对于新学以及其他哲学思潮的批判

当我们谈及王安石的时候,首先会想到的便是他那规模宏大又雄心勃勃的变法。于是如果我们用有着悠久传统的经典儒家命题——内外之辨——来给王安石定性的话,那么自然会认为他所偏爱的人生选择一定是后者,毕竟这也正是为数虽非极多但也确实不少的旧党士人对于新法的重要斥责点之一。王安石确实较为忽视内在道德与儒学信仰所具备的感化世道人心的能力,他反倒更倾向于依靠诸如政令、法律以及制度等外在力量以改造世风,因此他才会被许多人批判为法家。但是所有的对于王安石学术思想的论述都存在着不同程度的严重误解,也正是这些误解使得我们无法准确理解苏轼所提出的另一种愿景。

虽然王安石将大量的心血倾注在了重构帝国的政治经济制度上,但当他在论及圣人或君子(也就是那些将被委任为监督并推行新法之人)

[①] 《盐官大悲阁记》,《苏轼文集》卷十二,第387页。

的时候,还是着重强调了内向的求道之径。实际上,王安石也曾指出过,是否选择这种内向的求道路径恰恰就是区分圣人与俗众的标志:"圣人内求,世人外求。内求者乐得其性,外求者乐得其欲。"①

想要在今日复述王安石的哲学观点,是一项非常困难的任务。② 随着王安石变法被谴责为造成靖康之耻的罪魁祸首,绝大多数的王安石学术论著便开始逐渐地散佚,其间包括了他对于儒家经典的注疏(这些注疏一度成为科举考试的官方指定用书)以及他在佛教与道教方面的著作,③只有很小的一部分内容因被他人论著征引而流传至今。除此之外,尽管王安石的文集收录了五十篇讨论哲学议题的文章,但绝大多数大概写于他初入宦途的时候(至少在他拜相之前)。④ 有幸保存至今的相关文字并不能完整地呈现王安石哲学思想体系的大致样貌,而且我们还会发现其中存在着不少充满矛盾的论述。不过这些有限的材料依然足以让我们明确地看到存在于王安石与苏轼之间的关键性思想观念分歧,以及对此展开详细的探讨。

王安石曾在一封写给友人的信中尝试利用佛教术语解释他对于知觉与内识的理解。这位朋友曾在此前向王安石提出过"色"是万事万物之存在基础的观点,故而王安石特地修书回应,认为"色"仅仅解释了事物的可视一面:

---

① 王安石:《礼乐论》,《王安石文集》卷六十六,第1150页。
② 本书对于王安石哲学观点的论述,主要参考了两种重要的先行研究,分别是:侯外庐:《中国思想通史》(第四卷上册),北京:人民出版社,1959年版,第420—469页;马振铎:《政治改革家王安石的哲学思想》,武汉:湖北人民出版社,1984年版,第90—163页。柯昌颐的研究虽然成书时间较早,但依然也有一定的参考价值,详见柯昌颐:《王安石评传》,上海:商务印书馆,1947年版,第193—238页。另外本书还参考了罗文(Winston W. Lo):《王安石与儒家的内圣思想》(Wang Anshi and the Confucian ideal of "inner sageliness"),载《东西方哲学》(Philosophy East and West)第26卷第I期,第42—53页(1976);麓保孝:《北宋儒学的发展》,东京:东京书籍出版社,1967年版:351—428页;漆侠:《王安石变法》,第70—93页;包弼德:《斯文:唐宋思想的转型》,第212—253页。
③ 侯外庐详细考订了王安石现存与已佚的全部著作,参见侯外庐:《中国思想通史》(第四卷上册),第441—448页。
④ 这些文章大多被威廉森(H. R. Williamson)翻译成英文,见威廉森(H. R. Williamson):《王安石:一位中国的政治家与教育家》(Wang An-shih: A Chinese Statesman and Educationalist)第二卷,伦敦:普洛赛因出版社,1935—1937年版。

得书说同生基,以色立,诚如是也。所谓犹如野马,熠熠清扰者,日光入隙,所见是也。众生以识精冰合,此而成身。众生为想所阴,不依日光,则不能见。想阴既尽,心光发宣,则不假日光,了了见此。此即所谓见同生基也。①

这段话相当地艰涩难懂,其间所使用的术语概念所指也不是特别地清晰,但是我们还是可以很明显地从中看到,王安石充分相信存在着一种内在的智识与灵性(即"心光"),其蕴藏着十分强大的力量,就算在一片黑暗之中,也能清澈澄明地察觉并认知万事万物。然而这种智识心光虽然普遍存在于众人的心内,但大多数人的心光都被沉思与烦忧给彻底地遮蔽了(即"想阴"),大概只有极少数的一部分人能够冲破此障,成功地将自我的心光"发宣"出来。

在另一篇文章中,王安石讲述了一位农夫方仲永的故事。当方仲永只有五岁的时候,他就可以在尚未学习读书写字的情况下出口成诗,对此王安石总结道:"仲永之通悟,受之天也。其受之天也,贤于材人远矣。"②正因为王安石在文中留下了这段观察思考,故而这篇文章就不仅仅是一则奇人异事的记录,还可以被视作他坚信存在着至高智识的明证。在王安石看来,这种至高智识是先于感官认知的存在,而且也不依赖于世俗生活的经验。在谈论孔子为何会将"非礼勿视"或"非礼勿听"等行为等同于"仁"的时候,王安石如此评述云:"(圣人)其守至约,其取至近,有心有形者皆有之也。"③此处所论显然已经涉及了"性"的问题,故而王安石在下文进一步地引申出了这段论说:

不听之时,有先聪焉;不视之时,有先明焉;不言之时,有先言焉;不动之时,有先动焉。圣人之门,惟颜子可以当斯语矣。是故非耳以为聪,而不知所以聪者,不足以尽天下之听;非目以为明,而不知所以

---

① 王安石:《答蔡天启书》,《王安石文集》卷七十三,第1278—1279页。
② 王安石:《伤仲永》,《王安石文集》卷七十一,第1238页。
③ 王安石:《礼乐论》,《王安石文集》卷六十六,第1151页。

明者,不足以尽天下之视。聪明者,耳目之所能为;而所以聪明者,非耳目之所能为也。①

类似的议论还反复出现在这篇文章的其他段落里:"不听而聪,不视而明,不思而得,不行而至,是性之所固有,而神之所自生也。"②

在上面的这些引文之中,我们可以看到王安石对于"圣人内求,世人外求"观念的坚持。尽管他在不同的文章里会对具体的阐释方式甚至所用的核心术语予以一定程度的变化,但他的基本选择倾向始终是一致的。在另一篇文章里,王安石首先提出"性"就存在于"物"之中,由此他进一步认为,只要能够向内探究明白存在于"物"中的"性",那么天下的至理便可以随之了然:"为学者,穷理也。为道者,尽性也。性之在物谓之理,则天下之理无不得。"③这个观点具体说来便是:既然理不过是世间万物之性,那么只需要通过内省与"尽性"的简单操作,就可以实现穷理的终极追求。

在一篇讨论《尚书·洪范》的文章中,王安石提出了另一种明道成圣的方式,其间有着不少颇为值得关注的内容。王安石根据对道的不同理解程度将世人划分成三个等级:百姓、君子以及"天下之至神"。只有"天下之至神"才具备理解或领悟宇宙运行规则之"神"与"精"的能力,这也使其能够做到按照"道"的准则主导世间万物的发展与变化。如果我们仔细深究"天下之至神"是如何获得这种理解领悟道的能力,那么便会发现其采用的是一种完全近乎精神戒律的法门:首先需要不断地专注与集中自己的心志,直到其最终达到"一"的境界(所谓的"一",是一种神秘的和谐状态,也是最为首要的道之概念)。当达成了这个目标之后,世间的至高真理便可以直截了当地被人所获知,也就不再需要从外在事物之中

---

① 王安石:《礼乐论》,《王安石文集》卷六十六,第 1151 页。
② 王安石:《礼乐论》,《王安石文集》卷六十六,第 1150 页。我主要参考了葛瑞汉(A. C. Graham)的意见,在文中始终用 daimon 或 daimonic 翻译"神"。因为汉语中的"神"既可以指称宇宙中高于人类的力量与智慧,同时也可以指称人类与生俱来的、分享这种宇宙力量的能力。
③ 容肇祖:《王安石老子注辑本》,北京:中华书局,1979 年版,第 43 页。

寻觅可供借助或依凭的中间媒介力量了。

> 由于道、听于命而不知者,百姓也;由于道、听于命而知之者,君子也。道万物而无所由,命万物而无所听,唯天下之至神为能与于此。夫火之于水,妻道也,其于土,母道也。故神从志,无志则从意。志致一之谓精,唯天下之至精为能合天下之至神。精与神一而不离,则变化之所为在我而已。是故能道万物而无所由,命万物而无所听也。①

这里还需要讨论一下王安石对于性情关系的看法。王安石留下了好几则反对"性"非善亦非恶的文字,撰写过几篇论述"情"为"性"之本的文章,也发表过无论"情""性"皆可以导致人们做出善举或恶行的言论。②(王安石在这些论说中所持的立场,完全能够让人联想起苏轼对此问题的观点。)然而具体的情况其实非常复杂难解,因为王安石还在不少文章中反复强调孟子人性本善之说的正确性,③其中有几篇还有着更进一步的论述,相对委婉地暗示出"情"才是人与生俱来的邪恶、危险或者不受欢迎的部分。王安石这番如此明确的观点表达,是苏轼从来不曾说过的,王安石尤其容易在思考"性"与"欲"之关联的时候说出这样的观点,而且还会同时指出,向外求道的世人往往并不在意是否能够真正地明道,他们追求的仅仅是满足自我欲望而已。对此王安石这样论述道:

> 养生以为仁,保气以为义,去情却欲以尽天下之性,修神致明以趋圣人之域。④

---

① 王安石:《洪范传》,《王安石文集》卷六十五,第1125页。
② 参见王安石的三篇文章,《性情》《原性》以及《性说》,《王安石文集》卷六十七,第1169—1170页;卷六十八,第1187—1189页;卷六十八,第1189—1190页。
③ 该观点由夏长朴提出,主要依据是王安石的一篇题作《性论》的文章。该文未被《临川先生文集》收录(《王安石文集》集外文二,第1818—1820页)。夏长朴认为此文是王安石在熙宁九年(1076)罢相之后所作,他在文中改变了其早年间的哲学思想观点。见夏长朴:《王安石思想与孟子的关系》,载王德毅编:《纪念司马光王安石逝世九百年学术研讨会论文集》,第315—317页。
④ 王安石:《礼乐论》,《王安石文集》卷六十六,第1150页。

去情却欲,而神明生矣。①

可见在王安石看来,情与欲最主要的问题就是二者会将人们的注意力向外转移到物质与感官的世界,然而终极的智识或明德却只能从内在领域,也就是"性"的领域,被找到并发明出来。

王安石的哲学思想也许很难被完整地重现,或者得到全面的理解,但是如果要评估其对于科举考试以及因变法而新兴的学术思潮的影响,则相对来说问题不大。熙宁四年(1071),王安石的科举改革方案被正式推行。我们在上一章里已经论述过,王安石全面修改了科举考试的形式,进士科不再试诗赋,儒家经典成为最重要的考察内容。考生需要详细作答就经文"大义"而出的试题,同时还需要撰写规定主题的对策或政论文章。王安石之所以要对科举考试做出如此的改革,主要是因为他想要选拔出"通经有文采,不但如明经、墨义,粗解章句而已"的举子。② 与此同时,重在记诵经文的明经科与其他各种考试科目——诸科皆被停废。王安石还极为大胆地宣布进士科考试不再考《春秋》一经,据说这是因为他觉得这部儒家经典毫无价值可言,甚至将其贬斥为"断烂朝报"。③

但是这些改变对于王安石而言还不够,因为他发现在进士科的试卷中,还是大量充斥着各不相同的经义解释:

今人材之少,且其学术不一,异论纷然,不能一道德故也。④

古者一道德以同天下之俗,士之有为于世也,人无异论。今家异道,人殊德,又以爱憎喜怒变事实而传之。⑤

---

① 王安石:《礼乐论》,《王安石文集》卷六十六,第1152页。
② 《续资治通鉴长编》卷二百二十,第5334页;参见《宋史纪事本末》卷三十八,第372—373页。
③ 《宋史纪事本末》卷三十八,第371页。关于王安石的《春秋》观,以及他究竟有没有如此评价过这本儒家经典,可以参见刘子健:《宋代中国的改革》,第30—33页。
④ 《宋史纪事本末》卷三十八,第372页。
⑤ 王安石:《答王深甫书》(其二),《王安石文集》卷七十二,第1263页。

熙宁六年(1073),为了消除"异论",王安石在神宗的全力支持下设立了经义局,①由他本人、吕惠卿以及其子王雱总领其事,并聘任了一些年轻学者以作襄助。经义局最重要的任务就是纂修《诗经》《尚书》以及《周礼》这三部儒家经典的官方标准训释,因为这三部书在王安石的政治思想体系当中被认作最为重要的儒家经典。不过到了次年王安石迫于反对声音而短暂罢相的时候,三经经义的纂修工作尚未全部完成,故而王安石父子回到金陵之后,便将全部身心都投入了这项未竟事业之上。又过了一年,就在王安石重新拜相之际,他彻底完成了这三部经典的训释工作,并向朝廷进呈了最终的成果,同时还再次向神宗皇帝强调了正确的经义训释对于维系国家秩序所能起到的至关重要的作用:"窃以经术造士,实始盛王之时;伪说诬民,是为衰世之俗。"②王安石亲自撰写了《周礼》的经义训释,而《诗经》与《尚书》的训释则由王雱负责,三部书最终被统一命名为《三经新义》,交付国子监刊板印行。一个月后,印制完成的《三经新义》便被颁赐给太学与地方的诸州府学,成为科举考试的官方指定教材与唯一标准。

王安石对于改革学术思想的努力在他熙宁九年(1076)被彻底罢相之后并未停止,只不过他将精力转到了小学研究之上,开始着手撰写一部名为《字说》的文字学著作。元丰五年(1082),王安石将撰写完成的《字说》进呈朝廷,此书与《三经新义》互为依傍补充,共同构成了王安石学术思想的核心内容。这个由王安石开创并主导的宋代新儒学流派,被称为"新学"或"荆公新学"。不过这本《字说》同样也遭到了散佚的命运,只剩一些断简残篇留存至今。

《字说》一书的理论基础至少包括了如下三个理念:(1)汉字并不是人类主观设计出来的人为符号系统,而是圣人象天法地的产物。(2)正因为汉字的起源是这样的,所以每个汉字的所有偏旁(部件)都有其特殊

---

① 《续资治通鉴长编》卷二百四十三,第5917页。
② 王安石:《除左仆射谢表》,《王安石文集》卷五十七,第1005页。

的意义,同时各个偏旁(部件)之间的组合关系也承载着特定的意蕴。而这些意义内涵的叠加与总和,便是这个字的意蕴所指。(3)厘清揭示汉字的真实意蕴,并确保正确的字义能够被天下所有的学者认可采纳,是一项作用与意义完全不亚于在帝国全部疆域内"一道德"的重要学术任务。①

汉字系统承载并体现着天地万物的组成方式与运行原理,这当然是一个源远流长的古老理念。但是笔者深信,在王安石之前并没有别的学者会像他这样坚信仓颉见鸟迹而造字的传说。正如罗文(Winston Lo)指出的那样,王安石将所有的汉字都认作是按照会意之法造出的,从而他才会对每一个字都予以详细的表意分析。诚然,一个由会意之法造出的汉字,确实每一个部件都有特定意蕴的承载,而这个字的所指意义,也确实是其所有偏旁部件意蕴的叠加总和。② 然而会意事实上只是汉字的六种基本造字法中的一种,而且由会意之法造出的汉字在全部汉字中的占比,也相当之少。

毫不夸张地说,王安石的文字学观念使得他的"字说"常常充斥着不着边际的想象。下面列举的几个例子便是如此:

姜(薑)。姜能彊御百邪,故谓之姜(薑)。

富。同田为富。

贫。分贝为贫。

蛤蟆。虽或遐之,常慕而反之。③

从宋代至今,王安石文字学研究当中这类望文生义的谬误一直都受到学

---

① 王安石:《进字说表》《熙宁字说序》,《王安石文集》卷五十六,第984—985页;卷八十四,第1464页。参见侯外庐:《中国思想通史》(第四卷上册),第445—446页。
② 罗文(Winston W. Lo):《王安石与儒家的内圣思想》,第48—49页。
③ 王安石撰,张钰翰辑录:《字说》,王水照主编:《王安石全集》(第一册),上海:复旦大学出版社,2017年版,第218页、第234页、第209页、第217页。译者按:本书英文原著引录的《字说》文本,皆转引自何昌颐:《王安石评传》,第241—247页。故英文原著对于"蛤蟆"一条的征引,本之的是《本草纲目》窜增他文的摘引文本:"俗言蛤蟆怀土,取置远处,一夕复还其所。虽或遐之,常慕而反,故名蛤蟆。"

者的讥笑讽刺。

尽管如此,王安石的这本《字说》仍然意义非凡。这不仅是因为此书在北宋余下的岁月间对学术研究产生了极为深远的影响,也因为此书的内容能够反映出其作者的思维与见解。如本章所述,《字说》是王安石探索穷理明道之法的第四步,也是最后一步。在拜相之前,王安石更多地是通过写作文章的方式提出这样的观点:至高真理往往与"性"紧密关联,且其能够通过内省的方式被发掘获取。得参大政之后,他便通过改革科举的方式让学者将精力集中在能够体现这些至高真理的经典文本上,同时也以同样的改革科举手段确保学者不会再因为从事文学工作的需要而不得不分散自己的精力。随后,他又通过亲自训释核心儒家经典的方式指引学者全面接受自己所认可的经义学说,并以此禁锢其他所有的异议。最后,王安石几乎将儒家经典也一并摒弃,转而尝试证明至高真理甚至可以承载于一个个独立的汉字之中。我们可以从王安石的女婿蔡卞那里得知,《字说》代表了王安石的学术巅峰,因为王安石是"以天地万物之理,著于此书"。①

生活于12世纪的金朝学者赵秉文曾经指出:"自王氏之学兴,士大夫非道德性命不谈。"②这正是苏轼在《日喻》一文中所抨击的学术思潮转变。在"道""性"以及"天理"能够仅凭钻研几种经典文本(即王安石所训释的三部儒家经典及其所著之《字说》)即可获得洞悉的观念下,学者也就没有必要具备任何的"杂学"素养,因此历史研究(比如《春秋》之学)可以被省废,文学能力(比如试帖诗)也变得不再重要。这些变化全都是苏轼所反对的,因此他将王安石的新学比拟为那位盲人,虽然想要知晓太阳是什么,但其仅仅依靠他人片面而错误的比类获得认知,从而只能与事实的真相越来越远;他亦将王氏新学比拟为北方之人学习游泳的方式,仅

---

① 晁公武撰,孙猛校证:《郡斋读书志校证》卷四,上海:上海古籍出版社,2011年版,第165页。
② 赵秉文:《性道教说》,见赵秉文:《闲闲老人滏水文集》卷一,《四部丛刊》本,第4页下。参见徐远和:《洛学源流》,济南:齐鲁书社,1987年版,第33—34页。

仅执着于学习纸面上的理论知识,却从来不依靠积累真实的练习经验来逐渐学会游泳。苏轼在另外一篇文章中提到,他所处的时代已经出现了市人转相摹刻诸子百家之书的现象,这为士人学子获取图书提供了前所未有的便利,但随即他就如此讽刺起当下的后生科举之士:"皆束书不观,游谈无根。"①这也正是苏轼对于王安石明道见性之法的评价。

除了错误的为学方法选择,苏轼认为新学还存在着其他更多的谬误。新学的关注重点相当狭窄有限,其对于正确事物的描述又非常严苛教条,而且接受新学之人还会被严令必须与本派的学说保持绝对的一致。我们可以回忆起王安石对于道德风俗"不同一"的担忧,以及他因纷纭之"异见"阻碍了帝国的大一统进程而感到的沮丧。但是对于苏轼来说,王安石试图统一学术与思想的行为是一种暴虐专横。对此他解释道,古人的为学目的是"道其聪明,广其闻见",然而"王氏之学,正如脱梌,案其形模而出之,不待修饰而成器耳",故"求为桓璧彝器,其可乎?"②

在一封写给张耒的书信中,苏轼将与此完全相同的观点以另一种隐喻的方式重申复述了一遍:

> 文字之衰,未有如今日者也。其源实出于王氏。王氏之文,未必不善也,而患在于好使人同己。自孔子不能使人同,颜渊之仁,子路之勇,不能以相移。而王氏欲以其学同天下!地之美者,同于生物,不同于所生。惟荒瘠斥卤之地,弥望皆黄茅白苇,此则王氏之同也。近见章子厚言,先帝晚年甚患文字之陋,欲稍变取士法,特未暇耳。议者欲稍复诗赋,立《春秋》学官,甚美。③

苏门中人晁说之对于新学的教条主义弊病予以了更为深入的批评。根据晁说之所论,王安石及其党羽在致力于他们的"一道德"事业之时,猛然发现了一种比秦始皇的焚书更为有效的"愚民"之法。王安石就像这位

---

① 《李氏山房藏书记》,《苏轼文集》卷十一,第359页。
② 《送人序》,《苏轼文集》卷十,第325页。译者按,此段文字亦见于陈师道《送邢居实序》,或本属陈氏,后人误将其刻入苏轼文集之中。
③ 《答张文潜县丞书》,《苏轼文集》卷四十九,第1427页。

古之暴君一样,试图强行将帝国的思想文化狭隘地统一在某种指定的学说之下,然而这个被树立为唯一正统的学说却与真正的探究精神或智慧本质完全格格不入。①

苏轼还将思考的范围拓展至能被这些问题牵涉而出的、更为广泛的领域,这也值得在本章做些讨论。熙宁二年(1069),王安石已经向朝廷提出了一些重要的科举改革建议,苏轼也对此特地上呈了一篇全面反对的奏疏。在这篇奏疏的结尾,他颇为奇怪地将论辩的焦点转到了另一个话题上,开始说起近来士大夫越来越喜好佛老之说,并呼吁朝廷应当对此现象予以高度的警惕。

> 昔王衍好老庄,天下皆师之,风俗凌夷,以至南渡。王缙好佛,舍人事而修异教,大历之政,至今为笑。② 故孔子罕言命,以为知者少也。子贡曰:"夫子之文章,可得而闻也,夫子之言性与天道,不可得而闻也。"③夫性命之说,自子贡不得闻,而今之学者,耻不言性命,此可信也哉! 今士大夫至以佛老为圣人,鬻书于市者,非庄老之书不售也,读其文,浩然无当而不可穷,观其貌,超然无着而不可挹,岂此真能然哉。盖中人之性,安于放而乐于诞耳。④

这段文字看上去或许与苏轼这篇奏疏的主旨有所偏离,但事实当然并非如此,他依然是在批评王安石所提议的科举改革方案,只不过在这段文字里,他着重批判将儒学合流于佛老之说的当下学术思潮,并认为王安石的提议就典型地代表了这番令人不安的学术转向。苏轼在这段文字里使用了历史上两位王姓权相的典故,据此可以明显地看出他想要讽喻的对象

---

① 晁说之:《儒言·善术》,见晁说之:《嵩山文集》卷十三,《四部丛刊续编》本,第27页上—27页下,第36页下—37页上。
② 关于王缙及其佛教思想的研究,参见迈克尔·多尔比(Michael T. Dalby):《晚唐的宫廷政治》(Court Politics in Late T'ang Times),见崔瑞德(Denis C. Twitchett)主编:《剑桥中国史(隋唐篇)》(*The Cambridge History of China, Vol. 3: Sui and T'ang China, 589–906 AD, Part 1*),剑桥:剑桥大学出版社,1979年版,第578—579页。
③ 《论语义疏》卷三,《公冶长第五》第13则,第110页。
④ 《议学校贡举状》,《苏轼文集》卷二十五,第725页。

是谁。在随后的几年里,苏轼不断地针对新学颇近佛老的问题展开一轮又一轮的抨击,而且这不是他一个人的战斗,还有不少旧党士人也提出了相同的质疑。①

王安石究竟是法家还是儒家,是王安石研究的重要论争之一,这使得王安石的学术思想受到儒法以外的其他思想体系之影响的一面,逐渐在现代学术研究当中变得晦暗不明。然而与之不同的是,宋代学者却在反复讨论荆公新学与佛老思想的关联,尤其会把《字说》当作来自王安石本人的内证。他们在这本著作中发现了相当令其感到鄙夷的现象——王安石在训释儒家经典中的字词之时,经常借鉴佛教或其他"异端"学说的观点。② 实际上,王安石的学术丰富性远不止于此,他还分别为《老子》与《楞严经》做过完备翔实的注疏。然而今日的论者很容易忽视王安石在这些方面的学术活动,究其原因,主要就是这两本注疏像绝大多数的王安石学术著作一样,全都散佚了。③

不过苏轼在熙宁二年(1069)对于王安石学说与佛老思想之间的相似关联性所做的思考,很可能尚且停留在最基本的层面。因为在这篇奏疏中,苏轼将王安石对于"性"与"天理"的浓厚兴趣仅仅认作是受到佛老思想的影响所致,但在他日后的论述里,这一点其实逐渐被他定性成王安石学术思想的重要特质。对于苏轼来说,凡是涉及"性"或"天理"的讨论,就都隶属于将关注重心从具体人事完全转至形而上的至高真理的思想学说体系。但是苏轼觉得这些形而上的问题都是无法估量的,故而只可能获得不甚令人满意甚至充满误导的答案,因此对待这些形而上问题的最佳态度就是不做任何提问。此外,沉迷于这些形而上的问题也是士

---

① 参见苏轼在乌台诗案中对自己一首诗歌的相关供词。《乌台诗案》,第 28 页上。相同的观点亦见于赵秉文的《性道教说》。《闲闲老人滏水文集》卷一,第 4 页下。
② 晁公武撰,孙猛校证:《郡斋读书志校证》卷四,第 166 页;《扪虱新话》卷一,第 247—248 页;叶梦得撰,徐时仪整理:《岩下放言》卷上,《全宋笔记》第二七册,郑州:大象出版社,2019 年版,第 153 页(参见麓保孝:《北宋儒学的发展》,第 406 页);以及朱熹:《读两陈谏议遗墨》,见朱熹撰,朱杰人、严佐之、刘永翔主编:《朱子全书》,《晦庵先生朱文公文集》卷七十,上海:上海古籍出版社、合肥:安徽教育出版社,2002 年版,第 3382—3383 页。
③ 容肇祖《王安石老子注辑本》辑录了今日散见各处的所有王安石《老子注》条目。

人流于怠惰与欺诈的表现,因为他们不再愿意通过真实世界中的实践与体验来获得认知,不会把必要的精力投入在这些事情之上(就像那位想要学习游泳的北方人一样),反而将自己托付给模糊的猜测来塑造一个看上去具有深刻超越性的外表。很显然,苏轼在很多方面都不信任这样的士人。

苏轼自己对于佛教的浓厚兴趣以及他从佛教当中获得的人生之助是一个宏大话题,我们将在后面的章节里再对这个问题予以深究。上文引录的语段是苏轼在初入仕途时所写,而且此文毕竟是进呈给一位表面上要独尊儒术的皇帝看的,从而其间完全没有反映出苏轼对于佛教价值观深切信奉的丝毫痕迹。但也正是这样的写作心态,给苏轼提供了充分的空间去表达对于亲眼所见的儒学士大夫近来思想趋势的不满(正如许多佛教派系之间也存在分歧)。至少截止到进呈这篇奏疏的时候,苏轼对于佛教的偏好其实与他的儒家信仰是没有任何冲突的。

苏轼在后来撰写的一篇题跋中,再次关注到了佛教思想与王安石思想的交互现象,但此时他的佛教观已较先前发生了很大的变化。苏轼这篇题跋的题写对象是王安石所撰的《华严经》注解。《华严经》总共有八十章,王安石仅仅注解了其中的一章,即被认为是记录佛陀之言的那一章。王安石曾明确地表示过,这短短一章的内容其实是《华严经》最为精深玄妙之处,而此经的其他部分皆不过是"菩萨语"而已。苏轼当然会对这种颇具排斥性的做法颇感不满,这不禁令他联想起了这样一段往事:

在任职于凤翔的时候,苏轼曾听闻汧阳所产的猪肉甚是美味,故而特地遣人前去购买。可是派去买猪的人在回来的路上醉酒误事,使得买回的汧阳猪趁机逃脱,于是此人便另外买了一头普通的猪来充数。然而不知此事的苏轼及其宾客,依然在随后举办的宴席上大为惊诧此猪无与伦比的美味。不过真相最终还是大白,出席宴会的诸君都甚感羞愧。

苏轼在讲完这个故事后如此总结道:"今荆公之猪未败尔。屠者买肉,娼者唱歌,或因以悟。若一念清净,墙壁瓦砾皆说无上法,而云佛语深妙,菩萨不及,岂非梦中语乎?"①可见苏轼认为王安石的观点其实是将某类特定的文本视作唯一可以指示般若法门的存在,他对此抱以深深的不解与质疑。

苏轼还会不断地扩展自己的认知视域,直至其最终远远超越了他批判王安石思想主张之所需。他还逐渐地将这种认知视域的拓展作为自己的终极知识追求,并自由而普遍地将此精神运用在一系列话题之上。下面引录的文章,是苏轼为杭州僧人居则铸造的千手观音像所写的一篇记文,其间便充分展现了他宽广的知识视野:

> 羊豕以为羞,五味以为和,秫稻以为酒,曲糵以作之,天下之所同也。其材同,其水火之齐均,其寒暖燥湿之候一也,而二人为之,则美恶不齐。岂其所以美者,不可以数取欤?然古之为方者,未尝遗数也。能者即数以得妙,不能者循数以得其略。其出一也,有能有不能,而精粗见焉。人见其二也,则求精于数外,而弃迹以逐妙,曰:我知酒食之所以美也,而略其分齐、舍其度数,以为不在是也,而一以意造。则其不为人之所呕弃者寡矣。
>
> 今吾学者之病亦然。天文、地理、音乐、律历、宫庙、服器、冠昏、丧祭之法,《春秋》之所去取,礼之所可,刑之所禁,历代之所以废兴,与其人之贤不肖,此学者之所宜尽力也。曰:是皆不足学,学其不可载于书而传于口者。子夏曰:"日知其所亡,月无忘其所能,可谓好学也已。"②古之学者,其所亡与其所能,皆可以一二数而日月见也。如今世之学,其所亡者果何物,而所能者果何事欤?孔子曰:"吾尝终日不食,终夜不寝,以思,无益,不如学也。"③由是观之,废学而徒思者,孔子之所禁,而今世之所尚也。
>
> 岂惟吾学者,至于为佛者亦然。斋戒持律,讲诵其书,而崇饰塔庙,此佛之所以日夜教人者也。而其徒或者以为斋戒持律不如无心,

---

① 《跋王氏华严经解》,《苏轼文集》卷六十六,第 2060 页。
② 《论语义疏》卷十,《子张第十九》第 5 则,第 499 页。
③ 《论语义疏》卷八,《卫灵公第十五》第 31 则,第 410 页。

> 讲诵其书不如无言,崇饰塔庙不如无为。其中无心,其口无言,其身无为,则饱食而嬉而已,是为大以欺佛者也。①

在这篇记文未被引录的剩下部分里,苏轼叙述了居则缩衣节口三十余年方才成功铸造这座宏伟观音像的故事,并对居则的这番勤苦笃志予以了赞许。我们并不知道苏轼是否与这位僧人有深交,但却很难不产生这样的揣测:除了个人私交的因素,苏轼之所以会同意撰写这篇长文,极有可能是因为写作该文能够使其触及自己最为钟爱的一个主题,他可以借此机会公开发表一番高谈阔论。

元丰元年(1078),苏轼的朋友章楶在其公堂之西建造了一座屋室,郑重地将其命名为"思堂",并请苏轼为此堂撰写记文。于是苏轼便在为居则撰写记文的数年之后,又一次获得了表达相关观点的机会,人们完全可以想象他在此刻所感到的喜悦。苏轼在文章的开头说了这样一番话:"余天下之无思虑者也。遇事则发,不暇思也。"②这番话并不是在说他对于"无思"感到厌恶,而是半开玩笑地将自己讥讽嘲弄他人的癖好推诿到"无思"之上。他确实总是在脱口成章之前,完全不会先行思考那将要说出的话可能会给他带来怎样的后果。无论苏轼在这篇记文中予以"无思"多么特别甚至还有所曲解的概念定义,也无论他的行文语气有多么戏谑,他的论述始终坚守着一个他从来不曾动摇过的基本信念,即知识更应是在接触外部世界的过程中被人所获得,而不是通过内省沉思的方式。苏轼将这个信念广泛地运用在各种生活场合与日常活动之中,比如读者只需根据上引那篇为居则所撰记文的开头几句话就可以充分想见,苏轼甚至在厨房里也会思考起与此相关的问题。

《东坡易传》与《东坡书传》

苏轼的各体文字创作高产期其实都与他那两段贬谪生涯(黄州,元丰

---

① 《盐官大悲阁记》,《苏轼文集》卷十二,第386—387页。
② 《思堂记》,《苏轼文集》卷十一,第363页。

三年—元丰七年，1080—1084；与岭南，绍圣元年—元符三年，1094—1100）基本重合。这两次贬谪主要都是以苏轼的文学作品为导火索，足以引起他对于诗文写作的高度警觉。苏轼也确实频繁地向朋友表示，贬谪后自己已经放弃了这个极为危险的兴趣爱好与事业追求。尽管如此，苏轼在遭遇贬谪之后并没有真的放弃写作。事实上，他在谪居期间的各体文字作品产量，还要远高于任意一个能够与之相较的其他人生阶段。

注疏训释儒家经典是苏轼在贬谪时期从事的重要写作类型之一。在结束他的第二段贬谪生涯之际，苏轼已经完成了三大部注疏训释类著作：《东坡易传》《东坡书传》以及《论语说》。我们必须首先在这里明确的一点是，这三部著作从来没有获得过太多的关注，它们在有着两千多年悠久历史以及成果丰富的经学研究传统之中，也确实显得非常地微不足道。实际上，三者当中还有一种（即《论语说》）在南宋时就已散佚。不仅如此，这三部著作在苏轼研究领域也总是不那么被重视。苏轼主要以诗人的身份被后人铭记，而他作为学士、太守以及艺术家的一面也同样令人印象深刻，但从来没有人会觉得经学家是苏轼的首要身份。

令人感到有些反讽的是，苏轼时常会觉得他的经学注疏才是自己最伟大的成就，尽管他肯定不会时时都这么认为。例如在其生命的最后一年里，他曾向一位亲戚吐露过自己的生命因这些经学注疏（而非他的其他文字）的存在而不至于会被认为是虚度。[①] 而在他记录自我平生见闻与感慨的随笔短札之中，也有一则记于晚年的条目，表达了与之相类的念头。此条所记的事情发生在苏轼与其子苏过刚刚结束海南贬谪生涯的时候，他们当时正在渡海北归，不幸突遇海潮大作，使得苏轼深夜不能成寐。突然间，苏轼想到他撰写的三部经学注疏就被放在了船舱内的行囊之中，由于别无他本，故而一旦真的遭遇了海难，这三部著作就将永远地在世间消失。这番设想实在太过恐怖，以至于苏轼无法继续独自冥想下去，故而想要叫醒他的儿子，试图向其倾诉这番忧虑。但是苏过却始终在一旁鼾睡，无

---

① 《答苏伯固》（其三），《苏轼文集》卷五十七，第1741页。

论怎样都没有被叫醒。好在苏轼很快又觉得这三部经学注疏的存在其实是自己能够安全渡海的保障,因为"天未丧斯文",故"吾辈必济"!①

几个世纪以来,那些试图在后世留存下自我生命痕迹的学者,往往会选择从事经学注疏的方式去实现这种理想。无论在古代还是现今,对于上古经典文本重作解释,都是提出新哲学思想体系的首要手段。此外,苏轼也跟大多数的经学注疏者一样,并不将这场回归到上古经典文本之中的旅程仅仅视作一项纯粹的学术事业,往往同时还会借此关涉并参与进当下正在发生的学术论争之中。对于苏轼来说,令其投身经学注疏最直接的动力就是构建一个属于自己的、能够取代充满错误之新学的经学体系。这在他的一些自我陈述中表现得相当明显。在一封作于惠州的尺牍里,苏轼提到他在撰写《书传》的时候发现"新说(也就是新学)方炽,古学崩坏",从而深感"言之伤心"。② 与之相似,在几首苏轼晚年所作的诗歌里也多次出现他苦心孤诣于经学注疏的自我形象。根据这些诗歌所写,苏轼将全部身心都投入在与异端邪说的斗争之上,完全忘却了自己正身处凄清穷苦的南海之滨。而这些异端邪说的提出者,包括了篡夺汉家天下的王莽(暗指王安石),以及杨朱、墨子等被儒家斥责为无君无父的哲学家。③

有一种观点认为,苏轼这三部经学注疏全都成稿于黄州。另有一种观点认为,苏轼在黄州完成了《东坡易传》与《论语说》的撰写,而《东坡书传》则要等到他贬谪岭南之后才开始动笔。但是根据苏轼写给友人的信件所云,我们可以很清楚地看到,这三部经学注疏的撰写工作都开始于苏轼的第一段贬谪生涯,而在第二段贬谪生涯间,他又重新将大量的精力投放在了这三部注疏之上。苏轼其实一直在不断地修订增补这三部注疏,

---

① 《书合浦舟行》,《苏轼文集》卷七十一,第2277页。恰如苏轼在给苏伯固的尺牍中明确提到的那样:"某凡百如昨,但抚视《易》《书》《论语》三书,即觉此生不虚过。"见《答苏伯固》(其三),《苏轼文集》卷五十七,第1741页。
② 《与朱振复》(其一),《苏轼文集》卷五十八,第1767页。
③ 例如《和陶杂诗》其九与其十、《和陶赠羊长史》,《苏轼诗集》卷四十一,第2277—2278页、第2281—2283页。

直到生命的最后一年才觉得它们可以定稿了。① 实际上,训释《周易》是苏轼从他的父亲那里继承下来的学术计划。苏洵自己已经做了一部分的注疏工作,遗憾的是他在尚未写完的时候就不幸去世。苏轼本人以及他的弟弟苏辙有时候会声称苏轼对于这部经学注疏并无多少贡献,他只不过是继承了父亲的遗志而已:无论是该学术计划的提出,还是最终的学术成果所呈现出来的主旨大要,都不是苏轼自己的想法。② 然而这基本上只是身为人子的谦逊之辞,由于苏轼这部《周易》注疏的写作时间实在是太长了,从而最终完成的书稿里才不那么带有专属于他自己的鲜明个性印记。此外,晚年的苏轼在谈论这本注疏的时候,基本不再会提到他的父亲,这也透露出作为人子的苏轼开始有了将此书视为自己学术成果的念头。③ 苏辙在经学领域同样有着活跃的表现,他承担了其兄长没有触及的《春秋》与《诗经》这两部儒经的注疏工作。同时他还将兴趣与精力投向了六经之外,为《孟子》与《道德经》也撰写了注解训释。

通过《东坡易传》与《东坡书传》中的不少论题,我们可以清楚明白地看到苏轼在与新法进行着持续不断的论争。这种对抗性在《东坡书传》之中有着尤其突出的表现,毕竟以上古政治史为主要内容的《尚书》,其本身就可以为苏轼表达自己对于当下治国方略的不同意见提供极大的便利。④ 在苏轼不断推进注疏这部儒家经典的工作的同时,他大量地将书中所收录的上古贤君的公开演说辞以及官方政治档案用作重要论据,以此反复论证与强调着他自己所秉持的对于国家治理层面关键性问题

---

① 《答李端叔》(其三)与《答苏伯固》(其三),《苏轼文集》卷五十二,第 1540 页;卷五十七,第 1741 页。
② 参见苏辙:《亡兄子瞻端明墓志铭》,《栾城集》后集卷二十二,第 1422 页;亦参见苏轼《黄州上文潞公》,《苏轼文集》卷四十八,第 1380 页。
③ 《答李端叔》(其三)、《答苏伯固》(其三)、《题所作书易传论语说》,《苏轼文集》卷五十二,第 1540 页;卷五十七,第 1741 页;卷六十六,第 2073 页。
④ 《东坡书传》的先行研究可以参见白乐日在《宋代书录》中的《东坡书传》提要。吴德明(Yves Hervouet)、白乐日(Étienne Balazs):《宋代书录》(*A Sung Bibliography*),香港:中文大学出版社,1978 年版,第 13—19 页。亦可看看包弼德:《斯文:唐宋思想的转型》,第 282—293 页。

的基本看法。这些看法包括了治理国家应以"人治"为主、"法治"为辅,在治理国家的时候应当慎重使用刑罚手段(尤其是死刑),统治者应当做到以民为本,以及学士大夫应当在政策制定过程中起到怎样关键的作用等等。

在苏轼对于《尚书》的注解之中,时常会出现令人颇为震惊的明确牵涉当下新旧党争的论述。比如在周武王如何分封诸侯土地的问题上,苏轼认为《礼记·王制》与《孟子》共同提到的"公侯百里,伯七十里,子男五十里"才是真实的周初制度,这与《周礼》所言之"公之地五百里、侯四百里、伯三百里、子二百里、男百里"差异甚大,于是苏轼抓住此点对《周礼》文本的真实可靠性提出了全面的质疑,同时也一并抨击着那些想要照搬《周礼》以重构国家政治制度的"近岁学者"。① 这番论述显而易见就是对新法的政治体制改革及其过分依赖《周礼》(以抛弃包括《春秋》在内的其他儒家经典为代价)的批判。与之相似,苏轼也明确指出了"近世儒者"对于《胤征》一篇的误读。《胤征》是夏代大臣胤在某次出征前所作的誓师演讲,他在演讲的最后向众将士训示,如果我们此次能够做到严明之威胜过姑息之爱,那么必将取得战争的胜利。② 苏轼指出,这番话是胤在将要开赴战场之际所说的,故其并不能被尊奉为治理国家的普泛性原则,然而近世儒者却常常将其当作他们施行猛政的托辞。甚至盘庚的那篇向国人言说迁都之必要性的演讲词,也在苏轼这种关切北宋具体朝政问题的注疏心态下被这样注解:

> 今民敢相聚怨诽,疑当立新法,行权政,以一切之威治之。盘庚,仁人也,其下教于民者,乃以常旧事而已,言不造新令也。③

---

① 《东坡书传》卷九,《学津讨原》本,第12页上—13页上。苏轼的这段注疏针对的是"列爵惟五,分土惟三"之句。孔安国传,孔颖达正义,黄怀信整理:《尚书正义》卷十,《周书·武成》,上海:上海古籍出版社,2007年版,第438页。
② 《东坡书传》卷六,第9页下—10页上。苏轼的这段注疏针对的是"威克厥爱,允济;爱克厥威,允罔功"之句。《尚书正义》卷七,《夏书·胤征》,第275页。
③ 《东坡书传》卷八,第2页下。苏轼的这段注疏针对的是"盘庚敩于民:由乃在位,以常旧服,正法度。曰:'无或敢伏小人之攸箴!'"之句。《尚书正义》卷九,《商书·盘庚上》,第340页。

苏轼非常钦佩盘庚,他最想从这场迁都演讲中强调出的内容,就是盘庚对于古之旧例的迎合。盘庚将自己做这个决定的理由公开剖析给他的臣民听,甚至希望他们最终能够自愿地跟随他迁都。苏轼也相当赞赏这个做法,认为盘庚不像那种雷霆鬼神般的统治者,只想一味地"使民不知其所从出"。①

相对《尚书》来说,《周易》的内容没有那么得专注于国政经纶,但是苏轼仍然会充分利用其间与此话题有所关联的语段来表达自己的政治哲学主张。② 举例来说,苏轼特别对《系辞》中出现的"理财"一词做了长篇注评。尽管他在其间并没有明确提及新法或新党,但这段注文还是很明显地展现了他那挥之不去的批判新法的念头。③ 毕竟"理财"正是王安石最爱讨论的话题之一。苏轼明确肯定了理财确实是统治者的基本职责,其需要确保天下财货能够不受壅塞地自由出纳与流动。但是如果统治者将此职责改换为操控国家财富,甚至还将财富从民众手中夺取过来的话(即理财与取财的不同),那就会让国家陷入最为危险的境地。如果统治者决定这么做的话,那么他必将失去民众的信任,他颁布的政策与法令也将无法获得执行。一如绝大部分旧党那样,苏轼似乎总是觉得王安石的经济改革措施与他提出的财政目标之间,存在着严重的表里不一。王安石的"理财"之法一直以来都是为了让天下财富能够集中于朝廷之手而设计的,但苏轼始终坚信只要新法还在推行,他在这段注文里描述的严重后果终将发生在自己的身边。

苏轼的《周易》注疏也强调了统治者对于其臣民所应尽的责任。这可以令我们回想起,苏轼在应试文章里就已明确表达过统治者应该顺应

---

① 《东坡书传》卷八,第3页下。
② 对于《东坡易传》的先行研究有:曾枣庄:《从〈毗陵易传〉看苏轼的世界观》,载《苏轼研究专辑》,第59—66页;孔繁:《苏轼〈毗陵易传〉的哲学思想》,载《中国哲学》第九辑,第221—239页;包弼德:《苏轼与文化》,载《宋代的〈易经〉学》,第56—99页;包弼德:《斯文:唐宋思想的转型》,第282—293页;王煜:《苏轼的哲学与宗教》,载林天蔚、黄约瑟主编:《唐宋史研究》,香港:香港大学亚洲研究中心,1987年版,第197—215页;曾枣庄:《苏轼评传》,第230—246页。
③ 《东坡易传》卷八,《丛书集成》本,第174页。

民众之所需所愿的观点。不过现在的苏轼已经在官场摸爬滚打了多年,亲眼见证了许多的人事往来与实际的政策推行效果,故而他对此观点的表述变得相当坚决甚至有些偏激,会不断地强调统治者绝对不能强迫其臣民去做他们不愿意做的事情。在苏轼的理论体系里,虽然国家政策的制定方向实际上是由民众决定的,但还是十分需要一位统治者的存在。尽管这位统治者只需要做一件事情,就是顺应其臣民的愿望,但是他的臣民依然需要有他这么一位可供他们团结围绕的中心人物。苏轼在注解象征涣散的涣卦时,全面论及了他认为的理想统治者所应具备的所有素质。他还于其间特别举出了在斯文沦丧或动荡骚乱之时仍旧保持沉着克制的先王之例:

> 世之方治也,如大川安流而就下;及其乱也,溃溢四出而不可止。水非乐为此,盖必有逆其性者,泛溢而不已,逆之者必衰,其性必复,水将自择其所安而归焉。古之善治者未尝与民争而听其自择,然后从而导之。
>
> 其《象》曰:"王假有庙。"其《象》曰:"先王以亨于帝,立庙。"何也? 曰犯难而争民者,民之所疾也;处危而不偷者,众之所恃也。先王居涣散之中,安然不争,而自为长久之计。宗庙既立,亨,帝之位定,而天下之心始有所系矣。①

苏轼还期望统治者能够具备较强的自我否定能力,并能够相应地将自我生命奉献在提升民众生活水平的事业之上。他在注解益卦的时候提出:"君子之视民与己一也。"②显然与孟子的君为民之"父母"的观点有着本质的不同。苏轼对于统治者滥用权力的问题特别敏感,以至于他在解释损卦(象征减损)及其彖辞所云之"损下益上,其道上行"的时候,完全颠覆了经文的本意,而且并不顾及经文是否真的有所寄寓政治内涵。苏轼首先论述了世间确实不存在只减不增的事情,故而损卦只是以这个双

---

① 《东坡易传》卷六,第 138 页。
② 《东坡易传》卷四,第 98 页。

向运动进程中的一个方面来命名的。然而这样一来,或许就会令读者产生这样的怀疑:这部儒家经典是否在默许统治阶层剥削民众的行为?对此苏轼则指出:"君子务知远者大者。损下以自益,君子以为自损;自损以益下,君子以为自益也。"①

《周易》对于差异性的强调与论述(八卦之间的差异或者世间万物之间的差异),给苏轼提供了再次重申自己另一个政治信念的机会:强制性的统一并不能带来真正的和谐,只有通过调和各种不同的观念以达成和而不同的状态,才能实现这种崇高的追求。我们已经在苏轼抨击王安石不容异议的论述里见到过这个政治信念,我们还将在苏轼元祐时期的朝堂经历中再次见到它。苏轼一定会对睽卦(象征着别扭与乖离)的卦辞感到非常满意,因为其可以被直接拿来论证他的这个信念:"天地睽而其事同也,男女睽而其志通也,万物睽而其事类也。"②苏轼对这三句话做了一番明确而精彩的政治学解读:"人惟好同而恶异,是以为睽。故美者未必婉,恶者未必狠,从我而来者未必忠,拒我而逸者未必贰。"③

"道"与"性"

从事经学注疏的工作也给苏轼提供了一次进行哲学思考的机会,他可以借此重新审视自己对于关键性哲学概念"道"与"性"的认识,以及对于二者之关系的理解。当然,苏轼更容易通过《周易》的经传文本展开围绕这方面的讨论,毕竟《尚书》的内容不太能够允许他在注解中过多地提及国政经纶以外的问题。在《东坡易传》里,存在着大量观点相似的注疏条目,它们都是苏轼早期政论文的相关论点的回响,只不过受到《周易》这部儒家经典的特性影响,苏轼将这些思想观点在《东坡易传》里发展成了一个宏大的宇宙观体系。当然,这是一个试图解释天地与道德所具之

---

① 《东坡易传》卷四,第95页。
② 王弼撰,楼宇烈校释《周易注》,《下经·睽》,北京:中华书局,2011年版,第203页。
③ 《东坡易传》卷四,第90页。

原初力量的理论体系。

在古老的《周易》传文《十翼》中,有一篇题为《说卦》的文字,其间提到了《周易》能够帮助我们获得两种知识能力:一个是顺势以数,推算不断远离我们的过去事物;一个是通过回溯事物的原初之态以预知未来的发展变化,也就是"数往者顺,知来者逆"。苏轼把这个观点应用在了圣贤君子的身上:圣贤君子自其所以然者溯而上之,获得了关于"性"与"命"的认知,然后在这些认知的启发下,又反过来顺而下之,监督并调节从我们的人类本性变化衍生而出的万千种行为与禀赋。苏轼的这段论述最引人注目之处在于,他强调了这些数量众多的行为与禀赋有着共同的源起之因:"君子贵性与命也。欲至于性命,必自其所以然者溯而上之。夫所以食者为饥也,所以饮者为渴也,岂自外入哉?人之于饮食,不待学而能者,其所以然者明也。"①这不禁能够令人回想起苏轼曾经也是如此地声称礼起源于我们的自然意愿,即所谓的"礼之根本,在于人情。"苏轼坚持认为,任何接近更高真理的方法都根植于人类的天性本能,同时又能够被人的天性本能所容纳适应。对于这种观念的坚持,正是苏轼哲学思想最为独具的品质特色。

苏轼于《说卦》注文之中提出的这个观点,在他的《系辞》注解里得到了更加充分详备的论述。《系辞》有云:"一阴一阳之谓道,继之者善也,成之者性也。"在苏轼看来,这段话存在着两个值得商榷的问题。首先,这段话意味着"道"是可以被知晓的,同时也是能够被描述出来的,但其最终下出的结论仅仅是"道"乃阴阳运作的产物。其次,这段话将"道""善"与"性"做了相当紧密的关联,而且其所认为的紧密程度更完全超越了苏轼所能接受的范围,以至于苏轼无法通过不予评论的方式忽略其存在。对于这两个问题,苏轼用下文所引的这段长篇注释予以了回应:

> 圣人知道之难言也,故借阴阳以言之,曰:"一阴一阳之谓道"。一阴一阳者,阴阳未交而物未生之谓也。喻道之似,莫密于此者矣。

---

① 《东坡易传》卷九,第190页。

> 阴阳一交而生物,其始为水。水者,有无之际也,始离于无,而入于有矣。老子识之,故其言曰"上善若水",又曰"水几于道"。① 圣人之德虽可以名言,而不囿于一物。若水之无常形,此善之上者,几于道矣,而非道也。若夫水之未生,阴阳之未交,廓然无一物,而不可谓之无有。此真道之似也。阴阳交而生物,道与物接而生善,物生而阴阳隐,善立而道不见矣,故曰:"继之者善也,成之者性也。"仁者见道而谓之仁,智者见道而谓之智。夫仁智,圣人之所谓善也。善者,道之继,而指以为道,则不可。②

我们其实能够很容易地看出这段话的核心观点指向,因为苏轼在接下来的论述中又一次提到了孟子的以"善"为"性"之说。为何苏轼会如此执着于孟子的这个著名观点?一个重要的理由便是他认为"善"只不过是"性"之继,而非孟子所说的"性"即是"善",于是孟子的观点就会成为学道之路上的重大阻碍,因为"学道而自其继者始,则道不全。"

相较于苏轼的早期论述,上引这段文字更加清晰地表达出了苏轼对于"道""性""善"三者关系的认识。在苏轼的时代,将"善"视作修身或学道的重心是甚为普遍的学术思潮,但他却对此深表疑虑,这也是他会在注解中插入那段关于水的题外话的首要原因。苏轼认为,按照传统的认知,"善"这个概念往往被描述形容得过于固定与抽象,而且还相当地不完整,只有最高的至善才是没有常形的,而其下任何层级的善都是死板而僵化的,因此善本来就与并无常形之道并不一致,甚至连至善其实也并非完全如"道"之本身那样没有常形。除此之外,苏轼还指出,尽管"善"是"道"之作用的产物或结果,但其也仅仅是一种结果而已,从而"善"更加不能够简单地与"道"等同。苏轼还进一步地认为,传统的"善"之认知实际上隐含着对"善"予以全面严格限定的观念倾向,这意味着人们需要将"善"与日常经验、情感冲动完全区别开来。这对于苏轼来说,应该是他

---

① 王弼注,楼宇烈校释:《老子道德经注校释》,上篇八章,北京:中华书局,2008年版,第20页。
② 《东坡易传》卷七,第159页。

最首要的反对将善视作修身学道之重心的理由。毕竟在苏轼的观念里，饿而欲食也应该是"道"的一种表现，但由于其无法同样地成为"善"的一种表现，故而如果将"善"等同于"道"的话，那么"道"这个概念将变得非常狭隘，连诸如饮食等人类的基本日常行为都无法涵盖，这是苏轼完全不能接受的。

苏轼对于最重要的两个德行"仁"与"义"的论述也可以很好地成为考察其相关观点的案例。"仁"与"义"当然是不容置疑的至高典范德行，但是苏轼却一如既往地遵从自己的原则而坚定地认为，哪怕是这两种德行也不能通过自省的方式养成，二者甚至与自我本心也不相关："（圣人）有恻隐之心而未尝以为仁也，有分别之心而未尝以为义也。所遇而为之，是心着于物也。人则从后而观之，其恻隐之心成仁，分别之心成义。"①尽管看上去不太可能，但是苏轼此论的灵感来源确实是《周易》对于八卦之力何以生成世间万象的描述："是故刚柔相摩，八卦相荡，鼓之以雷霆，润之以风雨，日月运行，一寒一暑，乾道成男，坤道成女。"苏轼从这段经文里抓取并利用的核心概念就是无意之所为，从而他的那段论述仁义的文字就不是在关心如何成圣的问题，也显然不是在谈论圣人天生就必然成圣的观点。苏轼真正想要借那段文字论述并确认的观点其实是：圣人君子并不会主动刻意地遵照既定的准则规范自我的行为，他们做出的所有高尚之举都只不过是无心为之而已。

阴 阳 调 和

二元的对立与互补是《周易》最为基础的理论体系（比如卦象由阴爻与阳爻组成；乾卦与坤卦分别象征着男女化育之力），这给苏轼提供了一个契机，强调参与人间事务的重要性。他先仔细阅读了《周易》经文所描述的发生在卦象及宇宙之中的种种阴阳交替现象，以及能够据此做出的

---

① 《东坡易传》卷七，第153—154页。

相应推演，随后便得出了这样的判断，这些内容足以证实圣人君子从来不会允许自己独立或疏远于他所生活的此岸世界。这可能是苏轼对于《周易》这部儒家经典最具独创性的诠释。此外，尽管我们在苏轼另外的文字中也能看到他的这个观点，但是任何其他的著述体式都无法像《东坡易传》这样能够让他将这个观点表达得如此显著突出。实际上，苏轼之所以会对这部儒家经典产生浓厚的兴趣，很大程度上就是因为此书特别适合被用于论述这个话题。

下文所引录的论述语段反映着苏轼认为自己正身处一个每况愈下的世道里。当他最初开启这段论述的时候，其实是在探讨五行的生成之道：

> 水，至阴也，必待天一加之而后生者。阴不得阳，则终不得烝而成也。火，至阳也，必待地二加之而后生者。阳不得阴，则无所传而见也。五行皆然，莫不生于阴阳之相加，阳加阴则为水、为木、为土，阴加阳则为火、为金。苟不相加，则虽有阴阳之资，而无五行之用。

将二元的阴阳与五行相结合当然不是苏轼的原创，二者在很早的时候就被调和统一在阴阳五行理论体系之下。不过相较于阴阳五行的相生相克，苏轼的这段论述更强调阴阳相加的重要性。但是在紧接其下的文字中，我们会看到苏轼突然就将论述的主题跳转至人事方面去了：

> 夫《易》亦然。人固有是材也，而浑沌朴鄙不入于器，《易》则开而成之，然后可得而用也。天下各治其道术，自以为至矣，而支离专固，不适于中，《易》以其道被之，然后可得而行也。是故乾刚而不折，坤柔而不屈，八卦皆有成德而不瀸，不然则天下之物皆弃材也，天下之道皆弃术也。①

苏轼将人与生俱来的"材"与五行相比类，认为"材"与五行中的每一行一样，都生成于阴阳相加之力（同时也是五行可得其用的来源）。于是乎，世人若想充分实现并施展其材，那就必须也按照《周易》的教导行事。苏

---

① 《东坡易传》卷七，第168页。

轼此论并不仅仅是在强调这部儒家经典在此方面的重要性,毕竟《周易》所载的卦象本就被认为是矛盾力量相生分布的结构形态呈现,他心中更在意的是,要将《周易》在这方面所提出的极为重要的理论体系应用于人类和社会之上。因此当苏轼发现"材"离开或疏远于与它所对立的矛盾之力的时候,并不会使用任何正面积极的术语为其做出诸如自给自足或不染尘埃之类的肯定,反倒会明确指出,正是因为"材"远离了与它相对立的矛盾之力,其蕴含的所有潜力和可用之处才会完全无法得到施展。

乍看之下,上文所论可能过于模糊不清,以至于或许会令人觉得没有多大的意义。但是如果我们将考察的范围拓展至整个《东坡易传》的话,便可以立刻看到苏轼其实将这种观念立场统一贯彻在了对于整部《周易》的注疏之上。他针对艮卦(象征着审慎与抑止)的卦辞做出了这样的注解:"所贵于圣人者,非贵其静而不交于物,贵其与物皆入于吉凶之域而不乱也。"①艮卦的卦辞似乎提供了一种对于卦象的正向偏吉的阐释(艮其背,不获其身;行其庭,不见其人,无咎。),但苏轼却认为艮卦的含义远没有卦辞说的那么积极,因为构成此卦的主客两卦是一模一样的,这在苏轼的思维方式里显然会被认作是不理想的卦象,而且艮卦的卦辞本身也存在这样的话语:"上下敌应,不相与也。"因此,苏轼对艮卦卦辞做了一段篇幅较长的注疏(即由上文所引的"所贵于圣人者"数句开篇),于其间特别区分了形式有别的两种静。第一种静指的是结束事物的某种状态(无论该状态是动还是静),这种静是值得被认可与推广的,因为其带来了矛盾的、相反的力量,并且导向的是一种剧烈变化的状态。第二种静指的是让原本就处于静止状态的事物变得更加静止,并且将会永远这样静止下去。苏轼认为艮卦卦象所显示的就是第二种静,但这种静是需要被否定批判的,因为"所以为梳者,为轮也;所以为防者,为水也。今也不然,为舆为梳,为山为防,不亦近于固欤?"这段类比中的关键之处便是最后那个"固"字,其所指意蕴与先前引录过的"支离专固"中的"固"相通。这个

---

① 《东坡易传》卷五,第 124 页。

术语经常被苏轼同时代的论者用来形容内心坚毅、意志坚定或者始终如一地守道笃行等高尚品德,但在《东坡易传》的文本里,"固"往往指的是顽固怠惰的不良品性,以及那些拒绝投身于《周易》所论述的伟大变易运动之中的错误举止。至于这两种静的内涵及其各自的优劣得失对于日常道德行为有着怎样的借鉴指导意义,其实已经被此段注疏的开篇数句(即上引"所贵于圣人者,非贵其静而不交于物,贵其与物皆入于吉凶之域而不乱也")明确阐释了出来。在《东坡易传》的另一处注疏中,还可以看到与这几句话基本相同的观点表达,只不过是从相反的方向重申此论:"(兑卦)上六超然于外,不累于物,此小人之托于无求以为兑者也,故曰'引兑'。言九五,引之而后至也,其心难知,其为害深。"①

苏轼之所以会在《东坡易传》里如此显著突出地论述这个议题,自然是因为他想要以此回应当下某个学派的观点。程颐或许会成为我们首要的怀疑人选,毕竟他是北宋中后期最重视与强调"静"的哲学家,他主张通过涵养止欲的持敬之法来穷理明道。而且如果我们追索程颐在自己所撰的《易传》中给出的对于艮卦的注疏,就会发现他对于卦辞的观点似乎与苏轼完全相反:

> 卦辞:艮其背,不获其身;行其庭,不见其人,无咎。
>
> 程颐传:人之所以不能安其止者,动于欲也。欲牵于前而求其止,不可得也。故艮之道,当艮其背。所见者在前,而背乃背之,是所不见也。止于所不见,则无欲以乱其心,而止乃安。②

尽管将类似上引文段这样的论述视作《东坡易传》的立论标靶会非常符合我们的期待,但并没有什么证据能够坐实这样的猜想。③ 相较于

---

① 《东坡易传》卷六,第137页。
② 程颐:《周易程氏传》卷三,北京:中华书局,2011年版,第298—299页。
③ 《周易程氏传》的序文写作时间其实很晚,要到元符二年(1099)方才写就。而且程颐的这部《周易》注疏本身也要到苏轼去世之后才获出版(甚至很可能还要等到程颐去世之后)。但是根据相关文献可知,程颐也花了数十年的时间在这部注疏的写作之上,其间的许多观点也在他授徒教学的过程中公开发表过,所以苏轼的确很有可能在撰写《东坡易传》的时候知晓程颐的相关论点。

程颐,将《东坡易传》的潜在批驳对象认定为王安石或许会令人觉得更有把握,至少我们可以在前文的论述中知道,苏轼于谪居期间从事注疏儒家经典工作的时候,确实在持续不断地抱怨王安石及其新学。综观苏轼的一生,程颐的学术思想从未获得过近似王安石那样的影响力,因此尽管苏轼确实激烈抨击过程颐担任帝师时的不当行为,但他还是基本没有什么理由要对程颐的学术思想展开如此的攻讦。

然而王安石其实也和程颐一样,似乎不太可能是《东坡易传》的预设敌手。很难想象王安石这么一位重要而坚定的政治激进主义者,会被苏轼视为秉持静止与寡欲之说的代表。但是我们确实能够在王安石的哲学思想内部及其对于"性""命"的浓厚兴趣之中发现,他的思想观念与他的实际政治行为之间存在着上述的这种不一致。王安石希望中央政府能够以前所未有的力度掌控帝国的财政及社会生活;但当他在论著中提到圣贤(即那些参与最高决策的重臣)的时候,却会相当强调正是圣贤对于自身的静观内省造就了他们超凡而伟大的识见。事实上,正如王安石的反对者很容易会察觉到的那样,我们并没有必要将王安石的政治举措与他的哲学思想视作全然的对立。如果像苏轼这般完全相信新法会对帝国造成全方位的损害,同时还非常确信无论形势如何变化,新党都对他们所制订的新法带给普通民众的可怕后果无动于衷的话,那么很容易就会将王安石的政治激进主义与强调沉静内省的哲学主张等同起来。更进一步来说,我们还能够发现《东坡易传》的"阴阳调和"论题与《东坡书传》中对于统治者应当亲近民众的论述是有所关联的。诸如"民可亲近,而不可疏也""古之君臣有如二君而不相疑者"[1]"君臣相安""君臣相友"[2]等《东坡书传》中的论断,正好能够与《东坡易传》对于阴阳之力相互作用的阐释相对应。

事实上,王安石留下了形式各异的认可圣贤应当脱离于世俗的论说

---

[1] 《东坡书传》卷六,第4页上;卷七,第1页上。
[2] 《东坡书传》卷七,第1页上—下。

文字。尽管他并没有公开表达过对于这种观点的认可,但其却作为一种观念倾向前后统一地贯穿于王安石对于最高智识的描述之中。不少学者已经注意到了王安石哲学思想中的这个观念倾向,侯外庐就在将王安石的政治主张视为其"唯物主义"思想表现的同时,也充分强调了他的唯物主义思想是不彻底的,在王安石的哲学思想当中还是大量存在与唯物主义相矛盾冲突的唯心主义内容。① 正如前文所述,王安石坚称圣人是向内求索智慧的,只有庸常之辈才会向外探求,因此他才会在论述天地运行之力的时候相应地把"静"摆在最高的位置。"静为动之主……动而不知反于静,则失其主矣。"②"道有体之用。体者,元气之不动;用者,冲气运行于天地之间。"③"故物之归根曰静,静则复于命矣。"④

上文所述的这些王安石的哲学观点与他的政治思想之间的关联性,在王安石为《道德经》所撰的一段注解中有着更为明显的呈现。这段注文针对的是《道德经》中那句最为著名的话:"天地不仁,以万物为刍狗;圣人不仁,以百姓为刍狗。"⑤刍狗指的是用于献祭神灵的祭品,据说在隆重的祭祀活动的开始前与进行中,它们会得到最为神圣而虔诚的敬奉,但是只要祭祀活动甫一结束,它们便立刻会被弃之如敝屣。非常明显的是,王安石觉得《道德经》这句话的旨趣与自己的想法甚为贴合:

> 虽然,天能生而不能成,地能成而不能治,圣人者出而治之也。是故体显以为仁,而其出也,同吉凶之患。故凡万物之生,皆辅相而不失其宜。体藏以为用,而其入也,虽圣人不与之同忧。故泯迹冥心而视物以异。呜呼!圣人之于天地,又岂以仁忧累其心者欤?……后学者专孑孑之仁,而忘古人之大体。故为人则失于兼爱,为己则失

---

① 侯外庐:《中国思想通史》(第四卷上),第461—462页。
② 容肇祖:《王安石老子注辑本》,第30页。
③ 容肇祖:《王安石老子注辑本》,第8页。
④ 容肇祖:《王安石老子注辑本》,第22页。本条及上面两条引文,亦可见侯外庐:《中国思想通史》(第四卷上),第461页。
⑤ 《老子道德经注校释》,上篇五章,第13—14页。

于无我,又岂知圣人不失己亦不失人欤?①

苏轼与王安石哪怕在面对《周易》的同一处语段之时,也会做出观点完全相反的评论,这与本节提到的苏王之间的普遍性分歧基本一致。在《周易·系辞》之中,有一段晦涩难懂的修身养性之法论述:"精义入神,以致用也;利用安身,以崇德也。既入于神,则道之至也。"王安石在其重要的早期文章《致一论》中认为,《系辞》这段话所讨论的精义是一种需要通过静心凝神方可获知的抽象真理。他尤为强调了"安身"的重要性,认为这是求道的第一步,而且其他所有的一切都取决于此。王安石将已然掌握最高洞察力(入神与道至)之人的状态描述为"无思、无为、寂然不动",并将世间的种种行为视作于其后再行思考的产物,故而在重要性方面只能退居其次:"虽然,天下之事固有可思可为者。"②

苏轼通常不太愿意谈论诸如"精义"之类的话题,但作为《系辞》的注疏者,他此刻只能别无选择地为这段著名的文字予以阐释。不过从苏轼所做的这段注解之中,还是可以明显地看到他在强调与王安石相左的观点。尽管苏轼在注释中承认,除了个体与外物的相交相及,智识与道德也可以通过尽性内省的方式获得,但是根据苏轼运用世俗之物以行类比论证的现象来看,他其实对此承认得相当不情愿。要说《系辞》的这段话有什么能够让苏轼感到兴奋或满意之处,那必然是"以致用也"一语,这使得苏轼可以在这段话的基础上进一步阐述穷理尽性的最终旨归是致用的观点:

> 精义者,穷理也;入神者,尽性以至于命也。穷理尽性以至于命,岂徒然哉?③ 将以致用也。譬之于水,知其所以浮,知其所以沉,水之变而皆有以应之,精义者也。知其所以浮沉而与之为一,不知其为

---

① 容肇祖:《王安石老子注辑本》,第11页。参见容肇祖对于此条辑录的评论。容肇祖在此条之前,还辑录了王安石对于《道德经》同一段文本的注解,那些注文里所表达的观点,和此处引录的条目基本一致,足以进一步印证王安石对于《道德经》这句话的倾心。
② 王安石:《致一论》,《王安石文集》卷六十六,第1156页。
③ 《系辞》原文对于这个观点的论述,详见《周易注》,《系辞下》,第366页。

水,入神者也。与水为一,不知其为水,未有不善游者也,而况以操舟乎? 此之谓致用也。①

苏轼在这段注释里提到的操舟者,应与其理想当中的统治者形象相去不远。在他的心目中,君主应该充分熟悉并了解支持他统治的民众,并且对民众的任何变化都能够予以恰当的回应。

"无我"

《东坡易传》在自我本性方面的论述,可以被视为对于阴阳对立之物交融调和观点的补充。苏轼最为首要的自我本性学说就是"无心",由该学说所描述出的自我个体状态,相当契合于苏轼强烈主张的个体生命应与外部世界彻底接触的观点。在苏轼对于"无心"概念的论述之中,水同样扮演着非常突出的喻体角色,只不过此处的水隐喻的是理想的自我个体状态,而非圣贤所掌握的知识对象。

坎卦(象征下沉状态)的卦辞有云"行险而不失其信",这显然为苏轼提供了论说"无心"的极佳机会,故其对此做出了这样的注解:

> 万物皆有常形,惟水不然,因物以为形而已。世以有常形者为信,而以无常形者为不信,然而方者可斫以为圜,曲者可矫以为直,常形之不可恃以为信也如此。今夫水,虽无常形而因物以为形者,可以前定也。是故工取平焉,君子取法焉,惟无常形是以迕物而无伤,惟莫之伤也,故行险而不失其信。由此观之,天下之信未有若水者也。②

这段注疏中的不少观点基本上都可以追溯至《道德经》或早期的道家思想,包括了"因物"的观念、对于无形的追求,以及以水譬喻智慧。苏轼的贡献主要在于他利用了水无常势常形的特性,提出了一个与传统有别的

---

① 《东坡易传》卷八,第 177 页。
② 《东坡易传》卷三,第 69 页。

对于"信"的概念阐释。①

如上所示,苏轼在论述自我本性的时候,更倾向于言说其应该没有什么,而不是其应该拥有什么,比如他正是抓住水之无形的特点从而以水比拟人的无心。苏轼的无心说可以被最简单地理解为:主体在与其他客体往来互动的时候不应该有任何的私念。事实上,在《东坡易传》的先前章节之中就出现了"无私"一词,似乎就是苏轼为后文的"无心"之论所埋下的伏笔。这个词汇同样出现在《东坡书传》之中:"圣人无私之至,视其心与卿士庶人如一。"②然而"无私"一词并不能让苏轼感到完全地满意,因为其听上去太像一个寻常无奇的道德品质,于是他试图在《东坡易传》中换用一个更加激进彻底的观念以阐释"无私"或"无我"。除了"无心",苏轼还在阐明相关观点的时候交错使用着另一个词汇——"无意",他尤其会用这个词来强调圣贤之无意于物。很显然,苏轼在这里想要表达的是:(1)世人心中不应该持有任何不可告人的念头;(2)世人对于万物的本性不能带有任何先入为主的看法,也不能预先设想最佳的应对万物的方式(即一切的行为都应该是根据所遇之物的样态而做出的即时反应);(3)世人在待人接物的过程中应该摒弃任何的自我情感。

上述的"无心""无意"或"无私",通常会和明万物之"理"的理想方式联系在一起。至于为何只有无心之人才会被认作是能够明理的智者,一种说法是因为只有这类灵台澄澈之人才具备足够的洞察力以感知世界的终极本性;另一种说法则是一个人只有将自我的意图全部清空之后,其脑海心志里才会出现可供容纳天理的空间。③下面节录的语段便是这种认识的典型代表:

> 君子之顺,岂有他哉? 循理无私而已。……君子非有意为之也,循理无私。④

---

① 参见司马迁在《史记》中对于道家的那段论述的开篇数句,《史记》卷一百三十,第3292页。
② 《东坡书传》卷十,第12页下—13页上。
③ 参见苏轼对于《系辞》"井,德之地也"的注疏。《东坡易传》卷八,第181页。
④ 《东坡易传》卷一,第9页。

乘天下之至顺而行于人之所说,必无心者也。舟虚者,无心之谓也。①

夫无心而一,一而信,则物莫不得尽其天理。……吾一有心于其间,则物有侥幸夭枉不尽其理者矣。②

在另一条注疏里,苏轼使用了两个不同于上文所述的术语——"身"与"神"。但读者还是能够很快地发现,苏轼在此处想要处理的议题及其所持的观念立场,依旧基本如故:"咸者(象征相互影响的咸卦),以神交。夫神者,将遗其心,而况于身乎?身忘而后神存,心不遗则身不忘,身不忘则神忘,故神与身非两存也,必有一忘。"③苏轼所构想的是一种在精神层面上的自我之神与上文所述的种种心、意、身之神(也许还包括他人自我之神)的超然交会。但他还是坚定地强调,如果个体没有首先做到遗忘自我之心与自我之身的话,那么这种理想中的神交状态将永远无法实现。

不过这样一来便引申出了一个新的问题,即随着无心与无意的完成,还剩下什么东西能够定义自我并赋予个体完整性呢?苏轼并没有正面回答这个问题,他只是提到世人需要"守于中"才能避免因外物而"有所畏"或"有所忽"。④但需要"守于中"的究竟是什么呢?

《东坡书传》中的一条注疏在一定程度上触及了这个问题,该注针对的是伊尹告诫太甲的两句话:"今嗣王新服厥命,惟新厥德。终始惟一,时乃日新。"苏轼对这两句话其实是颇感忧虑不安的,因此他在这条注疏的开篇就明确强调,这里的"一"并不是固定不变的意思,故而经文的原意也就不是在说要保持行为的终始如一。随后苏轼便给出了自己对于"一"的解释:

中有主之谓一。中有主则物至而应,物至而应则日新矣。中无

---

① 《东坡易传》卷六,第142页。
② 《东坡易传》卷七,第155页。
③ 《东坡易传》卷四,第75页。
④ 《东坡易传》卷八,第178页。

主则物为宰。凡喜怒哀乐,皆物也,而谁使新之? 故伊尹曰:"终始惟一,时乃日新。"予尝有言:圣人如天,时杀时生。君子如水,因物赋形。天不违仁,水不失平,惟一故新,惟新故一。①

这段话很容易令人联想到苏轼在《东坡易传》中所提出的圣贤并非不与物交的观点;圣贤会随着外物的好坏之形而进入相应的善恶之域,但却从来不会被外物影响得迷失了正确的方向。而圣贤之所以能够保持自身道德的正确方向定位,必然是因为诸如"中有主"之类的因素赋予了他们这样的能力。尽管如此,苏轼还是没有具体详细地阐述内心需要坚守之物的本质究竟是什么,只是简单地谈论了其有无的不同影响。苏轼在这段注疏里倒是将"情"与"主"做了明确的系连,认为人之中一旦缺乏了"主",那么人之"情"就会被外物所主宰,从而变得与外物相一致,而不再与"性"相一致。在苏轼看来,这是一种相当失控的情况,因为他坚信情感体验是人之行止的决定性因素,故而只有纯正的情感体验才能引导一个人做出正确的行为举止。②

苏轼受到《尚书》中另一篇文章的启发,提出了两个相互对立的术语"人心"与"道心",并利用这两个术语在以下三个方面为上述论题做出了更加令人满意的阐释:首先是"中有主"的渊源,其次是"中有主"与"情"的关系,第三则是"情"与行为举止之间的关系。所谓的"道心"实际上就是"本心",这是一种人与生俱来的道德意识,但却需要不断地被予以培养与明发,否则就会被基于"人心"的种种给压制住。苏轼在这里承认了道德意识是独立于情感之外的存在,但他也就承认过这么一次。事实上"本心"也的确是情感体验的前提,苏轼通过引用《中庸》的观点,认可了"本心"在情感出现之前就已然存在的理念,而且"本心"也只有在这个时

---

① 《东坡书传》卷七,第19页下。苏轼所注疏的《尚书》原文见《尚书正义》卷八,《商书·咸有一德》,第323页。
② 贺巧治(George Hatch)与傅君劢(Michael Fuller)都认为苏轼的这段注疏意在言说情等同于外物,但这却会与苏轼所相信的情与性之间存在内在统一性的观点产生矛盾。参见《东坡书传》卷三,第7页下;《宋代书录》,第15页;傅君劢:《通向东坡之路——苏轼诗歌中"诗人之声"》,第86页。

候,才会呈现出它最为和谐的样态。因此,如果"道心"占据了优势地位的话,那么喜怒哀乐等情感就会相应地积极合乎于道,德行高尚的行为举止也就会随即而生;但是如果"人心"占据了优势地位的话,那么同样的喜怒哀乐之情就会各随人欲,从而引发各种荒唐恣肆的行为。

早年间的苏轼其实对于人情中心论是持肯定态度的,但他后来却变得越来越不信任这种以自我为中心的思想观念,并认为这种观念会让人们陷入自私自利的深渊。这个矛盾其实始终潜在于苏轼的哲学思想之中。在他关于"道心"与"人心"的这段论述之中,我们可以看到他对于自己早年信奉的人情本善之说是有所怀疑的,因为他认为情感会随着本心与人心的升降浮沉而发生善恶属性的改变,并相应地引发道德或不道德的行为。这不仅对于苏轼的早期观点来说是一次重大的改进,同时也可以看出他对于人之本性为善的命题愈发地持怀疑与否定的态度。但是《东坡书传》中的这段对于"人心"与"道心"的论述实际上本身就只是一次临时而特殊的权宜之计而已,苏轼仅在此处提出了这个问题并予以论述(因为这两个术语本就出现在《尚书》的原文里),而在此之后,他便从未于《东坡书传》里再次提起任何与此相关的议题。

苏轼对于自我以及自我与世界关系的论述,似乎是有失衡的。他将注意力主要集中在了自我与外部世界的相交相及上,非常关注怎样才能克服狭隘的自我中心主义,但却从不试图具体描述由此产生的具有至高性的适应外部世界的能力以及明悟万物之理的能力。实际上,哪怕是描述出了这些能力,论者还需要进一步探讨究竟是什么事物为自我指引并赋予了如此的德性。但苏轼在这个问题上连一个简单粗略的描述也没有留下,他仅仅满足于间接地提到"中有主"或"本心"等概念,而不去仔细深究其间所承载之道德观念的来源或本质。

苏轼的论述之所以会存在这种不均衡性,想必与他在当日的政治及学术论争中所处的位置有关。在《东坡易传》的第二卷里,有一条针对履卦(象征着实践、行动)初九爻辞的注疏,虽然简短,但却颇具启发性。爻辞云"素履,往无咎",《象》曰"素履之往,独行愿也",显然都是在言说履卦初九之爻的吉兆意蕴。这看似平淡无味的爻辞与《象》解却深切触动着苏轼,以至于他写下了这样的注疏:"君子之道所以多变而不同者,以物至之不齐也。如不与物遇,则君子行愿而已矣。"[1]苏轼深信,他此刻所居之世界允许了特定的一群人完全按照自己的愿望行事,而且尽管随之而来的必将是极为严重的灾难性后果,但这个世界依然允许这群人不用对此承担责任。正因为如此,再加之苏轼完全看不惯这类人的所作所为,从而他才会反复而坚定地论说并实践与之相对的智识观念,而很少像他们那样仔细深究自我是一种怎样的独立于外部世界的存在。

---

[1] 《东坡易传》卷一,第26页。

第四章　再登朝堂：元祐时代的党争

元丰八年（1085）三月，宋神宗驾崩，年仅十岁的皇太子继位，是为宋哲宗。由于哲宗此时尚未成年，故而军国大事暂时交由太皇太后高氏处分。作为英宗的皇后、神宗的母亲，垂帘听政的高太后长期以来都站在新法的对立面，故而当她在此刻掌握了权力之后，便迅速地把矛头对准了新法。高太后将司马光以及一众旧党重臣从他们各自的退居、贬谪地召回京城，而且还无一例外地委任以朝中要职。随着这些旧党成员的相继抵京就任，他们不出所料地主动向此时尚在中枢的新党领袖蔡确、章惇等人发起了攻击。在哲宗刚刚继位的时候，蔡确升任尚书左仆射兼门下侍郎，章惇出任知枢密院事。但仅仅过了数月，朝堂上的权力格局就发生了颠覆性的翻转，旧党逐渐把控住了朝政，蔡确、章惇等新党则相继遭到了罢任外放。至于那些具体的新法措施，更是被一个接一个地废除。正是在这样的朝堂风云变幻下，元祐时代（1086—1093）的大幕徐徐开启。这是一段常常被后人追忆并怀念的光辉岁月，因为这个时代的政策非常地开明，主导朝政的是一群深受后人赞誉的杰出士大夫，他们将这一阶段的国是确定为休养生息。但是随着哲宗亲政之后的全面绍述新法，北宋朝堂又重新回到了新党当政下的高压政治状态，直至靖康之难的爆发才再次发生转变。从而人们对于元祐时代的追忆与怀念，也就饱含着对其转瞬即逝的遗憾。然而尽管如此，在元祐时代的朝堂之上，其实也出现了同样激烈而尖锐的党争。

苏轼在元丰七年（1084）的时候就已经接到了量移汝州的诏令，结束了四年的黄州谪居生涯。而下一年所发生的朝堂剧变，才使得他终于再一次回到了京城。与诸多旧党士人一道，他也是在司马光的举荐下回朝任职的。如果从熙宁四年（1071）的出倅杭州算起，苏轼已经在地方上整整漂泊了十五年。其间既有数次担任州郡长官的经历,更有那段不堪回首的贬谪岁月。此时此刻,重回京城的苏轼想必会再次对于自我的政治未来充满憧憬。其实早在二十余年前制科试发榜的时候,他便拥有了与现在相同的无限光明的政治前景,只不过最终并未如愿成真。抵达京城之后,苏轼很快便升任为翰林学士。而在元祐元年(1086)二月,苏辙也被召回了开封,出任右司谏。

与司马光之间的分歧

毫无疑问,苏轼对于元祐初年的一系列主动废除新法之举总体上是持赞同意见的,比如元祐元年正月对于保甲法、科举改革、青苗法以及市易法等新法措施的废除,就全都获得了苏轼的支持。元祐元年秋,范纯仁曾上疏建议恢复青苗法以增加朝廷的财政收入,旋即遭到了苏轼的猛烈抨击。苏轼在为此事撰写的奏疏《乞不给散青苗钱斛状》中,历数了青苗法在过往几年间所造成的各种严重后果,并充分论述了该政策所存在的一个严重隐患,也就是会给腐败官员提供无限滥用权力的空间。[①] 尽管司马光本人起初较为赞同范纯仁有限恢复青苗法的主张,但他还是被苏轼的反对意见说服,最终否决了这个提议。元祐元年夏,苏轼还草拟了贬责前任参知政事吕惠卿(王安石不忠诚的追随者)的制诰,他在其间以最严厉的词句批判了吕惠卿的人品以及他所主持的新政。[②]

尽管如此,苏轼还是在募役法的问题上与司马光以及其他的旧党领袖产生了严重的意见分歧。司马光主张应该彻底废除募役法而恢复过去的差役法,也就是说民户不再按照募役法规定的那样按户缴纳免役钱以供地方政府雇人应役,而是需要重新轮流派出户中人丁前往州县衙门充当差役。但苏轼却认为募役法是王安石的诸多新法措施中值得被保留的

---

① 《乞不给散青苗钱斛状》,《苏轼文集》卷二十七,第 783—785 页。
② 《吕惠卿责授建宁军节度副使本州岛安置不得签书公事》,《苏轼文集》卷三十九,第 1100 页。

部分,不应该轻易地将其废除。此外他还确信,如果仓促草率地恢复差役法,那么帝国将会陷入极其灾难性的危机之中。苏轼非常坚定地相信,旧党执政者对于这个问题的认识是严重错误的,以至于他不惜赌上自己全部的政治未来也要提出反对意见,哪怕是在已经非常明显地将要输掉这场论争的时候,他依然没有丝毫的立场改变。苏轼这样做的后果便是被抨击成了新法的拥护者,不仅使他的名誉大为扫地,而且还直接导致了他在元祐四年(1089)再次被迫外任。元祐四年正是旧党的朝堂权力最为鼎盛的时候,苏轼的许多旧友与过往的僚属都在本年前后享受到了前所未有的政治荣光。曾经被新党树立为忤逆新法之首恶的苏轼,本应在这段旧党的全盛时期取得极高的政治成就,然而他却仅仅因为支持一项新法措施便不得不在此时退出了政治舞台的中心。并且自此之后,他将再也无法获得如此有利的政治机遇了。

这场围绕募役法的论战并不能仅仅被定性为元祐初年诸多朝堂政争中的一个。实际上旧党执政者在废除其他新法措施的时候,基本没有遇到什么阻力(甚至新党领袖自己也对一些新法措施感到失望,从而赞成将相关政策废除),但偏偏就是在是否废除募役法的问题上,出现了一场重大的论争。① 司马光就公开宣称,在所有的新法措施之中,募役法应该是最先被废除的那一个。而司马光举荐的侍御史刘挚(后迁御史中丞),同样也认为废除募役法而恢复差役法是今日朝廷最重要的事。② 由于役法关涉的问题是如何为地方政府配备日常杂务人员并提供必要的相应支持,故而那些在元祐之初尚留中枢的新党士人同样也一致认为,没有什么其他的政策会像役法这样如此深刻地影响到普通民众的生活。这些新党领袖依然坚信,如果从长远的角度来看,他们所制订的募役法才是真正有益的方案。③ 据说退居的王安石在听闻他的其他新法被逐一地废除之

---

① 该观点由王水照最先提出,详见王水照:《关于苏轼〈与滕达道书〉的系年和主旨问题》,载《文学评论》1981 年第 1 期。
② 《续资治通鉴长编》卷三百六十四,第 8699 页、第 8732—8733 页;卷三百七十八,第 9187 页。
③ 详见章惇在元祐元年二月所进奏议,《续资治通鉴长编》卷三百六十七,第 8822—8834 页。

后，是以非常平静而坦然的态度接受了这一切。但即便如此，当得知募役法也被废除的时候，他终于再也控制不住自己的情绪，愕然不平地说道："此法终不可罢，安石与先帝议之二年乃行，无不曲尽。"①

苏轼所持的役法主张其实非常复杂，因而他在提出自我意见的时候也表现得相当谨慎。实际上苏轼认为无论是募役法还是差役法都存在着不少问题，于是我们完全可以说他是在同时反对这两种役法。尽管如此，苏轼还是更为坚决地反对司马光所提出的用差役法简单粗暴地取代募役法的方案。元丰八年（1085）十二月，就在苏轼刚刚回到京城的数日之后，他便针对这个议题上呈了一道详尽细致的长篇奏疏。② 很显然，苏轼在奔赴京城的途中便已经在深入思考役法问题。苏轼在这道奏疏的开篇指出，按照募役法的政策，政府在免役钱之外还会征收一定数量的宽剩钱，以备灾伤年岁的不时之需。但在推行募役法的十六七年间，这些宽剩钱并没有被真正地使用过，如今反倒是积累下来了三千余万贯石。苏轼建议可以将这笔钱用来购置"官田"（主要是购买那些破产农户不得不贱卖的土地），再用这些买来的田地去招募役人。这些招募来的役人会获得指定数量的官田使用权，他们也可以带领家人一起在官田上耕作。但作为交换，这些役人同时也将成为专门承担州县杂役的志愿者，只要地方政府出现了杂役需求，他们就得去衙前报到，并在那里一直服务到杂役工作的结束。按照苏轼的设想，无论朝廷最终采用的是募役法还是差役法，都可以同时逐步推行这种购买并使用官田的做法，而且也都会获得相当的收益。如果朝廷继续采用募役法，那么每通过官田招募到一名役人，就可以为官府省下一笔雇佣杂役的费用。随着官田招募到的役人越来越多，官府的雇役支出也就越来越少，百姓所需缴纳的免役钱数额便会相应地大幅降低。如果朝廷改行差役法，那么每通过官田招募到一名役人，就会使得官府在向民户征差役的时候可以减去一

---

① 朱熹：《三朝名臣言行录》卷六，《四部丛刊》本，第 26 页上一下。（亦见王水照：《关于苏轼〈与滕达道书〉的系年和主旨问题》）
② 《论给田募役状》，《苏轼文集》卷二十六，第 768—771 页。

个应役名额，如此便能有效避免民户陷入农忙时没有自家劳动力可用的窘境。苏轼最为期待的是，随着他主张的"给田募役"之法的推行，地方政府所有的杂役工作可以被通过官田招募到的役人完全覆盖，从而实现地方政府在杂役方面的自给自足。除此之外，他还在奏疏中论述了该方案可能会带来的其他收益：（1）前来应募者极有可能以贫困之人为主，他们在官田之外完全没有其他的生活来源，故而该方案能够使得他们在平日里不会作奸犯科，而在困难年岁里也不会被迫沦为流民。（2）由于有能力购买田地者非常少，故而农民经常会在卖田的时候发现手中的田地其实卖不上什么好价钱。因此如果官府能够出钱购田，那将大大提升田产的价值。（3）该方案能够给地方政府带来一个花掉长年累积下来的冗余现钱的方法，并以此刺激经济的发展。（4）该方案能够切实有效地为民众带来利益，因而民众便会相信，朝廷就是本之百姓的利益才出台了征收宽剩钱的政策。此外，苏轼还指出，这个方案本就是出自神宗皇帝的圣意，并且曾在熙宁年间短暂地实施过。只不过当时的一些短视大臣想要将宽剩钱挪作他用，故而百般驳难，最终使得该法仅仅推行了半年便被废止。苏轼也在奏疏中提到，他在密州知州任上曾经遵照此法招募过弓手，民众对此深以为便。

没有任何的证据可以表明苏轼的这道奏疏获得过其本该拥有的关注，他反倒被突然地任命为详定役法所的成员，而这个详定役法所正是专门为即将恢复的差役法所设的临时机构。完全可以想见，详定役法所内一定充满了令人不快的激烈争执，因为苏轼一直坚定地觉得征差役的概念是错误的，并且坚持认为承担劳役之人应该通过某种方式获得报酬，而不是被强行地征差服役。苏轼当然察觉到了自己和详定役法所内的其他成员有着不可调和的观念矛盾，故而他尽可能地尝试辞去详定役法所的职务，前后共向朝廷上了四道请辞奏疏。但无论苏轼提出了怎样的理由，朝廷一直没有批准他的请辞，直到大半年后的元祐元年秋天才最终同意。不过朝廷之所以会在此刻做出改变，主要是因为详定役法所中的其他成员再也忍受不了苏轼持续不断的异议，已经开始向朝廷奏陈他们对于苏轼的抱怨。①

除了围绕募役法的论战，苏轼还在更多的议题上与旧党士人发生过争端。但在这些具体议题的背后，还有一个导致苏轼与旧党士人产生不和的内在原因，这便是他勇于对司马光的意见及其领导能力提出质疑。尽管司马光是自己的举主，同时又是新上任的当朝宰相，苏轼依然还是要发出这样的声音。从某种程度上来讲，这其实有着更加重要的意义。换句话说，真正值得引起我们注意的应该是，现在的苏轼已经愿意改变自己先前所持的观念，不再那么坚决地反对新法了。

苏轼对于新法的这番态度转变，似乎是通过自我反思甚至是某种程度的自责实现的。他曾在一封写给挚友滕达道的尺牍中流露过如此心迹。可以确认的是，这封尺牍作于滕达道即将回京之际，很可能就在苏轼自己刚刚回到京城的时候：

> 某欲面见一言者，盖谓吾侪新法之初，辄守偏见，至有异同之论。虽此心耿耿，归于忧国，而所言差谬，少有中理者。今圣德日新，众化大成，回视向之所执，益觉疏矣。若变志易守以求进取，固所不敢，若哓哓不已，则忧患愈深。公此行尚深示知，非静退意，但以老病衰晚，旧臣之心，欲一望清光而已。如此，恐必获一对。公之至意，无乃出于此乎？辄恃深眷，信笔直突，千万恕之。死罪。②

虽然这封尺牍的写作年月无法被彻底地落实，但其文本内部却存在着一个强有力的指向神宗驾崩之元丰八年（1085）的证据，③而且这封尺牍的内容听上去也确实像是写于这段权力的更迭过渡时期。作为举世皆知的新法反对者，这封尺牍的收信人滕达道同样也只有在这段时间内才可能会决定动身前往都城开封，以期为自己谋得一个新的官职。

---

① 苏轼在详定役法所的任职经历，可以通过他的四道奏请省罢详定役法之事的奏疏获得充分了解。见《苏轼文集》卷二十七，第778页、第781—782页。
② 《与滕达道》（其八），《苏轼文集》卷五十一，第1478页。
③ 参见王水照：《关于苏轼〈与滕达道书〉的系年和主旨问题》。曾枣庄将这封书信系于元丰六年（1083），理由是滕达道在本年曾前往京城。详见曾枣庄：《苏轼评传》，第328—343页。

在谪居黄州期间,苏轼几乎没有写过与当下政治有关的诗文,哪怕是在私下的场合里,他也不怎么谈论这个话题。不过很明显的是,他深深反思了导致自己贬谪黄州的乌台诗案。在他作于黄州的诗文之中,随处可见自我独处状态下的自省。或许苏轼正是在这段回顾并反思自我过往人生的过程中,逐渐形成了流露于《与滕达道书》中的对于新旧党争的新见解。①

还有一个潜在的影响因素同样也值得被提及,因为它是那么有趣甚至还有些神奇。经过了长年累月的论战与相互攻讦之后,苏轼与王安石终于在元丰八年(1085)首次面谈。王苏二人的这场会面相当私密,不过所有的迹象都能够表明,对谈的气氛极其亲切友好。然而王苏会面这件事情究竟有着怎样的真实意义?现存的材料完全不足以让我们对此给出一个确定的答案。

王安石与苏轼这对政敌的私人交往可以一直向上追溯到熙宁、元丰之际,而且二人的交往契机还是一个与诗歌有关的故事。② 熙宁九年(1076)冬,时在密州知州任上的苏轼遇见了一场大雪,他特别为此雪景写了两首分别以"尖""叉"二字为韵脚的险韵诗。③ 苏轼的这两首诗很快就流传了开来,最终被王安石得知。当时的王安石已经被第二次罢相,退居在金陵(今江苏南京)城外的钟山脚下。据说王安石非常欣赏苏轼的这两首咏雪诗,而且还向女婿蔡卞表达过自己对于二诗的激赏,并详细揭示了诗中的典故来源。④ 随后王安石亲自写了多首和此"尖""叉"险韵的

---

① 必须要提及的是,苏轼研究的权威学者曾枣庄认为苏轼的这封写给滕达道的书信并不能够说明苏轼的政治主张发生了任何的转变,他在信中仅仅试图提醒滕达道不要过于激烈地反对新法。(详见曾枣庄:《苏轼评传》,第315—327页。)曾枣庄之所以会如此阐释这封信,主要是因为他认为苏轼的政治主张始终稳定,哪怕经年也不曾动摇过。但是曾枣庄的阐释似乎比较勉强,同时也遭到了其他学者的质疑。(参见王水照:《关于苏轼〈与滕达道书〉的系年和主旨问题》;朱靖华:《苏轼新论》,第34—35页。)
② 张志烈已经详细分析了王安石与苏轼的次韵唱酬诗,详见张志烈:《苏王唱和管窥》,载《苏轼研究专辑》,第96—101页。
③ 《雪后书北台壁二首》,《苏轼诗集》卷十二,第602—605页。张志烈与王水照亦曾讨论过这两首诗,参见张志烈:《苏王唱和管窥》,第96—97页;王水照:《苏轼选集》,第83—87页。
④ 此故事见于王十朋集注苏诗所引录的赵次公注解。参见《苏轼诗集》卷十二,第605页。

第四章 再登朝堂：元祐时代的党争

诗作，据说还将它们寄呈给了苏轼。王安石的和韵诗总共留存下了六首，他在其间既赞美了苏轼原唱高超的韵律技巧，还描绘了他本人在书斋内细读玩味这两首咏雪险韵诗的形象。①

苏轼在收到王安石的和韵诗之后，特地又依照自己原唱的韵脚重新写了两首诗以表谢意。苏轼的这组新作写得恭敬平和，流露出对于对方所处现状的深切同情，而且还在诗题中有意地避免了酬唱对象之名姓的出现("谢人见和前篇二首")。② 其中有一首诗或许是在隐隐指涉王安石的那些狡诈多变的得力干将(比如吕惠卿、曾布)。这些人在王安石的提携下迅速位极人臣，但他们却在掌握政治权力之后对王安石倒戈一击，将其排挤出京，从而使得自己成为新法的绝对领导者。③ 苏轼在这首诗的尾联里殷切劝慰了王安石，希望他能够尽情从容地享受这段闲暇时光，而且还期盼他能够在不久之后被重新召回京城。不过苏轼的这番祝愿最终并未成真。

在乌台诗案爆发的元丰二年(1079)，王安石已经致仕退居了三年之久。因此尽管这场对于苏轼的弹劾指控是由当朝新党发起，但却与王安石这位往日的新党领袖完全无关。实际上，据说王安石在听闻苏轼被捕的消息后也深感震惊，而且还提出了如此的追问："岂有圣世而杀才士者乎？"④元丰七年(1084)，苏轼在由黄州量移汝州的路上特地在金陵停留了两个月，并多次前往金陵郊外的半山园拜访王安石。从现有的文献来看，这年的相见是王苏二人首次也是唯一一次私人面晤，苏轼在另一封写给滕达道的尺牍中对此会面有过一番简短的描述："某到此，时见荆公，甚喜，时诵诗说佛也。"⑤

---

① 王安石：《读眉山集次韵雪诗五首》与《读眉山集爱其雪诗能用韵复次韵一首》，《王安石文集》卷十八，第282—283页。
② 《谢人见和前篇二首》，《苏轼诗集》卷十二，第605—607页。
③ 此处沿用的是张志烈对于本诗的解释。见张志烈：《苏王唱和管窥》，载《苏轼研究专辑》，第98页。
④ 参见周紫芝自题于《诗谳》卷末的跋语，周紫芝：《诗谳》，第17页下。
⑤ 《与滕达道》(其三十八)，《苏轼文集》卷五十一，第1487页。

王苏二人在此次会面期间,写了不少歌咏王安石宁静怡然的退居生活的唱酬诗。苏轼不仅在其中的一首诗里写下了这样的句子"从公已觉十年迟",①甚至还在离开金陵之后写信告诉王安石,自己打算在金陵买地建宅,以便能和王安石时常往来,一同归老于钟山之下。② 王苏二人自己都没有直接提起他们在这场会面中所作的任何关于政治的交谈,但其实很难想象他们会对这个话题避而不谈。苏轼后来在另一封写给王安石的尺牍里提到:"某游门下久矣,然未尝得如此行,朝夕闻所未闻,慰幸之极。"③"某游门下久矣"云云明显是苏轼礼节性的客套话,他当然不是王安石的门生,但除此之外的内容却不能够被轻易放过。苏轼很可能在和王安石的对谈中,开始对一些自己从未接受过的观点改以开放的态度。在一则真实性很可能较高的笔记里,记载了苏轼在此次会面期间极力劝说王安石应该对他们二人共同不满的当下政策发声。④ 如果这种希望王安石将他的偏激观点予以折中调和的劝说仅仅是苏轼单方面所为的话,那其实是一件非常奇怪的事情。

尽管上述的所有内容都足以证明王安石与苏轼有着诚挚友好的私交,相互之间也都非常敬重对方,但当苏轼谈起王安石作为新法领袖一面的时候,还是会予以最为严厉的批判。在一篇作于元祐年间的奏疏之中,苏轼便将王安石在执政期间的举止形容为"群小""狡诈百端"以及"奸邪"。⑤ 这种叙述上的矛盾使得我们必须小心谨慎地对待苏轼留下的这些称赏王安石的文字。尽管从字面上来看它们确实是在表达苏轼个人对于王安石的尊敬,但我们并不知道其间出于礼节性需求的恭维奉承究竟占比多少。⑥

---

① 《次荆公韵四绝》(其三),《苏轼诗集》卷二十四,第1252页。
② 《与王荆公》(其二),《苏轼文集》卷五十,第1444页。
③ 《与王荆公》(其一),《苏轼文集》卷五十,第1444页。
④ 邵伯温:《邵氏闻见录》卷十二,第127—128页。
⑤ 《论周穜擅议配享自劾劄子》(其一、其二),《苏轼文集》卷二十九,第832—834页。
⑥ 苏轼在日后撰写的这些谴责王安石的文字都被张志烈在论述的时候忽略(《苏王唱和管窥》),以至于笔者觉得他对于这两首诗的论述有些过分强调上文提到的王苏二人私下里所做的相互钦佩与称赞。

第四章　再登朝堂：元祐时代的党争

上文所述之苏轼在元祐改元前后新近形成的对于新法的开放态度，是他勇于与司马光意见相左的另一个重要原因，也为日后旧党内部的分裂及严重纷争埋下了伏笔。而且这种对于新法的开放态度，使得苏轼与司马光也不止在募役法这一个问题上产生过严重分歧。①

当苏轼在元丰八年被重新召回京城的时候，他完全明白自己只要坚定地支持并推动全面废除新法，就必然会很快地飞黄腾达。然而苏轼完全做不到为了迎合新的政治共识而改变自己在某些问题上的观点；并且对他来说，这新的政治共识本身也日渐变得隐患重重。有趣的是，苏轼之所以会觉得如此，是因为他将司马光与司马光的追随者做了区分。在苏轼的描述里，司马光是一位能够包容异议的旧党领袖，但是他的僚属却完全做不到这一点。事实也的确如此，直到元祐元年（1086）八月司马光去世之后，苏轼才开始遭遇新一轮的政治非议。下面这段引文就是苏轼自己对于当时情形的描述：

> 臣与故相司马光，虽贤愚不同，而交契最厚。光既大用，臣亦骤迁，在于人情，岂肯异论。但以光所建差役一事，臣实以为未便，不免力争。而台谏诸人，皆希合光意，以求进用，及光既殁，则又妄意陛下以为主光之言，结党横身，以排异议，有言不便，约共攻之。曾不知光至诚为民，本不求人希合，而陛下虚心无我，亦岂有所主哉！②

苏轼渐渐相信，朝堂上已经重新出现了一股僵化死板、不容异议以及强调绝对服从的政治风气，不仅与新党执政时期的士风同调，而且也几乎与当年一样地不得人心。苏轼曾如此评价这一时期的台谏道："是其意专欲变熙宁之法，不复校量利害，参用所长也。"③而在一封写给友人杨绘的尺牍中，苏轼将此心事更加明白地吐露了出来："昔之君子，惟荆是师。今之君子，惟温是随。所随不同，其为随一也。老弟与温相知至深，始终无

---

① 关于苏轼与司马光之间的总体观念分歧，以及苏轼与王安石之间的观念相通之处，可以参考朱靖华精彩的相关论述。朱靖华：《苏轼新论》，济南：齐鲁书社，1983年版，第27—41页。
② 《乞郡札子》，《苏轼文集》卷二十九，第827页。
③ 《辩试馆职策问札子》（其二），《苏轼文集》卷二十七，第792页。

间,然多不随耳。"①

与程颐之间的论争

除了与司马光的政见分歧,苏轼还与北宋理学的奠基者程颐发生过严重的不和,这给苏轼带来了他在元祐时代的另一个重要的政治对立面。苏轼与程颐之间的矛盾争执一定程度上与他和司马光之间的分歧有所关联,但二者终究还是可以被明确地区分开来。

在距离元祐时代大约三十五年前的仁宗皇祐年间,还在太学读书的程颐便因一篇讨论颜回的《颜子所好何学论》而深受太学学官胡瑗的赏识。但未过几年,科举失利的程颐便回到了故乡洛阳,完全潜心于推进个人的儒学研究。在此之后,程颐不断地受到朝廷的征召举荐,但他全都予以了推辞。熙丰年间,因反对新法而同样退居洛阳的司马光与程颐往来频繁,二人结下了深厚的交谊。故而当司马光得掌朝政之后,他便与同僚吕公著一起,共同促成了将程颐重新召回京城一事。② 元祐元年(1086)春,在自己崇高的学术声誉的影响下,程颐被任命为崇政殿说书,负责向年方十岁的哲宗皇帝讲说书史、解释经义。

不久之后,苏轼升任翰林学士兼侍读,也获得了时常随侍这位年幼皇帝的资格(这显然是得到了高太后的同意)。这使得苏轼与程颐这两位有着极大个性与价值观差异的风云人物,宿命般地因陪同皇帝读书的职责而在宫中共处一室。对于千年之后回顾此事的我们来说,很难讲是应该羡慕这位年幼的皇帝,还是应该对他抱以同情。

接下来发生的事情其实非常复杂,但可以将其简单化地描述为豪放不羁的苏轼逐渐无法忍受程颐对于古之礼法夸张而教条的崇敬与恪守。我们可以在宋人笔记当中见到数量众多的记载苏程二人此类

---

① 《与杨元素》(其十七),《苏轼文集》卷五十五,第 1655—1656 页。
② 司马光:《与吕公著同举程颐札子》,《司马文正公传家集》卷四十八,第 616 页。

矛盾纠纷的条目。① 在司马光去世之后，程颐被任命为司马光丧礼的主理，他始终坚持丧礼的各种事宜都应该遵循上古礼法的规范。某日，苏轼与群官一起参加了哲宗登基的明堂祀典，并在祀典上听闻了按例演奏的音乐。明堂祀典结束之后，苏轼等人便打算直接去司马光的停灵之所祭奠凭吊，但遭到了程颐的断然阻止。为了不让苏轼进入司马光的灵堂，程颐特别援引了《论语》里"是日哭，则不歌"的话。然而苏轼却完全对此不屑一顾，依然径直走进了灵堂，还一边走一边戏谑地向程颐表示孔子确实说过"是日哭，则不歌"，但他并没有说过"是日歌，则不哭"，引得众人哄然大笑。② 在另一个故事里，程颐要求参加神宗周年祭典的臣僚都应该在典礼期间食用素馔，然而实际情况则是这种食用素馔的古老礼俗在很久之前就已经不再被严格地遵循，肉食早已出现在了提供给参典臣僚的食物当中。因此，深知程颐不喜佛教的苏轼故意向程颐发问道："正叔不好佛，胡为食素？"程颐回答道："礼，居丧不饮酒食肉。忌日，丧之余也。"苏轼完全不予理会程颐的这番解释，依旧自说自话地命人准备肉食，并号召在场的其他人跟他一起食肉，最终获得了不少同僚的响应。③

这些轶事间接地反映出了苏轼与程颐的哲学观念差异。正如上一章所论，程颐坚定地信奉并主张人性本善之说。和王安石相比，程颐更加始终如一地将人性等同于天理，并将天理定义为一种道德的、与人欲完全对立的哲学概念。如果一个人丧失了明理的能力，那么其便与禽兽无异。同时人之个体又很容易被自我人欲完全控制，一旦发生了这个情况，人就

---

① 《宋史纪事本末》卷四十五的"洛蜀党议"条汇集了许多个发生在苏轼与程颐之间的矛盾纠纷故事，同时也对于二人之争做了总体性的描述与梳理。故而如果想要大致了解苏程矛盾以及相关政治斗争的话，《宋史纪事本末》的这一章节无疑是最为方便的文献资料。
② 邵博：《邵氏闻见后录》卷十二，第159—160页。这个故事有很多个版本（皆被颜中其统一收录在《苏东坡轶事汇编》之中，第109—110页、第112页。），在某些版本中这句戏谑之辞是从一位身份不明的"客"的口中说出，但不变的则是苏轼带领众人以此讥笑程颐。
③ 朱熹在其所著之程颐年谱中记载了这个故事的两种版本。详见《二程集》，《河南程氏遗书》附录，《伊川先生年谱》，第343页。

会堕入沉沦的深渊。于是程颐所鼓吹的成圣法门便是"存天理,灭人欲",①这明显与苏轼以人情为中心的人性论全然相悖。

截然对立的内外之别是程颐思想当中的另一个重要主张。程颐曾明确阐释道:"学也者,使人求于内也。不求于内而求于外,非圣人之学也。"②实际上,在程颐看来,遏制人欲的关键就在于自我的沉思与内省。其云:"然则何以窒其欲?曰思而已矣。学莫贵于思,唯思能窒欲。曾子之三省,窒欲之道也。"③程颐与其兄长程颢也因他们对于"敬"的强调而著名。他们将"敬"论述为一种精神态度,对于世人能否顺利开展修身明德的毕生追求有着至关重要的意义。"敬"的状态主要通过"收敛"身心的方式达成,人一旦失去了"敬",那么万端私欲就将随之而生。④ 不过人只要获得了"敬",那么就可以达到主一的境界,从而"既不之东,又不之西,如是则只是中。既不至此,又不之彼,如是则只是内。存此,则自然天理明"。⑤ 上述的大部分内容都能够强烈地令人联想到王安石的内省之说,而且苏轼针对王安石所做出的批驳完全能够很好地被直接用来反对程颐,比如苏轼就曾在《思堂记》中扬言:"余,天下之无思虑者也。"

程颐在某些议题上的观点比王安石还要激进。比如他主张在内省工夫之上投入全部身心,并由此产生了对于文学写作的强烈敌意。事实上,在士大夫文教传统的影响下,很难找到另一位比程颐还要否定文学写作的士人。当其他的哲学家只是对于"文以载道"之说有所怀疑并且还意见不一的时候,程颐就已经在彻底地否定文章的价值了,他坚定地认为文

---

① 《二程集》,《河南程氏粹言》卷一,第 1170—1171 页。关于二程在天理与人欲这两个哲学概念上的观点,徐远和的研究颇值参考。详见徐远和:《洛学源流》,济南:齐鲁书社,1987 年版,第 149 页。本书对于程颐思想的讨论,以及对于程颐与王安石二人思想相似性的分析,主要参考了下列几种先行研究:金诤:《论苏轼与理学之争》,载《学术月刊》1985 年第 2 期;包弼德:《斯文:唐宋思想的转型》,第 300—342 页;久须木文雄:《宋代儒学的禅思想研究》,名古屋:日进堂书店,1980 年版,第 196—245 页。关于二程思想的总体概述,可以参看葛瑞汉(A. C. Graham):《中国的两位哲学家:程明道与程伊川》(*Two Chinese Philosophers: Ch'eng Ming-tao and Cheng Yi-chuan*),伦敦:Lund Humphries 出版社,1958 年版。
② 《二程集》,《河南程氏遗书》卷二十五,第 319 页。
③ 《二程集》,《河南程氏遗书》卷二十五,第 319 页。
④ 《二程集》,《河南程氏外书》卷十二、《粹言》卷一,第 433 页、第 1179 页。
⑤ 《二程集》,《河南程氏遗书》卷十五,第 149 页。

学写作完全有害于道(文以败道)。① 程颐为何会秉持如此的观念？很大程度上是因为文学事业集中呈现了程颐所批判的歧途样态：由于文学是毫无疑问的外部之事，故而致力于文学写作便是最明确无疑的不求于内而求诸外的行为。我们现代人或许会对此感到些许奇怪，毕竟我们已经非常习惯从心灵、心理等内在的层面来探讨文学写作，但是在程颐看来，文学写作只会让人的全部心神盘桓局限在对于外部事物的关注之上(语词，以及语词所描绘出的外在世界)。正因为如此，程颐将对于文学事业的追求定义为"舍本逐末"之举，并把"有高才能文章"描述成人生的三大不幸之一(另外两种不幸分别是"年少登高科"以及"携父兄之势为美官")。② 值得一提的是，苏轼一人便三者有其二。

除了上文提到的哲学思想，苏轼和程颐之间还存在着更多的其他矛盾分歧。在程颐、苏轼二人相继出任崇政殿说书与侍读后不久，苏轼便开始言说程颐之"奸"。③ "奸"是一个具有极强贬斥意味的语词，任何人都不会轻易地用其品评人物，那么苏轼是出于怎样的想法才会将程颐形容为"奸"的呢？程颐对于元祐初年的政坛来说是一个古怪的存在，已经年过半百的他在此之前从未有过为官的经历，但他却在来到京城之后很快就成为哲宗皇帝的首席导师，而这位目前年纪尚幼的皇帝未来终究是要亲政的。不仅如此，能够被程颐影响到的人也远不止小皇帝一位，据说他在当时吸引到了一大批追随者与仰慕者，其间就包括了几位非常突出的以敢于犯颜直谏著称的台谏官(例如王岩叟、朱光庭以及贾易)。而且随着程颐的声望在出任崇政殿说书之后变得越来越高，人们愈发地觉得他的政治影响力足以强大到能够左右宰执的升迁任免。

在程颐的支持者看来，程颐因其与皇室的亲密关系以及他大胆无畏的言论招致了许多小人的嫉恨，这些小人也因此对程颐展开了构陷。朱熹对于当时情状的叙述便是如此："一时人士归其门者甚盛，而先生亦以

---

① 《二程集》，《河南程氏遗书》卷十八，第239页。
② 《二程集》，《河南程氏外书》卷十二，第443页。
③ 《杭州召还乞郡状》与《再乞郡札子》，《苏轼文集》卷三十二、卷三十三，第913页、第930页。

天下自任,论议褒贬,无所顾避。由是,同朝之士有以文章名世者,疾之如仇,与其党类巧为谤诋。"①范祖禹所做的相关记载也与之类似:"颐在经筵,切于皇帝陛下进学,故其讲说语常繁多。草茅之人,一旦入朝,与人相接,不为关防,未习朝廷事体。而言者谓颐大佞大邪。"②

时人对于程颐的看法当然不是只有上文提到的这一种。尽管苏轼并没有留下具体详细的评价程颐的文字,但是我们根据其他人的论述便可以明显地看出,程颐的反对者并非只抨击他无所顾忌的个性或者较低的政治出身。简而言之,他们高度怀疑程颐试图将年幼的哲宗皇帝与外朝士大夫完全隔绝开来,同时还在不断地滥用他的特殊职权。实际上,只要稍微深入地考察探析程颐向皇帝与朝廷提出的一些建议,那么即使是千年之后的我们也能够很容易地明白,当年身处朝堂现场的士人是如何得出上述这个结论的。

在崇政殿说书的任命刚刚下达给程颐的时候,他就向朝廷提出了这么一个要求,如果自己能够被允许以坐着讲而非站着讲的方式给皇帝授课,那么他便会欣然接受这个任命。程颐的这个要求并不只是一个于细枝末节处的调整,毕竟这意味着他将要和小皇帝一起坐在讲坛或者龙椅之上。程颐希望这样的安排能够"养人主尊儒重道之心,寅畏祗惧之德"。③ 不久之后,程颐又提出应该将授课地点从迩英殿迁至延和殿,理由是他觉得迩英殿实在太热,而且空间也比较狭窄局促。但是同朝的其他士大夫却不知何故地认为程颐的真实意图是为了确保自己可以坐着授课(至于为何改换讲课的宫殿就可以保证这一点,则完全无从知晓),从而强烈地反对程颐改换讲殿的提议。④ 程颐还提出了不少其他的修改讲官制度旧例的建议:他希望增加经筵开讲的频率,从而使得前后相邻的

---

① 朱熹:《伊川先生年谱》,《河南程氏遗书》附录,第 343 页。
② 朱熹:《伊川先生年谱》,《河南程氏遗书》附录,第 344 页。
③ 朱熹:《伊川先生年谱》,《河南程氏遗书》附录,第 340 页。
④ 详见《续资治通鉴长编》卷三百九十七,第 9675 页;程颐:《又上太皇太后书》,《二程集》,《河南程氏文集》卷六,第 549—552 页。

两次进讲不会相隔那么多天。① 他想要缩短为期三个月的暑热罢讲传统,建议在天气渐凉之初便于内殿或后苑清凉处渐次恢复讲筵。② 他试图严格限制其他官员随侍经筵(尤其是宰执与史官),认为这些官员的在场会分散小皇帝的注意力,从而对他的学习产生严重的抑制作用,并且程颐也觉得史官完全没有必要将皇帝在任何场合下的一言一行都记录在册。他还建议在经筵讲殿内设帘,以便太皇太后可以随时前来听讲,使她本人也能够从经筵讲授中获得裨益。不过设帘更为重要的意义其实在于给讲官提供了一个额外的面见太皇太后的机会,只要自己有任何想对太皇太后说的话,他都可以在经筵上直接与她沟通交流。最后,尽管朝堂上的其他官员都在不断地敦促程颐应该同时兼任外朝的官职,但他始终对此予以拒绝,坚持要将自己的全部精力都放在讲官职责之上。③

元祐二年(1087)秋,也即程颐出任崇政殿说书的第二年,哲宗皇帝因病缺席了数次经筵讲授,程颐随即向宰执询问是否知道哲宗的病情。令他倍感震惊的是,诸位宰执居然完全没有听说过皇帝抱恙之事。于是程颐温和地责备了身为宰执的他们怎么能够在皇帝染病的大事上玩忽职守。④ 无论程颐是否真的罪有应得,此事显然成为压倒他的最后一根稻草。时任谏议大夫的苏轼好友孔文仲在几日之后便以恶毒严酷的文字对程颐提起了猛烈的弹劾,主要提出了这么几条罪状:程颐试图取媚并操纵皇帝;程颐在经筵上所做的经义讲说都是毫无根据的异端邪说;程颐还大量地干谒结交贵臣与台谏,并与他们密谋夺取权力。⑤ 在一片有损其令名的弹劾声中,程颐最终被罢崇政殿说书,并被遣返回了洛阳。从此之后,他再也没有回到过京城,终其余生也只曾短暂地出任过西京国子监学

---

① 本段所列举的程颐向朝廷提出的要求,皆见于他的《上太皇太后书》以及朱熹在《伊川先生年谱》中的记述。《二程集》,《河南程氏文集》卷六,第 541—546 页;《河南程氏遗书》附录,第 340—341 页。
② 程颐:《上太皇太后书》,《二程集》,《河南程氏文集》卷六,第 544 页。
③ 朱熹:《伊川先生年谱》,《二程集》,《河南程氏遗书》附录,第 341 页。
④ 朱熹:《伊川先生年谱》,《二程集》,《河南程氏遗书》附录,第 343 页。
⑤ 朱熹:《伊川先生年谱》,《二程集》,《河南程氏遗书》附录,第 343 页;《续资治通鉴长编》卷四百四,第 9829—9830 页。

官这一个官职而已。

"以白为黑,以西为东"

相比于程颐,苏轼在元祐时代所遭遇的是更加绵延不休的政治困境,而且其间的具体过程及内容细节还要更为清晰显豁。与此同时,我们也能更加准确地判断出针对苏轼的政治攻讦究竟有着怎样的性质,因为苏轼的政敌通常抨击的就是苏轼的具体文字作品,而非掩映在宫墙之内的经筵讲说与言行举止。这些曾经被人抨击指摘的苏轼作品都完整地流传至今,使得我们可以通过阅读它们的内容而给出自己对于其文其人以及其事的评估。通过下文将要概述的诸多政治事件,我们可以看到苏轼形象当中属于宋代高级士大夫的一面。或许这一面相并不是那么得吸引读者,但苏轼主要就是在士大夫政治体系当中发现自我、定义自我,而且更试图在其间施展自我的能力,从而成就其自我生命价值。①

元祐元年(1086)十二月,朝廷委派苏轼出拟学士院馆职考试的策题。在苏轼所出的三道策题当中,有一道策题聚焦在了两种对立互补的政治哲学之上,一种以宽慈为本,一种以严格为则。苏轼在题解中不仅交代了二者的不同,还分别提到了它们的潜在隐患及其可能会导致的后果(分别是偷安苟且与严酷苛刻),他希望应试生员能够围绕这一点撰写策论,具体论析统治者应该如何同时避免这两个方面的问题。为了能够更加准确深入地交代题意,苏轼又以北宋的两位先帝为例:"今朝廷欲师仁祖之忠厚,而患百官有司不举其职,或至于偷。欲法神考之励精,而恐监司守令不识其意,流入于刻。"②数日之后,左司谏朱光庭向朝廷上呈了一道弹劾苏轼的奏疏,指责苏轼在这道策题里讥谤先帝,应该被治以不忠之

---

① 西野贞治的《苏轼与元祐党争漩涡里的人们》一文全面描述了苏轼在元祐时代卷入的党争,不过这篇文章并不是严谨的学术论文,其间也没有引用任何的文献材料。详见西野贞治:《苏轼与元祐党争漩涡里的人们》,载《人文研究:大阪公立大学大学院文学研究科纪要》第23卷(1972年),第3200—3214页。

② 《试馆职策问》(其一),《苏轼文集》卷七,第210页。

第四章 再登朝堂：元祐时代的党争

罪。未过多久，朱光庭的弹劾得到了御史中丞傅尧俞与侍御史王岩叟的附议与重申。①

有一种传统观点认为，所有的类似上述弹劾事件的政治活动都源于苏轼与程颐对于彼此的相互厌恶。毕竟朱光庭是世人所熟知的程颐门生，而且他对于苏轼的弹劾，就发生在苏轼以"子于是日哭则不歌，不言歌则不哭"之语戏谑讥讽帝师程颐的不久之后。因此许多论者都认为，苏轼在此时受到的弹劾，主要就来自"洛党"（以程颐的籍贯洛阳命名）与"蜀党"（以苏轼的故乡四川命名）之间的政治争斗。

清代苏轼研究专家王文诰以详密细致的苏轼生平考证见长。他指出，这些弹劾事件很可能与洛蜀党争无关。② 在元祐初年这个特定的时期里，苏轼受到的政治攻讦基本上是缘于他在持续坚定地反对司马光的废除募役法之举。早在元祐元年夏，负责研究制订更改役法条文的详定役法所官员就已经开始向朝廷抱怨苏轼的固执，指责他身为役法所的属官却始终拒绝接受司马光的役法主张。在元祐元年末积极参与弹劾苏轼馆职策题一事的谏官范祖禹，就是当时指责苏轼的详定役法所官员之一。③ 当司马光还在世的时候（也即元祐元年的前八个月间），完全没有人激烈批判过苏轼；然而随着这位德高望重的政治家的去世，对于苏轼的不满突然间就以上述这样的政治攻讦方式爆发了出来。下面这段引文节录自苏轼对于朱光庭等人弹劾自己讥谤先帝的自辩，从中可以看到他是如何描述最近发生的一系列事件的：

> 且非独此《策问》而已，今者不避烦渎，尽陈本末。臣前岁自登州召还，始见故相司马光，光即与臣论当今要务，条其所欲行者。臣即答言："公所欲行者诸事，皆上顺天心，下合人望，无可疑者。惟役

---

① 《续资治通鉴长编》卷三百九十三，第9564—9569页。
② 王文诰：《苏诗总案》卷二十七，第18页上一下。
③ 关于苏轼与其他的详定役法所官员的争执与不和，详见《再乞罢详定役法状》《申省乞不定夺役法议状》以及《辩试馆职策问札子》（其二），《苏轼文集》卷二十七，第781页、第782页、第792页。

法一事,未可轻议。"①

苏轼在接下来的论述中便将自己近来遭遇的政治麻烦归因于此,丝毫没有提起程颐。

当然,苏轼也在文中具体驳斥了针对他试馆职策题的弹劾。他首先坦率地承认了自己试图通过这个策题提醒世人,必须充分调和与平衡仁宗与神宗这两位先帝的不同统治方式,因为他对于当下出现的彻底否定所有的神宗之政的政治倾向(并且还不允许对此观点有任何的异议)充满忧虑。正因如此,苏轼随后便强调,他在题解中之所以会使用"偷"与"刻"这两个词,主要是为了形容当今的宰执、台谏群体极有可能会出现的缺陷,而不是想要以之形容先朝旧臣(更不可能是用在两位先帝本人身上)。只要对他的题解予以任何的公允解读,就都可以得出应当免除其罪名的结论:"文理甚明,粲若黑白。"②

既然如此,为何弹劾苏轼的台谏还是会觉得自己能赢得这场政治斗争的最终胜利呢?这必然是缘于他们无比相信苏轼特别容易受到不忠或诽谤之罪名的指控。数年前的那场乌台诗案始终阴魂不散地缠绕着苏轼,正因为他曾经因自己的讥讪诽谤文字而被捕入狱并遭到审判,所以他现在很容易再次成为这个罪名下的攻击目标,甚至只需一个不甚可信的疑案就可以成功击败他。不过太皇太后亲自过问了此事,她认为台谏的指控完全建立在对于试馆职策题的曲解之上,从而最终否决了这次弹劾。③

然而这次弹劾只是苏轼在元祐时代遭受的众多政治攻讦的开始。在接下来的日子里,台谏始终不曾停止对于苏轼的弹劾,几乎每一个政治派系都曾向太皇太后指控过他的罪行,似乎朝堂之上遍布着苏轼的政敌。元祐三年(1088)初,迫于台谏持续不断的压力,苏轼向朝廷上表请辞自

---

① 《辩试馆职策问札子》(其二),《苏轼文集》卷二十七,第791页。
② 《辩试馆职策问札子》(其二),《苏轼文集》卷二十七,第790页、789页。
③ 王称:《东都事略》卷九十四,(亦见王文诰:《苏诗总案》卷二十七,第17页上。)英文原著转引自赵铁寒主编:《宋史资料萃编》,台北:文海出版社,1967年版,第2页上一下。

己的翰林学士之职,希望能够被换以其他闲散的差遣。① 苏轼在奏呈里提到,在他被任命为本年科举的省试主考官之后,旋即遭到了台谏大规模的抗议,他们甚至在苏轼被锁入试院之前就弹劾他会任凭自我好恶随意取士。到了这一年底,苏轼正式向朝廷提出外任地方州郡的请求,希望能够以此避开朝中无休无止的恶意诋毁。② 他在奏疏中逐一列举了他现在面对的诸多政治麻烦:他与司马光之间围绕募役法的分歧,他与吕陶(苏轼的好友及四川同乡)受到韩维以结党为名的弹劾,以及御史赵挺之对他的长期憎恨。苏轼最后提到的这件麻烦甚是有趣。我们通常会觉得元祐时代的朝堂是一个完全将新党士人清除出去的政治格局,但赵挺之的存在则意味着实际情况并非全然如此。苏轼与赵挺之的结怨发生在熙丰新政的末期,当时赵挺之在自己主政的偏远州郡里强行推行市易法,遭到了下属官员黄庭坚(苏轼的支持者)的反对与批评。后来苏轼本人又强烈反对朝廷召试赵挺之馆职的决定,尽管苏轼最终未能成功,但这更加激化了赵挺之对于苏轼的强烈私怨。(苏辙亦曾上疏弹劾过赵挺之的岳父。)当下仅是一介御史的赵挺之将在未来新党重新执政的时期升任宰执,但此时此刻,他的注意力主要就集中在苏轼身上。而且苏轼完全相信,赵挺之会用尽一切的致命手段把他打倒。

除此之外,苏轼还在自请外任的奏疏中愤懑地诉说了自己在这两年间遭受的各种不实弹劾,同时也提到了那些遭到断章取义式曲解误读的自己新近写就的文字(包括了那道试馆职策问以及由他草拟的吕大防拜相制。苏轼在这道制诰里引用了《诗经·大雅·民劳》中的"民亦劳止"一句,而这句诗的原意是在讽刺周厉王的虐民之政)。③ 也正是在这个时候,苏轼开始将自己当下的政治遭际与元丰二年的乌台诗案相比类,认为相比于李定、舒亶以及何正臣,赵挺之更加阴险歹毒。他在乌台诗案当中

---

① 《乞罢学士除闲慢差遣札子》,《苏轼文集》卷二十八,第816—817页。
② 《乞郡札子》,《苏轼文集》卷二十九,第827—830页。
③ 《乞郡札子》《除吕大防特授太中大夫守尚书左仆射兼门下侍郎加上柱国食邑实封余如故制》,《苏轼文集》卷二十九、卷三十八,第828页、第1095页。

所受到的指控至少还有着表面上的合理性，李定等人所提出的证据确实是苏轼作于新法期间的政治讽喻诗，只不过他们要坚称苏轼在诗中讥讪的对象就是神宗皇帝。然而苏轼现在所遭遇的新一轮指控则完全毫无根据，赵挺之是在"以白为黑，以西为东，殊无近似者"。①

元祐四年（1089），苏轼的外任请求终获批准，朝廷委派他离京担任杭州知州。然而就在朝廷做出这个决定的前夕，苏轼又遭受了一场尤为荒诞不经的弹劾。数年之前，朝廷命令苏轼推荐几名可以担任州学教授的人选。在苏轼上呈的名单中，有一位名叫周穜的士人，他后来也确实被朝廷授予了郓州（今属山东）教授一职。如今在毫无征兆的情况下，周穜向朝廷上了一道奏疏，请求以故相王安石配享神宗庙廷。周穜此举不仅触犯了下级官员不得越次擅议宗庙祭祀的禁忌，同时他的这个提议本身就极为不合时宜。王安石主持的变法现在已经被官方彻底地否定，尽管王安石本人已经去世，但是他的那些尚在人世的得力干将都仓皇憔悴地被贬至边远州县，所以王安石在元祐时代根本不存在配享神宗的可能。此外，朝廷也已经确定了配享神宗的人选（熙宁初年担任首相的富弼）。

按照北宋的举荐制度，举荐者需要对被荐者的言行做出担保并承担相应的责任。这意味着如果周穜被判有罪，那么苏轼也将受到责罚。苏轼怀疑周穜此举并非出自他的本意，而是受到了某人的挑唆蛊惑或者就是受其胁迫下的无奈为之。② 苏轼的怀疑看上去非常在理，而且这位幕后黑手很可能就是苏轼的政敌（如果考虑到除了周穜本人之外，恐怕就只有苏轼一人会因周穜此举而获罪的话，这个猜测会变得更加合理）。但他究竟是谁？或者说究竟来自哪个派系？他很可能是心怀怨恨的新党士人，毕竟此刻的朝堂上仍然存在着新党的身影，他们还在地方政坛上有着更加活跃的表现，而且他们仍然期盼着有朝一日能够重掌朝政（苏轼在自辩奏疏里也提醒朝廷应该注意这一点）。他也很可能来自某个旧党内部

---

① 《乞郡札子》，《苏轼文集》卷二十九，第829页。
② 《论周穜擅议配享自劾札子》（其二），《苏轼文集》卷二十九，第834页。

第四章　再登朝堂：元祐时代的党争

的派系，因为纷繁复杂的旧党各派也基本上都对苏轼感到难以容忍。苏轼请求朝廷对此事展开全面的调查，这毫无疑问是因为他觉得只有这样，周穜擅议配享事件的真实性质才能完全地水落石出。然而朝廷实际上对这个事件似乎没有任何的后续反应，周穜也没有因此被正式起诉。尽管如此，这也并不意味着朝臣就会轻易忘却这件事情。正如上文提到的诸多针对苏轼的弹劾那样，围绕周穜擅议配享事件对苏轼做出的指控以及相关诽谤一直存在于此时的政治话语生态之中。而且台谏每每在以新的罪名又一次提起对于苏轼的弹劾之时，总是会将苏轼曾经受到过的所有指控全部罗列于弹劾奏疏的开篇，以增加此刻所进行的新一轮弹劾的分量。哪怕其间有些罪行从未得到过确认，他们也会毫不犹豫地将其罗列进去。

我们将在下一章里再具体探讨苏轼的两年杭州知州生涯。尽管苏轼在这两年间遇到了重重困难，但他从来没有想过要重回京城；而且就在刚刚接到回京诏令的同时，他便立刻向朝廷上表请辞，并恳求将他派至另一个州郡任职。实际上苏轼是觉得，只要他重回朝中任职，他的政敌必然会掀起新一轮针对自己的弹劾。① 遗憾的是，苏轼的乞郡请求未获允准，但他的预料却完全成真。这新一轮的弹劾是由程颐的门人贾易发起，至于贾易为何会对苏轼抱以如此大的敌意，苏轼自己是这样追溯其原因的：

> 臣与贾易本无嫌怨，只因臣素疾程颐之奸，形于言色，此臣刚褊之罪也。而贾易，颐之死党，专欲与颐报怨。因颐教诱孔文仲，令以其私意论事，为文仲所奏。颐既得罪，易亦坐去。而易乃于谢表中，诬臣弟辙漏泄密命，缘此再贬知广德军，故怨臣兄弟最深。臣多难早衰，无心进取，岂复有意记忆小怨。而易志在必报，未尝一日忘臣。②

当苏轼在元祐六年（1091）刚刚回到京城的时候，时任侍御史的贾易就迅速展开行动，上疏弹劾苏轼在杭州知州任内肆意夸大水患灾情，并大

---

① 《杭州召还乞郡状》，《苏轼文集》卷三十二，第913—914页。
② 《再乞郡札子》，《苏轼文集》卷三十三，第930页。

量妄增水患与饥荒所造成的死亡人数。除了这项此前苏轼尚在杭州知州任上的时候就曾被指控过的罪名,贾易还在奏疏中新添了一个弹劾理由,他指责苏轼在杭州的时候不应该法外刺配那位煽动丝绢户聚集闹事的颜章。① 随后贾易又试图搜集罗织秦观的罪名,因为秦观最初是经由苏轼的举荐方才入朝为官的。② 当这些或从正面、或从侧面的各种对于苏轼的攻击均告失败之后,贾易便像此前的其他苏轼政敌那样,将目光转回到了苏轼的诗文之上。

元丰八年(1085)正月,苏轼在上一年量移汝州的路上向朝廷申请的希望能够于常州便宜居住的申请得到了批准。他之所以想要住到那里,是因为他曾在常州的宜兴(位于太湖之滨)购置过田产。接到批复诏令的苏轼,便带着即将彻底退休的心态向常州行去,并在途中写了这么一首题作"归宜兴,留题竹西寺"的七绝:

> 此生已觉都无事,今岁仍逢大有年。山寺归来闻好语,野花啼鸟亦欣然。③

这首诗的具体写作时间是本年的五月一日,而神宗皇帝驾崩于本年三月,故而贾易坚称此诗第三句中的"闻好语"指的就是苏轼听说了神宗驾崩的消息。毋庸置疑,贾易对这句诗的解读完全就是恶意曲解式的诽谤中伤。

苏轼在自辩状里对贾易的这番解读予以了反诘,如果这句诗的含义真的是贾易所说的那样,那么自己怎么会如此大胆且鲁莽地直接将这首诗公开题写在寺庙的墙壁上呢?随后苏轼给出了自己对于此诗后两句的阐释。在他写作这首诗的时候,世人不仅早已知晓神宗驾崩的消息,而且还已经在广泛地谈论着尚未成年的神宗继任者哲宗。苏轼在当时便听见了路边一群农夫正谈论着哲宗,其中有一位农夫斩钉截铁地向众人表示新皇帝是位有口皆碑的"好个少年官家"。尽管这句话听上去相当鄙俗

---

① 《乞补外回避贾易札子》,《苏轼文集》卷三十三,第934—935页。
② 《辨贾易弹奏待罪札子》,《苏轼文集》卷三十三,第935—937页。
③ 《归宜兴留题竹西寺》(其三),《苏轼诗集》卷二十五,第1348页。

不典,但苏轼却深深地被其感动了,从而不由自主地将此语写进了自己的这首诗里。① 苏轼的解释看上去非常合理,但也还是存在这样的一种可能,即他在写下此诗的时候,其心头同时还想着那天听到的其他一些话。不过由于贾易的解读实在荒诞不经,故而苏轼的这番自辩相比之下就显得真实许多,足以得到朝廷的正视与认可。但是这次弹劾带给苏轼的政治危机显然是真实存在的,因为不到一个月后,苏轼便再次外任出京,前往颍州担任知州。

每回苏轼结束地方知州的任期并重返朝堂之后,便都会再次遭到与往日无甚差别的一系列弹劾。他或许会重新担任重要的高级官职(翰林学士承旨),但很快就会发现自己又被指控犯下了某种罪行,从而再一次向朝廷请求予以详细的调查,同时于不久之后再次自请外任。于是苏轼的政敌似乎就是想要通过这样的方式,确保他无法在朝堂之上形成真正有效的影响力。元祐八年(1093),在御史黄庆基的主导下,台谏弹劾苏轼在其草拟的吕惠卿罢相制之中谤讪了神宗之政。苏轼草拟这道诏书的时间其实是在元祐初年,而这道诏书也在当时的政治话语生态下广受好评,时人认为其公正地予以了这位奸相应有的谴责。然而现如今,这道诏书却被用来抨击指控他的草拟者。② 黄庆基同样也整理汇录了苏轼的其他罪名,其中有一项是在控诉他多年之前以巧取豪夺的方式强行买下了那块位于宜兴的田产。苏轼再次逐条予以自辩,同时还向朝廷指出,这种在他数量众多的诗文里罗织人言以附会罪名的风气"萌于朱光庭,盛于赵挺之,而极于贾易。今庆基复宗师之"。③

与先前不同的是,在这次弹劾事件结束之后,不会再有下一次类似的针对苏轼的弹劾以及相关的往来辩论了;或者至少可以说在接下来的激烈政治纷争之中,苏轼的地位会变得有所不同,他将只是被视作重要的旧

---

① 《辨题诗札子》,《苏轼文集》卷三十三,第930页。
② 《宋史》卷四百七十一,第13708页。这道制诰即《吕惠卿责授建宁军节度副使本州岛安置不得签书公事》,《苏轼文集》卷三十九,第1100页。
③ 《辨黄庆基弹劾札子》,《苏轼文集》卷三十六,第1015页。

103　党成员之一,而不再是其政敌最主要的攻击目标。元祐八年秋,太皇太后高氏崩逝,已经成年的哲宗皇帝随即亲政。尽管反对新法是高太后的基本执政立场,时人普遍清楚她的孙子还是更愿意听从那些希望重行新法之人的意见——刚刚亲政的哲宗显然会马上宣布自己将忠于自己父亲(神宗)的政策。高太后自己对此也有所预料,故而在临终前特为传唤了范祖禹等深受其信任的宰执,敦促他们一定要在自己去世之后尽早请辞,让哲宗自己重新任用一批官员,以免遭受祸患。① 在高太后去世后不久,苏轼出知定州,他于离京赴任之际按照惯例申请面见哲宗,但哲宗却没有如常例那般接见这位即将奔赴远方的大臣。苏轼在辞行疏状中表达了对此的遗憾,并继续力劝哲宗千万不要在没有事先了解当下情状之时就对朝政进行彻底的改革。虽然这很可能就是哲宗想要亲自去做的事情,但苏轼仍然竭力地建议哲宗应该先留出足够的时间以默观诸事之利害与群臣之邪正,然后再行变易有为之举。至于默观的时间应该持续多久,苏轼向哲宗约以了一个三年之期(相当于守丧期)。② 然而数周之后发生的事情就足以表明,哲宗根本没有这样的打算。

　　元祐八年(1093)末,在新任礼部侍郎杨畏的举荐下,数位关键的新党士人被重新授予要职,他们包括了章惇、安焘、吕惠卿、蔡卞、邓润甫以及李清臣等。次年春,李清臣出拟了本科进士殿试的策题,此题要求应试举子针对诸多废除新法却未获相应收益的现象撰写策论。不仅如此,哲宗又同时委任杨畏出任覆考官,杨畏旋即在覆考的时候将所有试图为元祐之政辩护的举子全都予以删汰。与此同时,尚在门下侍郎之位的苏辙进呈了一篇较长的反对这道策题的奏疏,并在其间进一步地对全盘否定过去八年之政策的新政治思潮提出驳斥。据说哲宗对这道奏疏甚感不悦,于是苏辙很快就被罢相,出知汝州(位于洛阳的南部)。③

　　到了绍圣元年(1094)夏,一个全面否定元祐之政以及彻底肃清元祐

---

① 《宋史纪事本末》卷四十四、卷四十六,第431—432页、第443页。
② 《朝辞赴定州论事状》,《苏轼文集》卷三十六,第1020页。
③ 《宋史纪事本末》卷四十六,第446—447页。

朝臣的方案被正式推行。几乎所有的元祐朝臣都会因其曾经参与过废除新法的事业,而被加以"诽谤先帝(神宗)"的罪名。这场整肃朝堂运动的领导者章惇、蔡卞及其僚属对元祐朝臣早已积怨极深,故而他们向哲宗提议应该对元祐朝政的两位领袖司马光与吕公著予以身后追责,并削除赠谥、拆毁赠碑。当哲宗允准此议之后,章惇与蔡卞仍然感到不足以泄愤,又进一步地上疏奏陈二人应该受到发冢斫棺、挫骨扬灰的责罚。这个提案得到了当时宰执群体的共同支持,惟有许将一人对此提出了异议。许将劝谏哲宗不要如此行事,因为发冢斫棺并非帝王的盛德之事。而那些现在重掌朝政的大臣之所以要掘开司马光与吕公著的坟墓,只是为了满足他们的一己私愤而已。①

绍圣元年四月,包括苏轼旧敌赵挺之在内的多名御史联名上奏,重新弹劾苏轼在其草拟的吕惠卿罢相制中讥讪诋毁神宗。对于这一次的弹劾,苏轼完全没有成功自辩的可能,身在定州的他很快就接到了落端明殿学士、翰林侍读学士并责知英州(与他此时身处北宋北部边境的定州相对,英州位于北宋的南疆,两者相距万里之遥)的诏令。在前往英州的途中,他又接到了新的贬谪诏令,被进一步地贬为宁远军节度副使、惠州(比英州更南的广东沿海小城)安置,不得签书公事。

苏轼在惠州一共谪居了两年半的时间。到了绍圣四年(1097)夏,章惇、蔡卞发起了对于元祐党人更加猛烈的新一轮政治禁锢。已经去世的司马光与吕公著再一次遭到了身后的官职追贬;三十余位尚在人世的旧党高层人物被流放至偏远荒僻的南方,他们中的大多数相继在接下来的几年间客死在了那里。苏轼在本年的政治风暴中似乎遭遇到了最严厉的追责:他被贬至海南岛(广东南海岸线对面的雷州半岛),并在那里谪居了三年,直至元符三年(1100)朝廷放松党禁之时,才被允许重回大陆。然而苏轼在这段贬谪时光里饱受岛上的瘴气折磨,身体状况持续恶化,使得他在回到大陆仅仅一年之后便去世了。

---

① 《续资治通鉴长编拾补》卷十,第434页。

之所以会在元符三年发生松弛党禁的政治变化，主要就是因为哲宗崩逝于本年，以及暂时垂帘听政的向太后（在徽宗亲政之前）试图寻求一条平衡新旧两党的折中政治路线。然而这番调解平衡新旧两党的努力没有得到任何一方的满意，以致这段政治缓和期转瞬即逝。就在苏轼逝世的建中靖国元年（1101），随着日后声名狼藉的蔡京开始了他的宰相任期，新党再次于朝堂上全面得势，他们重新发起了又一轮对于旧党的政治禁锢。一块刻有一百二十八位重要旧党士人姓名（包括苏轼在内）的石碑被竖立在文德殿东壁，名列其间的士人被统称为"奸党"，与他们有所关联的数百名中下级官员也被判以诋毁讥讪新法及朝廷的罪名并被予以责罚。在这轮党禁之中，还有一项尤其针对苏轼及其门人的特别处罚方式，他和他父亲、弟弟的诗文集不仅被禁止私相传阅与公开流通，而且已经印行的诗文集及其印版与石刻也要悉数被缴纳焚毁（不过根据种类繁多的苏轼诗文集版本在南渡之初就得以大规模涌现这个情况来看，这项文集禁毁令似乎并没有起到特别大的效果）。与三苏相同，黄庭坚与秦观的文集也遭到了禁毁。① 这轮党禁直到靖康之难的爆发才宣告结束，在这场发生于1125年的巨大王朝灾难之中，宋廷丢掉了淮河以北的中原之地，被迫迁都江南。新党则被视为造成靖康之难的罪魁祸首，从而他们在南宋以降的历史叙述里始终都是被否定批判恶名昭彰的一方。

苏轼生命的最后七年时光主要就由岭南贬谪生涯构成，其间的种种遭际以及他临终时候的故事，将会被我们留在另外的章节里讲述。对于自己在这段卓越而突出的四十余年政治生涯中所扮演的角色及其相关的行事动机，苏轼曾经有过一番自我陈述，笔者将在下文引录之，以作为本章的总结。这段内容写于苏轼因役法问题而与司马光产生激烈分歧后不久，更准确来说是写在他因自己所拟的试馆职策题而遭到弹劾的时候。出于自我辩护的需要，苏轼谈论起了他从政至今的三个关键经历：高中

---

① 《宋史纪事本末》卷四十九，第 482—484 页；《续资治通鉴长编拾补》卷二十、卷二十一，第 705—720 页、第 741 页。

制科、强烈反对深受神宗支持的新法,以及他此刻正在面对的被台谏定性为元祐朝政的批评者:

> 臣闻圣人之治天下也,宽猛相资,君臣之间,可否相济。若上之所可,不问其是非,下亦可之,上之所否,不问其曲直,下亦否之,则是晏子所谓"以水济水,谁能食之",①孔子所谓"惟予言而莫予违足以丧邦"者也。② 臣昔于仁宗朝举制科,所进策论及所答圣问,大抵皆劝仁宗励精庶政,督察百官,果断而力行也。及事神宗,蒙召对访问,退而上书数万言,大抵皆劝神宗忠恕仁厚,含垢纳污,屈己以裕人也。臣之区区,不自量度,常欲希慕古贤,可否相济,盖如此也。伏观二圣临御已来,圣政日新,一出忠厚,大率多行仁宗故事,天下翕然,衔戴恩德,固无可议者。然臣私忧过计,常恐百官有司矫枉过直,或至于偷,而神宗励精核实之政,渐致惰坏,深虑数年之后,驭吏之法渐宽,理财之政渐疏,备边之计渐弛,则意外之忧,有不可胜言者。虽陛下广开言路,无所讳忌,而台谏所击不过先朝之人,所非不过先朝之法,正是"以水济水",臣窃忧之。故辄用此意,撰上件《策问》,实以讥讽今之朝廷及宰相台谏之流,欲陛下览之,有以感动圣意,庶几兼行二帝忠厚励精之政也。③

读罢这段文字,我们很容易会联想到苏轼在熙宁初年对于王安石削弱台谏之举的极度厌恶,也会回忆起他在那时充满自豪地追述台谏在此前的北宋历史中所发挥的积极作用与重要意义。颇具讽刺的是,苏轼后来被卷入的政治斗争大多数就是与台谏的论战。这些台谏官员放弃了他们本应承担的针砭时政之责,转而利用自己的弹劾之权攻击诋毁那些试图发声批评朝政之失的人。

在朝堂政治之中,苏轼总是扮演着不合于当下主流政治主张的角色。

---

① 《左传》第二十四,昭公二十年,第 1464 页。
② 这句话概述的是《论语·子路》第 15 则的记载。《论语义疏》卷七,第 336—338 页。
③ 《辩试馆职策问札子》(其二),《苏轼文集》卷二十七,第 90 页。

这其实是被他自我所认可并自觉承担的角色,因为他坚信"君臣之间,可否相济"。事实足以证明,苏轼的这个信念在他所处的时代特别地不适用。但如果说有什么因素会让他更加坚定地将此信念付诸实践的话,那么似乎就是这种"不合时宜"的自我认知。

第五章　知州与谪臣：地方政务上的表现

在台谏不遗余力的弹劾下，苏轼被迫上表请求外任地方州郡，最终在元祐四年（1089）被任命为杭州知州。我们在上一章已经论述过，这是苏轼在元祐时代首次尝试通过离京外任的方式以躲避政治攻讦。苏轼在这一年的夏天抵达了杭州，此时距离他上一次离开杭州的熙宁七年（1074）已经过去了整整十五个春秋，那时的他刚刚结束杭州通判的任期。苏轼对于如今的故地重来也颇为感慨，写下了这样两句诗："还来一醉西湖雨，不见跳珠十五年。"①尽管他此次在杭州连两年都未住满便被召回了京城，但这段杭州岁月却非常地忙碌而充实。在此期间，苏轼之所为远不止徜徉于杭州的清丽湖山，他同时还花费了大量的精力在繁杂急重的地方政务之上。在苏轼所有的知州经历中，知杭州是他最为著名也是最受称颂的一任。如果我们能够详细地考察他在杭州所取得的成就，及其在主持两项重要的抗灾赈济工作之时所使用的方法，那么便可以更好地认识苏轼以地方太守的身份给后世留下了怎样的遗产。②

在杭州的饥荒赈济

在抵达杭州的数个月后，苏轼便开始向朝廷上疏奏陈包括杭州在内

---

① 《与莫同年雨中饮湖上》，《苏轼诗集》卷三十一，第1647页。
② 这些赈灾救荒的方案是近藤一成《知杭州苏轼の救荒策——宋代文人官僚政策考》（《宋代の社会と文化》，第139—168页）一文的重要论点。该文的英文翻译题作"Su Shih's Relief Measures as Prefect of Hangzhou-A Case Study of the Policies Adopted by Sung Scholar-Officials"，载《亚洲学刊》（*Acta Asiatica*）第五十卷，第31—53页（1986年）。尽管近藤的兴趣点在宋代官僚政策而非苏轼这个个案，但他的研究还是相当有助于笔者更好地了解苏轼生平中的这个阶段。

的浙西七州(两浙路的西半部分)目前正在遭遇严重的粮食短缺,希望朝廷能够出台有力的赈济措施。苏轼的整个杭州知州任期都笼罩在这场灾伤的阴影之下,他也在此事上面投注了自己大量的精力。[1] 苏轼在奏疏中指出,浙西地区刚刚经历了一场规模极大、持续时间极长的洪灾。洪水从上年冬天就开始泛滥,直到本年春末仍未退去,因此该地区错过了早稻的播种。而本年夏浙西又发生了严重的旱情,更进一步恶化了灾伤程度。到了本年冬,浙西的谷价从常年的每斗六七十文飙涨到每斗九十文,并已出现了不少饥民。苏轼对此深感忧虑,认为如果不采取有效的赈济措施的话,那么在下一年的夏收之前,粮食短缺、饥荒以及盗贼匪患将会在浙西地区广泛地蔓延开来。为了向朝廷阐明将要面临的情况究竟可能会糟糕到怎样的程度,苏轼在奏疏中提到了熙宁年间那场给两浙带来毁灭性打击的饥疫(苏轼正是当年的亲历者),当时的谷价一度达到了每斗二百文,两浙的大半人口(五十余万人)惨遭饿死。[2]

为了阻止谷价的进一步上涨,并且及时遏制正在蔓延开来的饥荒,苏轼向朝廷建议应该暂时搁置下一年浙西本须向中央上缴的钱谷,以令当地能够留有更多的可用存粮。为此他特别提到了两浙转运司已经下发的明年应缴之钱粮数目(共计一百六十余万硕)过于巨大,希望能够获得一半或三分之二的减免。等到浙西地区的农业收成好转之后,再分作两年陆续补清这笔未缴的钱粮。出于同样的目的,苏轼也希望朝廷暂停在浙西收购供给诸粮仓的存储粮(包括了京城粮仓、军粮仓以及诸州常平仓)。最后,为了缓解浙西同时正在遭遇的钱荒,苏轼还竭力主张朝廷应该把本来用于购置浙西粮谷的现钱转用于购买当地的银绢丝绵。

为了应对种类繁多的天灾,北宋政府设计了策略各异的诸多赈灾救

---

[1] 《乞赈济浙西七州状》,《苏轼文集》卷三十,第849—851页。
[2] "大半人口"出自苏轼《乞赈济浙西七州状》中的"是时米斛二百,人死大半","五十余万人"的数目则见于苏轼《奏浙西灾伤第一状》。《苏轼文集》卷三十、卷三十一,第851页、第883页。

第五章 知州与谪臣：地方政务上的表现

荒方案。① 按照其中一些方案的设计，粮谷将会直接投放给受灾地区的饥民（比如开启官府的义仓向饥民免费投放粮米；招募受灾地区的饥民参加当地的一些公共工程项目，通过工程劳动报酬的形式为他们及其家人提供粮米；以及鼓励本地富户向饥民发放一定数额的粮米）。但大多数的赈灾救荒方案主要还是通过调控市场谷价的方式，以保障受灾地区的粮米供应。比如常平仓制度就是此类方案中的一个历史悠久又效果极佳的经典案例。大体来说，常平仓制度的具体运行方式包括了如下两个步骤：首先常平仓会在丰年的时候买入市场上过剩的粮米并存储起来，这样可以通过增加需求的方式防止谷贱伤农的情况发生，同时官府还能够获得以备荒年之需的大量储粮。其次便是常平仓在荒年的时候将所储粮米投放到市场之中，以低于当时的市场价格出售，这样可以缓解受灾地区的粮米供应短缺的问题，从而实现平抑谷价之目的。除了常平仓制度，减免受灾地区应当向中央政府上缴的各种税款（以征收粮米为形式的实物税）与进贡物资，是另一种平抑荒年谷价上涨的常用策略。只要中央政府能够减免受灾地区一年的粮米征收，当地的粮米供应很自然地就会增加，也就能够起到一如向受灾地区低价出售常平仓储粮那样的平抑谷价的效果。

苏轼在本年所上呈的数道奏疏里大致评估了浙西地区出现粮米短缺的可能性及其严重程度，并呼吁应该提前启动上述两种平抑谷价的措施以避免该情况真的发生。他担心如果不采取任何措施，来年便会出现严重的饥荒。相较于在饥荒的确到来之后再行应对之举，苏轼更愿意像这样未雨绸缪地将饥荒遏止在萌芽状态，这典型地体现了苏轼对于地方政

---

① 详见近藤一成：《知杭州苏轼の救荒策——宋代文人官僚政策考》；王德毅：《宋代灾荒的救济政策》，台北：商务印书馆，1970年版；吉田寅：《救荒活民书与宋代的救荒政策》，载《宋代史论丛：青山博士古稀纪念》，第447—475页；韩明士（Robert P. Hymes）：《道德责任与自我调节：董煟〈救荒活民书〉与南宋的赈灾救荒观》（Moral Duty and Self-Regulating Process: Tung Wei's book for relieving Famine and Reviving the People and the Southern Sung Views of Famine Relief），该文曾于1986年于亚利桑那州斯科茨代尔市召开的"宋代的治国方略与实践"研讨会上公开发表。

事的基本处理思路。不仅如此,苏轼的这些奏疏还典型地反映出在从事赈灾救荒工作的时候,他一贯倾向于采用平抑谷价的方案,而非直接向饥民投放粮米。对此他曾特为指出,一旦饥荒大范围地蔓延开来,再多的官府义仓也不可能满足全部饥民之所需,能够成功获得口粮的饥民永远只是一小部分人。但是如果通过政府干预的手段平抑谷价,那么受灾地区的全体民众都能够受益,因为这种方式能够使他们购买粮米的能力最大化。苏轼还认为,只要朝廷不通过征收转运税的形式抑制粮米在不同地区之间的流动,那么商人就会自发地将其他地区的粮米运至受灾之地售卖,以降低高昂的谷价给他们自己造成的利益损失。他也因此一再向朝廷呼吁废除或暂免转运税。① 于是乎在苏轼所提出的缓解粮米短缺问题的方案之中,最为关键的环节就是通过政府干预的手段平抑谷价(北宋人董煟在其撰写的荒政学专著《救荒活民书》中,就特别称赞了此法的有效性)。② 对于包括直接向饥民投放粮米与以工代赈在内的其他救荒赈灾方案来说,时人也已经普遍认识到它们都会在实际操作的时候出现严重的问题。比如任何的免费发放,都经常会引发骚乱与偷盗。而且这种措施往往也缺乏公平公正性,因为在分发物资的时候,很容易出现重点照顾城市居民而忽视偏僻边远农村民众的情况。因此,每当政府决定开仓放粮以赈灾救荒,大量的饥民就会争相从乡村涌入城镇。除此之外,那些地方上的贪官污吏也会毫不意外地在分发粮米之前向饥民索贿,而且他们也很容易在以工代赈的方案中找到可以中饱私囊的空间。与此同时,以工代赈的方案还存在着用于赈灾的公共工程建设经常无法竣工的问题(苏轼就相当质疑临时雇佣饥民去完成工程建设的可行性)。③ 饥肠辘辘

---

① 参见苏轼在元祐五年(1090)上奏的《相度准备赈济第四状》,《苏轼文集》卷三十一,第899—900页;"五谷力胜钱"一语可见《奏浙西灾伤第一状》与《乞免五谷力胜税钱札子》,《苏轼文集》卷三十一、卷三十五,第886页、第990—991页。
② 董煟:《救荒活民书》卷一,《丛书集成》本,第15页。董煟还在书中记载了苏轼的赈灾救荒方案,并称赞其法对于城市居民非常有效。但同时董煟也指出,苏轼的方案对于农村地区的灾民来说,就没有那么有效。见《救荒活民书》卷二,第26页。
③ 《申三省起请开湖六条状》,《苏轼文集》卷三十,第870页。相关内容在帖黄之中。

的灾民当然会成群结队地涌至工地,但只要工地上的粮食被耗尽,他们就会立即离开。

数月之后,朝廷最终同意了苏轼所提出的三项主要诉求,不过只允准减免浙西本应缴纳税款的三分之一,而非如苏轼所希望的那样减免一半(而且即便是这个三分之一的减免额度,朝廷也是在苏轼的再三恳请敦促之下才勉强同意)。① 但即便如此,这些措施似乎也起到了非常好的效果。元祐五年(1090)秋,苏轼又向朝廷申请再多予以杭州一年的政策扶持。他在奏疏中提到了本年春天颁布的系列措施所取得的良好收益,并将之论述为成功防灾伤于未然的典范案例。他还着重指出,就在朝廷减免上缴粮米数额等命令的下达之日,浙西谷价就迅速回落至常年之均价,顺利实现了避免发生饥荒的目标。②

尽管朝廷满足了苏轼的大部分要求,而且从总体上来看,这些措施似乎也在浙西地区迅速达到了朝野期待的效果,但苏轼却在元祐四年(1089)末开始坚定地认为,如果想要让浙西地区真正地渡过难关,那么朝廷就必须予以自己治下的杭州更进一步的政策扶持,而且至少得一直扶持到来年的秋收。苏轼始终将平抑过高的谷价作为其赈灾救荒工作的重中之重,并为此竭尽所能。然而他无奈地发现,元祐四年又是一个歉收之年,因此杭州的粮米供应始终远远满足不了市场的大量需求,就算动用常平仓的储粮也无法填补如此巨大的缺口。按照朝廷的安排,苏轼将在元祐五年的二月至六月间在杭州辖境内出粜常平仓米以及朝廷特为下拨的粮米。但根据他的估算,尽管杭州州城的粮米用度可以安排妥当,可是所辖县城依然严重短缺。哪怕再加上从邻近州郡调拨来的粮米,还是有着高达三万余石的缺口。③ 为了填补这个缺口,苏轼向朝廷申请实施另

---

① 朝廷最初只打算从两浙本年应进贡的粮米中减去 20 万石,或者减免应贡之数的八分之一。后来才将减免幅度改为苏轼奏请的应贡之数的三分之一。详见《上执政乞度牒赈济因修廨宇书》与《奏浙西灾伤第一状》,《苏轼文集》卷四十八、卷三十一,第 1408 页、第 883 页。
② 《奏浙西灾伤第一状》,《苏轼文集》卷三十一,第 883 页。
③ 详见《乞降度牒召人入中斛斗出粜济饥等状》与《上执政乞度牒赈济因修廨宇书》,《苏轼文集》卷三十、卷四十八,第 859—860 页、第 1407—1408 页。

一种赈灾手段——发放度牒。度牒是朝廷下发给和尚或尼姑的官方僧籍证明,只有持牒者才是合法的出家僧人,可以获得税务与劳役的豁免。因此度牒的需求量很大,一道度牒往往会被售以极高的价格。(实际上数量众多的和尚与尼姑自身无力承担购买度牒的费用,他们需要依靠别人的赞助方能获得度牒。而这些施主之所以会为和尚与尼姑购买度牒,主要是因为他们将此行为视作一件可为自己积攒功德的善业。)神宗在其即位之初的熙宁元年(1068),就曾下批过五百道度牒以供广南东路筑城之需。而随着变法的推行,他开始越来越频繁地下发度牒,使得鬻售度牒一跃成为宋廷最重要的筹措紧急钱款的手段。① 当苏轼在元祐四年(1089)抵达杭州后不久,他便向朝廷申请过两百道度牒,以供自己修缮已经残破不堪的州衙官舍。那次的申请并没有得到批准,但很显然的是,其同样也没有被朝廷否决。所以当此刻的苏轼面对粮仓贮藏的粮米供应不上市场所需之时,他便重新提起了一年前的这个申请,希望朝廷能把这两百道度牒下拨给他,他将把这些度牒鬻售给拥有大量存粮的本地官商或富户,并令他们在购买度牒的时候使用粮米而非现钱的方式支付。根据苏轼的估算,这两百道度牒可以换得约两万五千石粮米,这样便可以基本补足此前所说的粮米缺口。除此之外,苏轼也没有放弃他先前的度牒申请目的,在他的估算里还包括了由度牒换得的粮米可以售得的现钱数额(因为苏轼的方案并不是将这批通过鬻售度牒的方式获得的粮米直接分发给灾民,而是将其在市场上减价出卖)。尽管这笔钱远没有他原先预想的那般宽裕,但仍然足够其翻修州衙官舍了。

上文提到的苏轼前后两次向朝廷申请度牒之事分别发生在元祐四年(1089)十二月与元祐五年(1090)二月,第一次的上疏对象是宰执,而第二次则直接疏呈皇帝。② 在此期间,朝廷确实曾向两浙路下发过三百道

---

① 关于度牒的应用历史,详见竺沙雅章:《中国佛教社会史》,京都:同朋舍,1982年版,第17—82页。
② 《上执政乞度牒赈济因修廨宇书》与《乞降度牒召人入中斛斗出粜济饥等状》,《苏轼文集》卷四十八、卷三十,第1406—1408页、第859—860页。

用于救荒的度牒(同时另有三百道度牒被下发给了相邻的淮南路),这很有可能就是对于苏轼上疏的反应。然而下发给两浙的度牒被全部交予两浙转运使叶温叟作统一调配,最终他决定将这三百道度牒按照放税钱数等比例地分配给两浙的九个州郡。尽管杭州的人口远远多于其他任何一州,但叶温叟却仅仅拨给了杭州三十道度牒。

苏轼在得知这个消息之后相当震怒,于次日便向朝廷上了一封题为"论叶温叟分擘度牒不公状"的奏疏。① 这道奏疏不仅指责了叶温叟在决定度牒分配方案的时候未曾遵从圣旨的指示先与其同官商议(包括两浙提刑、两浙转运判官,以及苏轼自己担任的两浙西路兵马钤辖),还具体驳斥了叶氏的度牒分配标准是如何的荒唐不公。比如苏轼指出,尽管润州的人口只在杭州的百分之十至二十之间,而且还没有任何粮米短缺的消息传出,但不知何故叶温叟决定调配给润州一百道度牒。苏轼请求朝廷废止叶温叟的分配方案,并将三百道度牒中的一百五十道分配给杭州(与苏轼最初的申请相比,这个数字还是少了五十道)。

在这场事件中以苏轼政敌身份出现的叶温叟,只有寥寥数笔的生平资料留存至今。据称他与苏轼长期不和,很可能与一个被认为是苏轼重要的敌对政治派系有所关联。叶温叟的侄孙叶梦得在多年之后为其叔祖的度牒分配方案做了一番辩解,②认为叶温叟需要尽力平衡两浙诸州的各方面需求,而苏轼只需努力为自己治下的杭州争取到尽可能多的资源即可。叶梦得的辩护其实属于老调重弹,而且同样有些苍白无力,因为他跟前人一样回避了被苏轼察觉到的该方案可能存在的不公平问题,以及苏轼围绕这个问题所做出的具体批判。

这场围绕度牒分配的激烈争端最终得到了朝廷的解决,而具体的解决方案又直接促成了苏轼知杭州生涯中的另一个重要事件。就在苏轼怒斥叶温叟的两个月之后,他启动了名扬后世的疏浚西湖工程。由于长期

---

① 《论叶温叟分擘度牒不公状》,《苏轼文集》卷三十,第 860—863 页。
② 叶梦得:《避暑录话》卷下,第 73—74 页。也是此条文献简要提到了苏轼与叶温叟之间存在着宿怨。

未得疏浚,杭州西湖在过去的几十年间积淤了大量的葑草,使得湖面萎缩了近二分之一。而当地百姓又将葑草积淤的湖面围垦为葑田,进一步加剧了西湖的淤塞。如果不及时予以干预,整个西湖很可能会在数年之后被淤塞殆尽。苏轼不仅率领杭州军民疏浚西湖水道、清除湖中淤积的葑草,同时为了方便当地百姓,还利用从湖中挖出的葑草与淤泥筑成了一道湖堤。① 直到今天,苏轼对于西湖的疏浚改造特别是他主持筑造的这道"苏堤",仍然是西湖非常著名的靓丽风景,而且历史学者往往将其视作一个独立的事件,不太会与苏轼在杭州的赈灾救荒工作相勾连。但是苏轼自己却会把疏浚西湖与赈灾救荒紧密地联系在一起,有时甚至还会将疏浚西湖视为可供民众度过困难时期的工程项目。此外,他在筹措工程资金的时候不仅采用了与赈灾救荒相同的方案(即鬻售度牒),而且实际所售的就是朝廷拨给他用于填补储粮缺口的那批度牒。

可以很明显地看出,朝廷认为苏轼对于叶温叟的反对意见颇具说服力,因为杭州最终获得了发给浙西的这三百道度牒中的一百道(与苏轼的最低要求相比,还是少了五十道)。我们可以从苏轼在元祐五年(1090)夏初上呈给朝廷的一道奏疏中获知这个数字,而这道奏疏的内容正是苏轼对于疏浚西湖重要性的论证。② 为了更好地陈述自己的意见,苏轼列举了西湖给杭州带来的种种收益:西湖之水不仅能够用于灌溉,而且还保证了运河得以通航;因为西湖的存在,杭州附近的六口井才会涌出甘甜的淡水(否则井水便会受到海水的影响而变得咸苦);以及西湖给杭州的酿酒作坊提供了方便易得的充沛水源,因此杭州的酒税收入才会甲于天下。与此同时,或许是想要让朝堂政要确信他知道自己正在做的是什么,苏轼还向三省长官奏呈了一道状札,于其间具体细致地陈述了他将如何开展疏浚西湖的工程;他将如何规整并调节钱江支流与相关运河之水,以保证西湖来水的通畅;以及他将如何通过禁止百姓在西湖围垦造田以避

---

① 苏辙:《亡兄子瞻端明墓志铭》,《栾城集》,后集卷二十二,第 1417 页。
② 《杭州乞度牒开西湖状》,《苏轼文集》卷三十,第 863—866 页。

免再次发生当下的西湖淤塞危机。此外，苏轼还交代了他将鼓励百姓在湖中种植菱角，因为人们在收获菱角的时候往往会将其根茎一并芟除，从而菱角的种植可以使得湖水免遭葑草淤积之患。① 除了具体的实施方案，苏轼还在奏疏里提到了他曾向当地的专家咨询会商过这些计划，尤其是那些完整亲历了西湖这一二十年淤塞过程的农夫与城中耆硕，以及最懂得如何使西湖恢复原状之人。随后苏轼承认了这样一个令人意外的事实：他已经启动了这项工程，而且实际上都已完成了一半的工作量。苏轼对此解释道，那一百道度牒所换得的粮米被他以低于市场的价格卖出，总计售得一万贯现钱。随后他便用这笔钱募民开湖，最终募得民夫十万功（一种计人力的单位）。正如他在奏疏中所透露的那样，疏浚西湖工程预计需要民夫二十万余功，故而苏轼请求朝廷再额外拨给他一百道度牒，以助其能够完成疏浚西湖的工程，并确保这片水域能够得到有效的维护。②

如果朝廷同意了苏轼额外增拨一百道度牒的申请，那么苏轼花费在疏浚西湖工程之上的度牒数量（二百）将会与他先前因填补粮仓缺口之需而向朝廷申请的度牒数量相匹配。这很可能并不是一场巧合。苏轼为何会在此时将他的工作重心由赈灾救荒改为水利工程？应该是缘于他意识到了朝廷对于杭州的赈灾救荒工作不会再提供任何的政策扶持了。无论是减免税赋还是增发度牒，只要是仅仅为了赈灾救荒这一个目的而提出的申请，都会被朝廷驳回。因此，苏轼决定以另外的理由向朝廷申请相关的援助，一个在他看来可能会得到朝廷更多支持的理由——保护西湖。随后他便尽可能地利用由此申请而来的这笔援助，既完成他此刻向朝廷建议的工程项目，又实现他填补粮仓缺口的最初愿望。苏轼之所以会在向朝廷申请剩下的一百道度牒之前就启动疏浚西湖的工程，显然是因为他希望以此给朝廷施加一定的压力，令其不得不同意自己的申请。正如

---

① 《申三省起请开湖六条状》，《苏轼文集》卷三十，第 866—872 页。
② 《杭州乞度牒开西湖状》，《苏轼文集》卷三十，第 865 页。

他在奏疏中所指出的那样,如果疏浚西湖工程不能完工,那么葑草很快就会重新淤塞大片湖面,这样一来先前所做的疏浚工作以及为此付出的钱财物力全部将被白白浪费掉。

那么朝廷为何不愿意提供更多的赈灾投入呢？事实证明,个中原因并非是朝廷的财政状况无力承担这笔支出,而是苏轼的浙西上官向朝廷汇报说本地并没有发生严重的灾荒。元祐五年(1090)五月底,两浙转运使(叶温叟)、两浙提刑,以及淮西提刑分别向户部奏称,他们的辖境内并没有发生粮米短缺的问题,也没有出现饥民或失业流民,而且马上还将会获得一场极为丰饶的秋收。故而他们认为已经下拨的这批度牒其实毫无必要,这直接导致了宰执做出收回已经下发给浙西、淮南之度牒的决定。苏轼得知此事后随即上疏反对,要求朝廷停止召回度牒,并指斥他的上司无意恤民而专务献谄。① 在此之前,苏轼就已经在一封写给宰执的书信里坦率地表达过对于地方上普遍存在的官僚主义的不满。② 此刻他更加坚定地认为,绝大多数的州郡路司长官之所以从不向朝廷汇报当下存在的粮米短缺情况,就是因为他们不想成为负面消息的传播者。毕竟如果将这些负面消息汇报上去,他们很可能会遭到朝廷的责任追究,并受到地方治理能力不足或者缺乏应急措施的指责。于是这类地方官员便只会汇报那些他们所知的朝堂重臣想要听到的消息,而朝廷也会因此逐渐变得只愿意收到这些令人倍感愉悦的汇报。苏轼在奏疏中还警告朝廷,百姓一旦得知了收回度牒的命令,便会"皆谓朝廷不惜饥民,而惜此数百纸度牒"。③ 除了要求朝廷停止收回已经下发的度牒之外,苏轼还在奏疏的最后向朝廷申请再额外增赐杭州五十道度牒(尽管这个数额他已经向朝廷申请了两次),以助其完成疏浚西湖的工程。最终他的这两项要求都得到了朝廷的批准。④

---

① 《奏户部拘收度牒状》,《苏轼文集》卷三十,第 873—874 页。
② 《上执政乞度牒赈济因修廨宇书》,《苏轼文集》卷四十八,第 1407 页。
③ 《奏户部拘收度牒状》,《苏轼文集》卷三十,第 873 页。
④ 《续资治通鉴长编》卷四百四十二,第 10644 页。从苏轼后来多次提及度牒的高度有效性来看,我们可以断定,召回度牒的命令最终并没有真的被执行过。

我们在苏轼谈论西湖问题的奏疏之中,时常能看到他将此疏浚工程与赈灾救荒联系到一起。但是在另外的文章里,苏轼却对这类工程项目的赈灾救荒价值颇感怀疑。这不禁会令人产生这样的想法,将赈灾救荒援引为论证疏浚西湖之必要性的重要论据,其实是苏轼被迫的无奈之举。实际上读者也能很容易地察觉到苏轼对此的极不情愿,因为他总是把赈灾救荒论述为疏浚西湖的事后收益或附加好处。① 不过由于以工代赈是北宋朝廷最为经典的赈灾救荒方案之一,故而苏轼显然会相信,他对于疏浚西湖工程在赈灾救荒方面的积极意义的提及,会令自己的论证更具说服力。

在平稳解决了元祐五年(1090)春夏两季的粮米短缺问题之后,苏轼在本年秋将其关注重心转至了下一年之上。他认为粮米短缺的问题很可能会于来年再次发生。由于苏轼目睹了浙西地区在本年五六月间持续受到暴雨与洪水的困扰,故而他在七月初便断定今年浙西的农业收成远非丰稔。再加上常平仓储粮已经被出粜殆尽,使得当地已经出现了大量在食物短缺与债台高筑的状态下艰难维生的民众。苏轼将浙西地区比喻为在短时间内两次罹患同一个严重疾病的人:"病状虽同,气力衰耗,恐难支持。"②到了本年的七月末,浙西地区又遭到了三天三夜的暴风雨侵袭,整个太湖流域都发生了严重的洪涝灾害,进一步恶化了本已艰难的情势。

从元祐五年(1090)秋开始,直到他被重新召回京城的元祐六年(1091)春,苏轼陆续向朝廷进呈了不少于八道奏疏。这些奏疏的平均字数多达一千,每篇都在敦促朝廷赶紧采取措施以防止浙西地区在元祐六年秋收之前出现严重灾荒。必须要交代的是,苏轼这一轮的要求与提议从总体上来看远没有获得类似上一年那样的成功,因为在他离开杭州的时候,并没有多少能够缓解当地民众所处之困境的政策真的被付诸实施。

---

① 参见苏轼《申三省起请开湖六条状》的帖黄,《苏轼文集》卷三十,第 870 页。亦见《杭州乞度牒开西湖状》与《奏户部拘收度牒状》,《苏轼文集》卷三十,第 865 页、第 873 页。
② 《奏浙西灾伤第一状》,《苏轼文集》卷三十一,第 884 页。

在这段时间里,由于朝廷对于他的请求或保持沉默、或断然拒绝,再加之尽管情势每个月都在变得愈发危急但朝廷还是一直不采取任何的应对行动,我们可以看到苏轼累积起了非常强烈的沮丧情绪,以至于他后来改变了自己最初的论点与建议。尽管苏轼的建议是周全详备且颇具说服力的,但他的这轮进谏最值得被后人铭记的元素终究还是他在这些奏疏当中所流露出的执着精神与坚定信念。

苏轼在本轮上呈的第一道奏疏中,向朝廷请求减免浙西本年所需上供京城粮米之数的一半,同时还建议从邻近州郡调配粮米至杭州粮仓,以免杭州所储不多的常平粮不足以应付元祐六年(1091)春夏两季很可能会出现的大量出粜需求。① 他再一次建议朝廷应该在真正爆发大规模的饥荒之前就采取相应的行动,并充分强调了这么做的重要性。如果各级官员任由情况不断地恶化下去,直至不得不将粮仓储粮紧急调往饥荒极为严重的地区并将这些粮米免费发放给当地饥民的话,那么朝廷不仅必须将所储粮米尽数释出,而且还将失去出粜常平仓米所能获得的潜在收入。此外,一旦饥荒之地的民众放弃了他们的田地而沦为难民,并游荡到其他地区以谋果腹,那么这些田地也会因其无人耕种而使朝廷失去本可从中获得的税收收入。苏轼丝毫无所顾虑地向朝廷强调,他正在敦促朝廷尽快推行的这些措施不仅遵循的是以民为本的治国传统,而且还符合中央政府自身的财政利益。

正如上文所提到的那样,同一时期还存在着与苏轼所奏内容截然相反的来自其他浙西官员的奏陈,这无疑会令朝野上下对于苏轼所述之危机的真实准确性颇感怀疑。因此苏轼在其奏疏中努力证明他的预测是真实准确,希望能够以此成功消除相关疑虑。而他在这方面的论述,也成为本轮奏请的一个引人注目之处。很明显,苏轼本就对自己将会受到的真实性质疑以及相关论战有所预期,因此他也相应地改变了自己的措辞。他在奏疏之中大量引用其他见证浙西洪灾与歉收之人的说辞,尤其着重

---

① 《奏浙西灾伤第一状》,《苏轼文集》卷三十一,第886页。

征引了被朝廷遣派至江淮两浙的按察官员在其递交的察访报告里所做出的相关叙述。他还请求朝廷令两浙各州自行判断来年春天是否需要出粜常平仓米，如果有所出粜需求，那么现在就得开始为常平仓收购措置储粮；如果预估下来并没有出粜的必要，那么州郡长官必须担保来年委实不会出现饿殍流亡，届时但凡还是出现了饿殍流亡之事，他们就得无条件地接受朝廷的治罪。

由于朝廷一直没有批复苏轼所上的这第一道奏疏，故而他在元祐五年（1090）的九月与十月间以更加紧迫的语气又写了几道奏疏。在此期间，他和自己的上司两浙提刑之间的矛盾分歧也变得越来越公开化。按照苏轼的预测，来年将会出现大量的粮米出粜需求，因此他果断地着手为杭州的常平仓购置储粮。然而令其无比惊愕的是，竟然没有一个人前来卖粮给常平仓。个中原因其实在于当下的市场米价已经开始上涨，并且还超过了政府常平仓的征收价，从而商人更愿意把自己贮存的粮米在市场上售出，那样他们将会获得更高的利润。苏轼希望朝廷能够允许自己以更高的价格收购常平仓储粮，并强调此举不会导致政府白白增加一笔支出，因为他预计市场米价将在来年的春天更加飙涨，故而常平仓届时可以就按照现在的收购价出粜粮米。① 很显然，他的这个请求还是没有得到任何的回复，反倒是两浙提刑在严令禁止包括苏轼在内的本路各州长官不得擅自添价收购粮米。然而苏轼却无视此令，继续自说自话地将征收价小幅上涨至每斛七十文。即便如此，苏轼依然在抱怨就算是这个价格也不能令其购置齐全足以应付来年所需的常平仓储粮。同时他还特别提到那些遵照提刑司之令以低价收购粮米的其他州郡，实际的征收情况比他还要差。在苏轼看来，现在对于收购开支的增加感到靳惜完全是毫无意义的事情，因为如果任凭饥荒在浙西地区蔓延开来，朝廷将要额外花费掉的钱款会比现在的增支多出十倍。②

---

① 《相度准备赈济第二状》，《苏轼文集》卷三十一，第894—895页。
② 《相度准备赈济第三状》，《苏轼文集》卷三十一，第898页。

苏轼也在奏疏中抨击了囤货居奇的本地富户,这些人竟然将此番潜在的缺粮危机当成谋求厚利的大好机会:

> 访闻诸郡富民,皆知来年必是米贵,各欲广行收籴,以规厚利。若官估稍优,则农民米货尽归于官,此等无由乘时射利,吞并贫弱。故造作言语,以摇官吏,皆言多破官钱,深为可惜。若便为减价住籴,正堕其计。①

苏轼的这段论述很可能是在暗示,浙西地区还存在着比较严重的官商勾结问题。

在元祐五年(1090)的一整个秋天里,苏轼不是在请求朝廷予以浙西以及杭州更多的政策扶持,就是在向朝廷建议派遣发运司官员前往收成丰稔的邻路(江南东路与淮南路)州军购置五十万石常平米,并将其就地贮存在真州与扬州的粮仓之中。一旦来年浙西本地的常平仓储粮真的如他担忧的那样被消耗殆尽,这批备用粮米可以非常便捷地通过水路运至浙西。当苏轼在十月发现出于上述的种种原因,浙西的常平仓明显无法筹措到足够的储粮之时,他便重申了向邻路购置储备粮的重要意义。②在这样的情况下,他的请求获得了批准。朝廷向发运司下达了一道诏令,授权该司官员可以前往邻路州军购置常平仓米,同时还下拨了一笔专门用于此次购粮的钱款。然而正如苏轼在元祐六年(1091)三月所见的那样,发运司在接到圣旨之后却拒绝执行额外增购五十万石粮米的命令。他们向朝廷回复称,淮南、江东两路的粮米现在处于虚高的价位,因此目前并不是购粮的好时机。怒不可遏的苏轼随即再上一道奏疏,不仅复述了他对于这个错误经济观念的批驳,还明确指出发运司为了掩饰自己的尸位素餐,竟然以淮南、江东米价最高的州军为例向朝廷证明两路米价的虚高,而完全不顾两路同时还存在谷熟米贱之州的事实。③

---

① 《相度准备赈济第三状》,《苏轼文集》卷三十一,第 898 页。
② 《相度准备赈济第三状》,《苏轼文集》卷三十一,第 898 页。
③ 《再乞发运司应副浙西米状》,《苏轼文集》卷三十二,第 909—911 页。

第五章　知州与谪臣：地方政务上的表现

元祐六年(1091)二月末,苏轼接到了返京的诏令。他在北上归京的途中特意游历了整个环太湖地区。尽管苏轼仍在旅途当中,但他还是马上向朝廷奏呈了一道新的奏疏,表示自己现在已经目睹了数州水灾之势的严峻可畏,故而再次恳请朝廷将他州富余的粮米调拨至此,并言道:"岂敢为己去官,遗患后人,更不任责。"①在回到京城之后,苏轼继续对此事予以关切。他向朝廷递呈了一份全面且细致的治理东南水患的方案,该方案由吴中当地的水利专家单锷设计。② 元祐六年七月,苏轼被授予知制诰的新职,但他随后又写了一道与杭州相关的奏疏,请求朝廷立刻予以杭州赈灾救荒的政策扶持。此事的起因缘于他收到了杭州故人苏坚的来信,曾是苏轼知杭僚属的苏坚在信中告诉苏轼,杭州的常平仓储粮将在七月末彻底耗尽,随后便将不可避免地发生严重的饥荒。苏轼要求中央政府迅速调拨他州粮米至杭,必须确保至来年七月终,杭州与浙西的常平仓始终能够承担出粜粮米之责。苏轼还在帖黄中向朝廷简要地重提了两浙发运司拒绝执行收粜命令之事,并认为如果发运司当时没有违令,现在面临的这场饥荒危机早已被消弭于无形之中。③

就在苏轼进呈上述这道奏疏的两天之后,朝廷便收到了两名侍御史的分别上奏,二人都在要求朝廷全面调查浙西的实际灾伤情况。令这两位侍御史心生疑窦的并不是具体的赈灾救荒方案,而是那些声称饥荒严重的汇报。尽管二人在奏疏中并没有点名苏轼,但毫无疑问他们最主要的攻击目标就是苏轼,因为他们质疑的正是浙西地区发生严重灾伤的真实性,而且还特别对杭州的情况予以了更高的怀疑。严格来说,这两位侍御史只是在要求朝廷进行全面的调查,而不是直截了当地表示朝廷在这件事情上受到了欺骗。然而在他们的奏疏里,还是有着不少意味深长的表述,比如他们如此声称:"二浙佃民习为骄虚,以少为多,其弊已久。"④

---

① 《再乞发运司应副浙西米状》,《苏轼文集》卷三十二,第910页。
② 《进单锷吴中水利书状》与《录进单锷吴中水利书》,《苏轼文集》卷三十二,第915—917页、第917—927页。
③ 《乞将上供封桩斛斗应副浙西诸郡接续粜米札子》,《苏轼文集》卷三十三,第931—933页。
④ 《续资治通鉴长编》卷四百六十二,第11032页。

再比如他们列举了此前上呈朝廷的诸多浙西灾伤报告之间所存在的互相矛盾之处,而且着重提到了有些人报告说发生洪水的地区只局限在太湖流域,杭州则完全没有受到水患的影响。他们还敦促朝廷应当尽快进行审慎细致的受灾范围评估,以免当地官员私相合谋,"专以支散数多,邀求赏擢"。① 如果最终的调查评估结果显示浙西的灾伤情况完全是虚报,那么相关的责任官员就必须受到严厉的惩罚。因此这两位侍御史向朝廷提出的调查要求相当于对苏轼的弹劾,毕竟他一直以来都是最为首要且执着坚定的浙西灾伤汇报者,而且还将继续扮演下去这个角色。

这两位侍御史的质询给今日的我们带来了一个论述难题。本书在讨论苏轼上呈的一系列与杭州灾伤问题相关的奏疏之时,其实是先行预设了苏轼所述都是真实可靠的。但如果他并没有说实话呢?最主要的记录浙西地区在元祐年间发生了洪灾与饥荒的文献,就是苏轼的这些奏疏。除此之外,我们很难再找到可供验证其真实性的其他记载。如果苏轼真的歪曲谎报了当地的受灾情况,那么他这么做的动机会是什么呢?想来可能是他希望能够借此为自己获得一个善政贤德的知州声誉。按照这样的心态动机推测,苏轼之所以要夸大目前所遇危机的严重性,不仅是因为这样可以使他更有机会从中央政府那里申请到充足的赈灾救荒物资,更在于一旦真的成功避免了严重饥荒的发生,他将以一个行政能力极强的地方长官形象出现在朝堂宰执的眼里。

尽管很难证实苏轼这些奏疏的真实准确性,但是如果我们考虑到提出质疑的这两位侍御史究竟是谁的话,苏轼所言是否真实的问题便会变得没那么紧要。率先向苏轼发起攻讦的侍御史是洛党中人贾易。上文已经论述过,贾易对苏轼始终抱以极高的敌意,一方面是因为苏轼与其师程颐的交恶,另一方面则缘于他自己本身就与苏轼结有仇怨。实际上在接到奉诏归京的命令之后,苏轼曾明确以将会遭到贾易的新一轮攻讦为由

---

① 《续资治通鉴长编》卷四百六十二,第 11033 页。

向朝廷提请辞免。① 归京之后,他又进呈了一道讲述贾易对自己积怨颇深的奏疏,而且上奏时间就在贾易提出全面调查杭州灾情之要求的前一周。在这道奏疏里,苏轼将贾易描述成一门心思只顾找自己复仇的样貌:"易志在必报,未尝一日忘臣。"②此外,当针对杭州灾伤真实情况的相关质疑彻底无法实现期待中的政治收益之后,还是贾易率先抓住了苏轼那首诗里的"闻好语"之句,向他发起了直接的弹劾。

作为元祐政坛少见的没有派系归属的重臣范祖禹,在此时上呈了一道为苏轼所描述的杭州灾伤情状的真实性予以辩护的长篇奏疏,③展现出他在这件事情上是非常明确地支持苏轼的。范祖禹在奏疏里有意避开了与这场争端密切相关的人事瓜葛——实际上他连苏轼的名字都没有提起,完全将自己的论述仅仅集中在杭州灾伤的真实性以及朝廷应该采取怎样的应对措施这两个问题之上。④ 范祖禹首先强调了为民众谋求福祉是朝廷应尽之责任,随后便逐条驳斥了贾易与另一位侍御史杨畏的所有论断。范祖禹承认,故意夸大灾伤程度的汇报的确有发生,但他同时也指出,就目前这个事情而言,不仅世人皆已听闻浙西一带发生了严重的灾伤,而且种类各异的大量公文书对此也都有所记录。比如有些公文书就提到过,浙西地区已经连续开仓放粮了好几个月,并为饥民群体设立了粥棚。再比如不少公文书还共同提到了难民四处流亡的情状,当地时常会出现因难民抢夺食物而引起的暴乱(在一起暴乱事件中,就有四十余人在争抢食物的过程中被踩踏致死)。⑤ 范祖禹由此断言,在这样的情况下还要去质疑灾情汇报是否夸大其词,完全是有悖人情的。贾易与杨畏的详细调查提议只会进一步拖延基本救灾举措的实施,同时还会令当地官员更生畏惧,使得他们在日后更加不愿意向朝廷汇报歉收之事。

---

① 《杭州召还乞郡札子》,《苏轼文集》卷三十二,第 913 页。
② 《再乞郡札子》,《苏轼文集》卷三十三,第 930 页。
③ 《宋史纪事本末》卷四十五,第 440 页。
④ 范祖禹:《奉还臣僚论浙西赈济事状》,《范太史集》卷二十,《景刊文渊阁四库全书》本,第 9 页上—16 页下。此状亦被节录于《续资治通鉴长编》卷四百六十二,第 11037—11039 页。
⑤ 《相度准备赈济第二状》,《苏轼文集》卷三十一,第 895 页。

最终朝廷采纳了范祖禹的建言,并取消了对浙西灾伤实际情况的调查。这里还可以再引述一条与此事有关的文献,这条文献的行文语气有着不亚于其内容的重要意义。这是一封苏轼写于杭州的私人信件,具体的写作时间是元祐五年(1090)的秋天,也就是在那场令苏轼感到今年的农业收成基本无望的七月暴风雨之后。这封信的收信人是苏轼的朋友钱穆父(钱勰),此时的他同样也在地方知州任上,而且所知之州就是与杭州毗邻的越州。苏轼在信中提到的"中玉"是时任两浙路提刑的马瑊,也即苏轼与钱勰共同的直接上级,而且他掌管的正是监察两浙路的农业与司法刑狱之事。①

> 今日得宪檄,亦以闽盗恐轶至衢、睦为戒,度亦未遽尔也。惟浙西数郡,水潦既甚,而七月二十一、二、三三日大雨暴风,几至扫尽,灾伤既不减去岁,而常平之备已空。此忧在仆与中玉。事有当面议不可以尺书尽者,屡以此意招之,绝不蒙留意云。冬初方过,浙西虽子功旦夕到,②然此大事,得聚议乃济。数舍之劳,③譬如来一看潮,亦自佳事,试告公以此意劝之,勿云仆言也。如何?如何?吾侪作事,十分周备,仅可免过,小有不至,议者应不见置也。米方稍平,更一月必贵。日夜望中玉来。放脚手籴得十余万石,相次漕司争籴军粮及上供,必大翔涌。其他合行遣事,未易一一遽言。愿公因会,度可言即言之。幸甚!幸甚!此事,某已两削矣。诸公虽未必喜,然度无不行下之理。④

苏轼试图让他的朋友兼同僚钱穆父去劝说他们的上官马瑊来杭州一趟,这样苏轼可以亲自向马瑊陈述自己对于杭州所面临之危机的看法,马瑊也可以由此亲眼看到杭州的真实情况。苏轼在这个时候仍然寄希望于能

---

① 关于马瑊的情况,参见孔凡礼在苏轼尺牍《与马中玉》下所作之按语。《苏轼文集》,佚文汇编卷三,第 2485 页。
② 子功即范百禄,其在上一年出任翰林学士,并在本年秋天被委以特别按察之差前来浙西。
③ 关于"数舍"一语的用例,参见苏轼的尺牍《与若虚总管》,《苏轼文集》,佚文汇编卷三,第 2497 页。
④ 《与钱穆父》(其十一),《苏轼文集》卷五十一,第 1505 页。

第五章　知州与谪臣：地方政务上的表现

够获得这位路司长官的支持,并由他出面向朝廷申请减免浙西本年应上贡中央的粮米数额之半,以助自己完成购置常平仓储粮的任务(即信中提到的"十余万石"之数)。但苏轼还是非常担心马瑊会无视他的杭州邀约。

若说苏轼所上报的杭州灾情确实只是他精心策划的一场骗局的话,那么他几乎不可能会动用私人关系以谋求与其上司在杭州见面的机会。像这样的一封私人信笺所能呈现出的全部内容,特别是字里行间的语气口吻,完全可以成为支持苏轼公开奏陈的杭州灾情之真实性的依据。

如果我们将零星散见的各种与浙西灾伤相关的文献全部汇集于一处,则会发现其间所载大多是严峻复杂的情势,这意味着苏轼向朝廷预警的灾难在随后的几年间真的发生了。元祐六年(1091),一位御史上书劾奏,两浙地区(浙西与浙东全境)在分发粮米的过程中,存在严重的管理不善问题。当地的富商与贪腐官员勾结在一起,使得绝大多数的粮米并没有被发到饥民手上,而是落入了富商的口袋,从而造成了大量灾民的死亡。① 在同一年的冬天,也即苏轼赴任颍州知州后不久,包括颍州在内的毗邻浙西与淮南的州郡都出现了两路难民大批涌入的情况,以至于苏轼为了妥善收管这些流离失所的难民,不得不请求中央政府给予协助。② 这场饥荒看上去至少又持续了两年。元祐七年(1092),苏轼在一封写于扬州(该州隶属淮南东路)的奏札中提到,他听说太湖沿岸的苏、湖、秀三州因饥疫大作而人死过半。③ 而元祐八年(1093)夏,两浙路转运司与提点刑狱司还在向朝廷申告本地灾伤依然严重,希望能够允许他们将还未支粜出去的剩余四十余万石粮米直接借贷给乡民。民众可以根据自己所需前来借粮,每借一斗米去,则至秋熟后纳还官府新米八升。④ 两浙路司

---

① 《宋会要辑本》,台北:世界书局,1964年版,第10页上。
② 《乞赐度牒籴斛斗准备赈济淮浙流民状》,《苏轼文集》卷三十三,第947页。
③ 《再论积欠六事四事札子》,《苏轼文集》卷三十四,第971页。
④ 《续资治通鉴长编》卷四百八十三,第11482页。

的这道请示略显悲凉(因为平均下来,这四十余万石粮米也就只能给当地民众每人提供大约十天的口粮),很可能就是当地民众此刻无比绝望处境的反映。

知州任上的其他政务表现

无论是否能够称得上成功,在苏轼所有以知州身份从事的政务之中,拥有最完整记录的那项事业终究都得推属他在杭州的赈灾救荒。(仅仅是他自己撰写的与杭州及浙西灾伤问题相关的奏疏,就在现代排印本苏轼文集里多达五十余页。)我们在上文详细回顾了他的这段经历,从中可以看到他对自己的知州责任是相当地恪尽职守,他的见解观念非常练达洞明,以及他在向上级表达自我观点之时是有多么坚定执着。然而无论如何,苏轼都不会在他的杭州知州任上只选择做赈灾救荒以及与其密切关联的疏浚西湖这一类政务。不仅如此,只要我们将视线投向苏轼出知他州的任职履历(徐州、密州、扬州),就可以发现大量的关于苏轼参与其他政务的记录。不过无论他从事的政务具体为何,他都坚持着与杭州赈灾救荒相同的主政精神及理念。本节便将选取其中的一些案例作简要的介绍。

苏轼在杭州以及其后的扬州知州任上,都在不懈地向朝廷请求免除当地百姓因苛捐杂税而产生的积欠。这些积欠绝大多数是在新党执政期间逐渐形成的,当时的中央政府为了增加财政收入,颁布了不少新的税目,并向商人征收种类繁多的杂费。如果遇到民众确实无力缴纳这些税目的话,朝廷便会将未缴税款记入账簿,待到民众可以缴纳或者只是朝廷自己认为的可以收缴之时,再向民众催缴这笔欠款。比如熙宁末的那段连续的荒年期,朝廷就是照此方式处理的。苏轼认为,新党执政期间积累下来的这些债务已经对百姓的生活产生了极其恶劣的影响,农民甚至产生了更加恐惧遭遇丰收年岁而非歉收之年的心态。苏轼还特别转述了农民对他说的话:"丰年不如凶年。天灾流行,民虽乏食,缩衣节口,犹可以生。若丰年举催积欠,胥徒在门,枷棒在身,则人户求死不得。"①

当然在某些情况下,民众也不是全无自身过错的。然而迫于上级的压力,地方官员往往会采取简单粗暴的应对方案,从而更加地恶化民众已然遭遇的困窘局面。苏轼在知杭州的时候就遇到过一次这种情况,他曾在奏疏中专门议论过此事。② 按照规定,杭州在熙宁四年(1071)的时候需向中央缴贡丝绢二十三万一千匹,由相关负责官员前往各县置场收买。在收购来的丝绢中,难免会掺杂一定数量的不合上贡要求的残次品,官员需要将其拣出后方可交付转运,最终本年收购的丝绢共计拣出五万七千八百九十匹的残次品。为了能够回收花在这批残次品上的五万五千余贯开支,负责此事的官员将残次品在各个专门设立的卖场里退售,然而却没有任何的卖家愿意将其买回。很明显,之所以会出现无人接收退售的情况,就是因为一些奸诈的丝绢商人成功地欺骗了州衙官员,而且各级州县政府也显而易见地无从查出罪魁祸首,更难以将其绳之以法。由于害怕遭到上级监察部门的追责,地方官员将这五万五千余贯钱款转而强加在那些登籍在册或被莫名牵连的民户头上,成为他们徒增出来的一笔债务负担。到了苏轼知杭的时候,此事已过去了十余年,但这笔债款的未缴比例依然很大,而且地方政府还在不遗余力地向民户催缴。苏轼严厉地指责了他们的催缴方式,指出他们的催缴对象要么是那些永远缴纳不起相关欠款的贫民下户,要么是早已惊惧不堪而举家逃往别处的空户,要么甚至就是官僚们自己凭空捏造出来的虚户。

在苏轼看来,比上述这样简单粗暴的胡乱征缴还要影响恶劣的,是地方胥吏故意曲解朝廷的命令从而让百姓继续背负相关积欠。实际上,朝廷在元祐初年已经颁布了免除多项积欠的诏令,然而在许多情况下,地方上的胥吏与政府官员在执行这些政策的时候,会擅自消解这些政策的宽

---

① 《论积欠六事并乞检会应诏所论四事一处行下状》,《苏轼文集》卷三十四,第959页。
② 《应诏论四事状》,《苏轼文集》卷三十一,第879—880页。

仁精神,甚至还会直接篡改诏令的文字。由于这种情况的发生频率实在太高,以至于民间广泛流传起了这么一句顺口溜:"黄纸放了,白纸却收。""黄纸"指的是书于黄色麻纸上的圣旨诏令,而"白纸"则是胥吏向民众发放的积欠催缴通知。① 苏轼在奏疏中也详细陈述了一个具体的相关案例。元祐元年(1086)九月,朝廷下发了一道敕令,罢免两浙地区因新法的盐政而产生的大额盐钱积欠。这道敕令明确承认了当地许多民户相当地贫困潦倒,已然无力摆脱自己当下的困境,因此需要免除他们的这笔积欠。但是两浙路司却在颁布与执行该道敕令之时对其重新阐释,擅自赋予自己勘定贫户人家资格的权力。按照这道敕令的初衷,应该有几百户人家会从中受益,但是过了五年之久,却总共仅有二十三户人家真正免除了这笔盐钱积欠。② 正如苏轼指出的那样,造成这个结果的原因正是在于本地胥吏并不情愿取消这笔积欠。积欠的存在使得胥吏在负责催缴征收的过程中被无形地赋予了欺凌人民的权力,他们可以充分利用这个权力给自己谋求无穷无尽的敲诈勒索与收索贿赂的机会。苏轼大致估算过全国范围内仅以征收催缴这些积欠为主要工作的胥吏数量,发现平均每州不下五百人,从而他借助孔子曾经做过的经典比喻"苛政猛于虎",向朝廷指出目前天下共计有二十余万虎狼散于民间。如此百姓何由安生?朝廷的仁政又怎能得到推行?③

　　苏轼在知杭期间曾经上陈过多道请求免除这些积欠的奏疏,但都没有得到朝廷的回复。在离开杭州的两年之后,他在扬州知州任上再次遭遇到了相同的积欠问题,旋即又提笔上疏此事,用两道洋洋洒洒近八千字的文章再次向朝廷提出自己关于积欠的意见。不过在这回的上奏中,苏轼自己做了较大的让步,仅仅希望朝廷能够暂停催缴积欠一年,以便百姓可以在此期间获得改善生活状态的喘息。毫无疑问,他想要通过这样的方式令他的建议能够更容易地被朝廷接受,而最终他也获得了想要的结

---

① 《应诏论四事状》,《苏轼文集》卷三十一,第881页。
② 《应诏论四事状》,《苏轼文集》卷三十一,第877—878页。
③ 《论积欠六事并乞检会应诏所论四事一处行下状》,《苏轼文集》卷三十四,第959页。

果,朝廷同意了他的请求。元祐七年(1092)六月,朝廷正式颁布了一道因浙西、淮南(分别是杭州与扬州之所在)累岁灾荒故而暂停催缴两地积欠一年的诏令。①

除了与财政相关的政务,苏轼在担任知州期间还主持过不少土木工程。简而言之,他非常热衷于搞基建。上文就已经提到,他在知杭州任上就曾发起过疏浚西湖的工程,而且在湖上修筑了闻名遐迩的苏堤,同时他还修葺了杭州的州衙官舍。多年以前,当黄河在澶州发生决堤并严重威胁到他当日所知的徐州之时,苏轼曾发动徐州军民同心协力加筑城墙以抵御日益上涨的水势。苏轼在此期间还亲自露宿于城头之上,直至洪水退去方才撤离,他也因此受到了皇帝的褒奖。不过相较于这番英勇无畏之举,他加筑城墙的决策可能对此次抗洪抢险的胜利起到了更为重要的作用。几个月后,苏轼又进呈了一道请求新筑徐州城墙的奏疏,还于其间同时向朝廷申请下拨新筑城墙所需的钱财物力,并强调他所设计的这道新城墙能够在未来帮助徐州成功抵御比这回还要大的洪水。不过正如他所预料的那样,朝廷对此没有做出任何的回复,这很可能是因为相关的钱财物力需要首先被用于修补澶州大堤的决口。苏轼随即将新筑城墙的规模删减为原先设计的一半,并通过私人信件的方式敦促身在京城的高级官员帮助推进此事。就在下一年,朝廷最终拨给了苏轼两千四百万现钱,这笔由出粜常平仓米而获得的财政增收足够让苏轼雇得筑城所需的民夫七千余众。当新筑徐州城墙的工程宣告竣工之时,苏轼才终于觉得这座城市总算是安全了,他还特别在东城门上修筑了一座黄楼以作纪念(这座楼即以周身所涂之黄土为名)。②

与此相似,苏轼在元祐八年(1093)他那短暂的知定州任上,依然规划了一个新葺定州禁军营房的方案。由于定州是北宋北境的边防战略要

---

① 《续资治通鉴长编》卷四百七十四,第 11300 页。
② 最重要的苏轼自己提到此事的文献是《奖谕敕记》,《苏轼文集》卷十一,第 380—381 页;苏轼还分别在《与刘贡父》(其二、其四)、《与欧阳仲纯》(其一、其二)、《答范景山》等尺牍中偶及此事,《苏轼文集》卷五十,第 1464 页、第 1465—1466 页;卷五十三,第 1560—1561 页;卷五十九,第 1974 页。亦可参考苏辙《黄楼赋》的小引,《栾城集》卷十七,第 417—418 页。

地,故而此地驻扎了不少隶属河北路辖制的禁军。然而这批禁军却成为定州非常棘手的治理沉疴,因为此时的禁军军纪非常涣散,士卒频频酗酒赌博,经常因此爆发聚众斗殴,有些逃兵甚至还会聚为盗贼。苏轼对此总结道,禁军士卒之所以会如此肆意地作奸犯科,很大程度上是因为禁军将校的长年贪腐使得他们在军营里的生活条件极为艰苦恶劣。禁军士卒所住的营房"多是两椽小屋,偷地盖造,椽柱腐烂,大半无瓦,一床一灶之外,转动不得"。① 而那些已婚禁军士卒的妻子儿女,更有着高达百分之五十到六十的冻馁比例。苏轼认为应该首先将那些挪用侵占士卒生活俸禄为己有的贪腐将校绳之以法,为此他特别制订了一份处置方案。与此同时,他还提议为当地禁军建造一个总计拥有 7 971 间营房的新军营(在奏疏中标明精确的数字是他最典型的提议方法),并将所需钱款精确计算到个位数。至于如何筹措这笔钱款,他再一次向朝廷申请下拨度牒给他鬻售。

我们可能会觉得,上文所述的这些政务(赈灾救荒、免除积欠、抗洪抢险、兴造基建)完全是一位知州应该从事的本职工作,因为各地百姓本就期望自己的知州能够时刻以他们的福祉为念。然而我们从相关记录中可以很明显地看出,苏轼对于地方政务的投入实在太过积极,而且他努力而执着地体察并解救百姓疾苦的行为,也往往超出了一位儒臣知州的本职范围。例如,他曾在徐州上疏朝廷,请求在全国范围内推广给狱中病囚提供医药救助的制度。② 治平四年(1067),神宗皇帝曾降下一道手诏,规定如果某个监狱里的在押囚犯于一年内病死了两人及以上,那么该监狱的狱官就要受到责罚。这道规定遭到了诸多官员特别是狱官群体的反对,并在熙宁四年(1071)被大幅放宽。按照新修订的法案,只有出现了因未能及时提供医药饮食,或妄加酷刑,或蓄意谋害而造成的囚犯死亡,才会追究狱官的责任并加以惩罚,因此狱官不再需要对狱中出现囚犯因病亡

---

① 《乞降度牒修定州禁军营房状》,《苏轼文集》卷三十六,第 1022 页。
② 《乞医疗病囚状》,《苏轼文集》卷二十六,第 763—766 页。

故的事情负有任何的责任。苏轼对该法令的前后两个版本都感到不满，并指出即便是先前那个看上去似乎更符合人道关怀的版本，同样也是极不合理的。实际上怎么可能做到保证狱中每年都不会发生囚犯病故的事情呢？

苏轼提出的新方案是给狱中的每一位囚犯都提供定期的医疗服务，而且在他的方案里还包括了面向医生的奖励条款（而非对于狱官的惩罚措施）。按照苏轼的设计，全国各个州县衙署每年都需要选派一名医生，同时给其配备一位衙前曹司以充助手。在这一年的时间范围内，这名医生及其助手必须专门从事医治病囚的工作，而不得被差以他役。州县衙署会事先根据本地在押囚犯的数量定好本年医治囚犯的报酬金额，并直接先支付三分之一给医生。到了年末，再根据本年狱中囚犯的死亡率评估医生这一年的工作效果。获得最优秀评估等级（每十人死一人或者更低）的医生将会全额获得剩下的报酬，但获得其他较低评估等级的医生则只能拿到部分的尚未支付的钱款。苏轼觉得这样的方案能够激发医生的动力与责任心，使得他们会像"疗治其家人"那样救治病囚。而这笔付给医生的报酬则以募役法所结余出的宽剩钱或坊场钱充支。苏轼还特别强调，现有的宽剩钱与坊场钱不仅数额极大，而且本来也罕有花费出去的机会。

苏轼在一封写给张嘉父的尺牍中对他上疏请求医治病囚的动机做了补充说明。这封尺牍提供的私人性视角可以帮助我们更好地窥见，他为何会郑重其事地用一道复杂详尽的奏疏将自己在这个问题上的观点汇报给朝廷。其云："某启。君为狱吏，人命至重，愿深加意。大寒大暑，囚人求死不获；及病者多，为吏卒所不视，有非病而致死者。仆为郡守，未尝不躬亲按视。若能留意于此，远到之福也。"①

苏轼在担任杭州知州期间也甚为忧虑与关切与此类似的事情。他在杭州建起了一座公立医院或病坊，建设资金除了从州府财政中拨支之外，

---

① 《与张嘉父》（其三），《苏轼文集》卷五十三，第1563页。

还包括了他的私人财产。据说这座病坊在投入运营的前三年里,挽救了千余人的生命。北宋政府本就有着悠久的向民众提供不同形式的疫情援助的传统,具体方案包括向暴发瘟疫的地区派遣医生,以及在当地设立向民众发放药物的药局等等。但从总体上来看,建设公立医院的抗疫方案似乎是属于南宋时代的一项创新。而且还有说法认为南宋的公立医院最初出现在杭州(南宋的都城)及其邻近的绍兴两地,随后才逐渐普及到其他路州。① 苏轼在杭州建立的这个病坊毫无疑问是宋代最早的由地方政府出资建立的公共医院,而且或许就是南宋政府将此作为抗疫手段的重要渊源(一本编纂于南宋的杭州地方志即持此观点)。② 苏轼自己并没有留下什么与这座病坊有关的文字,而且如何维持这座病坊的运营也缺少具体详细的文献记载,我们只能粗略地知道苏轼最初从私人捐赠中获得了2 000贯用以建造病坊的现钱;建成之后,他将这座病坊的运营委托给一位僧人打理,并每年从本地税赋中支取粮米50斗以贴补病坊的用度。③ 苏辙曾经提到,他的兄长为了建造这座病坊,还拿出了自己积蓄的黄金五十两(差不多等同于两千贯钱);这个略显奇怪的记载目前能够通过一封新近发现的书信获得具体的了解。一位名为宣德的人在苏轼动身前往杭州之前赠给他黄金五两与白银一百五十两。苏轼觉得接受这笔馈赠不是那么合适,故而便将其全部施舍给了病坊,并在给宣德的回信中向他解释

---

① 王德毅:《宋代灾荒的救济政策》,第124—129页。
② 英文原著注云:此观点出自潜说友《咸淳临安志》卷八,转引自王德毅《宋代灾荒的救济政策》第129—130页。但笔者并没有在《景印文渊阁四库全书》本《咸淳临安志》中找到王德毅所云的内容。译者按:此观点实出自潜说友《咸淳临安志》卷八十八"养济院"条,其云:"养济院。一在宝胜院,一在艮山门外。又有善化坊四所。先是,守苏文忠公尝于城中创置病坊,名曰'安乐',以僧主之,仍请于朝。三年医愈千人,乞赐紫衣并度牒一道,诏从之。崇宁元年八月,诏诸路置安济坊。二年五月,两浙运司遂援苏公之说,以请仍改病坊为安济。绍兴二年,诏临安府置养济院。十三年十月,又因臣寮之请下钱塘、仁和两县踏逐近城寺院充安济坊。"见潜说友:《咸淳临安志》卷八十八,《㤗民》,《宋元方志丛刊》影印清道光十年(1830)钱塘汪氏振绮堂刊本,北京:中华书局,1990年版,第4147页下。
③ 苏辙:《亡兄子瞻端明墓志铭》,《栾城集》,后集卷二十二,第1416页。周煇撰,刘永翔、许丹整理:《清波别志》卷上,《全宋笔记》第五六册,郑州:大象出版社,2019年版,第151—152页。苏轼:《与某宣德书》,《苏轼文集》,佚文汇编卷二,第2447页。亦可参见上条注释所云之《咸淳临安志》里的记载。

称,这是花费这笔钱的最佳方式。① 可以确认的是,这座病坊在苏轼去世之后还持续运营了很长一段时间。不仅苏辙在其所撰的苏轼墓志里提及其至今不废,而且南宋人周辉也曾与在病坊工作的一位僧人对谈交流过,他还将这段谈话记录在了他的笔记当中。②

以个人身份主动参与的地方事务

由于苏轼秉持的是完全彻底的"及物"观念,故而是否积极广泛地投身于社会问题之中,便成为他评估自我仕宦生涯与道德修养的重要标准。("仕无高下,但能随事及物,中无所愧,即为达也。")③在私人生活里,苏轼很明显地依然坚守着这个观念。因为与他以知州身份参与的诸多地方政务同样引人注目的是,无论身处何地,他都会以非官方的个人身份主动提出一系列改进当地生产生活条件的建议。无论是在宋代还是在当下,苏轼的这方面行为举止都引发了广泛的评论。④ 学者已经指出,苏轼以知州身份为其民众所做的各种努力都可以被视作是对于儒家传统仁政思想的贯彻,但是他在个人身份下对于类似事业的投入却并非如此,毕竟传统观念始终在强调只有得到皇帝授权的人才有资格担负社会责任。当一位士人并没有获得皇权的青睐,也即处于传统说法里的"穷时",典型的应对方式应该是如孟子所说的那样"独善其身",这意味着士人在此时的追求重心应该转为学问与修身。但是苏轼却没有这么做,"及物"的信念

---

① 《与某宣德书》,《苏轼文集》,佚文汇编卷二,第 2447 页。这封尺牍提到的施舍金额与苏辙所云相比有较大的出入。笔者怀疑可能是这道尺牍中的"一百五十两"本作"五十两",或者是今传苏辙所作苏轼墓志铭文本中的"五十两"脱了"一百"两字。这封尺牍的英文翻译可见笔者的《作为文学与历史文献的东坡尺牍》(Su Shih's 'Notes' as a Historical and Literary Source),载《哈佛亚洲学刊》第 50 期第 2 卷,第 568 页(1990 年)。
② 周辉撰,刘永翔、许丹整理:《清波别志》卷上,第 151—152 页。
③ 《与罗秘校》(其一),《苏轼文集》卷五十八,第 1769 页。
④ 费衮撰,金圆整理:《梁溪漫志》卷四,《全宋笔记》第六八册,郑州:大象出版社,2019 年版,第 43—44 页;刘乃昌:《东坡岭南诗的成就和风格》,载苏轼研究学会编:《论苏轼岭南诗及其他》,广州:广东人民出版社,1986 年版,第 81—82 页;苏寰中:《浅论苏轼岭南诗》载苏轼研究学会编:《论苏轼岭南诗及其他》,第 98—100 页、第 106—107 页。

已经广泛深入到了他生命里的每一个角落,并不会允许他做出"独善其身"的选择。

本节将会简要叙述两个苏轼以个人身份主动参与的地方事务案例,一个是他在黄州时对于当地杀婴恶俗的竭力遏止,一个是他在惠州号召或促成的诸多工程建设。这两个事例都发生在苏轼的贬谪期间,换句话说都是苏轼被逐至偏远地区同时又被剥夺了所有的政治权力之时(尽管他还是带有一个名义上的官衔,而非彻底地致仕)。实际上,苏轼在此期间也的确被朝廷明令"不得签书公事",亦不得"议论"朝政。

苏轼在一封篇幅极长但十分感人的书信里详细记录了流行于鄂州、岳州一带的杀婴恶俗。这封信的收信人是时任鄂州知州的朱寿昌,而其所知的这个与黄州相邻的鄂州,正是杀婴恶俗最为流行的地区:

> 轼启。近递中奉书,必达。比日春寒,起居何似。昨日武昌寄居王殿直天麟见过,偶说一事,闻之酸辛,为食不下。念非吾康叔之贤,莫足告语,故专遣此人。俗人区区,了眼前事,救过不暇,岂有余力及此度外事乎? 天麟言:岳鄂间田野小人,例只养二男一女,过此辄杀之,尤讳养女,以故民间少女,多鳏夫。初生,辄以冷水浸杀,其父母亦不忍,率常闭目背面,以手按之水盆中,咿嘤良久乃死。有神山乡百姓石揆者,连杀两子,去岁夏中,其妻一产四子,楚毒不可堪忍,母子皆毙。报应如此,而愚人不知创艾。天麟每闻其侧近有此,辄驰救之,量与衣服饮食,全活者非一。既旬日,有无子息人欲乞其子者,辄亦不肯。以此知其父子之爱,天性故在,特牵于习俗耳。闻鄂人有秦光亨者,今已及第,为安州司法。方其在母也,其舅陈遵,梦一小儿挽其衣,若有所诉。比两夕,辄见之,其状甚急。遵独念其姊有娠将产,而意不乐多子,岂其应是乎? 驰往省之,则儿已在水盆中矣,救之得免。鄂人户知之。
>
> 准律,故杀子孙,徒二年。此长吏所得按举。愿公明以告诸邑令佐,使召诸保正,告以法律,谕以祸福,约以必行,使归转以相语,仍录

条粉壁晓示,且立赏召人告官,赏钱以犯人及邻保家财充,若客户则及其地主。妇人怀孕,经涉岁月,邻保地主,无不知者。若后杀之,其势足相举觉,容而不告,使出赏固宜。若依律行遣数人,此风便革。公更使令佐各以至意诱谕地主豪户,若实贫甚不能举子者,薄有以赒之。人非木石,亦必乐从。但得初生数日不杀,后虽劝之使杀,亦不肯矣。自今以往,缘公而得活者,岂可胜计哉。

佛言杀生之罪,以杀胎卵为最重。六畜犹尔,而况于人。俗谓小儿病为无辜,此真可谓无辜矣。悼耄杀人犹不死,况无罪而杀之乎?公能生之于万死中,其阴德十倍于雪活壮夫也。①

我们可以通过苏轼的其他文字看到,他在此事上付出的努力并不只是写了这封信而已。他自己所在的黄州同样深受杀婴恶俗之苦,对此他也采取了类似以私人书信向朱寿昌提出建议那样的非官方手段来遏止此风。苏轼同他的朋友古耕道一起,恳求黄州当地的富户每人每年施舍出一万现钱,交由古耕道去购置米布绢絮,并由安国寺僧人继莲详记账目。无论何时只要听闻有穷苦人家无力供养新生儿,他们便会从这批物资中拨出部分给该户人家。苏轼估计,此法每年能够救下百余位婴儿。②

多年之后,苏轼在惠州又着重关心起当地的基础设施建设,比如修筑桥梁便是其中的一项。惠州城东是一处河流交汇之所,先前曾有的一座旧桥早已被洪水冲毁,导致当地民众百余年来都只能依靠小船在湍急的河道上往来穿渡,自然也就会经常发生船毁人亡的惨剧。惠州城西有一片名为丰湖的水域,此湖在旧日曾经多次建造过便民往来的桥梁,但是每座桥梁都会在建成后不久便不幸垮塌。就在苏轼谪居惠州的期间,这东西两处的缺桥问题都得到了妥善的解决。东边的河流上被架起了一座由四十条船只相连而成的浮桥,此桥会跟随江水时涨时落,走过这座桥的人都会感到此桥安全得"如去登楼梯"。而西边的丰湖上则建起了一座带

---

① 《与朱鄂州书》,《苏轼文集》卷四十九,第 1416—1417 页。
② 《黄鄂之风》,《苏轼文集》卷七十二,第 2316 页。

有九间飞阁的新桥,此桥的桩柱被打进了河底十尺多深之处,并特别采用惠州城北罗浮山出产的石盐木建造,这种木头不会像寻常木料那样被白蚁啃噬。(这很可能就是造成此前的桥梁容易垮塌的原因之一。)

苏轼的诗集收录了他为这两座新桥的竣工而撰写的二首贺成诗。[①] 苏轼在这组诗前的小引中记下了分别主持建造这两座桥的人,他们都是方外之士:修建浮桥的罗浮道士邓守安与建造丰湖大桥的栖禅院僧人希固。在这两首诗中,苏轼只是稍纵即逝地提到了他自己对于这两个工程项目的贡献,包括他为两桥的修造助施过自己的一条犀带,以及其弟苏辙亦曾出黄金数钱以助施。不过根据苏轼写于此前的信件,我们可以知道他在其间扮演的角色远非助施一些小钱那么简单。

当苏轼被贬惠州的时候,他的一位表弟程正辅(之才)正在担任惠州所属之广南东路的提点刑狱。在他此时写给程正辅的大量信件里,频繁可见对此筑桥工程的提及,而且他还在信中尝试劝说这位手握大权的提刑能够为两桥的顺利完工提供保障。在其中的一封信里,苏轼向程正辅抱怨了惠州政府支给浮桥修建的现钱始终见缺四五万(此数约占浮桥预算的一半),并认为在这种情况下,每每是路司官员的从中作梗才会造成钱款出现亏空。[②] 苏轼进一步警告说,除非能够有一位健干之人(邓守安?)担任负责此事的签判,否则将会有四成到六成的钱款被惠州的贪腐官吏给贪墨掉:他认为这是大多数此类工程项目的最终结局。我们并不能确知程正辅是否被苏轼完全说服或者部分说服,因为这是不会被历史记录保留下来的过于细节的内容。不过我们明确知道这两座桥最终顺利竣工了,而且苏轼还在后来写给程正辅的一封信中以相当自豪的语气提到了它们。[③] 笔者非常怀疑,如果他的请愿最终被完全无视的话,他是否还会写出这么一封信呢?

---

① 《两桥诗》,《苏轼诗集》卷四十,第 2199—2201 页。
② 《与程正辅》(其三十六),《苏轼文集》卷五十四,第 1604—1605 页。亦可参见《与程正辅》(其二十七、三十),《苏轼文集》卷五十四,第 1599 页、第 1600 页。
③ 《与程正辅》(其六十),《苏轼文集》卷五十四,第 1616 页。

苏轼在惠州致力投身的公共事业显然远远不止于修造桥梁这一件，比如他曾筹措安排了收葬城郊暴骨一事，将这些未经妥善安葬的遗体统一埋在用陶砖砌成的山间墓穴里。① 他还提出了一个新建军营的计划，并希望程正辅也能对此提供帮助，这不禁会令人回想起他在定州的作为。苏轼发现，惠州当地的驻军有一半以上没有政府提供的营房可住，而且现有的营房也全部都是茅屋，既没有瓦顶，还存在很大的火灾隐患。更加糟糕的是，有的营房还选址在僻远之处，无法修建篱墙，从而每年都会遭受大水漫入营地之苦，生活极为不便。② 有一年惠州的农业收成极好，朝廷便提高了惠州本年的税赋征收额度，并规定大部分税款应以现钱支付（具体比例依照人户的经济状况而定）。苏轼对此特别写了一封表达抗议的书信给程正辅，指出岭南地区已经"钱荒久矣"，故而这个以现钱支付赋税的命令实在过于无理。各级政府实际上应该采取的政策是，允许穷苦人户在缴纳各种役钱的时候自行选择是以米谷折支还是以现钱支付，这样才会使他们的生活条件逐年得到改善。③ 绍圣二年（1095）元日，惠州属县博罗爆发了山火，大火一直蔓延至城中，导致全城皆为灰烬，百姓千人无家可归。然而当地官员却对此事反应迟缓，使得苏轼又写了一封信给他的表弟，敦促有司应该赶紧采取措施以收容存抚灾民、避免发生饥荒，以及恢复社会秩序。④

很显然，小小的一座惠州远不足以让苏轼的能量得到全部的释放。他在谪居惠州期间还曾修书一封寄去相邻的广州，与广州知州讨论起发生在那里的饮用水问题。⑤ 广州城里只有一口位于刘王山的井能够产出甘甜的淡水，使得全城百姓通常就只能饮用咸苦水。而每年春夏疾疫之

---

① 《次韵定慧钦长老见寄八首》（其六），《苏轼诗集》卷三十九，第2117页；《与程正辅》（其六十）、《葬枯骨疏》以及《惠州祭枯骨文》，《苏轼文集》卷五十四、卷六十二、卷六十三，第1616页、第1911页、第1961页。
② 《与程正辅》（其三十），《苏轼文集》卷五十四，第1600—1602页。
③ 《与程正辅》（其四十七）、《与程正辅》（其四十九），《苏轼文集》卷五十四，第1608—1609页、第1609—1612页。
④ 《与程正辅》（其十八），《苏轼文集》卷五十四，第1595—1596页。
⑤ 《与王敏仲》（其十一），《苏轼文集》卷五十六，第1692—1693页。

时,饮水问题会变得更加严峻。在道士朋友邓守山的帮助下,苏轼想出了一个改善广州饮用水的方案,该方案试图通过大竹管将距离广州城二十里开外的蒲涧山泉水引入城内。苏轼在信中具体详细地陈述了这个方案的全部内容,包括了制作竹管所需的竹子数量、该工程建设所需的钱财费用、如何保障未来修缮所需的竹子能够得到持续的供应(引水的竹管每年都需要更换一部分)、每年需要开支多少修缮保养的费用,以及如何设立新的税收名目以为此工程提供财政支持。身为广州知州的王古(字敏仲)最终实施了苏轼与邓守山建议的这个方案,苏轼后来也非常高兴地又写了一封信给王古,补充交代了一个被他先前所忽略的细节问题。他指出每一根竹子上都需要被钻出一个小孔,并用一个小竹针室之,以用于检测此竹是否发生了堵塞。由于引水的距离实在较长,故而随着时间的推移,管道中必然会发生堵塞。这种方法能够帮助人们快速找到堵塞点的位置,从而只需换掉发生堵塞的竹子即可让水管恢复工作,而不必将大量的未发生堵塞之竹也悉数抛弃。①

对于苏轼在惠州所提出的这些建议,论者不应仅仅关注到丰富多样的种类与具体细致的方案陈述,同时也必须时刻提醒自己牢记这个事实——所有的提议都发生在苏轼的贬谪期间,此时的他是被官方明令禁止就任何的国家政策与具体政务发表意见的。苏轼自己也非常清楚他此时的身份并不适宜讨论这些内容,很可能会令对方感到不快。他在写给当地官员的私人信件中,是以忐忑的语气与谨慎小心的措辞提出相关建议的。在向程正辅提出修改惠州本年税赋征收方案之后,他特别补充道:"切望兄留意。仍密之,勿令人知自弟出也,千万!千万!"②在提出新建惠州军营的计划之时,他请程正辅一定要"千万密之。若少漏泄,即劣弟居此不安矣。"③在谈论修建浮桥问题的时候,他也如此叮嘱程正辅道:

---

① 《与王敏仲》(其十五),《苏轼文集》卷五十六,第 1695 页。
② 《与程正辅》(其四十七),《苏轼文集》卷五十四,第 1608 页。
③ 《与程正辅》(其三十),《苏轼文集》卷五十四,第 1600 页。

"千万密之。与才元言,但只作兄意也。"①至于那封向王古讨论广州饮用水问题的信件,苏轼是以这么几句话收尾的:"某喜公济物之意,故密以告,可否更在熟筹,慎勿令人知出于不肖也。"②

  南宋学者费衮曾经评论过苏轼在谪居惠州期间做出的这些违规举止,或许能够帮助我们总结本节的论述。费衮先将世人在贬谪期间的行事传统与苏轼相对比,云:"陆宣公谪忠州,杜门谢客,惟集药方。盖出而与人交,动作言语之际,皆足以招谤,故公谨之。后人得罪迁徙者,多以此为法。至东坡,则不然。"随后便具体列举了苏轼在惠州之所为,包括了修建军营、反对以现钱支付税款、博罗火灾之救助、两桥工程,以及引蒲涧之水入广州。最后费衮总结道:"凡此等事,多涉官政,亦易指以为恩怨,而坡奋然行之不疑,其勇于为义如此!"③正如上文所论,苏轼对此还是有所踌躇的。除了深受其信任的朋友,他尽力不让官场中人知晓自己也参与了这些事务。当然,苏轼在这一切当中的行事动机其实非常复杂,我们将用接下来的一章详细探讨未被本节论及的一个重要方面。

---

① 《与程正辅》(其三十六),《苏轼文集》卷五十四,第1605页。
② 《与王敏仲》(其十一),《苏轼文集》卷五十六,第1693页。
③ 费衮撰,金圆整理:《梁溪漫志》卷四,第43—44页。

第六章　千手千眼：佛教对苏轼的影响

在那封敦促朱寿昌尽快采取措施以遏止当地杀婴恶俗的书信里，苏轼援引了佛教的观念向朱寿昌说明杀害胎卵或新生儿是最为深重的罪孽。苏轼思想与行为中的佛教元素是一个公认的需要被充分关注的话题，但相关内容却在本书先前讨论苏轼思想的章节里被搁置在了一旁。之所以会将这个话题迁延至本章再做探讨，是因为笔者觉得，以刚刚才讨论完的苏轼诸多善举里可能存在的佛教影响开篇，是一个讨论佛教话题的方便法门。

本章的论述目标是揭示佛教对苏轼起到的深远影响——他是如何汲取禅宗以及其他佛教宗派思想的大量养分以为己用的，而非试图给苏轼的信仰做明确的分类归属。苏轼是否能够称得上是一位佛教徒？如果能够的话，那他又是什么类型的佛教徒？任何论者在尝试回答这些问题的时候都会感到举步维艰，这足以警示我们这些问题很可能本身就存在表述措辞方面的失当。在北宋，"佛教"有着非常广泛而普及的流行度，普通信众并不需要皈依某个特定的宗派或谱系便可开展自己的信仰与修行。尽管苏轼自号"居士"，但他并没有在宗派纷繁复杂的宋代丛林格局中留下任何定位自我的信息。在他所写的与佛教相关的文字中，我们只能见到数量众多的与僧人朋友的交往、参观拜访寺庙、多样化的佛经阅读，以及采纳或批评某些具体的佛教教义等内容。苏轼与其同时代的绝大多数士大夫文人一样，很明显地对禅宗有着特别浓厚的兴趣。但他究竟最为亲近哪一支禅宗宗派呢？禅宗内部的诸多宗派在宋代发生过激烈的竞争，学者至今尚未完全搞清楚当时发生的全部故事。此外，尽管禅宗对苏轼来说相当重要，但他当然也从禅宗以外的佛教文献及僧人那里获得过很多教益。①

作为核心佛法要义的慈悲

在上一章的结尾,我们引述了费衮对于苏轼惠州时期所作所为的评论。现在我们需要回顾一下这段评论,因为其间蕴藏了一个重要的观点。大部分士人在遭遇贬谪之后,会做出"杜门谢客"的举动,小心谨慎地避免与政治或社会发生交集,毕竟任何的人际往来都可能会给自己带来进一步的指控毁谤。谪居中的士人可以遵循儒家传统,选择独善其身的生活方式。换句话说,儒家尊奉的德行"仁",会随着士人不再拥有官员身份而发生内涵意蕴的转变。一位"仁德贤太守"当然需要知百姓之所需,急百姓之所急,并尽其所能地为百姓谋求福祉。他可以将自己的全部身心都投入到赈灾救荒与减免赋税中去,这样的行为举止也是始自汉代循吏以来的优秀传统。然而这种对于百姓困境的怜悯同情,以及相应而生的种种仁德之举,通常都会在此人离开官府之后便宣告结束。于是我们便再也看不到他汲汲于诸如修建桥梁、设计清洁饮用水工程,或者改变当地恶俗之类的事情。此外,儒家传统也没有要求一位贬谪或致仕的官员一定要去做这些事情,从而这也不是他们获得仁德名声的必要条件。

尽管如此,笔者还是认为应该将苏轼任何身份下的主动善举予以集中统一的考察,并尝试寻找潜藏于它们背后的共通行事动机。不过要是它们真的毫无统一性该如何呢?比如,苏轼在杭州知州任上无比积极地投身于赈灾救荒与减免积欠等事务,与他在贬谪期间以个人身份提出遏

---

① 关于苏轼佛教兴趣的产生与发展,竺沙雅章的《苏轼与佛教》一文颇具价值,载《东方学报》第 36 卷,第 457—480 页(1964 年)。亦可参考管佩达(Beata Grant):《重游庐山:佛教与苏轼的生活与创作》(*Mount Lu Revisited: Buddhism in the Life and Drawings of Su Shih*),檀香山:夏威夷大学出版社,1994 年;以及下文会征引的阿部肇一《中国禅教史研究》。相对不那么集中在佛教主题上的研究则数量较多,比如刘乃昌:《论佛老思想对苏轼文学的影响》,见其所著《苏轼文学论集》,第 188—201 页;曹树铭:《苏东坡与道佛之关系》,载《"国立中央图书馆"馆刊》第 3 卷第 2 期,第 7—21 页(1970 年)以及第 3 卷第 3—4 期,第 34—55 页(1970 年)。

止弃婴恶俗与新葺惠州军营等建议之间,如果确实有着各自独立而迥异的价值标准与行为动机的话,那该怎么办呢?最强有力的能够否定这种猜测之可能性的理由,便是苏轼自己似乎就是将这些事情等而为一的。他作于惠州的一首庆祝浮桥落成之诗是这样开篇的:"少壮欲及物,老闲余此心。"①这座桥是他一直以来对于"及物"追求的典型体现,而苏轼所及之"物"就是社会与政治事业。此联诗的出句能够唤起我们对于苏轼一长串知州成就的回忆(甚至还会包括他在朝堂政治上所经历的挫败与失意)。根据对句中的"闲"字,我们可以知晓出句所指必然就是他先前身为政府官员的种种往事,从而对句强调的便是尽管现在自己已经没有了政治权力,但依然延续了对于"及物"的追求。眼下落成的这座桥,便是最好的例证。

除了苏轼写给朱寿昌的那封信,还有什么证据能够表明在他参与的这些事情里,有着来自佛教的影响呢?必须要说明的是,我们提出这个问题其实旨在探讨佛教对苏轼影响的程度,而不是要否认这些事情还受到来自与佛教无关的诸多价值观或行事动机的推动。比如苏轼所经历的朝堂挫折便对这些事情也起到了深刻的影响。随着苏轼发现自己的朝政影响力日益减弱,他便将自己的全部精力都转到了知州职责之上,因为这是唯一还向他开放的政治舞台。除此之外,论者还能很容易地发现其间同时存在的更多行为动机:他想给自己谋得生前身后之名,他想要证明他的政敌是错的,以及他想要夸大新法对于地方的负面影响程度。笔者只是想要指出,无论苏轼是以官员身份还是以个人身份参与地方政务,佛教信仰始终都是这些事情的一个组成部分。然而这个组成部分的有趣之处在于(不仅是大部分对于苏轼生平的记述都忽略了这方面的内容),我们能够找到佛教深刻影响到了这些地方事务的确切证据。但是与此同时,我们却只能通过推测来论述其间同时存在的其他动机。苏轼自己并没有留下能够表明这些动机确实对其行为举止产生过影响的文字。此外,当

---

① 《次韵定慧钦长老见寄八首》(其七),《苏轼诗集》卷三十九,第 2117 页。

第六章　千手千眼：佛教对苏轼的影响

佛教的影响被确认存在之后，自然会引发我们重新思考先前章节里讨论过的苏轼思想中的几个关键价值观。我们将在接下来的论述中看到，苏轼对于佛教的钟爱及其与佛教相关的论辩，在他所关注的驳杂而宽泛的诸多议题当中，无不占据着显著而重要的地位。

我们或许可以先以几个简单的事件与表态为例，看看佛教的慈悲关怀是如何潜移默化地影响着苏轼的言行举止的。在惠州的时候，苏轼曾在一封写给僧人朋友的尺牍里提到，自从抵达惠州之后，他便一直忙于收葬暴骨、助修两桥、施药造屋等事。而他之所以要做这些事情，全都是为了消除自己的"尘障"。① 苏轼在此处使用的"尘障"一词其实是个佛教术语："尘"指的是现实世界里的种种污秽，"障"指的是有碍般若发明的痴妄或迷障。苏轼在这一时期所写的诗中，也留下了与此相同的行事动机表述："区区效一溉，岂能济含生。力恶不己出，时哉非汝争。"② 他承认，个人的任何努力很可能都是微不足道的，确实无法拯救天下所有的生灵。但他之所以还是要做这些事情，是因为他无法忍受自己没有在这些事情上竭尽全力。

除此之外，我们还可以回想起更多类似的事。当他在杭州建起那座病坊后，便将管理运营之责交付给一位僧人。当他筹措出一笔可以遏止黄州杀婴恶俗的善款后，再次选择委托一位僧人记录账目并打理相关事务。当一位无家可归又无人可依的七十六岁老人出现在其惠州住所的门前，凄凉地向他寻求帮助之时，苏轼还是修书给一位僧人，希望他能够收留照顾这位可怜的老人："和尚慈悲普救，何妨辍丛林一席之地，日与破一分粥饭，养此天穷之士，尽其天年，使不僵仆道路，岂非教法之本意乎？"③

苏轼做过与呼吁过的仁义善举是如此之数量众多，又是如此之种类多样，以至于人们很容易忽视绝大多数的仁义善举其实都拥有这样一个共同的目标：拯救人命。例如那座浮桥的首要建造目的，就不是为了方

---

① 《与南华辩老》（其十二），《苏轼文集》卷六十一，第2117页。
② 《次韵定慧钦长老见寄八首》（其六），《苏轼诗集》卷三十九，第2117页。
③ 《与泉老》，《苏轼文集》卷六十一，第1892页。

便交通运输。苏轼是深感于不计其数的人被淹死在惠州湍急的河流之中,才会想要努力改变只能以船渡河的现状。① 与之相似,他那个为在押囚犯予以医疗服务的提案并不是以缓解囚犯的轻微疾病或不适为主要目的,而是想要降低狱中囚犯的死亡率。在那封信中,他希望身为狱吏的张嘉父留意狱中囚犯的健康状况(上一章曾引录过此信的文本),他提到了这样做可以给张嘉父带来"远到之福"。很明显,这个"福"是因果报应观念下的福报。甚至苏轼所提之改善广州饮用水状况的建议,同样也有着强烈的拯救生命的意图:他在信里提到了不洁的饮用水是造成广州炎夏大量死亡事件的重要原因之一。②

苏轼对于拯救生命的执着也不只局限在人命之上。尽管他非常爱吃肉和鱼,而且有时还会亲自将那些"自死"的动物烹饪成美味佳肴,但他却禁止在其家中屠宰任何的动物。③ 他在黄州的时候就批评过友人陈慥依然允许在其厨房里屠宰动物,并且还特为写了一首"汁"字韵诗讽刺他。④ 在海南岛上,苏轼对当地盛行的杀牛以去病的巫医信仰深感震惊,并非常有意思地在一段提到此事的文字中谈起了与之相关的系列话题:医药、杀生,以及佛教供奉与巫术的区别。

> 岭外俗皆恬杀牛,而海南为甚。客自高化载牛渡海,百尾一舟,遇风不顺,渴饥相倚以死者无数。牛登舟皆哀鸣出涕。既至海南,耕者与屠者常相半。病不饮药,但杀牛以祷,富者至杀十数牛。死者不复云,幸而不死,即归德于巫。以巫为医,以牛为药。间有饮药者,巫辄云:"神怒,病不可复治。"亲戚皆为却药,禁医不得入门,人、牛皆死而后已。地产沉水香,香必以牛易之黎。黎人得牛,皆以祭鬼,无脱者。中国人以沉水香供佛,燎帝求福;此皆烧牛肉也,何福之能得,哀哉!予莫能救,故书柳子厚《牛赋》以遗琼州僧道赟,使以晓喻其

---

① 详见《两桥诗》(其一),《苏轼诗集》卷四十,第 2199—2200 页。
② 《与王敏仲》(其十一),《苏轼文集》卷五十六,第 1692 页。
③ 《书南史卢度传》,《苏轼文集》卷六十六,第 2048 页。
④ 《书赠陈季常诗》,《苏轼文集》卷六十八,第 2133 页。

第六章　千手千眼：佛教对苏轼的影响

　　乡人之有知者,庶几其少衰乎?①

　　柳子厚是唐代的著名古文家柳宗元,他的《牛赋》是一篇托物言志的寓言杂文,怨刺着世界总是在无情漠视那些能够给其带来最大好处的生灵(亦即像他这样的学者)。② 不过苏轼此时的关注点是现实世界里的真牛,而非有所寄寓的抽象之牛,因此他强行将柳宗元的这篇文章断章取义式地视为自己当下之忧虑的文学先例。

　　苏轼对于自己所见到的巫术色彩非常浓烈的海南文化甚感愤怒,因为当地以巫术的杀生去病取代了药物治疗,不仅造成了许多染病之人的死亡,更使得大量的牛被残忍且毫无意义地杀害。这篇题跋从始至终都贯穿着对于牛的深深怜悯。此外,这篇题跋的结尾所论还显示出他认为佛教与诸多原始巫术信仰最为关键的不同之处,就是佛教对于杀生以祭祀的回避。

　　在苏轼看来,"慈悲"是佛教最为重要的理念。他曾经在读到一篇古人所写的谈佛文字之时,将这种对于佛教的认识相对清晰地表达了出来。这段文字出自一本流传不广的史书,即东晋(公元4世纪)史学家袁宏所著的《后汉纪》。袁宏在这段文字里非常简要地介绍了佛教的基本信息,明显是为了让完全懵然无知的读者能够稍微明白一点佛教究竟为何物而写。对于苏轼这么一位北宋中后期(公元11世纪)的学者来说,他已经相当精通佛教教义的深奥复杂之处,更不用说发生在各个佛教教派之间的激烈争论了。但尽管如此,袁宏的论述仍让苏轼感受到了一股来自原始与本质的吸引力,他被这段文字深深震撼,以至于将其全文抄录了下来,并在文后附上自己的跋语。下面引录的便是袁宏的原文:

　　　　浮屠,佛也。西域天竺国有佛道焉。佛者,汉言觉也,将以觉悟群生。其教以修善慈心为主,不杀生,专务清净。其精者为沙门。沙门,汉言息也。盖息意去欲,归于无为。又以为人死,精神不灭,随复

---

① 《书柳子厚牛赋后》,《苏轼文集》卷六十六,第2058页。
② 柳宗元:《牛赋》,柳宗元:《柳河东集》卷二,上海:上海古籍出版社,2008年版,第30页。

受形,生时善恶,皆有报应。故贵行善修道,炼精养神,以至无生而得为佛也。①

苏轼跋云:

> 此殆中国始知有佛时语也。虽若浅近,而大略具是矣。野人得鹿,正尔煮食之尔。其后卖与市人,遂入公庖中,馔之百方。鹿之所以美,未有丝毫加于煮食时也。②

尽管苏轼所作的类比未免有些文不对题,但没有什么疑问的是,袁宏的这段文字之所以会如此地吸引他,就是因为其将佛教的核心追求定义为慈悲之心:"其教以修善慈心为主。"在佛教所有的能够触动人心的独特内容之中,恰恰是这个奥义点燃了苏轼的心中之灯。

几则与张方平有关的文献能够帮助我们更好地讨论本节的这个话题。张方平是苏轼最初的举主与首位座师,在其身处的那个时代被尊奉为士林的楷模,获得的声誉远远高于后人在回顾那段历史的时候所能予以他的评价。张方平与苏轼一样,曾高中过制科,由此享有誉满天下的文名。他在日后的仕途较为顺利,相继出任过翰林学士、御史中丞以及参知政事,并在担任这些要职的时候以端方正直的言行逐一地兑现了自己在青年时期许下的诺言,尤以敢言直谏与公正无私著称。此外张方平所写的关于西北边防的策论亦曾轰动朝野,他在主政地方的时候也获得过极高的贤德能干之名。一些文献更明确表示,在张方平的时代再也没有任何一位士大夫能够像他这样备受同僚与皇帝的共同推崇。

在官方正史里,并没有任何关于张方平信仰佛教的记载。但实际上他不仅是一位虔诚的佛教徒,而且还深信自己的前世是一位和尚。据说张方平在庆历年间出知滁州的时候,曾在某日游览城外琅琊山中的寺庙,

---

① 袁宏撰,周天游校注:《后汉纪校注》卷十,天津:天津古籍出版社,1987年版,第276页。苏轼或许是从范晔的《后汉书》中读到这段话的,因其被唐人李贤在注释《后汉书》的时候征引过。见范晔:《后汉书》卷四十二,北京:中华书局,1962年版,第1429页。这段内容在流传至今的《后汉纪》中的文本与苏轼抄录的文本稍有差异,笔者引录的是苏轼抄录的版本。
② 《记袁宏论佛》,《苏轼文集》卷六十六,第2083页。

第六章　千手千眼：佛教对苏轼的影响

当他行至寺中藏经阁时，突然让身边随从架梯登梁，在梁间得一经函，函中装有一部未抄完的《楞伽经》抄卷，张方平随即提笔续抄了几句。令人颇感惊异的是，他的笔迹居然与这部抄卷已有的字迹完全一致。张方平随即想到这部佛经开头的一篇偈颂，于是翻至卷首反复玩味：

> 世间离生灭，犹如虚空华。智不得有无，而兴大悲心。①

张方平随即大悟流泪，原来自己的前世就是此寺藏经阁的住持僧，因病重无法抄完《楞伽经》，遂托来生之人以续之。②

　　如果没有苏轼亲自撰写的一篇与此事紧密相关的题跋，那么这个张方平了悟前世的故事也就只是一个荒诞离奇的传闻而已。元丰八年（1085），苏轼拜访了已经致仕的张方平。张方平在会面期间将这部《楞伽经》抄卷（他将此卷从庆历年间一直收藏到了元丰末）以及三十万现钱一并交给了苏轼，委托他将这部佛经传抄流布于江淮之间。张方平与苏轼一样，都认为《楞伽经》是一部承载佛法关键要义但却被世人甚为忽视的佛经。时任金山寺住持的佛印在听闻此事之后，向苏轼提出了一个改进建议：应该用这笔钱将这部佛经镂板印行，这样能够制作出比传抄多得多的副本。苏轼采纳了佛印的建议，亲自抄写了整部《楞伽经》，随后便将其交予刻工刊板印制。苏轼在抄录完毕《楞伽经》后还特为题写了一段跋语，间接性地提到了张方平前世为僧的说法。不过对于我们来说更为重要的是，苏轼的这段跋语证实了《楞伽经》开卷的那首偈颂的确在张方平心中有着非同寻常的意义。苏轼主要围绕着张方平的个人魅力与虔诚敬心这一方面展开他的论述：

> 太子太保乐全先生张公安道，以广大心，得清净觉。庆历中尝为滁州，至一僧舍，偶见此经，入手恍然，如获旧物，开卷未终，凤障冰解，细视笔画，手迹宛然，悲喜太息，从是悟入。常以经首四偈，发明

---

① 《楞伽经》卷一，《大藏经》第16册，第670经，第480页上。
② 惠洪撰，黄宝华整理：《冷斋夜话》卷七，《全宋笔记》第二四册，郑州：大象出版社，2019年版，第41页。

心要。轼游于公之门三十年矣,今年二月,过南都见公于私第……①

苏轼的跋语将张方平的仕宦生涯及其成就置于一个新的考察视角之中(读者在官方正史中的张方平传记里完全看不到任何的相关痕迹),并将张方平所秉持的最基本的价值观(广大心)与那首偈颂等同起来,因为此偈强调的是从幻灭有无之间被洞察而生出的"大悲心"。这表明佛教的道德观与这位最具声望的北宋士大夫的行为举止、立身标准之间,有着意想不到的兼容性。

还有不少其他的北宋名公巨儒也像张方平一样有着信仰佛教的一面,其中包括了文彦博、富弼以及韩琦。② 当然并非所有的北宋士大夫都是如此,全面否定佛教各方面内容的重臣或文豪同样比比皆是,像苏轼非常熟悉并深为敬仰的三位士大夫范镇、欧阳修与司马光便是如此。在一篇题跋中,苏轼用飞天腾渊式的思维把这三人也说成是正直的佛教信徒(尽管他自己深知三位前辈对此当然会拒不承认):

> 予观范景仁、欧阳永叔、司马君实皆不喜佛,然其聪明之所照了,德力之所成就,皆佛法也。梁武帝筑浮山堰灌寿春以取中原,一夕杀数万人,③乃以面牲供宗庙,得为知佛乎!以是知世之喜佛者未必多,而所不喜者未易少也。④

苏轼再一次强调,衡量一个人对于佛教之忠实虔诚程度的关键,就是看其是否对他人有所慈悲之心(以及对于世界的准确感知)。如此一来,就算是那些主动站在佛教对立面并与之对抗的人,只要他们具备了"慈悲"的德行,便完全可以被称作是受到佛法加持之人。

---

① 《书楞伽经后》,《苏轼文集》卷六十六,第 2085 页。
② 与文彦博相关的材料见下文的论述。关于富弼与韩琦(以及许多其他的中下层士人)的佛教信仰,可以参考黄启江(Huang Chi-chiang):《融合的实践:契嵩(1007—1072)与十一世纪中国佛教》(*Experiment in syncretism: Ch's-sung 1007 - 1072 and Eleventh-Century Chinese Buddhism*),亚利桑那大学 1986 年博士学位论文,第 71—101 页、第 112—115 页以及第 158—164 页。
③ 姚思廉:《梁书》卷十八,北京:中华书局,1973 年版,第 291—292 页。
④ 《跋刘咸临墓志》,《苏轼文集》卷六十六,第 2071 页。

禅·净土·菩萨

在苏轼的诗文中,随处可见他与佛教僧人的交游。尽管他也曾与一些天台宗僧人频繁往来,但他的僧人朋友大多数还是归属于禅宗法脉,毕竟禅宗才是对北宋文人学士的人生起到最为显著影响的佛教宗派。于是学者非常热衷于探讨苏轼的禅宗兴趣以及禅宗教义在苏轼思想及其美学观念当中的渗透。尽管这理应成为苏轼研究的学术热点,但其还是造成了一定的遮蔽。无论中国学界还是西方学界,都尤为忽视净土宗(或者说是流行于中国东南地区的混杂了净土与禅的信仰)对于苏轼以及其他北宋重要士大夫的影响。

北宋时期的中国东南地区,特别是杭州一带的天台宗僧人与禅宗僧人,普遍出现了将净土宗信仰及其修行方式吸收进自我教派的现象。比如他们也会教人念持阿弥陀佛的名号。通常认为,唐末五代(公元10世纪)的杭州高僧也即《宗镜录》的作者释延寿,开创了禅净双修的思想。[①]诸如王日休所著的《龙舒增广净土文》、宗晓编纂的《乐邦文类》等宋代文献,都详细记载了延寿的禅净双修思想对于北宋杭州禅僧群体所起到的强大影响。以庐山与杭州为活动中心的、极其盛行于北宋的禅宗教派云门宗,其教法主张似乎就与净土宗的教义联系紧密。熙宁五年(1072)圆寂于杭州的僧人契嵩,便是代表性的调和禅净两宗的云门宗禅僧。契嵩曾经入京拜访过当时的诸多重臣,他的禅净双修思想也正是在结束这场京城之行后发展成熟的。苏轼的亲密朋友庐山僧人佛印,同样也是一位重要的融通禅净的云门宗僧人。此外,对于净土宗有着浓厚兴趣的著名云门宗高僧还包括了天衣义怀及其法嗣宗本(慧林圆照)。据记载,凡是

[①] 参见服部英淳:《净土教思想论》,东京:山喜房佛书林,1974年版,第163—204页。亦可参考释恒清(Shih Heng-ch'ing)的博士论文《中国的禅净合流——以永明延寿为例》(*The Ch'an-Pure Land Syncretism in China: With Special Reference to Yung-ming Yen-shou*),威斯康星大学麦迪逊分校1984年博士论文。

跟随义怀修习过的禅僧都会竭诚一心地宣扬起净土之说。① 这场禅净合流运动的中心地理空间,应该就是延寿与宗本相继住持过的杭州净慈寺(永明禅院)。

　　北宋佛教在寺院山门之外的发展面貌与上述以云门宗为代表的宗门状态基本一致。在庐山之上,出现了一个修习净土的法社(发起者就是佛印)。而在杭州,也同样兴起了与之类似的社团。这些法社中的成员将自己称为"净土门徒",每逢宗教节日便聚于街头进行净土祭祀与祈诵。他们当中绝大多数都是教外的世俗信众,而且他们所推举的社首还往往就是世俗信众中人。比如北宋前期就在杭州出现过一个由王旦和苏易简共同领导的类似社团,二人后来分别仕至宰相与参知政事。再如一个成立于开封的有类净土宗法社的组织,似乎就与文彦博有所关联。②

　　无论是在佛教界内部还是在世俗信众之间,当时所盛行的都是以高度信奉因果报应之说为显著特征的混杂了净土思想的禅法。按照因果报应之说,人们当下所做之事即为因,都将在未来获得相应的或善或恶之果报。而果报发生的时间可能在今生,也有可能在来世(最大的善报当然就是往生净土)。信徒的修行活动主要包括诵念西方净土世界之主阿弥陀佛的名号,以及向通常胁侍于阿弥陀佛之侧的观世音菩萨拜祈求祷。对于因果报应之说的信仰还使得信徒并不满足于仅仅做口头的祷念拜祈,比如杭州的佛教法社就常常主动向城市的贫苦之人施以救济,以至于北宋僧人宗简写道:"济事成功,莫近于社。"③净慈寺僧人法云也遵循宗本的先例,完全通过檀越的供养布施设立了一座可以为近千人提供食物的食堂。④ 相似的布施活动逐渐成为每年一度的水陆法会上的重要环节。

---

① 宗晓:《乐邦文类》卷四,《大藏经》第 47 册,第 1969A 经,第 207 页。
② 阿部肇一:《中国禅教史研究》,第 222—227 页,第 269 页以及第 389—403 页。铃木中正:《宋代佛教结社的扩大及其性格》,载《中国史上的革命与宗教》,东京:东京大学出版会,1974 年版,第 48—65 页。
③ 宗鉴:《释门正统》卷八,《续藏经》第 130 册,台北:新文丰印本,第 15 页中。(亦见阿部肇一:《中国禅教史研究》,第 401 页。)
④ 念常:《佛祖历代通载》卷十九,《大藏经》第 49 册,第 2036 经,第 679 页下。(亦见阿部肇一:《中国禅教史研究》,第 395 页。)

水陆法会源自为死者祈福的盂兰盆节,经过了几个世纪的发展,盂兰盆节的流行区域逐渐从最初的杭州一地扩展至全国。盂兰盆节在唐代的主要特色是为子女祈福以及祭祀超度逝去的祖先。而到了北宋,佛教寺院与世俗法社不仅会在盂兰盆节依循传统地超度死者的亡魂,还会充分地将这个佛教的节日庆典利用为向生者布施的重要场合。①

在南宋(12世纪)居士王日休撰写的宋代重要净土思想著作《龙舒增广净土文》之中,便贯穿着对于积极从事施舍、善举以及社会福利事业的宣扬。比如其间有云:"盖不慈悲,不足为佛。不济度众生,不足为佛。"②王日休为世间不同社会身份的人(例如孝子、文人学士、妻子、奴仆、医生)分别提供了相关建议,同时还向每一个人都强调了不仅虔诚的信仰是重要的,行善同样也是重要的。他对于每一个人可能都会期望获得的善报持相当开放的态度。比如他在书中提出了这么一个问题:为什么有的士子并不努力学习便能通过科举考试,但有的士子却无论怎么勤奋努力也无法中举呢? 对此他自己回答道,这就是他们各自在前世所做的善恶不同之举,相应地于此生结出了善恶不同之果。而对于那些做过异常突出之善举的人来说,他们所获得的善报将会是远远优于进士及第的往生净土。③ 根据王日休的理论,出仕为官者应该遵循的积攒功德之路,是采取各种适宜可取的手段以达成"爱人利物"。④ 如此他使用的术语"布施"就有着无比宽泛的概念范围,足以将包括传播信仰或传播教义在内的精神馈赠也一并纳入可供施舍之物中来。当然施财、捐助寺庙或者直接救济需要帮助之人等传统行为,依然被他视为主要的布施形式之一。⑤ 不过在王日休的解释体系里,这恰恰就是普通之人与超凡之人的区别。普

---

① 阿部肇一:《中国禅教史研究》,第234—235页,第385页。参见太史文(Stephen F. Teiser):《中国中古时期的鬼节》(*The Ghost Festival in Medieval China*),普林斯顿大学出版社,1996年版,第108页。
② 王日休:《龙舒增广净土文》卷二,《大藏经》第47册,第1970经,第258页。
③ 王日休:《龙舒增广净土文》卷六,第269—270页。
④ 王日休:《龙舒增广净土文》卷六,第270页。
⑤ 王日休:《龙舒增广净土文》卷二,第258页。

通之人不为势利便不会与人交,非有益于己不会与人交。但是"贤人君子"并不会这样做,他们会不求回报地进入那种更多之人的互动交往状态。这种无私之举的典范模板当然就是阿弥陀佛与观音菩萨所发之宏愿——接渡所有的信众往生西方净土世界。①

苏轼当然对这些发生在禅宗内部的新变并不陌生,特别是他还在东南地区与诸多云门宗禅僧有过密切的交往。实际上,苏轼家族在眉山当地本就有着与禅门联络交往的历史,他的一位族弟就曾出家为僧(宝月惟简),跟随云门嫡传圆通居讷修习禅法。② 不过还是要等到熙宁年间苏轼第一次来到杭州之后,他与禅僧之间的交游论道才开始成为他生命当中一个引人注目的部分。他在这段倅杭期间经常前去参访杭州的各大古寺名刹(例如灵隐寺、吉祥寺、临安净土寺以及天竺寺),结识了不少天台宗与禅宗的高僧。比如他就与契嵩对谈过。此时的契嵩已经疾病缠身,但仍然抱病撰写了大量调和儒释的文章。遗憾的是,就在苏轼与契嵩定交的几个月后,契嵩便圆寂了。再如他与另一位云门宗高僧怀琏有过书信往来。怀琏的思想同样也以调和诸家著称,而且还曾面见过皇帝,一时显宦名流争相与他交往,与当时正修行于净慈寺的宗本也结下了深厚的情谊。③

苏轼在倅杭期间以及其后数年里所作的诗文之中,留下了可以证明他信仰净土的线索。比如他曾为了自己已故的母亲向阿弥陀佛祷祈:"钱塘圆照律师,普劝道俗归命西方极乐世界阿弥陀佛。眉山苏轼敬舍亡母蜀郡太君程氏遗留簪珥,命工胡锡采画佛像,以荐父母冥福。"④其间提到的通过施舍簪珥的方式委托工匠绘制出的阿弥陀佛画像,很可能就被悬

---

① 王日休:《龙舒增广净土文》卷二,第258页。
② 《中和胜相院记》与《四菩萨阁记》,《苏轼文集》卷十二,第384—385页,第385—386页。参见竺沙雅章:《苏轼与佛教》,第458—460页。
③ 竺沙雅章:《苏轼与佛教》,第464—475页。黄启江(Huang Chi-chiang):《融合的实践:契嵩(1007~1072)与十一世纪中国佛教》,第124—130页(关于怀琏)以及第171—176页(关于契嵩)。
④ 《阿弥陀佛颂》,《苏轼文集》卷二十,第585页。

挂在了净慈寺里。苏轼在进献完这张阿弥陀佛画像之后,还写了一首《阿弥陀佛颂》,并于结尾处写下了这样的句子:

> 愿我先父母,与一切众生,在处为西方,所遇皆极乐。

多年之后,苏轼做了一件类似的事情。他让自己的三位儿子献舍所用以请画阿弥陀佛像,以此纪念他刚刚去世的第二任妻子(也即次子与第三子的生母)。①

　　苏轼对于无比盛行于杭州的水陆法会产生了浓厚的个人兴趣。实际上,他在知杭州期间之所以会建造那座病坊,就是因为水陆法会上的人群聚集导致了瘟疫的大规模扩散,为了不让更多的人染疫身亡,他才想出了这么一个应对方案。苏轼意识到,很可能正是因为这个佛教节日庆典的存在,才使得杭州死于这场流行疾疫的人数比帝国的其他任何城市都多。② 尽管目睹了这样的风险,当苏轼在元祐八年(1093)来到北距杭州两千余里地的定州做知州之时,却尝试起将杭州的水陆法会介绍到这座新的城市。他雇人绘制了囊括诸佛、诸魔以及诸地狱的十六幅画像,希望它们能够"起一念于慈悲之上,自然抚四海于俛仰之间"。③ 随后又将这十六幅画像交予法涌禅师保存,嘱咐其一定要"差择其徒,修营此会,永为无碍之施"。

　　除了上述这些行为与捐赠布施之外,苏轼深受净土影响的佛教信仰更加明显地体现于菩萨在他的作品里占据着非常特殊的地位,尤其是观音菩萨以及与其相关的自我牺牲理念。苏轼经常撰写与这些主题有关的文章,而且字里行间总是流露出无比敬畏的情绪。他的幼子苏过曾在偏远的惠州抄录过一份《金光明经》,并将其献于虔州崇庆禅院新经藏中,以资其暂厝于开封寺院的亡母能够往生。然而苏过还是觉得此举仍不足以让母亲成功地往生她所信仰的净土,于是便向父亲询问自己还应该再

---

① 《阿弥陀佛赞》,《苏轼文集》卷二十一,第 619 页。
② 苏辙:《亡兄子瞻端明墓志铭》,《栾城集》,后集卷二十二,第 1416 页。
③ 《水陆法像赞》,《苏轼文集》卷二十二,第 631 页。

做什么虔诚之举。同时苏过还向苏轼问起,《金光明经》所载之事究竟是真实的记录还是寓言式的虚构呢。

《金光明经》因其所记的两个佛教故事而广为人知。第一个故事的主人公叫做流水长者,他曾借助大象的力量向一个即将干涸的池塘里注水,成功解救了池中无数的濒死之鱼。随后流水长者还取来自家的食物投喂给池中之鱼,并向它们讲说佛法,从而使得这些鱼最终升入忉利天,转生为那里的天神。第二个故事的主人公名唤摩诃萨埵,他是摩诃罗陀王的三王子。某日他与两位兄长经行于一片竹林之中,忽遇一个刚刚产下七只虎子的母虎精疲力竭地躺在路旁。这只奄奄一息的母虎很可能会为了求生而吞食自己刚刚产下的幼虎。萨埵王子深深悲悯于眼前所见之景,并意识到现在已经来不及为这只母虎寻觅食物了,于是他决定以身饲虎,用干竹刺穿自己的喉咙,倒在了母虎的面前。①

苏轼在回答儿子的问题之时,拒绝将这两个故事仅仅说成是寓言,而是借用了佛教无分别心的教诲,认为二者既不是寓言也不是故实。苏轼其实是在利用这个机会,向其子讲授什么是菩提心。他通过援引《楞严经》中的一句话告诉苏过,为了拯救天下苍生,菩萨主动不让自己进入涅槃,因此我们也应该摆脱四众生相带给我们的谋求私利之心与依恋此身之心。苏轼最后总结道:"今汝若能为流水长者,以大愿力,象取无碍法水,以救汝流浪渴涸之鱼……如萨埵王子舍身,虽甚可恶,而业所驱迫,深可怜悯者,汝即布施。"②苏轼希望苏过能够不再有任何疑虑地相信,这部佛经所描述的行为完全可以在他自己的生活里得到效仿与实现。最终苏过全然相信了父亲的解释,并将这段回答书于他所抄录的《金光明经》之末。

《妙法莲华经》的第二十五卷因其全部内容都是在描述虔诚敬祈观音菩萨所能带来的好处,所以常常会被冠以"观世音菩萨普门品"之名而

---

① 《金光明经》卷四,《大藏经》第 16 册,第 663 经,第 352 页中—354 页下。
② 《书金光明经后》,《苏轼文集》卷六十六,第 2086—2087 页。

抽出单行。苏轼在一篇短小的题跋中表露了他对于这卷文本以及菩萨愿力有着特别的关注。无尽意菩萨曾向佛陀问起观世音菩萨以何因缘会名唤观世音(字面意义即为能够观察到世间全部声音的人)。佛陀对此解释道,这是因为观音菩萨总是留心在意处于危难之人呼唤其名字的声音。随后佛陀列举了一长串例子:深陷大火中的人、掉进河水里的人、在海上遇难的人、即将被谋杀掉的人、深陷淫欲而不可自拔的人、想要求子的人——只要恭敬常念观世音菩萨并在难中称唤观世音菩萨之名,这些人正在遭遇的灾难便可被瞬间消除,他们想要获得愿望马上就能实现。此卷经文还在结尾处用韵文偈颂的形式将佛陀所举的这串例子复述了一遍:

> 或值怨贼绕,各执刀加害,念彼观音力,咸即起慈心!
> 或遭王难苦,临刑欲寿终,念彼观音力,刀寻段段坏!①

大量的持念观音而获拯救的例子被按照与此相同的句法格式冗长而枯燥地罗列于偈颂之中。不过其间倒是存在一个(也是唯一一个)别样的例子,在这个例子中,信徒从观音之力中所获得的解脱包含了报复或复仇的元素:

> 咒诅诸毒药,所欲害身者,念彼观音力,还着于本人!

这四句偈语给苏轼带来了极大的困惑,因为其违背了在不伤害施害者的前提下营救受害者的基本模式。对此苏轼写道:"观音,慈悲者也。今人遭咒咀,念观音之力,而使还着于本人,则岂观音之心哉?"可见在他看来,无论这区区四句话在整首偈颂的冗长篇幅面前是多么微不足道,但其终究扭曲了观音拯救苍生的基本精神,因此他提出了重写这段偈语的建议。苏轼自己的修改方案为:"咒咀诸毒药,所欲害身者。念彼观音力,两家总没事。"②这篇题跋不仅能够反映苏轼曾经细致认真地阅读过《妙法莲华

---

① 《妙法莲华经》卷七,《大藏经》第 9 册,第 262 经,第 57 页下—58 页上。
② 《改观音经》,《苏轼文集》卷六十六,第 2082 页。

经》,还显示出他相当坚信自己对于菩萨愿力的理解,坚定到足以让其就这几句偈颂向佛经经文本身发起挑战。

苏轼曾给供奉在金陵崇因禅院的观音像写过一首颂赞,同样在其间表达了自己对于观音的独特喜好与认知。他在这首颂赞里通过认同佛教所宣扬的德行,探讨了儒释两家在看似相同的道德追求之下其实存在的本质差异。苏轼在开篇列举了四组两两相近的概念:佛教的"慈"与儒家的"仁",佛教的"悲"与儒家的"义"(承担自我对于他人的责任),佛教的"忍"与儒家的"勇",以及佛教的"忧"与儒家的"智"(超越于自我之上的悲天悯人意识)。随后苏轼便明确指出,这四组概念虽然看上去两两相似,但其实都有着互相之间的明显差异。它们之间最为本质的不同可以被追溯至佛教所信仰的本性真如:"有大圆觉,平等无二。"——唯一不变的佛性普遍存在于万事万物之中,而这也是万事万物能够相互产生关联的唯一原因。随后苏轼便运用佛教的这个"无"概念重新定义了儒家的道德追求:"无冤故仁,无亲故义。无人故勇,无我故智。"正因为儒家的伦理道德是建立在"有"之上的,诸如有所差异的等级、地位以及家庭关系等等,所以它们的存在便是不稳定的、暂时性的:只要所依之物被用尽或消失,这些道德将不再有任何的存在基础,也就会随即消散无踪。但是佛教的道德是建立在"无"之上的,因此它们便是持久而无尽的。苏轼以这样的句子结束这首颂赞:

> 吁观世音,净圣大士。遍满空界,掣携天地。大解脱力,非我敢议。若其四无,我亦如此。①

这远远超越了对于这位慈悲大士的惯常赞颂。苏轼利用这个写作机会,充分比较了这两种存在竞争关系的信仰体系各自所持之价值观。他在其间不仅更加认可佛教,而且还自觉地以一位观音信徒与追随者的身份展开讨论。在另一首篇幅短小的颂中,苏轼将自己这番对于观音的虔诚(尽管没有任何的直接证据)更为明显地表达了出来。这首颂的写作缘起是

---

① 《观世音菩萨颂》,《苏轼文集》卷二十,第586页。

第六章　千手千眼：佛教对苏轼的影响

一场遇见观音的梦：

> 稽首观音，宴坐宝石。忽忽梦中，应我空寂。观音不来，我亦不往。水在盆中，月在天上。①

上文的最后这几段论述完全可以令我们联想起苏轼思想里的一系列主题，这些主题虽然都跟尘世密切相关，但却无不深受佛教的影响。在深入探讨这些主题之前，有必要在这里先简要总结一下前面几页内容的论述要旨。苏轼在他的知州与贬谪生涯期间，都曾主动从事过大量颇具悲悯情怀的事业。由于单凭儒家的"仁"很难完整地理解他的所有行为，故而我们自然会去寻找其他的可供补充说明的原因。佛教宣扬的慈悲当然是一种明显的可能性，但其仍然存在一些难以解释的、会被质疑之处。毫无疑问，佛教的观念主张在苏轼主动参与的一些特定事务之中（比如遏止杀婴恶俗、收葬暴骨，以及修建桥梁），发挥了相当重要的促成作用，因为苏轼自己在私人信件里曾明确表露过这样的心态。但是当他以知州的身份努力缓解因饥荒或积欠造成的民生多艰之时，佛教又会在其中产生怎样的影响呢？由于苏轼自己并没有对他的这些行为做出过明确依据佛教观点的解释，所以我们也就无法确认佛教是否真的对这些事情形成过影响。此外，我们也并不习惯将士人的那些受人铭记的典范知州事迹归因于佛教对其的影响。当然，我们也必须时刻牢记这一点，当苏轼在扮演一个传统的儒家士大夫角色之时，如果明确地援引佛教的观点来说明自己的行事动机，那将是极为不协调的。因此没有与佛教相关的自我表述，并不能证明它们就真的不存在佛教的思想基础。归根结底，这个问题其实是无法通过论证来确定的。正如笔者已经说过的那样，苏轼遭遇的朝堂政治挫折同样也可能以其自己的复杂方式在他做出投身于地方事务的决定时发挥了重要作用。尽管如此，只要深入探究苏轼所有的言行举止，终究还是能够看到其间不断地会有与佛教有关的线索浮现出来。其实论者只需回顾一下苏轼对于佛教的瓣香、对于身处困境者的悲悯、予以苏过的

---

① 《应梦观音赞》，《苏轼文集》卷二十一，第 620 页。

如何实现真正效法菩萨愿力之举的训谕、对于观音的深情颂赞，便很难不怀疑他的所作所为无不深受佛教因素的影响。竺沙雅章已经充分论证了宋代福建地区的地方政府在从事桥梁建造、水利工程以及赈灾救荒等政务的时候，都会得到来自佛教寺院的辅佐与助力。① 在某些情况下，佛教僧人会承担起比当地官员更多的推动社会公共事业建设的责任，而且往往还要比官员更加地值得信赖。这无疑会让我们得出一个与其本身恰好相反的观点：同样的宗教理想在作为教外居士的苏轼身上也产生过相当大的影响，无论他的身份是知州还是谪臣，在这一点上都不会发生什么改变。事实上，在前人的研究里也曾出现过与此相近的观点，只不过是在一本极难被爱好苏轼的读者注意到的论著里提出的（阿部肇一的《中国禅教史研究》），②而且这本论著也没有参考本书在上文所引用过的大多数文献。我们将在下一节里探讨苏轼所持之如何与这个世界因应互动的观念，其实也受到了佛教思想的滋养。届时我们应该能够更为坚定地相信，佛教对他的这些行为确实起到过重要的影响。

无心与应物

在之前的章节里，我们已经讨论过了苏轼哲学思想中的诸多重要内容，包括了他对于"性""命"与王安石新学的反感、他向程颐提出的批评、他本人的知识论体系、在他的世界观中占据重要地位的变易不居的事物相互作用之力，及其深受上述这些内容影响的自我本体理论。现在，我们可以重新再来审视一下这些议题，只不过需要从佛教思想的角度出发，而非他所参与的朝堂纷争。佛教的视角可以给这些议题带来新的认识，既可以让我们看到苏轼对于学术思想的长期探索，也能够让我们发现他在反对新学过程中逐渐形成的许多思想主张，其实都受到过来自佛教教义

---

① 竺沙雅章：《福建的寺院与社会》，载《东洋史研究》第十五卷第二期，第145—198页。
② 阿部肇一：《中国禅教史研究》，第231—247页（特别是第235页）。亦可参看此书的第325—329页。

的深刻影响。

我们很难知道,佛教对于苏轼所起到的如此重要而深刻的影响究竟开始于何时。论者通常只能大致将倅杭时期定为苏轼持续不断的佛门交游以及参与佛教话题讨论的开端。这种印象主要是通过他的文学作品获得的:在他刚刚来到杭州之时所写的诗文里,便随处可见佛教话题与佛门朋友。这其实是一个毫无征兆的突发新变,因为在苏轼倅杭之前的文学作品中并没有什么与佛教相关的内容,他只是偶尔会提到其父母信奉这个宗教以及他们尤其崇拜菩萨等事。① 比如上文曾经说起的,苏轼家族中的一位成员在眉山的寺庙中出家为僧,拜入了一位云门宗高僧的门下。这样来看,苏轼早年间对韩愈的人性论所做之批判与云门高僧契嵩对于韩愈的相关批评之间存在着相似之处,其实是一件颇为值得关注的事情(张方平早在嘉祐元年于成都举荐三苏父子之前,便已在杭州与契嵩结下了深厚的情谊)。② 但是由于苏轼并没有留下任何的明确表述,故而我们还是无从估量佛教对其早期思想的影响性质及其程度,哪怕只是简单地列一个大致年表也是不可行的。

佛教通常会被认作是一个与世俗生活相脱离的宗教,比如僧人往往将寺庙建于深山僻静之处便是一个重要的例证。但是苏轼以及大多数深受净土/禅思想影响的佛教信徒却与此完全不同:他们的存在可以被用来证明,与世俗生活的彻底接触对于修习佛法来说也是合理有效的,并且还能具体展示如何才能不受尘埃沾染或违背佛法原则地与世俗生活相接触。苏轼在一篇为成都大悲阁所撰之记文的开头,便谈到了与之相关的几个关键性议题。在这座大悲阁中,供奉了一尊千手观音塑像,而且这尊观音的每个掌心间都有一只眼睛。苏轼便以这个形象特征为契机,展开了对于观音如何应事接物的讨论:

---

① 《四菩萨阁记》与《阿弥陀佛颂》,《苏轼文集》卷十二、卷二十,第 385—386 页、第 585 页。
② 关于契嵩之韩愈批评的论述,参见黄启江(Huang Chi-chiang):《融合的实践:契嵩(1007—1072)与十一世纪中国佛教》,第 250—267 页(以及讨论人性论的第 263—264 页)。关于契嵩与张方平的交游,亦见此博论的第 151—158 页。

> 吾将使世人左手运斤,而右手执削,目数飞雁而耳节鸣鼓,首肯傍人而足识梯级,虽有智者,有所不暇矣,而况千手异执而千目各视乎?及吾燕坐寂然,心念凝默,湛然如大明镜。人鬼鸟兽,杂陈乎吾前,色声香味,交遘乎吾体。心虽不起,而物无不接,接必有道。即千手之出,千目之运,虽未可得见,而理则具矣。彼佛菩萨亦然。虽一身不成二佛,而一佛能遍河沙诸国,非有他也,触而不乱,至而能应,理有必至,而何独疑于大悲乎?①

随后苏轼便简要地记述了制作供养这尊观音像的过程,以及自己撰写这篇记文的缘起。最后,他以一首齐言颂赞结束全篇,并在其间重申了全文的主旨:

> 吾观世间人,两目两手臂。物至不能应,狂惑失所措。其有欲应者,颠倒作思虑。思虑非真实,无异无手目。菩萨千手目,与一手目同。物至心亦至,曾不作思虑。随其所当应,无不得其当。引弓挟白羽,剑盾诸械器,经卷及香花,盂水青杨枝,珊瑚大宝炬,白拂朱藤杖,所遇无不执,所执无有疑。缘何得无疑,以我无心故。若犹有心者,千手当千心。一人而千心,内自相攫攘,何暇能应物。千手无一心,手手得其处。稽首大悲尊,愿度一切众。皆证无心法,皆具千手目。

苏轼在议论这尊雕像的时候,融会了两个源远流长的佛教概念。第一个概念是"应",或者更加准确的说法应该是"应化"或"应身"。这个概念描述的是诸佛菩萨尤其是菩萨的一个重要说法原则,即根据世人的不同个体需求予以相应的说法内容与说法方式。由于世间存在着千万亿种个体需求,故而菩萨也具备着千万亿种说法手段,还能相应地幻化出千万亿种示相,因此世人会常说菩萨"应病施药"。这种理念实际上是大乘佛教所主张之"方便法门"的重要组成部分,同时也是包括《妙法莲华经》《维摩诘经》《楞伽经》《楞严经》(我们知道,苏轼对这些佛经全都非常熟

---

① 《成都大悲阁记》,《苏轼文集》卷十二,第394—395页。

悉)在内的最为流行于汉地之佛经的突出要义。比如《华严经》的这段经文,就高度赞许了"应"的意义:

> 佛知众生心,性分各不同,随其所应度,如是而说法。悭者为赞施,毁禁者赞戒,多瞋为赞忍,好懈赞精进。①

被苏轼用来描述观音对于世界之应的术语是"应物"。其间的"物"在佛教话语体系里甚至在一些非佛教的表达中,通常被用来指称生命或个体的对立面(与"我"相对)。但尽管如此,我们实际上也会在讲述佛陀拯救世间芸芸众生的佛经语段里看到"应物"这个术语的使用,比如《金光明经》即云:"佛真法身,犹如虚空。应物现形,如水中月。"②

苏轼用于议论观音的第二个关键性概念是"无心"。这个概念与禅宗有着更加紧密的关联,而且主要就是被产生于唐宋时期的经论给阐释完备。③《六祖坛经》即以类似的术语"无念"作为全经的核心要义。按照惠能的揭示,"无念"可以将个体从所谓的"暴贼"中解放出来,使其获得同时超越于客体之物与主体观念之上的能力,从而达到消除所有尘障的灵台澄明状态。

> 于一切境上不染,名为无念。……若百物不思,念尽除却,一念断即死,别处受生。……无念法者,见一切法,不着一切法,遍一切处,不着一切处,常净自性,使六贼从六门走出,于六尘中不离不染,来去自由,即是般若三昧,自在解脱,名无念行。④

在晚唐居士裴休(797—870)所著的《传心法要》当中,出现了相似的"无

---

① 《华严经》卷十三,《大藏经》第 10 册,第 279 经,第 68 页中。
② 《金光明经》卷二,第 344 页中。
③ 参见罗伯特·布斯维尔(Robert E. Buswell Jr)在《看话禅的捷径》(The 'Short-cut' Approach of K'an-hua Meditation)与《中国禅宗实践派的演变》(The Evolution of a Practical Subitism in Chinese Ch'an Buddhism)二文中对于这个概念的简要讨论。载彼得·N.格里高瑞(Peter N. Gregory)编:《突然与渐进:中国思想的启蒙之路》(Sudden and Gradual: Approaches to Enlightenment in Chinese Thought),檀香山:夏威夷大学出版社,1987 年版,第 331—334 页。
④ 慧能撰,郭朋校释:《坛经校释》,第一七则、三一则,北京:中华书局,1983 年版,第 32 页、第 60 页。

心"概念。① 保存于敦煌遗书中的一篇不知何人撰写的《无心论》,予以了这个概念相当重要的阐发。"无心"并不意味着人们需要跟木石一样完全无心,而是应该摆脱自己的妄执,这样自我的"真心"便可以重新得到发明。②

苏轼这篇为供奉千手观音像的楼阁所撰的记文,将这两个历史悠久的大乘佛教教义与禅宗教义完美地组合在了一起。他在这篇长文中将千手千眼的观音与只有两手两眼的愚昧凡人做了令人印象深刻的对比,以此揭示这两个佛教概念是如何被千手观音清楚完美地显示出来的。苏轼如此阐释千手观音的意蕴或许是他的首创,但是将"无心"与"应物"视作相辅相成的观念,以及由此而生的对于现象世界的了悟,早已广泛流行于禅林世界。毫无疑问,禅宗在中土发展出了信仰各不相同的繁多教派,其间相当多的宗派很可能对于如何明悟现象世界这个思想问题以及如何深入到中国社会当中这类更加实际的问题都不感兴趣。但是宋代禅宗特别是其时流行于中国东南地区混合了净土思想的禅宗教派,则对于如何在现实世界里保持行动能力这个问题非常感兴趣。在探讨"无心"概念的早期禅宗文献当中,就可以看到与这个问题相关的论述。上文提到的敦煌遗书本《无心论》,就以一种简单明了的方式论及了这个问题:"虽复无心,善能觉了诸法实相,具真般若,三身自在,应用无妨。"③不过相关论述并非总是如此重点明确,此外正如下文所引的延寿《宗镜录》所云那样,论说的话语与类比也会发生变化。然而无论如何,论述的主旨终究不会有太大的差异:无心有助于增强个体对于世界的因应能力,而非削弱这个能力。

无身故大身,无心故大心,大心故则智周万物,大身故则应备无穷。是以执身为身者,则失其大应,执心为心者,则失其大智。故千

---

① 裴休:《传心法要》,《大藏经》第 48 册,第 2012A 经,第 383 页下。
② 何国铨在《中国禅学思想研究》(台北:文津出版社,1987 年版,第 158 页)里引录了这段文本,并对其予以了论析。
③ 何国铨:《中国禅学思想研究》,第 158 页。

经万论,莫不说离身心,破于执着,乃入真实。譬如金师销矿取金,方为器用。若有身者,则有身碍,有身碍故,则法身隐于形骸之中。若有心者,则有心碍,有心碍故,则真智隐于念虑之中。①

是无心也,岂浑无用,始是无心。譬如明镜照物,岂有心耶?当知一切众生恒自无心,心体本来常寂,寂而常用,用而常寂,随境鉴辨,皆是实性自尔,非是有心方始用也。只谓众生,不了自心常寂,妄计有心……②

到了苏轼的时代,这种与"无心"或类似术语相关联的因应世界之构想毫无疑问地变得更加普及。例如苏轼亲密的僧人朋友参寥子道潜就曾这样称赞过另一位僧人:"虚怀能应物。"③(笔者认为,"虚怀"与"无心"实际上是一致的)与此相似,比苏轼晚一辈的禅僧惠洪在其所写的一首观音颂赞之中,也运用了完全相同的核心术语(应物、无心)以论述观音的特殊法力。④

对于苏轼来说,他所写的观音是一种理想的与世界因应互动的模式:深入地参与各种事务,对生活中出现的每一个需求和情况都做出反应,却又在某种意义上始终与其保持着极为疏远的距离。从中我们可以发现所谓的"无心"其实承载着双重意蕴。无心能够使人免除自我的执念,使人对于外部环境有着更为深细敏锐的感知;同样,也只有无心才能够保证在深度参与尘世的各种俗务之后,人们的内心始终能够超然平静如初。当苏轼在谈论观音的时候,主要强调的是第一种意蕴;而当他提及凡人的时候(禅僧、朋友与自己),往往会将论说的重心转至第二种。

我们在此前的论述中曾经遇见过一个运用这种模式的具体案例,那是苏轼在《东坡易传》中的一段论述,从中可以看出苏轼在讨论自我与宇

---

① 延寿:《宗镜录》卷四十五,第 680 页中—下。
② 延寿:《宗镜录》卷四十五,第 681 页上。
③ 道潜:《都僧正慈化大师挽词》(其一),道潜撰,孙海燕点校:《参寥子诗集》卷七,上海:上海古籍出版社,2017 年版,第 139 页。
④ 惠洪:《旃檀四十二臂观音赞》,惠洪撰,周裕锴校注:《石门文字禅校注》卷十八,上海:上海古籍出版社,2021 年版,第 2816 页。

宙的关系时，同样把这个模式视为此问题的关键要义："圣人者，非贵其静而不交于物，贵其与物皆入于吉凶之域而不乱也。"在《东坡易传》里，同样也出现过"无心"这个术语。苏轼将其认作是先圣先王的一种重要品性，正是这个品性使得他们能够做到顺天应时，能够遵循民众的愿望统治天下。贺巧治（George Hatch）已经极为到位地指出过，苏轼的这个观念正如其所使用的这个术语本身一样，完全无法在儒家经典本身之中找到文本源头。①

苏轼的《东坡易传》与《东坡书传》一样，是他回应王安石荆公新学的重要手段之一，尤其针对了官方颁布的作为科举考试唯一标准的《三经新义》。换句话说，苏轼对于《周易》的阐释，必须被放置在他长期以来与新党思想及政治论争的背景里才能获得有效的考察。他通过对于儒家经典的注疏发展出的诸如先圣先王的德行本性及其与世界的关系等思想主张，无论从逻辑上还是从一贯性上看，都展现出明显的与王安石新学相对抗的立场。此外，在苏轼的这些注疏条目当中，理所当然地会存在不少可以追溯至老子、庄子以及其他先秦诸子的观点，比如"及物"或"应物"便是其间的典型之例。尽管如此，只要读一读苏轼与佛教相关的论述就可以发现，相比于先秦道家，唐五代北宋初的佛教思想要更为直接地启发了苏轼，让他做出他对于新学的关键性批判。

有两个证据可以支持《东坡易传》所主张的这种与世界因应互动的模式，是苏轼从佛教思想特别是禅宗话语当中借用而来的。首先，这个模式在相当早期的禅宗文献里就已经出现过了，而且禅宗僧人明确使用相关术语的时间也远远早于苏轼。其次，苏轼本人最容易在撰写和他所识之禅僧相关的诗文里提到这个模式；也就是说，苏轼自己觉得他的禅僧朋友最期待能够获得来自这种模式下的称赞，从而每每以这种方式称赞他们。例如苏轼便以这种方式称赞过庐山东林寺广惠禅师的一生：

忠臣不畏死，故能立天下之大事。勇士不顾生，故能立天下之大

---

① 贺巧治：《宋代书录》，第8页。

名。是人于道亦未也,特以义重而身轻。然犹所立如此,而况于出三界、了万法、不生不老、不病不死,应物而无情者乎?①

在接下来的文字里,苏轼还称赞广惠禅师将整个庐山地区都"化为梵释龙天之宫"。很显然,苏轼希望我们能够将广惠禅师的这件伟大事迹认作是一个比忠臣所能成就的天下大事更加伟大的事情,而且这个伟大事迹恰恰就是广惠禅师通过他的"无心"达成的。(苏轼在此处的用词稍有变化:他将广惠称赞为"应物而无情者"。但是这里的"无情"肯定完全与"无心"同义。)

即使是在彻底出家为僧的生活中,也肯定存在一些不得不需要处理的世俗事务。令苏轼颇感兴趣的问题是,那些"尘缘未断"的僧人是如何处理僧团组织中的行政事务的,以及他们又是如何维持自我宗派与宋廷之间的紧密联系的。苏轼对于这个问题的探寻幽微地反映出,他自己也想要获得这样的一种立身技巧,既能够身处于官僚群体之间并参与各种行政事务,又能在精神与情感上与其保持距离。寺院管理其实是一件相当复杂的事情。也正是认识到了这一点,大多数的寺院都在常规的方丈与首座之外还设立了一个被称为"监寺"的特殊职位。担任监寺的僧人需要负责为寺中僧人登记造册,保管寺中僧人的官府度牒,安排处理寺中的日常杂务,以及接待访客。那么怎样的僧人才能够胜任这样的职责呢?大概就如同苏轼在《海月辩公真赞》的小引里所云之"高举远引山栖绝俗之士,不屑为之。惟清通端雅,外涉世而中遗物者,乃任其事"。② 不仅如此,苏轼还在这篇颂赞的正文里考虑到了超凡脱俗可能会造成的困境:

  人皆趋世,出世者谁?人皆遗世,世谁为之?爰有大士,处此两间。非浊非清,非律非禅。惟是海月,都师之式。

对于苏轼这么一位教外居士来说,如果必须要在清浊之间做出偏执一端

---

① 《东林第一代广惠禅师真赞》,《苏轼文集》卷二十二,第 623 页。
② 《海月辩公真赞》,《苏轼文集》卷二十二,第 638 页。

的选择,那么会给他带来远比从事寺务管理的僧人更为尖锐的困境。然而苏轼发现,解决这个困境的方案其实可以在人们最意想不到的寺院内部被找寻到。像惠辩禅师这样的僧人已经在世俗与方外这两个极端之间开辟出了一条可行的路径,完全值得教外之人效法。

"不执"

"不执"是苏轼思想里的一个重要主题,同时也与上节所述的"无心"与"应物"关联密切。所谓的"不执",指的是不要让自我执念在事物之上,亦不要执着于自我对于它们的占有。这个观念最常见于苏轼讨论艺术的诗文之中,因为相关论述既会涉及收藏鉴赏,也会涉及艺术创造;不过他也会将这个观念应用在其他类型的财富以及能够给人提供精神慰藉之物上,甚至还会迁延至个体所身处的空间。"不执"的处世态度能够帮助苏轼安然从容地接受自己屡屡被迫无奈地从一地辗转漂泊至另一地的人生,而且每当苏轼来到一个条件极其艰苦恶劣的地方之时,不执也可以使他很快就能在此寻觅到可以令自己感到满足的事物。如果并不执念于一定要在像杭州这样的美好城市里生活,那么就算身处像密州这样荒凉偏僻的地方,自己也很有可能从中找到满足与快乐(对于海南岛来说更需要如此)。除此之外,苏轼之所以会对自己参与的各种活动与斗争都能保持超然的态度,亦是因为不执的观念在其间发挥了巨大的效用。这个无论何时都需要从对事件之执着中抽身而出的理念,在苏轼数十年的朝野政治经历间不断地得到强化,使他能更加容易地适应仕宦生涯里的种种浮沉荣辱。略显讽刺的是,他认为正是"不执"才保证了其得以持续深入地参与人间事务。他在一首诗中如此劝告他的朋友道:"莫作使君看,外似中已非。"①从一定程度上来说,能够提出这种要求的苏轼,其实已经在

---

① 《与王郎昆仲及儿子迈,绕城观荷花,登岘山亭,晚入飞英寺,分韵得"月明星稀"四字》(其四),《苏轼诗集》卷十九,第986页。

某种终极意义的层面上摆脱了官职带给他的责任义务与是非争议，所以他才能够如此彻底地将自我沉浸在这些责任和纷争之间。

"不执"同样也是一个可以被溯源至佛教文献的观念。因为根据大乘佛教的信仰，世间诸相都是虚幻而短暂的，所以无论是沉溺于诸相之中，还是试图操控掌握诸相，无非都是虚妄之举。这种虚妄的人生态度往往与愚昧者的利己主义观点密切相关，因而佛家才会从中产生出"无住"或"不执"的观念（无住涅槃、无所住、不住、不留），以此宣扬个体对于现象世界所应持有的态度。我们已经看到过，《坛经》就将"不执"紧密关联至佛家理想中的"无念"状态。"无念"意味着在一切法上"无住"，正是这种念念不住才得以令人实现"无缚"。① 佛教文献也经常提到六祖慧能的开悟故事，他正是在五祖弘忍向他讲解"应无所住而生其心"这句出自《金刚经》的经文之时大彻大悟的。② 当然，对于世间万物的"不执"，甚至在留处其间的状态下依旧做到不执，同样也是菩萨愿力的基本教义之一。正如《楞严经》所云，菩萨所修的"十向"里就包括了"救护一切众生离众生相回向"。③

"无住""不执"以及"不占"等概念，与无心之下的应物观念非常地相契。实现无心的状态能够确保人们不再会产生占有并控制事物的自我中心主义欲望，同时也能消除对于事物的热望与依恋。正因为心念已然惑障全无，所以才能对所遇之任何现象全都自由地做出无私的反应。下面这段引文出自《龙舒增广净土文》，便是一段将上述这些概念予以打通融合的论述，而且还呈现出与苏轼所论的惊人相似：

> 列子谓："孔子废心而用形。"④谓心已不养于物而废之矣，唯用形以应物。予深爱此语，故虽劳苦憔悴而不以为失意，荣华奉养而不以为得意，盖心不着于物也。因念菩萨了生死，乃托生于一切众生中

---

① 慧能著，郭朋校释：《坛经校释》，第一七则，第32页。
② 《金刚经》，第7页。
③ 《楞严经》卷八，第124页中。
④ 杨伯峻：《列子集释》卷四，北京：中华书局，1979年版，第73页。

以设教化者,以心不着于物,唯用形以应之耳。然则孔子于此,菩萨之徒也。①

苏轼在论述菩萨与僧人的时候,便经常运用像王日休这样的融通编织了上述这些概念的观点。不仅如此,他还将其迁移延伸至文人生活当中。苏轼不仅从佛教文献中直接借用了"不住""不留"等术语,而且还自创了一些术语以描述觉者对于世间的另一种特殊态度。不过他自创的这些术语往往和上引语段中的"托生"同义。按照苏轼的话语体系,觉者并非永居于万物之中,而是暂住其间。他主要使用这两个可以相互替换的字来表达该观念:寓和寄。

在苏轼关于这些议题的论述中,最著名的一个论断当属他否定了艺术收藏家对于其藏品的占有权。他曾经应王诜之请给这位驸马的书画藏品写了一篇记文,这篇记文是这样开篇的:"君子可以寓意于物,而不可以留意于物。寓意于物,虽微物足以为乐,虽尤物不足以为病。留意于物,虽微物足以为病,虽尤物不足以为乐。"②苏轼在后文里以自己为例,提到自己曾过分痴恋于书画收藏,总是担忧会失去它们,以致毁掉了这些书画藏品本可以带给他的所有快乐。最终他成功地克服了这种痴恋,再也不会因为书画作品的丢失或被他人夺去而产生任何的烦恼,从而也就能更好地享受书画带给他的快乐。(苏轼的这个说法能够得到其朋友的证实。)最后,他力劝王诜也应该秉持相同的态度。

如果仅从这篇记文来看,或许就是王诜的书画收藏激发苏轼对这个主题做出了如此最为雄辩的阐释。然而苏轼很明显地将他对于书画收藏的态度视作了一项应该被广泛应用在各种生活场合当中的普遍准则。在写给隐士朋友吴瑛的一首诗里,苏轼便提到吴瑛"平生寓物不留物,在家学得忘家禅"。③尽管吴瑛并没有看破红尘或者抛弃自己的家庭,但他还是做到了超凡遗世。在苏轼的观念里,再也没有比这两句诗更高的个人评价了。

---

① 王日休:《龙舒增广净土文》卷十,第 282 页。
② 《宝绘堂记》,《苏轼文集》卷十一,第 356 页。
③ 《寄吴德仁兼简陈季常》,《苏轼诗集》卷二十五,第 1341 页。

在苏轼为禅僧应符的清风阁所写的一篇游戏文章里,我们能够看到上述观念深受当时流行之禅宗话语影响的证据。兹将全文引录如下:

> 文慧大师应符,居成都玉溪上,为阁曰清风,以书来求文为记。五返而益勤,余不能已,戏为浮屠语以问之。曰:"符,而所谓身者,汝之所寄也。而所谓阁者,汝之所以寄所寄也。身与阁,汝不得有,而名乌乎施?名将无所施,而安用记乎?虽然,吾为汝放心遗形而强言之,汝亦放心遗形而强听之。木生于山,水流于渊,山与渊且不得有,而人以为己有,不亦惑欤?天地之相磨,虚空与有物之相推,而风于是焉生。执之而不可得也,逐之而不可及也,汝为居室而以名之,吾又为汝记之,不亦大惑欤?虽然,世之所谓己有而不惑者,其与是奚辨?若是而可以为有邪?则虽汝之有是风可也,虽为居室而以名之,吾又为汝记之可也,非惑也。风起于苍茫之间,彷徨乎山泽,激越乎城郭道路,虚徐演漾,以泛汝之轩窗栏楯幔帷而不去也。汝隐几而观之,其亦有得乎?力生于所激,而不自为力,故不劳。形生于所遇,而不自为形,故不穷。尝试以是观之。"①

在这篇记文的结尾里,风被苏轼赋予了能够和理想中的不执状态相等同的特性,成为无心而应物之行为模式的典范象征。

在形成了对于"不执"的深刻见解之后,苏轼又回过头来思考起了曾令欧阳修困惑不已的一个问题。欧阳修觉得自己与世间大多数人不同,并不汲汲于索取各种物质享受与财富,而是对其抱以相当轻蔑的态度。欧阳修非常自豪于自己的这个品质,还曾宣称他只要能够得意于这五种高洁之"物"便可感到满足:他的藏书、他收藏的金石碑刻、他的琴、他的棋以及他的酒壶。但是欧阳修发现自己仍然可以受到被外物所累的指摘,因为他只不过是用文雅之物取代了庸俗之物而已。欧阳修对此并没有做过任何的回应。② 苏轼从欧阳修那里接过了这个问题,并给出了欧

---

① 《清风阁记》,《苏轼文集》卷十二,第383页。
② 欧阳修:《六一居士传》,《欧阳修全集》,《居士集》卷四十四,第643—645页。

阳修没做的回答。苏轼首先提到,不少人会产生这样的疑问,如果欧阳修确实是有道之士,那为何他还是会将自己附着在这五件心爱之物上呢?随后苏轼便指出,这个问题本身有着很强的误导性。如果欧阳修只是为了寻求内心的平静才将自己依附于五物之上的话,那么他一定称不上是有道之士。但是坚持认为欧阳修必须抛弃这五物才可以被称为有道之士,同样也是一种谬论。事实上欧阳修并没有被这五物所累,因为他从来没有以这五物为己"有"。只要一个人能够做到不错误地认为自己可以占有事物,那么"轩裳圭组,且不能为累,而况此五物乎?"①苏轼在这里又一次运用了他融汇"不执""无心""应物"等概念的思想主张。

我们有必要在这里围绕苏轼那篇著名的《超然台记》再做一些论述。这篇记文是苏轼在担任密州知州的时候,为其在密州城墙上所建的一座高台而写。苏轼之所以会给此台命名为超然,是因为他希望这样可以劝说自己对改任到这座荒凉偏郡的事实保持超然的态度。相比于他刚刚离开的杭州,密州实在是太过贫困、粗陋与蛮荒了,苏轼还特别提到他的朋友"固疑余之不乐也"。然而事实上他在密州却感到相当地满足与愉悦,个中原因即被他在这篇记文里交代了出来:

> 凡物皆有可观。苟有可观,皆有可乐,非必怪奇玮丽者也。铺糟啜漓皆可以醉,果蔬草木皆可以饱。推此类也,吾安往而不乐。……夫所为求福而辞祸者,以福可喜而祸可悲也。人之所欲无穷,而物之可以足吾欲者有尽。美恶之辨战乎中,而去取之择交乎前,则可乐者常少,而可悲者常多。是谓求祸而辞福。夫求祸而辞福,岂人之情也哉。物有以盖之矣。彼游于物之内,而不游于物之外。物非有大小也,自其内而观之,未有不高且大者也。彼挟其高大以临我,则我常眩乱反复,如隙中之观斗,又乌知胜负之所在。是以美恶横生,而忧乐出焉。可不大哀乎。②

---

① 《书六一居士传后》,《苏轼文集》卷六十六,第 2048—2049 页。
② 《超然台记》,《苏轼文集》卷十一,第 351 页。

当苏辙听闻兄长在密州建起了这座高台之后,便提笔为此台写了一篇赋,并于其间提出了"超然"的命名建议。苏辙认为缥缈超凡就是这座高台的本质,从而他在赋中对此做了重点铺陈:此台高耸入云,直通天国之区,抛弃了粗俗平庸之人所处的溷浊世界。① 苏轼的《超然台记》写在苏辙这篇赋之后,并对其弟所云做了部分回应,特别是他明显地改换了苏辙所提出的"超然"本意。② 事实上,苏轼甚为否认他的这座高台体现了一种隔绝外物式的超然。实际上他在记文里描述了自己如何在台上俯瞰周遭风景,又是如何就台上所见之密州城外的种种历史遗迹而发思古之幽情。于是我们可以很明显地知道,当他登上这座高台的时候,并不会做出什么抛弃红尘俗世之举。不过苏轼在这篇记文里对于两种存在方式所做的区分(物之内与物之外),被他自己日后所撰的论著明确否定了。③ 为何会发生如此的转变呢?因为这个观点实在是太超然了,超然得几乎就是他从未接受过的彻底之空寂孤寒的状态。苏轼长期关注并思考游戏红尘与超然物外之间的对立问题,笔者将《超然台记》视作他在早年间对于这个问题的回答。很明显苏轼在《超然台记》中正朝着最终的那个调和二者的解决方案迈进,但是此时的他并没有获得来自佛教思想的帮助,尚未理解"超然"其实可以与"应物"同时发生,而并非完全意义的"物之外"。这样的观念一旦被苏轼所获得,那么就会成为他在讨论与俗世活动相关话题时的最主要义旨。

未曾消逝过的疑虑

尽管禅宗与净土宗的信仰及其相关实践对苏轼产生了种种重要的影响,但他仍然对这些信仰的某些重要方面始终感到不安。他会在某些场

---

① 苏辙:《超然台赋》,《栾城集》卷十七,第413—414页。
② 这里采用的是傅君劢的观点,详见傅君劢:《通向东坡之路》,第212页。
③ 《东坡易传》即云:"超然于外,不累于物,此小人之托于无求以为兑者也。"《东坡易传》卷六,第137页。亦可参看苏轼对于象辞的注疏,《东坡易传》卷五,第124页。

合下自称"居士",甚至还会开玩笑式地说自己的前世是六祖惠能,①或者说自己的床头常置一部《楞严经》。② 但是很快他就会转而说自己其实对佛教教义所知甚少,嘲弄起他的僧人朋友对于清规戒律的恪守,或者公开表达自己对于僧人所依循之求"道"法门的顾虑。我们将要在本节探讨的疑虑,是苏轼经过对于禅宗的审慎反思之后所形成的自我思想立场,而不是那些或许可以被简单地归因至性格气质的对于佛教思想的怀疑与背离。比如苏轼曾写过这样一句诗"本不避人那避世"③,便极为到位地描述出了自己个性气质当中与佛教思想有别的一面。尽管性格气质因素对于苏轼的佛教疑虑来说可能非常重要——很可能还是最重要的,但归根结底,这方面的内容很难被有效地揣度与分析。

本节的论述将从苏轼围绕禅定的反对意见开始。当然,苏轼并不反对禅定本身,他反对的是完全采用禅定之法,也即以禅定作为唯一的修道法门。我们已经在先前的章节里指出过,苏轼甚为不满新学所主张的"道"可以在不需要任何历史存在与当今世界之介入的前提下直接获得。而他的这种不满,也转而出现在了他对于禅宗信仰的评论里。我们也能够回想起苏轼那段关于食谱的论述(也就是他觉得那些仅求循"数"之美而将具体的酒食原材与制作方法扔到一边的人,实在是太误入歧途了),以及由此引申出来的对于新学显而易见的傲慢性与排他性的谴责。实际上,苏轼就是在一篇为观音像所撰记文里做出这些论述的,而且他还在这篇文章的最后批评了同一时期的佛教界也出现了类似的思潮:完全从现实世界里退出,自私地满足于无心无言的空虚冥想,并将本应该从事的具体斋戒持律之行以及崇饰塔庙等传教布道之举尽皆抛弃。而那座花了三十年时间才完成的巨大观音雕像,则被苏轼认作是对于这一思潮可喜的背离。④(由于苏轼的这篇记文既涉及了宗教界的问题,也涉及了世

---

① 《答周循州》,《苏轼诗集》卷三十九,第 2151 页。
② 《次韵子由浴罢》,《苏轼诗集》卷四十二,第 2303 页。
③ 《自普照游二庵》,《苏轼诗集》卷九,第 434 页。
④ 《盐官大悲阁记》,《苏轼文集》卷十二,第 386—388 页。

俗学界里的纷争,所以这篇记文的施赠对象,那位清贫的僧人居则,也和许多其他被苏轼赠予过诗文作品之人一样,在后来的乌台诗案中被指控有罪。)①

詹密罗(Robert Gimello)已经指出,当苏轼在做出上述这段对于佛教思潮的批评之时,他在事实上闯入了已经爆发于佛教界内部的一场论战当中。② 从北宋仁宗朝开始,直至徽宗登基之初(亦即11世纪中晚期),许多僧人特别是"文字禅运动"的拥护者相继发出了反对不立文字与不涉世俗的声音。而在此前的数百年间,禅宗最为显著的有别于其他佛教宗派的特征恰恰就是不立文字与不涉世俗。文字禅是禅宗与净土宗发生融合后的产物,从本质上来讲是禅宗的一次主动退让之举,以此使得禅宗信仰能够和诸多其他大乘教派以及士大夫群体共同拥有的文字传统达成调和。诸如法秀、参寥子道潜以及惠洪等禅僧,就毫不忌讳于主动展示自己渊博的学识与面向外部世界的追求。这类禅僧与像苏轼这样的精英士大夫结下过深厚的情谊,并与他们频繁地诗歌酬唱。而且他们还在禅宗领域的论著之外,有着诗文集流传。

没有任何的理由能够质疑苏轼参与了禅宗内部论争这个观点,甚至也没有必要坚持认为这种影响完全是朝着一个方向发展的:毕竟苏轼在这场佛学论争当中的立场,是由他与新学之间的论争所决定的。正如詹密罗指出的那样,对于如何才是正确的见性明道方式的探讨,以及发生在广博地学习且充分地接触外在世界还是内省这两种观念主张之间的激烈论争,似乎就是宋代学术风气的一个相当突出的组成部分。占据苏轼生平主要篇幅的当然还是他与王安石的论战,而非他对于禅宗世界这场论战的参与。但二者之间很可能存在着交互式的影响,因为苏轼在这两种截然不同的事件背景下所持的自我立场是基本一致的。不过也还得指出

---

① 《乌台诗案》,第32页上、第44页上。
② 詹密罗(Robert Gimello):《菩提与斯文:北宋禅宗的学术、文字与解放》(Marga and Culture: Learning, Letters, and Liberation in Northern Song Ch'an),载其著《解放之路:菩提及其在禅宗里的转变》(*Paths to Liberation: The Mārga and its Transformations in Buddhist*),檀香山:夏威夷大学出版社,1992年版,第374—384页。

的是，在苏轼议论佛教的文字当中，从来没有出现过"文字禅"这个术语。尽管他与一些文字禅运动的核心禅僧交往甚笃，但他或许并没有意识到自己正在见证这场重要的禅林运动，或者说他并没有深切地察觉到自己的这些禅僧朋友实际上构成了一个独立而特殊的禅僧群体。

在一封写给毕仲举的回信中，苏轼提出了一次他对于学"佛"的批评。正如他一贯所为的那样，他在这封信里没有明确地指称这一派或那一派，而似乎是将所有的佛教徒都当成全然一体的。最为重要的论述其实是下面引文里中间偏后的部分（即"学佛老者……故亦以为献"），但是苏轼导入这段论述的手法也相当地有趣。毕仲举在来信中提到了自己正在研读佛书一事，于是苏轼便接住这个话头说道：

> 佛书旧亦尝看，但暗塞不能通其妙，独时取其粗浅假说以自洗濯，若农夫之去草，旋去旋生，虽若无益，然终愈于不去也。若世之君子，所谓超然玄悟者，仆不识也。往时陈述古好论禅，自以为至矣，而鄙仆所言为浅陋。仆尝语述古，公之所谈，譬之饮食龙肉也，①而仆之所学，猪肉也，猪之与龙，则有间矣，然公终日说龙肉，不如仆之食猪肉实美而真饱也。不知君所得于佛书者果何耶？为出生死、超三乘，遂作佛乎？抑尚与仆辈俯仰也？学佛老者，本期于静而达，静似懒，达似放，学者或未至其所期，而先得其所似，不为无害。仆常以此自疑，故亦以为献。来书云，处世得安稳无病，粗衣饱饭，不造冤业，乃为至足。三复斯言，感叹无穷。世人所作，举足动念，无非是业，不必刑杀无罪，取非其有，然后为冤业也。无缘面论，以当一笑而已。②

我们在这段话里可以看到这么几个主题：苏轼的禅定修养并不高，超然玄悟者（陈述古）与浅陋者（苏轼）的差异，禅定之法所存在的隐患，以及对于造业行为的非常普泛的界定。因此，仅从苏轼能够为自己受到的浅陋指责做出申辩这一点，就可以很明显地看出，此时的他已经非常熟悉佛

---

① "龙肉"之前的"饮食"二字疑为衍文，因为其与下面数句的文气有所冲突。
② 《答毕仲举》（其一），《苏轼文集》卷五十六，第 1671—1672 页。

教徒所面对的诸多关键问题。

我们可以看到，苏轼对于完全排斥其他修佛方式的禅定之法有着深深的疑虑，而且他所担忧的禅定之法可能会给修习者带来懒散与放纵等问题，一定也是禅宗僧人自身的隐忧。不过，这封信写于苏轼的黄州时期，他自己在这个时期其实经常练习禅定。就在苏轼刚刚抵达黄州后不久，他便开启了一段持续时间极长的自省与沉思，以此审视自己过往的行为并思考造成他入狱与贬谪的原因。作为这番自省与沉思的一个重要组成部分，他"间一二日辄往"黄州城南的安国寺修习禅定，并在一篇为这座寺庙撰写的记文里如此描述禅定带给他的帮助："焚香默坐，深自省察，则物我相忘，身心皆空，求罪垢所从生而不可得。一念清净，染污自落，表里翛然，无所附丽。"①然而在写给毕仲举的这封信里，他却对禅定之法并没有抱以多大的期待，只是将其视作一个偶尔可以尝试的习佛手段而已。苏轼的这封信不禁会使人想起那篇他为居则所写记文里的这段内容：

> 斋戒持律，讲诵其书，而崇饰塔庙，此佛之所以日夜教人者也。而其徒或者以为斋戒持律不如无心，讲诵其书不如无言，崇饰塔庙不如无为。其中无心、其口无言、其身无为，则饱食而嬉而已，是为大以欺佛者也。②

现在我们可以看到，除了上文探讨过的正面意义之外，"无心"还可以被用于负面意义的表达。这并不意味着苏轼在否定自我，他只是在不同的语境下使用这个词而已。当此词表示世间之无私的时候，"无心"就是一种美德，是苏轼所赞颂的高度感知世界的能力与恰如其分的应"物"能力的前提条件。但是当"无心"仅仅意味着内心于一斗见方的禅室内所处之空寂状态的时候，尤其是当虔诚的禅定信徒对重返世间没有任何兴趣，也不会对此做出任何举措的时候，"无心"便是不可取的，而且"无心"往往还会在这种情况下被滥用。事实上，那些虚伪之徒就经常使用无心这

---

① 《黄州安国寺记》，《苏轼文集》卷十二，第391页。
② 《盐官大悲阁记》，《苏轼文集》卷十二，第387页。

个术语来为自己的懒惰与放纵辩护。

苏轼对于禅定的态度不仅仅源于其长期以来就甚为反感懒惰,还与他的一个重要认知观念密切相关。他始终坚信,世界上各种各样的可以被"观"之"物"("观"是苏轼最为喜爱的一个词,也正是出现于观音菩萨名号中的那个词),都是获得知识的最佳途径。在苏轼就这个问题所做的各种具体论述之中,我们可以看到这个观点被一次又一次地清晰表达了出来。他曾在一通书信里将消除"凡心"的目标(所谓的凡心,即指充斥于内心的自我中心主义观念以及对于物质的依恋),类比为去除眼翳。① 一旦眼翳被成功地去除殆尽,那么眼睛自然就会明亮:不再需要任何其他的纯粹针对眼明的治疗或改善方案。佛教的修行即以去除凡心为目标,然而大多数人却错误地认为佛教修行所致力的方向与他类比的去除眼翳完全不同,他们就"将颓然无知,认作佛地"。苏轼对此予以了另一个类比论述,如果佛真的是这样的话,那么其与吃饱睡足的小猫小狗又有什么区别呢?小猫小狗在这个状态下同样也是颓然无知的,难道我们可以认为小猫小狗已然进入了涅槃寂静的境界吗?

苏轼的这个观念主张还促使其挑战起了大乘佛教普遍坚持的修行原则三无漏法:戒、定、慧。三无漏法是一种循序渐进的修行次第,也是可以明悟佛性的理想修行法门。修行者需要先从持戒开始(例如不在非适宜的时间进食、不饮酒、摒弃淫欲、不贪恋财富),这样可以使其心志变得稳定或虚静。只有心志虚静才能使修行者洞察到佛性其实普遍存在于宇宙之间,才能为自己的开悟做好准备。苏轼在其写给另一位杭州禅僧思聪的一篇送别文章里,对这个修行程序提出了质疑。当时的思聪正如一位禅僧通常所为的那样,开始关注到"虚静"与禅定思修之法,并且完全抛弃了他早年间对于琴、诗、书等世俗活动的爱好。

苏轼的这首送别文章以一段晦涩的文字开篇,其间利用了古代命理学、五行理论以及儒家道德伦理观等传统理论,努力想要在中国本土的经

---

① 《与子由弟》(其三),《苏轼文集》卷六十,第 1834 页。

典里找到他这篇文章所探讨观念的先例。

> 天以一生水,地以六成之,一六合而水可见。①虽有神禹,不能知其孰为一孰为六也。子思子曰:"自诚明谓之性,自明诚谓之教。诚则明矣,明则诚矣。"②诚明合而道可见。虽有黄帝、孔丘,不能知其孰为诚孰为明也。③

根据此文所引的子思语,读者或许可以窥见苏轼灌注其间的论证旨趣,他想要做一个关于内求与外求的比照。最终他通过佛教的主张找到了提出这个问题的方法:"佛者曰:'戒生定,定生慧。'慧独不生定乎?"可想而知,思聪并没有怎么听说过这种颠倒三无漏法次第的观点。苏轼所说的"慧"究竟是什么?是一种能够让人获得虚静,而非从虚静中所生之物吗?苏轼进一步论道:"故夫有目而自行,则褰裳疾走,常得大道。无目而随人,则车轮曳踵,常仆坑穽。慧之生定,速于定之生慧也。"苏轼显然重新定义了佛教所言之"慧"。在他的话语里,这个词表示一个人对于自己的周遭世界有着敏锐通达的洞察力。他实际上将"慧"等同于中国传统的概念"明"(在被他引用的子思之语里,就提到了这个"明")。苏轼的"慧"并不能够通过独处禅室的禅定之法获得,反而似乎得依赖对世界持续而准确的感知。苏轼此文的直接目的是想劝说思聪不要放弃他早年间的艺术爱好。苏轼提到了思聪从孩提时代起便已经是一位技艺精湛的琴师、书法家以及诗人,但是最近他却打算将这些事业尽数抛弃,转而将自己的全部身心都投入在佛学研究与禅定修习之上。苏轼希望能够说服思聪接受这样的观点,这些早年间习得的技艺也能够很好地帮助他实现自己的佛教追求。

---

① 苏轼在这里提到的是五行生成之数的理论,该理论认为天与地各有五数,五个天数各自生出五行中的一行,而每一个地数则各自相应地将五行分别成就出来。详见孔颖达对于《尚书·洪范》的注疏,《尚书正义》卷十一,《周书·洪范》,第452—454页。(参见颜中其:《苏轼论文艺》,第137—138页。)
② 此句出自《礼记·中庸》,而《中庸》的作者一向就被认为是子思。《礼记正义》卷六十,《中庸》,第2023页。
③ 《送钱塘僧思聪归孤山叙》,《苏轼文集》卷十,第325页。

  这篇文章也是探究苏轼艺术思想的重要文献,我们将在后面的章节里再回过头来讨论这方面的内容。但是苏轼想要在此文里讨论的内容远不止艺术,他想要论证的其实是能够几乎体现于任何一种世俗事业之上的重要性。他最后得出的结论是:"古之学道,无自虚空入者。轮扁斫轮,佝偻承蜩,苟可以发其巧智,物无陋者。"①"巧智"或许是一种与生俱来的天赋,至少苏轼在这篇文章里是这么认为的。但与此同时,"巧智"却无法在不与世间之物相接触的情况下"发"出或被付诸实践。苏轼之所以会对禅宗心存疑虑,关键的原因就是禅宗经常引导人们踏上探寻"虚空"之路,一条被苏轼认为是完全虚无与徒劳的道路。

---

① 这句话所引用的"轮扁斫轮"与"佝偻承蜩"两个典故皆出自《庄子》,分别见于《庄子集解》卷四,《天道第十三》,第 120—121 页;《庄子集解》卷五,《达生第十九》,第 158 页。

第七章　胸中水镜：苏轼的诗

本章将要专门讨论苏轼的诗。诗歌是苏轼的时代地位最为尊贵的文体，苏轼也使用诗体写下了海量的作品（他的现存诗篇就有两千四百多首），这使得我们很难对苏轼的诗做出概括性的论述。同时也正是这浩繁的作品数量，以及其间相当丰富多样的内容主题与情感抒发，大为增强了对苏轼诗歌所独具之特征进行总结的必要性。本章对于苏轼诗的讨论将会打乱诗作的写作时间顺序，而且也不打算探讨苏轼诗歌的发展流变这个重要的问题。① 此外，苏轼在他那两段漫长的贬谪岁月里所写的诗歌需要专设一个章节讨论，因此本章探讨的诗歌也就不包括他的贬谪诗以及与此相关的特殊议题。于是可供本章讨论的苏轼的诗歌作品，主要分布在他的另外两个人生阶段之中。一个是熙宁中叶至元丰初年的出知地方时期（11世纪70年代），苏轼也正是在这段时期内奠定了他北宋最伟大文学家的地位。另一个则是元祐时代（1086—1093）。

游 戏 文 字

如果以一类相当特别且有趣的诗歌作为本章的开篇，或许会给我们的论述提供不少便利。这类诗歌在苏轼的诗集里其实相当惹人注目，但论者又会很容易地将它们视作不重要的篇目而轻轻放过：即那些以戏谑嘲弄或明显的活泼游戏笔调写就的诗歌。众所周知，苏轼特别喜爱各种

---

① 按照时间顺序具体详述苏轼在贬谪黄州期间作为诗人的发展历程，可以参看傅君劢的《通向东坡之路》。关于苏轼诗歌分期问题的讨论，参见谢桃坊《苏诗分期评议》与曾枣庄《〈苏诗分期评议〉的评议》两文，载苏轼研究学会编：《论苏轼岭南诗及其他》，第6—23页，第24—41页。亦可参考王水照：《论苏轼创作的发展阶段》，载《社会科学战线》1984年第1期，第259—269页。

形式的说笑、回文以及诗歌游戏,与苏轼同时代的论者就经常对他的这个喜好做出颇为不满的评论。① 本章想要论述的是,这些戏谑文字在苏轼的作品当中其实自有其重要而严肃的意义。此外,"戏"这个概念还可以被用来介绍苏轼诗歌的许多其他的总体特征,因此它的意义也就更加不仅是一种诗歌类型而已,而是要远远地超越其上。

虽然苏轼在其所有的人生阶段都会以戏谑游戏的口吻写诗,但对于他来说,创作这类诗歌最为重要的时期还得属元祐之初的那几年。我们已经在先前的章节里详细描述了那几年间发生的激烈党争,以及由此引发的对于苏轼的连续弹劾。然而如果我们再读一读苏轼写于当时的诗,则会对那个时期产生一种截然不同的观感,这似乎是一个苏轼被知己密友(实际上他们当中的绝大多数都是苏轼的政治同党)紧密环绕的时期。身为翰林学士的苏轼在他的知己密友群体当中有着最高的政治地位,而且他还有权在元祐朝政格局基本确立下来之后举荐或安排他们当中的大多数人入京为官。黄庭坚与晁补之被荐入馆阁,负责修纂《神宗实录》。秦观参加了制科试,并在苏轼的引荐下出任太学博士。孔武仲出任秘书省正字、校书,张耒也在馆阁中担任了与此相近的官职。日后将会官拜门下侍郎的苏辙,当然也是这个群体的重要成员。

这些士人都是古今公认的天才作家,他们在这一时期内频繁地互相拜访,并于其间进行诗歌酬唱,还常常会通过信使一来一往地向对方赠以诗篇。大多数的酬唱诗歌都以"次韵"的形式写就,这要求作者完全按照最初那一首诗的韵脚字(及其顺序)创作新篇。每一回的诗歌酬唱都会产生许多轮的次韵往来,而且还会吸引最初发起唱和的那两位诗人之外的朋友也加入其间。

在这些诗歌酬唱之中,其实存在着友好的诗歌较量,我们也可以通过

---

① 叶梦得撰,徐时仪整理:《岩下放言》卷上,第147页。现代学者关于这个问题的论述可见皮埃尔·道丹(Pierre Daudin):《苏东坡与朱熹的智力游戏》(Les recreations intellectuelles de Sou Tong-p'o et Tshou Hi),载《印度支那研究协会学报》(Bulletin de la Societe des Etudes Indochinoises)第45卷第4期(1970年),第1—38页;西野贞治:《苏轼及其门人的戏作诗》,载《人文研究》第16卷第5期(1965),第34—50页。

这样的较量看到诗人在其间展示出的诗歌才力与巧思匠心。无论在标题中是否出现了"戏作"二字，这些诗歌的主要基调都是自由而轻松的。下面我们将具体分析一次发生在苏轼与黄庭坚之间的诗歌酬唱。

某日，黄庭坚收到了朋友寄来的产自其家乡洪州（江西）的名茶。随即他便转赠了一些给苏轼（子瞻），并且随茶附赠了一首诗：

双井茶送子瞻

人间风日不到处，天上玉堂森宝书。想见东坡旧居士，挥毫百斛泻明珠。我家江南摘云腴，落硙霏霏雪不如。为君唤起黄州梦，独载扁舟向五湖。①

玉堂是翰林院的别名，位于京城（"天上"），时苏轼正供职于翰林院。

东坡旧居士，指苏轼在贬谪黄州期间曾于东坡之上建了一座雪堂，并自号东坡居士。

落硙句说的是宋人习惯先将茶叶碾成粉末再向其注水点沏，因此这里提到了用于碾茶的硙。宋人对于颜色越浅的茶叶评价越高，而双井茶就以其色之"白"而著称，是以此句会将其比喻为雪。②

为君两句的逻辑是，因为双井茶产自南方，故其很有可能会令苏轼回忆起自己在那片区域的贬谪经历。"五湖"一词使用的是范蠡的典故，据说范蠡在帮助勾践灭吴之后主动辞去了高位，在接下来的生命时光里就泛舟于南方的湖泊之上。③

苏轼在收到茶叶与赠诗后，随即次韵一首以表感谢：

黄鲁直以诗馈双井茶，次韵为谢

江夏无双种奇茗，汝阴六一夸新书。磨成不敢付僮仆，自看雪汤生玑珠。列仙之儒瘠不腴，只有病渴同相如。明年我欲东南去，画舫何妨宿太湖。④

---

① 黄庭坚著，任渊、史容、史季温注，黄宝华点校：《山谷诗集注》卷六，上海：上海古籍出版社，2003年版，第137—138页。

② 蔡襄：《茶录》，《丛书集成》本，第1—2页。欧阳修撰，李伟国点校：《归田录》卷一，北京：中华书局，1981年版，第8页。参见青木正儿：《中华茶书》，东京：春秋社，1962年版，第5—6页、第8—10页。

③ 《国语》卷二十一，上海：上海古籍出版社，1978年版，第659页。

④ 《黄鲁直以诗馈双井茶，次韵为谢》，《苏轼诗集》卷二十八，第1482页。

江夏，即武昌，是与黄州相邻的地区，也即苏轼在元祐朝之前谪居的地方。

六一，即欧阳修。欧阳修在退居汝阴（颍州）期间撰写了一部笔记《归田录》，并于其间称赞了双井茶。①

列仙之儒这里的"儒"代指苏轼自己，当时他正位列朝班（即"列仙"），却只有在常常感到口渴这一点上，才会令他觉得自己和那位身患糖尿病的西汉大文豪司马相如有些相像。

太湖，根据苏轼的自注，此处代指另一种名茶顾渚贡茶（出产于太湖之滨），表达了苏轼希望能够回赠一份相同品质的茶叶给黄庭坚的愿望。

黄庭坚在收到此诗之后又次韵回赠，特别感谢了苏轼的这首诗（"翰林贻我东南句，窗间默坐得玄珠"），②并为自己上个月因病不能前去拜访而向苏轼致以歉意。黄庭坚在诗中提到的这场眼疾，成为苏轼下一首次韵诗的主题。

次韵黄鲁直赤目

诵诗得非子夏学，紬史正作丘明书。天公戏人亦薄相，略遣幻翳生明珠。赖君年来屏鲜腴，百千灯光同一如。书成自写蝇头表，端就君王觅镜湖。③

诵诗二联间接地提到了黄庭坚的眼疾对其诗歌写作与修纂《神宗实录》之工作的影响。子夏是孔子的弟子，据说是《毛诗序》的作者，传言他曾因为恸哭其子的逝世而逐渐失明。左丘明是《左传》的作者，据说此书是左丘明在失明后才决心撰写的。④

赖君两句说的是元丰七年（1084），黄庭坚开始持居士戒，不再饮酒、食肉与淫欲。诗中的"灯光"一语即指黄庭坚持居士戒后所修到的功德。

书成两句中"蝇头表"指的是用蝇头小楷书写的奏表。（这是黄庭坚在完成《神宗实

---

① 欧阳修撰，李伟国点校：《归田录》卷一，第 8 页。
② 《山谷诗集注》卷六，第 138 页。
③ 《次韵黄鲁直赤目》，《苏轼诗集》卷二十七，第 1457 页。王文诰将此诗编于《黄鲁直以诗馈双井茶，次韵为谢》之前，但这明显是错误的（因为黄庭坚在诗中提到了苏轼的东南去之句）。参见西野贞治：《苏轼及其门人的戏作诗》，第 36—38 页。
④ 子夏的典故见郑玄注，《礼记正义》卷七，《檀弓上》，第 271 页。左丘明的失明事迹主要本自司马迁的那篇著名书信《报任安书》，见萧统编，李善注：《文选》卷四十一，上海：上海古籍出版社，2019 年版，第 1897 页。不过按照司马迁的说法，左丘明在失明后撰写的史书是《国语》。

录》的修纂工作之后必须要做的一件事,当然也需要在其眼疾康复的情况下才能完成。)"镜湖"是来自唐代诗人贺知章的典故。皇帝将镜湖赐给了致仕归乡的贺知章,以便其能按照佛教信仰在镜湖中完成放生池鱼的功德之举。①

黄庭坚捕捉到了苏轼通过用典的方式予以自己的戏谑,从而抓住此点又写了一首次韵诗给苏轼。此诗题作"子瞻以子夏丘明见戏聊复赠答",②他一上来便自嘲起了自己目前的工作状态:

化工见弹太早计,端为失明能著书。迩来似天会事发,泪睫见光能陨珠。

化工句化用了《庄子》中的一个对于过早之期望的类比("且女亦大早计,见卵而求时夜,见弹而求鸮炙")。不过尽管黄庭坚化用了这个典故,但并不意味着他对苏轼在来诗中所作的预期有任何的反感。③

黄庭坚似乎是在讽刺地暗示,与其像他这样不得不面对近来发生的这段政治历史的真相(即推行新法的历史),还不如对其保持"失明",因为这段历史会引起太多的悲痛。

苏轼(以及黄庭坚)卓越显赫的诗史地位当然不是凭借上引这些诗获得的,不过尽管它们似乎确实不是那么得重要,但还是值得论者的关注。借助游戏或戏谑的视角,可以为这些诗的写作意图带来几个不同的可能性猜测。最为明显的写作意图莫过于在谐谑的遮掩下发表对政治的议论。一个例证就是黄庭坚在诗中提到的"失明"让自己无法承担身为史臣的职责。毕竟一个优秀的史臣,需要具备敏锐的洞察力、高度的客观性以及执着于真实等素养。苏轼与其友人完全能够意识到发表政治批评的危险性,哪怕是用诗歌表达的批评同样也不例外。他们一定会对苏轼在元丰二年(1079)所经历的那场诗案产生刻骨铭心的记忆。但是政治活动毕竟是他们生活里的核心内容,故而在他们任何形式的口头或书面的表达中,都很难彻底避开这个话题。在元祐之初,绝大多数的苏门中人

---

① 欧阳修、宋祁:《新唐书》卷一百九十六,北京:中华书局,1975年版,第5607页。
② 《山谷诗集注》卷六,第139页。
③ 《庄子集解》卷一,《齐物论第二》,第24页。

都因为这场突发的最高权力更迭与国是变化而从地方任上(或者贬谪之所)回朝为官。然而旧党内部很快就分裂出不少新的党派,使得元祐之初的朝堂上不仅存在旧党与尚且留任中枢的新党旧臣之间的斗争,还有着发生在这群反对新法官员内部的政争。苏轼和他的朋友对这种政治局面感到深深的不安。正如我们之前讨论过的那样,在这种政治氛围下,那些真诚的而且明显没有任何政治意图的言论,都可以被其政敌用作指控此人犯下大不敬之罪的证据。于是,当苏轼以及其他的官员还是控制不住地想要在写给他人的文字里议论朝政的话,他们自然会对相关内容予以一些伪装掩饰,而最为普遍的一种遮掩办法就是将自己的言行举止变得轻浮浪荡。苏轼在一首题咏李公麟所画之肥硕御马图的诗里,就是如此地("戏书")寄寓了自己对朝堂上兴起的奢靡饮食之风的讽刺。[①] 实际上,诸如"戏书"之类的语词完全可以被视作一个最为清楚的线索或暗示。我们只要看到作于这一时期的诗里出现了这类字样,那么就可以推测这首诗虽然予以了掩饰,但其本质上终究还是一首相当严肃的政治题材诗。

  这些唱酬诗中的戏谑元素也可以成为参与唱酬的诗人之间有着极为亲密关系的标志。这些诗人朋友只有彼此都很了解对方,也对相互之间的尊重信任颇有自信,才会如此地戏谑对方与自嘲。正是因为苏轼会自降身价地认为,自己只有在经常感到口渴这一点上才能和司马相如相提并论(如他在感谢黄庭坚赠茶之诗里所云),所以他按照类似的方式戏谑地把黄庭坚说成是当代子夏或左丘明就不是什么侮辱之举。也就是说,苏轼完全没有表达这样的意思:黄庭坚或许可以在身患眼疾这个方面与那两位杰出的历史人物相比类,但他在诗歌方面甚至史学方面的成就则完全不足以令他做到这一点。黄庭坚在一首写给其同事孔武仲的茶诗里沿用了苏轼的这番戏谑(而且依然用的是前韵),此诗开篇云:

[①]《戏书李伯时画御马好头赤》,《苏轼诗集》卷三十,第1590—1591页。西野贞治已经讨论过这首诗,本段所论就是简要复述了他的观点。西野贞治:《苏轼及其门人的戏作诗》,第49页。

校经同省并门居,无日不闻公读书。故持茗碗浇舌本,要听六经如贯珠。①

正是这种温和的玩笑强化了这群朋友的凝聚力,同时也使得他们这个群体与其他士人之间产生了更加强烈的离立感。

这些酬唱诗还拥有另一个重要的特征,就是它们表现出的诗人形象往往是一副不认真履行自我朝堂工作职责的样子。在黄庭坚的描述里,身处玉堂森宝书之间的苏轼其实过的是隔绝尘世的生活,而且尽管他的工作职责是为皇帝草拟诏书,但其内心真实向往的却是与皇权及自我荣耀相对立的状态:泛舟于五湖之上。苏轼在自己的谢赠诗里似乎确认了黄庭坚对其出处偏好的猜测,因为他想要在明年到"东南去"。

只要我们联想一下元祐初年糟糕的政治风气,便会很容易地相信苏黄在写下这类诗句的时候,并非只是想要依循传统地表达自己厌倦于枯燥的官家事务。照此看来,苏轼出于同情黄庭坚深受眼疾之苦而写下的"天公戏人"之语,便似乎相当地意味深长。正如山本和义所指出的那样,苏轼会在诗中反复提到天公或造物主的喜怒无常。② 比如他在一首哀悼友人逝世的诗里就如此说道(与同情黄庭坚病目的那首诗非常地相似):"造物本儿嬉,风噫雷电笑。"③他在与一位穷困的友人酬唱的时候,也再次写下了类似的诗句:"造物亦戏剧。"④他甚至会在称赞一位德高望重的高龄道士之时,问出这样的一句:"造物小儿如子何?"⑤

能让苏轼产生如此想法的,不仅仅是他在生活间所遭遇的不幸或威胁,因为他还将这个想法扩展应用于生活中的偶然所得:

人人走江湖,一一操网钓。偶然连六鳌,便谓此手妙。⑥

---

① 《山谷诗集注》卷六,第 141 页。
② 山本和义:《造物的诸相——苏诗札记》,载《南山国文论集》1981 年第 5 期,第 7—11 页。
③ 《曹既见和复次韵》,《苏轼诗集》卷二十一,第 1133 页。
④ 《次韵王郎子立风雨有感》,《苏轼诗集》卷三十,第 1595 页。
⑤ 《赠梁道人》,《苏轼诗集》卷二十四,第 1294 页。
⑥ 《曹既见和复次韵》,《苏轼诗集》卷二十一,第 1133 页。

苏轼认为是否能够钓到六鳌,与钓者的技艺完全没有关系。他甚至认为连山水也只不过是这位造物主在游戏间的偶然为之(这是他在面对一座人造假山的时候做出的反向类比):"造物何如童子戏。"①

如果天地间的造物主只是在那里自娱自乐,而且还会忘却因自己的游戏而产生出的结果,甚至还可能出现比这更糟的情况的话,那么渺小的凡人为何还要严肃地对待这个世界呢?苏轼在这联诗里给出了自己对此的态度:"天工变化谁得知,我亦儿嬉作小诗。"②这联诗的写作灵感来自蜡梅花,此花因其看上去像涂了一层蜡而得名。苏轼观察到,蜜蜂从此花中采得花蜜,并将花蜜制作成了蜂蜡,随后天地间的神人又取此蜂蜡创造出了蜡梅花。苏轼的思绪已经远远地偏出了当下的咏蜡梅主题,他其实又描绘起了他在许多诗篇里反复塑造的这种主宰天地之神的形象:其本质上是变化无常而捉摸不透的,并不会认真严肃地对待由其创造并掌管的这个世界,然其却时常会给人间留下一些巧妙的游艺痕迹。

一个由这样的顽童所主宰的世界无疑是有些疯狂的。苏轼其实也多次明确声称他自己也是一位狂人,当然他主要想借此表达的是自己总是与这个世界格格不入。③ 但是既然这两位(苏轼以及这个世界)是如此地全然相斥,那么二者当中必然只有一个是癫狂的。毫无疑问苏轼的政治经历对他这个思想观念的形成起到了很大的影响。

嗟我本狂直,早为世所捐。④

苏轼想要让我们了解到的是,他勇敢无畏地公然批判新法之举是近乎"癫狂"的行为,同时也确实被这个世界认作为癫狂,从而直接导致了他在政治生涯里遭遇到的种种挫折。在一首讨论相同主题的长诗中,苏轼流露出了对自己这种癫狂行为的一丝自伤之情:

---

① 《和人假山》,《苏轼诗集》卷二十七,第1435页。
② 《蜡梅一首赠赵景贶》,《苏轼诗集》卷三十四,第1828页。
③ 横山伊势雄曾撰写过讨论这个问题的论文,而且也征引过下面引录的两首诗。横山伊势雄:《诗人之"狂"——苏轼》,载《汉学会会报》第34卷(1975年),第1—12页。
④ 《怀西湖寄晁美叔同年》,《苏轼诗集》卷十三,第644页。

第七章　胸中水镜：苏轼的诗

懒者常似静,静岂懒者徒？拙则近于直,而直岂拙欤？夫子静且直,雍容时卷舒。嗟我复何为,相得欢有余。我本不违世,而世与我殊。拙于林间鸠,懒于冰底鱼。人皆笑其狂,子独怜其愚。①

林间鸠是一种通常被认为是笨拙的鸠鸟,因为它不太擅长筑巢。

　　苏轼非常反感这种调整自我以适应不断变化之环境的功利主义处世策略,但这并不是说他是永远都不曾改变过的。可是如果说他究竟做了什么改变的话,那只能是他有意地使自己变得与这个不断变化的时代不同步,因为他深信异议的存在会给他的国家带来巨大的好处。也正因为如此,苏轼发现自己相当地不合时宜,于是他便佯狂颓唐了起来。

　　苏轼的这种癫狂之举必然是有所前代先例的；然而在文学史上,描述癫狂以及不满朝政的主流表达传统却有着与其截然不同的样态。或许每一位"楚狂人"都会对孔子抱以轻蔑,但他们当中又有多少人也会同时看轻自己呢？② 对于诗歌而言,第一位表达自我被这个世界无情抛弃以及相关绝望情绪的诗人是屈原,他对于后世作者有着再怎么拔高也不为过的影响力。屈原当然相信,那个把如此骄傲自负的他给驱逐出去的政治世界是混乱癫狂的,但是他并不会把自己也形容为癫狂,反倒是常常痴恋于自己的纯洁与崇高,痴恋到会让许多读者怀疑他近乎精神错乱的程度。因此屈原的诗篇是自命清高与自我哀怜的,与我们看到的苏轼诗的样貌完全不同。在屈原之后、苏轼之前,杜甫也曾经将自我形容为癫狂。但是在杜诗当中,我们仍然可以明显地看到杜甫对这个不公正的世界抱有强烈的敌意。在他自言我是狂夫的那句诗之前("自笑狂夫老更狂"),杜甫其实是在描写他的凄凉境遇："厚禄故人书断绝,恒饥稚子色凄凉。"③ 这

---

① 《送岑著作》,《苏轼诗集》卷七,第329—330页。
② 关于这类狂人与政治讽喻的传统,可以参见斯纳德(Laurence A. Schneider):《楚狂人：忠诚与叛逆的神话》(*A madman of Chu: The Chinese Myth pf Loyalty and Dissent*),伯克利：加州大学出版社,1980年版,第17—86页。
③ 杜甫：《狂夫》,《杜诗详注》卷九,北京：中华书局,1979年版,第743页。

当然也不是苏轼笔下的狂人类型。李白也曾效仿过传统的楚狂人,并纵情抒发着自己蔑视一切世俗的豪情。尽管李白相当地瑰奇与疏豪,但是在他那异乎寻常的狂荡之中仍然留有一股强烈的自尊。不仅如此,毅然离开尘世而去"五岳寻仙"的狂人是一回事,在官场里摆出一副狂人的姿态则是另一回事。正如苏轼在这首名诗里交代的那样,他的所作所为恰恰就是后者:

登云龙山

醉中走上黄茅冈,满冈乱石如群羊。冈头醉倒石作床,仰看白云天茫茫。歌声落谷秋风长,路人举首东南望,拍手大笑使君狂。①

综上可见,苏轼的癫狂行为并不像许多前代诗人那样,会对这个世界施以激烈的怨恨与控诉。但笔者并不是要说他对这个世界产生的迷惘情绪没有什么深刻性。实际上,很可能就是因为苏轼有着特别彻底的迷惘幻灭之感,才让他得以依然留驻在这片人间,并给他的文学作品带来了专属于他的癫狂面相。著名的美学家李泽厚就在一篇讨论苏轼的文章里这样论道:"苏轼一生并未退隐,也从未真正'归田',但他通过诗文所表达出来的那种人生空漠之感,却比前人任何口头上或事实上的'退隐''归田''遁世'要更深刻沉重。"②

在苏轼的文学作品中,随处可见戏谑、自嘲以及"癫狂",这其实从另一个方面再次展现了这类元素的重要意义。虽然其中的一些语句或许可以直接与他的政治经历联系起来("嗟我本狂直"),但是对于苏轼来说,这些语句所展现出的姿态与人格要比其背后的本事重要得多,因为他正是通过这样的文学方式向世界展示自己。苏轼在这个方面与他的文学友人黄庭坚形成了鲜明的对比。只要黄庭坚在与苏轼进行有友好竞争心态的诗歌酬唱时,他就会写出像苏轼那样的幽默风趣的诗篇。但是当黄庭坚在与苏轼无关的场合下自行写诗之时,他的诗风就会明显地变得幽忱、

---

① 《登云龙山》,《苏轼诗集》卷十七,第 877 页。
② 李泽厚:《美学·哲思·人》,台北:风云时代出版社,1989 年版,第 171 页。

文雅且沉郁起来。像上文刚刚引录过的苏轼《登云龙山》那样的诗,便完全不是山谷诗的典型风貌。

　　苏轼并不仅在与其朋友或政治盟友诗歌酬唱的时候戏谑自嘲,他其实还将这种以诗为戏的精神延伸到了自己全部的文学作品当中。这种文学风貌的产生很大程度上得益于作者不太把自我当回事(或者至少不会明确地表现出自负)。为了更好地论述苏轼在这方面所具之天赋,我们或许需要重新提起他在自我以及自我与世界关系等哲学议题上的观点。苏轼所主张的无心、无思以及对于将自我沉浸在及物与应物之中的高度认同,似乎都与他的这方面天赋密切相关。当然,其间一定还会有来自无法估量与难以言说的个人性情因素的重要影响。但值得注意的是,苏轼精心培育出来的哲学自我论与他的文学作品所表现出的游戏面相是有多么一致。比如虽然不能够说水也具有人类的戏谑游戏特征,但其散发着一种与之类似的感觉,完全可以通过拟喻的方式将水的无限适应性阐释为它并不把自己当回事。在前一章里,我们已经探讨了苏轼的哲学思想与禅宗教义之间的密切联系。而苏轼的这些充满戏谑色彩的文学作品,也确实融会了一些深受许多禅宗僧人酷嗜的荒诞与无稽之趣。这在苏轼写给禅僧朋友的作品里有着最为强烈的表现,比如他给应符写的《清风阁记》便是如此。并且相比于屈原的哀伤悲愤,苏轼诗中的"癫狂"显然与禅僧的谈笑机锋有着更为紧密的关系。

诗人眼中的世界

　　可以这么说,并不把自己太当回事的观念也是苏轼诗的许多其他特征的重要成因之一,而且还被苏轼直接当作了许多诗歌的全篇主旨。这类诗作与上节提到的那些诗歌不同,并没有明显的谐谑色彩。下文将逐一论述这些深受此观念影响的苏诗特征,并尝试辨析这个观念如何分别影响了下列特征。

议论性

在关于苏轼诗歌的论述中,通常都会提到议论性是苏诗的重要特征之一。不同的论者用于描述这个特征的术语其实并不相同,诸如"哲理性"与"才学性"等术语便也相当常见。但是不管论者采用的是哪个术语,他们想要讨论的苏诗特点似乎就是同一个(因此他们会倾向于引用相同的诗歌作为论据)。① 苏诗的这个特征并非仅仅受到现代学者的关注,中国传统的诗论家也早已津津乐道于苏诗中大量的"论"与"议",并且还观察到苏轼有着"以文为诗"的创作偏好。他们所说的"以文为诗",一定程度上指的是苏轼的诗歌经常承载着极高的思想密度,而这样的思想密度在前代的文学作品中通常只会在文章里见到。② 不过论者在提起苏诗的这个议论性特征的时候,常常会对其持以否定的态度。无论在哪个时代,总是会出现对"以才学为诗"感到极度不适的论者,他们坚信论辩最好的文学归宿就是永远被留在文章领域之内,而不是延伸拓展到诗里来。

下面引录的这首诗就是一个高度议论化的例子:

泗州僧伽塔

我昔南行舟系汴,逆风三日沙吹面。舟人共劝祷灵塔,香火未收旗脚转。回头顷刻失长桥,却到龟山未朝饭。③ 至人无心何厚薄,我

---

① 参见吉川幸次郎著,华兹生(Burton Watson)译:《宋诗概说》,哈佛大学出版社,1967年版,第104—118页;洪柏昭:《试论苏诗的议论化和散文化》,载苏轼研究学会编:《东坡研究论丛》,成都:四川文艺出版社,1986年版,第32—45页;王文龙:《试论苏诗的哲理性》,载苏轼研究学会编:《东坡研究论丛》,第64—78页。

② 张戒:《岁寒堂诗话》卷上,丁福保辑:《历代诗话续编》,北京:中华书局,2006年版,第455页(亦见洪柏昭:《试论苏诗的议论化和散文化》,第33页);严羽:《沧浪诗话》,《诗辩》,《历代诗话》,第688页;赵翼:《瓯北诗话》卷五,北京:人民文学出版社,1981年版,第56页。赵翼以及其他的诗论家注意到,最初使用以文为诗之法的诗人是韩愈,苏轼则是将这种诗法发扬光大的诗人。

③ 此诗第二联与第三联中的景象,曾被梅尧臣以相似的诗句描绘过。梅尧臣:《龙女祠祈顺风》,梅尧臣著,朱东润编年校注:《梅尧臣集编年校注》卷二十三,上海:上海古籍出版社,1980年版,第709页。

自怀私欣所便。耕田欲雨刈欲晴,去得顺风来者怨。① 若使人人祷
辄遂,造物应须日千变。今我身世两悠悠,去无所逐来无恋。得行固
愿留不恶,每到有求神亦倦。退之旧云三百尺,澄观所营今已换。不
嫌俗士污丹梯,一看云山绕淮甸。②

  诗题中的僧伽是一位唐代高僧的法号,苏轼题咏的这座塔正是僧伽的舍利塔,故名僧
伽塔。
  退之二句说的是僧伽塔在唐贞元年间(8世纪)被僧人澄观重建,韩愈(字退之)在《送
僧澄观》一诗里曾详述此事。③
  丹梯一词也被用于道教文献中,指的是通往仙界的道路。

这首诗写于熙宁四年(1071)苏轼从京城赴任杭倅的途中。苏轼曾在五年前经行过相同的地方,当时的他正护送父亲的灵柩返回四川。本诗的前六句便是对这段往事的回忆。

  苏轼并没有在这段往事中沉浸太久,很快便在诗中转而思考起此事所蕴含的更大的意义。这种从具体的日常事件里衍生而出的抽象议论,其实是苏轼"以才学为诗"的典型体现。他在这首诗里思索了这么一个问题:在某人看来甚为便利的事物很可能会被另一人嫌弃。他把这个问题认作是至人无心厚薄的原因。不仅如此,苏轼还在此诗的最后几句里思考起了时间。实际上,苏轼主要思考的是两种固定不变的认知视角,而这两种视角在他看来都是不可取的。第一种视角大体上是属于空间的,即将事物要么视作来,要么视作去。第二种视角则属于时间:这是人类常见的一种错觉,即认为任何人造的事物(或者在某人的生命里被高度认同过的事物)都有成为真正伟大或永恒之物的可能。正如这座僧伽塔会不可避免地倒塌一样,按照这种认知所做出的努力注定会失败。因此,除了被动地忍受时间所带来的影响之外,另一种可供选择的应对方案便是

---

① 此联化用了刘禹锡《何卜赋》中的一段话。刘禹锡撰,卞孝萱校订:《刘禹锡集》卷一,北京:中华书局,1990年版,第12页。
② 《泗州僧伽塔》,《苏轼诗集》卷六,第289—291页。
③ 韩愈:《送僧澄观》,韩愈著,钱仲联系年集释:《韩昌黎诗系年集释》卷一,上海:上海古籍出版社,1984年版,第127—128页。

像他所举的道教求仙之例那样,去超越时间。

这首诗会让人联想起苏轼的一篇文章,就是那篇为友人张次山贮存书法收藏的墨宝堂所撰写的记文。① 在文章的开头,苏轼先将思考的内容从书法延伸至种种不同生活方式与爱好追求,并对它们予以了统一的反思。苏轼意识到,许多人都会像张次山这样将自己的人生精力倾注在书画收藏之上,然而这样的人生往往会被嘲笑为轻如鸿毛。很显然,苏轼想要反驳这种观点,于是他才会把注意力放在所有的人生追求之上。绝大多数人所渴望的只不过是吃上美食与穿上华衣,因此那些自诩有些文化的人就会嘲笑这样的追求,并骄傲于自己所追求的是高雅的琴棋书画。与之相似,文士则会看轻这些以艺术为追求的人,并深信只有文章技艺才是唯一值得追求的事业。但是豪杰之士又会看不上这些文士,他们用来取代文章的追求是政治上的功成名就。然而他们还是会被隐士嘲笑,因为在隐士的心中,至高的追求其实就是做到绝圣弃智与逃离尘世。最后苏轼总结道,一个人唯一真正会犯的错误就是认为自己的爱好(或者观点)比其他人更为客观、更为正确。

《泗州僧伽塔》诗里所提到的求神,后来又出现在一首记录苏轼在山东的海边观赏海市蜃楼的诗中。就在元祐时代的大幕刚刚开启的时候,苏轼曾在奉诏归京之前担任过山东沿海城市登州的知州。他的登州任期相当地短暂(就在到达登州的五天后,他便接到了归京的诏令),但也足够让他去看一眼登州举世闻名的海市蜃楼。为了能够看到海市蜃楼,苏轼曾向神灵许下了这个心愿;当他的愿望最终成真的时候,他便利用这个机会发表了一番探讨人神关系的议论。按照一个流传极广的古老观点,天神冷漠地居住在遥远的天界之上,而且总是充满敌意地与人类发生接触,因此天神常常在下凡的时候给人间带来苦难和不幸。于是人间遭受的所有苦难都源于上天而非人类自己,而且只有非凡的德行才能让天神转而与人为善。这种观点本质上是同情人类或人类中心主义的,因为其

---

① 《墨宝堂记》,《苏轼文集》卷十一,第 357—358 页。

倾向于免除人类自身对于苦难所应负有的责任,而每当好运降临的时候,却又往往会相信这主要是人类自身的美德所致。

　　苏轼所理解的人神关系与这个观点完全不同。他认为天神在本质上是善良的,常常会帮助人类实现自己的愿望。由于神有着如此的善念,故而在苏轼看来,反倒是凡人自己才需要对这个世界上的苦难承担责任:"率然有请不我拒,信我人厄非天穷。"[①]在这首诗里,苏轼又一次反对起了唐代文豪韩愈的观点。韩愈在某次路过衡山(位于湖南衡阳)的时候相当失望地发现白云遮住了衡山著名的祝融峰,从而他向山神祈愿,希望自己能够获睹祝融峰的真容。没过多久云层便真的消散了,壮丽奇伟的祝融峰随即呈现在韩愈的眼前。韩愈自己觉得是他的高尚德行感动了山神,从而才能得偿所愿。尽管苏轼记错了这个故事的具体细节,错误地将其认作是韩愈从潮州贬所归京的路上发生的故事,但他还是提出了颇具力量的反对意见:"自言正直动山鬼,岂知造物哀龙钟。"

　　无论是苏轼看到海市蜃楼,还是韩愈获睹祝融峰之景,都发生在当事人向神祈愿之后,而且还都是求祈当下的瞬间如愿。但二者间的相同也就到此为止了,因为苏轼觉得韩愈将之归因于自我道德的观点实在是太过自我膨胀。这首诗的主旨其实与《泗州僧伽塔》的主旨不尽相同:在《泗州僧伽塔》中,苏轼反思了多个人类认识世界、理解世界的方式;而在这首诗里,他挑战了一种对于人类在天地间所处地位的理解,并将这个理解所捍卫的人类自身的重要性与人类的善良全部解构掉了。尽管这两首诗的主旨并不相同,但二者都展现出了对于自视过高的反感,这足以使得它们能够被认作是同一个思维观念与价值取向下的产物。在苏轼形形色色的议论其他主题的诗歌中,往往就是这种从不同的角度重新思考一件事的思维兴趣,推动诗中出现议论。而苏诗之所以会形成"才学性"或"议论性"的特征,很大程度上就是因为苏轼在努力尝试以上述这种方式克服主观经验性带给人类的局限。

[①] 《登州海市》,《苏轼诗集》卷二十六,第 1389 页。

观察社会与空间的视角

苏轼在下面引录的这首诗中采用了一个颇具进步性的社会观,至少相较于他自己所处之士大夫阶层的传统观念,显然是前进了一大步。这是一首苏轼作于熙宁五年(1072)的著名除夜诗,当时的他正在杭州通判任上。尽管今夜是除夕佳节,但苏轼却不得不在州衙里值守到很晚,因为还有大量没来得及判决的积案需要在新年到来之前被处理完毕。① 苏轼在别的文字里抱怨过此时颁布的新法盐政,认为正是此法过度限制了私人市场上的食盐买卖,才导致这一时期杭州地区每年都有数千人因触犯盐法而被逮捕。②

> 除日当早归,官事乃见留。执笔对之泣,哀此系中囚。小人营糇粮,堕网不知羞。我亦恋薄禄,因循失归休。不须论贤愚,均是为食谋。谁能暂纵遣,闵默愧前修。

对于宋代士大夫而言,能够做到像这样反思是什么驱使了绝望的民众铤而走上犯法之路,便已经相当难得了。而且苏轼还进一步地把自己的生活状态和罪犯的生活状态加以比较,则几乎是闻所未闻的事情。此诗的最后一联提到了一个充满人性的典故,即古时不少贤臣曾在新岁到来的时候暂时释放在押囚犯回家,以让其能够和家人一起共度春节。③

这首诗在乌台诗案当中并没有被御史台援引为苏轼的罪证,但是几乎所有的以这种或那种方式被御史台论证为讥讪朝政的诗,都有着与这首诗一样的思考社会的视角,即从自我的士大夫阶层视角转换至底层民

---

① 二十余年后,苏轼重返杭州担任知州。他曾在此时依这首诗的韵脚重新写了一首诗,并在新诗的长题里详细交代了此诗的写作本事。《熙宁中,轼通守此郡。除夜,直都厅,囚系皆满,日暮不得返舍,因题一诗于壁,今二十年矣。衰病之余,复忝郡寄,再经除夜,庭事萧然,三圄皆空,盖同僚之力,非拙朽所致。因和前篇呈公济子侔二通守》,《苏轼诗集》卷三十二,第1722—1724 页。
② 《上文侍中论榷盐书》,《苏轼文集》卷四十八,第 1400 页。亦可参见《上韩丞相论灾伤手实书》,《苏轼文集》卷四十八,第 1397 页。
③ 王文诰在其注释里引录了不少相关案例。

众的视角。我们可以回忆一下那首讽刺青苗法的绝句。在朝堂上的新党看来，青苗法可以帮助农民大大降低对于那些毫无道德操守的私人放贷者的依赖。但是在苏轼的脑海里，总是盘桓着官僚主义会带来的故意拖沓与腐败，因而他首先想到的是青苗法会让农民连续好几个星期都无法下地耕作（以至于他的孩子都带上了城市口音），以及腐败的官员会想方设法地将农民千辛万苦才拿到的青苗钱给全部骗走。

我们在这里想要重点指出的是，这些政治讽喻或者政治批判诗展现了苏轼对于一种认知视角的偏爱，即不按照人们固有印象中的那些像他这样地位之人通常会持有的认知视角去探索与认识世界。这种认知视角的选择偏好还给苏诗带来了不少与党争无关的其他影响，例如他喜欢在诗歌里运用巧妙的构思与言辞，为事情发生场景中的某些无生命事物赋予人类的"知觉"，并由此重新思考这个事件。在下引这首诗的结尾里，便出现了这个现象。这首诗是他在离任徐州知州的旅途中所作：

罢徐州往南京马上走笔寄子由五首（其一）

吏民莫扳援，歌管莫凄咽。吾生如寄耳，宁独为此别。别离随处有，悲恼缘爱结。而我本无恩，此涕谁为设。纷纷等儿戏，鞭鞚遭割截。道边双石人，几见太守发。有知当解笑，抚掌冠缨绝。①

鞭鞚句用的是唐人姚崇（8世纪）的典故。姚崇在卸任荆州刺史的时候，曾被满怀感激之情的百姓围堵于马前。为了不让姚崇离开，百姓甚至拿走了他的马鞭，割断了他的马镫。②

抚掌句用的是战国时期的齐国滑稽之臣淳于髡的典故。淳于髡在听闻齐王只愿意拿出很少的钱财去向邻国请求援兵之后，便在齐王面前仰天大笑，以至冠缨索绝。③

在这个特殊的场合下，苏轼一直在尝试用各种不同的方法避免自己的笔下出现他的亲密僚属以及他因成功挽救徐州于黄河水患之中而获得

---

① 《罢徐州往南京马上走笔寄子由五首》（其一），《苏轼诗集》卷十八，第936页。
② 王仁裕：《开元天宝遗事》卷上，上海：上海古籍出版社，1985年，第66页。
③ 司马迁：《史记》卷一百二十六，《滑稽列传》，第3198页。

的赞誉。苏轼在这组诗里的另一首诗中提到,有一位百姓当道拦停了他的马,并向他表达了自己的感激之情。对此苏轼是这样回答的:"水来非吾过,去亦非吾功。"还是在这组诗的又一首诗中,苏轼将关注点转到了汴河之上。这条河蜿蜒曲折于苏轼的旅程之中,此刻他正逆汴河而上前往西边的南京(今河南商丘)见弟弟,待其结束与苏辙的短暂相聚之后,便又会顺着汴河直下东南,奔向他的下一个任职地湖州。于是汴河就成了此刻正于徐州郊外送别苏轼的一位朋友,而且这位朋友还会一直守候在这里,欢迎苏轼在下一段旅程中又重新经行此地。不过苏轼的最终目的地终究还是湖州,故而当他的舟船转入淮泗之后,便要与汴河作彻底的告别。在这首诗的结尾,苏轼转而设想起了汴河在他彻底告别之后的状态。这条河当然还是会如旧日那般蜿蜒流淌于他所建造的黄楼之下,然而那位在月下静听汴水流淌之声的人,却将不复存在。

苏轼并非不清楚应该突出强调自己在特定事件背景下的地位或社会角色,但他还是更加热衷于对抗自我的主观经验性,从而突出强调自我的意识总会被对抗自我主观经验性的念头给压倒。同时他还对一个更大的思想观念感兴趣,即所有的感知本身都是主观的,因此任何事物都不会只拥有单一的外表。甚至就连看似永恒不变的青山,也会被事实证明在不停地变换着它的外貌:

　　朝见吴山横,暮见吴山纵。吴山故多态,转折为君容。①

苏轼在上引四句诗的第二联中使用了一个常见于前代诗人笔下的巧妙比喻(将风景比作美女)。人们很早就意识到,青山的外观会随着一日之时间推移而发生变化,因此便产生了用于描绘此现象的比喻。在这首诗里,苏轼大概想说的是光线的变化(太阳在空中的一日运行轨迹)造就了眼前青山外貌的改变,而不是自己在这片风景中的活动所致。当然,个人活动轨迹的变化也会产生类似的视觉效果,苏轼在下面这首著名的吟咏庐山的绝句里便对此展开了议论:

---

① 《法惠寺横翠阁》,《苏轼诗集》卷九,第 426 页。

题 西 林 壁

横看成岭侧成峰,远近高低各不同。不识庐山真面目,只缘身在此山中。①

在另一首诗里,苏轼也提到了自我的运动变化给青山带来的外观改变:"水枕能令山俯仰。"正躺在一艘摇晃小船之中的苏轼向舱外望去,发现青山也跟着小船一起忽高忽低地运动着。这个场景曾被苏轼以稍有微异的句子写进了三首不同的诗里。②

"象"是苏轼在思考议论感知问题的时候所使用的核心概念。他曾在诗里写下这样的句子"万象生我目",以此提醒世人我们对于世界的感知不可避免地会受到我们的身体条件与心理取向的影响。③ 于是庐山的"真面目"永远不会被任何人的眼睛窥见(无论其是在山中还是山外)。这样的思维方式明显与佛教的教义极为接近,因为在佛教看来,世间的诸相都是虚幻的,人的感官知觉也本来就存在着很大的局限。对于苏轼与佛教在感官认识上出现的这种观念重合,我们或许应该牢记这样两个要点。首先,尽管这种思想观念的某些方面肯定不是什么新奇之事,但相较于任何的前代诗人,苏轼都更加彻底地将这个观念融进了自己的文学作品里。而且苏轼还首次探索了如何在抒情诗的写作传统里加入佛教的元素,以及如何赋予这些已然普及的佛教教义更强的文学表现力。正是发生在二者间的这看上去毫无可能的融合(哲学层面对于个人感官有效性的否定与根植于自我的文学传统),给这些诗歌带来了极大的力量。其次,苏轼对于这些问题的思考,其实有着异于佛教的特殊取向偏好。为了说明世间诸相的虚幻,佛教创造了一些广为人知的比喻:水中月、镜中花等等。这些比喻都只有这么一个简单的目的,就是告诫世人不要偏执于

---

① 《题西林壁》,《苏轼诗集》卷二十三,第1219页。
② 《李思训画长江绝岛图》《六月二十七日望湖楼醉书》(其二)以及《出颍口初见淮山是日至寿州》,《苏轼诗集》卷六、卷七、卷十七,第283页、第320页以及第873页。
③ 《连日与王忠玉,张全翁游西湖,访北山清顺、道潜二诗僧,登垂云亭,饮参寥泉,最后过唐州陈使君夜饮,忠玉有诗,次韵答之》,《苏轼诗集》卷三十二,第1682页。

世间的种种幻象,而应该转而追求超越于现象世界的涅槃寂静。但与此同时,佛经中也有关于如何在不受根本性影响的前提下获得感官认知之力的指导。这一点相当吸引作为诗人的苏轼。他曾经在一首诗里告诫我们,自己的内心应该像古井之水那样,允许万象按照它们自身的意愿出现或消失。① 这里的"象"和"万象生我目"中的"象"所指并不一致。在"万象生我目"中,"象"指的是由感官呈现给我们的虚假形象;但是出现在这个以井设喻之诗里的"象",并没有什么不良的或令人感到不悦之处,人的内心就在不给万象施加任何影响的前提下接受了它们。而人的内心之所以能够做到这一点,是因为其如水一般清澈与空灵,或者如摩尼宝珠那样晶莹剔透,能够反射出任何珠后之物的颜色。② 在一首论诗的诗中,苏轼如此地劝告自己的禅僧朋友道潜:"空故纳万境。"③于是乎写诗与修禅也就不再有任何的矛盾了。

时间

一如上文所探讨的从空间维度展开的思考,苏轼在诗中议论人类感官在认识世界方面的局限性时,也会频繁地利用来自时间维度的思考。就让我们从规模宏大的或历史性的时间类型,开启这一部分的论述。下面引录的这首诗写于苏轼来到徐州的第二年。就在前一年,那座建于徐州城墙之上的纪念苏轼领导抗洪抢险取得胜利的黄楼宣告落成。

送 郑 户 曹

水绕彭城楼,④山围戏马台。古来豪杰地,千载有余哀。隆准飞上天,重瞳亦成灰。白门下吕布,大星陨临淮。尚想刘德舆,置酒此徘徊。尔来苦寂寞,废圃多苍苔。河从百步响,山到九里回。山水自

---

① 《书王定国所藏王晋卿画〈着色山〉二首》(其一),《苏轼诗集》卷三十一,第1639页。
② 《次韵吴传正枯木歌》,《苏轼诗集》卷三十六,第1962页。
③ 《送参寥师》,《苏轼诗集》卷十七,第906页。下文将会引录这首诗的文本并予以分析。
④ 如果不考虑平仄的因素,这里的彭城楼可以根据那个传奇人物故事转换为彭祖楼,这样可以使其与下一句的戏马台更为对仗。

相激,夜声转风雷。荡荡清河壖,黄楼我所开。秋月堕城角,春风摇酒杯。迟君为座客,新诗出琼瑰。楼成君已去,人事固多乖。他年君倦游,白首赋归来。登楼一长啸,使君安在哉。①

彭祖是传说中活了超过七百岁的长寿者,帝尧曾将徐州这块地方封赐给他,故而徐州也被称为彭城。诗句中提到的彭城楼就是徐州的一处与彭祖有关的圣地。戏马台据说是那位灭亡秦王朝的项羽所建,他曾在这座高台上观看戏马、阅兵、演武等,故名。

隆准指的是西汉开国皇帝汉高祖刘邦。刘邦是沛县(隶属徐州)人,据说他的鼻子很高。重瞳指的还是项羽。项羽是刘邦在秦朝灭亡之后的最大敌手,他在灭秦之后自封西楚霸王,定都彭城。不过他最终被刘邦在离徐州不远的垓下彻底击败。

吕布是东汉末年的著名将军,曾一度占据徐州地区,最终被曹操重兵围困于徐州附近的下邳城。尽管他在白门楼上宣布投降,但曹操还是把他绞杀了。大星一句用的是唐朝大将李光弼的典故,他曾获封临淮郡王,并在一颗大星陨落之日去世于徐州。②

尚想二句中刘德舆是刘宋王朝的开国之君宋武帝刘裕,他是彭城当地人。

苏轼并没有夸大徐州这座城市的深厚历史积淀。徐州(彭城)及其所属的淮楚地区确实是英雄辈出之地,特别是在楚汉相争与汉末三国时期。对于任何一首怀古诗来说,都少不了在诗中回忆曾经活动于眼前风景中的这些英雄人物。每当诗人凝视着已然荒凉不堪的当下场景,心头自然会涌起对于他们的无尽怀念。

不过在苏轼的这首诗中,眼前的风景并不仅仅是承载英雄事迹的背景或舞台,出现在首联当中的山水微妙地将当下的现实人间与过往的英雄故事并置于一处。在列举了一连串已被雨打风吹去的英雄人物之后,山与水重新出场,并连带描绘出山水百响九回之态以及在夜间发出自相激荡之声。在这里,风景是唯一的不朽之物,任何人都无法与其相提并论。

当这首诗终于进入当下场景(即诗题所言之事)的抒写之时,读者便会在前文所述之历史往事的影响下,对现在发生的人事也产生出一些类

---

① 《送郑户曹》,《苏轼诗集》卷十六,第833—834页。
② 刘昫:《旧唐书》卷一百一十,北京:中华书局,1975年版,第3311页。

似的预感。毕竟黄楼是知州苏轼成功抵御黄河水患的标志,但是这位知州与他的黄楼又能在漫漫的历史长河当中存在多久呢?这首诗的结尾数句最引人注目之处莫过于其间的感伤语调,苏轼承认了自己在这片山河当中注定也是倏尔即逝的。不过苏轼并没有对自我终将逝去流露出任何具体的情绪反应,这使得此诗的结尾与我们对于怀古咏史诗的期待并不相同。(无数的在岘山羊祜碑前流泪的诗人,大多是为自我的消逝而哭泣。无论他们是否还顾得上做这番自我交代,他们的内心所想都是如此。)苏轼反倒将情感投放在讲述其友人郑仅的诗句里,他想象着朋友将会在未来的某一天重新回到徐州,重新登上黄楼。此诗的最后一句稍微有点幽默戏谑,显然是苏轼的故意为之。像他这样子把对于自己的感伤怀念直接说出来当然是颇显冒昧自大的,尽管他是在对自己和郑仅的友谊相当自信的前提下才会这么做,此举还是太傲慢了,从而他也不得不用半开玩笑的方式说出这句:"使君安在哉?"苏轼想要表达的是,我把这个问题留给我的朋友去考虑,至于我自己,就不要被这个问题烦扰了吧。这首诗和苏轼所写的其他类似之诗的不同之处正是在于,苏轼此刻在沉思自我也会像无数古代英雄那样消逝无踪的时候,秉持的是一种混杂着超旷与怅惘的情绪。①

一种所涉范围较小的时间类型同样也容易引发关于短暂与有限的思考,只不过主要的关注点会相应地转变为情绪与感觉的转瞬即逝性。苏轼对这类问题相当感兴趣,比如他就思索过某个特定的场景与经历究竟会多么短暂。与许多前代诗人不同,苏轼并不满足于将这个事实简单地陈述出来,他会在诗中尽力地描绘出某段经历具体的转瞬而逝过程,比如下面这首诗便是如此:

舟中夜起

微风萧萧吹菰蒲,开门看雨月满湖。舟人水鸟两同梦,大鱼惊窜

---

① 参见《法惠寺横翠阁》诗(《苏轼诗集》卷九,第426页。)与下一章将会讨论的《念奴娇·赤壁怀古》词。

如奔狐。夜深人物不相管，我独形影相嬉娱。暗潮生渚吊寒蚓，[①]落月挂柳看悬蛛。此生忽忽忧患里，清境过眼能须臾。鸡鸣钟动百鸟散，船头击鼓还相呼。[②]

由于身处船舱之内，苏轼一开始将风吹孤蒲的飒飒之声错听成了大雨萧萧之声。当他满怀期待地出舱看雨的时候，才意识到此刻其实是一个月白风清的夜晚。很快他就被眼前的美丽夜景吸引，继而将他在接下来的时间里所看到的景象都记录了下来。

在深夜里起身静听或静观他人没有注意到的事物，是反复出现于苏轼文学作品当中的一个重要主题。[③] 这个经典场景相当适合他从事自己喜爱的超然静观。在这首诗里，"清境"在他面前一直持续到了黎明，并伴随着凡尘俗世的种种嘈杂侵扰，最终消失不见。这种万籁俱寂、不受滋扰的清境当然早已常见于前代诗歌当中，但是和前代许多的将静谧之景设立为全篇最后场景的诗作不同，苏轼这首诗中的静谧一直持续到结尾才被打破。他既对描绘静谧清境的本身感兴趣，又同样对描绘静谧清境转瞬即逝的整个过程感兴趣。

如果人们的经历特别是颇为向往的经历都会匆匆而逝的话，那么将这些经历保存于诗歌当中或许是一件多少可供慰藉的事情。不管这件事情过去了多久，作者都可以在诗中重温当时的感觉。在苏轼最早的关于这个主题的表述里，他就是如此解释自己为什么要写这首诗的。[④] 相关的内容后来又重新出现在他作于杭倅时期的一首诗里：

腊日游孤山访惠勤惠思二僧

天欲雪，云满湖，楼台明灭山有无。水清石出鱼可数，林深无人

[①] 一些论者认为，此句的"吊寒蚓"是对暗潮涌动之声的比喻。详见王水照：《苏轼选集》，上海：上海古籍出版社，1984年版，第122页。
[②] 《舟中夜起》，《苏轼诗集》卷十八，第942页。
[③] 参见《记承天夜游》，《苏轼文集》卷七十一，第2260页；亦参傅君劢关于苏轼徐州诗中的清月之境的讨论。（傅君劢：《通向东坡之路》，第234—245页。）
[④] 见《南行前集叙》，《苏轼文集》卷十，第323页。

鸟相呼。腊日不归对妻孥,名寻道人实自娱。道人之居在何许,宝云山前路盘纡。孤山孤绝谁肯庐,道人有道山不孤。纸窗竹屋深自暖,拥褐坐睡依团蒲。天寒路远愁仆夫,整驾催归及未晡。出山回望云木合,但见野鹘盘浮图。兹游淡薄欢有余,到家恍如梦蘧蘧。作诗火急追亡逋,清景一失后难摹。①

诗题中的腊日是农历十二月的一个假日。苏轼是经由欧阳修的介绍才结识的僧人惠勤,这或许就是为什么苏轼要在抵达杭州的第一个月便前去拜访他。② 孤山实际上是延伸至西湖的一个半岛(就在宋代杭州城的城墙之外)。

兹游句除了表现寺院本身的"淡薄"特质,苏轼也许还想通过该句透露出当日既没有其他文人的作陪,也没有歌妓的相随。③

虽然"清景"有着转瞬即逝的本质属性,但一首诗却能追上其逝去的脚步。然而最终能够被这首诗追上并捕捉到的,终究还是"此刻总是会转瞬而逝"的这个意识,就像其捕捉到了"兹游"的"淡薄"味道一样。许多前代诗人也描写过只在山中逗留一日的清修,他们通常会觉得将诗歌结束在这场旅行的目的地是最为合适的。但是苏轼却将我们带出了孤山,甚至到了他回头眺望只能看到寺庙之塔尖的时候也不停下,直至他想到今日之旅行带给他的整个感觉很可能会马上消失的时候才宣告此诗的结束。苏轼也并不总是会如此自信地认为,诗能够成功追上并抓住转瞬而逝的经历。在曾被上文提到的那首《登州海市》一诗的结尾,他便流露出了这样的一番感慨,这首诗歌的本身也将和被其记录下的海市蜃楼一样,很快就会消散而去:

斜阳万里孤鸟没,但见碧海磨青铜。新诗绮语亦安用,相与变灭随东风。④

---

① 《腊日游孤山访惠勤惠思二僧》,《苏轼诗集》卷七,第316—319页。
② 《六一泉铭》,《苏轼文集》卷十九,第565页。
③ 小川环树、山本和义译:《苏东坡诗集》第二册,东京:筑摩书房,1983—1990年版,第201页。
④ 《登州海市》,《苏轼诗集》卷二十六,第1389页。

王文诰敏锐地指出了此诗结尾的与众不同之处,认为其他的诗人会将全诗就结束在斜阳两句。① 但是苏轼就是想要再质疑一下诗歌本身:诚然可以承认,诗确实与某一个时刻有关,却并不能因此宣称诗是不朽的。

隐喻

自苏轼本人所身处的那个时代以来,读者就一直被苏诗中的隐喻深深吸引,不断予以其相当高的评价。这不仅在于苏诗中的隐喻数量极多,而且还有着甚为优秀的艺术品质。在现代学术界,当学者在探讨苏诗的艺术风格之时,必然都会提到其间富含隐喻性的语言。而且还出现了一些专门以苏诗的隐喻为探讨对象的论著。② 不过这些现代学术论著除了将隐喻,特别是泛化拓展的隐喻,论述为苏诗的一个重要风格特征之外,其实并没有在这个论题上做出太大的突破。

即便是上文引录的这些为数不多的苏轼诗歌,便已经向我们展示了一些隐喻案例:转折为君容的吴山、大笑冠缨绝的石人、近乎囚犯的州郡长官、俯仰低昂的青山、静看悬蛛的挂柳落月。(很显然,笔者在此处使用的是最广义的"隐喻"概念,指的是将一个事物命名或描述成另一个事物的各种比喻修辞。事实上,这与中国传统文论的苏诗评论是一致的,中国传统的诗论家通常不会对这些种类繁多的修辞手法予以区分,而是将其统一地称作"喻"。)为了更好地说明下文将要探讨的隐喻概念,我们可以

---

① 王文诰的注解见《苏轼诗集》卷二十六,第 1389 页。
② 宋人的相关评论可参考魏庆之引录的韩驹之语以及洪迈在《容斋随笔》里的大量征引,见魏庆之:《诗人玉屑》卷十七,上海:上海古籍出版社,1959 年版,第 383 页;洪迈:《容斋随笔》,《三笔》卷六,上海:上海古籍出版社,1978 年版,第 489—490 页。现代学者提及苏诗这个风格特征的代表论著有,刘乃昌:《谈苏轼的艺术个性》,见刘乃昌:《苏轼文学论集》,第 92—94 页;瘦民:《浅谈苏诗风格的多样化》,载苏轼研究学会编:《东坡诗论丛》,成都:四川人民出版社,1983 年版,第 48—49 页。专门研究这个话题的论著可见小川环树:《工拙与雅俗——苏轼诗里的比喻》,载《中国文学报》1955 年第 2 期,第 1—17 页(后被收入小川环树:《风与云:中国文学论集》,东京:朝日新闻,1972 年版,第 145—167 页);荒井健:《苏东坡论》,载吉川幸次郎编:《中国文学论集》,东京:新潮社,1966 年版,第 237—246 页;项楚:《苏诗比喻琐谈》,载《苏轼研究专辑》,第 26—35 页。

再多举一些例子，比如苏轼如此喻指一场下了整夜的大雪：

> 青山有似少年子，一夜变尽沧浪髭。①

如此喻指书法风格：

> 短长肥瘦各有态，玉环飞燕谁敢憎。②

如此喻指自己被捕入狱：

> 梦绕云山心似鹿，魂惊汤火命如鸡。③

如此喻指从海岸边带回来的石头：

> 我持此石归，袖中有东海。④

如此喻指水车（水车是一种依靠一系列前后运转的木板将水从低处打到高处的工具）：⑤

> 翻翻联联衔尾鸦，荦荦确确蜕骨蛇。⑥

如此喻指读孟郊诗：

> 初如食小鱼，所得不偿劳。又似煮彭螖，尽日持空螯。⑦

还有其他非常多的喻指对象：

> 欲知垂尽岁，有似赴壑蛇。修鳞半已没，去意谁能遮。况欲系其尾，虽勤知奈何⑧。

---

① 《江上值雪，效欧阳体，限不以盐玉鹤鹭絮蝶飞舞之类为比，仍不使皓白洁素等字，次子由韵》，《苏轼诗集》卷一，第20页。
② 《孙莘老求墨妙亭诗》，《苏轼诗集》卷八，第372页。
③ 《予以事系御史台狱，狱吏稍见侵，自度不能堪，死狱中，不得一别子由，故作二诗授狱卒梁成，以遗子由》（其二），《苏轼诗集》卷十九，第999页。
④ 《文登蓬莱阁下，石壁千丈，为海浪所战，时有碎裂，淘洒岁久，皆圆熟可爱，土人谓此弹子涡也。取数百枚，以养石菖蒲，且作诗遗垂慈堂老人》，《苏轼诗集》卷三十一，第1652页。
⑤ 李约瑟（Joseph Needham）：《中国科学技术史》，剑桥：剑桥出版社，1965年版，第339—352页。
⑥ 《无锡道中赋水车》，《苏轼诗集》卷十一，第558页。
⑦ 《读孟郊诗二首》（其一），《苏轼诗集》卷十六，第796—797页。
⑧ 《岁晚相与馈问，为馈岁；酒食相邀，呼为别岁；至除夜，达旦不眠，为守岁。蜀之风俗如是。余官于岐下，岁暮思归而不可得，故为此三诗以寄子由》（其三），《苏轼诗集》卷四，第161页。

第七章　胸中水镜：苏轼的诗　237

忽逢佳士与名山，何异枯杨便马疥。①

人生到处知何似，应似飞鸿踏雪泥。泥上偶然留指爪，鸿飞那复计东西。②

岭上晴云披絮帽，树头初日挂铜钲。③

我生天地间，一蚁寄大磨。区区欲右行，不救风轮左。④

微风万顷靴文细，断霞半空鱼尾赤。⑤

仰看云天真箬笠，旋收江海入蓑衣。⑥

上面的这串列举可以很容易地被继续扩展下去。这些例子最先会被论者关注到的特点就是它们大多都是那么新巧。无论采用怎样的设喻形式，中国诗歌里的隐喻很大一部分就是建立在一些特定的联想传统之基础上的。比如以流水喻逝去的光阴、以星垣喻皇帝和他的朝廷、以千里马喻高才之士、以弃妇喻逐臣等等。在苏轼的诗歌里当然也有着大量延续传统的隐喻，而且苏轼本就不可能放弃使用它们。但是对于苏轼的隐喻使用，尤其是他所使用的那些悠久而著名的隐喻模式来说，最值得引起我们注意的便是其建立了与传统有别的本体喻体配对。除了新颖的本体喻体配对，苏轼还会经常选取完全出人意料的元素将二者予以勾连比照。（例如把即将过去的旧年比作赴壑蛇，把自己对于佳朋的渴望比作癫马急欲以枯杨揩疥疮之痒。）无论是苏诗中的明喻还是暗喻，都非常明显地带有这种特征。有时候论者也会表露出对于苏诗的这种隐喻特征的不满，认为它们实在过于牵强或生硬。⑦

---

① 《与胡祠部游法华山》，《苏轼诗集》卷十九，第 989 页。
② 《和子由渑池怀旧》，《苏轼诗集》卷三，第 97 页。
③ 《新城道中二首》（其一），《苏轼诗集》卷九，第 436 页。
④ 《迁居临皋亭》，《苏轼诗集》卷二十，第 1053 页。
⑤ 《游金山寺》，《苏轼诗集》卷七，第 308 页。
⑥ 《又书王晋卿画四首》（其四），《苏轼诗集》卷三十三，第 1774 页。
⑦ 参见方回与纪昀针对苏轼《新城道中》（其一）第二联的评论。方回选评，李庆甲集评校点：《瀛奎律髓汇评》卷十四，上海：上海古籍出版社，2020 年版，第 558 页；纪昀评点：（转下页）

诗中的情绪是一个与隐喻相关的议题。那些出现于前代诗歌里的最为突出的隐喻，经常蕴含着巨大的抒情潜能。诗人也常常充分运用隐喻语言的这个特殊力量，来传达自己的强烈情绪。参照这个诗歌传统，我们便会发现一个很有意思的现象，苏轼笔下的那些使用隐喻的诗句，往往流露出的是一种平和的情绪。例如"岭上晴云披絮帽，树头初日挂铜钲"即是如此。此联出自苏轼的一首感慨自我身世的诗，但是这联使用隐喻的诗句却几乎没有触及全诗所要抒发的情感，只是在单纯地描绘诗人在行道间所见之景色。苏轼诗中的隐喻之所以会如此容易地被后人引述，或者说会被如此容易地从全诗中摘取出来，一个重要的原因便是它们倾向于在情感上保持平和中立。它们在诗人有趣而新颖的观察事物的方式下被创造了出来，但诗人随后便会很容易地将它们抛在一边，而关注起其他事物去了。正如那句"一蚁寄大磨"所显示的那样，就算诗人自己成为此类隐喻的一个部分，但是这类隐喻很可能还是会高度停留在哲理思辨的层面之上，而非聚焦于自我困境以及相应而生的痛苦情感。苏轼的这些诗句会让我们想起他的那些咏怀更广阔的人类历史或宇宙时空的诗，以及他在诗中所做出的对于无足轻重的自我生命及其所经历之种种不幸的戏谑自嘲。(与之相较，杜甫那句著名的"飘飘何所似，天地一沙鸥"就一点也不好笑。)[1]

张三夕与管佩达(Beata Grant)的研究已经关注到了苏轼诗歌在空间方面的独到之处：苏轼相当擅长在诗中打破常规的空间物理结构，[2]苏诗中的许多修辞手段也正是以这种技巧为基础。张三夕就将相关诗例归纳总结为如下三类：(1)寓大于小(例如"袖中有东海")；(2)置小入大

(接上页)《苏文忠公诗集》卷九，同治八年(1869)韫玉山房刊朱墨套印本，第5页上(这两则材料亦被小川环树引用与讨论过。小川环树：《工拙与雅俗——苏轼诗里的比喻》，第6—14页)。钱锺书也曾将此联引举为取譬于家常切身之鄙琐事物的诗例。钱锺书：《管锥编》第二册，北京：中华书局，1979年版，第748—750页。

[1] 杜甫：《旅夜书怀》，《杜诗详注》卷十四，第1229页。
[2] 张三夕：《论苏诗中的空间感》，《文学遗产》1982年第2期，第87—96页；管佩达(Beata Grant)在《重游庐山：佛教与苏轼的生活与创作》中的相关论述，就是从张三夕的观点发展而来。

(例如"蒲莲浩如海,时见舟一叶");①(3) 小中见大("咫尺不相见,实与千里同")。② 事实上,即便是那些不怎么明显的或者不以"空间性"为主要目的的隐喻,也很容易带有相同写作技巧的痕迹。在上文所列举的诗例当中,就有不少诗句虽然使用的比拟手段各不相同(例如拟人),但都同时运用了极为显著的空间变化。比如在那些外貌突然改变了的青山、有似靴文的河水波纹以及以女性形体譬喻书体等隐喻之中,苏轼便出人意料地向我们呈现出了大小空间的矛盾碰撞。

这个空间性的特征与我们之前讨论过的视角转换有着较强的共通性。我们在相关章节里已经指出,苏轼在诗中所做出的从自我士大夫视角到普通百姓视角的立场转换,与佛教思想中的"不执"密切相关。于是在这里,我们也应该讨论苏轼诗歌中的这种空间变换与佛教时空观之间的联系。苏轼在诗中操弄空间的方式当然还有着一个更加古老的中国本土思想渊源,庄子就相当痴迷于时空的相对性,并且还提出了一些与主流认知相矛盾的观点(例如彭祖的寿命要比夭折的婴儿短)。然而尽管如此,在苏轼生活当中无处不在的禅僧以及他们最为喜爱的佛经,终究还是更为直接的促成这个空间性特征的影响因素。

按照佛教的教义,世间诸相无非都是人类感官所生之虚妄,因此世人所认为的时空关系在佛家看来当然也是无效的。《楞严经》即云:

> 一切众生从无始来,迷己为物,失于本心,为物所转,故于是中观大观小。若能转物,则同如来,身心圆明,不动道场,于一毛端遍能含受十方国土。③

> 则汝现前眼耳鼻舌,及与身心,六为贼媒,自劫家宝,由此无始众生世界生缠缚故,于器世间不能超越。④

---

① 《与王郎昆仲及儿子迈,绕城观荷花,登岘山亭,晚入飞英寺,分韵得"月明星稀"四字》(其一),《苏轼诗集》卷十九,第985页。
② 《颍州初别子由二首》(其二),《苏轼诗集》卷六,第280页。
③ 《楞严经》卷二,第111页下。
④ 《楞严经》卷四,第122页下。

这类经文想要向世人开示的内容,便是应该超越于一切虚幻的时空差别之上。我们能够从《维摩诘经》里听闻许多具体的菩萨自如操弄时空的圣迹故事:

> 若菩萨住是解脱者,以须弥之高广,内芥子中,无所增减,须弥山王本相如故。……又舍利弗,或有众生乐久住世而可度者,菩萨即演七日以为一劫,令彼众生谓之一劫。或有不乐久住而可度者,菩萨即促一劫以为七日,令彼众生谓之七日。①

因此,当舍利弗向维摩诘抱怨其家里为何连一张椅子也没有给到访的诸位菩萨准备之时,维摩诘便现神通力,将须弥相世界中的三万二千狮子座搬来他的房间里。这些狮子座从高严广净处进入维摩诘的房间,而维摩诘的房间居然能够极为广博地"悉皆包容三万二千师子座,无所妨碍"。② 随后诸位得神通的菩萨即自变形,皆安然坐在了高达四万二千由旬的狮子座上。

苏轼不仅对有着类似上文所引之语段的佛经非常熟悉,而且还特别记下了僧人朋友佛印围绕这些概念给他做出的指导。佛印以皇帝赏赐给他的一件袈裟为例,向苏轼指出如果用"法眼"视之,那么这件袈裟上的每一个针孔里都有无量的世界。③ 实际上这件袈裟非大非小,非短非长,非重非轻,非薄非厚,非色非空。听完佛印的讲说之后,苏轼特别为此写了一段赞语:当这件袈裟被收在匣中的时候,他只能见到袈裟而见不到佛印。当佛印穿着这件袈裟的时候,他却只能见到佛印而见不到袈裟。佛印与袈裟既非一也非二。如果能够看到超越于事物本相的一面,那么蚊虻就是龙象。

作为一位诗人,苏轼经常尝试用文字复刻菩萨所能完成的圣迹,即打破正常的时空秩序,或者将世人所熟知的事件与事物予以异于常理的重

---

① 《维摩诘所说经》,第六品,《大藏经》第 14 册,第 475 经,第 546 页中—下。
② 《维摩诘所说经》,第六品,第 546 页中。
③ 《磨衲赞》,《苏轼文集》卷二十二,第 635—636 页。

新观照。在所有的这些充满才思与谐谑的表达背后,明显承载的是苏轼对于感官之不可靠性的严肃思考。

情 的 难 题

论述至此,我们需要探讨一下情感本身这个话题:苏轼既然在诗中努力通过多种方式将个人的主观性予以了充分的消解或调和,那么在他的诗歌里,是否还有属于诗人自我情感的位置呢?毕竟这些情感很可能与苏轼的自我有着密切的联系。上文所提到的那些视苏诗之议论性特征为缺点的论者,就往往会认为正是高度的议论性带给了苏轼诗歌极度匮乏情感的问题。由于将情感视作诗歌的基本内在特质是一个早已根深蒂固的诗学观念,故而我们无法回避苏诗中的情感这个议题。实际上在自产生以来便从未停歇过(也将永远不会结束)的唐宋诗之争中,就始终都会提到这个问题。这场关于唐宋诗的争论可以被相对简化地理解为对于情、理在诗中所占权重的争论(宋诗主理、唐诗重情)。与此同时,每一位论者都会意识到苏轼在宋诗建立不同于唐诗之新貌的过程中,扮演了举足轻重的角色。

在这一点上,我们应该给予苏轼足够的自我发言权,哪怕只是为了证明他自己也已经意识到了这个属于诗歌理论范畴的问题。下面将要引录的这首诗(另一个苏诗议论化特征的典型案例)通常不会被视作苏轼对这个问题的终极回答,因为苏轼显然予以了此诗一定的剪裁修饰,以便其能够更好地适应送别这个特定的写作场合。但我们却并不能因此而忽略这首诗的意义。苏轼于这首诗里再一次特别拈出并批驳了韩愈的观点。与任何一位唐代作家相比,苏轼以及其他的北宋士大夫更愿意在衡量与定义自我的时候拿韩愈作标靶。

韩愈曾经给僧人高闲写过一篇送别文章,这位僧人的理想抱负是成为一名伟大的书法家。[①] 韩愈质疑了高闲的这个理想,认为这是完全不

---

① 韩愈:《送高闲上人序》,《韩昌黎文集校注》第四卷,第381—384页。

可能实现的。韩愈认为,一位优秀的书法家就跟一位优秀的诗人一样,是根植于充沛之情感上的。被称为草圣的书法家张旭之所以能够写出如此伟大的书法作品,就是因为他善于将自己充沛的情感寄寓在其笔下的书法世界之中。但是高闲所修习的佛教提供给他的却是通向涅槃寂静的法门。最后,韩愈通过一种高傲姿态下的观察得出了这样的结论,由于佛教徒以"善幻、多技能"著称,故而高闲或许可以凭此成为一位书法家。苏轼的这位喜爱写诗的禅僧朋友道潜,给苏轼提供了一个与高闲相类的形象,从而使他能够有机会重新议论韩愈的这个观点。苏轼的这首送别诗写于徐州,此诗以存在于修禅与写诗之间的显而易见的矛盾开篇,随后则高度赞赏了道潜的诗歌才华。关键性的内容见于下面的这几句诗:

> 退之论草书,万事未尝屏。忧愁不平气,一寓笔所骋。颇怪浮屠人,视身如丘井。颓然寄淡泊,谁与发豪猛。细思乃不然,真巧非幻影。欲令诗语妙,无厌空且静。静故了群动,空故纳万境。阅世走人间,观身卧云岭。咸酸杂众好,中有至味永。诗法不相妨,此语更当请。①

苏轼并不是第一位对韩愈不平则鸣的诗歌创作主张提出质疑的宋代文学家。在他之前,欧阳修及其身边的士大夫就已经表达过自己对这个诗歌理论的不满,特别是对于抒发政治怨愤之诗的不满。他们也与苏轼一样,既高度推崇韩愈又总是批评他的观点。比如在这个议题上,欧阳修他们就针对韩愈要在贬谪期间写作怨诗的行为提出批评。不过他们的批评理由主要来自道学而非文学,一个真正专注于修身明道的士大夫,应该不会受到自我人生中那些浮沉荣辱的影响。② 欧阳修这代人将这个观念表述为回避:作者应该冷静地克制自伤自悼情绪。但他们也因此受到过不少质疑。苏轼将这个冷静超然的观念往前推进了一步,并以相对积极

---

① 《送参寥师》,《苏轼诗集》卷十七,第905—907页。
② 参见拙著《欧阳修的文学作品(1007—1072)》,剑桥:剑桥大学出版社,1984年版,第93—99页。

的方式将其表述了出来。比如上引这首诗便是如此,其主张并推崇的是一种对于"群动"有着敏感而深刻观察力的诗歌。当苏轼在别处以"避免""莫要"这样的消极话语表述这个观念之时,他仍然坚持自己在这个问题上所持的新见。他在一首唱酬诗里这样地写道:"吟诗莫作秋虫声,天公怪汝钩物情。"①苏轼想要力劝友人的其实是一种自我解放,而非仅仅克制情感。

上引诗句中的"秋虫声",常常会被诗人用来表达自己对于世界的怨愤愁恨之情。这种类型的诗歌毫无疑问是苏轼想要极力避免的,即便是在贬谪期间,他也没有写过这类诗歌(我们将在下一章论及此点)。然而在苏轼的诗集当中,并不缺少其他类型的充沛情感,甚至诚挚真切的或者"沉郁"的情感也比比皆是。换句话说,苏轼自己就常常不遵守他给道潜的写诗建议,"空"与"静"并不能成为大多数苏轼诗歌的特征。由此看来,苏轼向道潜表达的观点似乎非常极端。也就是说,苏轼在这首诗里留下了尤为激进的宣言——高度质疑诗可以纵情地表现自我以及自我之情,而这位朋友的特殊身份应该是令他做出这番表述的重要动因。

苏轼流传至今的最富深情的诗歌,当属他写给弟弟苏辙(子由)的那些诗篇。这些诗不仅在苏轼诗集里有着重要的地位,而且还具备相当重要的文学史意义,因为它们是伟大诗人大量创作描述兄弟情谊之诗的首例。下面引录的这首诗写于元丰元年(1078)的徐州,是苏轼众多的在中秋节遥寄苏辙之诗中的一首。中秋之夜的皎洁明月总会让苏轼想到自己正与弟弟天各一方,从而加剧了他的孤独感。

中秋月寄子由(其二)

六年逢此月,五年照离别。歌君别时曲,满座为凄咽。留都信繁丽,此会岂轻掷。镕银百顷湖,挂镜千寻阙。三更歌吹罢,人影乱清樾。归来北堂下,寒光翻露叶。唤酒与妇饮,念我向儿说。岂知衰病

---

① 《次韵答刘泾》,《苏轼诗集》卷十六,第820页。

后,空盏对梨栗。但见古河东,荞麦花铺雪。欲和去年曲,复恐心断绝。①

> 别时曲即指苏辙在上一年填制的送别苏轼之词。②
> 苏辙时任签书应天府判官。应天府(今河南商丘)即北宋的南京(位于开封之南),又称留都,故而此地的长官会被称为"留守"。
> 镕银二句描绘月光,都是不留痕迹地从唐人的望月诗翻化而出。③
> 徐州坐落于古运河(开凿于隋代)东段沿岸,故曰"古河东"。

在关于北宋主流士大夫的论述当中,经常会提到他们身上存在着一种漂泊无定的特质。他们似乎并不在意自己与故乡之间的联系,当他们开启仕宦生涯之后,便基本不会再回到他们的故乡;而他们到了致仕的时候,往往又会选择故乡以外的地方作为自己的退居之所。④ 苏轼对于他的故乡似乎有一种矛盾的情感。他确实时常深情地提到眉山及自己的归乡之愿,但此类话语绝大多数只会在他寄给故乡亲朋的信中出现。而在苏轼的其他文字里,我们却可以看到他逐渐产生出对于江南地区的喜爱之情,以至于会摒弃回到故乡四川的念头。("我本无家更安住,故乡无此好湖山。")⑤而且从元丰初年开始,苏轼就非常明确地将常州(太湖之滨)规划为自己未来的退居地,而且还在常州买了田产,并将家小安置在那里。⑥

尽管在不同地区间的漂泊无定是苏轼人生的主题,而且"吾乡"在他心中的地位也不比其他地方高多少,但他却会在诗中反复表达着自己深切地想要与苏辙团聚的愿望。在这些诗中,子由似乎一定程度上承担起了本应由故乡扮演的功能。苏轼曾如此地说起弟弟:"惟有宿昔心,依然

---

① 《中秋月寄子由》(其二),《苏轼诗集》卷十七,第860—861页。
② 苏辙:《水调歌头》,唐圭璋:《全宋词》(第一册),北京:中华书局,1962年版,第355页。
③ 刘禹锡:《洞庭秋月行》,《刘禹锡集》卷二十六,第344页。沈佺期:《和洛州康士曹庭芝望月有怀》,《全唐诗》卷九十六,北京:中华书局,1960年版,第1033页。
④ 竺沙雅章已经探讨过了这个现象。竺沙雅章:《北宋士大夫的徙居与买田——以苏轼的尺牍资料为中心》,载《史林》第54卷第2期(1971),第28—52页。
⑤ 《六月二十七日望湖楼醉书五绝》(其五),《苏轼诗集》卷七,第341页。
⑥ 参见竺沙雅章:《北宋士大夫的徙居与买田——以苏轼的尺牍资料为中心》,第33—37页。

第七章　胸中水镜：苏轼的诗

守故处。"①当苏轼在诗中写及传统的致仕期愿以及想要从烦冗沉闷的公家事中抽身而去的念头之时，他经常满怀期待地想到，这样一来他就可以和子由团聚了，而不是如前人那般表现出对于"归乡"的喜悦。明白了子由在苏轼诗中所承担的这个重要功能，我们便可以更好地理解为何苏轼会写下如此多的寄怀子由之诗，以及这些诗里为何会承载如此特别的感伤情绪。无论苏轼在怎样的场合下写诗给子由，他都会非常明显地允许自己沉浸在思慕、寂寞的情绪当中，甚至还会流露出一丝自怜。

苏轼的诗歌很可能确实也有着普遍的抒情性，只是其诗中的情感大部分难以被读者深刻地捕捉到而已。有鉴于此，一种理解苏诗之抒情性难题的方法便是认识到这本身就是一种抒情方式。因为这种对于情感的态度其实广泛流行于当日之禅林与士大夫群体的话语间，实际上还是他们所追求的最为理想的处理情感的方式。在他们看来，一个人可以把自我的心智"寄"于情感之上，并根据外部世界的需要做出反应；但仍然需要具备超然性的自觉，即意识到这种感觉认知是暂时性的，而非个体生命的根本性存在。苏轼自己就经常在评论僧人的时候运用这种思想主张，比如他曾这样地强调道潜所具备的情感兴触能力："枯形灰心，而喜为感时玩物不能忘情之语。"②与此同时，苏轼也曾称赞过道潜能将自己的情感仅仅停留于外在：

> 吴山道人心似水，眼净尘空无可扫。故将妙语寄多情，横机欲试东坡老。③

此诗中的那个晦涩之词"横机"源出《庄子》，此词的本意是说清空全部的自我思想与情感，乃是道家至人的"衡气"之法。④但在这里，苏轼则将此词用于形容僧人道潜，指出道潜只是把情感当作能够被利用来诱惑试探

---

① 《初秋寄子由》，《苏轼诗集》卷二十二，第1169页。
② 《参寥子真赞》，《苏轼文集》卷二十二，第639页。
③ 《再和潜师》（其二），《苏轼诗集》卷二十二，第1186页。
④ 《庄子集解》卷二，《应帝王第七》，第73页。

其朋友的玩物,哪怕是在他能够写出如此多情之诗的前提下,道潜依旧能够保持内心的平静与空寂。

遗憾的是,这样的论述思路只能将我们带出文学的领域,并转至历史心理学的层面上去。当然,想要对苏轼流露于诗的情感体验做出任何的性质判断,都只能依靠纯粹的推测。相较之下,本节的论述目标其实要谨慎与可行得多:苏轼是如何运用其独特的方式,将自我与情感写入诗中的。

山本和义已经注意到,在苏诗当中反复出现着这么一句诗"吾生如寄耳"。他也已经指出了这句诗以及其他略有变化之句的渊源,它们至少可以追溯到汉末建安的诗坛。[1] 在那个时代的诗歌里,这句诗主要被用来表达对于终将死亡之命运的绝望。比如"古诗十九首"中有云:

　　浩浩阴阳移,年命如朝露。人生忽如寄,寿无金石固。[2]

与之相似,曹植也曾吟咏道:

　　日月不恒处,人生忽若寓。悲风来入怀,泪下如垂露。[3]

然而苏轼却予以了这个句子甚是有异于汉魏传统的用法。我们在上文的论述里已经见到过了一个案例,("吏民莫扳援,歌管莫凄咽。吾生如寄耳,宁独为此别。")与此意蕴相同的诗作还有很多:

　　吾生如寄耳,何者为祸福。不如两相忘,昨梦那可逐。[4]

在建安时代,认识到人在这个世间的一生只不过是一场短暂的寄居,往往带来的是悲伤的诗情。但是山本和义则认为,对于苏轼来说,同样的这个思维认知却能够帮助他超越于自我主体之上,从而让他走出悲伤的情绪。

但是只要苏轼在做出此类声称的时候依然保留其句式当中的那个明

---

[1] 山本和义:《苏轼诗论稿》,载《中国文学报》第13卷(1961),第80—85页。
[2] 《古诗十九首·驱车上东门》,《文选》卷二十九,第1377页。
[3] 曹植:《浮萍篇》,逯钦立辑:《先秦汉魏晋南北朝诗》第一册,北京:中华书局,1983年版,第424页。
[4] 《和王晋卿》,《苏轼诗集》卷二十七,第1423页。

显的自我存在("吾生如……"),这些诗句就始终会映射出一个主观性的自我形象,尽管它们往往会被解读为作者想要否定的形象。实际上,这句诗典型地代表了苏诗中常见的牵涉自我与情感话题的诗篇。苏轼可能会不断地努力让自己能够秉持一种相对客观的思想观念,也即秉持一种能够渐渐超越于自我主体之上的思想观念;但与此同时他仍然是一位抒情诗人,他在诗歌当中为自己留下了一个生动的、充满人情的,以及令人难以忘怀的存在形象。我们并不需要花费多大的气力,便可以在苏轼的诗集当中发现那些承载了诗人自我与个性的大量痕迹。

在诗人苏轼身上所展现出的这种矛盾感,或许可以与苏轼努力探索的哲学问题联系在一起,同时也可以将他在诗歌领域之外的诸多其他的言论主张一并关联至此。苏轼早年间曾接受过自我内在的德性是与外部世界的知识相冲突的这个观点。但是他后来逐渐注意到对于每个想要明道的人来说,最大的障碍就是正确理解"无思"。于是他陆续批判起了妄自尊大的荒谬与无知,论述了保持多元化价值观与多样化人格个性的重要意义,以及将那种不必"格物"而只凭内省(即向内探求智慧)便可"致知"的观念斥为愚蠢的想法。毫无疑问,王安石的新法及其开创的荆公新学推动了苏轼努力追求并建构这个与之相对立的思想主张。苏轼怀疑王安石的整个变法计划在本质上都是一心为己谋求私利的,不仅他为了确保新法能够推行而做出的人事改革是如此,他以朝廷的名义发布的具体政治制度(以及经济制度)改革措施同样也是如此。当王安石开始努力整顿台谏以及采用各种其他手段遏制异议的时候,苏轼对于他的猜测更加感到坚定。当新党宰执并不认同苏轼亲眼所见的新法给地方所带来的民生困苦之时,苏轼便将他们视作妄自尊大的典型。然而随着时间的推移,苏轼逐渐将自己对这些事情的看法予以了延伸拓展,以至于他的观点最终超越了他在这场党争里本应秉持的政治立场。而且他那对于任何有自我中心主义倾向之事物都深感厌恶的心态,还被他应用到了生活的各个方面。比如他对于禅定之法的疑虑,他做出的那个庖厨抛弃菜谱的类比,他嘲笑韩愈自以为是地觉得是其高尚的道德感动了山神,以及他对自己的戏谑自嘲等等，都很明显地受到了这种思维方式的影响。

在苏轼刚刚步入政坛的时候，他也宣扬过"人情为先"与"人情为善"的思想主张，比如他在应试文章里论述的"礼"根植于"性"与自然天性之中，以及"情"是人性中的内在固有之物等等。这些具体的思想主张其实都围绕着苏轼在那些应试文章里所描绘的他理想中的官僚制度而发。他希望能够建立起一个不那么机械地依赖制度的官僚体系，这个体系将赋予各级官员更大的便宜行事之权，他认为这样能够更好地满足民众的愿望。后来发生的王安石得掌大权的事情只会让苏轼进一步强化他对于这些价值理念的认可，因为他在新法期间看到了一个与民众愿望相抵触的改革方案，同时这个方案又高度依赖于固定的规章制度而不会依据人情做出适应性的调整变化。因此苏轼在其撰写的对于儒家经典的注疏当中，反复重申了他多年以前在这些问题上所持的立场。

在批判自我中心主义与肯定人情这两个复杂的思想体系之间，其实存在着潜藏的矛盾。尽管我们发现苏轼在《东坡书传》中尝试修改他对于"情"的认可，但是在通常情况下，这个矛盾并不会被外显出来，或者说这个矛盾不会显得非常紧张。可是审美冲动却特别容易凸显这个矛盾。一个人怎么能够在不放纵自我性情的前提下仍能充分体验到多情呢？换言之，就是如何做到既要避免以自我为中心，同时又仍然可以充分地随心所欲与随兴所至呢？在主流的认知里，诗就是与"情"密切关联在一起的文体。苏轼在早年间做出的以"情"为先的论述，似乎很好地预示了未来的他将会极为热衷于诗歌。然而我们也发现，多年之后他却坚持认为在一位诗人的成长过程中，"静"会起到相当积极的作用，同时他还把"情"阐释为并不是伟大诗歌的必要之物。这些问题都不是能够被轻而易举地解决的，它们构成了诗人苏轼所面对之问题与挑战的关键症结。

识别出苏轼思想当中存在的矛盾分歧之处，有助于我们更好地理解他寄赠子由以及其他亲密朋友之诗的特殊特征。当情绪处于外露而直接的状态之时，也即当情绪表现为对于所爱之人的钟爱与钦慕时，就是最容易被允许公开表达强烈情绪的时候。不过对于那些并没有同时将情绪抽离出内在自我的其他强烈情绪表达,依旧还是很难得到合理的解释。

苏轼曾以这样的方式向道潜描绘什么是诗人的事业:"阅世走人间,观身卧云岭。"实际上,在苏诗当中相当常见将这两种行为("阅世"与"观身")打并于一处的诗句,而单独地描述二者其一的诗句则相对罕见。下面引录的这两首诗就典型地展现了融通二者的面貌。上文所论的苏轼在诗中抒写自我与情感的诸多独特的方法,可以通过这两首诗得到总结。第一首诗写于熙宁六年(1073)的杭州城郊,第二首诗写于元祐六年(1091)苏轼知颍州任上。

自普照游二庵

长松吟风晚雨细,东庵半掩西庵闭。山行尽日不逢人,裛裛野梅香入袂。居僧笑我恋清景,自厌山深出无计。我虽爱山亦自笑,独往神伤后难继。不如西湖饮美酒,红杏碧桃香覆髻。作诗寄谢采薇翁,本不避人那避世。①

采薇翁即指伯夷与叔齐。二人是殷商藩属国的王子,在武王伐纣之后义不食周粟而遁入首阳山,每日只凭采薇充饥,最终饿死于深山之中。

泛　颍

我性喜临水,得颍意甚奇。到官十日来,九日河之湄。吏民笑相语,使君老而痴。使君实不痴,流水有令姿。绕郡十余里,不驶亦不迟。上流直而清,下流曲而漪。画船俯明镜,笑问汝为谁。忽然生鳞甲,乱我须与眉。散为百东坡,顷刻复在兹。此岂水薄相,与我相娱嬉。声色与臭味,颠倒眩小儿。等是儿戏物,水中少磷缁。赵、陈两欧阳,同参天人师。观妙各有得,共赋泛颍诗。②

赵陈两句提到的人物是苏轼知颍州时的幕客,分别是赵令畤(字景贶)和陈履常,以及欧阳棐与欧阳辩(欧阳修的两个儿子)。世人通常用"天人师"这个诨名指称佛陀,以此强调佛陀在佛教修习方面所取得的成就。

---

① 《自普照游二庵》,《苏轼诗集》卷九,第434页。
② 《泛颍》,《苏轼诗集》卷三十四,第1794—1795页。

这两首诗有着相反的人生态度取向：第一首诗最终确认了作为诗人的自己于这片世间的确切存在；而第二首诗的言外之意却是智者能够看穿"声色与臭味"的虚妄，能够看破显露于外的自我虚相，并最终在超越现象世界的真实中怡然自得。事实上，写出像这样的人生态度互为矛盾的两首诗对于苏轼来说并不是什么难事，就像他可以在俗世间长期舒适地保持"胸中水镜清"的理想状态一样，苏轼从来没有在"空境"与红尘二者间做出过终极选择。比不同的人生态度取向更为重要的是，这两首诗采用了相似的章法结构。诗人在每一首诗里都化身局外之人，饶有趣味地直面自己最初的情感冲动与自我形象，并对其加以重新的审视。

第八章　贬谪时期的文学

或许有人会觉得，苏轼早期哲学思想的几个基石"不执""无心"以及"应物"，其实已经为他应付日后的贬谪生涯做好了准备，完全可以帮助苏轼更好地面对贬谪期间的艰难困苦与绝望情绪。比如"吾安往而不乐"，不就是熙宁八年（1075）他在密州写下的句子么？据苏轼自己所言，他的这番自诩之辞主要根植于其"游于物之外"的能力。此外，苏轼熙宁中至元丰初年在地方上的连续任职，本身也有一种轻微的贬谪意味。苏轼在此期间一直远离京城，而且有些任职地明显就是荒凉偏僻之所。那么正式的贬谪岁月还有什么比这更糟的情况呢？当我们将这些因素也考虑进来之后，便会发现这么一个现象，苏轼在两次贬谪生涯期间（黄州，元丰三年至元丰七年；岭南，绍圣元年至元符三年）所写的文学作品，绝大多数似乎都会流露出一种满足的情绪。于是我们也很容易得出这样的结论，贬谪对于苏轼来说只不过是一次小小的挫折，他始终泰然处之。例如苏轼在来到黄州后不久，便写下了数篇称许黄州是一处宜人可喜之地的诗文，我们也可以在他同一时期的作品里看到不少赞美黄州当地物产丰饶与食物美味的文字。而与此相同的内容在他绍圣、元符年间写于更加偏远之岭南的文学作品中，也同样比比皆是。这使得他遭遇的政治"刑罚"看上去似乎很轻。

然而我们只要看一下苏轼的非文学写作（比如他写给亲朋好友的尺牍）以及其他的相关文献，便会发现一个与上文所述截然不同的图景。在这幅图景之中，这两段贬谪生涯似乎与我们所知道的苏轼的任何其他人生经历都有天壤之别。本章最主要的论述旨趣是理解苏轼在这两段贬谪期间所创作的大量文学作品——探讨它们的伟大成就，它们所获得的普遍赞誉,以及二者是如何与苏轼的贬谪遭际联系在一起的。① 但是如果我们天真地将苏轼对自己贬谪生涯的文学描述与他的实际贬谪情况等同起来的话,则会给我们的论述带来极大的危险,因为这样的思维模式会妨碍我们正确地理解这些文学作品的创作语境。我们在上一章里就已经讨论过,作为诗人的苏轼长期以来都在努力克服狭隘的自我主观性问题。而事实足以证明,在他的生平当中最可能动摇与瓦解此番努力的事件就是他的贬谪。为了对抗贬谪经历对其思想追求所造成的挑战,苏轼不得不采用新的克服自我主观性的方式,这也使得他的文学作品走入了一个新的方向。不过在进入文学作品的讨论之前,我们还是很有必要先抛开他的文学创作,回顾一下苏轼这两段贬谪生涯的真实情形。

苏轼的谪居境况

黄州时期

元丰二年十二月(公元1080年1月),乌台诗案正式结案。尽管御史台坚决要求判处苏轼死刑,但最终的判决还是让他免于一死,被贬为"检校尚书水部员外郎、黄州团练副使、本州安置"。黄州是长江边一座无足轻重的小城,位于鄂州(今湖北武汉)下游约两百里处。被安置于此的苏轼"不得签书公事",亦不能对任何的官府事务发表言论。此刻结衔里的"检校尚书水部员外郎",是因其罪官身份而给他虚设的一个散官阶,"团练副使"则是北宋通常用来安置贬降官员的官阶,并无任何的具体职掌。更为重要的是,顶着这两个虚衔的苏轼连实际的薪俸也没有。苏轼自己当然完全知悉这些情况,他也在多首尺牍与诗歌当中反复提到此事。自

---

① 唐凯琳(Kathleen M Tomlonovic)的博士论文《贬谪与回归之诗:对于苏轼的一种研究》(*Poetry of Exile and Return: A Study of Su Shi*(1037—1101)),就重点探讨了苏轼对其贬谪生涯做出的广泛而复杂的文学回应。相较于本章所论,这部极为精彩的博士论文对这个议题有着更长的篇幅以及更为详细具体的论述,而且在好几个方面都与笔者自己对于苏轼贬谪文学的分析极为相似。不过本章将要重点强调的论题以及对于某些作品的解读,还是与唐凯琳的博论不尽相同。

从苏轼在二十年前开启仕宦生涯以来,这是他第一次过上没有薪俸的生活。此外,因为在贬官诏令中并没有交代这段黄州安置期将会持续多久,所以他也不知道自己什么时候可以重获薪水。

一封苏轼写给秦观的信可以最为清晰明显地展现苏轼对于缺薪少俸问题的应对。他在这封经常会被后人选录的长信里坚称自己对此不再顾虑,并向秦观描述了他规划日常所需钱用的一种有趣的方法,以此表达自己的乐观情绪:

> 初到黄,廪入既绝,人口不少,私甚忧之。但痛自节俭,日用不得过百五十,每月朔便取四千五百钱,断为三十块,挂屋梁上,平旦用画叉挑取一块,即藏去叉,仍以大竹筒别贮用不尽者,以待宾客,此贾耘老法也。度囊中尚可支一岁有余,至时,别作经画,水到渠成,不须预虑。以此,胸中都无一事。①

不过苏轼也并不总是能够以如此无所忧虑的心态面对他的经济困境。在苏轼携长子苏迈刚刚抵达黄州的时候,他们住在城外的定慧禅院,过着每日布衣蔬食、随僧一餐的生活。苏轼自己对此还是比较满足的,但是当他想到苏辙即将带着他们的家小(哪怕不算上苏辙自己的家小,也至少有十人)来到黄州的时候,便开始倍感焦虑。他在写给朋友的信里吐露过自己对于苏辙的到来甚至会感到有些畏惧,因为他并不知道该如何养活所有的家人,而且还特别提到苏辙自己也已经"债负山积"。② 同样显而易见的是,苏轼在如何节俭用度这个问题上进行了漫长而艰苦的摸索。他曾向李公择写道:"知治行窘用不易。仆行年五十,始知作活。大要是悭尔,而文以美名,谓之俭素。"③他在写给另一位朋友的信里透露了自己的一个重大发现,就是如果一直等到饥饿难耐的时候再进食的话,那么就

---

① 《答秦太虚》(其四),《苏轼文集》卷五十二,第1536页。
② 《与章子厚参政书》(其一)与《与王定国》(其五),《苏轼文集》卷四十九、卷五十二,第1412页、第1515页。
③ 《与李公择》(其十),《苏轼文集》卷五十一,第1499页。

算是菜羹菽黍也会拥有如八珍般的美味。① 当然,苏轼的一些朋友对其施以了援手。大概是看到了苏轼自己并不愿意出钱改善居住条件,时任淮南计度转运副使的蔡承禧就利用他的影响力,帮苏轼及其家人在临皋亭新建了三间屋舍。② 另一位同情苏轼的朋友给他寄来了两千现钱,苏轼在感谢之余也向他保证,到了来年的春天自己一定会把这笔钱还上。③

如此说来,我们又该怎样理解苏轼的那个将要花费大量钱款的在长江下游购置田产的想法呢?这个购置田产并营建永久性私家园宅的渴望,是苏轼在黄州时期的作品里才首次表达的新主题(除了远在四川的可以继承到的祖宅份额,苏轼并没有自己的园宅别业),似乎就是到了贬谪黄州的时候,这件事情才变得非常紧迫起来。很明显,这段贬谪经历使苏轼敏锐地意识到,自己在遭遇贬谪的时候既没有任何安全的退居之所可供家小居住,同时也没有可以仰仗的私人经济收入。因此,他想到的解决方案便是购置一处可以为其提供食物与钱帛的田产。苏轼曾多次苦心筹措过六十万钱以购置这片田产,不过实际上他似乎只准备先支付这笔钱的三分之一,随后再通过转卖他为数不多的京城房产的方式慢慢付清余下的钱款。④

对于苏轼来说,这段购置田产的经历是一个漫长而充满挫败感的过程。⑤ 在这四年间,苏轼曾考虑过位于不同地区的好几块土地,但出于各种各样的原因,它们最终都没有成交。例如他曾经打算在黄州城南三十里的螺蛳店买一片田,但当他亲自去那里实地考察之后,却发现此田不甚

---

① 《答毕仲举》(其一),《苏轼文集》卷五十六,第 1671 页。
② 参见王文诰对于苏轼《南堂五首》的题解,《苏轼诗集》卷二十二,第 1166 页。
③ 《答李寺丞》(其二),《苏轼文集》卷六十,第 1825 页。
④ 在《与杨元素》(其九)(《苏轼文集》卷五十五,第 1653 页)中,苏轼提到自己手头尚有 20 万现钱。在《答范蜀公》(其三)(《苏轼文集》卷五十,第 1446—1447 页)中,苏轼提到自己留在京城的房产大概能卖得八十余万钱。竺沙雅章认为苏轼的这个京城房产,很可能是其父亲的遗产。参见竺沙雅章:《北宋士大夫的徙居与买田——以苏轼的尺牍资料为中心》,第 33 页。
⑤ 对于苏轼购置田产一事的详细论述,可以参考上一注里提到的竺沙雅章《北宋士大夫的徙居与买田——以苏轼的尺牍资料为中心》一文。亦可参看一篇更早的由西野贞治撰写的论文《论东坡诗与买田语》,载《人文研究》1968 年第 3 期,第 757—763 页。

第八章 贬谪时期的文学 255

佳,从而放弃了购买。① 他的朋友陈慥曾写信告知他,京城任家想要卖掉他们在荆南头湖的庄子。但是随即却另有一位朋友告诉他那块地虽好,但税稍重。在苏轼此后的文字里,我们便再也看不到任何与这座庄子有关的消息了。② 苏轼的朋友杨绘同样也曾写信告诉过他关于定襄(位于湖北江陵)胡家田的情况,同时还向他推荐了一位可作交易中间人的当地秀才。③ 苏轼一度想要通过先租后买的方式购置这片土地,但是他最终还是放弃了这笔交易。尽管苏轼的购买田产计划屡屡失败,但是每当从别人那里获得了一处可能成功买下的田产情报之时,他依然总会倍感激动。每一位了解到这些情况的读者,应该都会深深地感到购置田产实在是件无比艰难之事,至少对于苏轼来说,他确实很难寻觅到能够承担得起的田产。有的时候苏轼也会对他觅求田产之事感到绝望:"吾无求于世矣。所须二顷稻田,以充饘粥耳。而所至访问,终不可得。岂吾道方艰难时无适而可耶?"④直到元丰七年(1084)苏轼结束黄州贬谪生涯后不久,他才终于成功地买下了一片位于两浙路城市宜兴的田产。他在接下来的人生里似乎一直拥有着这块太湖之滨的土地(到了南宋,还有苏轼的后人生活在这里),⑤而且他最终也是北归至这个地方才逝世的。

在谪居黄州期间,苏轼必然会将他平生的大部分积蓄(无论是现钱还是留在京城的房产)完全限定为只能用于购置田产,不能从中挪用分厘以补贴日常的用度。我们可以从上文所述中推测出,他最终也只是勉强凑够了可以应付这个愿望的钱款。而他在黄州之所以会如此执着地厉行节俭,甚至显得有些吝啬,完全可以从他不愿进一步削减田产购置预算的决心当中获得解释。

在那封抵达黄州后不久写给秦观的信中,苏轼预估自己的现款能够满足他"一年有余"的日常花销。他当然不知道自己将会在黄州住多久,

---

① 《与陈季常》(其三),《苏轼文集》卷五十三,第1565页。
② 《与杨元素》(其九),《苏轼文集》卷五十五,第1653页。
③ 《与杨元素》(其五)(其九),《苏轼文集》卷五十五,第1651页、第1653页。
④ 《书田》,《苏轼文集》卷七十一,第2259页。
⑤ 周必大:《书东坡宜兴事》,周必大《益公题跋》卷十二,《津逮秘书》本,第16页下。

但这个"一年有余"的说法或许意味着他期待到了本年末会有一些好消息传来。这个期待最终显然是完全落空了。在他来到黄州的第二个年头之初,在一位名叫马梦得的朋友的出面建议下,黄州当地官员将黄州城外的一片废地提供给苏轼耕种。这块地便是东坡,苏轼也因此给自己取了个新号"东坡居士"。这个与其贬谪生涯密不可分的自号,最终成为苏轼诸多名号当中最为著名的那个。

根据苏轼的自述,马梦得之所以会做出如此的举动,是因为他无比担忧苏轼及其家小很快就会遭到断粮的危机。苏轼也详细记下了他是如何只身清理碎石的(此处曾经是军营用地),他是如何借来耕犁等农具以为耕作做好准备的,他又是如何陆续在这里种上水稻、小麦、果树以及桑树的。① 苏轼后来还买下了毗邻东坡的一处废圃,将其改建为一座可供自己居住的屋宅,并亲自将其命名为雪堂(因为此宅是在大雪中竣工的)。苏轼或许经常暂住于雪堂之中,但是他在黄州的最为主要的住所依然在城里,也就是其家小所在的临皋亭。

后世对于东坡的印象主要就是苏轼在那里度过的愉快而闲暇的时光。苏轼在诗歌当中将东坡塑造成了归隐的田园,他与朋友在这里饮酒赏花,就算在离开黄州的多年之后,他还是会在梦中回到这里。尽管如此,我们必须要始终牢记的是,在受到这样的文学改造之前,东坡首先是一处苏轼自行耕作以获取食物的地方。

我们无从知晓苏轼在东坡之上的躬耕究竟是怎样的一种劳作程度。毕竟在与躬耕士人形象相关的前代文学传统里,诗人完全可以在基本没有碰过农具的情况下写作描绘自己从事播种与收获之事的诗篇。但是在苏轼的这个案例当中,他不仅会在诗里描写躬耕,还会在寄给朋友的私人信件里讲述此事。比如他在这封信里就说到:"买牛一具,躬耕其中。今岁旱,米贵甚。近日方得雨,日夜垦辟,欲种麦,虽劳

---

① 除了下文会引录的《东坡》诗,《与李公择》(其九)与《与王定国》(其十三)也提及了与此相关的内容。《苏轼文集》卷五十一、卷五十二,第1499页、第1520—1521页。

苦却亦有味。"①这段话听上去要比文学当中的自我夸饰真实许多,至少可以证明苏轼不可能在东坡之上完全没有任何的亲自耕作经历。哪怕苏轼的东坡躬耕真的只是在从事监督管理的工作而已,但也改变不了这样的一个事实:东坡开启了苏轼的一个新的人生阶段,在此之前他可能从未预料过自己会有这么一段经历,当然也就从来没有为此做过什么准备。

除了物质层面之外,我们也值得在这里先简要论述一下贬谪黄州带给苏轼的心理层面变化。尽管苏轼或许在熙宁、元丰的外任地方期间也曾多次体会过挫败感,但是他的被贬黄州却与任何的外任都完全不是一回事。现在的他刚刚在皇帝与朝臣的众目睽睽之下经历了令其名誉扫地的公诉,而且最终还被削去了官职,他的仕宦生涯似乎已然被完全摧毁了。令情况更加糟糕的是,他的弟弟及众多亲密的朋友(共计二十八人)都因为乌台诗案而受到牵连,被认作是接收了那些据称是苏轼讥讪朝政之诗文的从犯。他们当中有三位也同样遭遇了贬谪,而其间一位名叫王巩的士人甚至受到了比苏轼还要严厉的责罚,他被贬到了偏远的西南之地宾州(今属广西)。苏轼在给王巩的书信里,明确无疑地留下了对此事的自责与懊悔。②

受到这些事态的影响,苏轼流露于各体文字(诗歌之外)间的总体情绪在初到黄州的那几个月里发生了明显的变化。他比此前的任何时候都要孤僻、忧郁,也有更多的反省以及自责,会在信中反复提到自己的"闭门谢客"。他曾多次婉拒他人的作诗请求,并宣称自己再也不会写诗了。③他还经常在书信的最后告诫他的朋友,一定要在读罢此信后就将其焚毁。④为了能够更好地做到自我反省,他曾在一座道观里闭关了七七四十九日。⑤相较于此,更加频繁的(每两三日)自省举措则是前往安国禅

---

① 《与王定国》(其十三),《苏轼文集》卷五十二,第 1520—1521 页。参见《与章子厚》(其一),《苏轼文集》卷五十五,第 1639 页。
② 例如《与王定国》(其二、其五),《苏轼文集》卷五十二,第 1513 页、1515 页。
③ 《与滕达道》(其十五),《苏轼文集》卷五十一,第 1480 页。
④ 例如《与李公择》(其十二),《苏轼文集》卷五十一,第 1500 页。
⑤ 《与王定国》(其八)与《与秦太虚》(其四),《苏轼文集》卷五十二,第 1517 页、1535 页。

寺修习禅定。①

在这个时期写给李之仪的一封信里，我们可以看到苏轼这场自我重估的一个结果。正是在这封信里，苏轼从本质上否定了他此前所作的全部文字，特别是那些与国政经纶以及朝堂政策有关的文字。苏轼把他犯下错误言行的历史一直追溯到了制科试，认为那时的自己"妄论利害，搀说得失，此正制科人习气。譬之候虫时鸟，自鸣自已，何足为损益"。② 他还进一步地指出，世人错误地认为他的这些文章是言之有物的，从而既给他带来了名望，同时也给他带来了无尽的麻烦。于此之后，苏轼又在下面这段引文里提出了这样的观点：

> 木有瘿、石有晕、犀有通，以取妍于人，皆物之病也。谪居无事，默自观省，回视三十年以来所为，多其病者。足下所见皆故我，非今我也。

苏轼在文中将木、石、犀三物的妍彩譬喻为他在自我人生里所创造出的"妍彩"，也就是他的文字作品（这个类比是基于"文"这个字的双关意蕴而做出的）。就像瘿、晕、通分别是这三种物品的瑕疵或不足，苏轼的文字作品对他的人生来说同样也只是缺陷而已。苏轼提到的"故我"便是从其文字作品里表现出来的自己，是李之仪在来信中大为称赏的自己，但却不是会被现在的苏轼所认可的自己。

我们当然清楚苏轼基本不可能像他在这里所说的那样放弃写作，实际上黄州时期还是其特别高产的创作阶段（尽管他确实没有怎么写过与政治话题有关的作品）。但是这封信仍然不能被简单地视作虚伪的谦虚，也不能被视为是在委婉地辞绝一位不受其欢迎的朋友。苏轼的这番言辞实在太过复杂，而且还经过了精心的修辞，因而完全不是漫不经心的泛泛而谈。黄州时期的苏轼一直在深刻反思自己此前人生中的种种行为，我们可以从与这封信类似的文献中体会到他现在所感受到的巨大压力，正

---

① 《黄州安国寺记》，《苏轼文集》卷十二，第 391—392 页。
② 《答李端叔书》，《苏轼文集》卷四十九，第 1432 页。

是这个压力促使他一定要做出相应的改变,并探索出一种新的表达方式。许多读者都会注意到的在苏轼黄州作品里所出现的文学新变,必然与他的这些反思有着密切的关联。

岭南时期

在之前的章节里,我们已经讨论过了造成苏轼贬谪岭南的重大政治事件。即随着元祐八年(1093)高太后的去世与哲宗的亲政,新党重新获得了重用,以旧党为主体的元祐在朝官员则遭到了严酷的党禁。绍圣四年(1097),朝廷又进一步加强了对于元祐党人的禁锢。我们没有必要再重复讨论这场政坛风云变幻的具体细节,只需对苏轼在惠州(绍圣元年—绍圣四年)与海南岛(绍圣四年—元符三年)的谪居生活做一些总体性的评述即可。

这一次的贬谪比苏轼之前所经历的贬谪黄州要严酷得多。黄州毕竟地处长江流域,苏轼对这里的历史、文化以及礼俗还是非常熟悉的。但是在绍圣元年(1094),他平生第一次来到了横亘今日广东、广西两省的岭南地区。由于在苏轼的时代,这里被认作是帝国核心文化区以南的蛮荒边陲之地,因此苏轼觉得自己现在身处一个陌生的热带地区,举目望去很难见到几个中国之人。后来苏轼还被跨海贬往了更加偏远的海南岛。建中靖国元年(1101),苏轼去世在从岭南获赦北归的途中。在启程北归的时候,苏轼已经六十四岁了,他在这片被中国人称为"南方瘴毒"之地的生活经历,使得他的身体变得虚弱,健康状况早已不佳。故而这次贬谪在本质上也确实如其政敌所愿,最终造成了苏轼的死亡。

苏轼是绍圣元年(1094)被哲宗重新重用的新党执政所贬斥的首批官员之一,他在定州知州任上接到的第一道贬谪诏令是夺职降官并责知英州(开封以南两千里开外之处,就在广州城北)。苏轼随即携全部家小南下赴任,并于途中在长子苏迈的建议下,让苏迈带领他自己的家庭前去苏轼购于常州宜兴的私田居住,因为那里显然要比南方的贬所更容易满足其家那么多人的日常生活所需。① 在南下的途中,苏轼还曾上表乞求朝廷拨给他一条船。他于奏疏中诉说了自己的财力已不足以支持雇船所需,而且骑马或乘坐马车到岭南去也已经不是他这个年纪的人所能承受得了的事情。苏轼还特别地提到,尽管他并不介意自己很可能会因瘴疠而死在英州任上,但他的确害怕自己死于逆旅之中,从而在被仓促地葬于路隅后化作"羁鬼"。② 就在抵达长江后不久,苏轼获知自己遭到了更为严厉的进一步贬责:现在他被贬往了更加边远的惠州(广州城的东边);他又一次被剥夺了所有官职,只是被授予了一个名义上的官衔(宁远军节度副使);并且和黄州时期一样,他不得对大大小小的国政事务发表任何的意见。接到这道追贬诏令之后,苏轼决定让他的次子苏迨也自行带着他的家小前去宜兴投奔兄长苏迈,③自己只与幼子苏过(当时尚未婚配)以及陪伴身边近二十年的侍妾朝云一起前往惠州贬所。在他们抵达惠州之后的第三个年头,朝云便逝世在了那里。

非常奇怪的是,苏轼在谪居惠州的时候似乎在频繁地搬迁住所。实际上,他在这两年半的时间里至少搬了四次家,而且这些搬家举动看上去似乎没有什么逻辑或道理可言。在刚刚抵达惠州的时候,他住在三司行衙里的合江楼内。仅仅过了十六天,他就完全搬出了城外,住到了惠州城西的嘉祐寺里。五个多月后,他又搬回到合江楼居住。又过了十一个月,他再次住回了嘉祐寺。这最后一次的搬家最为令人费解,因为当时苏轼为自己筹划的城东白鹤峰新居已经破土动工,他为何不在合江楼一直住到白鹤峰新居完工呢?

发生在惠州的每一次迁居都被苏轼用一首或多首诗歌记录下来,但是他并没有交代造成其频繁搬家的原因。现代学者吴仕端在一篇论文里

---

① 《与参寥子》(其十三),《苏轼文集》卷六十一,第 1863 页。
② 《赴英州乞舟行状》,《苏轼文集》卷三十七,第 1042—1043 页。
③ 《书六赋后》,《苏轼文集》卷六十六,第 2072 页。

对此提出了颇为可信的解释。① 吴仕端发现,惠州当地官员始终围绕苏轼的待遇问题争论不休,而每一次迁居事件的背后,都明显存在着这场论争的痕迹。由于苏轼是一位名声显赫、交友广泛的贬谪罪官,因此当地官员对他的态度也差异极大,既有同情他遭际的人,也有主动避免与其发生接触的人。结合苏轼自己的文字以及其他相关的文献,吴仕端认为苏轼之所以最初能够住在三司行衙的合江楼,就是缘于惠州知州詹范对他抱以特别的善意。根据这样的解释,苏轼很快就被迫搬出这个舒适住所的原因,便是其他的惠州官员害怕宰相章惇在听说苏轼于此享受到了特别的优待之后,会予以他们黜责。苏轼甚至可能无法自行选择搬去哪一座寺庙,毕竟惠州城外还有几座比嘉祐寺离城更近且条件不那么简陋的寺庙。就在苏轼迁居嘉祐寺之后,便发生了其表兄程之才出任广南东路提点刑狱的事情。通过苏轼留下的大量写给这位表兄的书信,我们可以知道身在广州的程之才多次赠送礼物给苏轼,并常常询问苏轼的生活状况。绍圣二年(1095)二月,程之才首次来到惠州探望苏轼,而就在他此次探望的一个月之后,苏轼便从嘉祐寺搬回了城内的合江楼。在这两个事件之间,似乎存在着某些密切的关联。苏轼曾于诗中将他的这位表兄称作能够"活楚囚"的人,而且还在程之才回到广州之后写信告诉他自己搬回合江楼的确切日期。② 程之才在本年的晚些时候又来惠州探望过苏轼一次,但此后却再也没有来过了(很可能他随后便被调离了广东)。与此同时,知州詹范也被调离了惠州,使得苏轼彻底失去了可以帮他说话的有权势者。吴仕端认为这就是导致苏轼绍圣三年(1096)再次搬进嘉祐寺的原因,否则便完全难以解释为何当地官员会在白鹤峰新居已经破土动工的情况下,还要让苏轼进行这场毫无意义的搬家。

关于苏轼贬谪岭南期间的经济状况,我们能够从其诗文集里收集到

---

① 吴仕端:《东坡在惠州谪居生活探》,载苏轼研究学会编:《论苏轼岭南诗及其他》,第222—239页。
② 《闻正辅表兄将至,以诗迎之》,《苏轼诗集》卷三十九,第2143页;《与程正辅》(其六十三),《苏轼文集》卷五十四,第1619页。

的确切信息就只是一些粗略且不完整的记载。我们无从知晓他是如何负担自己及其身边家人之日常所需的。为了筹措建造白鹤峰新居的钱款，苏轼不得不写信给身在广州的朋友帮其低价变卖自己存放在那里的折支券。他之所以要变卖这笔旧日所获的薪俸，就是因为迫于修造屋舍的巨大现钱压力。① 然而苏轼的折支券保管人却回信告诉他说自己找不到他的折支券了。但尽管如此，苏轼还是在接下来的几个月间不断地询问有无折支券的下落。（我们并不清楚这笔折支券最后有没有被找到。）除此之外，我们也能看到当地官员不止一次地赠米给苏轼。当苏轼通过酬赠诗歌的方式向这些善良的施以援手之人表示感谢的时候，他笔下的诗句自然会相当地谨慎小心，并且主要运用文学典故的手段提及相关内容。不过传统的笺注家已经准确阐明了这些诗句的意蕴，并希望读者能够充分注意到它们对于苏轼艰辛困苦的谪居生活的反映。②

苏轼并不清楚自己将会在惠州谪居多久。尽管他确实说过自己对北归之事完全不抱任何的希望——这或许是因为他听说了章惇正在警告各地的元祐党人不要有什么在未来获得宽赦的念头，但他同时也焦急地向在广东地区为官的朋友写信询问，是否听说了什么与他的未来有关的消息。③ 相较于黄州时期，他更加频繁地在作于此时的书信结尾里叮嘱收信的朋友一定要对此保密，或者就将这封信或这首诗在阅后即行焚毁。④ 苏辙在此时也曾以恳切之至的措辞写信告诫他的兄长不要再写诗了。不仅如此，苏辙还坚定地希望兄长连秘不示人的自作诗也不要写，应该直接

---

① 关于这个折支券，参见《与王敏仲》（其八、其十二），《苏轼文集》卷五十六，第 1691 页、第 1694 页；亦可参看王文诰对此的评论。王文诰：《苏文忠公诗编注集成总案》，成都：巴蜀书社，1985 年影印嘉庆本，卷四十第 12 页上、卷四十一第 1 页下。
② 参见《惠守詹君见和，复次韵》与《答周循州》二诗，《苏轼诗集》卷三十八、卷三十九，第 2078 页、第 2151 页；以及吴仕端《东坡在惠州谪居生活探》的相关论述，第 237—238 页。另外《谢都事惠米》一诗还直截了当地提到了他人的馈赠，《苏轼诗集》卷五十，第 2761 页。
③ 《与程正辅》（其十三）与《与王敏仲》（其六），《苏轼文集》卷五十四、卷五十六，第 1593 页、1691 页。关于章惇试图永远地贬谪元祐党人一事，参见陈邦瞻：《宋史纪事本末》卷四十六，第 452 页以及王文诰：《苏诗总案》卷三十九，第 16 页下。
④ 参见上一注里提到的给王敏仲的尺牍，以及《与范纯夫》（其十一），《苏轼文集》卷五十，第 1457 页；《次韵惠循二守相会》一诗的苏轼手迹，《苏轼诗集》卷四十，第 2220 页。

焚砚弃笔。①

在传统的论述话语里,绍圣四年(1097)进一步加强元祐党禁的政令不仅让元祐党人遭受到的政治迫害达到了顶峰,还被评价为是一次充满酷虐与昏庸的乱政。② 据说章惇并没有如惯常那样按照被贬官员所获罪名的严重程度给元祐党人安排相应的新贬谪地,而是自娱自乐地选择了地名能够与元祐党人之字产生关联比附的荒僻州军作为他们的新贬所。于是苏辙被贬至了雷州(位于广东的雷州半岛),这是因为"雷"字的下部偏旁与子由的"由"非常相近;黄庭坚后来在徽宗朝又被贬至宜州(今属广西),这是因为"宜"字与其字"鲁直"中的"直"字相近;苏轼则被贬至海南岛上的儋州,这是因为"儋"的右部偏旁与子瞻之"瞻"的右部偏旁完全一致。这或许就是章惇等人玩的文字游戏。总的来说,超过三十位元祐党人遭到了新一轮的贬谪。在他们当中,包括吕大防、范祖禹、刘挚、梁焘以及秦观在内的许多士人都在接下来的两三年间逝世了荒凉遥远的南方边郡。尽管如此,新党执政似乎是特别煞费苦心地为苏轼选定了这么一个最为令人生厌的贬所,因为他是这批士人里唯一一位需要渡海的人。

就在刚刚抵达儋州之后,苏轼便给自己买好了棺木,并写信给他的长子苏迈说,如果他将来不幸死于海南,那么只需把他葬在这里即可,不要迁回他们的苏氏家族墓地(他大概是想要省下这笔因路途遥远而所需不菲的改葬费用)。他还在此时表示过自己已无复生还大陆之望。③ 就像苏轼刚到惠州时是住在官舍里一样,友善的儋州军使张中特地修缮出了几间官舍给他居住。但是就在张中做出这番安排的几个月后,朝廷派遣时任湖南常平提举的董必按察被贬广南西路的元祐党人,苏轼所在的海南岛正是由广西管辖,因此他也就在董必的察访之列。董必很快就发现

---

① 《与程正辅》(其十六),《苏轼文集》卷五十四,第1594页。
② 罗大经:《鹤林玉露》丙编卷五,北京:中华书局,1983年版,第315页。颜中其在《苏东坡轶事汇编》当中收录了一条与《鹤林玉露》极为相似的记载,并标注为出自陆游的《老学庵笔记》,见颜中其:《苏东坡轶事汇编》,长沙:岳麓书社,1985年版,第214页。但是笔者在《老学庵笔记》原书当中并没有发现这段记载。
③ 《与王敏仲》(其十六),《苏轼文集》卷五十六,第1695页。

了此事,随即上表请奏更换海南的官员,并派遣使臣将苏轼从官舍中赶了出去。最终张中因其对苏轼的善意之举而遭到了黜落,知广南西路都钤辖的程节亦因未能洞察此事而被降官。① 苏轼曾如此地在诗中简略提到了这场驱逐:"旧居无一席,逐客犹遭屏。"②

随后苏轼便在儋州城南自行建造了一处居所,他曾在信中描述过这次的造屋工程:"近与小儿子结茅数椽居之,仅庇风雨,然劳费已不赀矣。赖十数学生助工作,躬泥水之役,愧之不可言也。"③

苏轼的健康状况在谪居海南岛的这几年间持续地恶化,他曾多次染上疟疾,并以身试验了多种草药疗法。④ 但是海南岛上能够获得的药物实在有限,从而苏轼会写信请求在大陆的朋友寄一些药材给他,哪怕是一小份随便什么常见药都行("不拘名物")。⑤ 在写给尚居于故乡眉山的一位侄孙的信里,苏轼留下了这样一段关于其海南生活的自述:

> 老人住海外如昨,但近来多病,瘦瘁不复如往日,不知余年复得相见否?循、惠不得书久矣。旅况牢落,不言可知。又海南连岁不熟,饮食百物艰难,及泉、广海舶绝不至,药物鲊酱等皆无,厄穷至此,委命而已。老人与过子相对,如两苦行僧尔。⑥

苏轼在海南岛上的艰难困苦与孤独寂寞当然也不是完全得不到缓解的,偶尔也会有访客前来拜见他。一位名叫姜唐佐的秀才就从海南岛北端的琼州来此跟随苏轼学习。苏轼的老朋友道士吴复古不仅曾经来惠州探望过苏轼,还于此时特为渡海,又在儋州与苏轼共度了一些日子。另有

---

① 参见《新居》一诗的施元之注,《苏轼诗集》卷四十二,第 2312 页;《续资治通鉴长编》卷五百八,第 12100 页。亦可参见王文诰:《苏诗总案》卷四十二,第 4 页上。此事亦见载于苏辙为其兄所撰的墓志铭,苏辙:《亡兄子瞻端明墓志铭》,《栾城集》,后集卷二十二,第 1421 页。
② 《新居》,《苏轼诗集》卷四十二,第 2312 页。在一封写给程全父的尺牍当中,苏轼记录了此事的更多细节。参《与程全父》(其九),《苏轼文集》卷五十五,第 1626 页。
③ 《与程秀才》(其一),《苏轼文集》卷五十五,第 1628 页。
④ 《与王敏仲》(其十三),《苏轼文集》卷五十六,第 1695 页。
⑤ 《与程全父》(其十二),《苏轼文集》卷五十五,第 1627 页。
⑥ 《与侄孙元老》(其一),《苏轼文集》卷六十,第 1841 页。

一位秀才郑清叟也特地渡海前来拜见苏轼,并向他问学求教。①

元符三年(1100),年仅二十四岁的哲宗皇帝驾崩,随着最高权力再次发生更替,对于元祐党人的禁锢也在总体上得到了缓解。但是这次的松弛党禁本质上是出于调和新旧两党的政治目的,而且就算如此,这场党禁的松弛也没有持续多长时间。两年之后,就在臭名昭著的蔡京开启他的宰相任期之时,对于元祐党人的禁锢又进入了一个新的阶段。虽然朝廷发布了禁毁苏轼文集的诏令,但他已于前一年逝世,再也没有机会目睹这新一轮的党禁运动了。

元符三年的松弛党禁让苏轼得以从海南岛北归。当开始这段北归旅程之后,他陆续接到了一连串的宽赦诏令。最后一道诏令恢复了苏轼被贬岭南之前的寄禄官阶,还给他任命了一个提举成都玉局观的祠禄官衔,并允许他可以在京城以外的州军任便居住。似乎直到建中靖国元年(1101)夏去世的时候,苏轼还在为选择哪里作为自己的退居之地而犹豫不决。他在这几个月间缓慢地乘舟北行,与疾病相抗争,而且还数度改变计划中的目的地。他在雇佣船只的时候遇到了较大的麻烦,只能焦虑无助地看着数位船夫不幸死于他自己曾经战胜过的疟疾。② 最初,苏轼说他想要到常州去,也就是他多年之前在那里买下田产的太湖之滨(宜兴)。但是苏轼在那里已经没有了私宅,于是他拜托朋友为他在当地找一处住所。如果实在找不到可供居住的房子,苏轼便打算改去同样位于长江下游的舒州(今安徽安庆)或真州(今江苏仪征)。③ 后来他又在苏辙的反复催促下将自己的计划改变为北上颍昌(今河南许昌)与苏辙团聚。但是随即他又重新考虑起了这个计划,觉得颍昌实在是离京城太近。而

---

① 参见《与姜唐佐秀才》(其一至其六),《苏轼文集》卷五十七,第 1739—1740 页;《去岁,与子野游逍遥堂。日欲没,因并西山叩罗浮道院,至,已二鼓矣。遂宿于西堂。今岁索居儋耳,子野复来,相见,作诗赠之》与《赠郑清叟秀才》二诗,《苏轼诗集》卷四十二,第 2309—2310 页、第 2321—2322 页。
② 《与朱行中》(其五、七、八、十)以及《答苏伯固》(其二),《苏轼文集》卷五十八、卷五十七,第 1771—1773 页、第 1741 页。
③ 《与钱济明》(其十),《苏轼文集》卷五十三,第 1554 页。

且当时也有多位朋友向苏轼汇报了朝堂之上的最新动态,提醒他得小心提防不少当朝官员又在筹划针对他的新一轮政治攻讦。于是苏轼无奈地向弟弟解释道:"颇闻北方事,有决不可往颍昌近地居者。事皆可信,人所报,大抵相忌安排攻击者众,北行渐近,决不静耳。……士君子作事,但只于省力处行,此行不遂相聚,非本意,甚省力避害也。"①

最终苏轼重新回到了他起初的计划之上,决定前去常州的毗陵。当他在本年六月中旬抵达那里的时候,已是深受严重高热与腹泻的摧残而卧床不起的状态。到了下一个月末,在向朝廷上呈了请求致仕的奏疏之后,苏轼便与世长辞。崇宁元年(1102),苏辙将他的兄长安葬在了汝州城外(今河南郏县),也就是苏辙自己的儿子买田卜居的地方。在元祐八年(1093)逝世于京城的苏轼第二任妻子王闰之的灵柩,也从开封的暂厝之所被迁至此地,正式下葬于苏轼的身旁。苏辙为其兄选定的墓址在一座名唤峨嵋的山丘之下,这个名字与他们家乡的那座名山完全相同。②

苏轼在贬谪期间所遭遇的基本情况看上去似乎要相对地简单明了(我们能够确切地知道他的贬谪地、他的贬谪时间持续了多久,以及他的官阶与职事究竟被贬降了多少);但是从他在文学作品中留下了以各种不同的方式应对贬谪经历的痕迹来看,其对于苏轼生命所起到的意义却是相当复杂的。在我们开始探讨这些应对痕迹之前,或许可以先在这里简要地考察一下贬谪经历给苏轼的心理带来了或造成了哪些相对容易被识别出来的挑战与后果。

对于苏轼的道德操守与自我修身来说,贬谪确实是一次巨大的挑战。长期以来,儒家思想都在强调这么一个核心原则,一个人对于德行与价值的追求不应被他在世间的命运所左右:这通常意味着,没有任何理由可以把自己在仕宦生涯里所遭遇的不得志或挫折当成降低自我道德操守或

---

① 《与子由弟》(其八),《苏轼文集》卷六十,第1837页。
② 苏辙:《再祭亡兄端明文》,《栾城集》,后集卷二十,第1390页。

不再继续修身明道("为学")的借口。比如孔子最为喜爱的弟子颜回,就在悲惨的生活境遇中依然保持着高昂的为学热情,而且颜回的这个精神也在北宋中后期的士林间得到了广泛的称颂与弘扬。此外,北宋士大夫深受佛教思想的影响,追求超越自我物质欲望,这或许也有助于他们更加坚定地信奉并躬行这个古老的儒家观念。无论原因如何,我们经常能够在类似下文所引的文字中看到苏轼确实相当重视这个观念。在苏轼被贬黄州之后,他的一位朋友李公择来信向他表达了自己的惋惜之情,李公择深深地同情苏轼现在大不如前的生活境况及其此前所经历的一切。苏轼全然不接受李公择对其所表示的遗憾,并做出了这样略带警告的回应:"示及新诗,皆有远别悯然之意,虽兄之爱我厚,然仆本以铁心石肠待公,何乃尔耶?吾侪虽老且穷,而道理贯心肝,忠义填骨髓,直须谈笑于死生之际,若见仆困穷便相于邑,则与不学道者大不相远矣。"①

苏轼当然不是第一位能够在贬谪期间谈笑于死生之际的宋代士大夫,但是对他来说,能做出这样的人生态度选择并坚定地将其贯彻于日常言行之中,一定格外地艰巨,因为苏轼的政敌会频繁地将他单独拈出,给他施以最严厉的打击。在熙宁、元丰年间,他是唯一一位因其对于新法的抨击而被捕入狱并被指控为谤讪君上的旧党成员。二十余年之后,他又成为唯一一位被贬至海南岛的元祐党人。相比于他的同僚,苏轼似乎有更多的理由让自己安然走上与颜回有别的迁客骚人之路,但他却并没有这样做。

贬谪的第二个重要影响便是给苏轼的生命带来了某种意义上的自由。这种说法可能乍听上去非常地奇怪,毕竟苏轼所遭遇的是以朝廷名义下达的贬谪与监禁,但是这段经历却的的确确有其解放束缚的一面。最为简单直接的一点便是,贬谪将苏轼从繁重枯燥的官府事务当中解脱了出来。尽管身处贬谪之中的苏轼有各种各样的应该遏止自己文学创作冲动的理由,但毫无疑问的是,苏轼在贬谪期间的文学创作就是特别高

---

① 《与李公择》(其十一),《苏轼文集》卷五十一,第 1500 页。

产。自从苏轼成年之后（除了他早年间守父丧与母丧的时期，但是在守丧期间做一位高产的诗人其实是相当不妥的行为），他惟有在贬谪期间不必疲于应付身为朝堂大臣或州郡长官所要承担的大量日常行政与文书起草工作。此外，正如我们在先前章节里看到的那样，苏轼在杭州知州期间的种种作为，足以显示出他根本不是一位责任意识淡薄或者主动避免承担职责的官员。

苏轼在贬谪期间享受到的深层次自由，便是从"以犯颜纳说为忠"的自我追求里解脱出来。只要苏轼没有处于贬谪的状态，他就会秉承贾谊、陆贽、范仲淹以及欧阳修等士人的传统，以在公共政治舞台之上立身。这些士人都以敢于在奏疏中议论军国大事并犯颜直谏著称。但是当苏轼显然已经没有什么政治前景可言的时候，也就是他在贬谪黄州与岭南期间，他的这番理想抱负也就不再能够继续维持下去了。正如上文提到过的那样，黄州时期的苏轼已经开始否定自己关于国政经纶与具体时政的文章，并准备为自我探索寻觅新的人生角色与表达方式。他事实上也已具体实践了不少可供选择的方案：比如成为一位专注于注疏儒经的儒家学者；比如不断积累自己在医药与炼丹方面的知识与技能，以求通过内丹与外药这两种方式提高自己的健康状况并延年益寿；比如他开始坚持撰写日记或笔记（《东坡志林》），并主要在其间记录奇闻逸事、梦境、郊游以及长生延年之法；比如他成为一名躬耕居士，而且还开始写作和韵仿效陶渊明的诗篇，更从最初的间或为之一路发展到全面系统地和韵陶诗。这些全部都是新的处世方式，而且也全都跟他的两段贬谪经历紧密地联系在了一起。谪居生活不仅给苏轼带来了更多的闲暇时光，而且还使他摆脱了只能单一地将效命君王作为自我人生的主要事业追求。

最后，贬谪的经历还极大地冲击着苏轼心中的公平正义信念，动摇了他对于维持这个庞大的官僚体系得以正常运转的重要制度与原则（比如保护忠义的异议人士）的信赖，以及考验着他是否坚定于永远不会因畏怯而缄默不言的信条。贬谪给苏轼带来的这个后果与上文提到的第一个后果相比，（苏轼能够在贬谪的穷困间保持他的正直节操与自信吗？）最重要的不同之处就在于这其实是一个外在世界层面而非个体内在领域的问题。苏轼应该怎样对待那些打压他的政敌？他现在所遭遇的困境对他理解世间的公平正义应该起到怎样的作用？类似这样的问题成为身处第二段贬谪期间的他特别突出的思考内容。我们可以回想一下苏轼是如何愤怒地将他在元祐时期受到的政治攻讦与其在熙丰年间经历的类似事件区分开来的，毕竟元祐时期的政治攻讦存在着大量熙丰时期所无的歪解扭曲以及全然的向壁虚造，而且苏轼甚至还是在爆发真正党禁的绍圣元年（1094）之前就深切地感受到了这些。即便是在开始寻觅新的人生方向与自我定位的贬谪时期，苏轼依然从未忘记他所遭遇到的这些令其深信不疑的不公正待遇。

哲学思考及其局限

关于苏轼贬谪时期的文学创作，或许可以从可能是其间最负盛名的那篇作品论起，这便是他在黄州长江岸边所作的《前赤壁赋》。不过我们必须先行交代一下历史上发生在赤壁的故事以及赋的文体特质等背景信息。

赤壁因其曾是一场著名大战的战场而在中国历史当中声名显赫。建安十三年（208），正是群雄逐鹿的汉末军阀混战时期，当时势力最为强盛的曹操率领大军南下征伐盘踞在长江流域的军事集团，希望自己能够将中国重新统一在名义上的汉王朝旗下。强大的荆州集团很快就投降了曹操，随即他便顺江而下，矛头直指割据东南的孙吴集团。东吴军队在周瑜的指挥下与曹操的军队激战于赤壁，成功地以火攻摧毁了曹操水师里的连环战舰，从而最终击溃了曹军。赤壁之战使得曹操统一全国的愿望宣告破灭，标志着此后将要持续六十余年的三国鼎立局面的形成。正如学者在评论《赤壁赋》的时候早已指出的那样，真正的赤壁古战场其实在黄州上游两百多公里处的江边。但是这并不意味着苏轼对此完全茫然无知，他事实上非常明确地知道当地人错误地把黄州赤壁认成了赤壁古战场。① 但他显然还是把这个误解搁置在了一旁，以便自己的这篇赋能够拥有一个其所需要的充满历史沧桑感的文本空间。

  赋在中国文学史上有着悠久而多变的发展历程。赋的经典形态盛行于汉朝，最主要的文体特征是充满了华丽而夸饰的铺陈文字，其所赋咏的对象主要是帝王宫殿与京城。到了六朝时期，文人所写的个人性抒情之赋越来越多，但赋体在形式上所独具之密丽精工的铺叙特征依然得到了延续（此时赋的主要赋咏对象转变为动物、情感或者规模较小的园林）。在唐至北宋前期，赋的写作能力还长期是科举考试的重要考察内容，考生需要按照指定的内容题材与韵脚撰写赋作。欧阳修在其晚年将赋这个文体从机械呆板的科举应试的束缚中解放了出来，创造了一种内容情感个性化、韵律灵活松散化的新赋体。欧阳修的相关作品在日后也被视作是"文赋"的首批代表。它们之所以会被冠以"文赋"这个名称，主要就是因为这些赋的韵律节奏发生了向散文靠拢的变化。苏轼在赋体方面的贡献不仅接续了欧阳修所开创的这番文体改造，而且还将赋进一步地散文化。虽然苏轼的赋依然主要以骈句写就，而且也始终保持押韵，但其却有着非常大的句长变化幅度，而且还充满了许多对仗并不严谨与韵律松散的句子，使得读者时常会感到难以将其与散文区别开来。苏轼的赋体写作贯穿了他的整个文学生涯，但是迄今为止世人所公认的苏轼最为苦心经营也最具艺术魅力的赋作，是那两篇赤壁赋。②

赤 壁 赋

  壬戌之秋，七月既望，苏子与客泛舟，游于赤壁之下。清风徐来，水波不兴。举酒属客，诵明月之诗，歌窈窕之章。③ 少焉，月出于东

---

① 参见《与范子丰》（其七）与《记赤壁》，《苏轼文集》卷五十、卷七十一，第 1452—1453 页、第 2255 页。
② 苏轼现存的二十三首赋都已获得了李高洁（Cyril Drummond Le Gros Clark）的英文翻译，参见李高洁：《苏东坡的赋》（*The Prose-Poetry of Su Tung-p'o*），纽约：佳作书局（paragon books），1964 年版。关于欧阳修的赋，可以参见拙著《欧阳修的文学作品（1007—1072）》，第 123—132 页。
③ 此指《诗经·陈风·月出》的首章。

山之上,徘徊于斗牛之间。白露横江,水光接天。纵一苇之所如,凌万顷之茫然。浩浩乎如凭虚御风,而不知其所止,飘飘乎如遗世独立,羽化而登仙。

于是饮酒乐甚,扣舷而歌之。歌曰:"桂棹兮兰桨,击空明兮溯流光。渺渺兮予怀,望美人兮天一方。"客有吹洞箫者,倚歌而和之,其声呜呜然,如怨如慕,如泣如诉。余音袅袅,不绝如缕。舞幽壑之潜蛟,泣孤舟之嫠妇。

苏子愀然,正襟危坐,而问客曰:"何为其然也?"客曰:"'月明星稀,乌鹊南飞。'此非曹孟德之诗乎?① 西望夏口,东望武昌。山川相缪,郁乎苍苍。此非孟德之困于周郎者乎? 方其破荆州,下江陵,顺流而东也,舳舻千里,旌旗蔽空,酾酒临江,横槊赋诗,固一世之雄也,而今安在哉? 况吾与子渔樵于江渚之上,侣鱼虾而友麋鹿。驾一叶之扁舟,举匏尊以相属。寄蜉蝣于天地,渺沧海之一粟。哀吾生之须臾,羡长江之无穷。挟飞仙以遨游,抱明月而长终。知不可乎骤得,托遗响于悲风。"

苏子曰:"客亦知夫水与月乎? 逝者如斯,而未尝往也。盈虚者如彼,而卒莫消长也。盖将自其变者而观之,则天地曾不能以一瞬。自其不变者而观之,则物与我皆无尽也,而又何羡乎? 且夫天地之间,物各有主。苟非吾之所有,虽一毫而莫取。惟江上之清风,与山间之明月。耳得之而为声,目遇之而成色。取之无禁,用之不竭。是造物者之无尽藏也,而吾与子之所共食。"客喜而笑,洗盏更酌。肴核既尽,杯盘狼籍。相与枕藉乎舟中,不知东方之既白。②

---

① 此句出自曹操的《短歌行》,见《文选》卷二十七,第1308页。
② 《赤壁赋》,《苏轼文集》卷一,第5—7页。除了李高洁的英译,这篇赋的英译本还有葛瑞汉(A. C. Graham)译本,载白芝(Cyril Birch)编:《中国文学作品选》(*Anthology of Chinese Literature*),纽约:丛树出版社(Grove Press),1994年版,第381—382页;华兹生(Burton Watson)译本,华兹生:《宋代诗人苏东坡选集》(*Su Tung-p'o: Selections from a Sung Dynasty Poet*),纽约:哥伦比亚大学出版社,1965年版,第87—90页;陈幼石译本,陈幼石:《中国古典散文的意象与观念》(*Images and Ideas in Chinese Classical Prose*),斯坦福:斯坦福大学出版社,1988年版,第143—144页。

这篇赋最为精彩的部分当属最后一段,其间还包含了那几句最为著名的论辩。就其思想内容而言,"苏子"用以劝慰其客的这段围绕变与不变的思辨并非他的独创。这番将变等而视之于不变的特殊观念,其实早有先例。《周易》对于变易这个概念所做出的朴素讨论,就是此段思辨的重要理论渊源之一;而佛教思想里那些论述无常的内容,则是完全能够被确认的另一重理论渊源。[①] 这段思辨的新意与引人注目之处主要在于,这个古老的观念首次被引入到了文学作品当中进行演绎。最为重要的是,苏轼通过这个思想观念给常见于中国传统怀古诗里的追问提供了一个足以给人留下深刻印象的不同寻常的答案。他在人类的思维意识与人类社会将会持续发展繁衍下去的基本思考立场当中,寻觅到了一种充满乐观的保证,就是人类的思维意识与整个人类社会虽然是比每一个单独的人类个体都要宏大的存在,但其却能够将不同的个体生命打并联系在一起。就像苏轼与赤壁之战的风流人物能够被打并联系在一起那样,后世的读者同样也可以通过相同的方式与已成过往的苏轼打并联系起来。在唤起了这种对于人类社会持续存在性的意识之后,个人的任何占有欲望也就变得毫无意义,这样才会产生此赋结尾里的那种喜悦与满足之感。

当然,《赤壁赋》的艺术感染力也不仅仅来源于最后一段,在其问世之后的几个世纪间,赋中所描述的场景经常被绘之于画幅,而且一代又一代的画家都会把此赋的所有基本元素(高崖、江水、扁舟,以及舟中的苏子与客)给全部重现出来(参见图1)。由此我们可以知晓,这篇赋除了蕴含着深刻的哲思,还有着强烈的叙事性线索(这其实是相当罕见于

[①] 关于《周易》里的"变易"思想,参见钱锺书《管锥编》(第一册),第6—8页(其间也征引了苏轼的《赤壁赋》)。关于与之相似的强调诸法之永恒(与个体之我相对)的佛教观念,可参见《楞严经》卷二,第110页上一下。明代画家董其昌在其所著《画禅室随笔》中认为,苏轼此论深受东晋高僧僧肇思想的影响,僧肇《物不迁论》中有云:"不迁,故虽往而常静;不住,故虽静而常住。……江河竞注而不流。"董其昌:《画禅室随笔》卷三,《景印文渊阁四库全书》本,第5页上;僧肇:《肇论》,《大藏经》第45册,第1858经,第150—151页。参看王水照:《苏轼选集》,第386页。

赋体的现象），而且也生动地描绘了月下江景及其带给舟中之人的愉悦。赋中的各个段落被巧妙地结构在了一起，段与段之间有着极其自然的衔接转换：刚开始感受到的泛舟愉悦，苏子吟唱的哀怨歌词，更加悲伤的笛声，通过文雅地复述传统上对于过往历史与有限人生的思考来解释笛声之幽怨，以及最后苏子温和地驳斥其客方才所慨叹的人生有限之忧伤。

这篇赋能够让人隐约回想起苏轼作于早年间的《超然台记》，从而我们可以将这两篇作品予以一些比较。二者之间的某些差别，或许可以反映出上文所提到的贬谪给苏轼带来自由的一面。《超然台记》的所有哲学思考，全都围绕着身为知州的苏轼如何努力地排解这个完全不能如意的任命给自己所带来的忧郁与失落，最终他坚定地声称自己已经找到了就算在最为愁苦荒寂之地也能感到快乐的方法。然而颇具讽刺意味的是，到了写作《赤壁赋》的时候，苏轼已经被贬谪到了比《超然台记》所说的愁苦荒寂之州还要恶劣的地方。然而此时的苏轼不再只是针对某一个具体的不合所愿的任命展开思考，而是探讨起普遍存在于每一个人身上的生命有限之问。此外，尽管在"游于物之外"（《超然台记》）与不要"自其变者而观之"（《赤壁赋》）这两个终极目标之间存在着诸多相似，但是这两篇作品的情绪与意境终究是截然不同的。在《超然台记》中，作者津津乐道于自己的独特本领（"吾安往而不乐"）；然而在《赤壁赋》里，作者认为自我之有限生命是无限之时空长河里的一个组成部分（"物与我皆无尽也"），从而获得了一定的慰藉。这番思维视野方面的拓展，正是贬谪经历带给他的。

《赤壁赋》的结尾或许会让我们得出这样的结论，苏轼已经通过哲学思考的方式彻底接受了人生的各种变化与终极的死亡命运，哪怕是像现在这样身处贬谪的挫败与失意当中，他也同样能够平静而坦然地接受这一切。尽管对于熟悉苏轼贬谪黄州之前的作品的读者来说，《赤壁赋》所表达的思想观念其实早已常见，但苏轼在这些方面的思考却很可能就是被这篇赋推向了顶峰，同时这篇赋也是这些思想观念最能令人满意的文学表达。结合这个因素来看,似乎上述的结论更加能够成立,但其终究还是错误的。哪怕《赤壁赋》的确展现了一个对自己的当下处境与死亡命运完全顺之从之的诗人形象,但是种种迹象都可以表明,现实中的苏轼并没有完全与自我命运达成和解。

苏轼还填写过一首同样以赤壁为主题的词作,这阕词的知名度其实并不亚于《赤壁赋》,但其对于身处贬谪之诗人的形象呈现却与《赤壁赋》截然不同。词中的焦点人物是周瑜(周郎、公瑾),也就是那位在赤壁指挥东吴军队抗击曹操的将军。

念 奴 娇
赤 壁 怀 古

大江东去,浪淘尽、千古风流人物。故垒西边,人道是、三国周郎赤壁。乱石穿空,惊涛拍岸,卷起千堆雪。江山如画,一时多少豪杰。 遥想公瑾当年,小乔初嫁了,雄姿英发。羽扇纶巾,谈笑间,樯橹灰飞烟灭。故国神游,多情应笑我,早生华发。人生如梦,一尊还酹江月。[①]

苏轼在这阕词里将自己描绘成了与《赤壁赋》中那位吹箫之客相类似的形象,他在千古风流人物皆已消逝的事实面前感到了极大的忧伤。此外,苏轼在这阕词里也没有诉诸任何的哲学思考,根本没有想要排解自我对于功业的渴望与此刻的孤独落寞。

我们该如何解释这阕词的存在呢?或许可以认为这阕词写于《赤壁赋》之前,从而词中所抒发的是苏轼刚到黄州之时的情感,当时的他尚且无法平静而超然地思考悠悠而逝的过往以及逐渐被世间遗忘的风流人

[①] 《念奴娇》(大江东去),曹树铭校辑:《苏东坡词》,第130阕,香港:商务印书馆,1968年版。(亦见龙沐勋:《东坡乐府笺》卷二,上海:商务印书馆,1936年版,第9页下;唐圭璋:《全宋词》(第一册),北京:中华书局,1965年版,第282页。)这首词的异文极多,笔者使用的是曹树铭《苏东坡词》所收的版本(除了下阕的"多情应笑我,早生华发"两句),这也是胡云翼《宋词选》选用的版本。胡云翼:《宋词选》,香港:中华书局,1986年版,第75—76页。对于此词的诸多重要异文的研究,可以详见王瘦梅的论述。王瘦梅:《苏轼〈念奴娇·赤壁怀古〉异文辨析》,载《四川大学学报丛刊》(第15辑),第90—92页(1982年)。

物。然而我们实际上并不知道这阕词的确切写作时间，人们只是普遍认为这阕词大致与《赤壁赋》写于同一时期，但是无法确定这两篇作品究竟孰先孰后。因此我们难以通过作品系年的手段具体解释存在于这两篇作品之间的明显矛盾。并且就算能够证明《赤壁赋》作于《念奴娇·赤壁怀古》之后，将二者之间的差异就解释成一种笃定的且不可逆转的心态"发展"，依然是疑点重重的（更不用说还有许多系年可考的诗作能够被援引为质疑这种观点的例子）。除了写作时间的角度，另一种常见的推测则是苏轼之所以会在同样吟咏赤壁的一词一赋中呈现出两种相异的情感状态，一定程度上是受到了二者的不同文体特质的影响。不出意外的话，按照这种思路所做出的结论应该会强调词是更为抒情的文体，而文赋则是更具思辨性的文体。然而正如苏轼的赋很可能充满高度抒情性的文字一样，苏轼的词同样也以其频繁的破体或变体著称，具备复杂思想性的词作其实在苏轼的笔下比比皆是。因此仅凭不同的文体特质这一条理由，也不能令人信服地解释这两首吟咏赤壁的作品为何会出现如此迥异的情感态度取向。

我们其实还可以将《赤壁赋》所传递出的旷达乐观仅仅理解为是人在沉思逝去的过往以及永恒的死亡之后，可能会产生的一种反应。也就是说《赤壁赋》代表了苏轼对于贬谪的一种回应，但并不是他最终的或者占主导地位的回应。相较于上述两种推测，这种理解方式显然要更加地适宜。在谪居时期，苏轼必然也会同样深入地思考个人奋斗的价值及其是否存在长久而持续的意义等问题。无论多么地不受其欢迎，怀疑与悲伤一定会始终不断地侵扰苏轼想要努力平静下来的心绪，就像《赤壁赋》里那位身份不明的吹箫之客一样，他的箫声打破了这片月夜本有的宁静。作为一位诗人，苏轼也常常将其哲学思想当中的若干核心概念（比如"不执""无我"等等）迁移至诗，创造出可供自我慰藉的文学世界。但是苏轼常常也会感到，这些来自哲学思想领域的概念同样亦不足以帮助自己有效地排遣悲愤与落寞。

苏轼在《赤壁赋》与《念奴娇·赤壁怀古》中分别以曹操与周瑜作

为重点吟咏对象,这两位历史人物的不同身份特征或许可以有助于解释这两首作品的差异。当苏轼聚焦于那位令人心生畏惧的既是武将又是权相的曹操之时,他可以始终保持哲学思考所必需的超然与客观,从而给出对于生命之有限与无常的哲学回应。但是周瑜却有着曹操所无的巨大魅力,而且苏轼又是如此之深地倾慕与认同周瑜,因此当周瑜成为聚焦对象的时候,他便绝无给自己披上任何超然之伪装的可能。尽管苏轼在词中仍然努力想要客观地对待自己的情绪("故国神游,多情应笑我"),但他还是让自己沉浸在了其于《赤壁赋》里所否定的那种多情与自怜之中。

乍看之下,文人苏轼似乎与武将周瑜没有什么相通性。然而即便苏轼无法成为一位将军,他长期以来都梦想成为一位当朝重臣,也就是一位深受统治者信任的可以将国家命运全权托付的人,就像孙权无比信任周瑜能够率领其军队战胜来犯的曹操一样。这便是周瑜在苏轼心目当中的形象,也是他能够将自己和周瑜相比较的原因。苏轼想要强调的并不是周瑜身为将军的勇武,而是他的少年得志、他的雄姿英发、他无比光明的前景(因为苏轼提到了周瑜的妻子小乔),以及他的潇洒举止与过人才智:"谈笑间,樯橹灰飞烟灭"(这两句指的就是周瑜以火攻之计大破曹军的睿智)。那么苏轼是否也应该像周瑜一样,通过其杰出的谋略成功地拯救自己的国家呢?这阕词随后便立刻转到了词人自我之上,以及他对于自己过往岁月的深沉怀恋。在以"怀旧"为主题的作品中,不仅总会出现对于过去的深情回顾,而且也相当常见把往昔当成是衡量如今潦倒的标准。苏轼在这阕词里便是这么做的。他之所以会在自我生命的这个时刻选择填写一阕吟咏周瑜的词作,就是因为他发现自己将再无成为当代周瑜的可能。不仅仅是千古风流人物的存在痕迹都在历史时空当中被"淘洗"殆尽,苏轼自己成为有如周瑜那般的柱国之臣的机会同样也消逝了。中国古代批评家早已察觉到了苏轼与周瑜在这阕词里有着特别的关联,并将其融入在了对于这阕词的评论当中,比如:"东坡赤壁词,殆戏以周郎自况也。"(元好问)"题是赤壁,心实为己而发。周郎是宾,自己是主。借宾定主,寓主于宾。是主是宾,离奇变幻,细思方得其主意处。不可但诵其词,而不知其命意所在也。"(黄苏)①

东坡·陶渊明·坚定的满足感

将自我聚焦于世间万物永恒不变的变化之上,并且从明月清风之类的寻常事物当中找到自我的满足,是苏轼在《赤壁赋》里提出的消解贬谪苦闷的方式。然而贬谪给苏轼带来的苦闷与困惑实在太过特别,因此这种方式往往并不足以让他完全克服谪居期间的寂寞与悲伤,他依然会时不时地陷入抑郁消沉。比如第三次在黄州经历寒食节的时候,他便将自己比作厨火熄灭之后所剩的余灰,再也无法重新燃起生命的火焰。② 为了应对与此类似的情绪,苏轼也开始探索其他的表达方式,一种可以与无我的哲学思想相结合的,能够有效控制悲伤及自怜的表达方式。比如写作以躬耕居士为主题的诗歌便是其中的一种,苏轼在这些诗歌里主要描述的就是尽管自己被生计所迫而不得不亲自耕作,但这个此前从未干过的新工作却给他带来了诸多的快乐。

苏轼之所以会在诗歌当中描述起自己的躬耕生活,并非只是简单地因为他在黄州的第二年遭遇到了不得不去亲自犁地种田的经济困境。就像他毫无疑问地会有意避免在诗歌里出现黄州时期的某些经历一样,苏轼同样也可以在诗中主动不表现这段生活。他一定是因为觉得将其在东坡之上的辛勤劳作书写下来,是一件非常适合现在的举措,所以才会动笔写出这些诗篇。实际上,苏轼通过这些诗向自己与他人证明,这项工作完全不是难以忍受之事,甚至还可以转化为对于自我的一种慰藉:"日夜恳

---

① 元好问:《题闲闲书赤壁赋后》,《遗山先生文集》卷四十,第 16 页下;黄苏撰:《蓼园词评》,见孙克强主编:《清代词话全编》,南京:凤凰出版社,2019 年版,第 324 页。这两条评论亦被王水照《苏轼选集》辑录,王水照:《苏轼选集》,第 294 页。
② 《寒食雨》(其二),《苏轼诗集》卷二十一,第 1113 页。

辟，欲种麦，虽劳苦却有味。"苏轼想要在相关诗作里尝试捕捉的，正是这种"有味"。在这个话题下，最为优秀的作品当属那组由八首诗歌构成的组诗，它们被统一地冠以"东坡"这个诗题，诗前还附有一段序引，记述了马梦得是如何为他争取到这片废弃土地的。随后苏轼便在诗里相当详细地描述起自己将瓦砾遍地的废弃军营改造成适合农耕之地的艰辛过程。尽管这块地最终还是比较贫瘠，但也足以成为苏轼及其家庭的重要食物来源。下面引录的就是这组诗的前五首：

其一

废垒无人顾，颓垣满蓬蒿。谁能捐筋力，岁晚不偿劳。独有孤旅人，天穷无所逃。端来拾瓦砾，岁旱土不膏。崎岖草棘中，欲刮一寸毛。喟然释耒叹，我廪何时高。

其二

荒田虽浪莽，高庳各有适。下隰种秔稌，东原莳枣栗。江南有蜀士，桑果已许乞。好竹不难栽，但恐鞭横逸。仍须卜佳处，规以安我室。家僮烧枯草，走报暗井出。一饱未敢期，瓢饮已可必。

其三

自昔有微泉，来从远岭背。穿城过聚落，流恶壮蓬艾。去为柯氏陂，十亩鱼虾会。岁旱泉亦竭，枯萍黏破块。昨夜南山云，雨到一犁外。泫然寻故渎，知我理荒荟。泥芹有宿根，一寸嗟独在。雪芽何时动，春鸠行可脍。

其四

种稻清明前，乐事我能数。毛空暗春泽，针水闻好语。分秧及初夏，渐喜风叶举。月明看露上，一一珠垂缕。秋来霜穗重，颠倒相撑拄。但闻畦陇间，蚱蜢如风雨。新春便入甑，玉粒照筐筥。我久食官仓，红腐等泥土。行当知此味，口腹吾已许。

其五

良农惜地力，幸此十年荒。桑柘未及成，一麦庶可望。投种未逾月,覆块已苍苍。农父告我言,勿使苗叶昌。君欲富饼饵,要须纵牛羊。再拜谢苦言,得饱不敢忘。①

  其三"春鸠"句:苏轼自注:"蜀人贵芹芽脍,杀鸠肉为之。"
  其四"针水"句:苏轼自注:"蜀人以细雨为雨毛,稻初生时,农夫相语稻针出矣。"
  其四"蚱蜢"句:苏轼自注:"蜀中稻熟时,蚱蜢群飞田间,如小蝗状,而不害稻。"

  苏轼在这组诗的开篇描绘了这片废弃营地极度荒芜贫瘠的景象,以及他是如何渐渐地将其改造成勉强可供耕种之地的。而在这组诗余下的未被引录于此的诗篇里,苏轼提到了自己想要种植果树的念头,他认为这样可以为自己多年之后的未来人生积累起一定的经济基础;他还记录了自己与黄州的一些寂寂无名之人结下的友谊,以及他们的深情厚谊与长期陪伴给自己带来深切的精神满足。

  这组诗歌的吸引力与影响力之所以会如此之大,很大程度上得归因于其间所有的未被明说出来的内容。或者更加确切地说,在这些诗的已说与未说之间,存在着悬殊的差异。因为这组诗是苏轼在贬谪期间写下的,所以没有一位中国读者不会在阅读这些诗作的过程当中强烈而持续地受到其背后所承载意蕴的冲击。这些诗歌的每一个句子都能让我们意识到,这位正在卑微地从事劳作的人是一位声名显赫的诗人,同时还是一位旧党领袖。于是我们同时还会惊叹于他居然还具备如此强大的自控能力。在这几首诗歌里,我们几乎看不到任何的苦涩情绪,也几乎发现不了任何发生在东坡以外之事的痕迹,似乎诗人现在就只关心东坡之上的庄稼以及自己在这里的生活。正如我们在依次翻阅这组诗的时候所能感受到的那样,诗人就这样一首接一首地描述着自己的躬耕之事,而且还从中收获了越来越多的满足感。苏轼在这组诗中只提起过一次自己过往的仕宦生涯,这便是第四首诗里所说的自己曾经吃的是官仓里腐烂的粮米(这

---

① 《东坡八首》,《苏轼诗集》卷二十一,第1079—1084页。这八首诗的全部英译以及综合性论述,详见郑文君(Alice Wen-chuen):《诗歌,政治与哲学:作为东坡居士的苏轼》(Poetry, Politics, Philosophy: Su Shih as the Man of the Eastern Slope),载《哈佛亚洲研究学报》第53卷第2期(1993);傅君励:《通向东坡之路》,第271—284页。

其实是他的俸禄)。但是他之所以会提起自己过往生活的这方面经历,并不是要抱怨此事,而是为了强调他现在正热忱地期盼着可以通过自己种植的新鲜大米养活自己。看上去苏轼似乎已经极为成功地将所有的纷扰喧嚣全然抛诸脑后。

论者总是喜欢在称赞苏轼《东坡》组诗的同时,顺便提起那位著名的东晋诗人陶渊明。[1] 这样的比较确实是符合实际的做法,因为苏轼在当时就是不断地将自己和陶渊明联想在一起,甚至还说过他是渊明转世这样的话。[2] 在两宋之际,陶渊明彻底地被认作是最早的也是最伟大的能够安然于归田园居的诗人,而且也是由他开创了描绘归耕士人的诗歌传统。不过除了承继陶渊明所奠定的传统,苏轼还在如下两个方面做出了有别于陶渊明的拓展。首先,尽管陶渊明高度享有"田园"诗人的声望,但他从来没有写过像苏轼这样的细致描摹自我实际耕作内容的诗歌。农耕场景只是零星散见于陶诗当中,而且通常也只是一两行笼统模糊的句子而已(比如"相见无杂言,但道桑麻长")。[3] 从本质上来看,陶渊明的诗歌始终是充满智识与哲思的,他是在利用躬耕这个事实,反思自己做出的那个从官场抽身而去的决定究竟给自己带来了怎样的后果。他既没有详细描述过自己躬耕生活的具体细节,当然也不会像苏轼这样刻意地记录下自己对这项工作的熟练程度。其次,陶渊明担任过的最高官职不过是一县之令,但是苏轼却是一位享有全国性名望的人物,尤其是在他经历了乌台诗案之后。因此相较于地位要低下得多的陶渊明,苏轼不得不去亲自种田这件事情,显然更加地出人意料,也更加地具有反讽意味。

苏轼对于渊明诗的仿效始于黄州,而要到贬谪岭南的时候他才变得

---

[1] 参见王文诰注引的赵次公注,《苏轼诗集》卷二十一,第 1084 页。关于这个话题的现代学术讨论,可以参考王水照:《苏轼选集》,前言,第 13—14 页。
[2] 参见《与王定国》(其十三),《苏轼文集》卷五十二,第 1521 页;亦见苏轼《江城子》词,《苏东坡词》第 119 阕(亦见龙沐勋:《东坡乐府笺》卷二,第 2 页上;《全宋词》第 1 册,第 298 页。《全宋词》收录的版本调名作《江神子》)。
[3] 陶潜:《归园田居》(其二),陶潜撰、杨勇校笺:《陶渊明集校笺》卷二,香港:吴兴记书局,1971 年版,第 59 页。英译本见海陶玮(James Robert Hightower):《陶潜诗集》,牛津:牛津大学出版社,1970 年版,第 51 页。

对此近乎痴迷起来。他在那里开启了一个极为艰巨又令人敬畏的事业：他决心将陶渊明存世的120余首诗全都次韵一遍（也就是各写一首韵脚完全相同的新诗）。在北宋时代，朋友之间相互次韵酬唱是相当常见的事情。但是正如苏轼自己指出的那样，像他现在所从事的这种大规模地次韵几个世纪之前诗人的诗，则是从来没有过的事情。①

陶渊明对于苏轼的重要意义似乎也在他贬谪岭南期间得到了显著的加深。在苏轼看来，陶渊明不仅仅是一位躬耕士人或者"田园"诗人，更是一位因为不愿意让自我生命在这片污浊的世间里委曲求全，从而被迫过上寂寂无名生活的人。而且尽管如此，陶渊明在他寂寞的田园生活当中，从来没有流露过苦涩的情绪。苏轼曾特别留意过陶渊明写给其子的一篇短疏："少而穷苦，每以家弊，东西游走。性刚才拙，与物多忤。自量为己，必贻俗患。俛俛辞世，使汝等幼而饥寒。"②并予以了这样的评论："渊明此语，盖实录也。吾今真有此病而不蚤自知，半生出仕，以犯世患，此所以深服渊明，欲以晚节师范其万一也。"③

随着苏轼对于陶渊明的钦佩与日俱增，他对陶渊明也产生了越来越强的自我认同感，甚至他心目当中最为喜爱的诗人也在岭南期间由杜甫换成了陶渊明。④ 然而即便如此，陶苏二人之间的人生经历差距同时也在变得越来越大。如果说苏轼在黄州的时候是半遮半掩地宣称自己是渊

---

① 详见苏辙转引的苏轼自我陈述。苏辙：《子瞻和陶渊明诗集引》，《栾城集》，后集卷二十一，第1401—1402页。现存的苏轼诗歌缺失了对于二十余首陶渊明诗的和韵作品，A. R. Davis 认为苏轼其实从来没有和韵过这二十余首陶诗，因为它们与苏轼的贬谪境遇相去太远。A. R. Davis：《苏轼的"和陶诗"：文学现象还是心理现象？》（Su Shih's Following the Rhymes of T'ao Yuan-ming' Poems: ALiterary or a Psychological Phenomenon?），载《澳大利亚东方学会会刊》（Journal of the oriental Society of Australia）（第10卷），第93—108页（1974年）。
② 陶潜：《与子俨等疏》，陶潜撰、杨勇校笺：《陶渊明集校笺》卷七，第301页。英译本见海陶玮：《陶潜诗集》，第5页。
③ 苏辙：《子瞻和陶渊明诗集引》，《栾城集》，后集卷二十一，第1401—1402页。
④ 关于陶渊明变成苏轼心中最为崇敬的诗人，详见苏辙在《子瞻和陶渊明诗集引》中的转述，《栾城集》，后集卷二十一，第1402页。苏轼先前所做的以杜甫为最高崇敬对象的表述，详见《王定国诗集叙》《书吴道子画后》与《书黄子思诗集后》，《苏轼文集》卷十、卷六十七与卷七十，第318页、第2124页与第2210页。陈华昌也关注到了苏轼在贬谪岭南期间发生的这个心态变化，详见陈华昌：《心灵，为陶渊明所吸引》，载苏轼研究学会编：《论苏轼岭南诗及其他》，第216—222页。

明后身的话,那么当其多年之后被朝廷进一步贬至海南岛的时候,则可谓堂而皇之地公然重复起了这个说法。但是苏轼的亲弟弟却在记录下他自比于陶渊明的同时,也指出了其间明显存在的不协之处:"嗟夫!渊明不肯为五斗米一束带见乡里小人,而子瞻出仕三十余年,为狱吏所折困,终不能悛,以陷于大难,乃欲以桑榆之末景,自托于渊明,其谁肯信之?"①

从整体上来看,苏轼创作的和陶诗是一个结构复杂的体系。其间的每一首诗几乎都如我们所愿,在苏轼所进行的跨越几百年的时空对话之中,建立起了对于陶渊明原唱的新诠释。这种通过和韵行为而发生的变化,值得我们予以深入的探究。② 在这里,笔者只想提醒大家关注苏轼对于陶渊明所作回应的某些重要方面。在苏轼的和陶诗当中,有一些诗作似乎与陶渊明原唱的情感及口吻非常地相似,或者说与我们心目当中的陶诗体貌极为接近。比如下面这首诗便是如此,其次韵的是陶渊明著名的组诗《归园田居》中的第二首:

  穷猿既投林,疲马初解鞅。心空饱新得,境熟梦余想。江鸥渐驯集,蜑叟已还往。南池绿钱生,北岭紫笋长。提壶岂解饮,好语时见广。春江有佳句,我醉堕渺莽。③

苏轼此诗中的许多句子都能让人联想起陶渊明的原作,比如第一联(陶诗"久在樊笼里,复得返自然")与第三联(陶诗"时复墟曲中,披草共来往")即是典型。④ 不过苏轼和诗的整体面貌还是明显不同于陶诗原作,读者可以在苏轼的和诗当中发现某种程度的对于新生活环境的坚定满足

---

① 苏辙:《子瞻和陶渊明诗集引》,《栾城集》,后集卷二十一,第1402页。
② 宋丘龙的《苏东坡和陶渊明诗之比较研究》是一部专门研究苏轼和陶诗的论著,台北:商务印书馆,1985年版。A. R. Davis 和陈华昌的论文(见注释60与注释63)亦颇可参考。这里还需着重著录另外两篇论文,它们都敏锐地指出了苏轼与陶渊明在人生际遇方面的不同,以及这些差异对于苏轼自称是渊明后身的影响(这是本节所论的重要主题之一):唐玲玲:《论苏轼的和陶诗》与王运生:《苏东坡在惠州和陶诗的思想倾向》,载苏轼研究学会编:《论苏轼岭南诗及其他》,第166—184页、第185—196页。
③ 《和陶归园田居六首》(其二),《苏轼诗集》卷三十九,第2104—2105页。
④ 陶潜:《归园田居》(其一、其二),陶潜撰、杨勇校笺:《陶渊明集校笺》卷二,第57页、第59页。英译本见海陶玮:《陶潜诗集》,第50页、第59页。这段论述所引用的其他陶渊明诗句的英译,亦见于海陶玮的译本。

感,这是陶诗原作绝对不曾有过的内容。对于自己选择的这个归耕田园的人生新路,陶渊明在诗中不仅表达了喜悦之情,同时也直率地流露出了深切的担忧。于是陶渊明会用这样的句子结束第二首《归田园居》(正是上引这首苏轼诗作的和韵对象):"常恐霜霰至,零落同草莽。"同时还在第三首的结尾如此写道:"衣沾不足惜,但使愿无违。"正如陶渊明在许多诗歌里表现出来的那样,他在归耕岁月间并不仅仅是在担忧自己的庄稼,还会深沉地思考时间、历史以及自我的有限生命("人生似幻化,终当归空无")。但是在苏轼的和韵诗里,乡野生活的乐趣占据着绝对的主导地位,陶诗原唱当中的那些其他的忧患情绪被苏轼在次韵的过程当中大量地消解掉了。

在其他的和陶诗里,苏轼也始终超越于他认为的陶渊明所能展现出的高洁德行之上。陶渊明曾经写过一组赞美贫士的诗,他试图通过在诗中吟咏这些享有崇高声誉的古代高节隐士来慰藉穷困潦倒的自己。这组诗歌能够让读者频繁地联想到陶渊明自己的穷困生活,同时其间还有不少能够反映出陶渊明的妻子儿女时常无法忍受这种生活的线索。陶渊明在吟咏这些古之贫士的时候,不仅会具体描述他们是如何在极度穷困潦倒的状态下依旧能够从恶劣的生活环境里找到自我满足感的,而且更会强调穷困潦倒其实是他们为了保持自我德行的完美无瑕而不得不做出的牺牲("一旦寿命尽,弊服仍不周"),[①]因此他们才会成为如此极为不同寻常之人。陶渊明还在这组诗里表达过其本人对贫困生活的沮丧与无奈之情:

　　凄厉岁云暮,拥褐曝前轩。南圃无遗秀,枯条盈北园。倾壶绝余沥,窥灶不见烟。诗书塞座外,日昃不遑研。闲居非陈厄,窃有愠见言。何以慰吾怀,赖古多此贤。[②]

[①] 陶潜:《咏贫士》(其四),陶潜撰、杨勇校笺:《陶渊明集校笺》卷四,第 220 页。英译本见海陶玮:《陶潜诗集》,第 208 页。
[②] 陶潜:《咏贫士》(其二),陶潜撰、杨勇校笺:《陶渊明集校笺》卷四,第 217 页。"陈厄"指的是孔子及其门人在陈国陷入的断粮危机。英译本见海陶玮:《陶潜诗集》,第 205 页。

但是苏轼对于这组诗的和韵却有着完全不同的关注重点。他在那些提到陶渊明的诗句里，总是想着陶渊明在贫困状态下的自适自乐：

    谁谓渊明贫，尚有一素琴。心闲手自适，寄此无穷音。①

苏轼的确会在诗中提到自己的贫困潦倒，但他却总是如此地将其与陶渊明的生活状态相类比。在苏轼看来，陶渊明的平静内心从未因贫困而泛起过波澜。苏轼还在这组和诗的最后一首中更加直接地将自己的处境与四散他州的六位子侄的处境进行了对比，并强调他们的生活确实是非常艰苦的，但自己则"独遗以安"。②

  苏轼在一首与怨愤或苦涩这个至为重要的主题密切相关的和陶诗里，做出了非常明显的与上述相类的改动陶诗原作意旨之举。陶渊明曾写过一首"怨诗"，记录了他在人生当中遇到的一些艰难困苦（例如其生逢"世阻"、第一任妻子在很年轻的时候就不幸去世、目睹了他的房子被大火烧毁、因断粮而挨饿）。③ 在这首诗行将结束的时候，陶渊明认为上天并不应该对自己的艰辛人生负有什么责任，但他从来没有为其官场同僚或者整个人类社会说过类似这样的开脱之辞。实际上，陶渊明的这首诗毫无疑问就是在将自己异常艰苦的人生归咎于人类社会，从而他才会相应地在结句之中提到那位唯一能够充分理解伯牙琴意的完美朋友钟子期。

  然而苏轼却将和韵诗写成了好像陶渊明在原作里完全没有提及怨愤似的（除了在标题中出现了"怨"字）。其开篇云：

    当欢有余乐，在戚亦颓然。渊明得此理，安处故有年。

苏轼还在结句里提到，尽管他会为自己没有早悟此理而感到遗憾，但仍然觉得现在才推尊"渊明贤"并不算太迟。④

---

① 《和陶贫士七首》（其三），《苏轼诗集》卷三十九，第 2138 页。
② 《和陶贫士七首》（其七），《苏轼诗集》卷三十九，第 2139—2140 页。
③ 陶潜：《怨诗楚调示庞主簿邓治中》，陶潜撰、杨勇校笺：《陶渊明集校笺》卷二，第 74 页。英译本见海陶玮：《陶潜诗集》，第 64—65 页。
④ 《和陶怨诗示庞邓》，《苏轼诗集》卷四十一，第 2271—2272 页。

在这些和韵诗里出现的对于陶诗原作意蕴的改变,其实是苏轼努力避免沉溺于悲伤与自怜情绪的一个结果。这番努力始于苏轼在黄州写下躬耕东坡之诗的时候,并在惠州与海南的和陶诗写作中达到高潮。苏轼在和陶诗里回应的陶渊明其实并不完全是那位在历史中真实存在过的诗人陶渊明,而是一位比其更加符合苏轼自我目标与需求的陶渊明。

除了这些深受陶渊明影响的诗歌,这样的人生态度还促成了苏轼不少其他的引人注目的文学表达。比如他会将自己谪居海南岛的经历称作"游",也就是一段令人倍感愉悦的远行,并在北归大陆的途中将其总结为"兹游奇绝冠平生"。① 他也会在其他的诗作里声称自己本来就是海南乡民,②而且还会更进一步地把惠州与海南形容成蓬莱仙境甚至是桃花源。③

下面引录的这篇短文是又一个能够展现这番坚定的乐观主义的例子,其写于苏轼被迫渡海离开大陆后不久。

> 吾始至南海,环视天水无际,凄然伤之曰:"何时得出此岛耶?"已而思之:天地在积水之中,九州在大瀛海中,中国在少海中,有生孰不在岛者?覆盆水于地,芥浮于水,蚁附于芥,茫然不知所济。少焉水涸,蚁即径去;见其类,出涕曰:"几不复与子相见。"岂知俯仰之间,有方轨八达之路乎? 念此可以一笑。戊寅九月十二日,与客饮薄酒小醉,信笔书此纸。④

鲜有读者不会在读罢这篇短文后露出苏轼所云的一笑。苏轼在文中并没有把这片令人生厌之地形容成一个令其适意的避难之所,而是转而将其视作是一个极易逃离的地方,因为唯一要做的事情就是让南海全部蒸发

---

① 《六月二十日夜渡海》,《苏轼诗集》卷四十三,第 2366—2367 页。
② 《吾谪海南,子由雷州,被命即行了不相知,至梧乃闻其尚在藤也,旦夕当追及,作此诗,示之》与《别海南黎民表》,《苏轼诗集》卷四十一、卷四十三,第 2245 页、第 2363 页。
③ 《寓居合江楼》《和陶桃花源》《行琼、儋间,肩舆坐睡。梦中得句云:千山动鳞甲,万谷酣笙钟。觉而遇清风急雨,戏作此数句》,《苏轼诗集》卷三十八、卷四十、卷四十一,第 2072 页、第 2196—2198 页、第 2246—2248 页。
④ 《试笔自书》,《苏轼文集》佚文汇编卷五,第 2549 页。戊寅是 1098 年。

掉而已。

  苏轼具备的这种能够在艰难困苦当中发现足可慰藉甚至欢愉之处的能力，当然是其所获名望的核心组成要素。无论是他效法陶渊明所擅之平静安然的诗风，还是他将瘴毒横行的荒凉之地形容成仙境（抑或是将贬谪说成是一场至少对人无害的愉快远行），苏轼似乎从来不会让自己陷入灰心丧气的境地。这足以让我们明白，为何近千年间相继积累起了数不胜数的倾心仰慕于苏轼的读者。此外，中国文学中的谪臣早在唐宋之前就已经主要用孤独凄凉的心境与以君子自居的形象示人，故而在这相当成熟且牢固的书写传统映衬下，苏轼的这种能力及其所取得的成就也就更加璀璨夺目。

  然而我们还是得提醒自己注意，上述的这种乐观时刻只能代表苏轼对于贬谪经历的一种反应。正如下文将要具体论述的那样，在苏轼其他的围绕贬谪的反应当中，也存在着不少压抑内心之怨恨与反抗的时刻。除此之外，也正是因为苏轼的那种明显的自我满足感是他在贬谪期间刻意表现出来的，所以其本身就足以提示我们需要注意它的复杂性。就像我们之前提到过的那样，苏轼和陶渊明的人生其实大相径庭，他完全不是陶渊明那种即便是出仕为官也行迹甚为模糊不清的士人；他也没有像陶渊明那样主动从官场中转身离开，去往具有文化中心意义的庐山进行躬耕劳作。苏轼如果真的想要变成他在诗中所写的陶渊明、躬耕居士，或者不为人知的海南本地乡民，那么他一定得为之付出巨大的努力。而这种努力正是在他那些表现自我安然适意之诗的背后，所潜藏的深层意蕴。尽管如此，安然与适意仍然是这些诗歌的重要组成部分，在苏轼的每一个看似只是简单地记录下自己新近发现的乡野之乐的诗句里，都深深回荡着这种对待贬谪的人生态度。

超越尘世

  苏轼有时也会无法保持他那随遇而安的人生态度，或者难以为其僻

第八章　贬谪时期的文学

陋萧寂的谪居生活做出什么托辞,取而代之的则是只想试图逃离这片险恶的人世。在他作于贬谪期间的作品里,有着一连串的与这个愿望密切相关的典型主题(包括了修禅、炼丹、呼吸吐纳之法,以及道教的神仙术)。苏轼的最终选择也完全符合我们对其的期待,他拒绝将自己完全隔离于此岸尘世之外,一味地探索各种通向彼岸世界的法门。但也正因为他要不断地否决这个念头,故而我们可以想见他在贬谪期间所受到的相关诱惑是有多么强烈。

苏轼在黄州为自己建造了一座名为雪堂的屋舍。此堂的得名之由不仅仅因为其落成于一个大雪纷飞的日子,也因为苏轼在堂内的墙壁上绘满了雪景,连一寸见方的空白墙壁也没有留下,造就了如他自己所云之:"起居偃仰,环顾睥睨,无非雪者"的样态。① 苏轼时常独自坐在这间不同寻常的雪堂之内,"将以佚子之身,将以佚子之心"。他还想要在雪堂中获得如舞蝶般轻盈的知觉,从而经历一段意味深长的沉静。据他自己所言,满堂的雪景使他的皮肤逐渐变得冰冷,也使其烦恼与抑郁的心情得到了净化。在苏轼对于雪堂的描述里,此堂能够降低个体感官敏感度的冷却功效可以成为世人对抗尘世间种种激烈争执的手段。那些总是奔波劳碌于患得患失之路上的人,或者那些彷徨徘徊于担忧与怀疑之域的人,应当会像烧伤双手者欢迎一桶水那样地欢迎雪堂所提供的令人知觉全失的寒冷。

雪堂是被苏轼用来沉思冥想的空间,其所追求的目标是首先让眼前满目的雪景淹没掉自我的各种世俗之念("忘其本"),②然后再利用这种自我的解放去获得能够感知世间至高真理的洞察力,即所谓"求之眉睫之间,是有八荒之趣"③以及"群息已动,大明既升"。④ 值得注意的是,苏轼哪怕是在描述这种能够获得顿悟的时刻,也极力避免使用诸如"理""人

---

① 《雪堂记》,《苏轼文集》卷十二,第 410 页。
② 《雪堂记》,《苏轼文集》卷十二,第 412 页。
③ 《雪堂记》,《苏轼文集》卷十二,第 412 页。
④ 《雪堂记》,《苏轼文集》卷十二,第 412 页。

性"这样的术语。此外,在这些称颂雪堂功效的字里行间,甚至还明显地充斥着苏轼的自我疑虑。他在这篇《雪堂记》里设置了一位身份不明的与他自己激烈辩论的客,这位客指责苏轼竟然需要把自己关在这间特别的房子里才能获得智慧,既然如此,此举也就无法称得上是真正的解脱。最终,苏轼也承认了此言的正确性。

苏轼在其他的时间里也没有停止从事他在雪堂之中所做的独自冥想与沉思,他通常会将这种心智训练与各种其他的修炼法门结合起来。这些修炼法门主要源于有着丰厚传统的养生之法以及道教的内丹、外丹之术。他驳杂地修习与记录着许多与此相关修炼技艺,包括呼吸吐纳之法、吞津之法、辟谷之法以及炼制长生丹药之法。比如睡莲、母乳以及更加常见的朱砂,都曾被苏轼拿来炼制过丹药。他之所以会亲自操弄起方士所用的炼丹炉,除了是想要给自己炼制出可以延年益寿之丹药的这个真实念头,同时也正如他自己所说的那样,只是为了想要享受观察"物之变"的乐趣。[①] 他还屡屡写信给他的朋友,希望他们能够给自己寄来一些炼丹的原料。[②] 实际上,苏轼对于这些延年益寿之法的浓厚兴趣让他的僧人朋友感到异常的惊愕甚至是失望。那位对苏轼崇拜有加的禅僧惠洪,就将苏轼从事这些道教修炼之术的行为,以及由此反映出的他无法坦然接受自己终将死亡,视作苏轼一生当中的唯一缺憾。[③]

苏轼对于将红尘俗世抛诸身后的浓厚兴趣,究竟与他自己在凡间经历的政治挫折有着怎样的联系呢?他在一篇作于惠州的文章之中,留下了关于这个问题的清晰阐述。苏轼于这篇文章的开头首先向其弟详细描述了他近来刚刚学习到的一种内丹之术,随后便云:

> 此论奇而通,妙而简,决为可信者。然吾有大患,平生发此志愿百十回矣,皆缪悠无成,意此道非捐躯以赴之,刳心以受之,尽命以守

[①]《与程正辅》(其五十五),《苏轼文集》卷五十四,第 1615 页。在苏轼作于黄州的一封写给王巩的尺牍里,亦有与此相近的表述。《与王定国》(其七),《苏轼文集》卷五十二,第 1517 页。
[②] 上一注里提到的两篇尺牍都包含了这些请求。
[③] 惠洪:《跋东坡仇池录》,《石门文字禅校注》卷二十七,第 4033 页。

之,不能成也。吾今年已六十,名位破败,兄弟隔绝,父子离散,身居蛮夷,北归无日,区区世味,亦可知矣。若复缪悠于此,真不如人矣。故数日来,别发誓愿。譬如古人避难穷山,或使绝域,啮草啖雪,彼何人哉!已令造一禅榻、两大案,明窗之下,专欲治此。并已作干蒸饼百枚。自二月一日为首,尽绝人事。饥则食此饼,不饮汤水,不啖食物,细嚼以致津液,或饮少酒而已。……①

这个由一位身份不详的隐士教给苏轼的内丹术被称作"龙虎丹法"。其修炼目标是促使分别与心肾相关的两种力量能够被结合在一起并不断地得到滋养,而非凡俗所见之分离与消耗自我个体的心肾之力。而苏轼对于此丹法的内在理路与具体修炼方式的详细阐释,则主要使用了包括动物象征符号以及五行比附在内的著名内丹话语理论体系。② 龙和汞象征着出自肾的精与血,而虎与铅则象征着出自于心的气和力。通常来说,龙往往出于水中(即其在自然界中的样态):当肾在大量分泌津液的时候,体内之龙就会顺水飞走,而肾之汞也就很快会相应地被消散掉了。与之类似,虎通常伴随着火一起出现:一旦炽烈的激情心火被点燃,那么体内之虎就会肆意地奔跑,从而使得心之铅也迅速地走向枯竭。苏轼所学的这个内丹术就是为了防止出现上述这些负面的发展演变而设计,通过克服或逆转常规的事物关联之理的方式,使得体内的龙虎不至于逸出体外,而以一种互补交融的面貌在体内长久地盘桓与养育。这便是苏轼所谓的"龙从火里出"与"虎向水中生"。这样修炼的结果就是已经存在于体内的金属(汞与铅)之力将会变得越来越精纯与强效。

正如苏轼所描述的那样,实现上述目标的具体操作手段包括了呼吸吐纳与吞津之法。通过修炼一种叫做"达摩胎息法"的呼吸吐纳之法,可

---

① 《龙虎铅汞说》,《苏轼文集》卷七十三,第 2332 页。
② 参见贺碧来(Isabelle Robinet):《内丹对道教和中国思想的贡献》(Oringinal Contributions of Neidan to Taoism and Chinese Thought),载孔丽维(Kohn, Livia)编:《道教修炼与长生术》(*Taoist Meditation and Longevity Techniques*),安娜堡:密西根大学中国研究中心,1989 年版,第 297—330 页。

以使得丹田逐渐变得温暖,并在一段时间后达到全身温热甚至"几至如烹"的状态。然而由于修炼者需要将自己的感官全都给封闭起来,所以其体内的这股温热之火并没有任何的外溢渠道或应用之所,只能在体内不断地积聚。随着体内之火越积越多,在水火必须得到平衡的驱动作用下,体内之水也就会相应地大量增加,最终使得水与火在互相蒸腾间发生相合,也即所谓"龙从火里出"。与此同时,熟练的修炼者还会在闭息的时候把舌头卷向软腭后部的悬雍垂以堵住口腔的下入口,从而使其因体内之火的积聚而不断产生的唾液(即水之汞)能够汇聚于嘴里,并动用火之力使其变为纯净的"蒸汽"。待这种蒸汽完全充满整个口腔之后,再将其吞咽下去,一直送至丹田,并在丹田内以意滋养之,最终使其化而为铅。这便是所谓的"虎向水中生"。

读者或许会认为,苏轼修炼这种内丹之术的首要以及最重要的目的,应该是为了改善自己的身体健康状况,毕竟苏轼在贬谪岭南期间尤为频繁地抱怨过极难获得药材一事,并且他在此时也确实相继或同时患上包括眼疾、高烧、疥疮以及腹泻在内的多种疾病。而我们也知道在改善身体健康状况、延年益寿以及真的得道成仙等多种不同的养生追求之间,其实并没有什么绝对的区别。当时人相信一种具体的养生之术既可以在炉火纯青的长期修炼下实现羽化登仙的终极追求,同时也可以只是起到良好的改善修炼者身体健康状况的短期功效。因此那位苏轼在惠州结识定交的道长邓守安,就似乎既是为苏轼治疗普通疾病的郎中,也是指导苏轼修炼神秘长寿术的炼师。① 此外,就像内丹修炼的终极成就经常会被描述为"尸解"(苏轼自己也曾使用过这个词)那样,②修炼者或道教信徒在很多时候会相信躯体死亡但精魂不灭的可能性,于是技巧精湛的内丹炼师很可能并不会试图避免正常的肉体死亡。这样来看,苏轼修炼内丹一事也就变得更加复杂,其目的似乎不仅仅是改善身体健康状况那么简单。

---

① 《答张文潜》(其二)与《与陆子厚》,《苏轼文集》卷五十二、卷六十,第 1539 页、第 1853—1854 页。
② 《陈太初尸解》,《苏轼文集》卷七十二,第 2322—2323 页。

第八章　贬谪时期的文学

　　尽管我们很想将苏轼对于道教炼丹术以及其他养生之法的兴趣完全归因于世俗或医药（我们现代意义上的医药）的理由，但他自己的文字却显示出情况并非如此。毋庸置疑，苏轼确实希望能够以此改善自己的身体健康状况，但他也会时不时地心存更为高远的利益期愿。比如他就向弟弟明确表示，那些允许自己体内的"龙虎"逸散于身体之外的人都是最终不免一死的凡人，而那些精通他所描述的这个内丹术并成功将铅汞之力留于体内的人，则都是成仙的真人。① 与之相似，在他撰写的与炼丹术以及呼吸吐纳之法有关的文字当中，也经常出现诸如企求很快就能"去仙不远"或者直接谈论如何"致神仙"之类的内容。② 尽管如此，苏轼对于求仙寻道的态度还是比较矛盾的。他曾在写给苏辙的一篇短札里提到自己一方面在大量服食朱砂，一方面还同时在从事道教的致一之术，并对此自嘲云："兄老大无见解，直欲以拙守而致神仙，此大可笑，亦可取也。"③在另一篇文章里，苏轼还特别讲述了一位老道的故事，老道尽管十分长寿但最终还是令人遗憾地逝世了，苏轼因此提出了是否真的可以实现长生不老的疑惑。④ 除此之外，苏轼求仙寻道的矛盾心理还表现在，他其实颇为顾虑于这个强烈的欲望追求本身，同时也为自己深陷其中的迷恋而感到担忧。

　　如果我们认为苏轼就是在经历了尘世中的种种努力奋斗、恪尽职守以及最终的失意落魄之后，才产生出了对于超越时间的束缚以及抛弃凡俗之"人世"的浓厚兴趣的话，或许会有助于我们更好地理解他的这个在求仙寻道方面的兴趣与追求。实际上，苏轼在上引那段文字里就是这么认为的，而且他还在一首作于海南的吟咏汉代方士安期生的诗里将其又重新提出与强调了一遍。苏轼并没有特别关注安期生在神仙方术领域取得的高超成就（这是安期生得以成名的原因），而是在这首诗中强调安期

---

① 《龙虎铅汞说》，《苏轼文集》卷七十三，第 2331 页。
② 《养生诀》《寄子由三法·藏丹砂法》《学龟息法》，《苏轼文集》卷七十三，第 2336 页、第 2339 页、第 2339 页。
③ 《寄子由三法·藏丹砂法》，《苏轼文集》卷七十三，第 2339 页。
④ 《异人有无》，《苏轼文集》卷七十三，第 2327 页。

生在驾鹤升仙之前的楚汉相争期间,曾做过以策略干谒项羽的事情。①并认为项羽完全没有想要重用安期生的最终结局,才是安期生决定致力于目标取向完全相反的另一种人生事业追求的原因。很明显,苏轼对自己所发现的这个不为人知的事实颇感兴奋,以至于写出"乃知经世士,出世或乘龙"之句。② 从中也足以看出,类似安期生这样的能让人产生对于求仙寻道之浓厚兴趣的人生背景,也对苏轼有着极大的吸引力。

说到底,无论苏轼采用的是单一的胎息之法还是内外丹相杂糅的道术,他总是会在努力追求"乘龙"大业的过程中半途而废。他的朋友黄庭坚就注意到苏轼"平生好道术,闻辄行之,但不能久,又弃去"。③ 苏轼在贬谪期间创作了数量极多的与道教题材相关的文学作品,是其贬谪诗文的重要组成部分,其间也时常流露出与黄庭坚所云相类似的不愿意长期坚持下去的心态。

苏轼的与道教相关的诗作从来都不是在诸如扶箕降仙会这样的场合里以附身降笔的口吻写就的,而主要是在类似与表兄程之才同登惠州城外之白水山那样的游历道教传奇圣山的过程当中创作的。④ 然而这样的作品其实是中国诗歌的传统样式之一,几乎普遍存在于每一位诗人的笔下。相较而言,那些能够反映苏轼在求仙寻道的问题上所秉持的是摇摆犹豫之心态的诗作,才具有更加特别的意义。比如苏轼在贬谪岭南期间频繁地写作提到东晋诗人、炼丹家以及哲学家(《抱朴子》的作者)葛洪名姓的诗篇,以及数量众多的化用与葛洪有关之典故的诗作,就是一组很好的考察案例。葛洪曾经隐居于罗浮山之巅,其地恰好就在苏轼谪居的惠州城北。正是出于这个缘故,葛洪是为数不多的可以与惠州地区联系在一起的前代文学家,这似乎也能使我们更加容易地理解苏轼为何会在这

---

① 《汉书》卷四十五,《蒯通传》,第 2167 页。
② 《安期生》,《苏轼诗集》卷四十三,第 2349 页。
③ 黄庭坚:《题东坡书道术后》,《黄庭坚全集》正集卷二十五,第 583 页。
④ 《同正辅表兄游白水山》,《苏轼诗集》卷三十九,第 2147—2148 页,以及紧接其后的《次韵正辅同游白水山》一诗。

一时期的诗中如此密集地提到葛洪。

苏轼当然不仅仅只会简单地将葛洪当作一个便于入诗的本地历史人物来使用，他还经常会更进一步地在诗中把葛洪塑造成自我的人生偶像，以此给自己对于道教神仙之术的浓厚兴趣提供前代先例与合理性依据。苏轼甚至还会在和陶诗里同时提到葛洪，认为他和陶渊明一样，也是自己的一位重要的老师与朋友：

无粮食自足，岂谓谷与蔬。愧此稚川翁，千载与我俱。画我与渊明，可作三士图。学道虽恨晚，赋诗岂不如。①

这是苏轼《和陶读〈山海经〉十三首》（其一）里的句子。陶渊明在阅读一部古老的记录地理与神话之书《山海经》的过程当中有感而发，写下了苏轼这组诗所和韵的原唱。苏轼还在诗前附了一段小引，交代了自己主要是因为阅读葛洪的那本兼及炼丹与哲学知识的《抱朴子》有所感，才创作了这组和陶诗。于是苏轼便在这组诗里获得了两个人生偶像：作为诗人的陶渊明，以及作为道术大师的葛洪（也就是那位不需谷与蔬也能安然饱腹之人）。因此苏轼才会在此诗里希望自己能够和陶渊明、葛洪一起，被同绘于一幅画图之中。在这组诗的最后一首当中，还出现了一个与三士图极其类似的三人同行之场景，并重复了陶渊明在从官场抽身而去之际所发出的咏叹："携手葛与陶，归哉复归哉。"

尽管如此，因为苏轼对于炼丹求道的最初热情逐渐会被相关的疑虑与限制所取代，故而葛洪在这组诗里也受到了他一定程度的批评。比如这组诗的第二首即云：

稚川虽独善，爱物均孔颜。欲使蟪蛄流，知有龟鹤年。辛勤破封蛰，苦语剧移山。博哉无穷利，千载食此言。

苏轼主要反对的是葛洪"爱物"主张里的追求永生的部分，认为葛洪试图大量地延长他自己有如"蟪蛄"的寿命是一件愚蠢可笑的事情。因此，尽

---

① 《和陶读〈山海经〉》（其一），《苏轼诗集》卷三十九，第2130页。

尽管葛洪身为道教神仙之术的大师,但事实却充分证明,他与其所诋毁的孔颜(孔子与颜回)一样是"肉体凡胎"。苏轼在诗中否定了葛洪之后,颇为出人意料地选择了那位移山的愚公作为替代葛洪的可供师法之对象。愚公移山的故事见于《列子》。在愚公九十岁的时候,他突然决定要移去挡在其屋前的太行、王屋二山,随即便带领他的诸子开挖这两座山,并将挖出的土石运至别处。一位名叫河曲智叟的人嘲笑了愚公此举的无济于事,但是愚公却坚定地回应他道:"虽我之死,诸子存焉。子又生孙,孙又生子;子又有子,子又有孙。子子孙孙无穷匮也,而山不加增。"①最终天帝被愚公的这片诚心所感动,很快就命令其手下的神祇将这两座山分别搬至别处,愚公的移山计划也就随即宣告完成。这个故事提供了另一种不同的"永生"观念,就是家族的代代延续以及同一个理想志愿的辈辈传承,而非通过炼丹术所实现的个体永生。

如果我们读罢这组和陶诗里更多的篇目,那么就会看到更多的例子,展现了苏轼对于葛洪以及葛洪所代表的事物有着极为矛盾的立场态度。苏轼曾多次在诗里提到中国炼丹史上那几位臭名昭著的游方术士,他们谎称自己掌握了特异功能,并试图暗示追求长生的传统似是而非。就在一首列举古之游方术士的诗里,苏轼便因为葛洪在其书里记下了这些骗子的事迹,而给他贴上了"陋人"的标签。②

数年之后,就在苏轼抵达海南后的第一年里,他又写了一首同时重提自己对于葛洪之钟爱与质疑的诗:

> 博大古真人,老聃关尹喜。独立万物表,长生乃余事。稚川差可近,倘有接物意。我顷登罗浮,物色恐相值。徘徊朱明洞,沙水自清驶。满把菖蒲根,叹息复弃置。③

这首诗的前半部分清晰地显示出,苏轼倾慕的是先秦道家的代表哲人(老

---

① 《列子集释》卷五,第 100 页。
② 《和陶读〈山海经〉》(其十二),《苏轼诗集》卷三十九,第 2135—2136 页。
③ 《和陶杂诗十一首》(其六),《苏轼诗集》卷四十一,第 2275 页。

聃即老子),而非那些长生的道教仙人。而且苏轼也再一次表示,葛洪(稚川)在自己心中的地位因其执着于"接物"而有所滑落。这首诗的最后四句描述了苏轼游览葛洪故居朱明洞的经历与感想。如果这场游历仅仅是一次寻常的登山,那么我们只要将第八句中的"物色"理解成山间风景即可。然而笔者却怀疑,苏轼在诗中思考的对象其实是山间散落的与葛洪有关的遗迹,他担心自己会不会在这里也像葛洪那样再次被长生不老的追求所吸引。因此这最后四句诗里的所有细节,必然都与长生的追求密切相关。比如菖蒲就是一种可以被用来制作长生不老药的植物,而且我们还可以通过苏轼的另一首诗知晓,朱明洞就是一处长满菖蒲的地方。① 此外,如果诗中的"沙水"指的是能够出产贵重的炼丹矿物的"丹砂之水",而非字面上的"泥沙之水"的话,笔者也不会感到任何的惊讶。无论如何,最后这四句诗明显是在说苏轼一开始被这种草药深深地吸引了,但他随后就对此予以了反思,并最终决定把菖蒲扔到一旁(他用的是"弃"这个动词,而非其他简单地表示放下之意的词汇)。这首诗大体上生动形象地展现了苏轼的脑海中时常涌起效法葛洪的念头,但他终究还是会将其拒之于脑后。

虽然苏轼有时甚至会想象自己与陶渊明、葛洪携手同行的画面,但他通常也会很快地在陶葛二人之间做出自己的终极选择,显然他选的是从公共的政治与社会生活中转身离去但却没有同时放弃自我个体生命世界的陶渊明。相较于苏轼在从事道教长生法术(以及佛教解脱法门)之时所感到的忧虑与矛盾,还属陶渊明给苏轼提供的人生模板最不需犹疑。苏轼在海南岛上写道:

　　莫从老君言,亦莫用佛语。仙山与佛国,终恐无是处。甚欲随陶翁,移家酒中住。醉醒要有尽,未易逃诸数。②

---

① 关于菖蒲的这种特性,参见《和子由记园中草木》(其九),《苏轼诗集》卷五,第207页;以及王文诰的注释。关于菖蒲与朱明洞的联系,参见《次韵正辅同游白水山》,《苏轼诗集》卷三十九,第2149页。
② 《和陶神释》(其六),《苏轼诗集》卷四十一,第2275页。

苏轼在这首诗里所珍视的就是能够在这个世界上实现寂寂无名的人生目标,从而摆脱谨言慎行的束缚或好恶毁誉的纠缠:

> 所至人聚观,指目生毁誉。如今一弄火,好恶都焚去。既无负载劳,又无寇攘惧。

苏轼就将这种自我"解脱"之功推属于陶渊明,而不是葛洪。

苏轼在贬谪岭南期间所做的追求长生之举及其对此感到的犹豫与迟疑,能够让我们回想起他在黄州谪居期间创作的另一篇重要作品,这便是他于《赤壁赋》完稿两三个月之后所写的《后赤壁赋》。《后赤壁赋》相较于《赤壁赋》有着极大的情感观念变化,而我们在前一篇赋里几乎看不到能够为后一篇赋的发展变化做出铺垫的内容:

后赤壁赋

是岁十月之望,步自雪堂,将归于临皋。二客从予,过黄泥之坂。霜露既降,木叶尽脱。人影在地,仰见明月。顾而乐之,行歌相答。

已而叹曰:"有客无酒,有酒无肴,月白风清,如此良夜何?"

客曰:"今者薄暮,举网得鱼,巨口细鳞,状似松江之鲈,顾安所得酒乎?"

归而谋诸妇。妇曰:"我有斗酒,藏之久矣,以待子不时之须。"

于是携酒与鱼,复游于赤壁之下。江流有声,断岸千尺。山高月小,水落石出。曾日月之几何,而江山不可复识矣。予乃摄衣而上,履巉岩,披蒙茸。踞虎豹,登虬龙。攀栖鹘之危巢,俯冯夷之幽宫。① 盖二客不能从焉。划然长啸,草木震动。山鸣谷应,风起水涌。予亦悄然而悲,肃然而恐,凛乎其不可久留也。反而登舟,放乎中流,听其所止而休焉。时夜将半,四顾寂寥,适有孤鹤,横江东来,翅如车轮,玄裳缟衣,戛然长鸣,掠予舟而西也。

---

① 此处的虎豹应该指的是在苏轼眼里形似这些动物的岩石。虬龙亦是如此,苏轼以此比喻表皮粗糙多皴的树木。

须臾客去,予亦就睡,梦一道士;羽衣翩跹,过临皋之下,①揖予而言曰:"赤壁之游乐乎?"问其姓名,俛而不答。

呜呼噫嘻,我知之矣,畴昔之夜,飞鸣而过我者,非子也耶?

道士顾笑,予亦惊悟。开户视之,不见其处。②

这篇《后赤壁赋》在接受传统中并不像《赤壁赋》或者《念奴娇·赤壁怀古》那样拥有着数量极多的醉心其中的读者,也没有像那两篇作品一样被广泛地选入各种苏轼作品选集当中,同时还不太能够引发文学批评家的深情评论。论者对于《后赤壁赋》的评论往往只是委婉暧昧地提到该赋对于彼岸世界的构建,以及尝试解释其与《赤壁赋》的联系。如袁宏道云:"后赋平叙中有无限光景,至末一段即子瞻亦不知其所以妙。"王文濡云:"前篇是实,后篇是虚。"金圣叹所云似乎与此恰恰相反,他认为前赋是哲学的了悟,而后赋则是这番了悟的具体应用(尽管他并没有交代究竟是如何运用的)。③

论者对于《后赤壁赋》的鉴赏论析与洞察领悟的不足,一定是由这么几个因素造成的。前赋对于读者来说充满了抚慰与鼓励的力量,而后赋则多少会让读者产生不安与忧虑的情绪。前赋当中的那位苏子是如此地睿智博学且充满自信,然而到了后赋里面,却变成了外表傲慢实际却极为不自信的样子,以至于最终成为一位道士的戏弄对象。读者

---

① 临皋是苏轼的所住之地。"一道士"在有些版本里作"二道士",笔者依从孔凡礼的意见选择"一道士"的版本,因为这样能够与前文中的"孤鹤"相匹配。见《苏轼文集》卷一,第 8 页。(朱熹也早已做过相同的论断,见《朱子语类》卷一百三十,第 3115—3116 页。)关于这处异文的论争,详见陈幼石:《中国古典散文的意象与观念》,第 148—153 页。
② 《后赤壁赋》,《苏轼文集》卷一,第 8 页。英译参见葛瑞汉(A. C. Graham)译本,载白芝(Cyril Birch)编:《中国文学作品选》(Anthology of Chinese Literature),第 383—384 页;陈幼石译本,陈幼石:《中国古典散文的意象与观念》,第 144—146 页。
③ 本文引录的这些评论以及大量未直接引录的评论都被王水照汇辑于《苏轼选集》之中,见王水照:《苏轼选集》,第 393—394 页。袁宏道的评论转引自郑圭辑:《苏长公合作》卷一,明万历四十八年(1620)凌启康刻四色套印本;王文濡的评论见其所著《评校音注古文辞类纂》卷七十一,见姚鼐编:《古文辞类纂》,台北:中华书局,1969 年版;金圣叹的评论见于其所著《天下才子必读书》卷十五,见《金圣叹选批才子必读新注》,合肥:安徽文艺出版社,1988 年版,第 363 页。

对于后赋的阅读期待,大多会是此赋将要在前赋所咏的同一个历史遗迹面前抒发与其相异的怀古情绪。然而当后赋里的苏子与客来到赤壁之下的时候,他们只是在强调眼前的风景看上去是有多么的不同与陌生。更为关键的问题其实在于,《后赤壁赋》在开头以外的部分里基本没有解释或展现叙述者的行为动机与思维过程。我们不知道他为何会开始攀登山崖,不知道他为何会几乎不假思索地就完全抛弃了他的朋友,不知道他为何要在登上山顶之后"划然长啸",也不知道他为何又瞬间会感到悲伤与恐惧。尽管此赋结尾里出现的那位进入苏轼梦境的道士,明显就是在赤壁之下长鸣掠过苏轼小舟的巨大孤鹤(鹤本身就经常与道士联系在一起),但是我们依然无从知晓此鹤为何会做出如此古怪的举止,或者说作者想要在这场人鹤相遇的情节里寄寓怎样的深意。

结合上文所论的苏轼在每一次贬谪期间都会产生对于永生追求的矛盾心态,我们可以在这里给出一种阐释《后赤壁赋》的新思路,也即重视《后赤壁赋》所展现出的有别于苏轼在前赋所论的思想观念。正如我们在《念奴娇·赤壁怀古》当中所看到的那样,苏轼在前赋里做出的哲学思考并不是他对于生命有限之问题的最终答案,而且从一定程度上来说,前赋的回答甚至有些失败。因此苏轼实际上在后赋当中探索起了另一种解决方案,一种寻求完全超越于时间与死亡的方案。

当苏轼离开他的小舟开始攀登山崖的时候,脑海里应该满是山峰的永恒与不朽,而不是赤壁大战的风流人物在山下所立之转瞬即逝的荣耀。我们可以从苏轼的文字里知道,他时常探索赤壁岸边的山崖,曾经游览过以一位隐士或仙人之姓氏命名的徐公洞,还多次注目过在山崖上筑巢的栖鹘。① 后赋里的这场登崖,其实是一次突然兴起的又意味深长的退避于这片山林之间的举动。正因为这不是一次具有社交性质的登山远足或短期旅行,所以苏轼把其同伴抛在身后而只全神贯注于爬上山巅的行为,

---

① 《与范子丰》(其七)与《记赤壁》,《苏轼文集》卷五十、卷七十一,第 1452—1453 页、第 2255 页。

其实毫无违和之感。再加上他想要追求的目标是体验神仙的感觉认知，故而更需要将其日常生活间的交谊与陪伴给赶走。

就在苏轼登上顶峰之际，他做出了"划然长啸"的举动。这是一个相当著名的与道教相关的修炼方法，修炼者通过这种方法为超验性体验做好充分的身心准备，同时也试图以啸声引发自己的某种情绪反应。比如当李白登上泰山之巅的时候，便发出了一阵绵长的啸声，随即一股清风就扑面而来，伴随其间的是从天而降的四五位女仙，她们赠给了李白一杯玉液琼浆。① 苏轼自己曾多次描述过另一种超验场景，即大自然会对精通长啸之人的啸声做出与之相同的声音反馈，并以此显示自己与人类世界的一致与和谐（这个观念经常与《庄子》中的"人籁""地籁""天籁"之说联系在一起）。苏轼有时会在称赞朋友的时候运用这个观念，通过描述一个人与天地自然的非凡关系来暗指其卓越的个人素养："一噫固应号地籁，余波犹足挂天绅。"②

苏轼在赤壁之巅的长啸当然也引起了天地自然对他的回应，但却是一个比他的啸声要强烈得多的回应。至少对于苏轼来说，这个回应是极具压迫感的，使得他立刻就攀下了山崖，回到了其朋友所在的小舟之中。按照一种传统观念的理解，一个人对于这种长啸的精熟程度能够同比反映出其精神修养的高低。一个关于曹魏名士阮籍（活跃于 3 世纪）的故事就具体描述了这个观念。某日阮籍前往山中探访一位道教真人，发现此人正拥膝坐于山崖之侧，阮籍便箕坐于他的对面，向他谈论各种深奥幽

---

① 李白：《游泰山》（其一），李白：《李太白全集》卷二十，北京：中华书局，1977 年版，第 922 页。此诗的英译与研究参见柯睿（Paul Kroll）：《登高而赋：登泰山诗》（Verses from on High: The Ascent of T'ai Shan），载林顺夫、宇文所安（Stephen Owen）编：《抒情之音的生命力：汉末到唐代诗歌》（*The Vitality of the Lyric Voice: Shi Poetry from the Late Han to the Tang*），普林斯顿：普林斯顿大学出版社，1986 年版，第 199—203 页。第 201 页的内容尤其值得参考。关于长啸的历史及其功能，参见青木正儿："啸"的历史及其字义的变迁，载青木正儿：《青木正儿全集》（第 8 卷），东京：春秋社，第 161—168 页。
② 苏轼以此联诗句形容王巩，出自《次韵王定国得颍倅》（其一），《苏轼诗集》卷二十六，第 1394 页。山本和义已经对苏轼作品中的长啸做了极为有益的研究，他在相关论著里也同时征引了《后赤壁赋》与这首诗。山本和义：《诗人的长啸：苏诗札记》，载《南山国文论集》第 4 辑，第 38 页（1979 年）。

玄的道教话题并希望能够获得他的回应。然而此人始终默然凝定，不发一言。于是这位以长啸著名，并且据说其啸声能够传至数百里开外的阮籍，便对着真人长啸了起来。"良久，(真人)乃笑曰：'可更作。'籍复啸。意尽退。还半岭许，闻上啾然有声，如数部鼓吹，林谷传响。顾看，乃向人啸也。"①在苏轼《后赤壁赋》所写的场景里，似乎就是山崖本身（如果不是出现于后文的那位道士借助山崖发出声音的话）向他发出了羞辱之声，以一种暴力激烈的回应声响让苏轼感到了恐惧。相较之下，苏轼自己的啸声除了显得细小微弱又笨拙可怜之外，似乎还带有某种冒犯的成分，从而才会引起山崖的这番愤怒的回应。

接下来发生的小舟与孤鹤之间的相遇，完全可以强化我们对于苏轼攀登山崖之举的认知判断。这就是一场非法侵入式的行为，苏轼想要在其间索取的东西也是他无权得到的事物。这只样貌颇为不祥的孤鹤（通常在描绘恶毒恐怖的怪鸟之时，才会用到诸如"翅如车轮"这类语句）以一种威胁恐吓的姿态向小舟俯冲而来，惊吓到了舟中所有的人。这样的举动当然不会是毫无缘由的，必然是因为苏轼的侵入打破了赤壁之巅也即这只孤鹤筑巢之所的宁静，所以才遭到了其如此之报复。然而占据赤壁山崖的不仅仅只是孤鹤这样的鸟类，它们其实是与神仙及隐士共享这片空间。所以当我们在下文里发现这只孤鹤实际上明显就是闯入苏轼梦境的那位道士的化身之时，才会感觉不到任何的惊讶或奇怪。毕竟无论其持续的时间是多么短暂，苏轼攀上山崖的目的都是为了体验神仙真人的遗世独立，及其与自然万物相合一的不朽。山崖间的道士当然明了苏轼此举的鲁莽与私心，于是决心给他一点教训。

如果《后赤壁赋》是由他人杜撰并传播的，至少在情节梗概层面上是杜撰的，而且还是用来嘲笑苏轼对于求仙问道有所矛盾犹疑的话，那么这

---

① 刘义庆撰，余嘉锡笺疏：《世说新语笺疏》卷下之上，栖逸第十八，北京：中华书局，1983年版，第648页。英译本见马瑞志（Richard B. Mather）：《世说新语》（*Shih-Shuo Hsin-Yu: A New Account of Tales of the World*），明尼阿波利斯：明尼苏达大学出版社，1976年版，第332页。上一个注释里提到的那篇山本和义的论文，也引用了这则故事。

篇文章就没有那么引人注目了。但是《后赤壁赋》所呈现出的抛弃自我甚至自嘲自贱的程度，就算对于苏轼来说也是相当罕见与特殊的。正如他在黄州期间刚刚开始涉足超越凡尘俗世之事的时候所表现出的那样，比如在他将自己与世隔绝于雪堂之中的时候，或者是在亲身试验各种长生之法的时候，苏轼必然同时会对这个新的人生课题心存疑虑。在数年之前，苏轼就曾感受过超越俗世与永生不朽的彼岸图景之吸引；但他转念之间便打消了这个念头，决定就在此岸人间寻找超凡卓越的时刻。注视着中秋之夜的那轮明月，他写下了这几句脍炙人口的词：

> 不知天上宫阙，今夕是何年。我欲乘风归去，又恐琼楼玉宇，高处不胜寒。起舞弄清影，何似在人间。①

不过到了黄州时期，苏轼对于乘风归去与永生不朽的兴趣不再只是一个偶然兴起的幻想，他在《后赤壁赋》中将这个念头不加任何束缚地铺展了开来，并让其得到了一次完整的实践。苏轼就这样一路依循这个念头的指引走到了山崖之巅，但他的疑虑终究还是在此处再次现身。与其说苏轼在赤壁之巅产生的是对于永生的质疑，不如说他其实是在怀疑这项任务是否真的适合自己。

怨愤与反抗之诗

苏轼当然也并不总能够平抑心中对于那些造成他贬谪之人的怨愤情绪，有时还会允许自己将这种心迹表露于诗。他甚至还在诗里提出过一次对于自欺问题的思考："强歌非真达，何必师庄周。"②而引发他讨论这个话题的契机，正是其始终坚持的于贬谪生活间寻觅自得自适的观念。如此一来，以无忧无虑之态度应对人生之艰难困苦的自我要求必然会时

---

① 《水调歌头》（明月几时有），《苏东坡词》，第65阕（亦见龙沐勋：《东坡乐府笺》卷上，第40页）；唐圭璋：《全宋词》第一册，第280页。）
② 《闻正辅表兄将至，以诗迎之》，《苏轼诗集》卷三十九，第2144页。

常让他感到疲倦,并允许他的诗歌至少可以通过笼统模糊的方式表达与之截然不同的情绪。

反语是一种相当可资苏轼利用的修辞策略,因为哪怕是在必须保持表面上的平和伪装之时,苏轼依旧可以通过反语将自我内心的怨愤不平给发泄出来。例如"莫嫌琼雷隔云海,圣恩尚许遥相望"便是如此。这两句诗是苏轼在即将渡海登岛(琼)之际写给其弟的。苏辙也刚刚经历了更加严厉的追贬,被迫前往与海南岛隔海相望的雷州半岛继续他的贬谪生涯,从而他当然深知此刻的苏轼根本不会对皇帝抱有什么感恩戴德之情。与之相似,贬谪黄州时期的苏轼在为其幼子苏遁举办的满月洗礼仪式上"戏作"了这么一首绝句:

> 人皆养子望聪明,我被聪明误一生。惟愿孩儿愚且鲁,无灾无难到公卿。①

以这样的方式写诗实在太过冒险,因此苏轼也只是偶尔为之,他绝大多数表达愤愤不平的诗歌要远比上引这两首诗平和婉转得多。比如苏轼在贬谪黄州期间曾写过好几首以繁花满枝的果树为吟咏对象的诗歌。这些果树都生长在寂寞的荒原之上,既无人前来欣赏它们的美艳芬芳,还因此只能任凭大自然随意摆弄,面临着花朵过早凋零的危险。诗人在这种命运多舛的高洁花朵之中寄寓的自我身世感慨,可能在一首长篇叙事诗里有着最为清晰的表现。这首诗讲述了苏轼与一株海棠的相遇,而且他还在诗题里明确表示,当地人完全不懂得这株海棠的名贵。这首诗的开篇数句描写的是海棠花所呈现出的女性魅力(这是咏物诗的传统写作方式),然而诗意很快就发生了突然的转折,苏轼开始在诗中叙述起他是如何不经意地遇见这株绚丽芬芳的海棠:

> 先生食饱无一事,散步逍遥自扪腹。不问人家与僧舍,拄杖敲门看修竹。忽逢绝艳照衰朽,叹息无言揩病目。陋邦何处得此花,无乃

---

① 《洗儿戏作》,《苏轼诗集》卷四十七,第 2535 页。

好事移西蜀。寸根千里不易致,衔子飞来定鸿鹄。天涯流落俱可念,为饮一樽歌此曲。明朝酒醒还独来,雪落纷纷那忍触。①

我们在阅读这首诗的过程中始终会将诗句所写落实到诗人自身之上,还会不断地将其明确演绎成是对自我被贬至这片鄙陋陌生之地的哀怜。比如诗人自己就是和这株海棠一样,来自西蜀之地。而且"衔子飞来"一语也完全可以被视作类似的自我隐喻,因为苏轼确实是被他的父亲带出四川而来到中原的。② 但是苏轼自始至终都没有将这首诗的关注重心从海棠转到自己,一直都把这株海棠作为全诗的唯一焦点。而且他还在诗中努力地想要引发我们对于这株海棠的关注,确保其缤纷亮丽的颜色不会被自己所遭遇的困境完全掩盖掉。

在这首吟咏海棠之诗的参照下,我们可以相对容易地发现苏轼寄寓在其他咏花诗里的更为幽微隐晦的郁愤情绪。相较于海棠,梅花其实是这类诗歌更为普遍的吟咏对象。在前往黄州贬所的路上,苏轼曾于一个名叫关山的地方过夜,并写了两首吟咏眼前盛开之梅花的七绝。下面所引便是其间的第一首:

春来幽谷水潺潺,的皪梅花草棘间。一夜东风吹石裂,半随飞雪度关山。③

由于前往黄州贬所的诗人恰好也处于翻越关山的旅程当中,故而这首诗里的梅花毫无疑问就是他的自比。(第二首绝句的结尾即云:"幸有清溪三百曲,不辞相送到黄州。")在现存数量不算很多的苏轼书法手迹当中,有一道镌刻于南宋的苏轼自书此诗的碑帖,为这首诗的深刻情感寄寓提供了另一重证据。此帖由草书写就,虽然起笔六七字稍显小而拘束,但苏轼逐渐越来越肆意地将字越写越大,那个结束全诗的形容梅花在风中凋

---

① 《寓居定惠院之东,杂花满山,有海棠一株,土人不知贵也》,《苏轼诗集》卷二十,第 1037 页。
② 此外,这句诗里的鸿鹄形象也非常适用于赞美并怀念他的父亲。详见徐续:《苏轼诗选》,香港:三联书店,1986 年版,第 122 页。
③ 《梅花二首》(其一),《苏轼诗集》卷二十,第 1026 页。译者按:幽,碑帖作"空"。一,碑帖作"昨"。

零飘落的句子,更被他写成了引人注目的"大草"之体(参见图2)。于是此诗结句里所蕴含的美好之物被吹散在荒野的深意,就这样被苏轼用书法给具象化地呈现了出来。

苏轼在一年之后的此日,曾回想过当时的情景:"去年今日关山路,细雨梅花正断魂。"[1]而当他在黄州度过第三个寒食节之时,更于凄冷的雨中再一次将自己与海棠花相类比。

> 卧闻海棠花,泥污燕脂雪。暗中偷负去,夜半真有力。何殊病少年,病起头已白。[2]

值得注意的是,这首诗以及同题之下的第二首诗也有着一份举世闻名的苏轼手书真迹(见图3)的参照。由于这道书帖的字迹相当契合于这两首诗的情感,同时也与两诗在苏轼的黄州时期所具备的重要意义相吻合,故而苏轼手书真迹《寒食雨二首》一直以来都被广泛地认作是最具力量与最具表现力的苏轼现存书法作品。

无论苏轼采用的是怎样的诗歌写作技巧或表现形式,在他作于贬谪时期的咏花诗当中,总是会出现一些自我人生经历的寄寓。或是在充满敌意的环境里憔悴老去,或是饱受反对势力的攻击,或是莫名其妙地就陷入了穷困潦倒之中。也就是说除了传统的伤春,苏轼还总是会在诗里将这些花朵与某些能够与他个人的当下遭际相比类的特定情况联系在一起。如此一来,这些花朵便成为寄寓苏轼在贬谪期间独有之悲痛情绪的载体,既能够帮助苏轼将心中的郁愤抒发出来,同时也可以有效地缓解这种情绪,使其不至于在诗中被表达得那么强烈。

苏轼在黄州岁月间创立的这种主旨类型的咏花诗,待到其被贬惠州之后又重新出现于他的笔下。不过惠州诗作的相关情感表达要比黄州时期激烈了不少,因为诗人在不遗余力地提醒读者,当下的环境与遭际不仅

---

[1] 《正月二十日,往岐亭,郡人潘、古、郭、三人送余于女王城东禅庄院》,《苏轼诗集》卷二十一,第1078页。
[2] 《寒食雨二首》(其一),《苏轼诗集》卷二十一,第1112页。

会令人感到极度的不适,而且自己先前还曾遭受过一次与之相同的穷困落魄。

十一月二十六日,松风亭下,梅花盛开

春风岭上淮南村,昔年梅花曾断魂。岂知流落复相见,蛮风蜑雨愁黄昏。长条半落荔支浦,卧树独秀桄榔园。岂惟幽光留夜色,直恐冷艳排冬温。松风亭下荆棘里,两株玉蕊明朝暾。海南仙云娇堕砌,月下缟衣来扣门。酒醒梦觉起绕树,妙意有在终无言。先生独饮勿叹息,幸有落月窥清樽。①

此诗结尾处的命令之语,可以引申出与苏轼贬谪诗歌相关的另一个要点。尽管万里南迁的苏轼还是在诗中觉得自己与眼前的梅花甚是相似,都在这片陌生之地无所事事,但他却要求自己不要悲伤,而应该去尝试欣赏其间能够令人愉悦怡然的景致(酒樽里的月影)。读至此句,我们几乎能够听到诗人对自己的殷切叮咛,他似乎马上就要说出那些著名的话语了:他是一个土生土长的岭南人,他从未经历过如此奇绝的旅行,他发现这里其实就是蓬莱仙境。苏轼在贬谪期间创作了不少像这样的在一首作品里交替出现愤恨不平与自足自适的诗篇。他之所以能够如此地将二者同置于一处,正因为它们其实并不是矛盾的,而是互补的。它们完全可以被理解成对于同一个决心的两种表现,即不要让自我的精神陷入崩溃。上文已经讨论过,由于苏轼与陶渊明的所处环境有着巨大的差异,因此在苏轼的和陶诗里会贯穿着这种陶诗所无的自足自适的精神品质。但是除了自我慰藉与自我鼓励之外,这些在贬谪期间所做出的自得其乐的论调,其实无不包含着一种反抗的成分。无论这种成分可能会受到多么大程度的抑制与镇静,都改变不了它们普遍存在的事实。

两首苏轼作于岭南的诗以及一个与其相关的故事,可以帮助我们阐释苏轼贬谪诗歌的这个要点。绍圣三年(1096),谪居惠州的苏轼写了引录于下的这首绝句,并将其命名为"纵笔":

---

① 《十一月二十六日,松风亭下,梅花盛开》(其一),《苏轼诗集》卷三十八,第2075—2076页。

白头萧散满霜风，小阁藤床寄病容。报道先生春睡美，道人轻打五更钟。①

据说这首诗后来传到了京城，并在宰相章惇面前被诵读了出来。章惇在听闻此诗的后两句之后，无比震怒地评论道："苏某尚尔快活耶？"不久他便因此予以了苏轼更为严厉的政治惩罚，并将其贬至大海那头的海南岛上。

这个故事的真实性是值得商榷的。虽然其最初出现在南宋人（12世纪）撰写的笔记之中，②但这并不足以证明当年就真的发生过这个事情。而且即便这个故事是真的，也完全无法说明苏轼遭到更加严厉之追贬的原因，仅仅就是这么一首诗。不论这个故事的真实性究竟如何，我们其实有充分的理由怀疑苏轼本人在接下来的岁月里听说过这句评论。毕竟贬谪期间的苏轼其实在一直不断地与散落于全国各地的朋友通信，哪怕他谪居海南岛上，同样也时常会有从大陆漂洋而至的访客。在贬谪岭南之前，苏轼从来没有写过以"纵笔"为题的诗歌，但他却在谪居海南的三年里，至少又写了三首题作"纵笔"的绝句。（读者可以想象当苏辙在听说其兄长又开始写新的"纵笔"诗的时候，会产生怎样的一种反应。）其间的第一首云：

寂寂东坡一病翁，白须萧散满霜风。小儿误喜朱颜在，一笑那知

---

① 《纵笔》，《苏轼诗集》卷四十，第2203页。这首绝句里的那个颇为关键的最后一联，还再次出现于苏轼作于同时期的一篇文章之中。《白鹤新居上梁文》，《苏轼文集》卷六十四，第1989页。
② 曾季狸：《艇斋诗话》，见《历代诗话续编》，第310页。在曾季狸的记述里，章惇是通过上一个注释里提到的那篇《上梁》获知这联诗句的，而非《纵笔》绝句本身。王文诰（《苏诗总案》卷四十一，第1页上）以及其后的一些现代学者在征引这则故事的时候，大多将出处标注为欧阳忞的《舆地广记》，但是笔者在《舆地广记》当中并没有找到此条记载（连稍有相似的记载也没有），不知王文诰以及更早的批评注释家所用的《舆地广记》是否与今传本并不相同。译者按，王象之《舆地纪胜》卷九十九摘录"为报先生春睡美，道人轻打五更钟"一联，并注云："东坡作此诗，传至京师，章子厚见之，笑曰：苏子瞻尚尔快活耶！故有昌化之命。"王文诰这将《舆地纪胜》误记成了《舆地广记》。王象之编著，赵一生点校：《舆地纪胜》卷九十九，《广南东路·惠州·惠州诗》，杭州：浙江古籍出版社，2013年版，第2405页。

是酒红。①

此诗的第二句几乎就是重复了绍圣三年那首同题诗的首句（此句中的"白须"在另一个版本里作"白发"，如果依从这个版本，那么就完全与前诗一模一样了）。而像这样的完全不带任何注释说明地沿袭自己前诗的成句，在苏轼诗集当中其实极为罕见。一些现代学者对于这个颇为奇怪的成句袭用提出了这样一种貌似合理的解释：苏轼确实听说了那个章惇震怒之事，从而在新诗里有意地复述那首令其贬至海南之诗中的成句，以此作为自己的回应。这是一种强烈的反抗姿态，苏轼意在向朝廷表示，自己完全不会被威权吓倒。②

苏轼在贬谪期间尤其是谪居岭南的时候，始终都在尝试各种不同的可以影射他所经历的漫长朝堂党争的诗歌手段。其中的一些诗歌从宏观的角度讨论了什么才是忠臣这个问题，比如一首吟咏"三良"的诗便是如此。"三良"指的是春秋时期秦穆公的三位大臣，他们无比效忠于秦穆公，甚至还遵从了秦穆公让其殉葬的命令。对此，苏轼在诗中区分了两种不同的忠诚，一种是对某个人的忠诚，而另一种则是对国家最大利益的忠诚。

> 我岂犬马哉，从君求盖帷。杀身固有道，大节要不亏。君为社稷死，我则同其归。顾命有治乱，臣子得从违。③

苏轼由此为自己开辟出了一个能够承认并认可异议与违抗的空间，这是一片可以给他提供保护的空间，而且也不应该只是在南海之中的孤岛上才能被找寻到的空间。这首诗的主旨与其所和韵的陶渊明原诗存在着极大的情感意蕴差异，陶渊明恰恰是在赞扬这三位不幸的大臣是多么尽忠尽责。不仅如此，苏轼在刚刚踏入仕宦生涯的时候就写过一首咏及"三良"的

---

① 《纵笔三首》（其一），《苏轼诗集》卷四十二，第 2327—2328 页。
② 参见王水照对于此句的评论。王水照：《苏轼选集》，第 238 页；亦可参看周先慎：《漫说苏轼〈纵笔〉诗：兼谈诗人在惠儋时期的创作心态生活思想》，载《北京大学学报》1988 年第 5 期，第 50 页。
③ 《和陶咏三良》，《苏轼诗集》卷四十，第 2184—2185 页。

诗,当年那首诗的主旨同样也与现在所写的这首和陶诗截然相反。①

苏轼对于自我所遭受之不公正待遇的感受,更多的是以更加私人化的方式流露于诗的。他曾在诗中以虞翻自诩,而虞翻正是三国时期一位饱受诽谤中伤的大臣。他后来也蒙冤被贬至岭南,终其一生都没有得到应有的赦免。②此外,苏轼还创作了一些能够唤起读者关注其过往经历的诗,以及一些反映他此刻深深的无所适从与前路迷惘之感的诗:

纵笔(其二)

父老争看乌角巾,应缘曾现宰官身。溪边古路三叉口,独立斜阳数过人。③

被酒独行,遍至子云威徽先觉四黎之舍

半醒半醉问诸黎,竹刺藤梢步步迷。但寻牛矢觅归路,家在牛栏西复西。④

清代学者纪昀曾经批评过上引第二首诗的第三句写得过于鄙俗,⑤然而苏轼其实是在有意地违逆那种后来被纪昀所推崇的诗歌美学标准,以此强调他现在所遭遇的艰难困苦。(苏轼也已经在这首诗的题目当中强调了这样一个事实,他现在交往的朋友其实都是海南本地少数民族黎族中人。)

尽管苏轼的亲朋好友始终在规劝苏轼不要再继续写诗了,但他终究未曾在贬谪期间搁笔,甚至还在相当固执地持续从事诗歌写作。上文的这些分析至少能够给出个中的一个原因。只要诗歌对于苏轼来说不仅仅

---

① 陶潜:《咏三良》,陶潜撰、杨勇校笺:《陶渊明集校笺》卷四,第 228 页。英译本见海陶玮:《陶潜诗集》,第 219—220 页。苏轼早年间所作的那首咏三良的诗见《秦穆公墓》,《苏轼诗集》卷三,第 118—119 页。
② 《庚辰岁人日作,时闻黄河已复北流,老臣旧数论此,今斯言乃验,二首》,《苏轼诗集》卷四十三,第 2343 页。
③ 《纵笔三首》(其二),《苏轼诗集》卷四十二,第 2328 页。
④ 《被酒独行,遍至子云威徽先觉四黎之舍》(其一),《苏轼诗集》卷四十二,第 2322—2323 页。
⑤ 纪昀:《苏文忠公诗集》卷四十二,第 10 页上(王水照:《苏轼选集》,第 237 页)。王文诰在对于这首诗的注释里反驳了纪昀的观点。

是一种证明他真的可以在寂寂无名的生活间找到自足自适的自我慰藉方式，而且还是一种能够展现他的精神并没有被目前所遭遇的事情给击溃，反倒依旧对此保持着饱满之义愤的方式，那么他就必须坚持把诗写下去。如果他真的停止写诗了，那么就相当于以沉默的方式承认了他将不再追究自己遭遇到的任何不公正的对待，或者说自己不再敢于言说揭发这些不公正的对待。这种坚持写诗的内在动机，其实在本质上与他一旦遭遇贬谪就会转而注疏儒家经典的原因是相通的。尽管苏轼的这两种写作方式都超越于当日的政治生活之上，但他在某种程度上将二者当成了一种反击手段，一种可以让他持续地反击那些使他深陷贬谪困境之人以及相关政策的手段。

第九章 书法与绘画

苏轼是第一位在文学之外还对书画艺术有着浓厚兴趣且成就极高的宋代士人。在书法领域,苏轼被尊为北宋书法四大家之一(另外三位是蔡襄,以及苏轼的朋友黄庭坚和米芾)。他流传至今的书法作品主要是一些碑刻拓本与零散手稿,一直以来都被视作代表东亚地区最高书法成就的艺术珍品。相较之下,苏轼的绘画就没有那么幸运,他的画作几乎已经散佚殆尽。不过无论是苏轼自己的文字,还是当日其他人的记录,都能够充分详细地反映出苏轼其实是一场绘画革新运动的中心人物。这场绘画革新运动吸引了北宋后期(11世纪末)许多文人的加入,他们重新定义了绘画的意义,并显著提升了这门艺术的影响力。由苏轼及其门人创立的这个全新的绘画艺术观念及其具体实践被后世称为"文人画",永久性地改变了中国绘画艺术的发展方向。

本章对于苏轼在书画艺术领域之涉猎与成就的考察,主要针对的是苏轼的书画艺术理论与批评,而非他自己的书画创作。[1] 在进入具体的

---

[1] 关于苏轼绘画思想的有益探讨可以参看卜寿珊(Susan Bush):《中国文人画》(*The Chinese Literati on Painting*),剑桥:哈佛大学出版社,1971年版,第29—51页;卜寿珊(Susan Bush)、孟克文(Christian Murck):《早期中国的绘画理论》(*Early Chinese Texts on Painting*),剑桥:哈佛大学出版社,1985年版,第191—240页(这两本论著都大量英译了苏轼及其门人的重要绘画论述)。亦可参看颜中其:《苏轼论文艺》,第19—24页;黄鸣奋:《论苏轼的文艺心理观》,第1、2、6章,福州:海峡文艺出版社,1987年版;陶文鹏:《试论苏轼的诗画同一说》,载《文学评论丛刊》(第13卷),第15—37页(1987年);以及笔者自己的论文《题画诗:苏轼与黄庭坚》(Poems on Paintings: Su Shih and Huang T'ing-chien),载《哈佛东亚研究学刊》第43卷第2期,第413—451页(1983年);另外还有萨进德(Stuart Sargent):《画卷之末的品评:苏轼与黄庭坚的题画诗》(Colophons in Countermotion: Poems by Su Shih and Huang T'ing-chien on Paintings),载《哈佛东亚研究学刊》第52卷第1期,第263—302页(1992年)。

关于苏轼书法思想的研究,可以看颜中其:《苏轼论文艺》,第24—34页;倪雅梅(Amy McNair):《苏轼手书〈争座位帖〉》(Su Shih's Copy of the Letter on the Controversy over Seating Protocol),载《亚洲艺术档案》(*Archives of Asian Art*)第43辑,第38—48页(1990年);中田勇次郎:《苏东坡的书法及其书论》,载中田勇次郎:《中国书论集》,东京:二(转下页)

论述之前,我们有必要先交代一下苏轼所留下的篇帙极为浩繁的谈书论画文字。或许不少读者会怀疑苏轼是否真的对书画艺术有着那么浓厚的兴趣,他的书画理论是否缺乏深度,或者说他是否真的如此热忱于建立一种新的书画艺术形象。然而我们只要看一眼他留存至今的这些涉及书画艺术主题的大量论著,任何的疑虑就都会瞬间烟消云散。这些谈书论画的文字散落在苏轼文集的各个角落,包括了几百首诗歌、文章、题跋以及赞语。我们只要将这些文字收集汇聚于一处(一些现代出版物已经完成了这个工作),①就可以清晰地看到苏轼的谈书论画文字不仅远远多于在他之前的宋代士人,而且连那些最为重要的前代书画艺术理论家与批评家都弗如远甚。哪怕我们假设苏轼的观点主张没有任何的标新立异之处,他都能够仅仅凭借如此高产的谈书论画文字便在书画批评史上占据一席之地。

笔者曾经撰文探讨过,比苏轼早一代的学者就已经对书法产生了浓厚的兴趣,而且他们的书法理论与唐代书法家相比,还有着相当显著的差异。下面便将简要概述一下笔者的这些相关结论。② 到了北宋中期(11世纪中叶)的时候,士人对于现行书法艺术标准的不满逐渐引发了一场融合了两个方面的书法革新运动,即他们试图同时改变书法的创作方式以及鉴赏品评方式。秉持这种变革主张的士人,通常都与范仲淹领导的庆历新政以及欧阳修引领的北宋"古文运动"密切相关,而且欧阳修还是他那个时代最为高产的书法批评家(一如后来的苏轼那般)。欧阳修搜集私藏了超过千卷的历代彝铭碑刻以及墨迹,并将其整理编目为一册,名之曰"集古录",还为其间的四百余卷撰写了考订出处、撮其大义的提要。

(接上页)玄社,1975 年版,第 195—212 页;以及笔者自己的研究《欧阳修与苏轼的书法》(Ou-yang Hsiu and Su Shih on Calligraphy),载《哈佛东亚研究学刊》,第 49 卷第 2 期,第 365—419 页(1989 年)。傅申(Shen C.Y. Fu)的博士学位论文《黄庭坚的书法与他的〈赠张大同卷〉:一幅贬谪时期的书法杰作》(Huang T'ing-chien's Calligraphy and His Scroll for Chang Ta-t'ung: A Masterpiece Written in Exile)包含了许多与当代书法理论议题相关的讨论,详见其第 6 章。
① 李福顺《苏轼论书画史料》的上篇(上海:上海人民美术出版社,1988 年版,第 29—169 页)就汇辑了苏轼与这两门艺术有关的论述。
② 艾朗诺:《欧阳修与苏轼的书法》,第 365—419 页。

他的这些提要后来被统称为"集古录跋尾",通常被视作中国古代金石学的成立标志。欧阳修所撰的这些跋尾大多数完全以历史问题为关注内容:欧阳修呼吁世人应当留意这些被前人忽视的铭文,因为它们有着极高的补正官方正史文献的重要价值。不过欧阳修也经常会在跋尾里评论起碑铭的书法风格,以至于《集古录跋尾》也被视为一种易得的汇聚欧阳修深受古文观念影响的书法艺术理论的文献。

欧阳修对于这些金石墨迹的书法艺术的评论,深受当时两个重要思潮的影响。首先便是相当盛行其时的一个书法观念:如果想要练就一笔好字,其实只需要集中效法少数几位颇具典范性的前代书家即可,尤其是以王羲之、王献之父子为代表的两晋书法家。这种书法观念还得到了北宋皇室的大力支持与推广。淳化三年(992),宋太宗下令编纂了一部选录前代书家名作的法帖,这便是著名的《淳化阁帖》。而这部法帖选录的作品,半数以上都是出自二王的手笔。从太宗开始,历代北宋皇帝都会将《淳化阁帖》的官方印本赏赐给新晋升的朝堂官员;而且在欧阳修的时代,市面上还大量流传起《淳化阁帖》的各种盗印本。因此上述的这种书法练习法门逐渐得到了普及,士人的书法艺术追求也就仅仅局限在复刻一两种备受推崇的前代书体之上。欧阳修从来没有批评过二王的书法,因为他意识到二王的成就确实是卓越非凡的,但他却对只满足于效仿二王的当代书家予以了极为严厉的斥责。欧阳修将这些书家的书法作品称作"奴书",并指出他们对于二王之字一丝不苟的模仿,其实背离了二王求新求变的自成一家精神。[1] 同时他也注意到,二王自己实际上并不依赖于任何的前代典范。

第二个影响欧阳修书法主张的当代思潮是与他本人所倡导之古文有关的一系列理念。如果从更广泛的意义上来讲,这些理念也与当时的政治及思想变革运动的目标密切相关。古文家始终坚持呼吁,文章写作应该以传达儒家的圣贤之道为重,而非和谐流美的韵律或者华丽典赡的文

---

[1] 欧阳修:《学书自成家说》,《欧阳修全集》卷一百二十九,《笔说》,第1968页。

辞。与之相似，他们认为几个世纪前的文章作品之所以会流传至今，就是因为这些文章承载并展现了其作者的道德修养。而今人最终能够从这些前代文章里收获的内容，应该就是接触到或者沉浸于这些被正人君子发诸笔端的道德准则。如果当代读者仅仅只是在欣赏品味前代文章的优雅文学性，那么他便走上了一条错误的学文之径。

对于欧阳修及其同道来说，将这种古文观念推广延伸至书法领域，其实并不是一件难事。不可否认，书法在古文家的自我事业追求当中只占据了一个不甚起眼的位置。但是当他们真的开始思考起书法问题的时候，便会像对待文章写作那样对待书法。不过如果因此认为一卷金石墨迹的内容要比其书法之美更加重要的话，其实也是不恰当的：这样一来我们将会与书法艺术完全脱节，同时还会无视字迹书写者往往不是内容撰写者这个事实。与之相反，古文家在鉴赏品评存世的金石墨迹之时，往往会强调他们所识别出的能够追溯至书写者本人之个性品质的书法特征。他们往往会称赞那些以"遒劲"与"端方"见长的字迹，而批评那些以"媚俗"与"匠气"为特征的字迹。

正是在这样的观念下，宋代古文家尤其推崇唐代政治家颜真卿的书法作品。忠义与英勇是贯穿颜真卿仕宦生涯的两个元素，他是唯一一位在安禄山起兵之初便率领义军抵抗叛军的河北郡守。而在安史之乱平定之后，他还不顾个人安危地奉诏晓谕已经发动叛乱的淮西节度使李希烈，最终惨遭李希烈的杀害。宋代古文家认为，颜真卿楷书的方正字形及其毫不矫揉造作的笔势，正是他刚正忠烈品性的完美写照。在欧阳修收藏的金石墨迹当中，尤属颜真卿以及稍晚于颜氏的书法家柳公权的书法碑拓为多。他还在一篇文章里热情饱满地称赞过颜真卿的书法，并频繁地将其与颜真卿的忠义勾连在一起："颜公忠义之节，皎如日月，其为人尊严刚劲，象其笔画。"[1]欧阳修并不是北宋中期唯一一位大力赞赏颜真卿书法的高级士大夫，韩琦也曾公开表达过自己对于颜真卿书法的欣赏，并积

---

[1] 欧阳修：《唐颜真卿麻姑坛记》，《欧阳修全集》卷一百四十，《集古录跋尾》卷七，第2242页。

极鼓励他人学习临摹颜字;蔡襄则通过自己临摹颜真卿书帖的方式来诠释对于颜真卿书法的推崇;宋敏求则在刘敞的襄助下广泛搜辑散落的颜真卿诗文作品,为其编了一部文集。① 从实际意义上来看,颜真卿的书法风格可以成为欧阳修这一代积极投身于政治改革事业的士大夫的标志,鲜明地展示出了他们想要弘扬于帝国全境的究竟是怎样的一种道德操守。

颜真卿及其后辈柳公权的书法作品之所以会呈现出非常独特的字体形态,主要源于他们在字形的结构与布势、笔锋的运用以及握笔的方法等多个方面有着相当鲜明的个性。尽管颜体字的横画通常会微微向右上方倾斜,但其竖画却基本保持着与水平方向相垂直的状态。同时颜体字还会将一个字的所有偏旁部件均匀分布在一个方正的空间里,而不是像前代书体传统那样将右边的偏旁写得比左边松散一些("左紧右松")。在运笔方面,颜体字会在收笔的时候予以逆收或藏锋,这便使得颜体字的笔画末端是圆形的,而不似那些选择以送至笔尖之法收笔的字体那般,有着尖锐的或者棱角分明的笔画末端。最后,书写者的执笔需要始终保持"中锋行笔"也即笔管垂直于纸面的状态,而不能出现"侧锋行笔"也即笔尖偏向笔画的一侧,这样可以最大限度地减少笔画线条的毛躁不匀。②

颜真卿方正厚重与遵循定势的书法风格,以及他本人那举世闻名的忠烈行为,都深深地吸引着北宋古文家。这些古文家一如他们通常所表现出的那样,并不怎么在意颜真卿书法的美以及人们能够从中获得的审美体验,而是充分强调颜真卿的书法典型地体现了他们自己所渴求的道德品质,并认为如果想要让本朝不再重蹈晚唐五代的覆辙,那么这种道德品质就是必备之物。同时他们还把颜真卿的书法视作二王书法的极佳替

---

① 倪雅梅:《苏轼手书〈争座位帖〉》,第 39 页。参见刘敞为一种晚出的颜真卿全集所撰之序文,颜真卿:《文忠集》卷首,《丛书集成》本,卷首第 1 页。
② 本章对于颜真卿书体风格的讨论主要参考的是倪雅梅在两篇论文当中所作的分析。除了那篇《苏轼手书〈争座位帖〉》,另外的一篇论文是她在 1990 年于芝加哥举办的东亚学会年会上发表的《欧阳修与北宋的文人书法审美》(Ouyang Xiu and Literati Taste in Calligraphy in the Northern Song Period)。

代品。这不仅因为颜真卿的"中正"品性及其种种刚直之举与二王的优雅、率意与洒脱形成了鲜明的对比,而且还与二王的书法得到了朝廷的大力提倡殊为相关。正是由于深受朝廷的青睐,所以历来效法二王的书家都会被怀疑成伪善之徒,二王美丽优雅的书风很容易会在他们的笔下退化为纯粹的狡黠与粉饰:一种用于遮掩其真实之卑鄙意图的奉承讨好式的外表。

这种认识书法传统的全新方式正是由欧阳修及其同道建立起来的。从此书法不再仅仅只有美学上的意义,一种前代字体除了是可以被今人欣赏与摹效的书法风格体式之外,更是"古"之遗存的重要部分。相较于审美冲动或者让自己能够练成一笔好字的实际收益,收藏、鉴赏甚至摹习古人墨迹的意义也变得更加深刻,书法作品的收藏家可以通过他的收藏活动展示其投身于"好古"事业的决心,而且还可以宣称自己借由手中之笔做到了与古人精神的沟通交流。

尽管欧阳修留下了数量较多的论书文字,且其本人也频繁从事具体的书法实践,他在时人或后世的心目中还不像苏轼那般是一位伟大的书法家。欧苏之间的这番差异对于考索北宋中后期(11世纪)的文人艺术发展极具历史性的意义。欧阳修主要通过讨论与书法相关的问题来提高自己对于书法的兴趣,苏轼则更进一步地将书法从一种兴趣爱好发展成需要自我主动精通的一种技艺。欧阳修与苏轼在这方面展现出的不同,其实反映着二人各自所处之时代的差异。尽管欧阳修那一辈的古文家给予了书法艺术前所未有的重视,但他们终究还是保留了书法的专门性与独立性,在语言文字和书法这两个艺术领域之间,似乎始终存在着不可逾越的鸿沟。在欧阳修的时代最受称赞的书法家蔡襄,就没有获得来自诗文领域的声誉。与之相似,那个时代最为杰出的诗人欧阳修与梅尧臣,就都不是备受称赞的书法家。但是到了苏轼、黄庭坚为代表的下一代士人登上历史舞台的时候,诗文与书法之间的这个鸿沟虽然没有永久性地消失,但却已然得到了高度的弥合。

苏轼当然充分意识到了自己在书法艺术领域所取得的极高成就。他完全知道时人正在狂热地搜罗自己的书法作品,不过他还是公开表示自己并不明白个中的原因。① 苏轼必然也非常地清楚,对于一位诗人来说,同时取得如此高的书法成就是一件多么不寻常的事情。黄庭坚就曾明确地说过,此前并没有一位像苏轼这样的既工书法又以文章名重天下的士人,而这正是苏轼的书法作品能够在市场上卖得极高价钱的原因。② 苏轼自己也曾说过,他同时兼具书法批评家与书法家这两个身份,而这正是欧阳修从未有过的能力。他还曾颇为得意于自我书法的高度独创性,并将之与颜真卿的革新贡献相比类,同时更以一位书法批评家的口吻自夸道:"晓书莫如我。"③

苏轼探讨书法问题的文字基本上分布在这三种文体之中:记文(绝大多数是为记述其友人的书法收藏而撰)、诗歌以及题跋,其间又尤以题跋最为主要。一部成书于晚明的苏轼文章全集,就从各种早期文献里总共辑得了 119 首苏轼的论书题跋(其中的一些题跋今日仅存其目)。④ 由于大量创作论书、论画以及论诗的题跋要到南宋才在文人群体当中获得普及,故而身为伟大书法家的苏轼、黄庭坚与米芾,同时也是三位最为高产的北宋题跋作者,也就绝非只是偶合。他们之所以会写出如此多的题跋,一个极为重要的原因便是他们经常会被邀请进行题跋写作——他们的书法作品有着极高的市场需求,因此他们的这些题跋毫无疑问地会在其身后得到单独的结集与出版。尽管苏轼的论书题跋是最为重要的反映其书法思想的文献,但是题跋其实是一种极不均衡,甚至有时还会出现内

---

① 《跋所书清虚堂记》,《苏轼文集》卷六十九,第 2186—2187 页;《石苍舒醉墨堂》,《苏轼诗集》卷六,第 236 页,第 19、20 两句。
② 黄庭坚:《跋东坡书帖后》,《黄庭坚全集》正集卷二十八,第 702 页。
③ 《记潘延之评予书》,《苏轼文集》卷六十九,第 2189 页;《次韵子由论书》,《苏轼诗集》卷五,第 210 页,第 2 句。
④ 此即明人茅维编辑的《苏文忠公全集》(也就是孔凡礼《苏轼文集》所采用的底本)。茅维所辑的这六卷题跋(其中有一卷专收苏轼的论书题跋)有着复杂的文献来源,具体详见孔凡礼在《苏轼文集》序言当中的讨论(《苏轼文集》,序言第 4 页)。后来明末(17 世纪)学者毛晋将茅维所辑的题跋全部抽出,以"东坡题跋"之名镂板单行,迅速获得了极为广泛的流传度,并在后世被多次重版重印。参见贺巧治在《宋代书录》里为《东坡题跋》所撰的提要,第 264 页。

部自相矛盾的文献。题跋的基调、关注重点以及价值判断,会因其写作场合以及题跋对象的不同而发生相应的变化。我们确实可以从苏轼的题跋当中提炼出他长期坚持的某些关注重点与价值判断,但是这种探析方式往往会过于强调某一篇题跋所能反映出的具有前后统一性的苏轼书学思想,而严重忽略其间一并承载的苏轼仅仅针对眼前之书法作品所做出的观点阐述。由于苏轼从未像诸多宋代之前的书法批评家那样,撰写过一部体系完整的书学论著,从而相较于正式的理论家或者专业的批评家,他必然更为适应临时充当某一特定作品之批评者的角色。

拓展改进古文家的书学主张

我们可以在苏轼的不少论书文字里看到,他当然是忠于由欧阳修及其同时代的古文家所提倡的书学观念的。然而从整体上来看,在苏轼的论述之中,还是出现了一个显著的变化,那便是对于书法的理解变得更加广博,更加灵活,也更加雄心勃勃。无论在苏轼对于自己作为一位书法家之成就的论述中,还是在苏轼对于书法艺术之意义的探讨里,我们都能够发现他的这番观念转变。比如下面这个简单的例子便鲜明地反映着他更加广博的书法观念。苏轼坚持认为,只有对于全部的书体都做到精通(如果不算篆书与飞白书的话,那也应该囊括隶书、楷书、行书与草书),才能够被认作是在书法艺术领域真正有所成就的人。这个观点并不怎么被欧阳修的书学论述所强调,但是苏轼则坚定地认为,一个人如果想要真正地做到擅长草书,那么其必须先行掌握与草书有别的楷书之法。[1] 苏轼对于专擅某种书体的书家抱有极大的怀疑,尤其质疑那些以草书为专长者,因为他觉得草书的自由书写形式很可能会掩盖书家在真实书法技艺方面所存在的不足。不仅如此,这种观念还是他心中的一个具有普适意义的

---

[1] 《跋君谟飞白》《跋君谟书赋》《跋陈隐居书》,《苏轼文集》卷六十九,第 2181 页、2182 页、2184 页。

266 原则。就像只能治疗一种疾病(或者一类病人)的医生与只能画出一种人物的画师只是他们各自专业领域里的素质低下者,一个能够真正理解书法之理与意的人,必然也应该是精通各种书体的。①

苏轼将这种视野开阔的艺术观念扩展到了许多其他领域的问题之上,并由此修改了他从前辈士大夫那里承继而来的复古主义书学主张。对于书法与个人品质的关系这个问题,苏轼在许多题跋里认同过一个人的字迹可以反映其道德本性的观点。他也会经常强调一些与此相关的原则,如在评价书法作品的时候,不应该丝毫不顾及作者的言行善恶;再如即使一位道德君子并没有那么熟练精工的运笔技巧,但他的书法作品同样应该受到重视。② 虽然苏轼确实认可并坚持书法作者的道德水准是最为重要的评价其书法的因素,但他有时也会对这个信念的某些方面提出一定的质疑。在下文引录的两则题跋里,苏轼就想探索清楚评判书法高下的依据究竟是什么。真的是字迹本身传达了作者令人钦佩(或者令人憎恶)的人格特征吗?还是说我们对于作者的了解与看法先入为主地影响了我们对于其字迹的认知?为了更好地提出这个问题,苏轼在这两则题跋里都征引了在他记忆里见载于上古典籍《韩非子》的疑邻盗斧故事(实际上这个故事典出《列子》)。③ 故事中的那位丢斧者高度怀疑邻居家的男孩就是偷走其斧子的人,故而他仔细观察起了这位男孩,觉得男孩的步态、言谈、面部表情等,无一不像偷斧者。然而他很快就发现,斧子其实是被遗落在了自家的谷堆里。于是当他随后再见到邻家男孩之时,便觉得男孩的"行动、颜色、动作态度无似窃斧者也。"

柳少师书,本出于颜,而能自出新意,一字百金,非虚语也。④ 其

---

① 《跋君谟飞白》,《苏轼文集》卷六十九,第 2181 页。
② 《跋杜祁公书》《评杨氏所藏欧蔡书》《书唐氏六家书后》,《苏轼文集》卷六十九,第 2184 页、第 2187 页、第 2206 页。
③ 《列子集释》卷八,第 271—272 页。英译见葛瑞汉(Graham):《列子》,伦敦:约翰默里出版社,1973 年版,第 180 页。
④ 杜甫:《李潮八分小篆歌》,《杜诗详注》卷十八,第 1550 页。

言心正则笔正者,非独讽谏,理固然也。① 世之小人,书字虽工,而其神情终有睢盱侧媚之态,不知人情随想而见,如韩子所谓窃斧者乎,抑真尔也? 然至使人见其书而犹憎之,则其人可知矣。②

观其书,有以得其为人,则君子小人必见于书。是殆不然。以貌取人,且犹不可,而况书乎? 吾观颜公书,未尝不想见其风采,非徒得其为人而已,凛乎若见其诮卢杞而叱希烈,③何也? 其理与韩非窃斧之说无异。然人之字画工拙之外,盖皆有趣,亦有以见其为人邪正之粗云。④

尽管苏轼在这两则题跋里高度质疑了仅凭书法作品的本身就足以揭示作者之个人品性的观点,这个观点还是明显地对他有着强烈的吸引力,以致他并不愿意将其全然抛弃。因此这两则题跋都在最后的结语里重申了这个由字识人的观点。

苏轼在这两则题跋里为由字识人的观点做出了一次重要的修正,或者至少可以说他在努力完善这个观点,即他将"其为人"(一个人的言行举止,或者言行举止所反映出的个人品性)与某种被他称作"神情""风采"以及"趣"的更加模糊、更加难以捉摸之物对立开来。这样的修正具备两个优势,首先是使得苏轼能够在不完全放弃由字识人的前提下,将其换以一种平和中允的方式表达出来,即书法作品所能反映的只是作者的"神情"或"趣"而已;其次则是其不再强调书法风格与作者言行之间的相关性,而将关注点转到了书法风格与作者人物"风格"的关联度之上。

苏轼所做的这番修正为一种本质上仍然是道德主义的鉴赏评价模式铺平了道路,而这种鉴赏评价模式的主要面向就是那些不曾立德或立功的古代书法家。苏轼曾如此论及王献之云:"子敬虽无过人事业,然谢安

---

① 《旧唐书》卷一百六十五,第 4310 页。
② 《书唐氏六家书后》,《苏轼文集》卷六十九,第 2206—2207 页。
③ 颜真卿告诫宰相卢杞与凛然斥责谋乱藩镇李希烈二事,俱见《旧唐书》本传。《旧唐书》卷一百二十八,第 3595—3596 页。
④ 《题鲁公帖》,《苏轼文集》卷六十九,第 2177 页。

欲使书宫殿榜，竟不敢发口，其气节高逸，有足嘉者。此书一卷，尤可爱。"①尽管苏轼不得不凭借王献之间接拒绝谢安一事才能发现他的伟岸人格，但这也足以证明苏轼似乎已经通过王献之的书法作品产生了这样一种印象，即王献之是一位值得称颂的君子。这里出现了一个重要的观念转变。当欧阳修面对一件由不知名姓者创作的上佳书法作品的时候，他很容易想象这件书法的作者一定是位有着非凡成就之人。（"意其当时必为知名士，而今世人无知者。"）②而对于苏轼来说，他则会更加倾向于只从中关注这位作者的高尚风采或"趣"，而将对其成就及名望的猜测置于一旁。

苏轼对于前代的书体风格秉持的是兼收并蓄的接受观念，这其实与他那宽泛的字如其人主张相契合。欧阳修当然对二王的书法甚为敬重：他从来没有像韩愈那样将二王的字评价为"俗媚"。③尽管如此，欧阳修并不喜欢那些据称是源自二王的书体，因为他觉得这些书体将追求新变的典雅换作了矫揉造作的美丽。欧阳修曾经针对一道传言是南朝的碑铭拓本写过下面这段跋语，否定了此铭作于南朝的说法，因为他觉得这道铭文的笔力过于雄健，并不是那个堕落时代之人能够写出来的："南朝士人气尚卑弱，字书工者率以纤劲清媚为佳，未有伟然巨笔如此者，益疑后世所书。"④

相较于欧阳修，苏轼则在更加努力地接受各种各样的书体风格。在他所写的一首追叙书法发展史的诗歌之中，苏轼明确反对了杜甫所主张的只有瘦硬这一种风格才能被称得上是"通神"的观点。苏轼在批评杜甫的主张之前，先在诗中逐一列举了几种书法史上的著名书体风格，并充分强调了它们各自的独特个性：王羲之的《兰亭集序》好似龙腾；颜真卿

---

① 《题子敬书》，《苏轼文集》卷六十九，第2173页。谢安曾经委婉地试探过王献之是否愿意为自己新建的别业题写一幅书法，却遭到了王献之的断然回绝，使得谢安再也不敢直接向王献之提出这个请求。详见房玄龄：《晋书》卷八十，北京：中华书局，1974年版，第2105页。
② 欧阳修：《唐辨法师碑》，《欧阳修全集》卷一百三十八，《集古录跋尾》卷五，第2197页。
③ 韩愈：《石鼓歌》，《韩昌黎诗系年集释》卷七，第846页。
④ 欧阳修：《宋文帝神道碑》，《欧阳修全集》卷一百三十七，《集古录跋尾》卷四，第2166页。

细筋入骨的笔法有如秋日之鹰;徐氏父子的书法非常秀绝,会将所有棱角分明的笔锋给潜藏起来;李斯的书体代表着上古正法,其在近人李阳冰的笔下得到了复现。苏轼在这几句诗里不仅提到了各种不同的书体风格,同时还涉及了不同的字体(例如草书、楷书、篆书)。随后苏轼便将矛头转向了杜甫在称颂蔡邕小篆的时候所提出的那个主张:

> 杜陵评书贵瘦硬,此论未公吾不凭。短长肥瘦各有态,玉环飞燕谁敢憎。①

句中的玉环指的是肥胖的唐玄宗爱妃杨贵妃,而飞燕则是汉成帝的宠妃,据说她的身材极为修长。对于苏轼来说,如此公然地反驳这位伟大的唐代诗人的观点,需要相当之勇气与魄力。他也确实因为这几句诗及其所表达的观点而遭到了多位友人的非议。②

苏轼在另一首诗里提出了这样的观点,即便是单一的书体风格也应该足够灵活多变,如此才能涵盖多样的笔画风格类型以及这些风格类型之间的诸多细微差别:

> 貌妍容有颦,璧美何妨椭。端庄杂流丽,刚健含婀娜。③

苏轼关于握笔与字形结构的看法,与他对于各种书体风格所持之开放态度大体差近。如上文所言,颜真卿及其追随者常常会被与"中锋行笔"之法联系在一起,而且在一句著名的双关语影响下,这种运笔方法逐渐不再仅仅被认为是一种可供选择的技法而已。唐穆宗曾经向柳公权问起过他有没有什么独门的书法秘诀,但柳公权却对此颇感不悦,认为皇帝之所以会问这个问题,是因为他现在对于国政经纶的大事完全漠不关心。为了努力将皇帝的注意力重新集中到朝政之上,柳公权如此回答道:"用笔在心,心正则笔正。"尽管柳公权意在劝谏皇帝能够更为关心书法技艺

---

① 《孙莘老求墨妙亭诗》,《苏轼诗集》卷八,第 372 页。
② 参见黄庭坚《次韵子瞻和子由观韩干马因论伯时画天马》一诗的结尾,《黄庭坚诗集注》卷七,第 167 页。
③ 《次韵子由论书》,《苏轼诗集》卷五,第 210 页。

以外的其他事务,但是自从他说出此话之后,那些对于自我道德有所追求的书法家便纷纷赶紧采用起这种"正笔"的书写方法,以免被论者批评成心志不够正直之人。而欧阳修、蔡襄、韩琦等比苏轼早一辈的北宋士大夫,也都遵循着这种正笔意识。

我们已经在上文的引述里看到(即那篇苏轼为柳公权的书法作品所作之题跋),苏轼同样高度认可这种运笔之法的合理性。他当然会在论述书法字迹与个人品性之间的联系时,尤为倾向于认同此举。然而当苏轼跳出这个话题的时候,往往会流露出他其实对于正笔之法持有一定的保留意见,同时他还会再次论述起书体风格多样化的意义。

> 吾闻古书法,守骏莫如跛。世俗笔苦骄,众中强驵骎。钟、张忽已远,此语与时左。①

我们无法确知此诗中的"跛"究竟指的是歪斜的字形,还是不正的执笔。但是苏轼这几句描述当日所流行之书法时尚的诗行无疑会给人留下这样的深刻印象,遵循柳公权的"正笔"之说而写就的方正楷书,已经成为这一代古文家的标志。相较之下,苏轼认为自己所追求的才是真正的古之书法(而且也比二王之书更为古老):以钟繇(151—230)与张芝(东汉后期)作为师法对象。而这二人正是兼擅楷书、八分篆以及草书的书法大家。

苏轼另有一段讨论运笔之法的文字,这段文字的意义毫无疑问是相当重要的:

> 把笔无定法,要使虚而宽。欧阳文忠公谓余,当使指运而腕,不知此语最妙。方其运也,左右前后却不免欹侧,及其定也,上下如引绳,此之谓笔正。柳诚悬之语良是。②

---

① 《次韵子由论书》,《苏轼诗集》卷五,第 210 页。颜中其曾为这几句难解之诗做过相当精彩的疏解,详见《苏轼论文艺》,第 244—245 页。
② 《记欧公论把笔》,《苏轼文集》卷七十,第 2234 页。《苏轼文集》为这篇题跋所做的句读存在一处罕见的错误,详见颜中其:《苏轼论文艺》,第 270 页。

苏轼在这里给出了自己对于柳公权这句经典名言的新颖阐释,甚至还通过一种曲折迂回的方式,将自家观点与欧阳修对于运笔的理解联系在了一起。

无论是论述书法风格与作者个体"风格"之间的相关性,还是逐一评说各种书体风格(甚至是那些复杂的综合诸家的书体)之优长,抑或是论述自己对于运笔之法的理解,苏轼都在努力地通过各种不同的方法将以欧阳修为代表的上一辈士人的书学理论发展得更具包容性。欧阳修及其同道其实是在努力地建立一个可以代替宫廷样式的书法新标准,最终他们也成功完成了这项事业。或许正是因为新的标准已然建立,再加之苏轼自己的书学主张确实也与欧阳修等前辈有所不同,故而他才会在自己的论述中对其提出抨击。在现存的所有苏轼谈论书法的文字当中,无不可以察见他似乎不愿意承认有一种至高无上的书法标准存在。哪怕是在讨论运笔之法的时候,苏轼也会说出"把笔无定法"这样的话。此论与欧阳修的主张构成了鲜明的对立,毕竟欧阳修认为,自己对于握笔亦"有法"的发现,完全可以进一步支持他"万事皆有法"的宏观概括性判断。[①]

我们能够很容易地看出,苏轼对其座师观点的修正可以在具体的书法实践之中培养书家更多样、更开放地接受各种前代书体风格的影响,以及最终创造出更加多样化、更加与众不同的新书体风格。这正是现存的苏轼书法作品所能反映出的内容,同时也能够反过来帮助我们解释为何这些作品获得了如此高的赞誉。比如苏轼的墨迹鲜明地显示出了他确实将充满争议的"偃笔侧锋"和与相对的备受赞誉的中锋正笔结合在了一起。黄庭坚也充分承认了此点,同时还努力尝试在那些无法接受这种灵活变通之笔法的士人面前为苏轼辩护。[②] 倪雅梅就已指出,即便苏轼确实临写过颜真卿的著名书法作品《争座位帖》,但他选择的也是非正统颜

[①] 欧阳修:《用笔之法》,《欧阳修全集》卷一百三十,《试笔》,第 1979 页。
[②] 黄庭坚:《跋东坡水陆赞》,《黄庭坚全集》正集卷二十八,第 697—698 页。笔者的一篇论文曾详细讨论过这篇题跋,并将其翻译成了英文。详见《欧阳修与苏轼的书法》,第 414—415 页。

体样式的颜真卿书帖（而且这则书帖还存在着不是颜真卿真迹的可能性），因为这则书帖的特点就是帖中诸字的大小极为参差不齐，掺杂着草书与行书两种书体，并且还充分运用了偃笔侧锋与露锋收笔之法。[1] 尽管苏轼屡屡向老一辈古文家的书学主张低头，但他最为赞许的终究还是这样的"颜真卿"。

自 出 新 意

上文讨论的苏轼所提出的修正前代古文家之书学理论的种种意见，最终激发了他对于书体创新的兴趣。书法其实是一个深受古代经典法帖主导的艺术，而且还有着悠久的临帖传统。但即便如此，苏轼依然会极力地强调新奇书法的美好意义，其云："吾书虽不甚佳，然自出新意，不践古人，是一快也。"[2]很少有书法家会像这样公然谈论自我作品的独特性，因此相当值得我们在这里专门讨论一下苏轼对于自出新意的确切本质及其内涵的理解。

正如上文的征引所显示的那样，苏轼通常会使用"出新意"这个短语来指称书体风格的创新。（尽管苏轼偶尔也会使用更加传统的说法"自成一家"，但"出新意"的使用频率远比其高。）[3]其间的"意"是一个内涵极为复杂的词汇，简单地将其英译为"meaning"是很难完整地传递出其全部意蕴的。很显然，"意"的所指并非书法作品的文字语义，因为这些文字所构成的语段内容往往与书法家本人无关，书法家只不过是文字的书写者而已。于是无论书法家抄录的是儒经或佛经里的经典语段，还是他们自己创作的文字作品，都承载与体现着相同的"意"。"意"首先存在于书法家的心念之中，是其在拿起毛笔之前就已然拥有的意念或意图，但显然又不是一种局限在话语论述下的意义或想法。故而通过最终完成的书

---

[1] 倪雅梅：《苏轼手书〈争座位帖〉》，第38—48页。
[2] 《评草书》，《苏轼文集》卷六十九，第2189页。
[3] 《题欧阳帖》，《苏轼文集》卷六十九，第2197页。

法作品所体现的"意",其实是书法家的艺术意图或者审美意趣。但是我们必须注意不能使用带有情感义项的词语来描述"意",因为"意"的一个最为显著的特征就是这个词在情感方面的高度中性化。由此我们可以看出,苏轼的这种书学论述鲜明地对立于前代的书法理论表述。宋代之前,尤其是在唐人的论述当中,书法被普遍认为是一种言"情"的艺术,而且其言"情"的力度还格外强烈。[①] 然而苏轼及其同道却更加倾向于将其论述成另一种情志或意趣,这种情志或意趣虽然很难用言语形容,但却与书法作者的个人性格及品性密切相关。(我们完全可以由此回想起,苏轼相当坚定地认为一位清心寡欲的和尚也能够创作出绝妙的书法作品。)这番由"情"到"意"的文字更改同样也有着重要的意义,因为论者可以运用"强情"之类的词语言说"情"的强烈程度,但却完全找不到类似的可供形容情之"新"的词汇。而北宋士人所选择的"意",便可以同时满足他们对于独具个性之情志意趣的关注。

正如上文所言,时人并非没有注意到苏轼在书法领域的求新之举,而且他也不是没有遭到过批评。黄庭坚在那篇为苏轼的书法予以辩护的长文里就触及了其间的一些关键性问题,因此完全值得将其全文引录于下:

跋东坡水陆赞

东坡此书,圆劲成就,所谓"怒猊抉石,渴骥奔泉",恐不在会稽之笔,[②]而在东坡之手矣。此数十行又兼《董孝子碣》《禹庙诗》之妙处。士大夫多讥东坡用笔不合古法,彼盖不知古法从何出尔。杜周云:"三尺安出哉?前王所是以为律,后王所是以为令。"[③]予尝以此论书,而东坡绝倒也。往时柳子厚、刘禹锡讥评韩退之《平淮西碑》,

---

① 详见笔者在《欧阳修与苏轼的书法》一文中的讨论,第 385—388 页。
② 苏轼的楷书与草书通常被认作是从徐浩(703—782)的书法学习而来。此处的比喻成句源自前人对于徐浩书体的赞赏,详见《新唐书》卷一百六十,第 4966 页。
③ 杜周是汉武帝时期的一位廷尉,他曾遭到不以法令为准绳,而只根据皇帝的意愿抓捕罪犯的指责。因此杜周说出了这几句话以作回应。详见《史记》卷一百二十二,《酷吏列传》。第 3153 页。

当时道听途说者亦多以为然,今日观之,果何如邪?① 或云:"东坡作戈多成病笔,又腕着而笔卧,故左秀而右枯。"此又见其管中窥豹,不识大体。② 殊不知西施捧心而颦,虽其病处,乃自成妍。今人未解爱敬此书,远付百年,公论自出,但恨封德彝辈无如许寿及见之耳。③余书自不工,而喜论书,虽不能如经生辈左规右矩,形容王氏,独得其义味,旷百世而与之友,故作决定论耳。④

尽管黄庭坚对于经生辈的嘲讽会让人想起欧阳修对于那些"书奴"的批判,甚至黄庭坚还会把自己和那些机械模仿二王之书的人区分开来,但他还是承认了自己始终喜爱二王的书风。按照黄庭坚所描述的那些批评苏轼书法之人的观点(腕着而笔卧、左秀而右枯),这些人其实并非那些经生辈,而是欧阳修所推动建立的复古美学的追随者。对于致力于独创新意的苏轼来说,他是不会将自己局限在恪守某种一定之成法上的,哪怕是其最为敬仰的前辈师尊所提倡并遵循的法式也不行。⑤

在给苏轼辩护的过程当中,黄庭坚谈到了古法这个总体性的问题,并且还巧妙地通过一语双关的方式征引了汉代士人杜周的话为自己张本。杜周向来都是质疑法令具有普遍性与永恒有效性这个说法的,他自己的观点则是法令仅仅反映了法令的制订者对于什么是公正的个人看法。黄庭坚在论述什么是书法之古法的时候运用了与杜周相同的思维逻辑,委婉地暗示古法并不具有任何的特权,而且任何一个时代其实都应该自由发展出专属于本时代的法式。实际上在欧阳修的论述里,也能够看到这

---

① 关于韩愈《平淮西碑》是否有所作者个人偏见的争论,详见蔡涵墨(Charles Hartman):《韩愈与唐人对于"统"的探寻》(Han Yu and the T'ang Search for Unity),普林斯顿:普林斯顿大学出版社,1984年版,第83—84页、第261—262页。
② "此郎亦管中窥豹,时见一斑。"刘义庆撰,余嘉锡笺疏:《世说新语笺疏》卷中之上,第334页。此句英译见马瑞志(Richard B. Mather):《世说新语》,明尼阿波利斯:明尼苏达大学出版社,1976年版,第176页。
③ 封德彝是隋末唐初的大臣,他难以容忍那些与自己观点不同的人。详见《旧唐书》卷六十三,第2396页。
④ 黄庭坚:《跋东坡水陆赞》,《黄庭坚全集》正集卷二十八,第697—698页。
⑤ 亦见黄庭坚:《题欧阳佃夫所收东坡大字卷尾》《跋东坡论笔》《跋东坡书远景楼赋后》,《黄庭坚全集》正集卷二十八、正集卷二十六、正集卷二十六,第700页、第607页、第607页。

种极度相对主义的观点。然而如果完全将杜周之说迁延至书法理论的话,那么就会出现一种比包括苏轼在内的任何一位文人学士都更加激进的极端立场:书法家或书法理论家只有在讨论书法修辞问题之时才可以亲近前代的杰出书法作品,而在其他的任何时候都必须彻底地与这些作品保持距离。黄庭坚本人最终也从这种极端的立场里抽身而退,在结束为苏轼辩护之际提到了自己对于二王"义味"还是有所追求的。

尽管黄庭坚说出了"旷百代而与二王为友"的话,但他却从来没有想要机械地复刻二王的书法。这正是苏轼和黄庭坚最为期望的书法追求,即书家虽然深受前代书体风格的影响,但最终创作出的却是风格体式与之迥异的书法作品。① 与这种追求密切关联的则是这样一种信念,字迹的"义味"并不完全由其形式特征所决定。这样一来,"学"这个概念无疑得到了极大的拓展,不再局限在一家一法之上。但是对于一名优秀的书法家来说,"学"依然是其成长过程当中的一个无比重要的环节。比如黄庭坚,我们就非常清楚他相当酷嗜古代的碑刻铭文,而且举世皆知他的书法深受那块仅存残石又有别于传统的《瘗鹤铭》的影响。② 再如米芾,他既是在苏轼及其同道当中首屈一指的书法收藏鉴赏家,还是最为典范的兼学众体的书法大家(尽管苏轼并不令人意外地要批评米芾的书法存在着过度拘泥于他的书法藏品的问题)。③

实际上,苏轼的"自出新意"观点与"变古法"的观点紧密相关,而且二者对于苏轼来说几乎还是浑然一体的:书法家进行创新的方式就是努力改造一种或多种古代书体风格。④ 如果真的完全如此的话,那么我们或许可以将其描述成一种复合式的改造手段,只不过在具体的实践当中,这样的情况并不会经常发生。在苏轼的心里,最伟大的以改造前代书体风格见长的书法家就是颜真卿。然而对于欧阳修来说,尽管他也由衷地

---

① 参见苏轼:《题颜公书画赞》,《苏轼文集》卷六十九,第2177页。
② 详见傅申:《黄庭坚的书法与他的〈赠张大同卷〉:一幅贬谪时期的书法杰作》,第223—233页。
③ 《次韵米黻二王书跋尾二首》,《苏轼诗集》卷二十九,第1536—1538页。
④ 《跋叶致远所藏永禅师千文》,《苏轼文集》卷六十九,第2204页。

酷爱颜真卿的书法,但却更倾向于将颜真卿的书法与其刚正不阿的道德操守联系起来,而不怎么评论颜真卿书法的创新性。于是在视创新为书法家所应追求之第一要务的苏轼这里,对于颜真卿的评价重点就被彻底地改变了:"颜鲁公书雄秀独出,一变古法,如杜子美诗,格力天纵,奄有汉、魏、晋、宋以来风流,后之作者,殆难复措手。"①尽管苏轼当然不会公然表示自己也取得了如同颜真卿这般高的成就,但他还是会在评述自我书法的时候重复这番对于体式创新的关注:"若予书者,乃似鲁公而不废前人者也。"②

这种追求"变"的观念在理论层面上还促使苏轼下定了这样的决心,他需要将以僧人怀素为代表的唐代狂草书法家与自己区别开来。这些唐代的狂草书法大师相当轻蔑遵循古法的书法传统,甚至还达到了唾弃的程度。但是与苏轼及其同道不同的是,他们会很快地完全消解掉前代书法家的典范意义,并声称在大自然中所见所闻的种种事物才是他们书法灵感的真正源泉。③(苏轼就曾质疑过这种主张,尤其嘲笑了书法家可以通过江涛之声与打斗之蛇提高草书水平的观点。)④因此他们很可能会对古代的典范书法作品充满敌意,并津津乐道于自己是如何抹弃或讥笑这些作品的。⑤在苏轼看来,北宋早期的书法家恰恰选择了与这些唐代草书大师相反的另一个极端,他们永远无法突破学习与临摹的局限。比如被苏轼批评过的周越、仲翼便是如此,二人连草书都要写得又慢又费力。⑥苏轼的书法观念正好处于这两个极端的中间,而且他对于变的认识还保证了他能够在理论上也做到将重要的前代典范书体与自己对于创

---

① 《书唐氏六家书后》,《苏轼文集》卷六十九,第 2204 页。参见《记潘延之评予书》中的一段相似论述,《苏轼文集》卷六十九,第 2189 页。
② 《记潘延之评予书》,《苏轼文集》卷六十九,第 2189 页。
③ 例如在陆羽所撰的怀素传记当中就记载了怀素通过夏日之云领悟书法技法的自陈,详见陆羽《僧怀素传》,《全唐文》卷四百三十三,北京:中华书局,1983 年版,第 4422 页上。
④ 《书张少公判状》《跋文与可论草后》,《苏轼文集》卷六十九,第 2178 页、第 2191 页。
⑤ 除了上文引录过的窦冀之诗,还可参见鲁收的《怀素上人草书歌》,《全唐诗》卷二百四,第 2135 页。
⑥ 《评草书》,《苏轼文集》卷六十九,第 2183 页。

新的追求和谐统一起来。

　　自出新意不仅是苏轼论书题跋的一个相当突出的论述主题,同时也是苏轼自己以及与其交往密切的文人学士的书法作品的显著特征之一。苏轼、黄庭坚以及米芾这三位北宋后期最为重要的书法家,便分别发展出了独具各人个性的书风。苏轼和黄庭坚是一生的挚友,二人各自都留下了几百首谈论书法的题跋,其间反映出的书法理论与书法批评观念在所有关键性的议题上都有着高度的重合。但是苏、黄、米三人的书法作品却有着迥异的个性面貌,哪怕是以相同的行楷字体写就的书卷都会差异甚大,以至于三人中任何一位的书法作品都可以立即从混有其他二人的成堆作品里被区分出来。

　　苏轼和黄庭坚还互相评论过对方的书法作品,从中可以看出,二人不仅对他们的书体风格差异有着敏锐的认知,而且还相当地包容对方的个性。黄庭坚很早就在为苏轼书法中的"不合古法"之处提出辩护。而在苏轼这边,则对黄庭坚个性突出的书体法式予以了极高的褒赞:黄庭坚并不会为自己没有二王之法而感到遗憾,反倒是二王才应该为其没有黄庭坚之法而感到遗憾。[1] 苏轼也以诙谐的方式关注到了黄庭坚书法当中的"矛盾"之处。尽管黄庭坚以"平等观"(这是佛教用于形容"不执"的术语)作"欹侧字"(这指的是黄庭坚的字会向右倾斜),但他的言行举止却完全是"磊落"的,这反映出黄庭坚在用游戏之法来表现他的真实之相。[2]

　　与诗歌一样,滑稽游戏也是书法这门艺术之"意"的关键性内容。我们可以从一个经常会被提起的苏轼与黄庭坚互评对方之字的著名故事里看到,苏黄二人不仅相当地了解并非常地包容彼此书法的独特个性,而且往往还会在讨论书法问题的时候持以极为诙谐的心态。在这则故事里,苏轼虽然称赞了黄庭坚之字的清劲,但却补了这么一句:"而笔势有时太

---

[1] 《跋山谷草书》,《苏轼文集》卷六十九,第 2202—2203 页。苏轼的称赞其实是在化用南朝人张融(5 世纪)之语,详见李延寿:《南史》卷三十二,北京:中华书局,1975 年版,第 835 页。
[2] 《跋鲁直为王晋卿小书尔雅》,《苏轼文集》卷六十九,第 2195 页。

瘦，几如树梢挂蛇。"黄庭坚则回应道，尽管他不敢轻议苏轼的字，但还是想要提请苏轼注意，他的字经常写得又扁又胖，好似一只被压在石头下的蛤蟆。最终"二公大笑，以为深中其病"。[1] 苏黄二人在这场互评当中所使用的近乎神话中的动物喻象，其实经常被前代描述书法作品的评论文字使用，诸如"龙飞凤舞""腾蛟起凤"之类的夸张描述便曾反复出现。而在这种本自传统的戏谑幽默之论的背后，隐含的则是苏黄二人对于双方本之自我个性的新创书体风格的肯定与赞赏。

落笔的瞬间

苏轼在其数量众多的关于书法的各种论述之中，有时也会留下自己对于一个更加宏观性问题的思考，即这项艺术活动究竟有着怎样的意义。我们在上文里已经简要地论及了其中的一种意义：一个人的道德品性能够被其所写之字体现出来。对于这种意义的讨论通常会被置于鉴赏已完成之作品的语境之下，书法收藏家可以通过作品所反映的其作者之端正德行来提高其藏品的价值。不过除此之外，这项艺术还存在与其创作过程本身密切相关的另一个重要意义。苏轼便充分关注着自己参与此项艺术活动的意义，当代书法家的身份给自己带来的心境变化，以及这项艺术活动与自我的世界认知之间的关系。

讨论这些问题的层次其实不止一个。在最不具尊体之宏愿的层面上，书法会被定性成是一种虽能令人产生愉悦但却无甚其他重要价值的消遣活动。就像书法常常会被拿来与下棋相提并论一样，其只能让参与者暂时性地忘却困扰其心志的诸多烦恼。这种对于书法的定性与认知在某种程度上可以被归结于这样两个原因，其一是书法只是一种纯粹技艺的古老观念，其二则是书法长期以来都是与文吏工作联系在一起的。实际上，书法一直都没有完全摆脱这种古已有之的歧视，始终只被认作是一

---

[1] 曾敏行：《独醒杂志》卷三，第212页。

种小道末技而已。但是苏轼却会着重强调从事这项技艺活动给人们带来的是快乐，而非无聊乏味。

苏轼之所以会关注书法给人带来的愉悦，主要是因为其深受古文观念的影响而对一系列"鄙俗"之举感到厌恶。这些鄙俗之举包括了单一化的书体尊奉，沉迷于前代法帖的临摹，以及对于某种运笔技法的过度强调。论者很早就注意到，书法家很容易被书法艺术所要求的苛刻技法给深深奴役，因此在许多古老的书法典故当中，那些最终成为一代书法名家的人往往对书法痴迷得几近成魔。一块池塘因其长期被用于洗砚而彻底变黑；家中的丝绸必须被练满字之后才可以用于制衣；①成堆的废坏毛笔被郑重地埋葬；②以及前人的坟墓因其随葬有某位著名书法家的真迹而惨遭盗掘。③北宋的古文家认为，他们正在目睹与这些故事相同的变态之举。那些仅以书法技巧为追求的书家在疯狂而机械地临摹《淳化阁帖》，希望自己能够努力完善《淳化阁帖》所推崇倡导的书体风格，并战胜同样有此追求的其他书家。正因为如此，当欧阳修在谈论自己的书法实践之时，往往只会谈及书法带给他的快乐，而不会提起自己为此所下的苦功。苏轼不仅沿袭了欧阳修的做法，还将自己的"寄""寓"观念一并运用到书法艺术的实践当中："苟不至于无，而自乐于一时，聊寓其心，忘忧晚岁，则犹贤于博弈也。"④正是因为苏轼始终对于书法爱好所存在的入魔隐患保持着高度的警觉，所以他才会如此地劝诫一位狂热的书法爱好者莫要在书法练习当中迷失了自我："不须临池更苦学，完取绢素充衾裯。"⑤

---

① 这两个故事的主人公都是东汉的书法家张芝（2世纪）；详见范晔：《后汉书》卷六十五，第2144页。
② 据说这是隋代书僧智永（6世纪）的故事；详见何延之：《兰亭始末记》，《全唐文》卷三百一，第3059页上；亦见《宣和书谱》，《丛书集成》本，第389—390页。
③ 据说钟繇曾经向韦诞求取其所藏的一幅蔡邕书法真迹，但遭到了韦诞的拒绝。因此钟繇就在韦诞去世之后盗掘了他的坟墓，终在陪葬品中找到了这幅书法。详见韦续：《墨薮》卷八，《丛书集成》本，第27页。
④ 《题笔阵图》，《苏轼文集》卷六十九，第2170页。
⑤ 《石苍舒醉墨堂》，《苏轼诗集》卷六，第236页。

欧阳修总爱将书法练习所能提供给自己的快乐记录下来,尤其是他在仅有明窗净几的简朴房间内独自练习书法之时所感受到的那种平静的快乐。① 但苏轼则进一步推进了对于书法所能带给世人之愉悦感的思考,直至其成为一个必须被予以高度重视的问题。苏轼尤为感兴趣的是书法家为何会很容易完全沉浸在自己的书法天地之中这个问题,哪怕他们只是沉浸了短暂的一小会儿时间。在一则题跋里,苏轼重新阐释了一个关于王献之的古老故事。据说在王献之还是个孩子的某日,他的父亲王羲之来到了正在练习书法的王献之身后,突然间伸手夺取王献之手里的毛笔。最终王羲之欣喜地发现自己的夺笔尝试失败了,随后便预言说这个男孩将来一定会成长为一位伟大的书法家。苏轼观察到,绝大多数的读者会觉得王羲之的欣喜是源于他发现自己的儿子居然能够将毛笔握得那么牢。但苏轼却不这么认为,在他看来必然是王献之的用意精至才使得他能够做到不被猝然的干扰打断练字,而这也正是他的老父亲感到如此欣喜的原因。② 毕竟如果书法就只有牢牢握笔这一个要求的话,那么任何一位强壮之人皆可以成为伟大的书法家。苏轼在另一则题跋里充满自豪地记下了自己可以将全部身心完全集中在作字之上的能力。他曾于一次舟行当中遭遇了暴风雨,同舟之士都在充满恐惧地看着船夫奋力地与风暴进行搏斗,以免发生船毁人亡的惨剧。但苏轼却端坐于船舱之内练习书法,并且据他所说,他完全没有感到一丝的害怕。③

能够在从事书法艺术的过程当中保持高度的自我专注,不仅可以帮助书者超越于外部环境与内心忧虑之上,同时还能够使其忘却这项艺术本身的规则要求。苏轼当然是绝对坚持这一点的,他曾再三地坚称一旦开始落笔写字,就不能主动思考自己的手正在做什么,也不能有意地尝试按照任何既定的规范书写出精巧的作品。他曾为文同所写的一幅草书做

---

① 详见笔者在《欧阳修与苏轼的书法》一文当中对于欧阳修相关论述的英译,第 378—379 页。
② 《书所作字后》,《苏轼文集》卷六十九,第 2180 页。
③ 《书舟中作字》,《苏轼文集》卷六十九,第 2203 页。

过这样的题跋："与可草书落笔如风,初不经意。"①当然,苏轼并不只有在评价草书的时候持此观点,当他在面对一份由小篆书写的《般若心经》抄卷之时,也同样地说道:"心忘其手手忘笔,笔自落纸非我使。"②

实际上在前代的书法论著当中,已经大量存在着此类评论的先例。也就是说,在书法批评的传统里,本就会经常论及对于规范法式的超越,以及不做任何字形构思地运使毛笔之法。尽管如此,苏轼的观点依然是相当极端的。他曾特为拈出了颜真卿的一幅草书作品,并宣称这幅作品甚至要比颜真卿的那些世所共推的行书与楷书还要奇特非凡。苏轼认为颜真卿的这幅草书之所以会那么得精妙,就是因为其是以非比寻常的自由与自然之笔写就的:"信手自然,动有姿态,乃知瓦注贤于黄金,虽公犹未免也。"③实际上,苏轼似乎想要将这种"自然"或自发意识与书体创新联系在一起。如果按照消极否定的思路来说,"学"不仅可以指称对于前代书法大师的机械呆板的模仿,同样也能够被用来形容对于书法艺术的惨淡经营:

> 书初无意于佳,乃佳尔。草书虽是积学乃成,然要是出于欲速。古人云"匆匆不及,草书",此语非是。若"匆匆不及",乃是平时亦有意于学。此弊之极,遂至于周越、仲翼,无足怪者。吾书虽不甚佳,然自出新意,不践古人,是一快也。④

建立一种完全属于自己的书体风格以及无意为书的愉悦,还有着比自得一快更加崇高的意义。虽然苏轼并不会经常谈起书法艺术的这个最高意义,但是他为数不多的相关论述依旧足以表明,这并不是他偶一为之的观点。比如他曾给其门下学士秦观(少游)的书法作品写过这样一段题跋:

---

① 《跋文与可草书》,《苏轼文集》卷六十九,第2183页。
② 《小篆般若心经赞》,《苏轼文集》卷二十一,第618页。
③ 《题鲁公书草》,《苏轼文集》卷六十九,第2178页。"瓦注贤于黄金"一语出自《庄子·达生》,《庄子集解》卷五,《达生第十九》,第159页。苏轼这篇题跋所论的颜真卿书法作品就是上文提到的《争座位帖》。
④ 《评草书》,《苏轼文集》卷六十九,第2183页。

"少游近日草书,便有东晋风味,作诗增奇丽。乃知此人不可使闲,遂兼百技矣。技进而道不进,则不可,少游乃技道两进也。"①

苏轼为何会将技进与道进联系在一起呢?他究竟想要借此表达怎样的深意?这则题跋能够让我们回想起他写给禅僧思聪的那首送别叙。思聪完全不顾自己在书法以及其他诸多艺术门类上已然取得的斐然成就,毅然决然地将自己的全部身心都转至了禅修。为此苏轼特别提出了一个对于"智慧"(般若)概念的全新阐释以供思聪参考,而且还将其与对于世间万物的敏锐认知等同了起来:"古之学道,无自虚空入者。轮扁斫轮,伛偻承蜩,苟可以发其巧智,物无陋者。"②这里的"物"是包括了"行为活动"在内的,从而诸如思聪先前的那些艺术爱好也就同列其间。按照苏轼的理解,这些艺术爱好同样也可以激发一个人与生俱来但却潜藏未明的能力与智慧。不过此事的关键并不是一个人的智慧或致道的潜能是与生俱来的(正如我们可能会预想的那样),而是这种潜能的激发"无自虚空入者"。苏轼在此处提到的"虚空",指的就是静止、内省与禅定。

具体来说,我们可以从苏轼的论述当中总结出,书法实践至少可以通过两种方式将那个至高无上的智慧给明发出来。第一种方式与落笔为书的瞬间相关,如果书写者能够以正确的方法落笔,那么他就不止于获得某种传统意义上的愉悦或解放。这种正确的方法其实与无意于道却自然致道的模式大略相通:"(怀素)本不求工,所以能工此,如没人之操舟,无意于济否,是以覆却万变,而举止自若,其近于有道者耶?"③苏轼在这里描绘了一个对失败与成功皆漠不关心之人的形象,其能够让自己在陷入难以估量之巨大混乱的时候依然毫不慌乱。正是在这个因素的作用下,在怀素的书法作品里才会出现大量超乎常人的笔触。不仅如此,这段话也将书法艺术描述成一种特定思维的映射,这种思维可以让个体本身沉浸在某个复杂的任务之中,但却又可以同时使其对这个任务保持冷漠超然,

---

① 《跋秦少游书》,《苏轼文集》卷六十九,第 2194 页。
② 《送钱塘僧思聪归孤山叙》,《苏轼文集》卷十,第 326 页。
③ 《跋王巩所收藏真书》,《苏轼文集》卷六十九,第 2177 页。

从而完全不受其影响。上文已经提到过，苏轼在为一卷小篆《般若心经》所撰写的题跋里对其抄写者做出了这样的评价："心忘其手手忘笔，笔自落纸非我使。"同时他更进一步指出，这就是真正的般若（般若其实也是这卷佛经的论说主题）。除此之外，苏轼似乎还在这则题跋里将书法艺术升格为自己哲学思想的两个核心观念——"无我"与"无思"之体现。换句话说，苏轼在书法艺术当中发现了一种可以替代"虚空"的在此岸世界里的活动模式，而且我们还可以迅速地辨认出，这种模式也同时存在于苏轼对于其他领域的思考认知之中。

苏轼所提出的第二种方式则与落笔成书的结果相关，他认为技艺高超的书法家能够用他的毛笔在纸上复刻出自然世界中的万态或万象。我们在之前的章节里已经看到，苏轼对于诗歌的功能就做过与之类似的表述：诗人需要清空其内心，以便其能接纳世间的万象或万景。不过并不是只有诗行才能够做到尽万物之态，书法的字迹线条同样也可以：比如文同的"飞白书"就让苏轼联想起了轻云之蔽月、长风之卷旆、游丝之萦柳絮，以及流水之舞荇带等景象。① 苏轼在这段观书所感的记录里其实留下了这样的暗示，即书法可以被认作是一种调和个体与世界之关系的活动，或者是一种能够让自我个体完全自由地在纸面上创造专属于自己的世界复制品的活动，而且这种认识还能够被充分地证实。这或许是书法艺术活动所能释放出的另一种意义的智慧。如果一个人具备了像这样的以自我个体展现外部世界的能力，那么他的书法艺术水平以及对于道的掌握能力都可以得到显著的提升。这便是苏轼想要告诉秦观的内容，他也同样以此劝诫思聪道："聪能如水镜以一含万，则书与诗当益奇。"而且这些艺术还能成为思聪得道之深浅的反映。②

在诸如孙过庭（7世纪晚期）的《书谱》、张怀瓘（8世纪晚期）的《书议》《文字论》等前代书法论著当中，就已经存在着不少同时以上述这两

---

① 《文与可飞白赞》，《苏轼文集》卷二十一，第614页。参见苏轼对于梁武帝与怀素所言之"善取物象"的评论，《跋王巩所收藏真书》，《苏轼文集》卷六十九，第2177页。
② 《送钱塘僧思聪归孤山叙》，《苏轼文集》卷十，第326页。

种方式为追求目标的书学论述。不过如果我们想要探究苏轼对于前代的这些论述做出了怎样的发展，以及他的推进又有着怎样的重要意义的话，则必然需要承认苏轼的身份就是其间最为至关重要的影响因素。不同于孙过庭与张怀瓘，苏轼既非书法艺术的专门从业者，也不是主要以其书法作品或者书法批评著称于世的专家学者，他关于书法的所有论述都是在一个更广阔的语境下做出的。也正因为这样，他的书法批评才会更加地引人注目。不仅如此，正如黄庭坚所指出的那样，苏轼之前的"文人学士"从未取得过天下闻名的书法成就。欧阳修或许确实相当酷嗜金石碑刻的收藏，但他几乎从来没有像苏轼这般，论述或宣扬过具体从事书法艺术创作的意义。

两种绘画技法

与其书学主张相同，苏轼主要也是通过许多篇幅短小的文字而非系统论著的方式表达自己的绘画观点的，并且同样尤其以给古今画作（绝大多数的当代画作是其朋友所绘）所撰之题跋的数量为最多。在这些论画题跋当中，还包括了很多条直接题写在原画之上的跋文。除了题跋文之外，苏轼还写过许多首题咏画作的诗歌，这些被称作"题画诗"的特殊诗歌类型零散分布在其诗歌全集的不同角落。最后，苏轼还写过一些为私家藏画楼所撰的记文。与苏轼的书学论述一样，我们也很可能会在苏轼针对不同画作所做出的分别之评论当中，发现不少互相矛盾之处。不过这完全不足以掩盖苏轼论画文字的重要意义，因为这些文字可以给我们带来这样的深刻印象：苏轼始终在深入思考绘画的意义与目的，以及绘画与其他艺术门类的关系等问题，而且还在努力地尝试用清楚明了的方式将自己的思考阐述出来。

如果说在苏轼的绘画思想当中有什么广受其他论者高度关注的核心概念的话，那必然是他始终坚持的绘画不应该只注重形式上的相似性这个观点。我们不仅可以从中看到苏轼相当反对仅重绘画之"形"而排斥其他任何一切的绘画观念,同时还可以将苏轼的这个态度联系到由他所推动定义的文人画技法之上。在苏轼所有的论画文字之中,最为集中体现这种论画态度的当属这句著名的论断:"论画以形似,见与儿童邻。"① 而下面所引的这段长篇题跋,则更为全面地阐述了苏轼的这个观念主张:

书陈怀立传神

  传神之难在于目。顾虎头云:"传神写照,都在阿堵中,其次在颧颊。"吾尝于灯下顾见颊影,使人就壁画之,不作眉目,见者皆失笑,知其为吾也。目与颧颊似,余无不似者,眉与鼻口,盖可增减取似也。传神与相一道,欲得其人之天,法当于众中阴察其举止。今乃使具衣冠坐注视一物,彼敛容自持,岂复见其天乎?凡人意思各有所在,或在眉目,或在鼻口。……吾尝见僧惟真画曾鲁公,初不甚似。一日,往见公,归而喜甚,曰:"吾得之矣。"乃于眉后加三纹,隐约可见,作仰首上视,眉扬而额蹙者,遂大似。南都人陈怀立传吾神,众以为得其全者。怀立举止如诸生,萧然有意于笔墨之外者也。故以所闻者助发之。②

这则题跋里的许多观点都不是什么新见。从唐前的论画文字开始,几个世纪以来的中国画家都在呼吁这样的观点:绘画除了要保证高度还原所绘对象之形,还需要为其绘出的形象注入风神与气韵。南齐画家谢赫所主张的画之六法的第一法(气韵生动),表达的便是对于这种绘画形象的追求。而顾恺之也留下了许多提及此点的论述,其间就包括了苏轼在上文里引用的那几句话。尽管如此,苏轼显然察觉到了自己同时代的画家普遍忽视这个被前代画家极力呼吁的主张。而且当他谈起当代画师普遍地必须依赖所绘之人摆出特定的造型才能为其绘制肖像的时候,他的言语之间明显是充满了愤怒。

  实际上,相较于我们在上文举例说明的苏轼所持之基本绘画艺术理

---

① 《书鄢陵王主簿所画折枝二首》(其一),《苏轼诗集》卷二十九,第1525页。
② 《书陈怀立传神》,《苏轼文集》卷七十,第2213—2214页。

念,他对于这一理念的拓展运用以及对其的进一步深化,才是更加重要也更具创新性的。例如在一则为其友人所绘之山水撰写的题跋里,苏轼区分了士人之画与画工之画的不同。① 他首先将鉴赏绘画比作相马,指出观赏一幅士人之画就好像是在欣赏一匹千里马,无论是其与众不同之处,还是观者所能直接欣赏到的内容,都是其间流露出的"意气"。至于观赏一幅画工之画,那就好比观看一匹普通的劣马:观者或许会对其鬃毛等外表与附属之物产生兴趣(比如马厩、刍秣、马鞭等等);但是正因为此马本身并没有什么俊发之处,故而观者只是暂时性地被它的外表所吸引,很快便会失去对其的兴趣。

在绘画实践当中具体运用这种严格区分气韵生动与表面形似的绘画观念,是后来被称作"文人画"的美学思想核心。而最初定义"文人画"的群体正是苏轼及其在北宋晚期的追随者,他们还对"文人画"的美学思想内涵予以了具体详细的阐发。在苏轼之前,鲜有论者会像他这样如此严格地区分这两类画家差别迥异的绘画技法与画作特征。欧阳修在他零章片简式的论画文字里确实提出过,一幅画的画意在本质上要比其所绘之形更为重要。他甚至还公开宣称过自己对"高下向背,远近重复"之类的绘画技巧不感兴趣,并认为这只不过是画工之艺,而非精于鉴画之士所需关注或掌握的事情。② 但是尽管如此,欧阳修看上去更多的是在谈论绘画鉴赏和绘画创作的不同,而不是在探讨两种绘画技法之间的区别。

我们已经在上文论述过,北宋中后期(11世纪中叶)的书法界对片面专注于形式,以及强调与形式相关之书写技法的思想主张非常反感。因此我们现在应该可以很容易地理解欧阳修及其同道士人为何会广泛参与书法创作了:首先所有的学士大夫都必须练习书法与创作书法,其次他们在书法领域的相关实践与他们正在努力从事的建立一种书体风格新范式的事业,实际上又是密不可分的。但是这些中古时代的古文家对于绘

---

① 《又跋汉杰画山二首》(其二),《苏轼文集》卷七十,第2215页。
② 欧阳修:《鉴画》,《欧阳修全集》卷一百三十,《试笔》,第1976页。

画艺术的态度依然远没有像对待书法那样亲近，绘画并不是他们必须掌握的一门技艺，也不是他们的一项日常活动。我们只能够从他们数量甚微的相关论述当中确认，他们只是偶尔会对画作及其所蕴含的美学问题感兴趣。然而到了下一代士人这里，情况就发生了巨大的变化，比如苏轼就表现出了对于绘画的极大兴趣热情，而且他还进一步地将自己的座师用于评说文学及书法的一些关键性术语和概念延伸运用至绘画领域。不过绘画也有专属其自身的一系列议题，这使得围绕绘画的争论发生了一定程度的新变。正如上引那则序跋所示，重绘画之意而轻绘画之形是苏轼论画最基本的话语表述体系，这意味着苏轼对于图画所绘对象的气韵风神更感兴趣，而不是只关注其在外部形体方面的相似度。此外，苏轼探讨论述这个问题的角度也与书法不同，其既没有针对性地指出机械模仿与改造创新之间的区别，也没有将画作的审美鉴赏与画家的道德素养关联在一起。毕竟前代的经典绘画作品似乎并没有像前代的经典书法作品那样，会对当代作者产生那么高的潜在性抑制作用，因此围绕绘画的论争焦点反倒是如何才能真正地将自然万物绘制得栩栩如生。苏轼与前代的不少绘画批评家一样，认为有一种比仅仅绘出形式上的相似层次更高的绘制自然万物的方式。（苏轼并不确定他应该用怎样的术语来定义形容这种应该被图画表现出的风神气韵：在上文的引述里，我们可以看到他分别使用了"天"与"意思"这两个词汇来指称之。而在其他的论画文字里，他还使用过"气""真""活"等词语。）不仅如此，那些被苏轼批评为误入歧途的绘画作者也有着与受到相同批评的书法作者不同的身份类型和特征。在书法领域，广大的士人群体会首当其冲地被批评成"书奴"，只有那一小拨自觉拥护并追随古文理论的士人才能傲然独立于其外。再者，即便苏轼同样也不满意深受宫廷认可并推崇的书体风格标准范式，但他同时也对古文家的书学主张持有相当的保留意见，认为他们的观念也存在着自身的局限。但是在关于绘画的论述当中，苏轼只将一个规模较小的作者群体树立为自己的批判对象，他们就是本无太高声望与地位，仅以绘画之专长而著称于世的画工。与此同时，苏轼还为一种几乎尚未存在过的绘画现象生造了一个术语:"士人之画"。

在这一节的最后,我们需要强调这样一个事实,苏轼确实依然相当关注绘画的逼真性。至少在上述的这些评论当中,这一点是毋庸置疑的。正因为如此,如果我们像当代学者时或为之的那样认为,苏轼试图将画家的绘画目标从仿真转至某种更高层级的艺术真实性的话,那么我们对于苏轼绘画思想的认识就很可能会被误导。苏轼只是想要指出单纯追求绘画之逼真度的不足或缺陷,因为这样的追求意味着画家在作画的时候将会只把精力集中在模仿事物的外表之上,并全然仰仗自己所掌握的绘画技巧。只不过与此同时,苏轼提出了自己心目当中的一种层次更高的仿真类型,也就是传神。如果我们没有关注到苏轼绘画思想的这方面内容,我们将会对他那些重视强调细致观察自然界之微末细节的题画序跋感到困惑不解。比如在一些为动物画所写的题跋里,苏轼就相当认同地征引了不少对于画作不忠实于自然细节的批判之论。比如在戴嵩所绘的一幅斗牛图中,两头正在打架的牛被画成了尾巴上翘的样子。当这幅画被一位牧童看到之后,便受到了无情的嘲笑。这位牧童还解释道,当牛处于争斗状态的时候,它的尾巴其实是垂落于两条后腿之间的。[1] 再如在黄筌所绘的一幅雀鸟图中,飞翔的雀鸟被画成了颈足皆展的模样。但有人就针对此画指出,飞鸟要不缩颈展足,要不缩足展颈,无有两展者。于是苏轼便批评此画的作者存在着"观物不审"之失。[2] 与此相似,当苏轼在画作之上撰写题画诗的时候,他总爱通过称赞眼前所题之画看上去是多么生动逼真的方式展开自己的题咏,而且他还有着非常丰富多样的具体称赞手法。有时他会说这幅画令他产生了眼前所见是否就是真实之物的错觉;有时他会借用唐人的山水诗句以描述眼前所见的山水画;有时他甚至会将自己置身在画卷所绘之境中,并由此想象出一个发生于此的小故事。[3] 在上述的任何一种情况里,苏轼想要赞颂的都是画家令人信服的

---

[1] 《题戴嵩画牛》,《苏轼文集》卷七十,第2213—2214页。
[2] 《书黄筌画雀》,《苏轼文集》卷七十,第2213页。
[3] 具体案例详见笔者的《题画诗:苏轼与黄庭坚》一文,第431—433页。

再现自然景物的能力。

所绘之物的人格品性寄寓

苏轼对于画家应该超越仅仅只追求形似这一目标的要求,与其绘画思想当中的另外几项重要议题有着极为密切的关联,而且这些议题还一以贯之地将绘画艺术提升至超越一门单纯的工艺或技艺。他最为喜爱的一种探讨特定画作的方式便是阐释所绘之物的道德意蕴,而且在阐释之后他还要将其与画家的人格品性联系起来。这种方式很容易令人联想起将书法作品与其作者的人格品性相关联的思想观念。实际上绘画还要比书法更加适合于这种批评阐释体系,因为一幅画作是否优秀,本就不会局限在作于纸幅的抽象线条是否美丽精妙之上。而且许多传统的绘画题材本就在绘画批评之外,有着悠久的与人类道德相关联的阐释历史。

苏轼之所以会大量运用并深化发展这种绘画阐释方式,主要与他和两位画家的交谊密切相关。首先就是著名的书法家与墨竹画家(参见图4)文同,其次则是那位在苏轼心目中尤擅绘马的画家李公麟。文同是苏轼的四川同乡,苏辙的一位女儿后来还嫁给了文同的儿子(两家的这场联姻正是由苏轼牵线搭桥的)。文同要比苏轼年长近二十岁,去世于苏轼仕宦生涯最重要的转折点元丰二年(1079)。苏轼与文同是在熙宁初年的京城初次相识的,但仅仅过了几个月,二人便分别了,而且从此再也没有重新相见的机会。不过他们在接下来的十余年间始终保持着密切的交往,相互都很明显地尊重对方,还经常书信往来与互赠礼物。苏轼曾经给文同的园宅写过不少题咏诗,并向文同求赠他的书法与绘画作为这些诗歌的交换,以供他挂在自家的厅堂之上。① 下面全文引录的是苏轼为文

---

① 苏轼寄赠给文同及其为文同书画题写的文学作品被统一汇编在了文同文集的附录当中,详见文同:《丹渊集》附录,《四部丛刊》本,第2页下—25页上。另有一些逸出其外的苏轼写给文同的尺牍,见《苏轼文集》卷五十一,第1511—1512页;佚文汇编卷二,第2440—2446页。

同所建的一座楼阁撰写的记文,这座楼阁是文同特地为竹所建,以供其赏竹、画竹、藏竹之需。也正是在这篇文章里,苏轼最为完整详细地论述了他对于文同所擅之墨竹与文同个人品性之间的对应关系的思考:

墨君堂记

凡人相与号呼者,贵之则曰公,贤之则曰君,自其下则尔、汝之。虽公卿之贵,天下貌畏而心不服,则进而君、公,退而尔、汝者多矣。独王子猷谓竹君,天下从而君之无异辞。今与可又能以墨象君之形容,作堂以居君,而属余为文,以颂君德,则与可之于君,信厚矣。

与可之为人也,端静而文,明哲而忠,士之修洁博习,朝夕磨治洗濯,以求交于与可者,非一人也。而独厚君如此。君又疏简抗劲,无声色臭味,可以娱悦人之耳目鼻口,则与可之厚君也,其必有以贤君矣。世之能寒燠人者,其气焰亦未至若雪霜风雨之切于肌肤也,而士鲜不以为欣戚丧其所守。自植物而言之,四时之变亦大矣,而君独不顾。虽微与可,天下其孰不贤之。然与可独能得君之深,而知君之所以贤。雍容谈笑,挥洒奋迅而尽君之德。稚壮枯老之容,披折偃仰之势。风雪凌厉以观其操,崖石荦确以致其节。得志,遂茂而不骄;不得志,瘁瘠而不辱。群居不倚,独立不惧。与可之于君,可谓得其情而尽其性矣。余虽不足以知君,愿从与可求君之昆弟子孙族属朋友之象,而藏于吾室,以为君之别馆云。①

苏轼在文中提到了竹子所能寄寓的不同方面的道德情操,而且它们皆有着充分的前代言说先例。就像苏轼提到的那样,几个世纪前的王子猷(即王徽之,王羲之的另一位儿子)就将竹子称呼为"君",并且在此后大量士人的相继努力下,能够被寄寓在这种植物之上的高尚道德类型逐渐变得越来越丰富。如果说苏轼在这篇文章里还提出了什么前人尚未论及的观念拓展的话,那便是他认为这些竹子所能蕴含的道德品质也能完全同样地被寄寓在墨竹图之中。由于苏轼想要直接论述文同之画作所能

---

① 《墨君堂记》,《苏轼文集》卷十一,第355—356页。

体现的高尚道德,故而他完全回避了文同的绘画与现实或自然之间的相似关联性这个问题。而且按照苏轼的表述,绘画所能呈现出的图景似乎一点也不逊色于现实之物。实际上,正因为绘画能够反映出作者的人格品性,所以绘画还要胜过自然一筹:一个人或许可以像王子猷那样,在表达自己钟爱竹子的同时,又让自己的居所被竹环绕;但是只有画家才能自己创造竹子,并为蕴含于竹子之内的高尚道德品质赋予具体的外在呈现形式。当然,正因为这些墨竹是文同创造绘制的,所以他与这种植物的关系才会在这篇文章里被苏轼说成如此独特的样态。

  自从苏轼对于文同的人格品性与其所绘对象之间的相类相通做了如此详尽的论述,他便可以无须再作论证地直接将这个批评观念与方法运用到评论文同的具体画作之上。例如"君看断崖上,瘦节蛟蛇走。其身与竹化,无穷出清新"①数句,就潜藏着对于画家的道德评价。而且这几句诗也几乎可以成为苏轼所有评述文同画作之文字的缩影。

  唐代诗人白居易曾经写过一首题咏画竹的歌行体长诗,这首诗完全可以被用来说明苏轼论画竹的方法与常见于前代文学作品里的批评手段究竟有着怎样的不同。白居易与苏轼一样,也有一位善于画竹的朋友萧悦。但他在欣赏萧悦所画之竹的时候,其注意力完全集中在眼前画作的惊人逼真之上:

  举头忽看不似画,低耳静听疑有声。西丛七茎劲而健,省向天竺寺前石上见。东丛八茎疏且寒,忆曾湘妃庙里雨中看。②

白居易写的论画诗显然要比苏轼谨慎得多,他的评论自始至终都只停留在这几句诗所能达到的程度。他只是在全诗的结尾才提到了一下画家本人,感慨萧悦现在已经衰老不堪,可能很快就再也画不动竹子了。上文所论的苏轼在每一篇评述文同所绘墨竹的文字里都不会遗漏的画学主张,

---

① 《书晁补之所藏与可画竹三首》(其三、其二),《苏轼诗集》卷二十九,第 1523 页、1522 页。
② 白居易:《画竹歌》,白居易著,朱金城笺校:《白居易集笺校》卷第十二,上海:上海古籍出版社,2020 年版,第 664 页。

在白居易的诗里全然是没有任何立足之地的。

中国文学有着悠久的用千里马譬喻才华卓越之士的传统,而在唐宋时代,这种经典的文学譬喻传统也被延伸运用在了绘画批评当中,使得苏轼及其同道能够自如地按照类似上述评论墨竹的方式来批评阐释骏马图。如果一位画家没有获得世人的足够赏识,那么他绘制的瘦弱之马或者迷失于野外的骏马就会被认作是其本人的投影。与之相应的是,绘有壮硕千里马的图画则会被说成是画家恢宏志向的表现。对于李公麟(字伯时)来说,尽管他是那个时代最伟大的尤工绘马的画家,但他在元祐初年也只不过是一名馆阁里的低级官员而已。不过苏轼及其门下诸士都与李公麟结下了深厚的情谊,他们在李公麟所绘的画卷上题写了大量的文字。而这些文人学士也正是通过这些文字,发展出了属于他们自己的骏马图阐释体系。

李公麟不仅是一位画家,还是一位书画收藏家,他收藏了一幅由唐代著名画家韩幹所绘的三马图(李公麟自己曾经临摹过这幅画)。苏辙曾经写过一首题咏这幅画的诗,他在诗中将这幅画与李公麟的骏马图做了比较,对韩幹做出了一些相对负面的评价;包括黄庭坚、刘攽以及王钦臣在内的士人,分别直接或间接地和韵酬唱过苏辙的这首诗。① 苏轼同样也和韵了一首,写得要比苏辙的原唱复杂许多。他在这首和韵诗里也将李公麟的骏马图与唐代大师之作进行了比较,而其论说的基础正是艺术应当反映作者自我情志或人格追求的批评观念:

次韵子由书李伯时所藏韩幹马

潭潭古屋云幕垂,省中文书如乱丝。忽见伯时画天马,朔风胡沙生落锥。天马西来从西极,势与落日争分驰。龙䯄豹股头八尺,奋迅不受人间羁。元狩虎脊聊可友,开元玉花何足奇。伯时有道真吏隐,饮啄不美山梁雌。丹青弄笔聊尔耳,意在万里谁知之。幹惟画肉不

---

① 这些次韵诗全部被王文诰引录在了《苏轼诗集》的注释当中。后来苏颂还写过一首次韵苏轼的诗作:《次韵苏子瞻题李公麟画马图》,详见苏颂:《苏魏公文集》卷五,第48页。

画骨,而况失实空留皮。烦君巧说腹中事,妙语欲遣黄泉知。君不见韩生自言无所学,厩马万匹皆吾师。①

> 元狩二句中的虎脊是汉武帝的著名坐骑,玉花则是唐玄宗的骏马。
>
> 山梁雌喻指那些适得其时并过上惬意生活的人。详见《论语·乡党》第 27 则。

在这首诗里,李公麟所绘的"天马"(一种产自大宛的古老名马)被认作是其高尚节操的典型化身。苏轼在写下这几联诗句,描述天马不受人间羁束的威严雄伟之姿时,脑海中显然想到的就是李公麟。对于这位画家来说,他在沉沦下僚的时候依然能够保持崇高的道德追求与高远的理想抱负(即"意在万里"),便足以证明他的伟大。因此在苏轼的描述中,李公麟完全不会因其职位的低贱而玩忽职守,或者嫉妒宦途比其显赫之士。

正因为苏轼的兴趣是想要解释存在于李公麟本人与其所绘骏马之间的相通性,故而他才会在很靠后的篇幅里方才提起这首诗表面上的吟咏主题——李公麟所藏的那幅韩幹三马图。然而尽管苏轼终于提到了韩幹的这幅画作,但他却对其毫无赞赏之辞可言,倒是把韩幹描述成了一位只注重描绘骏马外在皮相的画家。苏轼在这里用以批评韩幹的话语是由杜甫最先提出的,杜甫认为韩幹的老师曹霸才是更加杰出的画家。②尽管如此,苏轼还是在杜甫的基础上翻演出了自我的新见。杜甫仅仅认为韩幹所绘之马缺少了他在曹霸所绘之马身上感受到的那种勃勃生气,但是苏轼则认为韩幹所绘之马不仅完全没有人类精神的寄寓,还尤其缺失了与画家本人之间的那个至关重要的联结。在第 17 句诗里出现的"君"指的是苏辙,正是苏辙在他的原唱中对韩幹所绘三马图进行了细致的人格化阐释。③而韩幹的画作之所以会被评价为落入下乘,就是因为其本身并没有表现出这番重要的意义,必须要等到苏辙写就此诗之后方才被世人所知。在这首诗的结尾,苏轼狡黠地提到了韩幹的一句自夸。韩幹曾

---

① 《次韵子由书李伯时所藏韩干马》,《苏轼诗集》卷二十八,第 1502—1505 页。
② 杜甫:《丹青引》,《杜诗详注》卷十三,第 1150 页。
③ 此处对于"君"的解释本自纪昀之说,详见王文诰的注释。

经相当自负地宣称,自己完全没有参考过任何的前代骏马图或者拜任何的前辈画家为师,仅仅凭借自己细致观察御马厩里的骏马便学成了如此高超的画马之长。① 但是由于苏轼在准确地还原真实之马的外在皮相与所绘之马能够承载画家自我的人格品性之间,更加注重后者,故而韩幹的这番自诩对他来说毫无意义。苏轼不仅否定了这番话,还利用了"学"的多重词义(韩幹使用的义项是"学习"),一语双关地暗讽韩幹毫无"学识"。

前代诗人当然也经常会在诗中将骏马或天马描写成相应人类特征的隐喻。例如杜甫就经常以这种方式写作马诗,或是吟咏自己的那匹虽然衰弱不堪但依然勉力攀登塞垒的病马,或是吟咏一匹饥肠辘辘地流浪于荒郊野外的旧日官马,或是吟咏因其主人高仙芝赋闲在家而未能尽展其才的英武战马。② 杜甫也写过不少题写骏马图的诗作,实际上他还是第一位写作这种题画诗的诗人。杜甫与那位著名的画家曹霸相识,曹霸曾经奉朝廷之命为玄宗的骏马绘制过图形。同时杜甫也与擅长绘马的画家韦偃交好,并且至少还认识一位画马大师,也就是韩幹(曹霸的学生)。但是杜甫并不会在为这些画家所绘骏马图题写的诗作里,详细论述图中骏马与其作者的人格品性之间的关联。他的注意力或是落在图中所绘之马与真实之马的相似度上,或是落在思考眼前的画作何以会有如此无与伦比的精美之上("一洗万古凡马空"),或是落在现实世界并不存在能够与图中之马相匹配的真马之上(寄寓的是对于帝国衰落的感伤),或是落在以这位技艺高超但却一贫如洗的画家讽喻时政之上。③ 但无论如何,他都从未详细阐释过图中之马所能体现出的这几位绘画大师的自身品性。

---

① 《宣和画谱》卷十三,第 360 页。
② 杜甫:《病马》《瘦马行》《高都护骢马行》,《杜诗详注》卷八、卷六、卷二,第 621—622 页、第 472—474 页、第 86—89 页。
③ 这些主题分别见于下列数首老杜诗:《天育骠图歌》《题壁上韦偃画马歌》《丹青引》《韦讽录事宅观曹将军画马图歌》,《杜诗详注》卷四、卷九、卷十三、卷十三,第 253—255 页、第 753—754 页、第 1147—1151 页、第 1152—1156 页。

苏轼的这种绘画阐释方法并不只适用于上述这两种绘画题材,他能够将此方法应用在几乎任何的自然景观或者其间的某种景物之上。当然,苏轼也会根据事物各自不同的特征,分别将其与相应的人类道德品质关联起来。比如面对宋复古(迪)所绘的《潇湘晚景图》,苏轼便如此地将画家与图卷联系在了一起:"落落君怀抱,山川自屈蟠。"① 这联诗的一个重要内涵便是,尽管宋复古是一位出仕为官的士人,但他还是通过画作流露出自己淡泊名利的高洁情操。

当苏轼自己在从事绘画创作的时候,似乎最为喜爱绘制以怪石、竹子与枯木为题材的画作。这三者既是当代论者在探讨苏轼之画的时候最常会提到的议题,也是现存为数不多的苏轼画作的所绘内容。不过目前所有据称是苏轼真迹的画作,其实都相当地存疑(包括《枯木怪石图》)。② 当观者看到画有这三种事物的图卷之时,很容易唤起对于下面这些人类品质的联想:桀骜不驯、蔑视趋炎附势之徒、在艰难困苦之中保持坚毅,以及孤高自赏。苏轼曾经这样解释自己绘制一幅竹石图的心态动机:

> 空肠得酒芒角出,肝肺槎牙生竹石。森然欲作不可回,吐向君家雪色壁。③

越是"奇"或者越是"怪"的绘画风格,就越能显著突出地让画家的自我人格个性呈现在人们的眼前。米芾就强调过苏轼之画在这方面的特征:"子瞻作枯木,枝干虬屈无端,石皴硬,亦怪怪奇奇无端,如其胸中盘郁也。"④ 苏轼的另一位朋友并且同样也是在绍圣年间遭遇贬谪的元祐党人孔武仲(昌父),也对苏轼所绘的怪石留下过相似的评论。孔武仲首先提到,尽管苏轼在其仕宦生涯里遭遇过大量的政治挫折,但他总是能够在其间保

---

① 《宋复古画〈潇湘晚景图〉三首》(其二),《苏轼诗集》卷十七,第900页。
② 关于这幅图以及其他题为苏轼所作之画的论述,详见高居翰(James Cahill):《中国古画索引》(An Index to Early Chinese Paintings),伯克利:加州大学出版社,1980年版,第176—177页。
③ 《郭祥正家醉画竹石壁上郭作诗为谢且遗古铜剑》,《苏轼诗集》卷二十三,第1234页。
④ 米芾撰,燕永成整理:《画史》,《全宋笔记》第二〇册,郑州:大象出版社,2019年版,第185页。

持泰然自若，故而世"皆知其为异人"。随后孔武仲便继续说道："观于万物，无所不适，而尤得意于怪石之嶙峋。或凌烟而孤起，或绝渚而罗陈。端庄丑怪，不可以悉状也。"①苏轼画作中的这种图像表现，完全就是一种以难能可贵之品质为标志的人格个性的反映。

理·寓·识

在某些时候，苏轼还会赋予绘画另外一层意义。这层意义与画家对于所绘对象蕴藏之"理"的领悟能力有关，亦与画家将自我寄寓在所绘对象当中并由此获得对于"理"的洞察与理解有关。这种绘画批评模式与苏轼评论书法的方式相类，也就是将艺术实践与在忘我的境界下从事任何行为及活动的理想状态联系起来，从而得以通过自我的笔触复刻自然意象或其内在本质。当然，无论是绘画还是书法，对于这些议题的讨论其实都会被关联至创作行为的发生时刻，也就是落笔的瞬间。②

正如我们预想的那样，苏轼探讨过绘画创作所需的豪兴。具体来说便是一幅画作应该在很短的时间内被快速绘成，画家并不需要进行冥思苦想式的构思或者刻苦钻研什么精工的技法。如果说画家在落下第一笔的瞬间便能够于脑海当中浮现出绘制结束之后的完整图像，那么其便具备了得天独厚的绘画之才。③ 这些论述与上文讨论过的苏轼对于落笔为书之瞬间的观点高度相似。但是相较于书法，苏轼还是在绘画领域将这方面的主张往前推进了不少，因为他将绘画艺术视作了一种能够调和沟通自我与世界的活动。这或许是由于绘画所绘制的图样明显要比书法所写的一笔一画更加接近模拟自然。也正因为如此，绘画本身就可以被用

---

① 孔武仲：《东坡居士画怪石赋》，《清江三孔集》卷三，《景印文渊阁四库全书》本，第7页下—第8页上（李福顺：《苏轼论书画史料》，第203页。）
② 黄鸣奋也讨论过下文所论的这几个主题，详见黄鸣奋：《论苏轼的文艺心理观》，尤其是第7—14页、第39—47页、第221—237页。
③ 《文与可画篔筜谷偃竹记》《画水记》，《苏轼文集》卷十一、卷十二，第365—366页、第408—409页。

来证明这样的一种主张,即艺术活动能够捕捉并承载艺术家对于永恒的自然之"理"的理解。苏轼在一篇为文同所绘之墨竹撰写的记文里,便就这个议题做出了一段详细而重要的论述:

> 余尝论画,以为人禽、宫室、器用皆有常形。至于山石竹木、水波烟云,虽无常形,而有常理。常形之失,人皆知之。常理之不当,虽晓画者有不知。故凡可以欺世而取名者,必托于无常形者也。虽然,常形之失,止于所失,而不能病其全,若常理之不当,则举废之矣。以其形之无常,是以其理不可不谨也。世之工人,或能曲尽其形,而至于其理,非高人逸才不能办。①

当苏轼如此这般地将作为构造万物之基本原则的"理"与绘画联系在一起之后,他便为文同所绘之墨竹赋予了一个更加高远深刻的意义。在传统的绘画批评论述当中,"形"始终都是一个关键性的术语。最早的绘画批评就将绘画艺术定义为"写形";② 而早期的绘画批评家重点探讨的内容也是所绘图形与现实世界之间的对应关系。除此之外,他们还经常谈论绘幅上的图形所具备的一种不可思议的力量,也就是它们所能激发出的观者感受与其所绘的自然之物本身所能激发出的观者感受完全一致。但是正如上文所论,苏轼相当迫切地想要摆脱这种对于所绘之形以及绘制似真之形的执着,而且我们还能通过上引语段看到,苏轼已经触及了更为深层次的内容,不仅仅是在呼吁一种更高级的似真或生动而已。苏轼于此文之中充分利用了就在他本人所处之北宋神宗、哲宗两朝(11世纪的最后二十余年间)刚刚形成的哲学术语,也就是由北宋儒学家发展建立起来的宋代新儒学的形而上学基础。二程以及其他儒学家就将"常理"论述为万物运动变化的原动力。③ 只是这些哲学家并不会在绘画上面花费什么心思,故而他们没有像苏轼这样提出绘画也可以体现"常理"

---

① 《净因院画记》,《苏轼文集》卷十一,第367页。
② 参见张彦远征引的颜之推的论述。张彦远:《历代名画记》卷一,《丛书集成》本,第9页。
③ 参见葛瑞汉:《两位中国的哲学家:程明道与程伊川》,第8—22页。

的观点。

我们也很难忽视,苏轼对于画中之"理"的探讨经常会发生在与佛教有关的语境之下。相关案例完全能够说明苏轼对于常理的理解,其实深受禅宗及华严宗共同强调的"理"(本质与实质)和"事"(本体与现象)互为因果之观念的影响。① 比如对于墨竹,苏轼就认为应当将关注重点放在每株竹子的个性特质之上,虽然图中的竹子可能是枝叶丛生的,甚至是重叠生长在一起的,但每株竹子个体的独立性与完整性依旧能够得到保持,无论哪一株的扎根之处或者生长走势,都能够被清晰地辨识出来。这就是苏轼所说的"千变万化,未始相袭",②以及:

> 门前两丛竹,雪节贯霜根。交柯乱叶动无数,一一皆可寻其源。③

很显然,将这些画作悬挂在禅堂佛殿之上的僧人会很高兴地发现,居然可以运用与佛教教义如此强烈相通的语言来描述这些作品。即在俗世的表象与虚空之间,或者在虚假的感知与潜在的真理之间,并没有什么本质的区别或二元对立。

有趣的是,苏轼一方面如此热衷于探讨常理在绘画当中所扮演的角色,另一方面则会经常质疑围绕诸如"理""性"以及"道"这类概念的哲学探究。因此在这些讨论对象之中一定存在确实可知的东西(比如那些挂在墙上的画卷),才会让苏轼允许自己进行这样的探索。尽管苏轼会称赞王维所画之竹为"得之于象外",④但是几乎可以肯定的是,真正让他感兴趣的其实是画中所绘之象与承载于象外之意蕴的交融结合。

实际上,从事绘画创作对于苏轼来说,逐渐成为一种典型的自我内在

---

① 久须本文雄详细探讨了二程兄弟"理""实"密不可分的观点与禅宗及华严宗思想的关联。详见久须本文雄:《宋代儒学的禅思想研究》,名古屋:日进堂书店,1980 年版,第 224—226 页、第 227—228 页,第 367—368 页。傅君劢也关注到了佛教思想对于苏轼天理观的影响,详见傅君劢:《通向东坡之路》,第 89—91 页。
② 《净因院画记》,《苏轼文集》卷十一,第 367 页。
③ 《王维吴道子画》,《苏轼诗集》卷三,第 109 页。
④ 《王维吴道子画》,《苏轼诗集》卷三,第 109 页。

精神与外部世界沟通互动的理想方式,其地位甚至还要高过书法创作。上文已经引录了《净因院画记》的前半部分内容,苏轼在其间对于"常形"与"常理"做了比较。在此基础上,他便在这篇记文的后半部分这样评论文同及其所绘墨竹:"合于天造、厌于人意,盖达士之所寓也欤。"对此我们不禁会产生这样的疑问,达士之所寓究竟是什么呢?

很明显,画家若想画出杰出的作品,首先需要让自己做到在作画的过程中始终置身于忘我的境界。文同就是在绘制墨竹的时候"嗒然遗其身",从而"其身与竹化"。① 极擅画水的画家蒲永升(同时也是一位放荡不羁的纵饮豪士)亦是在做到"性与画会"的前提下,才能画出与凡俗之"死水"不同的"活水"。② 苏轼也曾自问过这样的问题,为何一位看过李公麟所绘山水的人,会在遇见与画境相似的自然风景之时,觉得眼前所见的整个景象竟然如此地熟悉,甚至好像自己曾经来过这里似的? 又是什么原因造就了李公麟如此精湛的描摹山水能力? 对此苏轼一度考虑过这样一种可能性,即李公麟有着惊人的记忆力,从而每当游览一处景点的时候,他都可以将其间一石一木的具体位置与各自外观全部记下,以便其日后将之全然再现于图卷之上。但是苏轼最终还是否定了这个答案,并提出了一种新的解释:"居士之在山也,不留于一物,故其神与万物交,其智与百工通。"③ 苏轼在这里援引了他深受佛教思想影响的"无住"观念,以阐释李公麟的神智与自然风景中的万物全面相融的状态。他想要告诉我们的是:如果想要让自己获得能与"百工"相匹配的知识储备与技艺水准,那么就必须让自我心神与世间万物交相融会。与之相似,苏轼是这样评论王诜所绘的一幅画卷的(借用了另一个来自佛教的比喻),就像古井之水能够映照万物那样,这位画家正是做到了全然清空自我的心志,从而才能让世间万象于其心中自如地往还。④

---

① 《书晁补之所藏与可画竹三首》(其一),《苏轼诗集》卷二十九,第1522页。
② 《画水记》,《苏轼文集》卷十二,第408—409页。
③ 《书李伯时山庄图后》,《苏轼文集》卷七十,第2211页。
④ 《书王定国所藏王晋卿画山二首》(其一),《苏轼诗集》卷三十一,第1639页。

由于李公麟描绘的是一片繁复的山水风景,所以苏轼会在对于此画的评论中强调李公麟神交万物的能力。不过在其他的语境下,苏轼也会认为哪怕只是将自我寄寓在某一种事物之中,也同样可以令自己获得穷知尽理的能力。比如他在题跋黄道辅编纂的《品茶要录》的时候,就是以这样一段文字开篇的:

> 物有畛而理无方,穷天下之辩不足以尽一物之理。达者寓物以发其辩,则一物之变可以尽南山之竹。①

这里的南山之竹显然就是世间万事的象征。通过寓于一物之中(但并非是一成不变地寓物)以及尽其之理,我们可以掌握许多与其他事物相关的知识。此外,尽管苏轼此论是针对一部茶学著作而发,但是文同的特殊之才也能使其充分触及这种"尽南山之竹"的智慧精髓。苏轼做出的这些论述完全能够使人联想起禅宗所说的一切事物皆有佛性的观点,无论多么卑陋多么寻常的事物或话语,无非都是般若的化身。

画 与 诗

在苏轼的绘画批评之中,还有一个由他提出并被他反复论述的著名观点,即绘画与诗歌之间存在着强烈的相通性(例如"诗中有画……画中有诗")。② 这个观点在苏轼去世之后的几个世纪间,逐渐成为中国文人画美学的基本要素之一。不过苏轼做出这些论述的上下文语境,及其实际上的论述目的往往会被论者忽视。与之相同,论者也不太会探究苏轼到底在这两种艺术当中发现了什么样的能够让他把二者等同起来的东西。

苏轼并没有将绘画的整体或者说所有类型的绘画都与这种地位更加尊贵的语言文字艺术等同起来。我们在这里需要重新提起之前论述过的

---

① 《书黄道辅品茶要录后》,《苏轼文集》卷六十六,第 2067 页。
② 《书摩诘蓝田烟雨图》,《苏轼文集》卷七十,第 2209 页。

苏轼对于士人之画与画工之画所做的辨析,能够被他等同为诗的画作主要就是前者。士人之画之所以能够与诗发生联系,并不仅仅只是因为二者的作者身份是相同的。(这些从事绘画的学士大夫同样也是诗人,而画工则并非如此。)苏轼还坚定地认为,士人所绘之画的本身特性就足以使其比画工之画更加接近于诗。那么这究竟是怎样的特性呢?

苏轼早年间为凤翔城外开元寺内的两幅大型壁画写过一首诗,他在这首诗里描述了这两种绘画方式的差异。在这两幅壁画当中,有一幅是整个唐代最为著名的画家吴道子所画,描绘的内容是释迦牟尼涅槃之前在娑罗双树下的最后一次说法场景:

> 亭亭双林间,彩晕扶桑暾。中有至人谈寂灭,悟者悲涕迷者手自扪。蛮君鬼伯千万万,相排竞进头如鼋。①

另一幅壁画绘于寺中一座独立的塔内,是由唐代著名文人王维所画。这幅壁画的内容要比吴道子的那幅简单许多,只是祇园精舍里的佛弟子形象。不过王维还在图中的祇园的大门之前,画了两丛竹子(上文已经引录过描述这两丛竹子的诗句):

> 祇园弟子尽鹤骨,心如死灰不复温。门前两丛竹,雪节贯霜根。

在全诗的结尾,苏轼交代了他更加欣赏的是王维的那幅壁画,并指出其是"得之于象外"。至于吴道子,苏轼一方面承认他的绘画天赋极高,但另一方面还是将其归入了画工之流。尽管王维壁画的构图确实更为简练与简洁,但是令苏轼更加认可这幅作品的关键原因却并不在此,而是在于他发现王维绘出的形迹具有并非徒绘其形的重要品质。虽然苏轼并没有来得及在这首诗里说出这些内容,但他显然认为王维所绘的形象就是王维那令人钦佩的自我品质的写照(不贪图物质的享乐、平静的内心、精通禅理等等)。也就是说,王维所绘的壁画不仅本就是取材于佛教,而且王维还将自我的本性融会在其间。

---

① 《王维吴道子画》,《苏轼诗集》卷三,第 108—110 页。

苏轼另有一首题画诗可以帮助我们更好地阐明究竟是何物潜藏于他所说的"象外"。这首诗的吟咏对象是欧阳修所藏的一扇石屏,石屏之上除了满是风蚀的痕迹,还绘有一株孤独地生长在山顶上的松树(至少这是苏轼所说的石屏上的图案。当然也存在这样一种可能,苏轼将石屏上的天然纹理与色泽想象成了一株松树。)在这首诗的开篇数句里,苏轼推测这幅图案一定是由天工所绘,但他又立刻提出了另一种猜想,将石屏上的这幅图案与两位擅长绘制松石的唐代画家联系在了一起:

> 我恐毕宏、韦偃死葬虢山下,骨可朽烂心难穷。神机巧思无所发,化为烟霏沦石中。古来画师非俗士,摹写物像略与诗人同。愿公作诗慰不遇,无使二子含愤泣幽宫。①

如果毕宏与韦偃之心真的能重现于欧阳修的这扇石屏之上,那么他们在世的时候所绘之松石当然也会同样地体现他们的精神与思想。因此当苏轼在写下"摹写物像略与诗人同"的时候,他并不仅仅是在简单地言说这两位画家能够像诗人那样把自然物象铺满于他们的作品之中,而是在强调他们能够利用自然物象以表达自我的内心情志,就像《诗经》时代以来的诗人一直在做的事情那样。(因为这两位画家不遇其时,所以他们擅长绘制坚定不移与坚韧刚毅的形象。)在"摹写物像略与诗人同"与"得之于象外"这两句话之间并不存在什么矛盾,因为二者所申说的绘画最高目标是一致的,就是利用自然物象以表达作者的价值观与情志。在观赏李公麟所画的一幅枯木图之时,苏轼将与此相同的想法以另外的一种方式表述了出来,其云:"古来画师非俗士,妙想实与诗同出。"②

在苏轼的论画文字当中,有一个多次出现的术语"清新",此词也常被他用于论诗,如其曾云"诗画本一律,天工与清新"。③ 我们完全可以回

---

① 《欧阳少师令赋所蓄石屏》,《苏轼诗集》卷六,第 277—278 页。
② 《次韵吴传正枯木歌》,《苏轼诗集》卷六,第 277—278 页。
③ 《书鄢陵王主簿所画折枝二首》(其一),《苏轼诗集》卷二十九,第 1525—1526 页。参见黄鸣奋对于苏轼在绘画批评当中所使用的这些相关术语的讨论。黄鸣奋:《论苏轼的文艺心理观》,第 214—220 页。

想起,苏轼正是在描述文同所绘之墨竹的时候使用了这个词语:"其身与竹化,无穷出清新。"此外,这个现象还非常明显地表现出苏轼将本来专属于诗歌的特质移用在了最上乘的画作之上。(实际上杜甫就将庾信的诗歌称赞为"清新"。)[1]他在谈起宋初画家燕肃所绘的一幅山水之时就如是说道:"燕公之笔,浑然天成,粲然一新,已离画工之度数,而得诗人之清丽也。"[2]在苏轼的脑海当中,这里的"新"非常接近于他想要在书法作品里寻觅到的"新意"。而他对于"清"的要求则会让人回想起他那无比坚定的绘画是作者人格品性之反映的观念。长久以来,文辞之"清"、情感之"清"以及思想之"清"都是深受肯定的优秀文学艺术特质,而现在则被苏轼拓展到了绘画批评当中。

动 机 之 问

在前文的论述之中,尚有一个问题没有得到正面处理,这便是苏轼为何要将书法与绘画全都改造成可供文人表达自我的领域,也即他这样做的动机究竟是什么。这个问题其实非常难以回答,一定程度上与苏轼自己并没有明确谈论过此事有关。我们现在能够找到的最直接的相关论述,也就只是苏轼偶然提及从事这些艺术活动的正面意义。尽管如此,这个问题还是能够通过苏轼大量的相关论著以及他的人生遭际获得一定的答案推测;而且任何想要了解苏轼错综复杂之一生的人,都必须努力解决这个问题,因为这些流诸笔端的艺术不仅是苏轼自我生命的重要组成部分,也是他留给后世的重要遗产之一。

当然,我们也有充分的理由做出这样的判断,苏轼的这番论述动机其实是相当复杂多维的。这个话题实在是太过庞大,不仅涉及了多种艺术门类,而且苏轼本人也同时兼具创作家、收藏家、评论家以及理论家等多

---

[1] 杜甫:《春日忆李白》,《杜诗详注》卷一,第52页。
[2] 《跋蒲传正燕公山水》,《苏轼文集》卷七十,第2212页。

重身份。从而任何单一的动机因素都无法独立地解释苏轼书画兴趣的全部方面,更别说他那数量如此丰富的书画题跋了。不仅如此,哪怕我们探析出了苏轼这番论述动机当中的某些因素,也不应该认为其会在相当长的一段时间内保持不变(甚至每天都有可能混合进新的因素而发生变化)。不过出于学术探究的需要,我们还是在下文总结出了三种互有区别的可供论者探讨苏轼为何会投身于这些艺术之中的思考角度,并分别予以具体的阐述。

第一种角度主要是属于文学的,其与苏轼的艺术创作观念以及他对于自我文学史地位的追求有所关联。具体来说,苏轼对于前代诗人的成就有着非常敏锐的认知,于是他认为如果自己想要在文学史上占有一席之地,那么就不得不涉足非文学的艺术领域。这使得他创造出了一个比前代任何时候都更具融通性的综合各体之长的艺术事业追求。一个曾被苏轼反复提起过的与艺术史相关的主张,同样也能说明这个问题。例如他在题跋一幅由唐代大师吴道子所绘之画的时候,是以这样的语句开篇的:"知者创物,能者述焉,非一人而成也。君子之于学,百工之于技,自三代历汉至唐而备矣。故诗至于杜子美,文至于韩退之,书至于颜鲁公,画至于吴道子,而古今之变,天下之能事毕矣。"[1]随后苏轼便论述起吴道子画作的种种具体优点。但是他的这段开篇却一直都是历代读者更感兴趣的内容,而且其间至少包含了两个甚为独到的见解。第一个见解便是苏轼认为尽管不同的艺术形式自有其独立的发展历史,但它们共同地都在唐代发展到了巅峰。这全然不符合中国传统的对于艺术发展史的认知习惯。因为在传统观念里,能够获得最高艺术成就评价的总是那些最古早的杰出作家,而且随后的发展历程基本上都会被视作是一段不断退化的历史,最多只会在晚近几个世纪间的个别伟大作者及其辉煌成就的影响下,暂时性地停下退化的脚步。(按照这样的认知体系,对于诗歌而言,只有《诗经》与《楚辞》,或者至少也是汉魏诗人的作品,才会被普遍视为最

---

[1] 《书吴道子画后》,《苏轼文集》卷七十,第 2210 页。

优秀的诗;对于文章而言,最优秀的作品是《诗经》以外的其他儒家经典或者先秦历史散文;对于书法而言,则当以钟繇、张芝以及二王的作品最为典范;而对于绘画而言,最优秀的画家就应该是顾恺之与陆探微。)第二个见解则是每种艺术形式在唐代发展至顶峰的风格体式,都是一种借鉴融汇了所有前代之变的综合性形态。在上文已经引录过的那则苏轼为颜真卿书法所撰之题跋当中,也出现了与此相同的观点表达,只不过用语稍有微异而已:"颜鲁公书雄秀独出,一变古法,如杜子美诗,格力天纵,奄有汉、魏、晋、宋以来风流,后之作者,殆难复措手。"①

我们或许会觉得,苏轼为这些艺术形式分别选定的最具艺术成就者看上去都特别地允当。尤其是当我们发现这些大师在各自的艺术领域都具有众体兼备之长的时候,便会更加地这么认为。但是如果杜甫确实取得了诗歌艺术的最高成就,那么还会有什么突破拓展的空间留待苏轼去填补呢?按照苏轼所描述的不断融通各家之长的艺术发展进程,逻辑上的下一步便是各体艺术将会荟萃在一个人的身上。再者,如果每一项艺术门类都在唐代发展到了其巅峰,那么对于生在成就如此之高的朝代之后的人来说,什么才是他们自然会去尝试的开辟事业呢?或许是出于谦逊,苏轼并没有明确说出下一阶段的成就目标,但我们很难想象他没有考虑过这个问题。而且最重要的是,苏轼对于过往最具艺术成就者的选择就已经足以证明这一点。苏轼及其同道当然也已经意识到,他们在艺术领域所取得的多样化成就,是完全没有过先例的。黄庭坚就曾指出过苏轼在这方面展现出的特殊才华,身为文人学士的他同时也是一位举世闻名的书法家。苏轼也曾直言不讳地表示过,在文学领域内有的作家擅长作文但却不擅写诗,而有的作家(他特别点出了杜甫的名字)则擅长写诗却不擅作文。② 在这些论述的背后,潜藏的就是应该兼擅各种表达形式的创作追求。而他们之所以会产生这样的抱负,完全就是因为此前从来

---

① 《书唐氏六家书后》,《苏轼文集》卷六十九,第 2206 页。
② 严有翼:《艺苑雌黄》,见郭绍虞:《宋诗话辑佚》下册,北京:中华书局,1980 年版,第 193 页。

没有人能够做到这一点。

　　苏轼曾经讨论过积极从事这些艺术活动与"致知"或"修身"之间的关系，而我们则可以从中发现第二个动机因素。正如我们所看到的那样，如果从事书画活动可以与自然"应物"的理想联系在一起，或者可以帮助世人理解常理，或者甚至还能有助于明道的话，那么个人似乎也就有了充分的正当理由将自我沉浸在这些艺术当中了。不过尽管这些说法与苏轼的哲学思想大体上是一致的（例如他积极投身于世间诸多的俗务之上，他非常反感思考形而上的问题等等），但二者之间仍然存在着一定的隔阂。就像事实已然证明的那样，仅凭这些并不能令人满意地解释苏轼对于艺术的兴趣。实际上这是一个相当复杂的讨论议题，而且也与苏轼对于文学的价值与功用的思考相关，我们将会在后面的结语章节里用更长的篇幅对此作具体的讨论。而在这里，我们或许只需要简单地指出这样的事实即可：苏轼对于从事书画活动与致知修身之关系的讨论，在其浩繁的谈书论画的文字当中，充其量也只是零星地出现而已。而且哪怕是他最为激进的以这种方式肯定书画艺术价值的论述，也在他的书画题跋当中算不上多么振聋发聩。恰恰相反，苏轼在这个议题上的书画论述会给人以一种委婉和试探的感觉，他似乎想要在其间谨慎地探索一片未知的领域。不仅如此，苏轼提出这些论述的上下文语境还连带出了另一个问题，就是究竟应该怎样看待这些论述。毕竟这些论述经常出现在苏轼写给朋友的私人性文字当中，而且这些与此相关的朋友绝大部分并无艺文领域之外的其他成就（例如文同、黄庭坚、李公麟）。当苏轼在与这些人通信的时候，他自然会想起对方取得过卓越成就的那个艺术领域，当然也就会产生最大化该艺术门类之意义的强烈念头。另一个会对我们的论述起到同样的搅乱作用的事实则是，苏轼有时还会做出对于艺术的重要性有所贬低态度的论述，而且相关内容完全就是我们最不希望听到的论断。比如他曾说过，书画不过就是诸如博弈这样的寻常消遣之事而已；[1]没有任

---

[1] 《题笔阵图》，《苏轼文集》卷六十九，第 2170 页。

何的事物能够像书画这样,足以令人感到愉悦但却不能给人带来提升或改善;①相较于文同的德行以及他用诗文等其他形式创作的作品,他的绘画其实是最为微不足道的;②书画说到底终究是"物",而真正的得道之士其实是不需要假借于物的。③ 关于这些观点的讨论,我们同样会等到行文至最后一章的时候再作具体的展开。

相较之下,第三个理由无疑有着相当可靠的基础,因为其根植于苏轼艺术之外的其他活动之中。苏轼在他的谈书论画文字里充分强调了艺术家的个人品性与其作品之间的联系,比如书法的体式风格与书法家个人道德之间的联系,再比如画家寄寓在其所绘之墨竹、骏马、怪石以及树木等形象当中的道德观或价值观等等。同时苏轼也相当强调风格体式创新的重要意义:无论多么饱受赞誉的前代书体风格,都应该得到当代书法家的推陈出新,由此为书法创作带来新的意蕴;画家同样也应该不断地追求新意,哪怕其只是想要在绘画当中参悟永恒不变的常理。在这两大思想观念的共同作用下,苏轼论述中特别突出地强调书画艺术表现自我的能力:创作者不仅会在其所作书画当中流露出自我的真实情志(而非只是在机械呆板地模仿自然物象的外形);并且还会对其间所能反映出的这些自我个性特质感到相当自豪。

我们或许可以再次回到画作里的自然物象被赋予了特定的意蕴这个话题之上。对于苏轼来说,他在这些绘画意象当中发现的人类品性寄寓,并不是他自己被眼前的画作所激起的一时之情绪冲击,这其实也是他对于这个话题的阐释最为与众不同的地方。比如杜甫题在一幅鹰图上的诗作就鲜明地展示了什么是更为普遍的诗人一时生发出的自我比兴情绪:一只英武骇人的鹰形象既可以被诗人用来回想当年盛大的玄宗游猎场景(也就是还来得及妥善清理"狡兔"的时候),从而引发诗人对于开天盛世

---

① 详见《宝绘堂记》第二段的开头,《苏轼文集》卷十一,第 356 页。笔者认为苏轼在这里使用的关键术语"移"本自《孟子·尽心上》第三十七章里的这句话:"居移气,养移体。"《孟子正义》卷二十七,《尽心上》,第 933 页。
② 《文与可画墨竹屏风赞》,《苏轼文集》卷二十一,第 614 页。
③ 《题笔阵图》,《苏轼文集》卷六十九,第 2170 页。

一去不返的哀叹；也可以被诗人用来表达一种怅惋之情，因为诗人觉得画中的这只才干超群的鹰（其实也是诗人自己的化身）本应侍奉在君王左右，但如今却与皇家相隔万里之遥。① 不同于以杜甫为代表的唐代诗人的主流做法，苏轼则会在诗中将英勇的鹰形象与画家本人联系在一起。苏轼的这番新变之所以如此重要，是因为他为绘画创作活动的本身赋予了独立而严肃意义，使其不再只是一种被观看与被欣赏的他物。如此一来，画作的意蕴就不必非得等到诗人或评论者做出品题之后才会生成，画家在作画的当下就已经赋予其人间意蕴，甚至寄寓了画家的自我情志。

根据上文所引的大量文献，我们可以很明显地看出苏轼的书画思想从来就不是只靠他自己就能独立地生成并发展的。苏轼绝大多数的谈书论画文字都与其他的文人学士有关，要么是寄赠给他们的书信或诗歌，要么是为他们撰写的楼阁厅堂记文，要么是直接题写在他们所作书画之上的题跋。因此我们非常有必要在这里逐个列数一下那些在苏轼篇帙浩繁的谈论艺术的文字当中最为显著突出的相关者，并大致按照苏轼的生平顺序了解一下他们与苏轼的相识相交。最早的一批文人学士是苏轼在新法之初（熙宁二年至四年，1069—1071）的短暂在京为官期间结识的，包括了书画家文同、以绘画著称的驸马王诜、诗人王巩，以及古文家孔文仲（"清江三孔"中的大哥，另两位是孔武仲与孔平仲）。② 在熙宁朝余下的时间里，也就是苏轼辗转奔波于多地知州之任期间，他结识了四位擅长文学与书法的年轻人张耒、晁补之、秦观与黄庭坚，他们后来也被统称为"苏门四学士"。当苏轼被贬黄州之后，李之仪、李鹰以及那位集书画大师与书画收藏家于一身的米芾相继前来拜访过他。最后一批文人学士则是苏轼在元祐之初重回京城之后渐渐认识的，分别是诗人陈师道、画家毕仲游以及词人毛滂。③

---

① 杜甫：《杨监又出画鹰十二扇》《姜楚公画角鹰歌》，《杜诗详注》卷十五、卷十一，第1340—1342页、第924—925页。参见杜甫：《画鹰》，《杜诗详注》卷一，第19—20页。
② 关于苏轼与王诜的交谊，详见翁同文的研究。翁同文：《王诜生平考略》，载《宋史研究集》第五辑，台北：中华丛书编审委员会，1970年版，第135—168页。
③ 合山究曾经为此列过一个详细名单，详见合山究：《苏轼的文人活动及其要因》，载《九州中国学会报》第15卷，第73页（1968年）。

虽然上述诸人在当日激烈的党争中的政治立场大多与苏轼相近,但也并非所有人都是如此(例如米芾就不是)。而在另一方面,也不是苏轼的所有政治同党都对书画艺术有着特别的兴趣(比如吕陶和范镇就没有)。换句话说,苏轼的诗歌、书法以及绘画圈子与那个以二苏兄弟之乡籍命名的元祐朝重要政治派系"蜀党"并不完全重合。尽管如此,这两个群体之间的重合度依旧很高,足以表明二者终究还是有着紧密的关联。

目前对于宋代文学与士大夫美学的描述,已经正确地强调了"苏门群体"的凝聚力。但是论者却时常会忽视这样一个重要的现象,就是这些文人墨客的仕途与苏轼的政治主张及其宦海沉浮有着相当紧密的相关度。王巩与苏轼一样,是荆公新学的最早反对者之一。为了更好地反驳新学的观点,王巩后来也自行撰写了一部《论语》注疏。① 画家文同也很早就卷入了新旧党争,他因为反对王安石而被罢去了知太常礼院的官职。② 年轻的陈师道觉得新学实在是太令人生厌,从而在曾巩举荐他出任史馆属员失败之后,便放弃了应举与出仕为官。③ 王诜、王巩与黄庭坚都在元丰二年(1079)的乌台诗案当中遭到了弹劾,因为他们都曾收受过苏轼那些"诽谤君上"的诗文,而且还没有主动上报给朝廷。最终王诜与王巩遭到了贬谪,而黄庭坚则被罚铜并外任地方。秦观则在元祐之初经由苏轼的举荐参加了制科试,并由此享誉士林。就在同一个时期,苏轼也举荐了陈师道出任太学教授,使其终于不再是一介布衣之身。此外,苏轼还推动了将王巩从贬谪地放还回京一事。④ 当苏轼后来遭遇赵挺之的猛烈弹劾之时,他很快就明白赵挺之与黄庭坚之间的长期恩怨纠纷是赵氏要如此攻击自己的重要原因之一。与之相似,贾易在进行对于苏轼的弹劾之时,

---

① 秦观:《王定国注论语序》,秦观撰,徐培均笺注:《淮海集笺注(修订本)》卷三十九,上海:上海古籍出版社,2023年版,第1454—1455页。
② 范百禄:《文公墓志铭》,载文同:《丹渊集》附录。参见《续资治通鉴长编》卷二百二十三,第5185页;苏轼:《送文与可出守陵州》,《苏轼诗集》卷六,第251页。
③ 《宋史》卷四百四十四,第13115页。
④ 《荐布衣陈师道状》《辨举王巩札子》,《苏轼文集》卷二十七、卷二十九,第795页、第830—831页。参见苏辙:《举王巩乞外任札子》,《栾城集》,后集卷十六,第1338—1340页。

也将矛头一并对准了苏轼的门生秦观。① 元祐三年(1088),苏轼被任命为本年礼部省试的主考官,而在他为自己选任的帘官当中,就包括了黄庭坚、李公麟、张耒、晁补之以及孔文仲。当然,这些士人中的绝大多数都与苏轼一样,在绍圣元年(1094)的政坛剧变发生之后,很快就被贬至遥远的南方。黄庭坚与晁补之还都遭到了所修《神宗实录》存在大量污蔑不实之处的指控。

苏轼及其同道、门生对于书画的浓厚兴趣,在某种意义上可以等同于他们这个群体最显著突出的特征之一。苏门群体通常也以他们的高超诗文写作能力著称于世,可是只要能够在政治上取得一定地位与成就的士人,几乎都有着文学之长。也就是说,所有的政治家都是文章里手,而且很多人(当然也包括王安石本人在内)同时也是广受敬仰的诗人。但截止到北宋后期的时候,还得是苏门群体才会与书画这类图像造型艺术有着如此紧密的联系。

作为苏门群体当中最为高产的相关艺术创作者,苏轼所努力为之的无非就是建立一个能够让文人学士在其间表达自我的新领域。哪怕苏轼在不断地宣扬诗画一体的观念,始终就只有一小群文人,也就是他的苏门群体,认同他的这个主张并积极探索这个新见。但也就是在这两种以往主要被专门工匠所主导的书画艺术当中,苏轼和他的朋友找寻到了一条可供他们展示并肯定自我之独立性与道德优越性的新媒介。当然,苏门中人也将为数不多的几位前代士人尊奉为他们努力为之的这项事业的先驱。在他们的话语里,比其早一代的士人就已经开启了这项事业,也就是在欧阳修及其同道将颜真卿塑造为集政治家与书法家于一身的士人之时。苏轼也为绘画艺术找到了一个相似的典范人物,他便是王维。(我们必须知晓,历史上的王维与苏轼所描述的王维几乎完全不一样。尽管王维在今日确实经常被认作是一位画家兼诗人,但这个认知主要就是苏轼

---

① 关于赵挺之一事,详见苏轼:《乞郡札子》,《苏轼文集》卷二十九,第827—828页;关于贾易一事,详见苏轼:《辨贾易弹奏待罪札子》,《苏轼文集》卷三十三,第935—937页。

对其形象予以改造后的结果。在苏轼之前,论者并不会像苏轼这样如此坚持地要将王维的绘画与他的诗歌等同起来,也不会认为王维的画作能够与唐代最伟大的画家相媲美。①) 正是在这些前代先驱、当代艺术家朋友以及自我内心坚信的交织作用下,苏轼才能不断地宣扬这些艺术是自我情志之外露表现的观念,并不知疲倦地探索这个观念的许多衍生影响。

  在苏轼及其朋友处于群体性地与其他人意见相左的时期里,他们会更加明显地利用书画以展现自我与众不同甚至高人一等的个性或品质。这一时期主要就是元祐朝开头的那几年,也就是苏轼屡遭不同政治派系的共同攻讦之时。当时反对他的人既有一直以来的新党成员,还包括了因其与司马光、程颐的政见不合而新近出现的若干敌对群体。在这一时期苏轼以及其他人为苏门中人所绘图画撰写的题画诗与序跋当中,充满了以君子才士自诩而鄙夷凡夫俗子的形象。而这些凡夫俗子,完全就是他们朝堂政敌的化身,这也使得他们这种引以为傲的孤高,其实是以高昂的政治代价换得的。一幅由王巩收藏的王诜所绘之山水图卷,就激起了苏轼这样的评论:"三人俱是识山人。"(暗指三人同在元丰二年的乌台诗案当中遭到了贬谪。)②在观赏李公麟所绘的一匹壮健不凡但却无人赏识的骏马之时,苏轼如此说道:"岂惟马不遇,人已半生痴。"③一幅苏轼所绘的枯木图让黄庭坚产生了这样的认识,哪怕是像苏轼这般能够折冲儒墨两家(意见针锋相对的两个学派)的士人,其胸中依然是有"丘壑"(也就是自然)的。④ 对于晁补之来说,李公麟作于锁院之时的大量画作就像禅家所说的"法眼",能够看破世间的种种虚相。⑤ 李公麟曾经为苏轼所画的一幅竹石图补绘了一头牛和一位牧童,黄庭坚觉得此画甚有意态,故特为题诗一首。他在这首诗里深切祈愿图中之牛不要发生任何的争斗,以

---

① 详见《王维吴道子画》一诗的第5、6句,《苏轼诗集》卷三,第108页。
② 《书王定国所藏王晋卿着色山》(其二),《苏轼诗集》卷三十一,第1639页。
③ 《和王晋卿题伯时画马》,《苏轼诗集》卷三十,第1588—1589页。
④ 黄庭坚:《题子瞻枯木》,《黄庭坚集注》卷九,第236页。
⑤ 晁补之:《次韵鲁直试院赠奉议李伯时画诗》,晁补之:《鸡肋集》卷十二,《四部丛刊》本,第10页下—11页上。

免图中的竹子(也就是苏轼的象征)因此遭受损伤。此诗的寄托所指,显然就是朝堂上的激烈党争。① 上述的这些评论充分显示出了苏门中人在那段时期所绘的画作,其实寄寓着极为广泛的文化、道德以及政治意蕴。②

实际上,这个话题还能被予以更深一层的探讨。苏轼以及苏门中人之所以会投身于书画创作,不仅是因为书画已经成为苏门群体展示自我独特价值的重要方式,也与那个更加传统的可供士人抒发自我情志的形式诗歌逐渐有着越来越大的政治风险隐患有关。如果我们考虑到苏轼曾经因其所写的诗歌而获罪下狱,并差点因此丢了性命,而且他之后的仕宦生涯还是始终饱受基于其诗的弹劾,那么就不会觉得规避诗歌所存在的政治风险隐患是一个牵强附会的理由。我们可以回想一下文同在熙宁四年(1071)苏轼第一次外任杭州之际对他提出的劝诫:"西湖虽好莫吟诗。"③很明显,苏轼并没有把文同的劝诫当回事,反倒使其成为一句颇具先见之明的话。尽管如此,苏轼还是在外任杭州之后的十年间开始尝试开发一套以书法笔触与绘制自然物象为中心的表达自我价值观的新语言系统,而且他还在乌台诗案结案之后进一步强化了这番试验。恰如其分的是,文同所绘的墨竹成为这套语言系统的典范案例。

苏轼和他的朋友虽然并不会经常明确地从规避政治风险的角度讨论图像造型艺术对于语言文字艺术的替代作用,但他们零星的相关论述还是被保留了下来,至少我们能够看到他们会不时地暗示自己有义务提升他们正在从事的书画艺术活动的地位。在一首作于黄州时期的寄给王巩的尺牍里,苏轼感谢了这位朋友随前信寄示的诗歌新作,并如此交代道:"欲和,又不欲频频破戒。"随后他便向王巩描述起了新近发生的自己躬耕于东坡之事。在这首尺牍的最后部分,苏轼谈起了书画:"君数书,笔法

---

① 黄庭坚:《题竹石牧牛》,黄庭坚:《黄庭坚诗注》卷九,第 239 页。关于此诗的疏解,可以参考陈永正:《黄庭坚诗选》,香港:三联书店,1980 年版,第 171 页。
② 本节的主要观点是苏门群体的艺术创作与其政治经历有着密切的联系,这个观点已经被合山究提出过,详见合山究:《苏轼的文人活动及其要因》,第 73—77 页。
③ 叶梦得:《石林诗话》卷中,第 417 页。

渐逼晋人,吾笔法亦少进耶？画不能皆好,醉后画得一二十纸中,时有一纸可观,然多为人持去。"①苏轼向他的朋友保证,日后一定随信寄上他更好的书法与绘画作品。很明显,此时的苏轼并不怎么在意王巩于诗歌领域所作的种种努力以及王巩寄给他看的那几首诗。

在宣仁皇太后高氏崩逝的元祐八年(1093)九月,苏轼出知定州。他奏请由李之仪充任自己的幕府僚佐,让其跟随自己前往定州赴任。李之仪(字端叔)是李之纯的从弟。几个月前苏轼刚刚遭遇了又一次的弹劾,论者指控其在多年前草拟的数篇制诰当中刺讥神宗。而时任御史中丞的李之纯则与另外两位御史一起,为苏轼做出了辩护。②李之仪本人是一位才华横溢的书法家、诗人以及绘画收藏鉴赏家。③就在全面清算元祐朝政的前夕,苏轼在定州送给了李之仪一幅北宋道士牛戬所绘的《鸳鸯竹石图》,随画附赠的还有苏轼为此画题写的一首诗。苏轼在这首诗里探讨了那些遵守自我原则且不汲汲于世间声名之人所拥有的智慧。不过苏轼认为实现这种人生状态的方式并不是非得要去做一个隐士,其实只需要超越世间所有的矛盾之上即可。就像对于一只已经羽化成蝶的虫子来说,遗留下来的那个茧(也就是藏身处、防护层)还能有什么用处呢？苏轼紧接着又谈起了书籍的无用,并将这幅画视作了它们的替代品。随后便是这首诗的最后几行诗句:

> 此画聊付君,幽处得小展。新诗勿纵笔,群吠惊邑犬。时来未可知,妙斫待轮扁。④

恣意纵笔的文学创作实在是过于危险,其很可能会引发特定人群的恶毒反应,所以简单地静坐于幽处观赏这卷图画所绘的高洁自然之物才是更好的选择。值得注意的是,李之仪在后来的仕宦生涯中确实遭遇了"群

---

① 《与王定国》(其十三),《苏轼文集》卷五十二,第1520—1521页。
② 《续资治通鉴长编》卷四百八十四,第11505页。
③ 关于李之仪的书法,可以参考《宋史》所记的一段题为苏轼的评论。《宋史》卷三百四十四,第10941页。在《四库全书总目》的李之仪文集(《姑溪居士全集》)提要当中,有一段对于李之仪诗歌的公允评价。详见《四库全书总目》卷四,第3257页。
④ 《次韵李端叔谢送牛戬〈鸳鸯竹石图〉》,《苏轼诗集》卷三十七,第2018—2019页。

小"朝他猖獗狂吠。那些人仅仅因为李之仪曾经被苏轼举荐过，就定性他并不适合在朝为官。①

虽然规避政治风险的心态确实推动了苏门中人广泛参与书画活动，但其实际所具的影响力也不应该被过分地放大，这终究只是促使这些文人学士投身于书画事业的多重因素的其中之一而已。哪怕如上文所说，苏轼及其友人确实有过因为绘画没有诗歌那么高的政治风险而格外倾心于绘画的时刻，但是在更多的时候，在他们的脑海当中并不会有所这样的考量。

上文的论述其实还遗漏了一个重要的因素，那便是在参与这些艺术活动的时候所能体验到的纯粹由艺术创造而生的快乐。自从苏轼掌握了高超的书画技艺之后，单纯的从事书画创作的乐趣当然也就会成为一种能够令他保持书画爱好的重要动力。正如我们之前提到的那样，在欧阳修对于自己参与书法活动的描述当中，他最为强调的就是书法练习本身所能带给他的快乐。苏轼在从事书画艺术活动的时候，很大程度上是以欧阳修的精神态度为模范的。大量出现于苏轼书画题跋当中的机巧与戏谑之语（例如苏轼与黄庭坚互相为对方的书体风格所作的比喻），便是这一点最有力的证明。苏轼自己也曾说过，书法艺术给他带来了慰藉与放松。因此许多书法批评鉴赏家都会将苏轼行书优雅从容的布局构图（就像其手书的《赤壁赋》所呈现出的那样 [图 5]），当成是他这番自述的具体呈现。

虽然在某种意义上来说，从事书画艺术活动所能带来的单纯愉悦感可能是苏轼对于书画产生持续长久之兴趣的基础，但前文所讨论的诸多其他因素很可能逐渐融入了他的这种愉悦感当中，并最终成为其不可分割的重要组成部分。每当苏轼及其朋友创作出了一幅新的画作或者书法手卷，他们都会像对待每一首新诗那样，再次重申其间所含有的相对于他们不是那么尊重的其他文人、政治家以及哲学家的卓尔独特；而这样的重

---

① 《宋史》卷三百四十四，第 10941 页。

申又会反过来增强或加深他们在这些艺术活动当中所能享受到的乐趣。这些北宋中后期(11世纪)的文人努力为之的每一次艺术创新,都能够成为他们相当引以为傲的自出新意(或者"不袭其貌")之说的重要支撑。同时这些努力也能巩固他们在伟大的文人士大夫传统当中的地位,这条传统早在他们所身处的王朝建立之前就已经绵延存在了很久。实际上,根据本书在这里所作的探讨可以看出,苏轼及其朋友在书画艺术当中为自我找寻到或者创造出的快乐,明显深受他们在一系列知识论相关议题之上的认知态度的影响。这些议题包括了自我与世界的关系、在世间行动的理想方式、关于为何会产生被艺术所奴役或者庸俗粗鄙之艺术作品的观点,以及致知与修身的理论。

第十章　一洗绮罗香泽之态：
东坡词里的自我抒情*

众所公认，苏轼为词体文学创造了一种引人注目的新范式。尽管论者或许会对苏轼所做之词体革新的确切性质意见不一，或许还会质疑它的价值与意义，但是没有人会否认苏轼的填词法度是让天下人耳目一新的。甚至还有一种虽不占据主流但却一直绵延持续至今的学术观点认为，东坡词是苏轼最伟大的文学成就，其地位甚至还要高于他的诗歌。

词是一种发源于胡夷里巷的文体，最初是深受市民阶层喜爱的通俗流行歌曲，在唐末五代至北宋初年的时候，逐渐得到了士大夫文人群体的接纳。在士大夫词人开始填词之前，本就已经有数百首曲子流行于世，因此士大夫词人的工作其实只是大体依照乐曲曲拍的规范为这些曲子填制出自创的新歌词而已。（也有一些士大夫词人可以同时承担度曲与填词这两项工作，但从总体上来看，这类作者的数量终究是极少的。）这几百首曲子中的绝大多数从未获得当日音乐家的记谱，故而当其渐渐不再流行并于宋末被一种新的音乐形式彻底取代了之后，它们的乐曲旋律也就失传了，只留下了由士大夫词人填制的两万余首歌词。在这些歌词当中，大量存在着使用相同词调填制的案例，而且它们在刚开始以书面形式流传的时候，就是以只有歌词文字而不带歌曲乐谱的面貌示人的。

实际上，词体文学的音乐性本身就是一个颇令古今论者感到棘手的

---

* 本章遵循如下的体例为文中所引的东坡词出注：先遵循曹树铭校辑本《苏东坡词》（香港：万有图书公司，1983年）标注此词的词调名与编次号码，其后再依据龙沐勋《东坡乐府笺》（上海：商务印书馆，1936年版）标注卷数与页码，最后再依据唐圭璋《全宋词》第1册（北京：中华书局，1965年版）标注页码。东坡词的文本与句读则依据曹树铭辑本，若出现据别本文字征引的情况，则会加以特别的注明。

问题，尤其是在讨论东坡词的时候，这个问题会变得更加地显著突出。尽管宋代的词体歌唱表演大体上延续着晚唐五代的传统，但是晚唐五代对于歌词的存录同样也是只抄写歌词文本而不配乐谱的。这意味着宋代的文人学士在欣赏一首晚唐五代词的歌唱表演之时，很可能还会拿出一种晚唐五代词的抄本以阅读耳畔所闻之歌的具体歌词文字。于是一种新的欣赏与理解曲子词的方式便逐渐形成：曲子词也可以被单纯地视为一种文学形式。毋庸置疑，在北宋中后期（11世纪后半叶）得到普及的印刷术也给这场新变注入了一股强大的动力。尽管如此，曲子词的传统欣赏方式即席听歌同样也得到了延续，而且其与文学欣赏模式之间的分歧还随着时间的推移变得越来越大。对于苏轼来说，他显然是站在文学这一边的。他曾经无所忌讳地承认过自己不会唱歌，同时还暗示自己不大能够听得懂音乐。① 他填制的曲子词会大量地出现违背所用词调的乐曲音调或传统韵律节奏的现象，这使得他的词作在宋代就遭到了难以被付诸歌喉的批评。同时宋人还会将其与东坡词另外的一些特质相结合，由此指摘苏轼所填之词"要非本色"。② 不过根据苏轼自己为其词作撰写的题序以及被他人记载下来的东坡词本事，我们其实可以发现，苏轼填制的许多词作都有过被歌手演唱的记载，而且他也经常撰写即席应歌之词。

尽管曲子词在苏轼的时代已经逐渐开始脱离音乐，但是其深受音乐本源影响的文体内在特质却依旧得到了极强的保留。无论是在士大夫举办的宴会之上，还是在诸如杭州等城市里的秦楼楚馆之间，最常被付诸演唱的曲子词就是以人间情爱为题材（尤以失恋的忧伤为代表）的浪漫多情之歌，而这正是任何时代、任何地区所流行之娱乐歌曲的共通面貌。至于词体这种歌曲形式为何会在宋代的中国大为盛行，其实有着多方面的原因，比如繁荣的城市经济、女性歌手与男性主顾之间频繁发生的私情，

---

① 《与子明兄》，《苏轼文集》卷六十，第1832页。
② 参见晁补之的评论，以及被胡仔引录于《苕溪渔隐丛话》的李清照《词论》，胡仔：《苕溪渔隐丛话》，后集卷三十三，第253—254页；亦见陈师道：《后山诗话》，第309页。亦可参考叶嘉莹对于这一点的讨论。叶嘉莹：《论苏轼词》，见缪钺、叶嘉莹：《灵溪词说》，上海：上海古籍出版社，1987年版，第221页。

以及儒家精英价值观对于情欲冲动的敌意等等,都是其间极为重要的促成因素之一。

正如成书于后蜀广政三年(940)的著名词集《花间集》所展现的那样,早期的词作是以独处于闺阁之中的贵家女子为主要题材的。① 词人通过细致描摹词中女子的衣着、发饰、妆容以及器用(例如镜子、香炉、绣被),间接性地表现出她们浓重的烦闷情绪、对于时光流逝与自我容颜老去的敏锐意识,以及在漫漫长夜里空自等待远方情人之缥缈音讯的场景。这些便是《花间集》所收词的男性作者想要通过酒席间的女性歌手传递出来的女性形象。

到了北宋仁宗朝(11世纪中叶)的时候,曲子词已经得到了士大夫作者的全方位拓展。词中的空间不再只局限于闺阁这一种,园林、湖畔以及歌楼等场景相继被引入词中。一首词的文本篇幅也开始更多地被自我独白与对话占据,甚至连描述性的语句也会变得更具对话色彩。词人还尝试将叙事性与戏剧化的内容填进词里。词作的题材同样也获得了拓宽,尽管男女情爱依旧有着绝对的数量优势,但由此申发出的衰老、友情以及四季流转等相关题材也变得常见了起来。

随着词体获得了上述的这些诸多拓展,词中人的形象或者词作的叙述主体也相应地发生了变化。花间词人大多会在词中冷静客观地描绘出一个闺阁场景,从而使得词作的叙述者或者是这个闺阁场景的静观窥探者,或者就是深闺中的女子自己。有些词还会在这两者间反复切换,也就是第三人称叙述与第一人称叙述被交织于一首词当中。不过无论采用哪种叙述方式,词人通常都会用清楚明白的语句交代出词中那位独处于闺阁之内的人是女性。由于我们知道唐宋词人几乎都是男性,故而我们也就相当清楚,词中的女性形象无论如何都不能简单地与词人自己等同起来。(我们同样也知道曲子词的歌唱者是女性,这能够很好地帮助我们解

---

① 《花间集》的英译本可参考傅恩(Lois Fusek):《花间集》(*Among the Flowers: The Hua-Chien Chi*),纽约:哥伦比亚大学出版社,1982年版。

释词人为何总是在词中描绘女性人物形象或是用女性的口吻填词。不过这当然不足以证明词中所表达的是真实的女性经验。）

北宋中前期之词相较于晚唐五代词的一个重要变化，就是越来越频繁地出现词中人物或者叙述者性别模糊的词作。试看下面引录的一首由晏殊（991—1055）所作之词：

踏　莎　行

小径红稀，芳郊绿遍。高台树色阴阴见。春风不解禁杨花，蒙蒙乱扑行人面。　　翠叶藏莺，朱帘隔燕。炉香静逐游丝转。一场愁梦酒醒时，斜阳却照深深院。①

如果按照晚唐五代词的传统，当我们读到这首词的时候，脑海中或许会浮现出一位独处于闺阁之内的女子形象。然而如果仅仅就这首词的语句本身来看，我们其实并不能排除词中人是一位男子的可能性。这首词展现出的当然是一位孤独的有所思恋之人的形象：词中的柳条代指着此前发生的告别场景，词里还提到了常见的春日意象黄莺与燕子，以及与词中人联系更加密切的独醉与愁梦。这些内容足以表明，词中人的心中所念毫无疑问就是其不在身边的情人。尽管如此，我们还是无法确认词中人究竟是一位怀念男性情人的女性还是一位思恋女性情人的男性。而且如果真的存在后者这种可能性的话，那么读者就会很容易地把词中的人物形象与晏殊自己联系在一起。不过还是有不少读者会坚定地认为，这阕词的真正成就其实恰恰在于，无论以哪种身份角度解读或定性，此词都是那么余韵悠长，以至于其独特的文学魅力很大程度上就是源自词中人物的模糊性。

如果与晏殊这阕词相类之词的数量确实在北宋中期大量增多的话，那么明确以男性口吻填写的词作同样也会发生数量的提升。实际上，以男性为抒情主体的词作一直是词体传统的重要组成部分，只不过在晚唐

---

① 晏殊：《踏莎行》，《全宋词》第 1 册，第 99 页。英译本可见刘殿爵（D. C. Lau）：《宋词二十首》（Twenty Selected Lyrics），载《译丛》（Renditions）第 8 期，第 11—12 页（1979 年）。

五代的时候,这种类型的曲子词相当不起眼而已。在韦庄与温庭筠的词作里,我们就可以发现不少明确是在书写男性词中人苦苦思念某位他所相识相恋之女性的案例。除此之外,晚唐五代还存在着一个极为特别的词人案例——李煜,他所填制的词作一直以来都被认为是这位南唐亡国之君的自我情感表达(尽管对于后主词的这种阅读习惯遭到了一些现代学者的质疑)。①

到了苏轼的时代,一位有着极高流行度的曲子词作者很可能会因为其写过大量直白露骨地描述男子狎妓场景的词作,而在文人学士群体当中变得声名狼藉。不仅如此,在柳永所作之词当中,还大量存在着毫无疑问就是以男性口吻填就的狎妓词,就像下面这首词这样:

小　镇　西

意中有个人,芳颜二八。天然俏、自来奸黠。最奇绝。是笑时、媚靥深深,百态千娇,再三偎着,再三香滑。　　久离缺。夜来魂梦里,尤花殢雪。分明似、旧家时节。正欢悦。被鸡声唤起,一场寂寞。无眠向晓,空有半窗残月。②

海陶玮(James Robert Hightower)已经注意到,柳永未必真的将自己徜徉于青楼的风流事迹写进像此词这样的作品里。因此他认为,将柳永以男性口吻写就的词作视为其亲身经历的实录,其实是没有什么说服力的。当柳永在填制词作的时候,他当然很可能会调动并利用自己的狎妓经验;但是他最终填制出的作品与他这位作者终究还是有所分离的,哪怕词中人或词作的叙述主体是一位男性,情况也依然是如此。毕竟柳永填制的这些曲子词,最终都是要被付诸口头歌唱表演的。然而这并不意味着每一位听歌之人都有能力做到时时刻刻将词中的人物形象与词作者本人区

---

① 参见白润德(Daniel Bryant):《南唐词人:冯延巳(903—960)与李煜(937—978)》(*Lyric Poets of the Southern Tang: Feng Yen-ssu, 903-960, and Li Yu, 937-978*),温哥华:英属哥伦比亚大学出版社,1982年版。
② 《小镇西》,《全宋词》第1册,第43页。英译本可见海陶玮(James R. Hightower):《词人柳永》(The Songwriter Liu Yong: Part I),载《哈佛亚洲学刊》第41卷第2期,第350—351页(1981年)。

第十章　一洗绮罗香泽之态：东坡词里的自我抒情

别开来。柳永就是一个在文人学士群体当中声名狼藉之人，被他们批判为浪荡风流与行为不检。而柳永之所以会招致这样的骂名，很大程度上当然是因为他大量填制了这些俚俗艳词。类似的情况也发生在欧阳修身上。欧阳修大致与柳永生活在同一个时代，尽管二人几乎没有什么交往，但欧阳修同样有着擅填佳作的词名。于是欧阳修的政敌便充分利用了世人普遍存在的将词中人与词人混同起来的阅读习惯，伪造了一些题为欧阳修所作的表现男性词中人觊觎幼女才色之词，并将其广为流布于世间，希望以此诋毁欧阳修一代儒宗名臣的形象。事实证明，虽然这是恶毒的构陷，但是欧阳修却相当难以自证清白。

事实上，有一部分真实可靠的欧阳修词在风格体式上与苏轼的早期词作极为接近。因此诚如叶嘉莹所言，在苏轼接触词体写作之初，欧阳修的词作曾经深刻地影响到了他。[①] 欧阳修写过大量的描写酒宴、郊游以及祖席之词，而且这些词作毫无疑问会在他主办的或参加的宴席上得到演唱。正如下引这首词所示的那样，欧阳修的这些词作大多是以疑似男性的口吻写就的：

浪　淘　沙

今日北池游。漾漾轻舟。波光潋滟柳条柔。如此春来春又去，白了人头。好妓好歌喉。不醉难休。劝君满满酌金瓯。纵使花时常病酒，也是风流。[②]

我们很容易会把这首词的抒情主体就认成欧阳修本人，但其实并不必然，因为此词的口吻完全可以适用于席间在座的每一位嘉宾。（英语世界的读者或许更难领会这一点，因为如果要将此词翻译成英文的话，就不得不为此词的叙述主体予以单复数与性别的限定。但是汉语原文却具有单复数模糊化的优势，比如此词上阕结句中的"人"，就既可以指称一个人也可以指称多个人。）这首词显然能够脱离于其作者而独立地存在，无论欧

---

① 叶嘉莹：《论苏轼词》，第196—197页。
② 《浪淘沙》，《全宋词》第1册，第141页。

阳修在场还是不在场,其都可以被重新演唱于一次新的文人宴饮之上。当然,欧阳修在填制此词的时候很可能本就有着它会被重复歌唱与流传的期待,因此才会选择在词中吟咏足以适配无数场文人聚会的意象与情感主题。

如果我们按照时间先后的顺序依次阅读汇录两宋所有词作的皇皇巨著《全宋词》的话,便会在读到东坡词部分的时候产生一种突如其来的割裂感。这种阅读感受其实就是东坡词的显著新变带来的,而该新变主要有如下两点特征:自传式的叙述口吻以及写作题材的全面扩张。苏轼的这些词作之所以能够被明确地认作是自传性文本,是因为它们大多带有相当醒目的词题或词序(苏轼会在词作的题序里具体记录本词的写作时地)。金末(13世纪)文学家元好问就已指出,唐五代词人极力以"宫体"语言为词,苏轼则是第一位不遵循这个词体写作传统而改用词体书写自我"情性"的词人。[1] 与此同时,由于苏轼相当激进地想要主动摆脱词体传统写作题材的局限,哪怕是李煜之词,与东坡词的相较,也会显得题材狭窄。这便是比元好问早一个世纪的南宋人胡寅对于东坡词的个性特质所作之概述——"一洗绮罗香泽之态"。[2] 不仅如此,这两点特征还共同促成了那个最为常用的东坡词评价:苏轼的填词方式是"以诗为词"。[3] 而且不管论者所持的观点是赞赏东坡词还是批评东坡词,他们都会理所当然地引用这句话为自己张本。

在之前的章节里,我们已经引录过了苏轼的《念奴娇·赤壁怀古》,它完全可以成为说明上述这两个东坡词创新之处的极佳词例。兹再引录两首东坡词于下文,以示苏轼在词中书写的自我真实经历多么全面。第一首词写于苏轼贬谪黄州期间,描述了他某夜从东坡回到位于城中的

---

[1] 元好问:《新轩乐府引》,《遗山先生文集》卷三十五,第19页上—19页下。元好问的这番评论曾被黄海鹏《只有名花苦幽独——苏词的个性化小议》一文征引并注解,见载于苏轼研究学会编:《东坡词论丛》,成都:四川人民出版社,1982年版,第121页。
[2] 胡寅:《酒边词序》,见向子䛑:《酒边词》卷首,毛晋辑:《宋名家词》,上海:上海古籍出版社,2014年版,第495页。
[3] 这个评价最初是由苏门学士陈师道做出的,陈师道:《后山诗话》,第309页。

指定安置居所的经历。第二首词则记录了他在其首任妻子去世十年之后所做的一场梦。

临 江 仙
夜 归 临 皋

夜饮东坡醒复醉,归来仿佛三更。家童鼻息已雷鸣。敲门都不应,倚杖听江声。　长恨此身非我有,何时忘却营营。夜阑风静縠纹平。小舟从此逝,江海寄余生。①

江 城 子
乙卯正月二十日夜记梦

十年生死两茫茫。不思量。自难忘。千里孤坟,无处话凄凉。纵使相逢应不识,尘满面,鬓如霜。　夜来幽梦忽还乡。小轩窗。正梳妆。相顾无言,惟有泪千行。料得年年断肠处,明月夜,短松冈。②

在这两首词的正文之前,都附带有词人自己撰写的题序,使得二词能够与某个明确独特的写作场景紧密系联在一起。在这一点上来说,这两首词其实与诗并没有什么区别。此外,二词的正文也都是以高度的自我个人性口吻填制的,而且我们还能够立即判断出这两首词的抒情主体就是那个真实的历史人物苏轼(他确实常常往来于东坡与临皋之间,他的首任妻子确实逝世于乙卯岁的十年之前)。因此相比于上文所述的那些前代词人,我们能够更加有把握地将这两首词与其作者本人联系在一起。从词作内容的层面来看,这两首词也迥异于以曲子词的传统题材为写作内容的词作。第一首词的词中人诚然也是孤独寂寞的,但其却并非处于与情人或朋友天各一方的状态。他在词中的所作所为(敲门、倚杖)都是在前代词作里未曾出现过的内容。他于全词的最后所流露出的平生心愿其实是诗歌写作传统里相当常见的遁世情绪,很容易会令读者联想起经典的隐士形象范蠡。尽管出现在第二首词里的种种事物或场景当然会使这阕

---

① 《临江仙》,第133首,卷二,第12页上,第287页。
② 《江城子》,第54首,卷一,第32页下—33页上(调名作《江神子》),第300页。

词看上去似乎更加地接近传统词作（追忆过往的爱恋、独自梳妆、千行泪），但是读者总会轻易地忽略这样的一个事实，就是这些事物或场景在词体写作的传统里专属于被人抛弃的歌妓，然而此词却将它们的所属对象完全换成了词中人和亡妻。

革新词体的原因

　　上引词例只是初步展示了东坡词的个性特质，不过即便是尚处于刚刚开启本章论述的阶段，我们还有必要追问一下是什么原因导致了苏轼要对词体予以革新。苏轼为何会去写作这种以虚构代言或者至少说是以类型化情感为书写传统的文体？而且他为何还要将这种文体改造成可以用来表达自我个性化情感的写作手段？这个问题并没有获得过太多的回答，而且仅有的一些答案也着实难以令人满意。（事实上论者大多只会简单地做出这样的回答：苏轼是一位伟大的天才文学家，而且还有着非常强烈的个性气质，因此他的词作自然是相当与众不同的。）绝大多数的词学家都把自己的精力放在了探讨苏轼的词体成就之上，而非追索其成因。

　　事实上，词学家之所以不太探讨这个问题，一个很重要的原因就是这个问题的答案并不是那么得显豁。我们可以对比一下苏轼在书画领域所做的革新之举，便能够更加明了这个情况。在大量的书画创作之外，苏轼还在数百首题跋、诗歌以及文章当中以一位理论家、批评家与收藏鉴赏家的身份发表过自己的书画主张。如果说这些文献会给我们带来什么困扰的话，那就只能是可供利用的苏轼自己所写的材料实在是太多了，以至于每一位想要解释苏轼革新书画之动机与价值的学者，都必须先行对这些浩繁的材料进行分类、整合与解读。而词体文学的情况则恰恰与此相反：留存下来的苏轼论词文字相当地稀少。苏轼并没有写过专门的论词文章或诗歌，他也没有留下任何关于词体的批评性或理论性著作。实际上，流传至今的苏轼论词文字，只不过是零散见于其写给朋友之书信里的只言片语而已。

　　苏轼对于自己以及他人所作之词几近完全失声的现象其实是词体在北宋时代文体地位卑下的写照。① 尽管当时的许多文人士大夫都会涉足填词,但他们当中的大多数只是将曲子词视为一种消遣或娱乐,而不是一种需要在其上持续投入精力的文体类型。也就是说词在娱乐功能之外,就再无其他任何的严肃意义了,从而时人才会经常轻蔑地将其称作"小词"。哪怕是相当多产并且成就极高的词体文学作者,也会在编纂自己的文集之时,冷酷无情地把词作摒斥在外。而柳永的形象被固化在风月场中的浪子之上,这也充分地表明,一位主要以填词闻名于世的士人是有多么不受士林群体的待见。就是到了北宋末年,当晏幾道的士人朋友发现他毕生只流传下来一部词集的时候,依然会将其当成是一件颇为棘手与尴尬的事情。为了挽回晏幾道的颜面,黄庭坚尽其所能地给晏幾道的词集写了一篇曲折深微的序文,为晏幾道辩解开脱。②

　　知晓了曲子词的文体地位在北宋时期甚为卑下之后,我们便可以更好地解释苏轼的词体贡献与其书画成就之间的一个至关重要的区别。如果书画艺术确实如上文所探讨的那样,是一种能够让苏轼及其同道将自我群体与朝堂上的敌对派系区别开来的方法的话,那么他们努力提高书画艺术特别是绘画艺术的地位与声誉,就完全不是什么奇怪的事情。因为只有这样,他们对于书画活动的参与和投入才会被承认为的确意义重大。然而词体写作从来就没有达到有似书画这样的地位;而且苏轼对于词学的尊体事业也几乎无甚贡献,反倒是相当明显地对此噤口不言。既然词的文体地位是如此卑下,而且苏轼几乎没有为曲子词做过什么尊体的论述,那么我们应寻找他改变词体的秘而不宣的动机,而非左右他人看法的潜在意图。

---

① 对于这个问题更为全面详细的论述,以及关于其对苏轼的词体写作产生了怎样之影响的讨论,可以参看笔者的论文《词在北宋的声誉问题》(The Problem of the Repute of Tz'u During the Northern Sung),载余宝琳(Yü, Pauline)主编:《中国的歌词之声》(Voices of the Song Lyric in China),伯克利·洛杉矶:加州大学出版社,1994年版,第191—225页。
② 黄庭坚:《小山集序》,《黄庭坚全集》正集卷十五,第358页。

当代学者已经有所关注词体文学的"真实性问题",这个话题或许与我们现在正在处理的问题有所相契。简而言之,宇文所安(Stephen Owen)与方秀洁(Grace Fong)的论文通过考察词体文学对于人物形象的动态运用,发现曲子词的作者很可能自己就对这种文体的代言写作模式颇感矛盾。① 在北宋时期,已经有一些词体文学的作者敏锐地意识到,曲子词与生俱来的、不能或不需要将词作者等同于词中抒情主体的文体特质,与诗歌写作传统以及诗歌的抒情主体就应该是诗歌作者本人的写作要求(例如那句出自儒家经典的箴言"诗言志")相比,实在是有着过于悬殊的差异。而且在这些词人所填之词当中,还存在着不少探讨如何在虚构的人物形象或伪装面具下进行写作的作品。因此我们会发现曲子词当中的抒情主体本就饱受真实性的质疑,而词人为自己在词中戴上的伪装面具往往也只在全词临近结束的时候才可能被卸下。而在某些特定的词人手中,真实的人物形象还会与虚构的伪装面具发生丰富的互动,不仅为词体带来了一种特殊的风格体式,而且还是引发他们填词兴趣的主要动力。

　　是否存在这样一种可能,苏轼对于横亘在言志之诗与代言之词间的巨大鸿沟同样有着与上述相似的隐忧,而他之所以会"以诗为词",就是因为他拒绝接受词体的代言写作传统。我们完全有必要充分关注这种可能性。由于苏轼极少评论自己或他人所作之词,因此他也不出我们所料地在这个话题上没有留下什么论述,但他却在探讨其他文体的时候提起过"真"。在苏轼看来,陶渊明就极具"真"之德性,而且这正是身为伟大诗人与伟大人物的陶渊明最为本质的可贵之处:"孔子不取微生高,孟子不取於陵仲子,②恶其不情也。陶渊明欲仕则仕,不以求之为嫌,欲隐则隐,不

---

① 宇文所安(Stephen Owen):《言外之意:宋词传统里颇具价值的"真"》(Meaning the Words: The Genuine as a Value in the Tradition of the Song Lyric),载余宝琳主编:《中国的歌诗之声》,第30—69页;方秀洁(Grace Fong):《宋词中的人物形象与人格面具》(Persona and Mask in the Song Lyric (Ci)),载《哈佛亚洲学刊》第50卷第2期,第459—484页(1990年)。
② 微生高以正直著称;但是某日有人向他讨要一些醋,微生高却并不直接给人家,而是先向自己的邻居讨要了一些醋,再将讨来的醋给那个人。事见《论语·公冶长》。《论语 (转下页)

第十章　一洗绮罗香泽之态：东坡词里的自我抒情

以去之为高，饥则扣门而乞食，饱则鸡黍以延客，古今贤之，贵其真也。"①

苏轼在这里将"真"与诗联系在了一起，因为他以此讨论的是一位伟大的诗人，而且这段话也出自他为一位相识未深的前辈所撰之诗集而写的题跋。这不禁会让我们想起苏轼曾经说过的这样一段话：哪怕自己想说的话会冒犯到别人，他也愿意将其吐露于口，因为如果憋在心里而不说出来，自己就会受罪。② 苏轼是在读到陶渊明的一首《饮酒》诗时想起自己曾经说过的这段话的，陶渊明在这首诗里叙述了自己不愿意按照一位朋友所建议的那样，为了摆脱贫困而重新回到这个污浊的世界"汨其泥"，因此礼貌地谢绝了他的好意。③

不可否认的是，仅凭苏轼的这番论述远不足以证明他对于词中的虚假人物形象或伪装面具确实有所不满。但是从他对于创作形式有着多样化的追求偏好来看，或许至少可以做出这样的宽泛类推，他在论及诗歌时所提倡的"真"，也是他对于各种创作形式的共通追求。很显然，苏轼的书画主张就相当强调作者的个人品性对于书画艺术的重要意义，他始终坚持作者的内在节操与其所创作的艺术形象之间，存在着必然的对应关联。文同就是他所绘的墨竹，一个人的个体风神就是他的书体风格，而在个人品性与艺术作品之间，并没有任何可以容纳伪装、诡计或浮言的空间。同样地，苏轼之所以会强调艺术创作应该追求落笔即成篇的状态，也缘于"真"是他对于各种创作形式的共通性偏好。因为这种自然流露的创作方式能够表现出艺术家的"天真"，④ 而惨淡经营的创作方式则注定会把这种难能可贵的品质给丢弃掉。

不过从另一个方面来说，苏轼自己确实没有将词体也纳入他对

（接上页）义疏》卷三，《公冶长第五》第24章，第120页。於陵仲子以廉洁著称，但是他为了保证自我的廉洁操守，居然完全漠视他所应尽的家庭义务（例如他因为觉得其兄的房子是不义之产，便拒绝和他的母亲及兄长住在一起）。事见《孟子·滕文公下》，《孟子正义》卷十三，《滕文公下》第10章，第463—468页。

① 《书李简夫诗集后》，《苏轼文集》卷六十八，第2148页。
② 《录陶渊明诗》，《苏轼文集》卷六十七，第2111页。原句见第二章的征引。
③ 陶潜：《饮酒》（其九），杨勇：《陶渊明集校笺》卷三，第151页。
④ 《书张长史草书》，《苏轼文集》卷六十九，第2178—2179页。

于"真"的探讨当中,而且他有时似乎还会认可甚至乐于接受词体的代言写作要求。他在杭州的时候,曾于某日携妓前去净慈寺拜访大通禅师(善本)。① 苏轼的这番戏谑滑稽之举果不其然地让大通禅师甚感不悦。为了安抚这位禅僧,苏轼特地填了一首词让随行的歌妓演唱,但却在词中对大通禅师又予以了进一步的戏谑。苏轼不仅在词里以僧人唱经所用的拍板与门槌借指歌妓演唱所用的乐器,还为弥勒菩萨感到了深深的惋惜。由于现在距离弥勒的下世成佛还有很长很长的一段时间,从而弥勒并没有机会见到这位女孩子美艳动人的容貌。这阕词里还有这么一句话:"我也逢场作戏莫相疑。"② 此句究竟是指苏轼那一天的戏谑滑稽之举,还是指在这阕词以及大多数词中的代言性抒情主体呢? 此外,这句话其实能够明显地反映出,苏轼至少在这首词上接受了代言体的写作模式。但是这究竟是他的一次不同寻常的偶然为之,还是说我们因此就必须放弃上述与"真"相关的推测,而得去别处寻找苏轼违逆词体传统的原因了呢? 这些问题都非常难以回答。

我们不妨暂且停下论述的脚步,先仔细思考一个与之相关的因素,这样或许会对我们有所帮助:苏轼对于词中常见的浪漫多情是充满顾虑的,尤其是那些沉溺于情绪依赖、苦苦思恋以及对于女性美貌的描述。尽管苏轼的论词文字只是一些断语零篇,但我们还是能够从中看出他对于反复被词体吟咏的那种爱情类型是比较厌烦的。考虑到易于产生这种爱情的现实土壤以及其间对于女性身体之美近乎变态的关注,苏轼觉得词体所咏之爱往往显得做作或肤浅。(正是这样的观念造成了东坡词会被批评为"短于情"。不过每当有论者对于东坡词提出这样的指责之时,总

---

① 在曾慥编辑本《东坡词》(1151)中载有对于此词的一则注释(此注亦见《全宋词》的征引,《全宋词》第1册,第293页),其本自惠洪《冷斋夜话》的记载;胡仔《苕溪渔隐丛话》亦据惠洪的《冷斋夜话》摘录了这个故事。见胡仔:《苕溪渔隐丛话》前集卷五十七,第393页。实际上,这个故事并不见于今传本《冷斋夜话》(《殷礼在斯堂丛书》本)。黄庭坚曾写过一首和韵此词的词作,他还在这首和韵词的题序里记载了关于苏轼原词本事的另一种说法,苏轼是在拜访一位楚州僧人的时候写下此词的。详见唐圭璋:《全宋词》第1册,第399页。
② 《南歌子》,第279首,卷三,第31页上,第293页。

第十章　一洗绮罗香泽之态：东坡词里的自我抒情

会随即出现反对的声音。)①苏轼在这个问题上更多的是从抒情主体真实性的角度进行思考，而非仅仅从单纯的文学角度入手。而且影响其最终结论的决定性因素，很可能就是苏轼在那些与词体完全无关的问题之上的认知偏好。

上述的这番结论依然还是从数量稀少的苏轼论词文字或是据称是他所做的词学论述当中推断出来的。苏轼留下了一些批评柳词的论述，他还在其间试图将自己的词作与这位当时最为流行的曲子词作者所填之词予以明确的界分。在密州的时候，苏轼曾于写给友人的一封信中这样说道："近却颇作小词，虽无柳七郎风味，亦自是一家。呵呵。数日前，猎于郊外，所获颇多。作得一阕，令东州壮士抵掌顿足而歌之，吹笛击鼓以为节，颇壮观也。写呈取笑。"②信中提到的那首词描述的是苏轼自己的一次出猎经历，③在题材、格调以及措辞等各个方面都与读者所熟悉的词体文学传统样貌相去甚远。尽管苏轼并没有持续进行这个或许可以被称作"壮词"的填词试验，但是此词至少可以反映出苏轼在尝试为词体带来一种不同于柳词的风格体式。

下面引录的这段轶事记载了发生在苏轼与秦观之间的一次争论，其间的苏轼对于柳词提出了更加清晰明确的反对意见：

　　少游自会稽入都见东坡，东坡曰："不意别后公却学柳七作词。"少游曰："某虽无学，亦不如是。"东坡曰："'销魂。当此际'，非柳七语乎？"④

此处被苏轼征引的词句出自秦观最负盛名的词作《满庭芳》(山抹微云)

---

① 这个批评最初是由晁补之提出的，但很快就遭到了陈师道的质疑。不过围绕这个问题的争论一直持续了好几个世纪之久。详见王若虚：《滹南诗话》卷中，北京：人民文学出版社，1983年版，第70页。现代学者对于这个问题的讨论，可以参看张介：《东坡词漫谈》，载苏轼研究学会编：《东坡词论丛》，第231—237页；叶嘉莹：《论苏轼词》，第205—208页。
② 《与鲜于子骏》（其二），《苏轼文集》卷五十三，第1560页。
③ 《江城子》，第56首，卷一，第34页上［调名作"江神子"］，第299页。
④ 曾慥：《高斋诗话》，第137页（龙沐勋：《淮海居士长短句》，《苏门四学士词》，北京：中华书局，1957年版，第82页）。

的过片。此词的内容是词中男性在离别之际向他所爱的女子诉说恋恋不舍的伤情,而这位女子正是一位歌妓。(宋代已经流传起这样一种说法,秦观是在与自己所爱的一位歌女分别之际写下的这首词。)①

> 销魂。当此际,香囊暗解,罗带轻分。谩赢得、青楼薄幸名存。此去何时见也,襟袖上、空惹啼痕。②

这首词的抒情主体听上去确实非常像大量见于柳词之中的内心充满了遗恨的浪子。

苏轼其实也没有总是以批判的眼光看待柳永。或许我们有必要在这里简要地探讨一下曾被苏轼赞赏过的柳永词句:

> 对潇潇暮雨洒江天,一番洗清秋。渐霜风凄惨,关河冷落,残照当楼。是处红衰翠减,苒苒物华休。惟有长江水,无语东流。③

这是柳永名作《八声甘州》的上阕,其间的"渐霜风凄惨"三句,就被苏轼评价为"不减唐人高处"。④ 同时这半阕词尽管同样地极富深情,但其词情却并不一定非得与秦楼楚馆的世界联系在一起。

无论苏轼面对的是词还是词体以外的他物,只要他遇见类似男性沉迷女色之事,便会对此发出质疑或讥笑。我们可以再多举一些相关案例以说明之。苏轼认为,张先的诗歌成就要远高于他的词作,可是世人却仅仅称道这位高寿的士人擅长填词,这不能不说是一件非常令人遗憾的事情。苏轼对此还进一步自问道,这难道就是所谓的世人好色而不好德吗?⑤ 李煜在南唐都城被宋军攻破、自己将被押解出宫殿之际,忽然于耳畔间听到了教坊宫娥为他演奏的悲伤离歌,从而提笔填制了一阕垂泪告

---

① 严有翼:《艺苑雌黄》,第 226—227 页(胡仔:《苕溪渔隐丛话》,后集卷三十三,第 248 页)。
② 秦观:《满庭芳》(山抹微云),唐圭璋:《全宋词》第 1 册,第 458 页。
③ 柳永:《八声甘州》(对潇潇暮雨洒江天),唐圭璋:《全宋词》第 1 册,第 43 页。
④ 赵令畤撰,孔凡礼点校:《侯鲭录》卷七,北京:中华书局,2002 年版,第 183 页。参见吴曾:《能改斋漫录》卷十六,上海:中华书局上海编辑所,1960 年版,第 469 页。在《能改斋漫录》的记载中,这句对于柳词的称赞是由晁补之做出的。
⑤ 《题张子野诗集后》,《苏轼文集》卷六十八,第 2146 页。

别她们的词作。苏轼在百年之后向李煜发出了责问,你为何要"挥泪宫娥,听教坊离曲哉"?难道不应该"恸哭于九庙之外,谢其民而后行"吗?①

黄庭坚曾经写过一首吟咏独钓江上之渔父的词,当被问人起自己最爱其间何句之时,他便吟出了这首词的开篇两句:"新妇矶头眉黛愁,女儿浦口眼波秋。"黄庭坚在这两句词里既以女子容貌设喻,又巧妙地双关嵌套进了指称女性的名词,以此形容苍山秋水的光影之色。然而这两句却遭到了苏轼的非议:"才出新妇矶,又入女儿浦,此渔父无乃大澜浪乎?"②

然而苏轼自己也写过许多吟咏发生在文人学士与歌妓之间的浪漫故事之词,对此我们又该如何解释呢?在曲子词的传统里,最常见的写作题材就是歌妓与文人学士之间的爱情,词人频繁地在词中描绘着这类爱情故事的场景以及个中人的情感。尽管苏轼经常通过直接声明或间接暗示的方式告诉世人,自己对于这个写作传统不感兴趣,可是事实却不是这样。也许苏轼最负盛名或者最具革新精神的词作确实能够与之相符,但如果从他的整部词集来看,当然远非如此。

如果想要解释苏轼词集当中为何会出现这些看似传统之词的话,其实有很多种方案可供我们选择。比如我们可以承认词体传统的力量实在是太过强大,从而哪怕是最具革新精神的作者,其突破传统的念头都会在大多数的创作场合下被词体传统给抑制住。而他们几乎不需要为自己做什么解释或辩护,就可以轻松地重新回到力量强大而又无处不在的词体写作惯例之上。再比如我们也可以将苏轼的传统词作与他的生平经历联系起来。从目前通行的东坡词集来看,苏轼的传统类型词作主要集中在他填词生涯的早期,尤其是在他第一次为官杭州之时。随着苏轼的填词经验越来越丰富,他的词作样貌也变得越来越远离传统。最后,我们也可以这样认为,在苏轼明显依循传统词法填就的以浪漫爱情为题材的词作

---

① 《书李主词》,《苏轼文集》卷六十八,第2151—2152页。李煜原词为《破阵子》(四十年来家国),见林大椿:《全唐五代词》卷一,台北:世界书局,1962年版,第231—232页。
② 《跋黔安居士渔父词》,《苏轼文集》卷六十八,第2157页。黄庭坚原词为《浣溪沙》(新妇矶头眉黛愁),见唐圭璋《全宋词》第1册,第398—399页。

当中，其实也存在着不少可以被察觉出别具独特个性的作品。当然，我们也并不能说苏轼所有的传统词作都会如此。

现在我们可以回到此前围绕"真"这个议题所展开的探讨之上了。自传式文本标识的大量存在是东坡词的一个极其重要的特征，试看下面引录的这阕词：

江 城 子
别 徐 州

天涯流落思无穷。既相逢。却匆匆。携手佳人，和泪折残红。为问东风余几许，春纵在，与谁同。　　隋堤三月水溶溶。背归鸿。去吴中。回首彭城，清泗与淮通。欲寄相思千点泪，流不到，楚江东。①

此词的上阕毫无疑问是相当俗套的，其语辞本身实在是乏善可陈。然而这并不意味着其内容也是如此，毕竟此词的调下小题已经足以改变我们对于所读文本之内容的理解。正是在这个词题的作用下，此词不再是又一首完全脱离于其作者生命的代言体歌词，也不再是一首典型的能够被重复演唱于任何一场送别宴会之上的歌词，而是一首深深根植于苏轼人生当中一个著名时刻的作品。因此我们完全可以这么认为，此词所抒之情就是其作者在那个场合下所感受到的真实情绪。此词的下阕能够进一步证实由词题带给我们的这番阅读感受。我们可以通过下阕所写，完整地了解到苏轼前往下一个任职地湖州的全部旅程。其间出现的地名全都能与他的真实经历对得上。苏轼从徐州（彭城）出发，沿着隋堤（也就是古运河）舟行而下，直至行入了泗水。随后他又横渡了淮河，并一路舟行至长江（楚江）北岸的扬州。此刻正值春日，他在向南舟行，去往古时的吴地。而与此同时，天边的大雁却正在向北迁徙。所有的这些自传性细节汇聚在一起，便为此词看似陈旧的诉说离别之伤情的句子，赋予了全然崭新的情感力量。

---

① 《江城子》，第 91 首，卷一，第 55 页上（词调名作"江神子"），第 299 页。

第十章　一洗绮罗香泽之态：东坡词里的自我抒情

此词所抒之情的本身也值得被予以一定的讨论。正如叶嘉莹所指出的那样，就算在写到美艳的歌女（此词中的佳人不可能是其他身份的女性）之时，苏轼也会尽量避免出现类似世俗流行之曲子词那样的对于"脂粉"的病态沉溺或矫揉造作的俗艳描写。① 这些内容正是苏轼对于柳永与秦观之词感到不满的原因。事实上，我们其实更容易把上引这阕词解读为作者对于自我所处之困境的沉思（他已经是一位"天涯流落"之人，但此刻又不得不开启新一轮的漂泊旅程），而不是将其理解成一首为让他陷入爱河的女子所作的情歌。如此一来，词中提到的"佳人"就不是全词的情感焦点，她只不过是身处困境当中的词人被迫放弃的又一个钟爱之物而已。这阕词其实也经常被解读成一首向亲爱的徐州友人道别的歌词，按照这样的理解，"佳人"就更加只是词作情境里的一个普通元素罢了（或者甚至可以指那位朋友）。② 尽管这种解读方式并不能全然让人信服，但是苏轼描写这位歌女的方式却给这样的阐释留有了余地。无论我们选择以怎样的方式解读这阕词，都不会改变苏轼正在努力尝试填写一首有别于滥俗情歌之词的事实。正是通过将自我生命显著地投射在此词当中，以及将当下发生的离别悲伤与更为广阔的自我之漂泊无定的人生联系在一起，苏轼改变了吟咏情人分别之词的惯有情韵。

上文已经提到了东坡词的写作分期这个话题，其实这是苏轼之所以会革新词体的又一个重要影响因素。前人早已充分注意到，苏轼在早年间似乎并没有从事过词体写作，而是相当意外地直到步入中年的时候才开始大规模填词。在现存的东坡词当中，没有一首词可以被毫无争议地系于他出任杭州通判之前，也就是说他在三十六岁的时候才开始填词。考虑到苏轼在此后极高的词体创作频率，而且还是现存词作数量最多的北宋词人（超过了三百首），于是他这么晚才开始填词便更加是一个引人注目的奇特现象。三十岁之前的苏轼当然不会不知道词体的存在，同样

---

① 叶嘉莹：《论苏轼词》，第 206 页。亦可参见第 199 页。
② 黄苏：《蓼园词评》，第 304—305 页。（英文原著转引自王水照：《苏轼选集》，第 272—273 页）。

也不会缺少接触词体写作的机会。论者通常认为,那时的苏轼将全部的精力都放在了其他文体的写作之上,从而无暇顾及词体。但是相较于这样的归因,更为合理的推测或许应该是早年间的苏轼并不太愿意从事词体写作,而上文征引的那些论述完全可以成为证明这个推测的论据。无论如何,苏轼在杭州的时候克服了自己对于填词的不情不愿。他不仅在杭州结识了著名的老词人张先,还在那里开始填写起了曲子词,而且尤以在送别宴会上即席填制以付歌喉的离别歌词数量最多。① 尽管这些离别歌词大体保持着传统的样貌,但也已经充分展现出了苏轼的填词偏好,他喜欢将自己所填的歌词与特定的写作场合联系起来,并为他们注入个性化的词情。

苏轼在杭倅之后的辗转多任知州的时期内,也就是熙宁后半段及元丰初年的时候,始终在继续填制新的曲子词,而且还填出了几首备受赞誉与传唱的名作。不过大多数作于这段时期的东坡词还是相对平庸的,毕竟苏轼要等到开启下一个重要人生阶段的时候,也就是贬谪黄州时期,才真正能够称得上是一位伟大的词人。这不仅是因为苏轼在黄州时期(包括他离开黄州之后的一两年)的词体创作数量比他任何另外的人生阶段都要多,更因为东坡词为词体带来的新抒情范式就是在黄州时期彻底定型并成熟的。就像前代学者已经指出的那样,苏轼在黄州时期的词作正式标志着他在词体领域取得了新的成就。②

苏轼在词体文学方面的天赋要等到他的第一次贬谪时期才得以充分地释放与发挥的现象,会不会只是一次偶然的巧合？如果不是,那么二者之间究竟存在着怎样的关联？我们已然清楚,苏轼在来到黄州之前,刚刚

---

① 关于苏轼和张先的交往,二人之间的词体酬唱,以及苏轼作于杭州的大量送别词,详见西纪昭:《苏轼初期的送别词》,原载于载《中国中世文学研究》1968 年 8 月号,第 64—73 页;后经孙康宜翻译为中文,发表于《中外文学》第 7 辑,第 64—77 页(1978 年 10 月)。
② 王水照:《论苏轼创作的发展阶段》,载《社会科学战线》1984 年第 1 期,第 263—264 页。龙沐勋的观点也与此相同,只不过他将这个创作阶段的起点设置在了苏轼被贬黄州的三年之前,也就是苏轼出任徐州知州之时。详见龙沐勋:《东坡乐府综论》,载《词学季刊》第二卷第三期,第 6—7 页(1935 年)。(小川环树:《风与云：中国文学论集》,第 114 页)。

第十章　一洗绮罗香泽之态：东坡词里的自我抒情

经历了由其创作的文学作品所引发的牢狱之灾，他还差点在这场刑讼当中丢掉了性命。而在那些导致他锒铛入狱的文学作品当中，包括了散文、书信、赋以及占据绝对主导地位的诗，唯独词作完全没有被那道详细阐释了苏轼几十首作品谤讪之处的长篇诉状提及。或许正是因为词体卑下的文体地位，使得弹劾苏轼的御史会认为东坡词是完全不值得他们投入精力的作品，从而理所当然地将其弃置在了一旁。在当时的情况下，御史的这种做法其实是正确的：因为在苏轼的早期词作里，完全没有任何的政治讽刺或非议时政的内容。可是元祐朝以及之后的苏轼政敌也同样只会关注苏轼用其他文体写成的作品，从未费尽心力地对苏轼提出涉及其词的弹劾。在元丰二年（1079）的时候，苏轼的词作也还没有像他的其他文体作品那样，获得过结集出版的机会。这不仅表明词体文学在那个时候依然以口头演唱为主要的流传方式，而且还进一步反映出词体卑下的文体地位。

当苏轼来到黄州之后，他经常在写给友人的信件里提到自己不再有意于文。这里的文指的就是文学性的散文和诗歌，因为他屡屡婉拒友人的诗歌酬唱邀请以及抄示新近所撰文章的请求。[①] 苏轼此举不仅是出于自我规避政治风险之目的，而且还有着不要让朋友因为收到过他任何的文字作品而牵连获罪的念头，毕竟刚刚经历的乌台诗案已经告诉了他这样的一个残酷事实，这类朋友会被轻而易举地指控为他的"从犯"。苏轼的家人同样也会极力劝说他必须克制写诗作文的欲望。（我们可以回想一下前文提到的苏轼妻子的那场情绪爆发。元丰二年，官兵强行登上了她乘坐的小船，并在船上大肆搜检苏轼的更多罪证，她因此崩溃地大声斥责苏轼为什么要无休无止地写作诗文。）我们当然也知道，无论苏轼多少次地公开宣称自己将不再为文，他都没有完全放弃过这两种更受尊敬之文体的写作。但是他这一时期的诗歌写作数量确实下降了百分之五十到

---

① 《与滕达道》（其十五）、《答秦太虚》（其四）、《与沈睿达》（其二）、《与程彝仲》（其六），《苏轼文集》卷五十一、卷五十二、卷五十八、卷五十八，第 1480 页、第 1536 页、第 1745 页、第 1752 页。

百分之七十，而与此同时他的词作数量却明显发生了增加。① 此外，黄州时期的苏轼至少明确表达过一次自己对于这两种文体的不同态度。他在写给一位友人的尺牍里随信抄录了自己所填的一阕新词，并这样解释道："比虽不作诗，小词不碍。"②在另一封尺牍里，苏轼很明确地流露出了对于自己日益增长之填词热情的兴奋："近者新阕甚多，篇篇甚奇。"③

苏轼之所以会在黄州时期更加容易地从事词体而非诗歌的写作，看上去似乎就是因为他觉得词的政治风险隐患要比诗低得多。这个理由能够帮助我们解释苏轼的文学创作在这一时期发生的数量变化：相比于之前，他填了更多的词，而诗歌的写作量则出现了明显的下滑。在数量显著增加的影响下，苏轼的词作也就必然会联动地发生质的变化，即以强烈的个性化抒情为主要内容的东坡词主流风格体式被彻底地建立了起来。随着苏轼对于词体的投入不断地增加，他开始比之前更加直接彻底地将诗歌传统里的自抒己志引入词中。我们必须牢记，苏轼从来没有对诗产生过失望或厌倦的情绪，他之所以会自我克制写作诗歌的欲望，全部都是外部约束力量导致的。现在，他获得了一种可以疏泄自我内心情志的新方式。尽管苏轼此前也试验过让词体来承担这种泄导情志的功能，但是他当时所做的种种尝试都是被限制在充分可控的范围之内的，毕竟他对于以浪漫爱恋为主要吟咏题材的词体写作甚是不屑。但到了黄州的时候，他终于有了充足的理由放开手脚去做了。

---

① 苏轼在黄州生活了四个整年，现存的这四年所作诗的数量分别是 57 首、47 首、39 首与 34 首。而在其贬谪黄州的前两年，苏轼所作诗的数量分别为 114 首与 82 首（尽管后一年的诗歌数量发生了较大的下降，但这显然是因为他在本年的最后几个月里被捕入狱）。到了他被允许离开黄州的那一年里，其所作诗的数量就恢复到了 111 首。就在他的作诗数量急剧下降的黄州时期，苏轼作为词人的活跃度发生了显著的提高。明确可考的作于黄州的东坡词数量多达 61 阕，而系年可考的作于黄州之前的四年里的词作，总共只有 42 阕。（上述的诗歌统计数据本自孔凡礼点校的《苏轼诗集》，词作统计数据本自曹树铭校辑的《苏东坡词》。）如果我们想要更好地明白这些统计数字的意义，那么就必须牢记在苏轼一生所作的诗歌与词作之间，存在着巨大的创作数量差距：存世的苏轼诗超过了 2 400 首，而存世的东坡词仅有 300 余阕。
② 《与陈大夫》（其三），《苏轼文集》卷五十六，第 1698 页。
③ 《与陈季常》（其九），《苏轼文集》卷五十三，第 1567 页。

第十章　一洗绮罗香泽之态：东坡词里的自我抒情

　　最后还有一个因素必须在本节被论述到。正如我们之前所看到的那样，苏轼的某些情感是很难被他用诗歌完全表达出来的。尽管苏轼的许多诗篇会饱含诸如思念弟弟或友人、怀念故乡眉山、在静谧的寺庙里感到愉悦之类的深情，但是其间却往往会同时存在这样的忧虑不安，自己是否深深陷进了自我情感的漩涡里？因此这类诗作会显而易见地对自我情绪与观点做出一定的客观化努力。而对于用诗表达因无望实现世俗欲望或者因贬谪而引发的落寞失意情绪来说，则会给作者带来更大的问题，因为其与"不以物喜、不以己悲"的理想人格追求相矛盾。

　　如此一来，又会浮现出这么一个明显的矛盾。如果苏轼确实在诗歌当中力求超越自我中心主义的话，那么为何他运用诗法所填之词会以高度的自我个性化抒情著称？难道这两种革新思路不应该指领的是两个完全相反的方向吗？这个矛盾当然是存在的，但是如果我们充分考虑到诗词二体的不同文体地位的话，也就不会那么地被这个矛盾所困扰了。

　　正因为词的文体分量一向被认作是远远不及于诗的，与诗相比，词是那么无甚价值可言，所以与情相关的问题对于词体来说几乎就是无关紧要的。更别说词本来就是极富深情的文体。不过在曲子词文本当中出现的情，通常只会局限在与浪漫场景相关的男女情爱之上。如果苏轼会因为词体的卑下文体地位能够让他自由地在其间抒发会被诗歌写作传统所限制的情感而转向词体写作的话，那么他自然不会只满足于简单地模仿应歌之曲的代言式抒情。因为只有当词体所吟咏的情感是个性化的，并且是能够与其作者的人生经历联系在一起的，词才能被作者用来表达那些会被自我的道德修养追求所抑制住的情感。

　　这个论题很容易会在论述中被夸大，尤其会遭到夸大的是这两种文体在情感表达范围之上的差异。但尽管如此，只要我们带着诗歌的参照去阅读东坡词，就能够发现其间所存在的一些明显有着极高情感自由度或释放度的语句。我们或许可以回想一下元丰二年苏轼离任徐州知州之时的场景，我们曾在之前的章节里引录过他作于那时的一首诗。此诗开篇云"吏民莫扳援，歌管莫凄咽"，可见苏轼在试图消解他于离别之际所感受到的任何的忧伤。他在接下来的诗句里还进一步思考起路旁的石像所经历过的种种与此刻相似的离别,以此将自我的离去安置在了一个更广阔的历史时空当中。

相比之下,作于同一个场合间的词作就在更加开放地直面离别的忧伤,并且对于这种情感的消解也远不及诗歌那样有力。而在使用客观性的词汇(无论是空间性的,还是历史性的,抑或是心理性的)以将事件概念化的层面上,词作也同样表现得远没有诗作那般坚决。苏轼在告别徐州之际写过两首词,其中的一阕已见于上文的征引,那首词讲述了苏轼不得不将一位女子留在了徐州,这位女子因此为她即将面临的孤独而感到忧伤,以至于泪水涟涟(她的眼泪也无法顺着运河一路跟随苏轼南下,直至其新的任职地)。实际上,此词中的佳人象征着离别时刻的悲伤;她与此词的作者一样,被自己的"思无穷"给深深吞噬了。苏轼在另一阕词中明确提起了那个被他在诗歌里所坚持的创作理想,但随后他便承认道,至少在词体这种形式下,这个创作理想是难以维系的。此词开篇数句即云:

玉觞无味。中有佳人千点泪。学道忘忧。一念还成不自由。①

苏轼在写诗的时候,完全不会如此轻易地就让自我情感占据支配的地位。

我们在苏轼其他的作于同一场合下的诗词里,或者在他所写的具有相同写作主题的诗词之中,都能发现与上述内容类型相似的诗词差异。(实际上,上文在分析《念奴娇·赤壁怀古》与《赤壁赋》的时候,就已经触及了这一点。)例如苏轼在许多充满深情的写作场合里都会选择填一首词以代替写诗,而他之所以会如此,必然是因为他觉得使用这种地位更加卑下的文体来书写此刻的强烈情绪能够使他更感自如。上文已经引录过他在首任妻子王弗逝世十年后所填的那首《江城子》,但是他却没有留下同样以悼念王弗为主题的诗作。与此相似,当苏轼在欧阳修逝世十年之后再一次经过欧阳修所建的平山堂下的时候,他还是选择了填词而非写诗

---

① 《减字木兰花》,第92首,卷一,第55页下,第312页。

第十章 一洗绮罗香泽之态：东坡词里的自我抒情

的方式来表达自己对于欧阳修的深切怀念与哀悼之情。①

至少有一个人的逝世曾被苏轼同时用诗词二体书写过，并且这组诗词之间的差异更加能够说明问题。当苏轼的侍妾朝云逝世于惠州的时候，苏轼曾写过一首诗：

悼朝云

苗而不秀岂其天，不使童乌与我玄。驻景恨无千岁药，赠行惟有小乘禅。伤心一念偿前债，弹指三生断后缘。归卧竹根无远近，夜灯勤礼塔中仙。②

此诗的首联通过用典的方式提到了朝云数年之前所生的儿子苏遯。③他还在襁褓之中便不幸去世，根本没有机会兑现其卓然早慧的天赋。④在这首诗的序引里，苏轼提到了朝云曾经跟随一位比丘尼学佛，而此诗在首联之后的内容也都与这对夫妇的佛教信仰相关。此诗的颈联提到了苏轼是如何让自己能够坦然面对朝云之逝的。尽管苏轼允许自己在此诗里短暂地流露了一下悲伤，但他随后就很快地想要通过反思生命的短暂来让自己克服这番悲伤（以免自己在将来还要不断地偿还更多的情债）。此诗的倒数第二句委婉地提到了这对夫妇被迫迁居到他们完全陌生的南荒，⑤但是苏轼马上就指出去世之后的朝云也就无所谓迁谪万里了，于是自然地带出全诗最后的那个虔敬礼佛的形象。

苏轼在为朝云之逝所填的那首词里，其实并没有直接提到她。从表面上来看，这首词的吟咏对象是苏轼在惠州遇见的一树本地梅花，但是其

---

① 《西江月》，第93首，卷一，第56页上，第285页。
② 《悼朝云》，《苏轼诗集》卷四十，第2202—2203页。
③ 童乌是扬雄的一个早慧的儿子，他在九岁的时候就可以与其父谈玄。事见扬雄：《法言·问神》，丛书集成本，第14页。
④ 苏轼为其夭折的儿子苏遯所写之诗能够进一步地支持本节所论的观点，即苏轼更为倾向于在诗中求诸哲学思辨的帮助，以抚慰自己因亲人逝去而产生的悲痛。详见《苏轼诗集》卷二十三，第1239—1240页。
⑤ 曾枣庄对于此句的解释与此不同，他认为苏轼在这里提到的是自己在不久之后便也会死去，届时他将要与朝云一起"归卧竹根"。详见曾枣庄：《东坡词中的朝云》，载苏轼研究学会编：《东坡词论丛》，第225页。

间却存在着许多可以显示苏轼将这树梅花当作已逝爱人之代指的线索,而这些线索也早已获得了北宋晚期论者的关注与确认。①

西 江 月

玉骨那愁瘴雾,冰姿自有仙风。海仙时遣探芳丛。倒挂绿毛幺凤。　素面常嫌粉涴,洗妆不褪唇红。高情已逐晓云空。不与梨花同梦。②

这首词将这树被隐喻为朝云之化身梅花视作暂时降临凡间的海宫仙子。起首两句提到了朝云哪怕是身处惠州,依然能够保持安宁稳定的心理状态,并对这里的生活感到满意。上阕的末句描绘了一幅色彩浓艳的画面,岭南的这棵梅花树上倒挂着一只产于南方的鹦鹉(有着绿色的羽毛与红色的鸟喙)。此词的下阕先着重描摹了朝云的天然美貌,她不需要涂脂抹粉即有着过人的姿色,随后便幽微地提到了她的逝世(她的名字"朝云"就是"晓云"的同义词,只不过前者更具文学性而已)。

与苏轼那首悼念王弗的《江城子》不同,这首《西江月》完全没有直接提到情感。比如其间没有流落的眼泪,没有追忆千里之外的孤坟,情感全然被隐藏在对于自然物象之描写的掩饰里。尽管如此,这首词的每一句话都足以证明苏轼深爱着这位长期陪伴在他身边的侍妾,而且他还在此词的最后构建出了一种因不可替代之物的消逝而产生沉重失落感的情境,更加使得这首词里惟见对于爱情的描述。与上文讨论的那首悼念朝云之诗不同,苏轼在这阕词里并没有为了让自己获得慰藉而寻求哲学或者宗教信仰的帮助,而且他在这阕词里也没有提到其与朝云的其他生活细节(比如他们的早夭之子)。这阕词的关注重心始终都在所咏对象的

---

① 惠洪撰,黄宝华整理:《冷斋夜话》卷一,《全宋笔记》第二四册,郑州:大象出版社,2019年版,第7页;陈鹄撰,孔凡礼点校:《西塘集耆旧续闻》卷二,北京:中华书局,2002年版,第299页(此处征引的是苏轼的朋友晁说之所言);袁文撰,李伟国整理:《瓮牖闲评》卷五,《全宋笔记》第四二册,郑州:大象出版社,2019年版,第144—145页(以上三则材料均被王水照辑录于《苏轼选集》之中,见第325页)。亦可参见曾枣庄对于此词的论述,曾枣庄:《东坡词中的朝云》,第224—225页。
② 《西江月》,第246首,卷二,第69页上,第284页。

美貌,以及抒情主体对于所咏之物充满深情又细致入微的观察之上。最后苏轼通过一首著名的吟咏浪漫梦境的唐诗带出了朝云的名字,并极为适宜地翻转了词意。既然朝云已经逝去,因此自己的梦其实与这首唐诗所写之梦并不一样。

参照上文所述可见,苏轼就同一主题所写的诗词主要存在这样的区别:诗有着更为广阔的吟咏视角,但却也会被其更高的思想性追求所束缚;而词的特点则是对于事物的外观有着更加细腻而集中的描述,同时在这种描述的背后,还蕴藏着极其强烈的情感内涵。(如果我们不注意到那些将东坡词批评为"短于情"的论者其实是针对一种非常特定的情感而发论的话,那么就会很容易地觉得他们的批评是相当离奇古怪的。)对于任何一位熟悉宋词的读者来说,当然都不会对存在于苏轼相关诗词之中的这种区别感到惊讶,故而更加值得我们注意的其实应该是这种诗词比较何以成立的原因:苏轼之前的词人极为罕见用词体来书写悼念亡者这个主题。此处的要点并不是东坡词要比前代词作更加地"多情",而是他之所以会对词产生如此浓厚的兴趣,一定程度上就是因为他看到了词体能够相对不那么受约束地表达情感的潜力。一旦我们意识到了词体对于苏轼有着这样的吸引力,那么也就能够更加容易地理解他为何会对以代言为传统的词体做出直抒自我真实情志的拓展与革新了。

小令:漫步于尘世

在填词动机之外,苏轼的词体文学成就值得被予以更为详细的论述。上文只是在最简单的宏观层面上探讨了苏轼的主要词体创新,并没有触及具体细节问题的讨论,比如苏轼在词中抒发的自我情志主要有哪些类型?当他摒弃那些常见于词体之中的浪漫题材之后,又是用怎样的新题材来取代它们的呢?为了论述的方便,我们将在下文分别探讨苏轼在小令与慢词这两种词体形式之上所取得的成就。虽然苏轼的小令写作与慢词写作很可能是相互关联的,但是他对于二者的使用目的却截然不同。

尽管论者最初是根据音乐性质的不同为词体划分出了这两种体式类型，今日的我们其实主要还是通过文本长度的差异将二者给区分开来的：小令是相对短小的词体形式，每半阕通常只由三到六句组成；而慢词的篇幅则会在此基础上骤然增多一倍，有的慢调甚至还会长于这个篇幅。此外，慢词所用句式有着很强的长短伸缩性（短至二言的句式或者长至十言的句式都在慢词里相当常见），然而小令所用之句则往往会集中在有限的几种句式上（五言、六言以及七言句）。于是乎小令的韵脚分布得较密，而且有着较为明显的分布规律，慢词的韵脚分布则相对地要变幻莫测得多。上述的这些特征使得小令的韵律结构要更加亲近于格律诗，但同时也令慢词呈现出一副与格律诗截然不同的韵律面貌。① 下文将会具体探讨如此之大的文本体式差异，究竟会对小令与慢词分别产生怎样的文学表达效果的影响。

现在我们可以重新提起东坡词里的抒情主体这个话题，看看其在小令当中有着怎样的具体表现。下面引录的这两首小令是从五首一组的组词当中摘选出来的，这组词是苏轼元丰元年（1078）在徐州郊外的道中所作，时任徐州知州的他刚刚结束了一场谢雨之祭。

浣溪沙（其二）

旋抹红妆看使君。三三五五棘篱门。相挨踏破蒨罗裙。　　老幼扶携收麦社，乌鸢翔舞赛神村。道逢醉叟卧黄昏。

浣溪沙（其三）

簌簌衣巾落枣花。村南村北响缫车。半依古柳卖黄瓜。　　酒困路长惟欲睡，日高人渴漫思茶。敲门试问野人家。②

当苏轼在杭州刚刚开始从事小令写作的时候，他主要填写的是送别

---

① 更为全面详细的关于诗词二体的不同体式特征及其影响下的相应文学表达效果的论述，可以参考林顺夫（Shuen-fu Lin）：《中国抒情传统的转变：姜夔与南宋词》(*The Transformation of the Chinese Lyrical Tradition: Chiang K'Uei and Southern Sung Tz'U Poetry*)，普林斯顿：普林斯顿大学出版社，1978年版，第98—141页。
② 《浣溪沙》，第80首、82首，卷一，第50页下、第51页上，第316页。

第十章　一洗绮罗香泽之态：东坡词里的自我抒情

歌词。与这样的写作题材及其写作场合相似，苏轼最早的那批词作的语言风格和抒情主体也极为传统。杭倅时期的苏轼为词体做出的最为重要的新变，应该就是大量撰写附于词作正文之前的题序。这些题序将它们所属的词作与某个特定的场合深深捆绑在了一起：苏轼经常像这样在题序里宣称，这首词是为了送别陈述古而作；这首词是在送别杨元素的酒宴上所作；这首词是在我自己将要离开杭州之际所填。哪怕相关词作的内容依然保持着很传统的面貌，但阅读它们的方式依然会因为这些题序的存在而发生根本性转变。

不过在这些早期的送别歌词当中，苏轼并没有全然将词中的抒情主体改变成身为词作者的自己。而到了熙宁末至元丰初的这段时间里，苏轼开始不时地尝试起更加彻底地打破词体传统。在相关的词作当中，最为著名的一首词当属前文提到过的那阕《江城子·密州出猎》。此词开篇即云"老夫聊发少年狂"，①随后便徐徐描绘起他在平原上的游猎场景。正如我们之前已经提到的那样，苏轼向一位朋友自夸道，他填制出了一首全无柳永风味的词作。

尽管不像《江城子·密州出猎》那般豪壮，这组以徐州郊外风物为写作内容的《浣溪沙》也同样地引人注目，而且它们才更加典型地显示出苏轼将在日后所发展定型出的小令风格究竟是何模样。这组词展现的是苏轼对于乡村的印象，他想要通过在词中努力描绘农家生活之具体细节的方式（例如蒨罗裙、缲车等），②来加强其词所述内容的真实度。由于这类物象被大量地汇集于一处，而且都是对于农村生活的生动写照（毫无疑问，这样的场景在某种程度上是理想化的），再加之作者也基本没有在其间融入自我的思考，充其量只会稍作最为简略的阐释，从而使得这组词作呈现出一种强烈的当下即时性色彩。尽管如此，苏轼并没有将自己完全

---

① 《江城子》，第56首，卷一，第34页上（词调名作"江神子"），第299页。
② 详见迪特·库恩（Dieter Kuhn）：《纺织技术：纺纱》（Reeling and Spinning），见李约瑟（Joseph Needham）编著：《中国的科学与文明》第5卷第9分册（Science and Civilisation in China Volume 5 Part 9），剑桥：剑桥大学出版社，1988年版，第354—364页。

隐于词中，他仍然在其间颇具存在感，一会儿是被村中妇女争相围观的对象，一会儿又变成了一位口渴难耐却没有茶水可喝的行人。实际上，苏轼身为知州的自我高级官员形象与其所身处的荒僻朴陋环境之间的不相谐协，这是贯穿于整组词作的吟咏主题。组词最后一阕的最后一句"使君元是此中人"，便通过直接陈述这个主题的方式将全组词的情绪推向了高潮。虽然此句所言当然毫无疑问是不符实际的，但却能够在全组词的最后明确而恰当地表达出苏轼对于他所描述的这片土地与生活的深切热爱。

我们也应该充分认识到这组词以户外场景构建文本空间的重要性。虽然这组《浣溪沙》与《江城子·密州出猎》有着很大的不同，但二者在以户外场景构建文本空间这一点上却是相通的。同样具备这种特征的作品在苏轼后来所填的小令名篇当中占比极高，但在苏轼早期词作（作于杭州的送别歌词）里却极为罕见。在唐末五代的时候，词就是一种描绘室内场景，尤其是女性闺阁场景的抒情文体。到了北宋中期（11世纪中叶），在张先、晏殊以及欧阳修的相继努力下，词体的文本空间已经可以从室内拓展至更为开放的场景当中。尽管如此，北宋中期词里的"户外空间"通常指的是庭院或者至少是一些高度精致化与文雅化的场所。例如欧阳修就填过一组吟咏颍州西湖（他致仕退居的地方）之美的《采桑子》，其间出现了自在逍遥的户外饮酒场景以及欢乐泛舟于西湖之上的场景。可是无论如何，这组《采桑子》还是在很大程度上继续遵循着宴饮歌词的写作传统。在晏欧描绘传统采莲女形象的词作当中，我们会发现另一种常见的户外空间荷塘。然而荷塘却是一种非常特殊的自然环境类型。由于生长于荷塘之内的植物会与女性紧密地联系在一起，从而荷塘本就具有高度浪漫化或者说艳情化的色彩；而且又因为其间采莲的女子始终不会走出这片荷塘之外，故而荷塘实际上只不过是闺阁空间的一种户外变体而已。

相较之下，苏轼作于徐州乡村的这组《浣溪沙》就呈现出了一种截然不同的户外场景样态，因为词中的男性抒情主体不仅独自行走在户外的

第十章　一洗绮罗香泽之态：东坡词里的自我抒情

空间里,而且这片空间既不优美文雅,也丝毫没有什么浪漫的回忆相伴随。这组词当然是苏轼所做的一次词体写作试验,而且他也一定对这场试验充满了好奇,想要看看将乡野场景填入流行于城市的曲子词里究竟会产生怎样的效果。不过论者也很容易地会这样认为,这组《浣溪沙》以及那首《江城子·密州出猎》并不仅仅只是苏轼的一次异想天开的试验,而是其有意为之的尝试。正是在始终想要让自己摆脱词体的那个可能会令人感到厌烦或者说做作的浪漫主义传统创作观念的影响,苏轼令自己词中的抒情主体从词体常见的文本空间里向外迈出了一大步。这一大步不仅将词中人带到了教化未深的乡郊野外,也让苏轼得以在这片新的文本空间里重新开启他自己的词体写作。

　　上文已经提到过,当苏轼被贬黄州之后,他的词体写作获得了一股强大的新动力注入。除了词体几乎没有诗歌的那些写作约束与政治风险隐患之外,苏轼在黄州的心境与情绪还似乎特别适合用词这种文体来表达,尤其是那种主动自发地对于周遭环境感到愉悦或满足的情绪,以至于词成为黄州时期的苏轼最为喜爱的文学表达形式。我们可以通过苏轼写给王巩的一首词进入对于这个话题的讨论。提到王巩,我们势必会回想起他就是在元丰二年(1079)的乌台诗案中被牵连获罪的苏轼朋友之一,朝廷最终判他流放宾州(位于广南西路)。元丰六年(1083),王巩获赦北归,他在北返的途中前往黄州探访了一下苏轼。王巩有一位名唤柔奴的歌女,在王巩谪居岭南的时候一直陪伴于他的身边。当苏轼在黄州重新见到他们的时候,不禁询问起柔奴是不是觉得岭南的谪居生活会令人感到不快,然而柔奴却回答道:"此心安处,便是吾乡。"苏轼深受这番回答的触动,随即挥笔填了一首描绘柔奴以及她刚刚结束的岭南生涯的词作,并在结尾引录了她的这番回答:

　　　　万里归来年愈少。微笑。笑时犹带岭梅香。试问岭南应不好。
　　却道。此心安处是吾乡。①

---

①　《定风波》,第149首,卷二,第23页上—下,第290页。

这位女子以及她的回答确实给苏轼留下了极其深刻的印象,但这并不是一件会让我们感到惊讶的事情,因为苏轼就是想要努力让自己培养起像她这样的对待贬谪生涯的态度。不过他的这首最能体现这种贬谪心态的词作,却与他此前所写的甚至哪怕就是在黄州创作的任何词作都极为不同。在那些词里,我们完全看不到对于这个问题或其解决方案的明确陈述,只能发现苏轼将自己塑造成了词中的一个孤独的存在(无论他的身边是否有朋友陪伴),他正身处于户外的空间里,似乎除了周遭的自然风景就再也意识不到什么其他的事物了。例如下面所引的这两首词:

西 江 月

顷在黄州,春夜行蕲水山中,过酒家饮。酒醉,乘月至一溪桥上,解鞍曲肱,醉卧少休。及觉,已晓。乱山攒拥,流水锵然,疑非尘世也。书此词桥柱上。

照野弥弥浅浪,横空隐隐层霄。障泥未解玉骢骄。我欲醉眠芳草。　　可惜一溪明月,莫教踏碎琼瑶。解鞍敧枕绿杨桥。杜宇一声春晓。①

定 风 波

三月七日沙湖道中遇雨。雨具先去,同行皆狼狈,余独不觉。已而遂晴,故作此。

莫听穿林打叶声。何妨吟啸且徐行。竹杖芒鞋轻胜马。谁怕。一蓑烟雨任平生。　　料峭春风吹酒醒。微冷。山头斜照却相迎。回首向来萧瑟处。归去。也无风雨也无晴。②

很显然,仅仅说这两首词里的苏轼是一个身处户外空间的人物是完全无法尽意的,因为他还坚持在户外空间里保持自我主体的超然独立性。他为自己能够直接露宿于野外以及不为恶劣天气所动而感到骄傲,并在这两首词里生动地展示了自己是如何将自我的身心完全交融在这片他所谪

---

① 《西江月》,第 123 首,卷二,第 4 页上—下,第 284—285 页。
② 《定风波》,第 121 首,卷二,第 2 页下—3 页上,第 288 页。

第十章 一洗绮罗香泽之态：东坡词里的自我抒情

居的自然环境之中的。

事实上，苏轼在后来的谪居惠州期间写过一篇足以成为上引二词之注解的短文。

记游松风亭

余尝寓居惠州嘉祐寺，纵步松风亭下，足力疲乏，思欲就床止息。仰望亭宇，尚在木末。意谓如何得到。良久忽曰："此间有甚么歇不得处？"由是心若挂钩之鱼，忽得解脱。若人悟此，虽两阵相接，鼓声如雷霆，进则死敌，退则死法，当恁么时，也不妨熟歇。[1]

根据当代学者的研究，这篇短文写在苏轼被强行勒令搬出惠州合江楼并再次住进城外的嘉祐寺之后不久。[2] 按照这种解释，此文所描述的这次户外漫步应该是意有所指的，苏轼想要借此告诉世人，任何与此相类的被迫迁居都不会使他感到惶惶不安。而我们正在讨论的这些黄州词作，一定也承载着与之相类的意蕴。

上文所引的这些黄州词作与苏轼任何一首作于该时期的诗歌相比，都是那么截然不同。这些词里的抒情主体并不完全就是那位躬耕于东坡之上的居士。首先，我们无法为这些词的抒情主体找到明确相通的前代人物原型或使用先例，其与自然的关系并不等同于陶渊明或者其他躬耕士人与自然的关系。陶渊明并不会露宿于荒野之上，他也从来没有夸耀过自己并未被一场突如其来的暴风雨给吓住。其次，这些词作也相对缺乏思辨性。尽管那位东坡居士在他的诗歌里主要关心的是自己的家务琐事，但他依然会留出一定的文本篇幅以供自己反思他当下的新生活（例如"我久食官仓，红腐等泥土"与"平生懒惰今始悔，老大劝农天所直"[3]）。而在他的词中，哪怕只是像这样的反思也同样相当少见，因此发生在当下时刻里的种种细节，与词句的抒情主体之间也就更加没有什么隔膜可言。

---

[1] 《记游松风亭》，《苏轼文集》卷七十一，第 2271 页。
[2] 吴仕端：《东坡在惠州谪居生活探》，第 231—233 页。
[3] 前一联出自《东坡》组诗的第四首，前文已经全篇引录过此诗。后一联出自《次韵孔毅甫久旱已而甚雨》（其二），《苏轼诗集》卷二十一，第 1123 页。

在通常的观念里,词体本就是一种擅长书写由无意识的思考或自发性的表达所生之幻象的文学体式。无论是长短不齐的句式,还是参差错落的韵脚,词体都与齐言格律诗构成了鲜明的对比。也正是这两种体式特征,为词境带来了一种充满不可预测性的氛围感。苏轼便充分利用了词体天然独具的这番文体优势,在其词作里塑造出符合自己理想的谪居人格形象。苏轼想要通过这些词作向世人展示,即便是身处长江边的这座渺茫荒僻的小城里,他同样也能在其间为自己找到满足感。人们或许会觉得,贬谪黄州的苏轼很可能会被种种焦虑(关于他的未来)与沮丧(因为他的过往)之情给吞噬,但他却用词作向我们证明了自己完全可以战胜所有的这些情绪。苏轼决心做到"无忧";而这也恰恰意味着他现在需要比之前更加地"无思",更加地以一种自发且包容的方式对待可能会遇到的任何事物(即应物)。这种人生态度特别适合被予以词体的演绎与呈现,苏轼可以自由地让自己在词里或乘兴醉眠于月光之下,或带领他的同伴无所遮蔽地穿行于风雨之中。

不过苏轼也一直在填写能够让读者更加真切地感受到他所经历之一切的词作,其间甚至还包括了一些描写黄州郊外风景或者叙述苏轼自己在外游乐之词。这些词作相当契合叶嘉莹为东坡词所总结出的特质,即在超旷的主调下时而也隐现一种失志流转之悲。① 兹引下面这阕词为例:

鹧 鸪 天

林断山明竹隐墙。乱蝉衰草小池塘。翻空白鸟时时见,照水红蕖细细香。　　村舍外,古城旁。杖藜徐步转斜阳。殷勤昨夜三更雨,又得浮生一日凉。②

此词描绘了苏轼在酷热的夏日间信步闲行的场景。上阕的铺叙是一组由词人精心挑选的夏日风物,表现出了苏轼对于周遭环境有着细致的观察

---

① 叶嘉莹:《论苏轼词》,第 211 页。
② 《鹧鸪天》,第 150 首,卷二,第 24 页上,第 288 页。

与由衷的欣赏。下阕所写则让我们能够更加具体地想象身处其间的苏轼是一种怎样的状态。但是全词的最后两句却将前文所写尽数翻转。无论是苏轼把自己所遇的如此愉悦的一天归因于是大自然的格外恩赐,还是他在最后一句里使用了"浮生"这个词汇,都足以暗示出他认为像当下这样的时刻是罕见难遇的。

在下面这首词中,苏轼甚至更加深切地唤起了自己的漂泊无根之感:

卜 算 子
黄州定惠院寓居作

缺月挂疏桐,漏断人初静。时见幽人独往来,飘渺孤鸿影。 惊起却回头,有恨无人省。拣尽寒枝不肯栖,寂寞沙洲冷。①

此词于上阕交代了孤鸿和幽人之间存在着某种联系,或者至少说孤鸿是幽人的一种隐喻。因此当我们读到下阕描述孤鸿具体状态的词句之时,就会很自然地认为这位惨遭贬谪的词人在此词当中是有所自我寄寓的。② 黄庭坚曾为这阕词写了这样一段大加赞美的跋语:"语意高妙,似非吃烟火食人语。非胸中有万卷书,笔下无一点尘俗气,孰能至此。"③笔者坚信,黄庭坚的这番称赞是针对这些文本内容而发:皎洁的月夜,孤鸿与其观察者之间的微妙关联,苏轼在尽力地克制想要公开流露自己怨恨愤懑之情的念头。

实际上,苏轼逐渐成长为一位擅长构思这类词句的大师,它们所描述的情境虽然看似词中人被遗弃在了一片美景当中,但其却能幽微地唤起一种平静的感觉,或者可以使人产生应该自在享受红尘之乐的决心。比如苏轼在作于岭南的一首《蝶恋花》当中,就写出了极具这种文学表达效

---

① 《卜算子》,第 142 首,卷二,第 17 页下,第 295 页。
② 黄苏与王水照就是这样理解这阕词的,详见王水照:《苏轼选集》,第 278 页。王水照在《苏轼选集》里辑录了关于这首词的诸多其他不太可信的阐释,其间包括了多条将词中的孤鸿阐释为某位女子之隐喻的说法。尽管这些说法里的女子身份不一,但共通的是,她们都拒绝了苏轼为其所说的婚姻(或是苏轼自己与她的约定,或是苏轼想要将其许配给友人之子),而且也都在其后不久便逝世了。
③ 黄庭坚:《跋东坡乐府》,《黄庭坚全集》正集卷二十五,第 595 页。

果的两句词。这两句非常著名的词出现在这首《蝶恋花》的上阕结尾,两句所描绘的内容全都是暮春景象:"枝上柳绵吹又少。天涯何处无芳草。"①而其之所以会产生上述的文学表达效果,则是因为苏轼在后一句里将芳草与天涯并置在了一起。尽管这两句词本身就足够给人留下深刻的印象,但是由于这阕词刚好和发生在苏轼人生当中的一个故事交织在了一起(如果我们相信这阕词的本事是真实的话),使其又被赋予了一道额外的情感力量。那是一个秋日,已在惠州的苏轼让朝云唱起了这首春词,希望能够以此纾解自己凄凉忧郁的悲秋之意。可是当朝云将要唱到这两句词的时候,她却突然间泣不成声。这是因为他们二人现在真的来到了世人所谓之"天涯海角",故而这两句词被陡然添上了一层现实的意义,也就使得朝云悲伤得再也唱不出这两句词了。②

慢词:幽寂昏暗的场景与闪现其间的思辨

在苏轼之前,慢词几乎就是那位专业词人柳永所独享的领域。这意味着尽管北宋中期的词体写作已然开始了尊体与雅化的进程,但是此时的慢词却依旧高度保持着词体最为传统的流行歌曲与即席表演等文体特征。张先、晏殊以及欧阳修等词人,就以大量填制小令但却基本不曾触及慢词的写作而闻名。惟有经常遭到士大夫(包括苏轼在内)讥讽嘲笑的柳永,在努力探索这种篇幅相对较长的词体形式的写作潜能。事实上,如果慢词没有获得柳永为其所做的这些发展的话,那么对于诸如周邦彦这样的后世词人来说,他们就不会对慢词产生完全等同于小令的创作热情。

我们在上文已经提到过,柳永喜好写作以男性为抒情主体的词。而当时被我们引为例证的那首词,就是用慢词的体式填就的。下面引录的是柳永的另一首慢词(英译亦可参见海陶玮的翻译),此词的抒情主体正

---

① 《蝶恋花》,第 285 首,卷三,第 36 页上,第 300 页。
② 伊世珍:《琅嬛记》卷中,《学津讨原》本,第 6 页上—下。此书里的这段记载征引自今已失传的《林下词谈》(王水照:《苏轼选集》,第 323 页)。

第十章　一洗绮罗香泽之态：东坡词里的自我抒情

处于孤独寂寞的凄凉之中，只能忧伤地回忆着过往岁月里的欢乐时光。柳永充分利用了所选词调的较长文本篇幅，将当下的孤馆场景与回忆中的欢乐场景在这阕词里同时铺叙了出来。

宣　清

残月朦胧，小宴阑珊，归来轻寒凛凛。背银釭、孤馆乍眠，拥重衾、醉魂犹噤。永漏频传，前欢已去，离愁一枕。暗寻思、旧追游，神京风物如锦。　　念掷果朋侪，绝缨宴会，当时曾痛饮。命舞燕翩翻，歌珠贯串，向玳筵前，尽是神仙流品，至更阑、疏狂转甚。更相将、凤帏鸳寝。玉钗乱横，任散尽高阳，这欢娱、甚时重恁。①

苏轼当然相当清楚这类柳词的存在。一阕作于其填词生涯早期的慢词就既能反映出苏轼其实深受柳永慢词技法的影响，又能展现他对于柳词风格所做出的具体改变。苏轼是在徐州（即词中的彭城）的燕子楼中填就此词的。燕子楼是徐州的一处名胜古迹，最初是由镇守徐州的中唐（9世纪）节度使张愔为其能歌善舞的爱妾关盼盼所建。在张愔去世之后，盼盼因念故人之旧情而没有选择改嫁，就将自己深锁在了燕子楼上，索然独居了十余年之久。此刻轮到身为北宋徐州知州的苏轼登上了这座燕子楼，并提笔填写了这阕词：

永　遇　乐
徐州夜梦觉此登燕子楼作

明月如霜，好风如水，清景无限。曲港跳鱼，圆荷泻露，寂寞无人见。紞如三鼓，铿然一叶，黯黯梦云惊断。夜茫茫，重寻无处，觉来小园行遍。　　天涯倦客，山中归路，望断故园心眼。燕子楼空，佳人何在，空锁楼中燕。古今如梦，何曾梦觉，但有旧欢新怨。异时对、黄楼夜景，为余浩叹。②

---

① 唐圭璋：《全宋词》第 1 册，第 29 页。英译本见海陶玮：《词人柳永》(*The Songwriter Liu Yong: Part I*)，第 363—364 页。
② 《永遇乐》，第 86 首，卷一，第 52 页下，第 302 页。

柳词中的抒情主体会因为自我当下的孤独寂寞而回想起往日的欢乐时光,也就是那段纵情流连于"神仙流品"之间的青春喧闹岁月。苏轼同样在此词中梦见了一位美丽的女性,而且同样也最终从梦中醒来,回到寂寞与孤独的现实世界。不过苏轼的艳情幻想("梦云")对象却是一位他只能从历史文献与传奇故事里获得了解的女性,但也正因为如此,苏轼的这阕词就能够生发出无法被柳词言及的意蕴。与我们之前引录过的那首悼念亡妻的《江城子》相同,这阕《永遇乐》也完全突破了词体以一位远去的"佳人"作为词中人苦苦思念之对象的传统。尽管词体强大的文体内在惯性使得苏轼仍然会在词中回忆起过往的浪漫故事,其间甚至还可能会带有一些艳情的色彩,但是苏轼最终还是会将这些内容引导至一个新的方向。

苏轼在这阕《永遇乐》中讨论了多个主题,包含了对于盼盼的迷恋(在梦中),沉重的思乡之情,感伤于燕子楼如今的"空锁"(因为盼盼已逝),以及通过设想未来的某个时刻而思考起词人自己生命的短暂与有限。再加上在这么多的主题之间还有着相当惊人的切换速度,使得这阕慢词的一大阅读难点便是厘清这些主题究竟是如何被结合在一起的。换句话说,这些主题共同指向的是一种怎样的思想意蕴?(我们在阅读苏轼慢词的过程中,脑海中其实经常会产生这个问题。)我们或许可以这样认为,这些不同的主题是被某种适当的方式"混合交织"在了这阕词当中,但是对于这个问题的回答,难道就没有一种更加清楚明白的阐释方式吗?①

这阕词由盼盼起笔(在题序当中),随着词意的展开,词人渐渐伤惋起她如今的飘然仙逝,最后在感伤自我也终将不复存在于这片人间的情绪当中结束全词。苏轼并不只是在词中想象自己如何与这位著名的佳人调情,他还从盼盼的身上想到了自己。此刻是苏轼在属于盼盼的徐州高

---

① "混合交织"一语来自刘若愚对于此诗的讨论,详见刘若愚(James J.Y. Liu):《北宋六大词家》(*Major Lyricists of the Northern Sung A.D. 960—1226*),普林斯顿:普林斯顿大学出版社,1974年版,第71页。

第十章　一洗绮罗香泽之态：东坡词里的自我抒情

楼上追思感慨着盼盼，而后世之人完全会与之相似地在属于苏轼的徐州高楼（就是那座苏轼所建的纪念徐州抗洪胜利的黄楼）上缅怀咏叹届时已然逝去的苏轼。身为北宋知州的苏轼是基于怎样的方式将自己与这位唐代歌妓等同类比起来的呢？笔者猜测，这应该就是思乡之情在此词当中所发挥的作用。因为深念所爱故人的旧情，所以盼盼在张愔去世之后并没有归乡（或者选择一位新欢再嫁），而是选择独自幽居于燕子楼上十余年，她的这番选择也在人间永为流传。苏轼之所以会离开他的家乡，当然是因为他决定出仕为官；尽管出仕为官会给他的人生带来诸多好处，但也恰恰就是这个选择让其一直都难以归乡；他在填写这阕词的同时，其实正承受着流落徐州的伤慨，而这样的遭际与心境同样也恰恰就是他出仕为官的选择导致的。因此在苏轼当下所处之孤寂寥落的状态里面，也存在着一种有似盼盼的忠诚（忠诚于他的皇帝与王朝）。将忠诚的臣子比作守节的女性是中国诗歌相当常见的设喻方式，而这种诗歌写作传统被苏轼幽微隐晦地沿用在了这首《永遇乐》当中，与词中所有的生动场景细节与复杂的历史时空元素交织在了一起。不过尽管如此，读者还是完全可以在没有意识到苏轼使用了这个比喻传统的情况下阅读并欣赏这阕词。

　　为了更好地说明苏轼擅长在词中快速切换多个不同的写作主题，以及相应而生的东坡词的语言高度精练化特征，我们可以引述一场发生在苏轼与秦观之间的交谈。据记载，苏轼某日问起秦观最近有没有填什么新词，秦观便举了一首《水龙吟》以示，并吟出了这阕词的开篇两句："小楼连苑横空，下窥绣毂雕鞍骤。"①苏轼听罢则回应道："十三个字，只说得一个人骑马楼前过。"随后秦观也问起了苏轼最近所作的新词，于是苏轼便以上文所引的这阕词里的三句为例："燕子楼空，佳人何在，空锁楼中燕。"晁补之对此称赞道，苏轼居然只用了区区三句话，便全部道尽了张愔

---

① 秦观：《水龙吟》（小楼连苑横空），唐圭璋：《全宋词》第 1 册，第 455 页。关于此词中的"苑"所双关的"怨"，详见下文所引之《高斋诗话》里的条目。

与盼盼之事。① 这三句词确实情韵悠长,而且苏轼还在其间予以了巧妙的词语回环重复,使得字里行间的意蕴更具深意。这座高楼现在已经人去楼空;而用来为这座高楼取名的燕子,现在也只能被空(即毫无意义地)锁其间了。曾经居于楼内的是盼盼,她最初是和她的爱人共居于此,后来则是在爱人去世之后独自幽居其内。如今能够象征人间真挚爱情的双燕依旧筑巢于楼上,但却已不再有楼中之人的陪伴,哪怕连独自幽居楼内的盼盼也不复存在了,因此它们的存在也就变得毫无意义。

我们已经分析了苏轼的两首咏梦词:一首夜梦亡妻的《江城子》与一首夜梦盼盼的《永遇乐》。尽管这两首词所咏之梦有着很大的区别,但这两场梦境都让词中的抒情主体回到了过去,并将一个发生在过往岁月里的场景呈现在其眼前(王弗的窗下梳妆与盼盼的独居于燕子楼上)。不仅如此,这两个场景最终也都各自消散而去,使得苏轼在每首词的结尾皆陷入了对于往日情境与当下现实之差异的沉思当中。

我们可以再举一首苏轼的记梦词。此词所言之梦依旧把抒情主体带回到了过去,但其梦见的往日故人却并非是一位女性,而是一位男性友人。熙宁七年(1074),苏轼在苏州结识了于此致仕退居的闾丘孝终。而在数年之前,闾丘孝终曾经担任过黄州的知州。② 到了元丰五年(1082),也就是苏轼填写这阕词的时候,谪居黄州的苏轼梦见了闾丘孝终重新出现在了他曾经的知州衙署之中:

水　龙　吟

　　闾丘大夫孝终公显尝守黄州,作栖霞楼,为郡中绝胜。元丰五年,余谪居黄。正月十七日,梦扁舟渡江,中流回望,楼中歌乐杂作。舟中人言:"公显方会客也。"觉而异之,乃作此曲。盖越调鼓笛慢。公显时已致仕。在苏州。

　　小舟横截春江,卧看翠壁红楼起。云间笑语,使君高会,佳人半

---

① 曾慥:《高斋诗话》,第 137 页(王水照:《苏轼选集》,第 270 页)。
② 《苏州闾丘江君二家雨中饮酒二首》,《苏轼诗集》卷十一,第 561—563 页。

醉。危柱哀弦，艳歌余响，绕云萦水。念故人老大，风流未减，空回首、烟波里。　　推枕惘然不见，但空江、月明千里。五湖闻道，扁舟归去，仍携西子。云梦南州，武昌东岸，昔游应记。料多情梦里，端来见我，也参差是。①

《鼓笛慢》，即《水龙吟》词调的别名。

"五湖"三句典出古代名臣范蠡的故事。按照对于范蠡生平的一种说法，他在成功辅佐越王勾践灭掉吴国之后，便与那位促成吴国灭亡的著名美女西施一起飘然而去，消失在了五湖的烟波之中。②

"云梦"两句中的"云梦南州"与"武昌东岸"皆代指黄州。

尽管这首词所述之梦是苏轼梦见了闾丘孝终，但是苏轼却在此词的结尾认为此梦其实是闾丘孝终在梦中回到了他曾任知州的黄州，并顺道拜访了谪居于此的自己。苏轼之所以要说闾丘孝终发现黄州的一切事物皆"参差是"，其实是因为他想要借此反向强调，现在的一切与闾丘孝终当年在黄州的时候相比，是有多么不同。闾丘孝终现在已经不是那位在栖霞楼上宴饮歌舞的风流贤太守了，而苏轼自己的状态则有着更加巨大的变化。苏轼与闾丘孝终的上一回见面是苏轼主动前去拜访致仕退居的闾丘孝终，而此刻的苏轼已经变成了一位无法自由出行的贬谪官员，故而二人现在的相见需要闾丘孝终通过梦境主动前来黄州方才能够实现。

我们还可以在苏轼的慢词当中再举出一个有着与这阕《水龙吟》类似情境的例子，这便是那首最为著名的东坡词《念奴娇·赤壁怀古》。只不过此词所描绘的并不是一场梦境，而是对于一番特定场景的具体遥想，场景中的主角是那位正在指挥赤壁之战的周瑜：

遥想公瑾当年，小乔初嫁了，雄姿英发。羽扇纶巾，谈笑间、樯橹灰飞烟灭。③

---

① 《水龙吟》，第117首，卷二，第1页上，第278页。
② 关于苏轼此处对于范蠡故事的运用，详见王水照：《苏轼选集》，第64页。
③ 《念奴娇》，第130首，卷二，第9页下，第282页。

苏轼所描绘出的赤壁之战的现场图景最终也同样地在此词中渐渐消散如烟，只剩下周瑜的英魂在如今的战场遗迹间徘徊流连。这阕词的全篇主旨当然是苏轼在缅怀已然逝去的过往之英雄人物（"浪淘尽、千古风流人物"），但他同时也通过此词凝视与沉思着自我生命也终有尽时的必然结局。

无论是新近发生的自我故事，还是年代久远的历史故事，在苏轼的这些慢词当中闪烁跳动的都是来自过去的影像。此外，这些慢词里也都含有对于苏轼当下生活状态的一些描述，有的是与过去的场景交错在一起，有的则是在过去的场景最终消散之后才被徐徐呈现出来；但是这些今昔场景的呈现顺序以及它们各自在词中所占的篇幅，则是读者完全无法预测的。比如回忆中的场景（梦境）既可以在上阕就出现，也可以等到下阕才被提起。这些慢词唯一可以被概括总结出来的结构特征，便是苏轼充分利用了词体上下两阕的分片结构来强调存在于过去与现在之间的强烈断裂感，有时是当下情境在突然间的往昔追忆中变得黯然失色，有时则是一段对于过往的美好回忆瞬间就烟消云散。因此这些慢词也就得以通过戏剧化的形式，表达出作为其全篇主旨的人生之短暂与无常。

戏剧化是苏轼这些慢词的重要标志之一。无论是在过去的场景之中，还是从过往切换回当下，相关词句的描述重心都是时间之刹那性或人物行为的细节："多情应笑我""小轩窗。正梳妆""纵如三鼓，铿然一叶""推枕惘然不见"。在凭吊历史遗迹或者以怀古为主题的诗歌当中，我们完全找不到将过去、现在或者今昔时空的混合交织予以如此彻底之戏剧化的案例，哪怕是苏轼的此类题材诗歌也不曾有过这样的现象。这可能是因为人们更为看重诗中所表达的史识观点，也可能是因为咏史怀古之诗的写作已经高度程式化了。不仅如此，苏轼所尝试探索的这种吟咏过往的手法，在词体的写作传统里也基本没有什么类似的先例，而且苏轼还明显地相当喜好在词中尽其所能地直接抒发自己的怀古忆昔之情。

虽然苏轼的每首慢词都别具特色，但是随着东坡词阅读数量的增加，读者不禁会产生这样的怀疑，苏轼的慢词好像有着相当强烈的重复性特征,他多年来的慢词写作一直都在集中地运用某些核心元素,例如静夜、过往的某个瞬间、对于今昔落差的沉思等等。不过问题的关键并不在于这些元素被苏轼大量频繁又花样百出地写进了的慢词当中,而在于苏轼对于它们的描写一向被认作是苏轼的最高词体艺术成就之一。

月亮以及其他的星辰天象也是苏轼慢词里的重要核心元素之一。照进室内的月光经常会搅乱词中人的心绪,从而使其惆怅得难以入睡。月光也常常会勾起词中人对于远方情人的思念(这是一种相当传统的情感勾连)。同样地,月亮的盈亏变换以及天穹之上的星辰运转也会激起词中人强烈的时光悠悠逝去之叹。实际上对于夜空微妙变化的细致观察完全可以成为回到过往岁月之梦境的替代物,承担起唤起词中人意识到生命之有限的兴发功能。

在苏轼还是一个七岁孩童的时候,曾有一位九十余岁高龄的老尼给他吟唱过一首后蜀末代国君孟昶所填的词。四十年之后,苏轼仅仅只记得此词的开头两句了:"冰肌玉骨,自清凉无汗。"[1]于是苏轼便为这两句词续写后文,从而创作出了一阕新词(在这里,孟昶所填之词本身就是一个即将消失殆尽的存在)。残存下来的这两句词使得苏轼的续词必须以女性为抒情主体(词中的场景也必须设置在夏日),而不能使用他所专长的直抒男性情意的写作方法。然而即便是从这两句词起笔,苏轼的这阕续词最终还是被他填成了与上述之东坡词极为相似的样子。此词的上阕描绘了一位幽居在闺阁里的女子,她因一道突然从窗外打进的月光而心有所触,从而无法继续入睡,只得从床上披衣而起。此词的下阕继而写道:

起来携素手,庭户无声,时见疏星渡河汉。试问夜如何,夜已三

---

[1] 《洞仙歌》,第 129 首,卷二,第 8 页上—下,第 297 页。在今传本孟昶词集里,有一阕与苏轼这首《洞仙歌》文字极其雷同的词作(见《全唐五代词》卷五,第 96 页)。不过孟昶的那首词在韵律上却与苏轼的这首词有着较大的差异(其实是用另一个词调填写的)。正如王水照所指出的那样,这首系在孟昶名下的词必然是后人的伪作。此人用《玉楼春》一调重写了一遍苏轼的《洞仙歌》,并根据苏轼的题序所言,将此伪作篡置于孟昶的词集当中。详见王水照:《苏轼选集》,第 287—291 页。

更,金波淡、玉绳低转。但屈指、西风几时来,又不道流年、暗中偷换。

> 素手指的是词中女子的侍女或者女性同伴的手。
> 河汉,即指银河。
> 金波是洒在大地上的月光。
> 玉绳,指北斗七星中位于斗柄的两颗星,据说两星的朝向会在黎明来临之际发生较大的改变。
> 西风,即指秋风。

苏轼最著名的咏月词当然是下面这首在中秋节写给弟弟的《水调歌头》:

水 调 歌 头

丙辰中秋,欢饮达旦,大醉。作此篇,兼怀子由。

明月几时有,把酒问青天。不知天上宫阙,今夕是何年。我欲乘风归去,又恐琼楼玉宇,高处不胜寒。起舞弄清影,何似在人间。　转朱阁,低绮户,照无眠。不应有恨,何事长向别时圆。人有悲欢离合,月有阴晴圆缺,此事古难全。但愿人长久,千里共婵娟。[①]

此词最后一句里的婵娟即是在用传说中那位奔月的嫦娥代指月亮。

在这阕《水调歌头》之中,出现了不少已经被上文讨论过的文本元素:静谧的夜晚,使人难以入睡的月光,挥之不去的时间忧患。当然,此词还有着许多更具创新性的内容,包括了对于月亮的思考、上阕结尾处对于李白诗句"对影成三人"的反用,以及下阕里的那几句用于劝慰自己的哲学思辨。其间尤属最后一项内容最为耀眼夺目(实际上这几句词完全可以视作《赤壁赋》里的哲学思辨之滥觞),哪怕是在东坡词当中,也相当罕见如此长篇的形而上思考。

对于这阕《水调歌头》的各种文本体貌特征来说,笔者会特别关注此词上阕所呈现出的不同寻常的"思绪"流转。由于此词实在是太过著名了,不仅被广泛地选进各种选本里,而且还相当频繁地被历代论者重读重解,因此我们会很容易忽视存在于此词上阕里的密度极高又甚为迅速的

[①] 《水调歌头》,第65首,卷一,第40页下,第280页。

第十章　一洗绮罗香泽之态：东坡词里的自我抒情

思绪流转。苏轼在此词的开篇琢磨的是月亮究竟在这世间存在了多久这个问题，于是便引出了对于月中世界如何计算年月的追问。在中国的文化认知当中，月亮总是会与长生不老的追求联系在一起。（此词里提到的嫦娥就是在偷食了其丈夫的长生不老药后才飞升到了月宫。）这便使得苏轼的追问其实隐含着这样一层意旨，月中世界的岁月计算方式与人间完全不同，很可能月宫之上根本就没有岁月这一说。所以苏轼才会随即开始渴望起自己也能乘风奔月，从而摆脱死亡的困扰。但他很快又质疑起了这番渴望，月宫之上会不会太过寒冷，寒冷到完全不适宜居住呢？随后苏轼便站起身来，开始和身边的那位月光赐予他的舞伴一同翩翩起舞。

　　此词上阕的最后一句存在着语法上的歧义性，从而至少产生了如下三种常见的解释：（1）月宫里怎么会存在能比得上世间生命的事物呢？这意味着乘风奔月的想法被苏轼彻底抛弃掉了，同时苏轼也在表达对于凡间生活的自得与自适。（2）月宫之上的生活实在是和凡间太不一样了！这意味着苏轼决定去往不朽的仙界，至于人间，则完全没有任何值得自己留恋的事物了。（3）自己似乎已经不在凡间了。这意味着苏轼在不离开凡间的前提下就已经能够获得月宫之上的种种乐趣，也就是说苏轼自认为已经实现了对于日常生活的超越。笔者更加倾向于选择第三种解释。实际上，第二种与第三种解释是比较相近的，但二者的侧重点还是有着较大的差异。这三种解释都分别获得了著名词学学者的深入探讨。①不过这句词之所以难解，还有着语法歧义性之外的原因，也就是读者很难揣测苏轼究竟想要在这句词里表达什么内容。通观此词的整个上阕，苏轼的思绪变化相当复杂迅速且难以预测，故而我们不仅很难预料他会在下一句里讲出怎样的内容，也很难评估这么多的词句阐释究竟谁的可能性相对更高。

---

① 第一种解释参见胡云翼：《宋词选》，第 64 页。第二种解释参见缪钺：《论苏辛词与〈庄〉〈骚〉》，附注，见《灵溪词说》，第 235 页；以及吴小如为这阕词所撰的赏析文字，见王思宇主编：《苏轼词赏析集》，成都：巴蜀书社，1996 年版，第 105—106 页。第三种解释参见刘若愚：《北宋六大词家》，第 128 页。

在苏轼的其他慢词里,也能发现与这首《水调歌头》相类似的思维跳跃度极高的语段。例如上文提到过的那三句与燕子楼相关的词句便是如此("燕子楼空,佳人何在,空锁楼中燕")。而在著名的《念奴娇·赤壁怀古》之中,同样也能看到如下诸句:

> 故国神游,多情应笑我,早生华发。人生如梦,一尊还酹江月。①

哪怕是处于发思古之幽情的沉浸状态当中,苏轼也会意识到他人很可能会觉得自己有些可笑,毕竟正是自己多情的这个性格弱点导致了自身过早地衰老。然而苏轼在写下这句老生常谈的"人生如梦"之时,究竟想要表达怎样的意蕴呢?以及他又是出于怎样的原因才会做出祭奠这一江明月之举呢?读者很可能会分别做出各自不尽相同的回答。

苏轼将一种极其敏捷的思维灌注在了上文提到的这些词句里,他会从一个观点迅速地跳跃至另一个观点之上,却不会在某处逗留太久以作具体的阐释或发挥。论者已经关注到了东坡词的这种体式特征,并予以了相应的评述。孙康宜就探讨了东坡词的"抒情密度",并以此为参照,认为苏轼诗尽管有着更具从容也更加开阔的风格,但在写作技法上就只有选择性与总结性的陈述。② 与其相似,叶嘉莹也提醒读者应充分注意东坡词的"笔锋"会颇为频繁地在词意推进的过程中发生剧烈转折。③ 很显然,东坡词在这方面的体式风格特征与前文所提到的苏轼偏好在词中描写戏剧化的场景以及瞬间之中的高度即时性感受有着密切关联。但我们想要在这里重点关注的并不是词中的意象或人物行为,而是东坡词的思辨性内容。

即便是那些在东坡词全集里看上去颇显另类的词作,依然还是显而易见地具备着与上述诸词相同的特点。下文所引录的是一首吟咏柳絮的

---

① 《念奴娇》,第 130 首,卷二,第 9 页下,第 282 页。这首词的全文以及对其的解析,可见第 8 章的相关内容。
② 孙康宜(Kang-I Sun Chang):《词与文类研究》(*The Evolution of Chinese Tz'u Poetry: From Late T'ang to Northern Sung*),普林斯顿:普林斯顿大学出版社,1980 年版,第 169—184 页。第 175 页的论述尤其值得参考。
③ 叶嘉莹:《论苏轼词》,第 213 页。

词作,正是受到所咏对象的影响,此词的风格与情调相比于绝大多数的东坡词来说,要更加接近《花间集》的"男子作闺音"传统。不过苏轼还是将他那独特的论述方式延续在了这阕词当中。晚清民国的著名学者王国维认为,在历代所有的咏物词当中,就属这阕词写得最好。① 另有许多论者也同样高度称赞过这阕词,而且还特别评述了此词中的大量叙述转折:②

水 龙 吟
次韵章质夫杨花词

似花还似非花,也无人惜从教坠。抛家傍路,思量却是,无情有思。萦损柔肠,困酣娇眼,欲开还闭。梦随风万里,寻郎去处,又还被、莺呼起。　　不恨此花飞尽,恨西园、落红难缀。晓来雨过,遗踪何在,一池萍碎。春色三分,二分尘土,一分流水。细看来,不是杨花,点点是、离人泪。③

"似花"句化用自白居易一首著名情歌的首句:"花非花,雾非雾。"④

"思量"二句反驳了韩愈所持之柳絮毫无才思的观点(因为柳絮只会随风飞去)。⑤

"无情有思"一句里的"思"指的是回忆、思念,但同时也谐音双关"丝",即指柳絮的绒毛或纤维。

"萦损柔肠",我们在英译这句词的时候往往会将"肠"(中国人认为的情感所在之处)翻译成"心"(A tender heart, twisted with longing),但这样一来这句词妥帖精妙的体物之长就会在翻译的过程中给丢失掉。因为柳絮的弧状外形其实与宛转之肠非常相似(下一句中的"娇眼"也同样有着比拟柳絮之形的意图在)。

"梦随"四句化用了唐代诗人金昌绪的一首诗。此诗中的女子正在梦中与远方的情郎相会,但却被枝头啼鸣的黄莺给吵醒了。⑥

根据苏轼的自注,这句"一池萍碎"本自一个流传甚广的传言,即落入水中的柳絮会变成水里的浮萍。苏轼还在自注里提到,在自己的亲身试验下,他发现这个传言确实是真的。

---

① 王国维:《人间词话》,第 38 则,香港:中华书局,1961 年版,第 19 页。
② 例如王水照辑录的黄苏在《蓼园词选》里所做的评论。王水照:《苏轼选集》,第 312 页。
③ 《水龙吟》,第 188 首,卷二,第 41 页上,第 277 页。
④ 白居易:《花非花》,《白居易集笺校》卷十二,第 714 页。
⑤ 韩愈:《游城南十六首·晚春》,《韩昌黎诗系年集释》卷九,第 1030 页(胡云翼:《宋词选》,第 85 页)。
⑥ 金昌绪:《春怨》,《全唐诗》卷七百六十八,第 8724 页。

读者必须先行知晓与柳树相关的三个意蕴所指：柳条抽芽与柳絮纷飞分别是相当常用的标识春日到来与春光短暂的意象；柳树是与人间离别以及孤独寂寞的相思之人密切关联的植物；柳树能够使人产生的性别联想明显是女性化的（例如在风中摇曳的柳条往往会被用来比作舞女）。苏轼将柳树的这些意蕴所指全都运用进了此词当中，并予以了一定的编织处理。

贯穿苏轼这阕《水龙吟》全篇的那个比类当然是以柳絮喻女子，但是苏轼并不满足于任何单一的隐喻或者同类型的其他修辞方式。此词在开篇就隐约地将柳絮比拟为一类最为不同寻常的女性：她们似花（这其实是一个更加明确的女性隐喻）但又不是花。她们抛弃了自己的家庭，但却在路旁迟迟地逗留不去，由此显示出她们尽管确实可以称得上是无情的，至少依然还是有所思念或牵挂的。然而词意突然间就陡然发生了变化，苏轼开始把柳絮比作女性身体的一部分：柳絮像充满深情的柔肠，柳絮像半开半闭的娇眼。而"困酣娇眼"一句又自然地引出了上阕结尾处的那场梦境。行词至此，柳絮再次完全化身为女子，只不过是一位幽居于闺阁之内并承受着情人远别之苦的女子。上阕最后的这几句词所化用的唐诗语典（此诗的吟咏对象是一位女子，而非柳树），给这首词增添了另一层意蕴。

苏轼在过片之句里又为此词引入了新的抒情主体类型：这是一个在词中观察柳絮的人物形象，而非上阕里的柳絮化身。此词的读者与此词所咏对象之间的关系，也因为这个扮演中间沟通角色的人物形象的出现，而在此刻发生了变化。不仅如此，这个新的抒情主体对于柳絮的认知也不是一成不变的。起初，在比较了柳絮与真正的花朵之后，其坚定地认为前者只是次要之物而已。然而当这位抒情主体观察到风雨所导致的柳絮落水成萍之时，其对于花朵的关注度就突然间发生了直线下降。在接下来的几句不同寻常的数学公式化表达的背后，其实隐藏的是一番新的观念：柳树就是关于春天的一切。全词在最后两句里又重新回到了以柳絮喻女子的比类之上，使得上阕结尾处的那个女性形象得以再次现身，只不

第十章　一洗绮罗香泽之态：东坡词里的自我抒情

过此处的人物呈现方式是泪水涟涟的女性面容特写。宋末词人张炎曾经这样追问过，是否存在一阕"全章妥溜"之词呢？随后他便以苏轼的这阕《水龙吟》自答，将此词视作最接近于实现其几乎不可能实现之填词理想的案例。张炎还特别将此阕中的几句词（开篇两句、"春色三分"三句）评价为"平易"。① 但是如果在这些平易之句中，没有持续不断地变换意象、比类、抒情主体以及前代语典的句法，那么它们当然就不会有那么强的文学表达效果。

我们曾在本章的开头提出过这样一个问题，苏轼为何会从事这场举世知名的词体革新？对此我们也已经讨论过了几种可能的影响因素与动机因素，包括了他对于矫揉造作地吟咏男女情爱的词体主流书写传统的不满，他追求在文学作品里表现"真"，他因被贬黄州而转向了这种文体地位卑下的抒情诗体写作，以及词体的情感表达相对没有那么受限。现在我们已经分别探讨了苏轼的小令与慢词各自所具之特征，从而对于苏轼为何会对这种文体产生兴趣，而且还要换以一种特别的写作方式这个问题，我们其实也就可以从中发掘出另一种可供参考的回答：苏轼发现词体其实是一种非常特别的文学体裁，其内在的文体体式特征（长短参差的句式、错落分布的韵脚、相对较低的命题语言使用期望）相当契合于他在自发性、无思性，以及对于不断发生之变易的适应性等哲学议题之上的思考。不过苏轼也没有仅仅满足于此，他还在此基础上为词体积极建立起了一种敏捷而深邃的写作体式。具体来说就是以一种滑稽戏谑的方式将自己写进小令之中，也吸收了慢词里的那些戏剧化的倏尔即逝的场景、新奇异质的自我思考、重重叠叠的即兴思维转折等。

最常被论者征引的苏轼谈论自我文学创作（从总体上来说）的文字，便是下面这段对于其自发为文的论述：

吾文如万斛泉源，不择地皆可出，在平地滔滔汩汩，虽一日千里

---

① 张炎：《词源》卷下，唐圭璋：《词话丛编》，北京：中华书局，1986年版，第258页（王水照：《苏轼选集》，第311页）。

无难。及其与山石曲折,随物赋形,而不可知也。所可知者,常行于所当行,常止于不可不止,如是而已矣。其他虽吾亦不能知也。[1]

这则写作时间难以确考的短札描述了苏轼对于人们应该如何看待他的文学写作方式的期望,这也正是此文的主要价值所在。然而苏轼对于绝大多数文体的写作实践都足以表明,他其实相当费心于构思文中所要表达的思想以及语句文字的安排方式,而且还会予以频繁地修订,以至于这则短札并不能够成为对其文学写作方式的可信描述。(一份珍贵的苏轼诗歌手稿可以成为这种观感的力证,因为其鲜明地呈现出了苏轼曾对这首诗做过苦心经营的全面修订。)[2] 不过苏轼的这番言说似乎与我们关注到的东坡词的体式特征有着非同一般的关联度。当然,对于东坡词中的那种自发性的创造力来说,其很可能本身就是苏轼苦心经营与呕心沥血的结果,而且我们也无从知晓苏轼在填词的时候是不是真的要比他在写作其他文体的时候更具自发性。但是即便如此,仅就文本所呈现出的外在面貌而言,上述的那些经常出现于东坡词中的文本特质完全容易令人想起苏轼所写的这段对于自我文学创作的著名论述。于是乎,在这番独特的自我评说的影响下,这些特质就不仅仅是东坡词的重要风格体式标志,还有助于解释苏轼为何会被词体这种文学形式所吸引,而且还会进一步地觉得词体是如此地合己心意。

---

[1] 《自评文》,《苏轼文集》卷六十六,第 2069 页。
[2] 详见刘正成编:《中国书法全集》第 33 册,苏轼卷,北京:荣宝斋,1991 年版,图版 48。此诗为苏轼的《定惠院寓居月夜偶出》,《苏轼诗集》卷二十,第 1032—1033 页。

结　　语

对于苏轼的早期评价

　　行文至此，我们还需要考察一下苏轼所获得的身后评价，并由此直接处理一个与之密切相关的问题，即苏轼是如何平衡他的文学事业以及他的其他人生追求的。或许比较好的方式是先从苏轼最亲密的朋友对于他这一生的评价谈起，然后再转至与他们观点相异的朱熹。不少最为坚定的苏门中人或者先于苏轼逝世（例如秦观），或者在苏轼去世后不久便也离开了人间。不过尽管如此，还是有相当数量的苏门中人有机会在自己的文字里反思苏轼这一生的意义。他们也确实积极地展开了相关的思考，哪怕他们其实是冒着极大的政治风险从事此举的。黄庭坚就写过一首关于苏轼以及一块怪石的诗，他在此诗中借由这块怪石如今已下落不明的话头，进而评论起苏轼的一生：

追和东坡壶中九华并序

　　湖口人李正臣蓄异石九峰，东坡先生名曰"壶中九华"，并为作诗。后八年，自海外归，湖口石已为好事者所取，乃和前篇以为笑。实建中靖国元年四月十六日。明年，当崇宁之元五月二十日，庭坚系舟湖口，李正臣持此诗来。石既不可复见，东坡亦下世矣。感叹不足，因次前韵。

　　有人夜半持山去，顿觉浮岚暖翠空。试问安排华屋处，何如零落乱云中。能回赵璧人安在，已入南柯梦不通。赖有霜钟难席卷，袖椎来听响玲珑。[①]

[①] 《山谷诗集注》卷十七，第411页。

"能回"两句是说赵国使臣蔺相如睿智地看破了秦王的诡计,从而成功将和氏璧安然带回到了其本来的拥有者赵王手中。① 和氏璧在此诗中就代指那块消失不见的异石。南柯梦是出自一篇著名的唐人传奇里的梦境故事,其被用在此诗当中是为了引出那个连梦都无法到达的不可进入之地(即苏轼进入的死后世界)。②

苏轼用一座真实存在的山峰(九华山)为眼前的奇石命名,使得这块奇石成为更大之自然真实的缩影。对于黄庭坚来说,苏轼这个人物自己就是一座高山,因此他的消逝就给这片人间风景留下了巨大的空无。此诗的首联化用了《庄子》里的一则著名语段:"夫藏舟于壑,藏山于泽,谓之固矣。然而夜半有力者负之而走,昧者不知也。"③ 不过在黄庭坚的诗句里,这位有力者负之而去的其实是人间风景本身的那个最为中心的部分。

此诗颔联所写的内容更应该是苏轼的一生,而非他的逝世。在苏轼的人生经历当中,明显存在着一个能与此联之"华屋处"相对应的阶段,那便是他在朝出任翰林学士、知制诰的元祐时期。但是这段荣耀的经历最终并没有给他带来适意与快乐,他还是像这块奇石一样更加适合"零落"在乱云之中。这联诗句可以使读者回忆起苏轼的两个重要人生主题:一个是他终其一生都不愿意为了自己的继续在朝为官而做出其所必须的自我妥协;另一个则相当具有反讽的意味,即他能够在困境与贬谪当中寻找到具有最高满足感的自我心安。④

此诗的尾联提到了苏轼生前所写的一篇散文《石钟山记》,而这座石钟山恰恰就位于黄庭坚当下所在的鄱阳湖口。⑤ 苏轼向来就不是很认可传统的对于石钟山得名之由的解释,觉得这样的解释含混、不确。因此当苏轼在元丰七年(1084)经行于这座山下的时候,他便抓住了这个机会亲

---

① 司马迁:《史记》卷八十一,《廉颇蔺相如列传》,第2439—2441页。
② 李公佐:《淳于棼》(一题《南柯太守传》),见李昉等编:《太平广记》卷四百七十五,北京:中华书局,1961年版,第3910—3915页。
③ 《庄子集解》卷二,《大宗师第六》,第59页。英译可见高本汉:《庄子》,第86页。
④ 此处所论本之陈永正对于这联诗的解释。详见陈永正:《黄庭坚诗选》,第255页。
⑤ 《石钟山记》,《苏轼文集》卷十一,第370—371页。

自进行了一番实地调查。当地的一位僧人相信,这座山的名字来源于山中石头的特殊声音属性。故而他在苏轼面前捡起了此山的两块石头并将它们相互撞击,以此向苏轼展示它们的撞击声听上去是有多么像钟声(黄庭坚这首诗的最后一句便是在追叙这件事情)。对于苏轼来说,这样的撞击演示实在是过于荒唐可笑,故而他依旧坚定地不相信此说。不久之后,苏轼和他的儿子在一个晴朗的月夜乘小舟来到了石钟山下,最终在湖边的悬崖畔发现了一个巨大的洞穴。每当湖水的波涛打入这个洞穴的时候,同时也会将大量的空气带入其间,并与隐藏于崖洞内部的石壁孔窍发生猛烈碰撞,从而发出低沉的轰鸣声。苏轼觉得他发现了一个更加贴近真实的关于石钟山得名之由的解释。在这篇文章的结尾,苏轼嘲讽了那些不愿意通过亲自的目见耳闻而只凭臆断以认识事物之人;并且还特为做了这样的补充:"士大夫终不肯以小舟夜泊绝壁之下,故莫能知;而渔工水师虽知而不能言。"

尽管苏轼自己和他当年所观赏的那块奇石一道,皆已消逝不见,但他曾经在夜间舟行过的这片自然山水却依旧存在,故而黄庭坚可以通过追寻苏轼过往足迹的方式抚慰自己的伤逝之情。于是敲击石钟山石而发出的"响玲珑"之声,现在便被黄庭坚赋予了一层甚为不同的新意蕴:这个声音能够令人回想起苏轼的许多文学作品,他在这些作品当中以非凡的勇气阐明了事物的真实本质,消除了那些因道听途说而生的谣言与谬误。[1](黄庭坚的这句诗也非常恰当地勾连到了一个重要的元素之上,即苏轼发现的石钟山真相与水相关。)

黄庭坚对于苏轼的人生描述并不只有这么一首诗,而他留下的其他相关文字能够进一步地强化此诗颔联想要向读者传递出的人物印象。黄

---

[1] 不过苏轼的答案也逐渐遭到了后人的反对。按照后世对于石钟山得名之由的共识,这座山之所会叫这个名字,就是源于其高耸的山体外形以及中空的山体内部非常近似于一座钟。每当湖水的水位发生下降的时候,人们就可以进入山体内部以探索其间。详见王水照在《苏轼选集》里所做之征引。王水照:《苏轼选集》,第 400—401 页。苏轼还在其逝世前的一年为这篇记文写了一则跋语,进一步论证了自己多年以前所做的这番解释。《跋石钟山记后》,《苏轼文集》卷六十六,第 2074 页。

庭坚认为，如果想要有效地把握与评价他这位同僚的一生，那么最为至关重要的思考基点就是身居官场高位的苏轼与他屡屡"零落"的经历之间的冲突张力，以及由此产生的所有矛盾（无论是官僚体系对待苏轼的方式，还是苏轼对于自我士大夫责任所持之态度，无不承载着这种冲突张力所造成的矛盾）。每当黄庭坚写到苏轼的时候，他都难以忘怀这位才华横溢之士无法尽展其才甚至还要被当权小人侮辱谩骂的悲剧，就像他这联诗所写："玉堂端要直学士，须得儋州秃鬓翁。"① 此句抨击了朝廷居然不重用这位当代最有才华的士人，甚至还将他贬去最为偏远荒凉的地方（海南岛）。黄庭坚在另一首称赞苏轼的诗中同样流露出了类似的意识，苏轼的才华不仅被白白浪费了，而且他还总是遭到政治迫害："子瞻谪岭南，时宰欲杀之。"② 尽管黄庭坚做出了如此最为直接显豁的观点表达，但他紧接着还是提起了苏轼非常享受自己"饱吃惠州饭"的生活，而且苏轼还在精心细和陶渊明的诗。在这首诗的尾联之中，黄庭坚还充分思考了苏轼与陶渊明之间为何会出现不同出处选择下的诗风相近："出处虽不同，风味乃相似。"李泽厚亦曾指出，尽管苏轼从未真正地遁于世外，尽管所有前代诗人都不曾像苏轼这样对这种人生方式（即归隐山林的人生方式）不抱任何的幻想，但是对于苏轼的出处观察都应该遵循这样的关键要义，即苏轼的世俗抱负、政治挫折以及他所做出的艺术人生超越是完全不可分割的。实际上，黄庭坚的这联诗似乎可以视作李泽厚此论的滥觞。

要说还有没有更加全面详细的总结概括苏轼一生的文字，那么我们或许可以举苏轼的终生挚友禅僧参寥子道潜所写的十五首一组的诗为例。③ 这组诗题作"东坡先生挽词"，以不是那么成体系的方式对苏轼一生所遇的诸多事件与生平话题分别做了评论。不过道潜在逐一评述苏轼生平的各个方面的同时，也提出了些许具有统摄意义的贯通性论述话题。

将苏轼与著名的历史人物等同起来，是道潜在这组诗里反复使用的

---

① 黄庭坚：《病起荆江亭即事十首》（其七），《山谷诗集注》卷十四，第358页。
② 黄庭坚：《跋子瞻和陶诗》，《山谷诗集注》卷十七，第416页。
③ 道潜：《东坡先生挽词》，《参寥子诗集》卷十一，第245—251页。

吟咏手段。也就是说，道潜赞美苏轼的方式就是把他比作大家都知道的伟大人物。但是道潜在实际操作的时候其实是困难重重的，因为就苏轼所取得的如此之高又如此之广的人生成就而言，要为他找到一位合适的前代人物先驱并不是一件容易的事情。道潜采用的是诉诸多组配对人物的方式（例如在这个领域，苏轼像某甲；在那个领域，苏轼又与某乙类似），这本就是吟咏人物的一种常见手段，而且还与诗句两两相对的文本体式相当地契合。不过尽管如此，道潜之所以会在组诗里不断更换用于类比苏轼的历史人物，显然还与他要持续思考如何以新的方式看待与评价苏轼的一生密切相关。我们可以选取道潜在这组诗里所做的三组比类为例：苏轼在经纶方面可与古代贤相伊尹、吕尚相提并论，而在辞章方面则要胜过伟大的汉代文学家班固与扬雄。道潜在这里将班扬二人的身份视作是散文家与辞赋家（第一首挽词）。这一组类比应该算是最老套的以古人比类今人的方式了，道潜除了借此指出政治与文学是苏轼所有人生事业当中最为至关重要的两项成就之外，便再无其他想要表达的内容了。接下来，道潜提到苏轼的"雅量"可以等同于东晋（4世纪）的那位高卧东山的名士谢安，"高才"则有类诸葛亮（第二首挽词）。谢安是王羲之的好友，同时也被邀请参加了那场著名的兰亭雅集，而诸葛亮则是苏轼曾经的自我比类对象之一。二者相较，道潜将苏轼比作谢安就显得有些出人意料。不仅如此，道潜除了在言说苏轼的雅量之时将其比作了谢安，他还在评说另一种人物个性特质（苏轼的风流）的时候再一次选择谢安作为比类苏轼的前代人物。我们将会在下文再详细探讨这一点。在本段所举的最后一组例子中，这位禅僧认为苏轼的雄辩之才并不输给那位以口才著称的孔子门生子贡，而苏轼的品题能力则毫不逊色于那位因其极擅品评识鉴人物而名震天下的东汉（2世纪）士人郭泰（第五首挽词）。道潜之所以会做出以郭泰比类苏轼的评述，必然是因为他想要在这里提起苏轼的那些围绕历史、文学以及艺术话题而撰的题跋。

我们或许会期待看到道潜在这组诗里做出更加关注苏轼的诗歌、书法以及绘画创作的评述。如果一位现代学者想要按照道潜的方式全面地赞美题评苏轼的一生,那么其在任何时候都不会忽略掉上述三个方面的内容。不仅如此,就算是帝制时代晚期的学者,他们大多也不会在评述苏轼一生的时候有此遗漏。但是道潜的这组诗却明显没有费多少笔墨在这三个领域之上,这是否完全是因为这组诗的高度正式的写作场合使得道潜必须充分淡化苏轼的艺术审美事业呢?还是说其间一并存在着其他什么相关的原因呢?无论如何,从诗歌的最终呈现来看,尽管道潜为苏轼做出了复杂多样的前代人物比类,但是这些千差万别的人物特性如果被汇总于一处,还是能够呈现出一个明确共通的品评主旨或品评方向,那就是强调苏轼在国政经纶、直言极谏(当然,即便是汉赋,也有着讽谏的修辞需求)以及才思识鉴等方面的卓越能力。

在道潜的这组诗里,也提到了身为朝廷官员的苏轼是极具责任担当意识与怜悯百姓之心的。比如其间有一首诗全篇都在讲述苏轼于徐州所为之英雄事迹(第十一首挽词);再如我们可以通过最后一首诗知晓,苏轼虽然已经逝去,但他留下的道德芬芳却充满了整个人间(第十五首挽词)。道潜还在一首诗里将苏轼坚决反对新法的原因诉诸他致力于维护与满足普通民众的利益(第三首挽词)。(南宋士人陆游所写的关于苏轼的文字,就是以这些内容作为他最主要的评说主题。)①

不过道潜的这组诗还是有着鲜明的与众不同的个性特征,因为这些诗着重突出了苏轼的亲和、超旷与"风流"。这个评说主题一定会给许多读者留下深刻的印象,因为苏轼自己就希望后人以这样的面貌回忆起他。也正是因为这一点,道潜的这组诗才会有别于另一篇相当重要的北宋人所写的记述苏轼生平的文字——苏辙为其兄撰写的墓志铭。或许是因为墓志铭需要以一种相当正式的语体撰写,并且还要按照时间顺序依次记录墓主的重要生平事件,所以苏辙于志文中并没有怎么关注被道潜着重突出的苏轼在这些方面的表现。(苏辙重点强调的就是苏轼是一位坚定

---

① 详见陆游的《跋东坡祭陈令举文》《跋东坡帖》《跋东坡谏疏草》三篇跋文。陆游著,朱迎平笺校:《渭南文集笺校》卷二十八、卷二十九、卷二十九,上海:上海古籍出版社,2022年版,第1421—1422页、第1471页、第1480—1481页。

的新法反对者,以及他是一位优秀贤德的知州。)下面摘录的就是道潜这组诗里涉及这些方面内容的句子:"傥逢大事能谈笑"(第九首挽词);"功名无分勒燕然"(第七首挽词);"瘴雨蛮烟岂易当。……蜑叟追随乐未央"(第六首挽词);"莲社风流固已衰"(第八首挽词)。与之相似,还有一首诗(第十首挽词)先描绘了身着官服的苏轼在朝堂之上议论国事的凛然形象,随后则转而说起苏轼在回到家中与外出散步的时候("从杖屦"),就会自然从容地变得亲切随和起来。

最后还有一点需要被我们指出的是,道潜也跟黄庭坚一样,明确认为苏轼基本上没有获得什么施展其高超的治国平天下能力的机会,即其所言之"画图虽不上凌烟"(凌烟阁是唐太宗悬挂李唐开国功臣画像的地方)。道潜通过这句诗暗示出,如果苏轼获得了其理应被委任的高位,那么他一定会立下媲美画像悬于凌烟阁般的功业(第十五首挽词)。可是苏轼终究没有获得这样的机遇,只能悲剧性地白白荒废掉了自己的才华;这也使得苏轼产生了一种深重的失望感,哪怕他是那么平和超旷,但这种失望感还是始终伴随着他的一生。"平生勋业志,郁郁闷佳城。"(第二首挽词)这种不公的命运遭际不禁会使人质问起上苍,然而上苍依然总是那样冷漠无情,从来都不会回应人间的公正追问(第一首挽词)。

由于道潜与黄庭坚二人是苏轼最亲近的朋友与仰慕者,因此我们并不能期待他们所作的评述苏轼生平的诗歌会是完全客观或者不偏不倚的,尤其是他们在苏轼刚刚逝世之时所写的满怀哀悼情绪的文字,更容易带上强烈的主观色彩。尽管如此,他们所描述出的苏轼形象以及他们所选择的论说重点还是以各自特有的方式显示出了它们的真实可靠。毕竟道潜与黄庭坚对于他们的论说对象有着极其深入的了解,他们很可能完全知晓苏轼自己想要在后世留下的是怎样的一个自我人生形象,故而我们很难想象他们在诗中所描绘的苏轼形象会与此相去甚远。

我们有必要在这里插入一个可供比照的对于苏轼生平及其思想的评述。这个评述相当地冷酷且负面,是由朱熹在苏轼去世近一个世纪之后做出的。朱熹的观点不仅可以提供一种有别于苏轼亲密朋友的有趣说法，而且也一定像朱熹一生中所说的全部话语一样，在当时就产生了巨大的影响，并在此后的几个世纪里变得越来越强。①

如果我们考虑到朱熹的很多关键性的哲学观点是从程颐的学说那里承继而来的，那么我们就已经能够初步地知晓他为何会对苏轼做出这样的评述。朱熹曾云："只看东坡所记云：'几时得与他打破这"敬"字！'看这说话，只要奋手捯臂，放意肆志，无所不为，便是。"②对于朱熹来说，因为苏轼身上体现的是放纵恣意与缺少自我抑制力，所以苏轼显然无法忍受被程颐视作重中之重的对于"诚"与"敬"的修习。

朱熹在哲学领域所做出的对于苏轼的批判，主要围绕着"文""道"关系这个问题展开。朱熹认为苏轼曾经表达过这样的一番主张，文学作品在最好的情况下很可能就是"道"的显现（我们在现存的苏轼文字里并不能见到这样的观点）。对于朱熹来说，这是一个极其严重的错误主张，因为这样会把文学写作视为能够与"道"等量齐观的独立之存在。但是文学写作其实仅仅只是一种表达"道"的工具手段而已，故其重要性永远都要低于至高层面的"道"。下面引录的就是出自《朱子语类》的一段极具代表性的相关论述：

> 今东坡之言曰："吾所谓文，必与道俱。"则是文自文而道自道，待作文时，旋去讨个道来入放里面，此是它大病处。只是它每常文字华妙，包笼将去，到此不觉漏逗。说出他本根病痛所以然处，缘他都是因作文，却渐渐说上道理来；不是先理会得道理了，方作文，所以大本都差。欧公之文则稍近于道，不为空言。如唐礼乐志云："三代而上，治出于一；三代而下，治出于二。"③此等议论极好，盖犹知得只是

---

① 关于朱熹的苏轼评价这个问题的研究，详见合山究：《朱熹的苏学批判序说》，载九州大学中国文学会：《中国文学论集》（三），第29—36页（1972年）；包弼德（Peter K. Bol）：《朱熹对于士大夫学术的重新界定》（Chu Hsi's redefinition of literati learning），载狄培理（Wm. Theodore De Bary，贾志扬（John W. Chaffee）主编：《新儒学——早期形成阶段》（Neo-Confucian Education: The Formative Stage），伯克利：加州大学出版社，1989年版，第151—185页。
② 《朱子语类》卷一百三十，第3110页。
③ 《新唐书》卷十一，第307页。

一本。如东坡之说,则是二本,非一本矣。①

如果苏轼只是简单地在自己的哲学论著里表达其观点的话,那么朱熹很可能只需做出一次反驳就够了。然而事实却恰恰与此相反,朱熹是在持续不断地于其语录和论说文章里指摘批评苏轼。朱熹之所以会如此行事,是因为他知道苏轼不仅仅是一位哲学家。实际上,朱熹更敏锐地意识到苏轼的文学作品对于南宋士人有着巨大的吸引力与影响力。正如我们能够在上文所引的这则语段里看到的那样,朱熹自己就曾多次坦陈过,苏轼的诗文自有其感动人心的力量与艺术魅力。正是因为苏轼的文学作品有着如此巨大的吸引力,所以才会使得朱熹觉得自己非常有必要对其提出持续不断的批判,以此反复警示世人在苏轼的诗文当中存在着根本性的错误,正是这种根本性的错误使得苏轼的诗文潜藏着极强的腐蚀人心的能力,那些被其深深吸引之人很容易会在其影响下陷入堕落。

虽然朱熹自己的文学才能并不低,但他依然坚持主张如果要评价苏轼所作诗文之卓越文学成就的话,是不能脱离于任何的对于苏轼这个人以及对于苏轼思想的总体性评价的。或许很可能正是因为朱熹具备较强的文学能力,才会使得他产生了如此之观点,毕竟他对于苏轼其人及其思想的评价都很低。朱熹对于苏轼文学作品之巨大影响力的忧虑,使得他所做出的苏轼评价有时候会令人觉得有些过于偏激。下面引录的这则语段出自朱熹写给吕祖谦的一封信。吕祖谦及其同道曾建议朱熹不要一直把苏轼批评为有类墨子或杨朱(孟子在思想界的死敌)之人,他们觉得这样做是毫无必要的,其实只需要将苏轼视作二流楚辞作家唐勒与景差一类的人物就行了。这两人大致也与孟子生活在同一个时代,但孟子却从来没有将自我心力耗费在批判他们之上。朱熹并不认可吕祖谦等人的观点,于是他借此机会向这位朋友讲解起了自己对于"道"与"文"的理解。朱熹认为如果道外还有其他的事物,那么人就可以创作出肆意妄言的文学作品,而这样的文学作品也因为"道"外有物而不会对"道"构成多么严

---

① 《朱子语类》卷一百三十,第3119页。

重的危害。但是"道"实际上是包罗万象的,"道"外其实并无他物,故而任何不合"道"的文字就都会有害于"道"。因此并不能仅仅只把苏轼的文学作品当作文学作品来欣赏,也不能熟视无睹其间存在的害"道"之误。朱熹接着论道:

> 屈、宋、唐、景之文,熹旧亦尝好之矣。既而思之,其言虽侈,然其实不过悲愁、放旷二端而已。日诵此言,与之俱化,岂不大为心害?于是屏绝不敢复观。今因左右之言,又窃意其一时作于荆楚之间,亦未必闻于孟子之耳也。若使流传四方,学者家传而人诵之,如今苏氏之说,则为孟子者亦岂得而已哉?况今苏氏之学上谈性命,下述政理,其所言者,非特屈、宋、唐、景而已。学者始则以其文而悦之,以苟一朝之利,及其既久,则渐涵入骨髓,不复能自解免。其坏人材、败风俗,盖不少矣。①

朱熹还在别处就许多具体的细节问题批评过苏轼。他发现苏轼对于变法主张的论述存在着前后的矛盾;他认为苏轼的思想深受佛教与道教的污染;他还觉得苏轼极其欠缺正确识鉴人物的能力。② 由于朱熹强烈地憎厌深受苏轼赏识的两位士人秦观与黄庭坚,故而他十分相信如果苏轼真的高居相位的话,那么他一定会给这个国家带来比王安石之所为还要严重的灾难。这是被朱熹反复着重论说的观点。③ 朱熹也经常摘录《东坡易传》里的注疏文字,并将其论述为苏轼曲解儒家思想基本要义的证据。④

尽管朱熹对于苏轼提出了这么多的批判,他终究还是把苏轼定性为

---

① 朱熹:《答吕伯恭》,见朱熹撰,朱杰人、严佐之、刘永翔主编:《朱子全书》,《晦庵先生朱文公文集》卷三十三,第 2428 页。
② 《朱子语类》卷一百三十,第 3111 页、3112 页。朱熹:《答程允夫》,见朱熹撰,朱杰人、严佐之、刘永翔主编:《朱子全书》,《晦庵先生朱文公文集》卷四十一,第 1862—1864 页。
③ 除了上文所引之《朱子语类》中的语段,还可参看《朱子语类》卷一百三十,第 3109 页、第 3116 页。
④ 朱熹:《杂学辨·苏轼易解》,见朱熹撰,朱杰人、严佐之、刘永翔主编:《朱子全书》,《晦庵先生朱文公文集》卷七十二,第 3460—3469 页。

一位文人。从最坏的意义上来说,这样的人物身份定性似乎就是朱熹反对苏轼的根源。下文所引的这段对话能够最为清晰地展现出朱熹对于苏轼的认知,他在其间甚至也对欧阳修提出了相同的苛责:

> 问:"东坡与韩公如何?"
>
> 曰:"平正不及韩公。东坡说得高妙处,只是说佛,其他处又皆粗。"
>
> 又问:"欧公如何?"
>
> 曰:"浅。"
>
> 久之,又曰:"大概皆以文人自立。平时读书,只把做考究古今治乱兴衰底事;要做文章,都不曾向身上做工夫,平日只是以吟诗饮酒戏谑度日。"①

朱熹甚至还在谈论书法的时候也对苏轼及其门人提出过批判,认为他们在书法领域同样也是无甚成就的:"字被苏黄胡乱写坏了。近见蔡君谟一帖,字字有法度,如端人正士,方是字。"②

朱熹所做的这些评述,尤其是那条对于苏轼及其友人的日常生活方式的描述(吟诗、饮酒、戏谑),足以令人联想起那幅著名的描绘苏门中人在贵戚园林里悠闲雅集场景的画作《西园雅集图》。虽然此画是为了赞美图中文士的极致风雅而绘,并非像朱熹那样对此抱以蔑视,但是此画所描绘出的苏门中人形象却似乎与朱熹评述里的他们有着很多的共通。《西园雅集图》最初是由身处西园现场的李公麟所绘,尽管今日所传的那幅据称就是李公麟原画的《西园雅集图》其实真伪存疑,但是南宋以降的历代画家对于此图的临摹或重绘可谓层出不穷,以至于"西园雅集"成为中国古代人物画的一个经典画题。是以此图必然对于苏轼及其门人在大众心目当中的形象生成与定型有着无与伦比的影响。[根据梁庄爱伦(Ellen Johnston Laing)的统计,历代所绘的《西园雅集图》共有四十一幅流

---

① 《朱子语类》卷一百三十,第 3113 页。
② 《朱子语类》卷一百四十,第 3336 页。

传至今。如果再算上仅见诸文献记载的《西园雅集图》,这个数字则会增加到四十七。]①

在赵孟頫所画的《西园雅集图》(现藏于台北故宫博物院)之中,总共描绘了十六位沉浸在雅集间的各种艺文活动里的文士形象。② 我们不仅可以通过对于这幅画的诸多文字描述了解到图中所绘诸人分别是谁,而且还可以在历史文献当中看到这场雅集的相关信息:据记载,这场雅集发生在元祐二年(1087),雅集的地点是那位艺术收藏鉴赏家驸马王诜的私家园林。苏轼被绘于这幅图中最为显著的前景位置,他正坐于桌旁,全神贯注地创作一幅书法作品。围坐在苏轼身旁的便是园林主人王诜,以及蔡肇与李之仪,三人正恭恭敬敬地观看苏轼落笔成书。王诜的身后站立着他的两位侍妾,她们也在观看苏轼的写作。在全图的中央,绘制的是正在创作陶渊明"归去来"辞意图的李公麟本人形象,围观李公麟作画的则是苏辙、黄庭坚、晁补之、张耒和郑靖老。画面的上方绘有两棵虬曲苍劲的古桧,树下坐着的人物是秦观,他正在倾听身旁的陈景元弹阮。在秦观与陈景元的左侧,米芾正题字于一块巨大的岩石之上(就像他曾经拜石为兄那样),在他身旁观看的人则是王钦臣。在画面的左上角,僧人法秀正在幽谧的竹林中结跏趺坐,向刘泾讲解《无生论》里的玄妙奥义。一篇名为《西园雅集图记》的题跋就为此次雅集做出了这样的赞语:"人间清旷之乐,不过于此。"③

---

① 梁庄爱伦(Ellen Johnston Laing):《真实还是理想:中国历史文献与艺术史文献里的"西园雅集"问题》(Real or Ideal: The Problem of the 'Eleagant Gathering in the Western Garden' in Chinese Historical and Art Historical Records),载《美国东方学会杂志》(Journal of the American Oriental Society)第 88 卷,第 419—435 页(1968 年)。
② 此图的复制图版可见《故宫书画图录》(第四册),第 67 页;玛吉·凯瑟克(Maggie Keswick):《中国园林:历史、艺术和建筑》(The Chinese garden: History, art & architecture),图版 94,纽约:里佐利出版社,1978 年版,第 103 页;詹密罗 (Gimello Robert M):《菩提与斯文:北宋禅宗的学术、文字与解放》(Marga and Culture: Learning, Letters, and Liberation in Northern Song Ch'an),图 I。詹密罗还在这篇论文里(第 384—409 页)详细讨论了这幅绘画及其对于僧人法秀形象的描绘,并认为这是以视觉隐喻的方式再现了禅宗对于 11 世纪士人生活的影响分量。
③ 米芾:《宝晋英光集》,补遗,《丛书集成》本,第 76 页。本章对于这幅画的描述即本之这篇众所周知的记文,但是这篇记文的文献来源却颇为可疑,因为其一直要等到明代后期(十六世纪末)的时候,才在文献记载当中出现。详见下文的论述。

从南宋至今,历代的观赏者无疑都会被《西园雅集图》所描绘的场景给深深吸引,因为从中可以感受到这些文人学士的才华是多么无与伦比,以及想见理想中的元祐风雅图景。正如明代士人王世贞(16世纪)首次指出的那样,这场雅集其实极有可能并没有真的发生过。[①] 此事不仅在北宋文献当中无甚记载,[②]而且现存最早的描绘这场雅集的画作似乎也是据其近150年之后(如果元祐年间真的发生过这场雅集的话)的画家所绘。哪怕是对于李公麟所绘《西园雅集图》的观赏记录,同样也得等到这个时候才首次出现。直到元末明初(14—15世纪),对于西园雅集以及李公麟所绘雅集图的描述才逐渐增多了起来(对于二者的描述也都充满了差异)。或许西园雅集以及《西园雅集图》的传奇故事就是在南宋时期才开始产生并流传起来的,毕竟当时的许多士大夫都对元祐时代抱以深切的追思,他们有些想当然地认为那是一个政治无比清明的美好时代。[③]

　　当然,哪怕只是出于想象的描述也有其自身的正当性,完全可能传递出一种超越于任何真实的历史事件之上的"合理"感。或许出于想象的描述可能会给后人带来史实方面的误导,但更加可能的后果则是后人可以完全根据自我的知识素养与情感偏向对其进行开放性的阐释。这便导致了如今的我们已经完全无法回答这么一个有趣的问题,第一位绘制《西园雅集图》的画家是如何看待画中的这些文人雅士的?他是不是纯粹就因为这些文士执着于崇高的艺文追求而对他们心生仰慕?还是说他可能会认为这些文士的艺文追求与他们对于现实生活的不满有着密切的联系(这幅画也因此会变得更加地意味深长)?并且还觉得观赏这幅画的人也会产生同样的想法?无论画家最初的本意是怎样的,随着世人对于图

---

① 王世贞:《明仇英临西园雅集图》,见王原祁、孙岳颁等纂辑:《佩文斋书画谱》卷八十七,上海:同文图书馆,1920年版,第38页上一下(亦见梁庄爱伦:《真实还是理想:中国历史文献与艺术史文献里的"西园雅集"问题》,第428页)。
② 上文征引过的《西园雅集图记》是现存唯一一篇据称是时人留下的关于西园雅集的文字记录,但是梁庄爱伦已经指出,这篇系于米芾名下的记文同样也是不太可靠的。详见梁庄爱伦:《真实还是理想:中国历史文献与艺术史文献里的"西园雅集"问题》,第429页。
③ 这是梁庄爱伦的最终结论。

中人物的生平了解程度逐渐降低，以及这幅画不再与怀念中原故国的情绪联系在一起，《西园雅集图》在宋亡之后的几个世纪里必然会越来越频繁地仅仅只被看作是一幅描绘文人雅事的图画。按照这样的理解阐释方式，这幅画也就变得与朱熹所描述的苏轼及其门人的生活样貌更为相通，即便双方所持的价值判断取向是完全相反的。也正因为《西园雅集图》与朱熹所论都在详述或者说看似在详述苏轼的日常艺文活动，所以二者所做出的苏轼评价就与黄庭坚和道潜在其所作悼念诗歌里留下的苏轼评价大相径庭。尽管这两种对于苏轼的评价有着不同的强调点，尤其是二者对于艺文追求的侧重度是迥异的，但我们并不能说它们之间毫无相通之处。如果用苏轼自己的话来说，这其实是一个孰本孰末的问题。朱熹认为苏轼是一个努力以"文人自立"的人，他也因此对苏轼予以了责备。而黄庭坚与道潜则基于苏轼的才华与成就，向世人呈现出一个更加丰满全面的苏轼形象。秦观就曾尖锐地批评过一位仅仅片面地以文学成就推崇苏轼的人："意欲尊苏氏，适卑之耳。"[①]秦观认为苏轼的文学才华与其另外的诸多才干相比，只不过是供其与世周旋的"至粗者"而已。换句话说，文学才华只是苏轼的"末"。根据秦观所云，在苏轼的诸多思想特质当中，首先应该获得称颂的是他深于性命自得之际，其次则是他所具备的治国才干与人事识见能力。至于文学作品，则必须排在上述所有内容的后面。哪怕道潜以"风流"与"雅量"二词形容苏轼，但其所指也与朱熹描述下的轻狂文人形象有着根本性的区别。道潜总是会将苏轼的亲和与清旷小心谨慎地放在一个不会让人产生"浅陋"（这是朱熹的评价用词）之感的上下文语境里。苏轼可以在遭遇重大人生变故的时候依旧若无其事地谈笑风生，也能够在身遭贬谪之时自得地享受与乡野之人共处的时光。而在朱熹对于苏轼之乐的看法里，并没有涉及类似道潜这样的情感共鸣或认知深度。朱熹似乎是充分利用了"西园雅集"传统里的某些与苏轼相关的概念，并尽可能地以狭隘与负面的方式阐释它们，最终将苏轼的人

[①] 秦观：《答傅彬老简》，《淮海集笺注（修订本）》正集卷三十，第 1128 页。

生形象完全微缩限制于此。

虽然朱熹对于苏轼日常形象的看法并不值得我们予以严肃认真的反驳,但这也并不意味着我们就应该毫无保留地接受苏轼的仰慕者对于他的评述。比如秦观对于苏轼的人生本末分别为何的论述就多少显得有些轻率,这主要是因为秦观当时的议论主旨使他必须下此看似未经推敲的判断。但是我们真的能够毫无顾虑地直接抛弃秦观的这番论述吗?如果我们这样做的话,那又是基于怎样的依据呢?或许今日的我们确实会忽略秦观的这番论述,因为现代的文学史研究者大多都在重点强调苏轼的诗歌成就,自然也就使得秦观笔下的苏轼并不符合现代学者所塑造出的苏轼形象。然而我们一旦开始使用这种有所选择性的方式来对待历史文献,仅仅关注那些与我们现代视角相匹配的时人论述,那么我们就永远发现不了任何有别于我们自己价值观的历史事物。因此,与直接抛弃秦观之论有别的另一种观点便是,潜藏于诸如秦观的这类评述里的极高价值,恰恰就是其与现代观点之间的偏差。无论我们最终是否采纳他的说法,其都很有可能会促使我们对于现代观点予以批判性的反思。今日的我们基本上都是首先通过苏轼的诗歌作品走进他的人生世界的,同时我们也理所当然地确信,文学创作对于苏轼的一生有着无比深刻的意义。事实上,我们实在是非常适意与自如于当下的现代学科分类的,以至于我们很难记住对于苏轼的任何其他评价,而且还会倾向于对其他的苏轼评价不屑一顾,或者把它们看作是屈服于传统评价模式的无奈之举,因此当时的论者不得不将对于行为举止与道德修养的评价置于文学成就之上。我们可能不愿意承认,我们今天对于苏轼形象的认知或多或少存在着循环论证的问题:因为苏轼的诗人形象就是在他所写之诗歌的基础上建立起来的,而苏轼的朋友及其同道是以一种完全不同于我们也不同于朱熹的方式认识与了解苏轼的。之前几章的论述充分证明了文学作品在苏轼人生中扮演的是绝对重要的角色,但我们在承认这个前提的同时,也可以承认任何脸谱化的人物标签或者单一维度的阐释都不可能公正全面地对待这么一位有着丰富人生经历与复杂个性的历史人物(就像我们自己也不会情愿我们的人生被强行限定在有类于此的片面化描述一样)。无论如何，我们也已经发现，即便是在宋代，就已然在苏门中人与朱熹之间出现了对于苏轼各种行为活动之意义以及以何者为评价重心的观点分歧。这个事实也足以突显出，重新思考苏轼各种人生事业的意义以及找到其间所存在的某种平衡，是一件十分有必要的事情。

内心充满矛盾的艺文追求

苏轼在某些时候会信心满满地论说起自我艺文追求的意义，我们在之前的章节里就已经遇见过好几次这样的场合。比如在分别写给僧人思聪与秦观的那两篇文章里，苏轼就明确表示了精通书法或琴艺与精于道是完全密不可分的，因为毕竟从来没有一位古人是通过"虚空"求得至道的。详细来说，苏轼的想法似乎是，每个人的心中都潜藏着认识世间至高真理的能力，只不过必须通过积极地接触世间各种事物才能将其"明发"出来。我们可以再回想一下苏轼热衷于探讨《周易》卦象对于圣人之"及物""应物"的反映，便更加能够明白为何从事艺文活动也很可能是一种具有明发意义的事物或行为。

在苏轼谈论艺文的文字里，尤其是在他对于绘画的评论当中，其同样倾向于将艺术说成是理的化身。这种论说义旨是苏轼书画思想的重要组成部分，因为无论是绘画还是书法，都是以强调技法的掌握与运用以及对于前代经典作品的模仿为传统的，但是苏轼则希望能够充分淡化书画创作对于逼真性的枯燥机械式追求与训练。苏轼的书画追求使他更加关心的是艺术家如何理解潜藏于万物当中的真理这个问题，而不是只醉心于外在的形式表象，并且他也通过自我的论述具体阐释了艺术家本就与世界有着深刻的结合这个观念。在苏轼看来，文同就是捕捉到了蕴藏于竹子间的真理，从而才能做到忘却自我，并与竹子合二为一。苏轼也在怀素的书法作品之中看到了一种在激烈的外部动荡下依旧保持内心之镇静平和的思维方式，苏轼由此自问道：这难道不就是近于有道者的表现吗？

苏轼对于诗歌也提出过相同的综合性主张,他经常强调诗歌所具有的接纳或体现世间万象的能力。为了更好地表达诗歌的这种映照万物的能力,苏轼经常将诗譬喻为镜子或水面,而这样的"能力"其实也蕴藏着足以明了世间万物之理的智慧。因此苏轼所追求的诗人境界看上去就是一位圣贤之人,其很好地掌握了清空自我内心的艺术,以至于能够由此明悉周遭所有事物的真理,并将此理用诗句讲述出来。

下文所引是苏轼最为夸诞的也是最常被征引的一段关于文学写作的总体性论述。这段话出自他写给谢民师的一封信,苏轼在其间指出了孔子的两个关于文字或写作的说法是明显存在矛盾的,从而他对此提供了自己的新解:

> 孔子曰:"言之不文,行而不远。"① 又曰:"辞达而已矣。"② 夫言止于达意,即疑若不文,是大不然。求物之妙,如系风捕影,能使是物了然于心者,盖千万人而不一遇也。而况能使了然于口与手者乎?是之谓辞达。辞至于能达,则文不可胜用矣。③

苏轼的这番对于孔子所言的解读无疑是断章取义的。但也正因为如此,这段话能够令我们自然地产生这样的感觉,清楚明确地表达出自己对于语言文字的力量高度认可,对于苏轼来说是一件特别重要的事情。

苏轼及其文学同道还认为,他们其实得肩负起这样一项沉重的责任,即面对着自己在政治、文化领域的敌对势力,他们必须坚定地维护文化遗产的神圣性以及能够正确评价其是非优劣的标准。他们在这方面的论述完全可以成为上文所提到的那些苏轼言论的重要补充。苏轼在元丰八年(1085)写给张耒的一封信中说起:"仆老矣,使后生犹得见古人之大全者,正赖黄鲁直、秦少游、晁无咎、陈履常与君等数人耳。"④ 苏轼的一位门人甚至还曾这样说过,苏轼曾经提到过一个由当世知名的文章之士所组

---

① 《左传》第十七,襄公二十五年,第 1036 页。
② 《论语义疏》卷八,《卫灵公第十五》第 41 章,第 415 页。
③ 《与谢民师推官书》,《苏轼文集》卷四十九,第 1418 页。
④ 《答张文潜县丞书》,《苏轼文集》卷四十九,第 1427 页。

成的联盟,并如上所述地指出了什么样的人物才能成为其间的主盟者,以及主盟者应当承担起怎样的重大责任。

> 东坡尝言:文章之任,亦在名世之士,相与主盟,则其道不坠。方今太平之盛,文士辈出,要使一时之文有所宗主。昔欧阳文忠常以是任付与某,故不敢不勉。异时文章盟主,责在诸君,亦如文忠之付授也。①

如果将这两则言论与苏轼时或论及的艺文事业的深刻意义相结合,特别是如果将他所有门类的艺文追求置于一处,那么我们很容易得出这样的结论:苏轼基于他的文学创作以及相关的艺文活动发展出了一套政治、哲学思想体系,这个体系能够有效地支持他推进其生命里最重要的事业,即反对王安石的新学。实际上,这样的一种评述苏轼生平的方式与朱熹的说法非常接近,只不过并不像朱熹那样是持否定的态度而已。在这两则言论里,我们再一次看到了苏轼主要将自己定义为一位文学家。文学与艺术再次被论作是构成苏轼人生的基础(我们已经提到过秦观对此的坚决反对),但这一次其不再会被认作是轻浮的了。正因为苏轼自己就曾多次宣称过这些艺文活动有着极其深刻的意义,而且他还有着身为当世文坛盟主的强烈自我责任感,所以苏轼在文章、诗歌、书法以及绘画等艺文领域所做的一切努力就都有着相当严肃的目标;毕竟这些艺文活动被理解为苏轼的自我形象认知与理想抱负的核心。

许多现代学者都会以这样的方式评价苏轼,他们尤其在尝试探讨苏轼艺术思想的意义与贡献,并想要由此强调苏轼最为深刻的艺术主张之时,最容易选择这样的评价方式。此外,文学研究在现代学术体系里相较于其他学科具有显著的独立性,也顺理成章地为这种评价方式提供了进一步的支持。现代的文学研究者发现,在苏轼大量的论述文学写作之重要性的文字当中,毫无疑问地隐含着能够支持他们将苏轼的这部分人生面向作为自己研究重心的内容。从元朝开始兴起的文人身份概念引发了

---

① 李廌撰,孔凡礼点校:《师友谈记》,北京:中华书局,2002年版,第44页。

人们对于苏轼人生的重新思考,但由于这个身份概念是生成于与宋代完全不同的社会文化土壤之上的,所以后人在重新思考苏轼人生的同时,也往往会错误地将一些后起的价值观强加在苏轼的身上。吉川幸次郎便探讨过后世之文人与他们所追奉的宋人(11世纪)典范之间的关键性差异,主要就是这些文人仅仅将自我的人生事业局限在文学之上;不过吉川氏的观点并没有得到广泛的接受。① 此外,正如我们在上文提到的那样,即便是在宋代,就已经有学者想要通过这样的方式来贬损苏轼的声誉,即宣称诗歌就是苏轼这一生的全部。

毋须多言,以这种方式建构出的苏轼形象是不怎么会公正地对待苏轼的政治活动的,尤其不会像本书之前的章节那样具体地叙述苏轼在地方知州任上的所作所为。不过除此之外,这种建构苏轼形象的方式还存在着一些不是那么明显的问题,但这些问题却会对我们正确理解苏轼的文学作品构成严重的威胁。当然,这并不是说艺文活动对于苏轼的日常生活及其思想学说有着至关重要的意义是一个不成立的观点。问题的复杂性与困难性其实主要在于如下几点:如何根据苏轼关于艺术的全部论述来评价他的某些言论?如何理解我们对于他所留下的文学遗产的认识评价与他自我的形象认知之间的差异?以及如何理解他究竟是出于怎样的思想观念,才会将艺术区分为追求形式美感的艺术与追求作者自我个性呈现的艺术这两种类别?

我们首先需要明确这一点,苏轼所提出的那些对于艺文事业最具抱负的言论,其实是极端而特殊的。无论是在提出前还是在提出后,他自己就会经常有意识地回避这些激进的言论主张。于是我们如果只抓住这些极端的言论(因为这些言论实在太有意思了,所以论者每每会很自然地这样做),而且还将其独立地视作苏轼观点的代表,那么便会深陷曲解失真

---

① 参见吉川幸次郎撰,魏世德(John Timothy Wixted)译:《中国诗歌的五百年:从1150到1650》(Five Hundred Years of Chinese Poetry, 1150-1650),普林斯顿:普林斯顿大学出版社,1989年版,第84—89页。译者按:此书即吉川幸次郎的《元明诗概说》,中译本可见吉川幸次郎著,李庆、骆玉明等译:《宋元明诗概说》,上海:复旦大学出版社,2012年版。吉川氏对于"文人"的定义见此中译本的第186—189页。

的泥潭之中。我们可以仔细思考一下苏轼为何会那样地阐释孔子这句著名的话"辞达而已矣"。如上引所示，苏轼是在写给其朋友谢民师的一封信里提出该阐释的，他此时的言说目的是想要强烈明确地肯定文学表达的价值与潜能。他在文中指出，语言文字具备"求物之妙"的能力，而且根据他的表述，似乎就是因为语言文字具备了这种重要而高级的能力，所以也就无所谓太多的文学修辞技巧了（"则文不可胜用矣"）。不过由于这番论述是在阅读谢民师的诗歌、赋与散文之时做出的，故而论者会更加执着地想要从中找到苏轼自己所做的对于为何会以诗歌为其毕生事业的陈述。

　　实际上苏轼不止一次地阐释过孔子的这句话，而且还提出过截然不同于他向谢民师所说的观点（这次阐释也同样发生在苏轼的晚年），那么我们又该如何看待这个问题呢？当时另一位年轻人王庠向苏轼寄示了自己的新作，苏轼便在回信里说道："孔子曰：'辞达而已矣。'辞至于达，止矣，不可以有加矣。"①这番言论相当于是在完全彻底地否定所有的与优美、精致或文采有关的追求，也就是说"文"总是处于"达而已矣"的对立面，而且除此之外便再无其他的意义。苏轼在这封信的余下内容里进一步明确了这个观点，将文学写作谴责为毫无实用价值之举（包括他自己撰写的历代人物论在内），他还如此告诫王庠道："儒者之病，多空文而少实用。"接下来苏轼称赞了贾谊与陆贽（二人皆以擅长写作务实的国政策论而闻名）的学说才是至善之学的代表，并因此将二人的文学写作类推为至善之文的代表。只不过令他感到遗憾与哀叹的是，贾谊与陆贽所代表的传统已在今日相当式微了。如果论者根据苏轼写给谢民师的信便下了如此的判断，苏轼完全相信"文"蕴藏着无与伦比的潜能，那么又该如何处理他写给王庠的这封信呢？此外苏轼向王庠所做出的陈述与劝诫也不是孤例，他还留下了许多可以通过各自不同的方式成为这封信之补充说明的其他文字。比如苏轼就在一篇序文里提到，他的父亲曾向他表示过世

---

① 《与王庠书》，《苏轼文集》卷四十九，第1422页。

人为文一味地贵华而贱实,这会对道构成极大的隐患(朱熹或许会相当赞同此说)。他还在此序里特别指出:"先生(即其父苏洵所赞赏的凫绎先生)之诗文,皆有为而作,精悍确苦,言必中当世之过。"①这其实是一种相对保守而狭隘的文学观念,与我们可以从苏轼所做的那些文学写作能够捕捉到世间万物之理的论述当中总结出的观念大旨相比,实在是有着天壤之别。

很明显,至少在某些特定的情况下,苏轼对于不同的创作形式以及它们与个人道德品性之间的关系,有着清晰明确的等级界分观念(这与秦观对于苏轼诸多的人生事业所做之高下区分非常相似)。在下文所引的这篇苏轼为文同所绘墨竹而撰写的赞语里,也同样流露出了这种观念:

  与可之文,其德之糟粕。与可之诗,其文之毫末。诗不能尽,溢而为书。变而为画,皆诗之余。其诗与文,好者益寡。有好其德如好其画者乎? 悲夫!②

苏轼在此文中将这个观念表达得尤为详细明确。然而在苏轼的书画思想当中,其实有一个与此观点相当类似的重要议题,即任何外在的表达形式都是内在道德的附属之物。苏轼就曾这样说过,欧阳修的墨迹自当被世人所推重,不必非得因为其笔画之工。③ 这种思维模式会带来一个相当明显的矛盾:在一方面,这不仅能够为士人深度参与艺文事业提供正当性理由,同时还能支持我们通过苏轼及其门人数量众多又内容广泛的艺文作品来探究其思想观念的做法;但在另一方面,这也意味着如此巨量的艺文创作往往会被回溯至创作者的个人品性之上,从而反过来对他们所能获得的人物评价形成作用。也就是说,任何的艺术形式都仅仅只是一个被艺术家"寄寓"自我内在品质于其间的容器,因此相较于诗歌与书法作品的自身意义与价值,它们对于艺术家个性品质的表现才是更为重

---

① 《凫绎先生诗集叙》,《苏轼文集》卷十,第 313 页。
② 《文与可画墨竹屏风赞》,《苏轼文集》卷二十一,第 614 页。
③ 《题欧阳帖》,《苏轼文集》卷六十九,第 2197—2198 页。

要的。

苏轼这一生最值得为人所铭记的,当然是他的文学作品。但值得注意的是,文学创作在他自己最为正式的文字里从未被论述成是有着极高自我生命占比的事业。纵然对于文学与艺术的追求有着充分的正当理由,但苏轼仅仅只会在相对不那么正式的文字里做出相关的论述:比如写给友人的信、题跋、铭赞、为书斋斗室所撰的记文,以及作于特定场合下的诗歌等等。这些文字及其间所表达的观点对于苏轼来说当然毫无疑问是相当重要的,就像诗歌在苏轼的一生当中有着举足轻重的地位一样,但是它们在苏轼作品全集当中的地位也应当被充分考虑进来。

苏轼思想当中的核心命题就是那些在本书的前几章里以各种不同的形式反复论述过的话题,也即他在自己的那些正式论著当中所提出的颇具代表性意义的主张。这些正式论著包括了对于儒家经典的注疏,以贤良进卷为代表的应试文章,以及策论文。而相关议题则包括了对于自我中心主义的思维和行为方式的深深厌恶;个人对于不断变易的世间环境的适应能力;追求全面彻底的"及物"与"应物";以及在遭遇生活当中的种种不幸特别是政治生活所带来的失意与挫折之时,依旧能够终始如一地保持内心的平和。从总体上来看,这些理想基本等同于苏轼自己的圣贤观。他的这些观念主张大多与当时所盛行的禅宗与净土宗思想有着非常密切的关联,还有些观念虽然最初不是在佛教思想的影响下而生,但苏轼对于它们的信念在其接触佛教之后得到了进一步的加强。苏轼还将他的这些信念特别运用在了国政方针与治理民众之上,包括了他坚定地相信改善最广大民众的生活水平是帝国官员最为首要的责任;国家政策应当随着不断变化的民众需求而及时做出相应的调整;由忠贞体国的朝堂重臣所提出的朝政异议是绝对必要的,同时也是必须得到保护的。

我们在这里并不是想要论证这样的观点,相较于苏轼在其他相对不那么正式的语境下所做出的言说,或者相较于从他作为诗人的生平活动当中所推断出来的结论,苏轼在其撰写于正式场合下的文章与评论里所提出的这个思想体系,才更为合理有效,或者说更具基础性的意义。笔者从来不会怀疑，在更为广泛的文人学士传统当中，抒情表达本就具有其自身的深刻效用与道德地位。笔者同样也不会否认，文学以及其他的艺术事业经常在苏轼的人生当中成为一种最为重要且不可或缺的定义自我的手段，毕竟我们已经在上文的论述里反复看到过了这样的现象。我们在这里想要重点提出的只是希望读者能够充分考虑到苏轼思想当中的另一种概念化层面，并着手探索其之存在的影响。薛瑞生曾提出过一个与此相类的观点，他将苏轼之学的关键内容浓缩概括为几个关键词。尽管苏轼在具体实践这些关键词的时候，很可能会将文学创作运用为一种操作方法或手段，但是在薛瑞生提炼出的这些关键词当中，终究没有一个是与文学创作直接相关的。薛瑞生还反对将苏轼声名的核心内容（他的文学作品）与他的"苏学"等同起来，他坚持认为"苏学"其实根植于对这样两个问题的思考之上，即个人应当如何应对其在世间的命运遭际，以及统治者应该如何进行统治。①

我们在这里所讨论的差异，以及在之前章节里所探讨的存在于苏轼不同文体写作之间的差异，可以共同引出一个关键性的阐释议题。当我们在努力理解这位复杂多变的北宋中后期（11世纪）历史人物之时，是否一定要找到一个能够贯穿其人生各个方面的简单共性呢？或者说是否一定要找到一种能够遍及其参与的所有事业里的统一性呢？还是说恰恰相反，我们不应该那么执着于我们自己的兴趣关注范围，而应该严肃认真地对待其言行当中的每一个不同的方面，由此挖掘这个人物所具备的某种程度的复杂性、多维性甚至矛盾性，就像我们很容易接受自己的人生存在着这些特性一样。

"文"的意蕴所指

我们有必要在这里考察一下"文"这个词语的概念意蕴与所指范围，

---

① 薛瑞生：《苏门、苏学与苏体——兼论北宋的党争与文学》，载《文学遗产》1988年第5期，第60—68页（尤其是第60—62页与第63—64页）。

因为其关系到我们对于艺文活动在苏轼人生当中之地位的认知。论者总是容易倾向于将苏轼所有的文学及艺术作品放在一起进行考察,并认为它们共同构成了苏轼所谓的"文"(从审美的、精工的或者文雅的创作这个层面上而言)。论者之所以会如此,主要就是因为这个词及其所构成的复合词(例如文化、文艺等)在宋代之后发生了语义演变,以及元明以降新生的文人群体成为晚期中华帝国的普遍性存在。这些文人通常把自己定义为"自由而奇矫的艺术家"(就像吉川幸次郎所阐释的那样),而且还经常视苏轼为自我的榜样。但是问题在于,苏轼几乎从未以如此宽泛或笼统的方式解释或使用"文"。而这一点之所以会有着重要的意义,是因为其深刻地左右了我们对于苏轼所参与的艺文活动以及它们互相之间的关系的理解。

在苏轼的话语里,文每每会被他用来指称一切形式的学问或文教表达。如果我们能够毫不费力地发现,苏轼在任何情况下都会像下面所举的例子那样使用文的这个所指意蕴的话,那么我们当然会觉得苏轼好像确实是一个"斯文"的拥护者:"自少闻家君之论文,以为古之圣人有所不能自已而作者。"①"自昔五代之余,文教衰落。"②"吾文如万斛泉源……"③

然而实际上,就像上文引用过的那段苏轼对于文同所绘墨竹的评论那样,最经常被苏轼使用的"文"之意蕴所指就是散文写作:"与可之文,其德之糟粕。与可之诗,其文之毫末。"苏轼在这段话里将文与诗相对举,而与之类似的情况其实也经常发生。比如苏轼给邵迎诗集所写的序文便是另一个例子:"其文清和妙丽如晋、宋间人。而诗尤可爱,咀嚼有味,杂以江左唐人之风。"④我们在之前的章节里也引用过一段可以成为此处论述之例证的语段,就是那则苏轼对于各种艺文表达形式都在唐代发展至顶峰的论述:"诗至于杜子美,文至于韩退之,书至于颜鲁公,画至于吴道子。"在每一篇类似这些例子的文章里,苏轼都用"文"这个词明确指称一

---

① 《南行前集叙》,《苏轼文集》卷十,第 323 页。
② 《谢欧阳内翰书》,《苏轼文集》卷四十九,第 1423 页。
③ 《自评文》,《苏轼文集》卷六十六,第 2069 页。
④ 《邵茂诚诗集叙》,《苏轼文集》卷十,第 320 页。

种特定的创作形式（即散文），而不是统一地用其言说所有的创作形式。

除此之外，苏轼也会统一地用"文"这个词指称散文、诗歌以及赋。这种用法来源于古老的文笔之分传统，所谓的文代表的是文采华丽与音韵流美的一类文学作品，而笔则代表的是另一类浅白质朴与平淡无韵的文学作品。在这种意蕴所指之下，"文"或许更应该被理解为"文章"一词的简称，与今日之"雅文学"或"纯文学"的概念较为接近。而苏轼在统一地指称所有的纯文学创作形式的时候，也确实是有时使用"文"、有时使用"文章"的。① 尽管在这样的宽泛意蕴所指之下，"文"所能覆盖的内容远不止于散文，但如果要因此认为此处的"文"也适用于诸如书法、绘画这样的其他艺文事业，则仍然是不对的。苏轼其实从来没有使用过"文"这个词来全面地指称所有的艺文事业。换句话说，尽管苏轼喜欢把书画艺术与文学创作联系在一起，尽管苏轼会经常强调诗画之间的互通互换性，但他终究没有将这些不同的艺文媒介统合在一起，平等而共同地构成一个被称作"文"的上位概念。正如我们之前所见，书画艺术其实是被苏轼描述为个人德行的毫末之毫末的。实际上，哪怕是在更为宽泛的"雅文学"概念下，"文"也没有完全容纳所有的文学作品，比如曲子词通常就不会被认作是"文"的一部分，这也就是为什么宋人文集里往往不会收录词作。于是我们在这里就必须面对这样一个颇具讽刺意味的事实，许多现代读者会认为苏轼的那些以诗人身份写就的作品是他最为伟大的成就，也是其卓越文学才华的最佳例证；但是苏轼的这些作品在他自己所处的那个时代里，其实并不享有特别高的文章声誉。

苏轼还会把"文"运用在一个复合词"文字"当中，他主要用这个复合词来指称他那个时代最具公共性也最受人瞩目的写作类型：在科考时与朝堂上所写的策论和奏疏。尽管这类公共性写作有时也会被称为"文章"，但是"文章"通常还是更多地被用于指称那些更具私人性与文学性

---

① 《答黄鲁直书》与《答毛泽民》（其一），《苏轼文集》卷五十二、卷五十三，第 1531—1532 页、第 1571 页。

的表达,也就是士人别集的主体收录内容。而且从苏轼的总体使用情况来看,他通常(尽管并非完全如此)会对"文字"与"文章"予以相对明确的区分。当然,"文字"(而非"文章")还是官僚制度运转的核心,尤其对于苏轼的认知来说,更加是这样。毕竟苏轼相当自豪于自己的王朝以重文轻武为基本国策,给予台谏等监察机构非常重要而特殊的朝政地位,并且在选任官员的时候比任何前代的王朝都更加地倚重笔试。

在苏轼看来,从北宋开国直至他所身处的时代,"文字"一共遭遇过两次危机。第一次危机发生在仁宗朝(11世纪前半叶),当时流行于科场与学士大夫之间的主流文风深受杨亿(972—1020)及其同道的影响,好用谨严精工的对句(这也能产生悦耳动听的声音效果)与密丽典赡的辞藻。① 反对这种为文风尚的论者主要就在谴责其阻碍了作者的深度思考,他们的注意力被完全局限在了空洞肤浅的字面工夫之上。欧阳修可谓这种"时文"之体的最为坚定的反对者,而且他还利用自己主持嘉祐二年(1057)的礼部省试(苏轼在这场省试中排名第二)之便,对这种文风予以了毁灭性的打击。凡是被欧阳修考校于前列的举子,皆是写作"古文"之体者。而这里所谓的"古文",正是欧阳修大力提倡的用以取代流行之"时文"的文体。

第二次的"文字"危机是由王安石及其主导的科举改革导致的,而且还在苏轼的整个仕宦生涯当中反复地发生。在苏轼看来,这次危机的根源性问题主要在于时人被强行赋予了僵化的统一思想,而且士林当中还流行起了一种无聊乏味的思辨人性与天命的新风尚。苏轼曾在元祐之初向张耒说道:"文字之衰,未有如今日者也。其源实出于王氏。王氏之文,未必不善也,而患在于好使人同已。"② 随后他便提到近日所听闻的这样

---

① 参见苏轼的两篇论述欧阳修及其成就的文章,即《谢欧阳内翰文》与《六一居士集叙》,《苏轼文集》卷四十九、卷十,第1423页、第315—316页。译者按:自20世纪80年代以来,宋代文章的研究者相继撰文修正了清人对于北宋"古文运动"的误解,已经阐明了欧阳修嘉祐二年知贡举时所反对的"时文"并非以杨亿为代表的西昆体骈文,而是当时流行于太学里的一种务为险怪的古文之体"太学体"。
② 《答张文潜县丞书》,《苏轼文集》卷四十九,第1427页。

一则消息,先帝(神宗)在世时已然对科举改革的弊端有所醒悟,打算一定程度地恢复旧日的取士之法。苏轼在另外一篇文章里也做出了类似的评论:"今程试文字,千人一律,考官亦厌之,未必得也。"①

我们很有必要对苏轼作品中的这些不同的"文"之意蕴所指和使用案例予以区分。因为如果不这样做的话,我们就会将"文"的概念统一在某种印象之下,从而使得苏轼的这些不同用例被混为一谈。中国古人早已认识到汉字的重要通例"字同义异"是极具效力的,苏轼自己也在提醒学者注意,切莫陷入"皆欲一之"的误区,否则就会在固守虚假的统一性当中曲解文句字义;钱锺书已就相同的观点做出了极具说服力的论述。②尽管"文"以及由其构成之复合词的不同含义之间显然是有所关联的,有时还不能被予以严整的区分,但是很少有人真的会无法明确具体地为其划出所指外延的范围,毕竟"文章"(文雅的纯文学)与"文字"(公共领域里的写作)之间的区别实在是太过明显了。例如,当苏轼在使用诸如文士、文人、文教以及斯文这类的相关复合词之时,其脑海当中通常会联想到的相通词汇一定是文字而不是文章。

当我们在考虑到了这些区别之后,便可以重新思考这么一个问题,苏轼在向他的文学追随者提起文章之任的时候,真正想要表达的是怎样的观点主张呢?苏轼觉得他们这群文士应该承担起将古人的充盈饱满之道传承下去的责任,但这真的就像人们经常认为的那样,是苏轼对于文学作品之意义的评估吗?实际上,苏轼在那封向张耒抱怨近来的文字之衰是由新法的科举改革所造成的信里,也提出过类似的期待。他于此信的末尾这样总结道:"如闻君作太学博士,愿益勉之。"也就是在同一个时期,随着元祐更化的徐徐展开,苏轼正在向朝廷全力举荐他在这封信里所列举的文士:黄庭坚与晁补之被委任修纂《神宗实录》,秦观则与张耒一样,出任了太学博士。苏轼甚至还举荐过陈师道(陈师道并没有考中科举)

---

① 《与王庠书》,《苏轼文集》卷四十九,第1422页。
② 《书篆随后》,《苏轼文集》卷六十九,第2205页。参见钱锺书:《管锥编》(第1册),第169—172页。

372 　担任学官。总之，苏轼是在尽全力地确保这些文士能够担任可以对公共领域的写作（以及思想和政策制定）起到极大影响的官职。苏轼如此的言行举止完全能够显示出，他之所以会期待由这些文士去承担传承古道的责任，并非纯粹地，或者甚至可以说并非首要地是因为他们在个人生活当中展现出的文学写作能力。苏轼必然也是在如此的语境之下，提出他那番"文章盟主"论的。①

　　秦观这个人物案例其实极具参考意义。在今人的心目当中，秦观的形象完全就是一位诗人，而且尤以词的成就为最高。于是我们自然就会觉得正是因为秦观的诗词写作能力，才使得苏轼把他视作文人盟主的重要人选之一。但是北宋文献对于秦观形象及其所长的呈现却与此截然不同，在时人心目当中，秦观（以及晁补之）是最具议论文写作能力的苏门学士。② 苏轼也必然对秦观的这方面才华赞赏有加，因为他在元祐更化之初就举荐秦观参加他自己在多年之前参加过的制科试。秦观为这场制科试所撰的五十篇策论（就像苏轼当年那样，秦观分别撰写了二十五篇策与二十五篇论）被收录在了流传至今的秦观文集里；他的这组进卷文章连同他所撰写的其他奏疏议论之文，也被誉为中国传统政论文章的最高典范。③ 现在我们就能明白，尽管苏轼毫无疑问地也高度认可秦观的诗词，甚至还时常拿秦观的词作以充戏谑调笑，但是他对于秦观的赏识当然并不会只局限在这两种文体之上。此外，苏轼曾在秦观逝世后不久给朋友写过一封信，信中所言也能够表明他所看重的秦观平生事业成就与当今的我们恰恰相反："当今文人第一流，岂可复得。此人在，必大用于世，不用，必有所论著以晓后人。前此所著，已足不朽，然未尽也。"④ 对于秦观

---

① 实际上，苏轼并没有在自己的文字里使用过类似的词语，除了在一封写给蔡襄的信里提到了主盟书法界的说法。但即便如此，苏轼也是以戏拟英雄的调侃语气向蔡襄说出"主盟"一词的。详见《记与君谟论书》，《苏轼文集》卷六十九，第2193页。下文将会征引这篇题跋的后半部分文字。
② 参见吴曾对于这一点的论述征引。《能改斋漫录》卷十一，"四客各有所长"条，第40—41页。
③ 参见张綎《秦少游先生淮海集序》，《淮海集笺注（修订本）》附录，第2031—2032页。
④ 《与欧阳元老》，《苏轼文集》卷五十八，第1756页。

的一生，苏轼首先想到的就是秦观的才华无从施展于当世的悲剧，其次则是他杰出的政论性文章与杂著的写作能力。至于秦观的诗词天赋，则在苏轼看来并没有那么重要。

如果我们想要领会苏轼在使用"文人"以及其他相关术语的时候究竟有着怎样的意蕴所指，那么就必须重构我们对于这个词语的理解。比如对于谁才是苏轼心目中最伟大的近代文人这个问题，我们或许会觉得答案可能是杜甫，可能是王维，或者至少也应该是韩愈。但是苏轼却完全略过了这些人物，转而选择了与他们同时代的曾经担任过翰林学士的政论文章家陆贽作为自己的答案。

> 文人之盛，莫如近世，然私所敬慕者，独陆宣公一人。家有公奏议善本，顷侍讲读，尝缮写进御，①区区之忠，自谓庶几于孟轲之敬主，且欲推此学于天下，使家藏此方，人挟此药，以待世之病者，岂非仁人君子之至情也哉！今观所示议论，自东汉以下十篇，皆欲酌古以驭今，②有意于济世之实用，而不志于耳目之观美，此正平生所望于朋友与凡学道之君子也。③

苏轼对于陆贽的描述当然与朱熹观念里的文人并不一致，同时也与活跃于帝制时代晚期的那些专业艺术家迥然有别。

多维视角的认知功效

根据上文的论述我们可以发现，苏轼对于"文"这个复杂难解的词语以及由其所构成的许多复合词的使用，存在着以下几个令人惊讶之处。

---

① 按照传统的看法，苏轼在这里提到的陆贽奏议集善本应该就是《陆宣公翰苑集》或者《陆宣公奏议》。苏轼为进呈此书所写的奏疏被收录在了他的文集里，即《乞校正陆贽奏议上进札子》，《苏轼文集》卷三十六，第 1012—1013 页。
② 今传本陆贽奏议集的版本数量较多，但全都不太可能是苏轼所说的家藏善本。由于今传本陆贽文集里没有收录与历史话题相关的文章，所以我们目前尚不清楚苏轼在此处提到的究竟是哪十篇文章。
③ 《答虔倅俞括》，《苏轼文集》卷五十九，第 1793 页。

"文"的所指意蕴在苏轼的所有用例当中并非每次都是相同的。对于苏轼来说,"文人"这个词的意思并不同于其在宋代之后逐渐被赋予的那个概念。哪怕是苏轼所使用的"文章"一词,也没有包括诸如书画之类的其他艺文事业在内。而且"文章"还本就把一种重要的文体(词)给排除在外了。如果我们将所有的"文"都等同于"斯文"(也就是这个词在《论语》当中的含义)的话,那么便会犯一个严重的错误,而且"斯文"这个词本来也就并非如我们想的那样包罗万象。当苏轼在最为正式的场合下表达思想观点之时,他从来不会给予"文"太多的关注或重视,当然也就更加没有重视"文章"。此外,尽管苏轼也留下了几条高度强调"文"之功用的论述,但他的言说对象很明显主要就是"文字",也即那些与朝政密切相关的政论文与应用文。我们还应该牢记这样一个与"文章"有关的事实,就像苏轼最为重要的一生之敌王安石也在诗歌领域取得了伟大的成就,而且也被认作是北宋最重要的诗人之一那样,并非只有苏轼及其门人这一个北宋士人群体才拥有极高的"文章"天赋以及对诗文艺术的高度兴趣。

　　苏轼一再强调,文章只是自我所学之"末",从而与之相关的艺文事业也就更加地不具重要的意义。这种观念态度与上文所述的那么多条苏轼对于"文"之地位与意义的看法完全一致,而且也同样契合于苏轼偶尔做出的这些论述:他有时会将自己的诗歌贬斥为虫鸣或鸟啼("如此候虫时鸣,自鸣而已。")①;他有时会将自己的文章视作仅可取媚于人但却完全没有任何实质内容之物,事实上也就只不过是其本人之病的表现而已。② 我们或许会回想起苏轼相当厌弃那些过分推重欧阳修所作之《醉翁亭记》的人(我们其实也应该充分提醒自己注意与牢记苏轼的这一观点)。③ 与之类似,苏轼还经常说书法不过是一种有类弈棋的无害消遣而

---

① 《与程正辅》(其五十四),《苏轼文集》卷五十四,第1614页。
② 《答李端叔书》,《苏轼文集》卷四十九,第1432—1433页。
③ 《记欧阳论退之文》,《苏轼文集》卷六十六,第2055页。

已,他也赞成文同所认为的醉心于绘画其实是学道未至的一种表现。①同样地,苏轼对于自己及其友人的"小词"所做出的轻蔑性评论,以及他所认为的世人因忽视某人更加重要的著作而犯下的错误,显然也有着重要的意义。②

我们或许会产生这样的疑问,上述的这些观点是如何能够与苏轼在别处所做的那些强调文学与艺术创作之重要性的论述和谐统一在一起的呢?苏轼很明显地在尽力对于艺文事业的意义提出一些颇具雄心的主张。这是我们可以最为确定的内容,至少在文艺理论领域里的确是如此。苏轼在写给与其志同道合的友朋的信里,提出了下面这些主张。他认为从事文学或者艺术活动很可能会引发人们对于事物本质的洞察,故而真正诗人与书法家是完全不同于《庄子》所云之工匠的,因为他们能够通过自我所从事的技艺实现致知明道的终极追求。苏轼坚信,"道"是不能被直接触及或理解的。正是由这个观点出发,他逐渐将艺术视作一种可以引导人们在求道之路上不断前行的中介性活动。如此一来,艺术就可以像苏轼所投身的其他世俗事业(包括了从赈灾救荒到修习炼丹术的一切)那样,成为一种实现他那与世间万物保持亲密的接触并随时予以"应物"反应之理想(也就是取代空洞虚无的内省之法的方案)的方式。诗歌可以像镜子一样映射世间所有的诸相;书法可以模仿自然的造物之力;绘画可以捕捉到潜藏于万物之间的理。此外,苏轼还认为每一种创作形式都是创作者的价值观与个性的体现,因此能够创作出极具独特自我个性风格的作品(也即能够反映每一个人的独特自我个性的作品)便成为一项倍受苏轼推崇的成就。然而,尽管苏轼的这些关于艺术的主张有着极为重大的意义,但是如果我们想要更为深入且准确地认识苏轼的人生及其对于宋代文艺思想的贡献,那么最为重要的其实是承认他并没有终始如一地贯彻自己的这些主张。苏轼经常将这些观点自我搁置于一旁,尤

---

① 《跋文与可墨竹》,《苏轼文集》卷七十,第 2209—2210 页。
② 《题张子野诗集后》,《苏轼文集》卷六十八,第 2146 页。

其是在正式场合下发表言论的时候,他甚至会退回到更为传统且不具任何雄心抱负的立场:最伟大的文士不会去写政论及应用文以外的文章(比如陆贽),而最聪慧的智者根本不需要借助外在艺术的中介力量即可实现自我内在道德的培育。① 纵然苏轼是一位伟大的诗人、一位颇具革新气魄的文艺批评家,但一种由来已久的矛盾心理依然深深地根植于他的身上,即在深度全面地从事艺文事业的同时,他总是会围绕这些问题产生自我怀疑甚至焦虑,比如艺术的终极价值是什么?艺术与自我道德修养还有家国责任究竟如何才能被协调统一在一起呢?

当我们承认了在苏轼的相关主张中存在着闪烁其词的问题,以及在他作为诗人的文学创作活动与其他的人生事业之间有着诸多较大的分歧之后,我们对于苏轼人生的探究便能获得一些有利的因素。在很多时候,诗歌、书法与绘画对于苏轼来说是一种在其治国平天下的理想之外的极佳人生选择。从这个意义上来看,艺文表达其实是对这些家国责任及理想的背离。如果我们仅仅只看苏轼那些最为大胆醒目的艺术主张,那么就会犯没有把它们放置在苏轼的人生背景之中的错误,从而也就无法看到它们对于苏轼的意义与价值。有一条宋人笔记记载了苏轼曾经向朝云以及其他两位侍妾提出过这么一个有趣的问题:

> 东坡一日退朝,食罢扣腹徐行,顾谓侍儿曰:"汝辈且道,是中有何物?"一婢遽曰:"都是文章。"坡不以为然。又一人曰:"满腹都是识见。"坡亦未以为当。至朝云,乃曰:"学士一肚皮不入时宜。"坡捧腹大笑。②

笔记作者记下这个故事的目的其实是想要告诉世人,朝云要比任何的侍妾都更加理解苏轼的心志。这个故事的真实性当然是颇可怀疑的,但是

---

① 苏轼尤其会用这个观点来评论书法作品;详见《题笔阵图》,《苏轼文集》卷六十九,第2170页。亦可参看《跋文与可墨竹》,《苏轼文集》卷七十,第2209页。不过苏轼在此跋中并没有主动立论,他只是赞许地引用了与此观点极为相近的文同的绘画主张而已。
② 费衮撰,金圆整理:《梁溪漫志》卷四,《全宋笔记》第六八册,郑州:大象出版社,2019年版,第52页。

其主旨大意却能与苏轼自己的作品互见互释。例如苏轼就曾给李昭玘写过这么几句话:"轼蒙庇粗遣,每念处世穷困,所向辄值墙谷,无一遂者。"①接下来苏轼又进一步地向李昭玘说,自己唯一的人生之乐就是和一群世所未知的文人胜士(黄庭坚、秦观等)结下了深厚的情谊。他还向另一位友人如此倾诉过:"某平生无快意事,惟做文章。"②不过尽管这句话证明了文学写作对于苏轼有着巨大而持久的吸引力,但其也足以表明,我们必须将苏轼的文学作品置于更大的语境之下加以考察,才能获得较为妥帖的认知。

我们将文学事业认作是苏轼人生当中"另一种"伟大的或者非传统的理想追求的代表,并不是想要说文学事业是不重要的。我们只是想要将苏轼的文学作品正确地放归到苏轼的人生视阈之下,毕竟苏轼的人生以其早年间的杰出声名以及高昂的治国平天下抱负为标志,而且这两方面的影响也贯穿着苏轼生命的始终。在苏门群体当中,有一位相对边缘的人物似乎更加地会把艺文事业视作自我人生的核心追求,或许他甚至还一直认为艺文事业是其自我所学之"本"。此人便是米芾。他对书画创作与鉴赏超乎常人的热情投入本就能够很好地得到他自己作品的印证,而且在宋人笔记当中更随处可见他因热衷于书画而落得了古怪与"疯癫"的名声。苏轼并不是米芾,他从来没有说过像米芾所云的那种极力肯定艺术之价值与意义的言论,而且米芾的自我行事作风恰恰就是被苏轼批评指责的那一类立身行世的方式。③尽管苏轼的确非常称赏米芾的书法,但如果因此否认二人之间存在着较大的人生差异,那么这无论对谁来

---

① 《答李昭玘书》,《苏轼文集》卷四十九,第1439页。
② 何薳撰,张明华点校:《春渚纪闻》卷六,北京:中华书局,1983年版,第84页。
③ 米芾在《画史》自序里对于艺术作品的重要性提出了极为惊人的激进宣言,而苏轼则在《次韵米黻二王书跋尾二首》当中批评了米芾对于书画艺术的过度热衷。详见米芾撰、燕永成整理:《画史》,《全宋笔记》第二〇册,郑州:大象出版社,2019年版,第172页;《苏轼诗集》卷二十九,第1536—1538页。笔者对于米芾在这些问题上所持之立场的理解,主要本自石慢(Peter Sturman)在其博士论文《米友仁及其所继承的士人传统:墨戏的维度》(*Mi Youren and the Inherited Literati Tradition: Dimensions of Ink-Play*)里所做的分析,耶鲁大学1989年博士学位论文,尤其参考了第29—47页的论述内容。(在这篇博士论文的第44页,石慢将米芾的《画史》自序全文翻译成了英文。)

说都是不公平的。实际上,米芾的人生观与价值观要远远地比苏轼更加接近于后世的"文人"。

苏轼曾经说过,他所撰写的以反对王安石新学为基本内容的儒经注疏,能够令他感到自己的生命并没有被虚度。① 可是后人几乎没有怎么关注他的这几部注疏,反倒总是首要地把他铭记为一位伟大的诗人。这样的差异会更为普遍地出现在文学史的叙述当中。我们并非想要否定苏轼在世人认知里的伟大形象,这样做是极其不明智的,因为对于后世人来说,诗歌就是苏轼的主要人生成就。但是我们之所以还是要提起这一点,是因为苏轼对于自己所撰的儒经注疏及其另外的生命活动的高度重视,是不能被轻易放过的现象。而且苏轼在这些人生事业之上所付出的努力,当然也远非微不足道。此外,文学史的论述不可避免地会将苏轼与前代诗人(例如陶潜、杜甫、李白)进行比较,尽管这样的比较在文学形式方面很可能是极为有效的,但是如果论者不注意到苏轼其他方面的人生图景以及写作类型对其文学作品的影响的话,那么相关的比较无疑会是有所缺憾的。毕竟苏轼在文学领域之外的成就以及他的政治声望与为政活动,正是他最为直接而鲜明的有别于许多前代伟大诗人的地方。

当然,苏轼从事诗歌写作甚至其他艺术创作的过程很可能会使我们产生这样的一种感觉,即在这些作品之中寄寓自我的人格品性,本身就是一种完全的自娱自乐与自我遣怀的行为。因为我们会发现诗歌与其他艺术形式在这里成为构成苏轼形象的关键性元素,从而使得"本"与"末"的层次等级发生了根本性的倒转。这种倒转当然是出现于艺文实践领域里的现象,但却与上文所述的发生在苏轼理论性论著之上的观念分歧完全相通。于是乎我们会看到苏轼屡屡以"诗人"自称,以及尽管明知写诗作文有着极高的政治风险隐患,但他显然始终无法割舍自己的文学事业。在中国的文学传统之中,当然存在着大量可以印证如下两个主张的前代作品先例:首先就是没有什么文体能够像诗那般如实准确地揭示作者的

---

① 《答苏伯固》(其三),《苏轼文集》卷五十七,第 1741 页;亦可参见本书第 88—89 页的总结概述。

内心情志，其次则是将这种情志兴发之举认同并接纳进道德伦理的体系当中。（我们已经讨论过苏轼是如何将相似的认知观念拓展至书法与绘画之上的。）更为具体地来说，我们已经看到苏轼在无数的情况下，分别以相同或不同的手段以诗甚至是词来捕捉、探索其世间经历的意义，或者直接赋予这些经历以意义。尽管所有的这些都是无可置疑的存在，但是我们仍然不能因为文学活动对于苏轼的人生有着极为重要的意义，就刻意忽视他的那些否定艺术之价值的言论，忽略他的儒经注疏，或者无视其最亲密的朋友在苏轼逝世之后对于他的仕宦生涯及其为政举措的重视，而应该在分析苏轼的价值观及其行为活动之时，尽量多地引入不同层面不同维度的考察视角。受到自身的价值判断与论述目标的影响，现代的文学史叙述倾向于将苏轼简单地塑造为能够与伟大诗人陶渊明与杜甫相匹敌的宋代诗人，或者是元代以降"职业艺术家"的前辈先驱。这完全是一种应该被予以历史性与批判性反思的论述倾向。

认识到苏轼对于艺术所持之矛盾心理，能够使我们更好地理解欣赏贯穿于苏轼文学作品里的谐趣与幽默。如果我们只关注苏轼的那些探讨艺文创作所具之严肃而深刻意义的论述，那么就很容易忽视大量存在于其作品当中的戏谑与自嘲。就宋代诗人以及绝大多数的宋前诗人而言，没有哪位会像苏轼这样痴迷于"戏作"。由于艺文创作确实常常是一种"病"、一种疯魔、一种痴障、一种毫无用处的放纵，故而苏轼总是喜欢以此调侃自己，比如他曾这样记云："往年，予尝戏谓君谟言，学书如溯急流，用尽气力，船不离旧处。"① 不过正是这些无甚用处可言的兴趣爱好，极大地减轻了他的自我精神负担，并将其从生活的烦恼当中解脱了出来。苏轼曾经特为录赠了他所填的几阕新词给正在服表的程正辅，并劝慰他道："吾侪老矣，不宜久郁，时以诗酒自娱为佳。"②

戏谑游戏的文字并非毫无价值可言，因为按照风行于宋代的观点来

---

① 《记与君谟论书》，《苏轼文集》卷六十九，第 2191 页。
② 《与程正辅》（其五十九），《苏轼文集》卷五十四，第 1616 页。

说,作者只有在轻佻滑稽的时刻才会真正地流露自我的真实本性。与之相似,无论是画家的"墨戏",还是诗人的"戏作",都能反映出机趣与幽默在苏轼及其门人的特殊亲密关系的构建过程中,发挥了关键性的作用。不过可以肯定的是,尽管这些问题都相当重要,但是它们在创作的自身领域里几乎并不占据什么显著突出的位置。因此,戏谑的诗人与谐谑的批评家是有所区别的,前者时不时就会写出一些滑稽轻浮的诗篇,而后者则会借之尝试在新的视野下探索艺术的意义,二者其实都是苏轼的重要面相之一。可是现代的文学史论述往往囿于其惯常的考察重心,很容易地会忽视二者之间的这种区别,从而使得苏轼的批评家面相遭到了严重的遮蔽。

除了上文提到的内容之外,详细考察苏轼思维里的艺文事业所指范围还能给我们的认知带来最后一重帮助,那便是提醒我们注意苏轼的创作动机是有多么复杂与不均衡。如果我们认为苏轼的一切创作都源自他所信奉的某一个宏大理想或使命的话,那么便会深陷把复杂问题简单化的误区。苏轼为其所涉足的每一项人生事业都分别设定了互有差异的挑战目标,同时他也在努力地探讨如何应对相关事业自身领域里的各不相同的问题,因此他所做出的努力偶尔会出现看似互相矛盾的情况。例如苏轼的诗歌不再仅局限于诗人抒发自我情志的传统,而是在此基础上开拓出了一种博大深沉的抒情境界;但是苏轼的词作却以高度的自我化抒情著称于世,他也由此突破了词体的写作传统。如果我们想要解释类似这样的存在明显矛盾的现象的话,那么就只能从苏轼对于每种文体互不相同的自身所具之问题的思考与选择入手。与之类似,苏轼在书法与绘画领域所做出的思想贡献也分别源自他基于这两种艺术形式在北宋中后期(11世纪中叶)所处的不同发展状态而做出的相应思考。书画在苏轼的时代其实并不属一个领域。在苏轼看来,当今的书法应该以何为标准是一个公共性的问题,因为标准一旦被制订出来,那么所有的士林中人就都必须遵守服从这个标准。而绘画则完全是另一回事,苏轼对于绘画的兴趣就源于其他方面的个人需求。只有绘画与诗歌这两种创作形式偶尔会被苏轼视作是可以相互转换的，或者说在苏轼看来二者的基本创作原则是相通的。然而与此同时，苏轼之所以会做出这样的言论，很明显是因为他想要提高绘画艺术在士人群体当中的声誉。在书法领域内部，苏轼坚持认为存在一个放之所有书体皆准的基本原则或"意"，书家只要能够通晓其意，那么便可以精通全部的书体：楷书、草书、行书、隶书，甚至飞白书。① 但是就整个的艺文领域而言，苏轼从来没有明确做出过任何类似这样的将所有的语言文字艺术与视觉图像艺术全然打通联系在一起的论述。

我们已经看到，诗人苏轼有着与艺术批评家苏轼不同的言行动机，二者之间也不存在什么统一的议题或意旨。苏轼的创作有时候纯粹是出于自我娱乐的需求，有时候则是出于与之完全不同的想要针砭时弊的心态（例如他的那些讽刺新法之诗）。随着时间的不断推移以及他的政治失意与公正乖谬之感与日俱增，他逐渐产生了另一种创作动机：他之所以要进行创作，就是因为他不愿意保持沉默。创作的本身成为苏轼的一种无声的反抗，即便是对于那些毫无怨怼之意可言的作品来说，也是如此。与此同时，苏轼也发掘了以艺文创作表达自我的诸多其他功用。通过自我内心意志的抒发，他可以在不惬人意的环境状态下找寻到自我的心安与满足。正如他的贬谪生涯所呈现出的那样，这样的心安并不是一种简单的自我麻痹之举。诗歌成为苏轼反思自我生平遭际的一种手段，尤其是当他想要超越顾影自怜并在一个更大的社会历史背景之下定义自我生命的时候，诗歌往往能够给他提供格外有力的帮助。苏轼之所以能够取得这方面的文学成就，显然与他非凡的共情他人的能力，及其无论在知州任上还是在身处贬谪之时都做出了令人印象深刻的积极主动地推进服务民生的仁政善举密切相关。在苏轼创作于同一时期的诗歌与曲子词之间，确实存在着极大的差异。这一方面是因为他将词体视作一种不像诗歌那般有着过多创作限制的文学表达形式，另一方面则因为他在一个新

---

① 《跋君谟飞白》，《苏轼文集》卷六十九，第 2181 页。

的方向上充分发扬了词体的内在文体特质,而他所做的这番词体革新其实与他的自我表达需求甚为相契。颇具讽刺意味的是,这种被苏轼在早年间所忽视的地位卑下的"小词",自从在他的手里突破了其自身文体传统的局限之后,便随即被证明非常适合于表达苏轼现在想要兴发并探讨的那种轻浅或深细的怅惘与自然率真的人生态度。正是因为这个缘故,历代都有读者将苏轼数量有限的词作看得比其用任何其他文体写就的作品都更重要。

苏轼也会随着周遭环境的变化而相应地提出富有针对性的多样化艺术见解。比如当他身处与其最为亲近私密的政治及社会交际圈(也即蜀党或苏门)的时候,便会以新的方式具体运用艺文创作能够体现作者个性特征的旧有观念。当这个创作观念从诗歌拓展延伸至书法和绘画之后,这些艺术门类便成为苏门群体肯定自我共同价值观(包括对于怪诞的敬重)的手段。因此,尽管苏门中人在激烈的党争之中被剥夺了政治权力,但是他们却仍旧可以自信地认为自己从属于一个傲然独立且道德高尚的群体。事实证明,委婉深曲的艺术创作不仅有助于在看似平淡乏味的作品间寄寓令人钦佩的人格特质("人物风神"),而且在那样一个充斥着意气之争的时代,这也是一种能够规避攻评指斥的自我保护方式。于是乎艺文创作就成为苏门中人的一项日常活动,他们持续不断地以此启迪自身、定义自我。最后,为了能够更好地回应在他看来相当幼稚无知的当代学术思潮,苏轼着手构建起了这样一种观念,即从事文学或者艺术创作也是一种有效的致知手段,因为这些艺文事业能够让个体直接而亲密地接触世间的万事万物,这也再一次反映出苏轼对于遗世独立的人生态度以及将内省作为致知门径的反对。不过这种观念也是一种对于艺术的评价方式,苏轼其实对此并不完全满意(因为这很可能会导致士人忽视自己的家国责任),故而他也经常会选择避而不谈这个观点。

正是在上述所有的行为意义与创作动机的共同推动下,苏轼才会在如此之多的领域里都能有所非凡的成就。这些行为意义与创作动机大多数都和文学及艺术之外的苏轼所遭遇的政治挫折与党争联系在一起,不仅使得他所投身的人生事业越来越多,也促成了他能够在诗人、批评家以及鉴赏家的身份下取得越来越伟大的成就。这些动机因素与他所追求的任何"文章"或"文教"事业都不在一个维度之上。其实苏轼作品的高度丰富性本就足以反映出促使苏轼提笔创作的原因有多么五花八门,而且还能够展现出无论苏轼创作的是语言文字的艺术还是视觉图像的艺术,他在每一次进行艺术创作之时所面临的挑战,也是各式各样的。

引 用 书 目

阿部肇一,《中国禅宗史之研究》,东京:省心书房,1963年。

白芝(Cyril Birch)编,《中国文学选集:从上古到14世纪》(*Anthology of Chinese Literature: From Early Times to the Fourteenth Century*),纽约:丛树出版社,1965年。

青木正儿,《中华茶屋》,东京:春秋社,1962年。

青木正儿,《"啸"的历史及其字义的变迁》,《青木正儿全集》,第八卷,第161—168页,东京:春秋社,1971年。

青山博士古稀纪念刊行会编,《宋代史论丛:青山博士古稀纪念》,东京:省心书房,1974年。

荒井健,《苏东坡论》,吉川幸次郎编,《中国文学论集》,第217—248年,东京:新潮社,1966年。

《百部丛书集成》,台北:台湾艺文印书馆,1965—1969年。

包弼德(Bol, Peter K.),《朱熹对于士大夫学术的重新界定》(Chu Hsi's redefinition of literati learning),狄培理(Wm. Theodore de Bary)、贾志扬(John W. Chaffee)主编,《新儒学——早期形成阶段》(*Neo-Confucian Education: The Formative Stage*),第151—185页,伯克利:加州大学出版社,1989年。

包弼德(Bol, Peter K.),《斯文:唐宋思想的转型》(*This Culture of Ours: Intellectual Transitions in Tang and Sung China*),斯坦福:斯坦福大学出版社,1992年。

包弼德(Bol, Peter K.),《治国与为圣,官僚体制与社会:对司马光和王安石政治眼界的历史探索》(Rulership and Sagehood, Bureaucracy and Society: An Historical Inquiry into the Political Visions of Ssu-ma Kuang, and Wang An-shih),《纪念司马光,王安石逝世九百周年学术研讨会论文集》,附录第5—107页。

包弼德（Bol, Peter K.），《苏轼与文化》（Su Shi and Culture），苏德恺（Smith, Kidder Jr.）、包弼德（Peter K. Bol）、约瑟夫·阿德尔（Joseph Adler），韦栋（Don J. Wyatt）编，《宋代对〈易经〉的应用》（Sung Dynasty Uses of the I ching），第56—99页，普林斯顿：普林斯顿大学出版社，1990年。

白润德（Daniel Bryant）：《南唐词人：冯延巳（903—960）与李煜（937—978）》（Lyric Poets of the Southern Tang: Feng Yen-ssu, 903‐960, and Li Yu, 937‐978），温哥华：英属哥伦比亚大学出版社（University of British Columbia Press），1982年。

卜寿珊（Susan Bush）：《中国文人画》（The Chinese Literati on Painting），哈佛燕京学社研究丛刊，第27辑，剑桥：哈佛大学出版社，1971年。

卜寿珊（Susan Bush）、时学颜（Hsio-yen Shi），《中国早期绘画文献》（Early Chinese Texts on Painting），剑桥：哈佛燕京学社·哈佛大学出版社，1985年。

罗伯特·布斯韦尔（Buswell, Robert E., Jr.），《看话禅的捷径》（The 'Short-cut' Approach of K'an-hua Meditation），彼得·N.格里高瑞（Peter N. Gregory）编，《突然与渐进：中国思想的启蒙之路》（Sudden and Gradual: Approaches to Enlightenment in Chinese Thought），第321—380页，东亚佛教黑田研究所丛刊，第5辑，檀香山：夏威夷大学出版社，1987年。

高居翰（Cahill, James），《中国古画索引》（An Index to Early Chinese Paintings），伯克利：加州大学出版社，1980年。

蔡上翔，《王荆公年谱考略》，上海：上海人民出版社，1959年。

蔡襄，《茶录》，《丛书集成》本。

蔡襄，《端明集》，《四库全书》本。

参寥子道潜，《参廖子集》，《四库全书》本。

曹树铭，《苏东坡与道佛之关系》，《国立中央图书馆馆刊》，第三卷第2期（1970年），第7—21页及第3—4期，第34—55页。

贾志扬（Chaffee, John W.），《棘闱：宋代科举与社会》（The Thorny Gates of Sung Learning: A Social History of Examinations），剑桥：剑桥大学出版社，1985年。

孙康宜（Chang, Kang-i），《词与文类研究》（The Evolution of Chinese Tz'u Poetry: From Late Tang to Northern Sung），普林斯顿：普林斯顿大学出版社，1980年。

晁补之,《鸡肋集》,《四部丛刊》本。

晁公武,《郡斋读书志》,《国学基本丛书》本。

郑文君(Cheang, Alice Wen-chuen),《诗歌,政治与哲学:东坡先生苏轼》(Poetry, Politics, and Philosophy: Su Shih as the Man of Eastern Slope),《哈佛亚洲研究学刊》(Harvard Jounal of Asiatic Studies),第53卷第2期(1993年),第325—387页。

郑文君(Cheang, Alice Wen-chuen),《苏轼诗歌中的道与自我》(The Way and the Self in the Poetry of Su Shih),博士论文,哈佛大学,1991年。

陈鹄,《西塘集耆旧续闻》,《知不足斋丛书》本。

陈华昌,《心灵为陶渊明所吸引:论苏轼晚年的思想变化》,《论苏轼岭南诗及其他》,第216—222页。

陈善,《扪虱新话》,《儒学警悟丛书》,《百部丛书集成》本。

陈师道,《后山诗话》,《历代诗话》本,第一卷,第302—315页。

陈英姬,《苏东坡的政治生涯与文学的关系》,博士论文,台湾师范大学,1989年。

陈永正,《黄庭坚诗选》,香港:三联书店,1980年。

陈幼石,《中国古典散文的意象与观念:四大家研究》(Images and Ideas in Chinese Clasical Prose: Studies of Four Masters),斯坦福:斯坦福大学出版社,1988年。

程民生,《论北宋财政的特点与积贫的假象》,《中国史研究》,第三卷(1984年),第27—40页。

程颐,《河南程氏粹言》,《二程集》,第1167—1272页。

程颐,《河南程氏外书》,《二程集》,第351—446页。

程颐,《河南程氏文集》,《二程集》,第447—688页。

程颐,《河南程氏遗书》,《二程集》,第1—349页。

程颐,《周易程氏传》,《二程集》,第687—1026页。

程颐、程颢,《二程集》,王孝鱼编,北京:中华书局,1981年。

竺沙雅章,《中国佛教社会史》,京都:同朋舍,1982年。

竺沙雅章,《福建的寺院与社会》,《中国佛教社会史研究》,第145—198页。

引用书目

竺沙雅章,《北宋士大夫的徙居与买田——以苏轼的尺牍资料为中心》,《史林》,第54卷第2期(1971年),第28—52页。

竺沙雅章,《苏轼与佛教》,《东方学报》,第36卷(1964年),第457—480页。

竺沙雅章,《宋代卖牒考》,《中国佛教社会史研究》,第17—82页。

李高洁(Clark, Cyril Drummond Le Gros.),《苏东坡诗赋》(*The Prose-Poetry of Su Tung-p'o*),第二版,纽约:佳作书局,1964年。

托马斯·克利里(Cleary Thomas)译,《英译华严经》(*The Flower Ormament Sutra: A Translation of the Avatamsaka Sutra*),第一册,博尔德:香巴拉,1984年。

《丛书集成》,上海:商务印书馆,1935年。

迈克尔·多尔比(Dalby, Michael T.),《九世纪中叶的朝廷》(*Court politics in late T'ang times*),崔瑞德(Denis Twitchett)编,《剑桥中国史(卷三):隋唐》(*The Cambridge History of China*),第一部分,剑桥:剑桥大学出版社,1979年。

皮埃尔·道丹(Pierre Daudin):《苏东坡与朱熹的文字戏谑》(*Les recreations intellectuelles de Sou Tong-p'o et Tshou Hi*),载《印度支那研究协会学报》(*Bulletin de la Societe des Etudes Indochinoises*)第45卷第4期(1970年),第1—38页。

戴伟士(Davis, A.R.),《苏轼的"和陶诗":文学现象还是心理现象?》(*Su Shih's 'Following the Rhymes of T'ao Yuan-ming's Poems: A Literary or a Psychological Phenomenon?*),载《澳大利亚东方学会会刊》(*Journal of the Oriental Society of Australia*),第10卷(1974年),第93—108页。

邓广铭,《王安石:中国十一世纪时的改革家》,北京:人民出版社,1981年。

董其昌,《画禅室随笔》,《四库全书》本。

董煟,《救荒活民书》,《丛书集成》本。

苏轼研究学会编,《东坡词论丛》,成都:四川人民出版社,1982年。

杜甫,《杜诗详注》,仇兆鳌,北京:中华书局,1979年。

艾朗诺(Egan, Ronald C.),《欧阳修的文学作品》[*The Literary Works of Ou-yang Hsiu (1007-1072)*],剑桥:剑桥大学出版社,1984年。

艾朗诺(Egan, Ronald C.),《欧阳修和苏轼书法》(Ou-yang Hsi and Su Shih on Calligraphy),《哈佛亚洲研究学刊》(Harvard Journal of Asiatic Stndies),第49卷第2期(1989年),第365—419页。

艾朗诺(Egan, Ronald C.),《题画诗：苏轼与黄庭坚》(Poems on Paintings: Su Shih and Huang T'ing-chien),《哈佛亚洲研究学刊》(Harvard Journal of Asiatic Studies),第43卷第2期(1983年),第413—451页。

艾朗诺(Egan, Ronald C.),《词在北宋的声誉问题》(The Problem of the Repute of Tz'u during the Northern Sung),余宝琳(Pauline Yu)编,《中国的歌词之声》(Voices in the Song Lyric in China),第191—225页,伯克利：加州大学出版社,1994年。

艾朗诺(Egan, Ronald C.),《作为文学与历史资料的苏轼尺牍》(Su Shih's 'Notes' as a Historical and Literary Source),《哈佛亚洲研究学刊》(Harvard Journal of Asiatic Studies),第50卷第2期(1990年),第561—588页。

范百禄,《文公墓志铭》,附于《丹渊集》卷首。

范宁,《从北宋后期文坛看文学创作和政治斗争的关系》,《东北师大学报》,第1期(1982年),第1—12页。

范祖禹,《范太史集》,《四库全书》本。

方回,《瀛奎律髓》,《四库全书》本。

方勺,《泊宅编》,三卷本,北京：中华书局,1983年。

费衮,《梁溪漫志》,《知不足斋丛书》本。

冯应榴,《苏文忠公诗合注》,1793年。尾注引自王文诰《苏轼诗集》评注所引冯氏注释。

方秀洁(Fong, Grace),《宋词中的人物形象与人格面具》[Persona and Mask in the Song Lyric (Ci)],《哈佛亚洲研究学刊》(Harvard Journal of Asiatic Studies),第50卷第2期(1990年),第459—484页。

傅申(Fu, Shen C.Y.),《黄庭坚的书法与他的〈赠张大同卷〉：一幅贬谪时期的书法杰作》(Huang Ting-chien's Calligraphy and His Scroll for Chang Ta-t'ung),博士论文,普林斯顿大学,1976年。

傅君劢(Fuller, Michael A.),《通向东坡之路——苏轼诗歌中的抒情主体演变》

(*The Road to East Slope: The Development of Su Shi's Poetic Voice*)。斯坦福：斯坦福大学出版社，1990 年。

麓保孝，《北宋儒学的发展》，东京：书籍文物流通会，1967 年。

傅恩（Fusek, Lois.），《花间集》（*Among the Flowers: The Hua-chien chi*），纽约：哥伦比亚大学出版社，1982 年。

罗伯特·M·詹密罗（Gimello, Robert M.），《菩提与斯文：北宋禅宗的学术、文字与解放》（*Marga and Culture: Learning, Letters, and Liberation in Northern Sung Ch'an*），罗伯特·E.巴斯维尔（Robert E. Buswell, Jr.）和罗伯特·M·詹密罗（Robert M. Gimello）主编，《解放之路：菩提及其在禅宗里的转变》（*Paths to Liberation: The Mārga and its Transformations in Buddhist*），第 371—437 页。檀香山：夏威夷大学出版社，1992 年。

斯坦利·金斯伯格（Ginsberg, Stanley Mervyn.），《一位中国诗人的疏离与和解：苏轼的黄州贬谪》（*Alienation and Reconciliation of a Chinese Poet: The Huangzhou Exile of Su Shi*），博士论文，威斯康星大学，1974 年。

龚延明，《略论苏轼反对王安石变法的性质》，《苏轼研究专集》，第 83—92 页。

合山究，《朱熹的苏学批判序说》，九州大学中国文学会，《中国文学论集》（三）第 3 期，第 29—36 页。

合山究，《苏轼的文人活动及其要因》，《九州中国学会报》，第 15 期（1968 年），第 63—77 页。

合山究，《苏东坡的自然观》，目加田诚博士古稀纪念中国文学论集编辑委员会编，《中国文学论集：目加田诚博士古稀纪念》，第 363—386 页，东京：龙溪书社，1974 年。

葛瑞汉（Graham, A.C.），《列子》（*The Book of Lieh-tzu*），伦敦：约翰·默里出版社，1973 年。

葛瑞汉（Graham, A.C.），《庄子：内七篇及其他》（*Chuang-tzu: The Seven Inner Chapters and other writings from the book Chuang-tzu*），伦敦：艾伦与温恩出版社，1981 年。

葛瑞汉（Graham, A.C.），《两位中国哲学家：程明道与程伊川》（*Two Chinese Philosophers: Ch'eng Ming-tao and Ch'eng Yi-ch'uan*）。伦敦：朗德·汉弗莱斯

出版社,1958 年。

管佩达(Grant, Beata.),《重游庐山：佛教与苏轼的生活与创作》(Mount Lu Revisited: Buddhism in the Life and Drawings of Su Shih),檀香山：夏威夷大学出版社,即将出版。

《故宫书画图录》,第四册,台北：故宫博物馆,1990 年。

郭绍虞辑,《宋诗话辑佚》(上、下),燕京学报专号 13—14,北京：哈佛燕京学社,1937 年。

《国学基本丛书》,台北：商务印书馆,1968 年。

《国语》,上海：上海古籍出版社,1978 年。

韩愈,《韩昌黎集》,《国学基本丛书》本。

韩愈,《韩昌黎诗系年集释》,钱仲联集释,上海：上海古籍出版社,1984 年。

洪柏昭,《论苏轼诗的议论化和散文化》,《东坡研究论丛》,第 32—50 页。

洪迈,《容斋随笔》,上海：上海古籍出版社,1978 年。

《后汉书》,范晔编撰,北京：中华书局,1965 年。

侯外庐,《中国思想通史》,第四卷第一部分,北京：人民出版社,1959 年。

胡寅,《酒边词序》,见向子諲《酒边词》,毛晋编《宋六十名家词》,《国学基本丛书》本。

胡云翼,《宋词选》,香港：中华书局,1986 年。

胡 仔,《苕溪渔隐丛话》,北京：人民出版社,1962 年。

黄启江(Huang Chi-chiang),《融合的实践：契嵩(1007—1072)与十一世纪中国佛教》(Experiment in Syncretism: Ch'i-sung (1007–1072) and Eleventh-Century Chinese Buddhism),博士论文,亚利桑那大学,1986 年。

黄海鹏,《只有名花苦幽独——苏词的个性化小议》,《东坡词论丛》,第 120—126 页。

黄蓼圆,《蓼圆词选》,王水照引,《苏轼全集》。

黄鸣奋,《论苏轼的文艺心理观》,福州：海峡文艺出版社,1987 年。

黄任轲,《苏轼论新法文字六篇年月考辨》,《苏轼研究专辑》,第 103—110 页。

黄庭坚,《山谷诗注》,任渊等注,《国学基本丛书》本。

黄庭坚,《豫章黄先生文集》,《四部丛刊》本。

《华严经》,《大方广佛华严经》,《大正新修大藏经》,第 10 册,第 279 经,第 1—444 页。

惠洪,《冷斋夜话》,《殷礼在斯堂丛书》,台北:艺文印书馆,1970 年。

惠洪,《石门文字禅》,《四部丛刊》本。

莱昂·赫维兹(Hurvitz, Leon)译,《妙法莲华经》(Scripture of the Lotus Blossom of the Fine Dharma),纽约:哥伦比亚大学出版社,1976 年。

韩明士(Robert P. Hymes),《道德责任与自我调节:董煟〈救荒活民书〉与南宋的赈灾救荒观》(Moral Duty and Self-Regulating Process: Tung Wei's Book for Relieving Famine and Reviving the People and Southern Sung Views on Famine Relief)。1986 年发表于亚利桑那州斯科茨代尔市(Scottsdale, Arizona)举行的"宋代的治国方略与实践"(Sung Dynasty Statecraft in hought and Action)会议。

纪昀评点,《苏文忠公诗集》,1869 年。

金圣叹,《天下才子必读书》,《金圣叹选批才子必读新注》(上、下),合肥:安徽文艺出版社,1988 年。

金净,《论苏轼与理学之争》,《学术月刊》,1985 年第 2 期,第 61—67 页。

《津逮秘书》,《百部丛书集成》本。

《金光明经》,《大正新修大藏经》,第 16 册,第 663 经,第 335—359 页。

"国家"文艺基金会编,《纪念司马光王安石逝世九百周年学术研讨会论文集》,台北:文史哲出版社,1986 年。

《晋书》,北京:中华书局,1974 年。

《旧唐书》,北京:中华书局,1975 年。

柯昌颐,《王安石评传》,上海:商务印书馆,1947 年。

玛吉·凯瑟克(Maggie Keswick),《中国园林:历史、艺术和建筑》(The Chinese Garden: History, Art, and Architecture)。纽约:瑞佐利出版社,1978 年。

衣川强,《刘子健博士颂寿纪念宋史研究论集》,京都:同朋舍,1989 年。

近藤一成,《知杭州苏轼的救荒策——宋代文人官僚政策考》,宋代史研究会编,《宋代的社会与文化》,第 139—168 页,东京:汲古书院,1983 年。英译本作"Su Shih's Relief Measures as Prefect of Hang-chou—A Case Study of the

Policies Adopted by Sung Scholar-Officials",《日本东方学会》,第 50 期(1986年),第 31—53 页。

孔繁,《苏轼〈毗陵易传〉的哲学思想》,《中国哲学》,第 9 期(1983 年),第 221—239 页。

孔武仲,《清江三孔集》,《四库全书》本。

柯睿格(Kracke, E. A. Jr.),《北宋前期的官僚制度》(Civil Service in Early Sung China, 960 - 1067)。哈佛燕京学社研究丛刊,第 13 辑,剑桥:哈佛燕京学社,1953 年。

柯睿(Paul Kroll),《登高而赋:登泰山诗》(Verses from on High: The Ascent of T'ai Shan)。林顺夫、宇文所安(Stephen Owen)编,《抒情之音的生命力:汉末到唐代诗歌》(The Vitality of the Lyric Voice: Shi Poetry from the Late Han to the Tang),第 167—216 页,普林斯顿:普林斯顿大学出版社,1986 年。

迪特·库恩(Dieter Kuhn),《纺织技术:纺纱》(Reeling and Spinning),《化学与化工技术》(Chemistry and Chemical Technology)第 9 部分,李约瑟(Joseph Needham)主编,《中国的科学与文明》第 5 卷,剑桥:剑桥大学出版社,1988 年。

久须木文雄,《宋代儒学的禅思想研究》,东京:日新堂书店,1980 年。

梁庄爱伦(Ellen Johnston Laing),《真实还是理想:中国历史文献与艺术史文献里的"西园雅集"问题》(Real or Ideal: The Problem of the Elegant Gathering in the Western Garden in Chinese Historical and Art Historical Records),《美国东方学会杂志》(Journal of the American Oriental Society),第 88 期(1968 年),第 419—435 页。

郎晔,《经进东坡文集事略》,香港:中华书局,1979 年。

《老子道德经》,王弼注,《四库全书》本。

刘殿爵(Lau, D.C.),《老子:道德经》(Lao Tzu: Tao te ching),哈蒙兹沃思:企鹅图书,1963 年。

刘殿爵(Lau, D.C.),《词选二十首》(Twenty Selected Lyrics),《歌曲集》(Renditions)第 11—12 期(1979 年),第 5—24 页。

刘殿爵(Lau, D.C.),《孟子》(Mencius),哈蒙兹沃思:企鹅图书,1970 年。

理雅各（Legge, James），《中国经典》（The Chinese Classics），香港：香港大学出版社，1960年。

理雅各（Legge, James），《礼记》（The Li Ki），马克斯·穆勒（F. Max Müller）编，《东方圣典》（The Sacred Books of the East），牛津：克拉伦登出版社，1885年。

理雅各（Legge, James），《〈易经〉的文本》（The Text of the Yi King），沈仲涛（Z. D. Sung）编，上海：中国现代教育公司，1935年。

《楞伽经》，《楞伽阿跋多罗宝经》，《大正新修大藏经》，第16册，第670经，第479—514页。

《楞严经》，《大佛顶如来密因修证了义诸菩萨万行首楞严经》，《大正新修大藏经》，第19册第945经，第105—155页。

李翱，《李文公集》，《四部丛刊》本。

李白，《李太白全集》，北京：中华书局，1977年。

李福顺，《苏轼论书画史料》，上海：人民美术出版社，1988年。

李焘，《续资治通鉴长编》，北京：中华书局，1986—1994年。

该版本虽然有标点，但仍然是不完整的。在本书所有引用中，卷363（元丰八年）之前都使用这个版本。而超过卷363的引用则参考较旧的、未标点的版本。台北：世界书局，1961年。（注："拾补"部分的第8—14卷位于卷484和485之间。）

李泽厚，《美学·哲思·人》，台北：风云时代出版社，1989年。

李廌，《师友谈记》，《丛书集成》本。

李之仪，《姑溪居士全集》，《丛书集成》本。

《梁书》，北京：中华书局，1973年。

《列子集释》，杨伯峻编，香港：太平书局，1965年。

《历代诗话》，何文焕辑，北京：中华书局，1981年。

《历代诗话续编》，丁福保辑，北京：中华书局，1983年。

《礼记注疏》，《十三经注疏附校勘记》。

林冠群，《苏轼岭南诗作的思想品格》，《论苏轼岭南诗及其他》，第109—124页。

林顺夫（Lin, Shuen-fu），《中国抒情诗传统的转变：姜夔与南宋词》（The

Transformation of the Chinese Lyrical Tradition: Chiang Kwei and Southern Sung Tz'u Poetry)。普林斯顿：普林斯顿大学出版社，1978 年。

林语堂(Lin, Yutang)，《快乐的天才：苏东坡的生平》(*The Gay Genius: The Life and Times of Su Tungpo*)，纽约：约翰·戴公司，1947 年。

刘若愚(Liu, James J.Y.)，《北宋六大词家》(*Major Lyricists of the Northern Sung A.D. 960 – 1126*)。普林斯顿：普林斯顿大学出版社(Princeton University Press)，1974 年。

刘子健(Liu, James T.C.)，《宋代变革：王安石与他的新法》[*Reform in Sung China: Wang An-shih (1021 – 1086) and his New Policies*]。剑桥：哈佛大学出版社，1959 年。

刘乃昌，《东坡岭南诗的成就和风格》，《论苏轼岭南诗集及其他》，第 80—91 页。

刘乃昌，《论佛老思想对苏轼文学的影响》，《苏轼文学论集》，第 188—201 页。

刘乃昌，《苏轼同王安石的交往》，《苏轼文学论集》，第 217—232 页。

刘乃昌，《苏轼文学论集》，济南：齐鲁书社，1982 年。

刘乃昌，《谈苏轼的艺术个性》，《苏轼文学论集》，第 75—94 页。

刘尚荣，《苏轼著作版本论丛》，成都：巴蜀书社，1988 年。

刘义庆，《世说新语笺疏》，余嘉锡笺疏，北京：中华书局，1983 年。

刘禹锡，《刘禹锡集》，上海：上海人民出版社，1975 年。

刘正成主编，《苏轼》，二卷本，《中国书法全集》，第 33—34 卷。北京：荣宝斋，1991 年。

柳宗元，《柳河东集》，上海：上海人民出版社，1974 年。

罗文(Lo, Winston W.)，《王安石与儒家的"内圣"理想》(*Wang An-shih and the Confucian ideal of 'inner sageliness'*)，《东西方哲学》(*Philosophy East and West*)，第 26 卷第 1 期(1976 年)，第 42—53 页。

龙沐勋，《东坡乐府笺》，上海：商务印书馆，1936 年。

龙沐勋，《东坡乐府综论》，《词学季刊》，二卷三号(1935 年)，第 1—11 页。

龙沐勋，《淮海居士长短句》，《苏门四学士词》，北京：中华书局，1957 年。

陆游，《老学庵笔记》，北京：中华书局，1979 年。

陆游,《渭南文集》,《陆游集》,北京:中华书局,1976年。

陆贽,《陆宣公集》,杭州:浙江古籍出版社,1988年。

吕希哲,《吕氏杂记》,《四库全书》本。

陆宽昱(Charles Luk),《楞严经》(The Surangama Sutra),伦敦:瑞德尔出版公司,1966年。

苏轼研究学会编,《论苏轼岭南诗及其他》,广东:人民出版社,1986年。

《论语》(国学经典规范读本)。

罗大经,《鹤林玉露》,北京:中华书局,1983年。

罗思鼎,《从王安石变法看儒法论战的演变》,《红旗》第2期(1974年),第24—31页。

马端临,《文献通考》,《十通》,上海:商务印书馆,1936年。

马振锋,《政治改革家王安石的哲学思想》,石家庄:河北人民出版社,1984年。

毛晋,《东坡题跋》,《丛书集成》本。

茅维,《苏文忠公全集》,七十五卷本。

马瑞志(Mather, Richard B),《〈世说新语〉研究》(Shih-shuo Hsin-yü),明尼阿波利斯:明尼苏达大学出版社,1976年。

倪雅梅(McNair, Amy),《欧阳修与北宋时期书法的文人品味》(Ouyang Xiu and Literati Taste in Calligraphy in the Northern Song Period),报告发表于1990年在芝加哥举行的亚洲研究协会(the Association for Asian Studies)年会。

倪雅梅(McNair, Amy),《苏轼手书〈争座位帖〉》(Su Shih's Copy of the Letter on the Controversy over Seating Protocol),《亚洲艺术档案》第43卷(1990年),第38—48页。

梅尧臣,《梅尧臣集编年校注》,朱东润编,上海:上海古籍出版社,1980年。

《孟子》(国学经典规范读本)。

穆四基(Meskill, James)编,《王安石:改革家》(Wang An-shih: Practical Reformer),波士顿:D.C.Heath,1963年。

米芾,《宝晋英光集》,《丛书集成》本。

米芾,《画史》,《津逮秘书》本。

缪钺,《论苏辛词与〈庄〉〈骚〉》,《灵溪词说》,第229—235页。

缪钺、叶嘉莹,《灵溪词说》,台北:国文天地,1987 年。

《妙法莲华经》,《大正新修大藏经》,第 9 册,第 262 经,第 1—62 页。

宫崎市定,《辨奸论的奸》,衣川强主编,《刘子健博士颂寿纪念宋史研究论集》,第 317—326 页,京都:同朋舍,1989 年版。

村上哲见,《苏东坡书简的流传与东坡集版本之系谱》,京都大学《中国文学报》,第 27 期(1977 年),第 51—87 页。

孟克文(Christian Murck),《苏轼对〈中庸〉的解读》(Su Shih's Reading of the Chung yung),卜寿珊(Susan Bush)及孟克文(Christian Murck)编,《中国艺术理论》(Theories of the Arts in China),第 267—292 页,普林斯顿:普林斯顿大学出版社,1983 年。

中田勇次郎,《苏东坡的书与书论》,《中国书论集》,第 195—212 页。东京:二玄社,1970 年。

《南史》,北京:中华书局,1975 年。

李约瑟(Needham, Joseph)总主编,《中国科学技术史》(Science and Civilisation in China)。

李约瑟(Needham, Joseph)、王铃(Wang Ling),《机械工程》(Mechanical Engineering),《物理与相关技术》(Physics and Physical Technology)第 2 部分,《中国科学技术史》(Science and Civilisation in China)第 4 卷。剑桥:剑桥大学出版社,1965 年。

念常,《佛祖历代通载》,《大正新修大藏经》,第 49 册,第 2036 经,第 477—735 页。

西纪昭,《东坡初期的送别词》,《中国中世文学研究》,第 7 期(1968 年),第 64—73 页;孙康宜(Sun Kangyi)译,《中外文学》,第 7 期(1978 年 10 月),第 64—77 页。

西野贞治:《苏轼与元祐党争漩涡中的人们》,《人文研究:大阪公立大学大学院文学研究科纪要》第 23 卷(1972 年),第 3200—3214 页。

西野贞治:《苏轼及其门人的戏作诗》,载《人文研究》第 16 卷第 5 期(1965 年),第 34—50 页。

西野贞治,《论东坡诗与买田语》,《人文研究》1968 年第 3 期,第 757—763 页。

小川环树,《风与云：中国文学论集》,东京：朝日新闻,1972年。

小川环树,《工拙与雅俗——苏轼诗里的比喻》,《中国文学报》1955年第2期,第1—17页。

小川环树、山本和义译,《苏东坡诗集》,东京：筑摩书房,1983—1990年。

欧阳忞,《舆地广记》,《国学基本丛书》本。

欧阳修,《归田录》,《欧阳文忠公集》,第14册。

欧阳修,《集古录》,《欧阳文忠公集》,第15—16册。

欧阳修,《居士集》,《欧阳文忠公集》,第1—6册。

欧阳修,《居士外集》,《欧阳文忠公集》,第6—9册。

欧阳修,《试笔》,《欧阳文忠公集》,第14册。

欧阳修,《书简》,《欧阳文忠公集》,第16—17册。

欧阳修,《奏议集》,《欧阳文忠公集》,第12—13册。

欧阳修,《欧阳文忠公集》,《国学基本丛书》本。

宇文所安(Owen, Stephen),《言外之意：宋词传统里颇具价值的"真"》(Meaning the Words: The Genuine as a Value in the Tradition of the Song Lyric),余宝琳(Pauline Yu)编,《中国的歌词之声》(Voices in the Song Lyric in China),第30—69页。伯克利：加利福尼亚大学出版社,1994年。

裴休,《传心法要》,《传心法要》,《黄檗山断禅师传心法要》,《大正新修大藏经》,第48册,第2012A经,第379—384页。

漆侠,《王安石变法》,上海：人民出版社,1979年。

潜说友,《咸淳临安志》,《四库全书》本。

钱锺书,《管锥编》,四卷本,北京：中华书局,1979年。

秦观,《淮海集》,《四部丛刊》本。

唐圭璋,《全宋词》,北京：中华书局,1965年。

林大椿,《全唐五代词》,台北：世界书局,1962年。

《全唐诗》,北京：中华书局,1960年。

《全唐文》,内府旧本,1814年。

贺碧来(Robinet, Isabelle),《内丹对道教和中国思想的贡献》(Original Contributions of Neidan to Taoism and Chinese Thought),孔丽维(Livia Kohn)

编,《道教修炼与长生术》(Taoist Meditation and Longevity Techniques),第297—330页。安娜堡：密歇根大学中国研究中心,1989年。

容肇祖,《王安石老子注辑本》,北京：中华书局,1979年。

萨进德(Sargent, Stuart H.),《画卷之末的品评：苏轼与黄庭坚的题画诗》(Colophons in Countermotion: Poems by Su Shih and Huang Ting-chien on Paintings),《哈佛亚洲研究学刊》(Harvard Journal of Asiatic Studies),第52卷第1期(1992年),第263—302页。

施耐德(Schneider, Laurence A.),《楚狂人：忠诚与叛逆的神话》(A Madman of Ch'u: The Chinese Myth of Loyalty and Dissent)。伯克利：加州大学出版社,1980年。

僧肇,《肇论》,《大正新修大藏经》,第45册,第1858经,第150—151页。

《尚书注疏》,《十三经注疏附校勘记》。

邵博,《邵氏闻见后录》,北京：中华书局,1983年。

邵伯温,《邵氏闻见录》,北京：中华书局,1983年。

施元之、顾禧,《施顾注苏诗》,郑骞、严一萍编,台北：艺文印书馆,1980年。施元之、顾禧,《施顾注苏诗》,郑骞、严一萍编,台北：艺文印书馆,1980年。尾注引自王文诰《苏轼诗集》评注所引注释。

斯波义信,《宋代江南经济史研究》,东京：东京大学东洋文化研究所,1988年。

斯波义信,《宋代市籴制度的沿革》,《宋代史论丛：青山博士古稀纪念》,东京：省心书房,第123—139页。

释恒清(Shih, Heng-ching),《中国的禅净合流——以永明延寿为例》(The Ch'an-Pure Land Syncretism in China: With Special Reference to Yung-ming Yen-shou),博士论文,威斯康星大学麦迪逊分校,1984年。

司马迁,《史记》,北京：中华书局,1959年。

《诗经》(标准号)。

《十三经注疏附校勘记》,阮元撰,江西南昌府学,1814年。

瘦民,《浅谈苏诗风格的多样化》,《东坡诗论丛》,第40—53页。

《四部丛刊》,上海：商务印书馆,1929年。

《四部丛刊续编》,上海：商务印书馆,1935年。

《四库全书》,上海:上海古籍出版社,1987年。

《四库全书总目提要》,《合印四库全书总目提要及四库未收书目禁毁书目》,台北:商务印书馆,1978年。

司马光,《司马文正公传家集》,《国学基本丛书》本。

史乐民(Paul J. Smith),《王安石变法时期(1068—1085)的国家权力与经济活动:茶马贸易与青苗法》(State Power and Economic Activism During the New Policies, 1068-1085: The Tea and Horse Trade and the 'Green Sprouts' Loan Policy),1986年发表于亚利桑那州斯科茨代尔市(Scottsdale, Arizona)举行的"宋代的治国方略与实践"(Sung Dynasty Statecraft in Thought and Action)会议。

史乐民(Paul J. Smith),《征税于天府之国:马匹、官僚和四川茶叶产业(1074—1224)的毁灭》(Taxing Heaven's Storehouse: Horses, Bureaucrats, and the Destruction of the Sichuan Tea Industry, 1074-1224),哈佛燕京学社研究丛刊,第32辑,剑桥:哈佛大学东亚研究委员会及哈佛燕京学社,1991年。

《宋会要辑本》,台北:世界书局,1964年。

宋丘龙,《苏东坡和陶渊明诗之比较研究》,台北:商务印书馆,1985年。

丁传靖编,《宋人轶事汇编》,北京:中华书局,1981年。

《宋史》,北京:中华书局,1977年。

陈邦瞻,《宋史纪事本末》,北京:中华书局,1977年。

石慢(Sturman, Peter Charles.),《米友仁及其所继承的士人传统:墨戏的维度》(Mi Youren and the Inherited Literati Tradition: Dimensions of Ink-Play),博士论文,耶鲁大学,1989年。

苏辙,《栾城集》,上海:上海古籍出版社,1987年。

苏寰中,《浅论苏轼岭南诗》,《论苏轼岭南诗及其他》,第92—108页。

苏轼,本书使用的主要文本和版本已在此列出。其余版本将在编者、辑者或评注者的姓名下单独列出。

苏轼,《东坡书传》,《学津讨原》本。

苏轼,《苏东坡词》,曹树铭编,香港:上海印书馆,1968年。

苏轼,《苏轼诗集》,王文诰辑注,孔凡礼编,北京:中华书局,1982年。

苏轼,《苏轼文集》,孔凡礼编,北京:中华书局,1986 年。

苏轼,《苏氏易传》,《丛书集成》本。

《苏轼研究专集》,《四川大学学报丛刊》,第六辑,成都:四川人民出版社,1980 年。

苏颂,《苏魏公文集》,北京:中华书局,1988 年。

苏洵,《嘉祐集》,《国学基本丛书》本。

孙岳颁等纂辑,《佩文斋书画谱》,上海:同文馆,1920 年。

吴德明(Yves Hervouet)编,《宋代书录》(*Bibliographie des Sung*),香港:香港中文大学出版社,1978 年。

傅海波(Herbert Franke)编,《宋代名人传》(*Sung Biographies*),慕尼黑东亚学研究,威斯巴登:弗兰茨·施泰纳出版社,1976 年。

铃木中正,《宋代佛教结社的扩大及其性格》,《中国史上的革命与宗教》,第 48—65 页,东京:东京大学出版会,1974 年。

《太平广记》,李昉辑,北京:人民出版社,1959 年。

《大正新修大藏经》,东京:大藏出版社,1924—1932 年。

唐玲玲,《论苏轼的和陶诗》,《论苏轼岭南诗及其他》,第 166—184 页。

陶道恕,《乌台诗案新勘》,《文学遗产增刊》,第 14 期(1982 年),第 290—317 页。

陶潜,《陶渊明集校笺》,杨勇编,香港:吴兴记书局,1971 年。

陶文鹏,《试论苏轼的诗画同异说》,《文学评论丛刊》,第 13 期(1983 年),第 15—37 页。

太史文(Teiser, Stephen F.),《中国中古时期的鬼节》(*The Ghost Festival in Medieval China*),普林斯顿:普林斯顿大学出版社,1988 年。

罗伯特·瑟曼(Thurman, Robert A.F.)译,《维摩诘所说经》(*The Holy Teaching of Vimalakirti*),大学城:宾夕法尼亚州立大学出版社,1976 年。

唐凯琳(Tomlonovic, Kathleen M.),《贬谪与归来的诗歌:苏轼研究》(*Poetry of Exile and Return: A Study of Su Shi*),博士论文,华盛顿大学,1989 年。

王安石,《临川先生文集》,北京:中华书局,1964 年。

王安石,《王安石老子注辑本》,见"容肇祖"条。

王安石,《王临川集》,《国学基本丛书》本。

王保珍,《增补苏东坡年谱会证》,台北:台湾大学文学院。

王偁,《东都事略》,《宋史资料萃编》,赵铁寒辑,台北:文海出版社,1967年。

王充,《论衡校释》,黄晖编,《国学基本丛书》本。

王德毅,《宋代贤良方正科考》,香港:崇文书店,1971年。

王德毅,《宋代灾荒的救济政策》,台北:商务印书馆,1970年。

王夫之,《姜斋诗话》,《清诗话》,上海:上海古籍出版社,1978年。

王国维,《人间词话》,香港:中华书局,1961年。

王仁裕,《开元天宝遗事十种》,上海:上海古籍出版社,1985年。

王日休,《龙舒增广净土文》,《大正新修大藏经》,第47册,第1970经,第251—289页。

王若虚,《滹南诗话》,北京:人民文学出版社,1983年。

题王十朋纂集,《东坡诗注》,朱从延编,上海:扫叶山房,1914年,1698年版本重印,尾注引自王文诰在《苏轼诗集》中的注评。

王瘦梅,《苏轼〈念奴娇·赤壁怀古〉异文辨析》,《四川大学学报丛刊》,第15期(1982年),第90—92页。

王水照,《关于苏轼〈与滕达道书〉的系年和主旨问题》,《文学评论》,1981年第1期,第58—64页。

王水照,《论苏轼创作的发展阶段》,《社会科学战线》,1984年第1期,第259—269页。

王水照,《苏轼选集》,上海:上海古籍出版社,1984年。

王文诰辑注,《苏文忠公诗编注集成》,1819年。尾注引自王氏在《苏轼诗集》中的注评。

王文诰辑注,《苏文忠公诗编注集成总案》,成都:1985年重印1819年版本。

王文龙,《试论苏诗的哲理性》,《东坡研究论丛》,第64—78页。

王文濡校注,《评校音注古文辞类纂》,姚鼐辑,台北:中华书局,1969年。

王学泰,《从"乌台诗案"看封建专制主义对宋代诗歌创作的影响》,《文学遗产增刊》,第16期(1983年),第198—220页。

王煜,《苏轼的哲学与宗教》,《唐宋史研究》,林天蔚、黄约瑟(Joseph Wong/

Huang Yuesi)编,第197—215页,香港大学:亚洲研究中心,1987年。

王运生,《苏东坡在惠州和陶诗的倾向》,《论苏轼岭南诗及其他》,第185—196页。

华兹生(Watson, Burton)译,《庄子全集》(*The Complete Works of Chuang Tzu*),纽约:哥伦比亚大学出版社,1968年。

华兹生(Watson, Burton)译,《史记》(*Records of the Grand Historian of China*),纽约:哥伦比亚大学出版社,1961年。

华兹生(Watson, Burton)译,《苏东坡选集》(*Su Tung-p'o: Selections from a Sung Dynasty Poet*),纽约:哥伦比亚大学出版社,1965年。

魏庆之,《诗人玉屑》,上海:上海古籍出版社,1959年。

韦续,《墨薮》,《丛书集成》本。

《维摩诘所说经》,《大正新修大藏经》,第14册,第47经,第537—557页。

文同,《丹渊集》,《四部丛刊》本。

翁同文,《王诜生平考略》,《宋史研究集》,第5辑,第135—168页,台北:中华丛书编审委员会,1970年。

《文选》,萧统辑,台北:中华书局,1971年。

威廉姆森(Williamson, H.R.),《王安石:一位中国政治家与教育家》(*Wang An-shih: A Chinese Statesman and Educationalist*),伦敦:普罗布斯坦出版社,1935—1937年。

魏世德(Wixted, John Timothy),《论诗诗:元好问的文学批评》(*Poems on Poetry: Literary Criticism by Yuan Hao-wen*),威斯巴登:弗兰茨·斯泰纳出版社,1982年。

吴仕端,《东坡在惠州谪居生活探》,《论苏轼岭南诗及其他》,第222—239页。

吴廷燮,《北宋经抚年表》,北京:中华书局,1984年。

吴曾,《能改斋漫录》,上海:中华书局,1960年。

朋九万,《乌台诗案》,《函海》,《百部丛书集成》本。

夏长朴,《王安石思想与孟子的关系》,《纪念司马光王安石逝世九百周年学术研讨会论文集》,第295—326页。

《先秦汉魏晋南北朝诗》,逯钦立,三卷本,北京:中华书局,1983年。

项楚,《苏诗比喻琐谈》,《苏轼研究专辑》,第26—35页。

萧公权,《中国政治思想史》,台北:联经出版社,1982年。

谢桃坊,《苏诗分期评议》,《论苏轼岭南诗及其他》,第6—23页。

《新唐书》,北京:中华书局,1975年。

《续长编》,见"李焘,《续资治通鉴长编》"条。

徐续,《苏轼诗选》,香港:三联书局,1986年。

徐远和,《洛学源流》,济南:齐鲁书社,1987年。

《宣和画谱》,《丛书集成》本。

《宣和书谱》,《学津讨原》本。

薛瑞生,《苏门苏学与苏体:坚论北宋的党争与文学》,《文学遗产》,1988年第5期,第60—68页。

《学津讨原》,《百部丛书集成》本。

山本和义,《诗人的长啸:苏诗札记》,载《南山国文论集》第4辑(1979年),第31—46页。

山本和义,《苏轼诗论稿》,载《中国文学报》第13卷(1961年),第76—91页。

山本和义,《造物的诸相——苏诗札记》,载《南山国文论集》1981年第5期,第1—13页。

扬波尔斯基(Yampolsky, Philip B.)译,《六祖坛经》(*The Platform Sutra of the Sixth Patriarch*),纽约:哥伦比亚大学出版社,1967年。

严有翼,《艺苑雌黄》,郭绍虞辑《宋诗话辑佚》,第181—234页。

严羽,《沧浪诗话》,《历代诗话》,第686—708页。

颜真卿,《文忠集》,《丛书集成》本。

颜中其,《苏东坡轶事汇编》,长沙:岳麓书社,1984年。

颜中其,《苏轼论文艺》,北京:北京出版社,1985年。

杨慎,《(百三十二家评注)三苏文范》,1914年,嘉乐斋版本重印。

杨时,《龟山语录》,《四部丛刊续编》本。

杨万里,《诚斋诗话》,《历代诗话续编》,第1册,第135—160页。

扬雄,《法言》,《丛书集成》本。

延寿,《宗镜录》,《大正新修大藏经》第48册,第2016经,第415—957页。

叶嘉莹,《论苏轼词》,《灵溪词说》,第191—228页。
叶梦得,《避暑录话》,《学津讨原》本。
叶梦得,《石林诗话》,《历代诗话》,第404—439页。
叶梦得,《石林燕语》,北京:中华书局,1984年。
叶梦得,《岩下放言》,《四库全书》本。
伊世珍,《琅嬛记》,《学津讨原》本。
横山伊势雄,《诗人之"狂"——苏轼》,《汉学会会报》第34卷(1975年),第1—12页。
横山伊势雄,《苏轼的政治批判诗》,《汉文学会会报》第31号(1972年),第26—39页。
吉田寅,《救荒活民书与宋代的救荒政策》,《宋代史论丛:青山博士古稀纪念》,第447—475页。
吉川幸次郎著,华兹生(Burton Watson)译,《宋诗概说》,剑桥:哈佛大学出版社,1967年。
吉川幸次郎撰,魏世德(John Timothy Wixted)译:《中国诗歌的五百年:从1150到1650》(*Five Hundred Years of Chinese Poetry, 1150-1650*),普林斯顿:普林斯顿大学出版社,1989年。
元好问,《遗山先生文集》,《四部丛刊》本。
袁宏,《后汉记校注》,天津:天津古籍出版社,1987年。
袁文,《瓮牖闲评》,《聚珍版丛书》,《百部丛书集成》本。
商辂修,《御批资治通鉴纲目续编》,《四库全书》本。
曾季貍,《艇斋诗话》,《历代诗话续编》,第1期,第281—326页。
曾敏行,《独醒杂志》,《知不足斋丛书》本。
曾慥,《东坡先生长短句》(《全宋词》即据此版本收录苏轼的词作)。
曾慥,《高斋诗话》,郭绍虞辑《宋诗话辑佚》,第129—137页。
曾枣庄,《从〈毗陵易传〉看苏轼的世界观》,《苏轼研究专集》,第59—66页。
曾枣庄,《东坡词中的朝云》,第214—225页。
曾枣庄,《〈苏诗分期评议〉的评议》,《论苏轼岭南诗及其他》,第24—41页。
曾枣庄,《苏轼评传》,修订版,成都:四川人民出版社,1984年。

曾枣庄,《苏洵"辨奸论"真伪考》,《四川大学学报丛刊》,第 15 期(1982 年),第 109—116 页。

曾枣庄,《苏洵评传》,成都:四川人民出版社,1983 年。

张方平,《乐全集》,《四库全书》本。

张戒,《岁寒堂诗话》,《历代诗话续编》,第 1 册,第 449—476 页。

张介,《东坡词漫谈》,《东坡词论丛》,第 231—237 页。

章培恒,《"辨奸论"非邵伯温伪作》,《古典文学论丛》,第 138—183 页,《复旦学报增刊》,上海:人民出版社,1980 年。

张三夕,《论苏诗中的空间感》,《文学遗产》1982 年第 2 期,第 87—96 页。

张相,《诗词曲语词汇释》(上、下),北京:中华书局,1977 年。

张炎,《词源》,唐圭璋辑《词话丛编》,台北:广文书局,1967 年。

张彦远,《历代名画记》,《丛书集成》本。

张志烈,《苏王唱和管窥》,《苏轼研究专集》,第 93—102 页。

赵秉文,《闲闲老人滏水文集》,《四部丛刊》本。

赵次公,《东坡诗注》,王十朋所引。

赵令畤,《侯鲭录》,《知不足斋丛书》本。

赵翼,《瓯北诗话》,北京:人民文学出版社,1981 年。

郑之惠、凌启康,《苏长公合作》,1620 年。

《知不足斋丛书》,《百部丛书集成》本。

周必大,《二老堂诗话》,《历代诗话》,第 2 期,第 655—678 页。

周必大,《益公题跋》,《津逮秘书》本。

周煇,《清波别志》,《丛书集成》本。

周先慎,《漫说苏轼〈纵笔〉诗:兼谈诗人在惠儋时期的创作心态生活思想》,《北京大学学报》,1988 年第 5 期,第 45—51 期。

周易,《周易引得》,哈佛燕京学社编汉学《引得》,增刊第十号,台北:成文出版社,1966 年。

周紫芝,《诗谳》,《学海类编》,《百部丛书集成》本。

朱靖华,《苏轼新论》,济南:齐鲁书社,1983 年。

朱熹,《三朝名臣言行录》,《四部丛刊》本。

朱熹,《伊川先生年谱》,《程颐与程颢》,第 1 期,第 338—346 页。

朱熹,《朱文公文集》,《四部丛刊》本。

朱熹,《朱子语类》,八卷本,北京:中华书局,1986 年。

庄子,《庄子引得》,哈佛燕京学社编汉学《引得》,增刊第二十号,剑桥:哈佛大学出版社,1956 年。

《总案》,参见"王文诰辑注《苏文忠公诗编注集成总案》"。

宗鉴,《释门正统》,《续藏经》,第 130 期,第 713—925 页。台北:新文丰出版社,1977 年。

宗晓,《乐邦文类》,《大正新修大藏经》,第 47 册,第 1969A 经,第 148—231 页。

《左传》,《春秋经传引得》,哈佛燕京学社编汉学《引得》,增刊第十一号,台北:成文出版社,1966 年。

标题索引

这份列表按繁体字的笔画顺序排列了前文所引的苏轼散文与诗词。索引只包含被翻译或详细讨论过的作品，并不覆盖每一篇引用作品。其他作家的作品亦未被囊括在内。译者按：索引所示页码为英文原著的页码（本书页边码，标示该页结束）。

【散文】

三畫

上神宗皇帝書, 34, 36—37
乞郡劄子, 93

四畫

中庸論（中）, 9
文與可畫墨竹屏贊, 367
日喻, 54—55

五畫

石鐘山記, 354

六畫

成都大悲閣記, 151—152

七畫

改觀音經, 147
赤壁賦, 222—223

阿彌陀佛頌, 144—145

八畫

東林第一代廣惠禪師真贊, 156

九畫

後赤壁賦, 245—246
相度準備賑濟第三狀, 117
送錢塘僧思聰歸孤山敘, 167

十畫

書吳道子畫後, 300
書唐氏六家書後, 267
書陳懷立傳神, 282
書伽經後, 140—141
海月辯公真贊, 156—157
留侯論, 23—24
配袁宏論佛, 139
記遊松風亭, 335

記歐陽公論把筆,271

十一畫
淨因院畫記,293—294
清風閣記,160
雪堂記,238

十二畫
揚雄論,9—10,11
策別課百官(三),13
策略(四),18
答李端叔書,212
答秦太虛(四),208—209
答虔倅俞括,374
答張文潛縣丞書,63—64
答畢仲舉,164—165
評草書,279
超然臺記,161—162
跋劉咸臨墓誌,141
黃州上文潞公書,48—49
黃州安國寺記,16s

十三畫
與王庠書,366—367
與朱鄂州書,128—129
與李公擇(十二),219
與姪孫元老(一),217
與張嘉父(三),126

與滕達道(八),90
與錢穆父(十一),120—121
與謝民師推官書,364
試筆自書,236—237

十五畫
墨君堂記,287
墨寶堂記,43—44,181

十六畫
龍虎鉛汞說,239

十七畫
應制舉上兩制書,14—15
應夢觀音贊,148
韓非論,10
韓愈論,10—11

十八畫
題魯公帖,268—269

十九畫
鹽官大悲閣記,66—67,165—166

二十畫
議學校貢舉狀,64

二十一畫
辯試館職策問劄子(二),99,106—107

二十四畫
觀世音菩薩頌,147—148

【詩詞】
二畫
十一月二十六日松風亭下梅花盛,256—257
卜算子(缺月掛疏桐),337

三畫
山村五絶(三),40—41
山村五絶(四),40

四畫
中秋月寄子由(二),200
王復秀才所居雙檜(二),50
王維吴道子畫,294,297
水調歌頭(明月幾時有),249,345—346
水龍吟(小舟橫截春江),342—343
水龍吟(似花還似非花),348

五畫
永遇樂(明月如霜),339—340

六畫
次韻子由書李伯時所藏韓幹馬,289—290
次韻子由論書,270
次韻李端叔謝送牛戩鴛鴦竹石圖,308
次韻黄魯直赤目,172
再和潛師,201
江城子(十年生死兩茫茫),316
江城子(天涯流落思無窮),323
自普照遊二庵,205
舟中夜起,189
西江月(玉骨那愁瘴霧),329
西江月(照野瀰瀰淺浪),334

七畫
泛潁,205—206

八畫
和子由澠池懷舊,194
和王晉卿,202
和述古冬日牡丹(一),46
和陶怨詩示龐鄧,236
和陶神釋,241
和陶貧士(三),235
和陶詠三良,258—259
和陶雜詩(六),244
和陶歸園田居(二),234

和陶讀山海經(一),242
和陶讀山海經(二),243
和劉道原寄張師民,45
和錢安道寄惠建茶,45—46
定風波(莫聽穿林打葉聲),334—335
定風波(常羨人間琢玉郎),333
念奴嬌(大江東去),226—227,343,347
東坡八首(一——五),229—231
法惠寺橫翠閣,185
泗州僧伽塔,179—180

九畫

洞仙歌(冰肌玉骨),345
洗兒戲作,250
送岑著作,176
送參寥詩,198—199
送鄭戶曹,187

十畫

孫莘老求墨妙亭詩,269
浣溪沙(旋抹紅妝看使君),331
浣溪沙(簌簌衣巾落棗花),331
被酒獨行遍至子雲威徽先覺四黎之舍,259
郭祥正家醉畫竹石壁上……,292
陳季常所蓄朱陳村嫁娶圖(二),s3

十一畫

悼朝雲,328
曹既見和復次韻,175
梅花(一),253—254

十二畫

寒食雨(一),254
寓居定惠院之東……,251
減字木蘭花(玉觴無味),327
登州海市并敍,181—182,192
登雲龍山,177—178
黃魯直以詩饋雙井茶次韻爲謝,171—172

十三畫

歲晚相與饋問……(三),193

十四畫

熙寧中軾通守此郡……,183

十五畫

歐陽少師令賦所蓄石屏,298
罷徐州往南京馬上走筆寄子由(一),184
遷居林皋亭,194

十七畫

戲子由,41—42

縱筆,257
縱筆三首(一),258
縱筆三首(二),259
臨江仙(夜飲東坡醒復醉),315

十八畫
歸宜興留題竹西寺(三),102
題西林壁,185

十九畫
臘日游孤山訪惠勤惠思二僧,190—191

二十二畫
鷓鴣天(林斷山明竹隱牆),336

专名索引

译者按：索引所示页码为英文原著的页码（本书页边码），诸词条依英文单词首字母为序编排。

A

阿部肇一，149
艺文，参见"艺术"
爱人利物，144
爱物，243
无尽意菩萨，146
炼丹术，220，238—241
异化，176
布施，144
阿弥陀佛，142，143，144—145
安燾，104
安史之乱，263
《论语》，论语解，68，69
前代典范，274—275
安国寺，165，212
安期生，241
安身，80
不住，158。参见"无住"
艺术收藏，159。参见"艺术鉴赏"
艺术：艺术与佛教，167—168；文体等级，367；创作动机，299—309；艺术与政治，43—44，308，318；艺术的价值，301—302，375—376；艺术观点，157，281，363—369，375—381；视觉图像艺术与语言文字艺术，306，367；艺术与道，375，参见"书法""绘画""诗歌""文"
赋役制，87—89，93，99。参见"募役法"
盂兰盆会，143
华严经，66，152

B

八分书，271
画竹，292，293—296，297，305，319，367。参见"文同"
班固，355
放逐。参见"贬谪"
保甲法（baojiafa）。参见保甲法

（Civilian Security Policy）

宝月惟简，144

军营，建造军营，125，131，132，133

本末，362，377，378

本心，84

笔，370

毕宏，298

必有所论，373

毕仲举，164，165

毕仲游，303

变，275

变古法，275

病，375

花开，250—257

白居易，288—289，349

伯牙，236

菩萨典范，158

包弼德，xvi

博罗，131，133

易经：程颐注易传，78，396n73；苏洵注易传，69—70；"易"在易传中的概念，224；周易·系辞，71，74，80—81；易经中的形而上学，73—75，364；易经中的治国主题，71—73；东坡易传，68，69—70，71—85，155，360；易经中的及物主题，76—91；易经中的无我主题，81—85

尚书，4—5，59，61；东坡书传，68—71，79，82，83—84，204

诗经，51，61，70，100，300

边境关系，6，7

桥梁建筑，130—131，132，133，135，137，149

佛性，167，296

佛教：佛教与艺术的关系，167—168，294—296，297；佛与儒的比较，147—148，149；佛与巫的比较，137—138；佛教教义，162，186；佛教对苏轼的影响，xvi，134—137，149—150，155—156，179，368；佛教对堕胎或去卵的看法，129，134；提到佛教，39，94，224；对佛教的疑虑，64—67，162—168；佛教在北宋，134—135，142；宋廷对佛教的贬抑，141；佛教在唐朝，153，154；佛教与王安石，64—66，92；袁宏论佛教说，138—139；作为佛教徒的朝云，328。参见"禅宗""慈悲""观音""大乘佛教""无执""净土宗""佛经"

不留，158，159

台谏，5，33，87

观文殿，60—61

职官制度，6，12，15，98；新法时期的官制,28,29—30,31—32;选官,7,15—16,34—35,55.参见"贪污受贿"

布施,144

不住,158,159

C

才(cai),11,17,76—77,356。参见才(Talent)。

蔡卞,62,104,105

蔡承禧,209

蔡京,105,218

蔡确,86

蔡襄,261,264,265,270,378,430n49

蔡邕,269,420n58

蔡肇,361

采莲女,332

书法:书法与古代典范,274—275;书法中的运笔技巧,264,270—272,273—274;寒食帖,254—255;书法题跋,266,275,278,418n11;书法与绘画的比较,284,293;书法鉴赏,181,265,377;书法批评,262,265,267—272;草书,252—253,254;书法中的情感,198,272—273;书法与古文运动,262—265,277,284;苏轼的书法实例,252—253,255,307;书法中的模仿,262—263,273—274;书法中的创新,265,272—276,279,299;书法中的个性,267—269,270,273;书法中的趣味,276;书法中的愉悦感,277—279,308—309;关于书法的诗,193,269—270;《赤壁赋》手卷,307;书法字体,266,269,379;书法中的自然和专注,278—279;书法风格,193,269—272;苏轼的书法风格,261,271—272,273—274,306,309,419n36;唐代书法,262,263—264,272,275;被看作纯粹技艺的书法,43—44,277,375;书法与道的关系,279—281,293;关于书法的著作,261—281,302—303;朱熹对书法的见解,360。参见"艺术""二王"

赞,262

仓颉,61

参寥(道潜),154,163,187,198,199,204;参寥诗,201—202,355—357,362

参知政事,38

曹霸,291

曹操,6,188,221,223,226,228

曹植,202

草茶,45

策,6

御史台:新法时期的御史台,36—37,107,203;御史台对苏轼的迫害,48—51,108—109;御史台的监禁,49,233;元祐时期的御史,93,96,97

禅宗:153—154,156,296;禅宗与净土宗的融合,142—145,150,154;禅宗对苏轼思想的影响,135,159,196,294,368。参见"佛教""冥想""无心""文字禅""云门宗"

嫦娥,346

长啸,248

孙康宜,347

常理,293

常平仓,109

常形,293

澶州,124

晁补之,170,303—304,305,341,361,372,373,425n24

晁说之,64

尘,136

陈季常。参见"陈慥"

陈履常,206

陈师道,303—304,352,365,372,425n24

陈述古,164,165,331

陈英姬,xv

陈造,53,137,210

尘障,136

诚,167

程氏兄弟,33,294,398n34。参见"程颢";"程颐"

程颢,95。参见"程氏兄弟"

程节,217,413n36

程颐,19,78,93—98,102,305,357—358,396n73。参见"程氏兄弟"

程正辅,130—131,215,242,378

成帝,269

赤壁(chibi)。参见赤壁(Red Cliff)

竺沙雅章,149

中文书写系统,61—62

楚歌,359

出新意,272

淳于髡,184

慈,147

词(Ci):自传性质的词,323—324,330—337,341,379;苏轼词的年表,322,324—325;词中的满足与挫败感,336—338;诗词之间的比较,316—317,318,325—330,336,344,347,380,426n41;对于东坡词风的批评,320,347—348,

350;苏轼关于第一任妻子离世的词,315—317,328;关于朝云离世的词,328—329;词中的情感,326—330;区别于文的词,370—371,374;关于分别的词,323—324,327,331;五代时期的词,310,345;词与其真实性,318—320;作于杭州的词,322,324;贬谪黄州时期的词,315—316,325—326,333—337;关于出猎的词,320,331—332;悼念欧阳修所作的词,328;词的卑下地位,317—318,325,375;词中的月光,344—347;作词动机,317—318,324—326,350;作为音乐和文学形式的词,310—311;词中的户外场景,332—333,334—335;词的题序,331;关于赤壁的词,226—227,315,327,343—344,347;词中的浪漫情愫,371,313,320—322,333;东坡词风的特质,315—316,347—348,350—351;词的主题,311—313,315—316;以诗为词,315—317;词中的口吻,312—316,318—319,338,345;关于柳絮的词,348—350;作于徐州的词,323—324,327,331—333,339—341。参见"柳永""慢词"

"小令"

辞达而已矣,366

慈圣,太后,52

科举:科举的内容,29,34,60,222;新法时期的科举,29,55—56,60,64,87,371 选官政策。参见"官职制度"

保甲法(Civilian Security Policy),29,32,87

礼记。参见"中庸""礼"

经典注疏:68—85,260;评论新法的经典注疏,70—71,79;经典注疏与及物,76—81;经典注疏与新学,60—61,69,78;经典注疏与无我,81—85;作为苏轼重大成就的经典注疏,68—69,377;经典注疏与道,73—76。参见"周易""尚书"

学士,12—13,123—124

寒食诗,254—255

跋,267,309,356,418n11;书法题跋,266,278;画作题跋,281,284,300。参见"题画诗"

慈悲,136,138,139,140,143,149 定,166,167

儒家,8,10—11,18,58,158—159,319,390n53;儒家与佛教比较,147—148,149;儒家对于写作的认识,364,366—367。参见"真

实""人性""仁"
鉴赏,157,181,265,377
旧党,33,86—88,92。参见"司马光""元祐时期"
建设项目,124—125,131—133
贪污腐败,7,110,121,123—124,184
徭役,28—29
农贷政策。参见"青苗法"
敛,292

D

戴嵩,284
神(Daimonic),58,59,60,80,81,83,393n13
丹砂,244
儋州。参见"海南岛"
道德,63
道心,84
大通,319
大义,29
德,367
死刑,48,70
债务减免,122—124,135
试策,3,5—7
邓绾,47
邓润甫,104
邓守安,130,132,240
登州,182,191—192

得之象外,297
帝,138
金刚经,158
定,166
定惠院,209
定州,103,104,125,306—308
异见,异见的有效性,258—259
神界的干预,181—182
中庸,6,8,18—19,84
动,18,79
董必,217
董其昌,413n52
董煟,110,400n7
东坡居士,210
斗,109
梦,342—344
杜甫,xiv,177,195,299;杜甫对于书法和绘画的见解,269,291,302;杜甫与诗的登峰造极,275,300—301,370,414n63
独善其身,127
杜周,273,274,420n37
杜子美。参见"杜甫"
度牒(dudie)。参见度牒(Ordination certificates)
兑卦,78
周公,6

E

东坡,171;耕作于东坡,210—211,306,335—336;东坡诗,211,229—232

经济,7,27—28,30

情感:书法中的情感,198,272—273;程颐对情感的看法,19—20;情感与人性,10—11,59,95,203—204,396n95;情感和诗歌,195,197—201,204,326—330;苏轼对情感的看法,8—12,21,35,84—85,204;王安石对情感的看法,59—60

空虚寂静,198—199,204

太后,31,32

开悟,60,66,166,206

常平仓,109,110,111,116,117,121,124

科举策论,4—5,35,54,71,386n12,386n15;关于官职制度的策论,12,15,19,204;关于情感的策论,8—12,21;关于"忍"的策论,24,25—26;关于善的策论,13—14;关于治理的策论,11—16,17—19,204;关于人性的策论,10—11,20,203—204;关于历史人物的策论,16—20;对选官的策论,15—16;关于礼的策略,8—9;苏轼对策论的反思,7,19,106,212;关于张良的策论,21—26

科考试题,98—100,104,106,107

科举制度。参见科举考试

贬谪:韩愈的贬谪,182,元祐官员的贬谪,105,213,216。参见"苏轼的贬谪"

苏轼的贬谪:苏轼的贬谪及以花作喻,250—257;苏轼贬谪期间所作注疏,68—85,260;苏轼贬谪的经济状况,208—209,210—211,215;苏轼贬谪期间的疾病,213,217,240;苏轼贬谪的无束缚的一面,220,224;苏轼贬谪期间的文学创作,xv,68,207—208,220,411n1;苏轼贬谪期间不被允许发表政见,128,208,214;贬谪对苏轼造成的心理影响,211—213,219—221,237;苏轼在贬谪期间对满足感的追求,236—237,333,354,355;苏轼在贬谪期间对自我超越的追求,161—162,224,237—250;苏轼贬谪期间的访客,217—218。参见"海南岛""惠州""贬谪于黄州""赤壁赋"

方便法门,152

情感经验,情感经验的短暂性,

189—191

F

法(laws),274
法(policy),1,14—15
发,168,280,363
法度,19
饥荒救济,108—122,135,149;苏轼支持的救荒策,110;苏轼公文的真实性,118—121
范纯仁,33,87
范蠡,17I,316
范镇,33,52,141,303
范仲淹,7,27,220,262
范祖禹,96,104,119—120,216
方便,152
凡心,166
农田,购买农田,201,209—210。参见"宜兴"
农夫,7,28,31,122,164,183—184。参见"居士""青苗法"
耕作,63,102,229,232,306,335—336。参见"东坡""购买农田"
法社,142
法帖,262
法秀,163,361,429n23
法涌,143
法云,143

非本色,311
费衮,132—133,135
风采,268
风流,356,362
风俗,36
财政,6,7。参见"经济"
火灾赈济,131,133
五行,76—77,167,239—240,406n88
五德,19
洪水:杭州的洪水与饥荒,102,109,115,118—119;徐州的洪水,124,184,187—188,356
洪流,145,146
方秀洁,318
食物与水,66—67,74,75,94
食物暴乱,120
忍(Forbearance),17,24,25—26,147
佛印,140,142,197,357
友情,170,174,231。参见"苏轼的交游圈"
赋(fu)。参见赋(Rhapsody)
富弼,4,33,101,141
傅尧俞,98,99
傅君劢,xvi,387n42,396n95

G

高太后, 86, 94, 99, 104
高仙芝, 291
高闲, 198
向右倾斜, 273
葛洪, 242—245
艮卦, 77—78
居士, 220, 229, 232, 237
真, 318—320
罗伯特·吉梅洛, 163—164
斯坦利·金斯伯格, xvi
金刚经, 145, 153
良善, 13—14, 74—75。参见"人性";"仁"
勾践, 越王, 23—24, 387n56
治理: 苏轼对于治理的见解, 6, 35, 70—73, 98, 204, 368; 王安石对于治理的见解, 30, 79—80
葛瑞汉, 393n13
太公兵法, 22
管佩达, xvi, 195
青苗法（Green Sprouts Policy）, 28, 31, 32, 40, 87, 183—184
固, 78
古耕道, 130
顾恺之, 282, 300
卦辞, 78

怪, 292
观, 166
广惠, 156
观物, 285
观音: 禅净双修, 42, 144; 观音的名字, 146, 166; 观音的回应性, 150—153, 155; 观音塑像, 66, 67, 150—153, 155; 苏轼与观音的密切联系, 145, 147, 148
郭泰, 356
古文, 262—265, 266, 272, 277, 283, 284, 371

H

海南岛: 贬谪至海南 216—218, 257—258; 于海南所作诗歌 241, 244, 245, 259—260; 海南的巫术仪式 137—138
海月, 156, 157
韩非子, 6
韩幹, 289—291
汉高祖, 6, 188, 387n57。参见"刘邦"
韩琦, 141, 263, 270
韩维, 100
韩信, 24, 387n57
韩愈, 6, 20, 269, 300, 408n31, 420n38; 韩愈较之苏轼, 182, 198,

360;因自以为是而受嘲笑,182,203;韩愈的诗歌,180,199;韩愈人性论,10—11,150,386n20

杭州:杭州的佛学圈,142,150;杭州的债务减免,122—124;杭州的饥荒救济,108—122;在杭州设立医馆,126,136,145;来自杭州的诗歌,183,190—191,204—205,322,324;杭州的公共工程,113—115,124—125;被调任至杭州,101—102

翰林院,94,100,170,171

好古,265

贺巧治,xvi,396n95

何大正,48,51,390n39

何正臣,51,100,392n85

天命,20,59。参见"人性""性命"

合江楼,214—215

海陶玮,314

募役法(Hired Service Policy),28—29,87—89,99,106,126

画马,285,289—291,305

医馆,126,136,145

侯外庐,79

湖,170

胡寅,315

画工,283,284,296

怀古诗,188

怀琏,144

怀素,275,280,364,420n49

涣卦,71

黄道辅,296

黄蓼圆,228,427n65

黄庆基,103

黄筌,285

黄庭坚(黄鲁直),100,106,281,289,301,318,361;黄庭坚被追赠龙图阁学士,170,372;黄庭坚对苏轼的评价,47,242,337,352—355,357,362;作为书法家和诗人的黄庭坚,178,261,265,266,274,275,322,365;黄庭坚为苏轼的书法辩护,271—272,273—274,276;黄庭坚的贬谪,216,304;作为苏轼交游圈成员的黄庭坚,303—304,305;被朱熹反对的黄庭坚,360;黄庭坚与苏轼的诗歌交流,170—175,178,425n22

黄州贬谪,7,82—83,86,172,208—211;作于黄州的词,315—316,325—326,333—337,342—343,426n41;黄州贬谪时的财务状况,208—209,210—211;黄州贬谪时的友谊,231;黄州贬谪时的深想,168,238;居士的诗歌,229,232;黄州贬谪时的怨恨诗歌,250—

251；黄州贬谪时的写作,68,69,90,207,212—213。参见"东坡""贬谪""弃婴""后赤壁赋""赤壁赋"

华严宗,294

慧,166

慧洪,155,163,239

慧林圆照,142。参见"宗本"

惠能,153

惠勤,191

会意,62

惠州,105,128,338；建造桥梁,130—131,135,137；在惠州更换住处,214—215,335；兵营建设,131,132,133；来自惠州的信函,216；过度征税,131,132,133；财务状况,215；来自惠州的诗歌,214,215—216,256—257；来自惠州的散文,239,335；公共工程,130—133；惠州地方官员之间的争斗,214—215

徽宗,105

人性,10—11,13,35,74；程颐关于人性的观点,19—20,94—95；韩愈关于人性的观点,10—11,150,386n20；人性和天命,20,73—74,81；王安石关于人性的观点,58,59—60。参见"情感""性命"

仁慈,58,60,74,80,84,98；苏轼作为地方官员的仁慈,135,137,149。380。参见"仁"

幽默,173,195。参见"趣味性"

活,284

霍光,17

I

不朽,180,181,192,240—241,242,243,249—250。参见"死亡"

皇家祭祖,101 太傅,94,96—98

监禁,48—49,52,193,233,325,391n74。参见"囚犯""监禁手段"

弃婴,128—130,134,135,136

与生俱来的知识,57

先天之材,参见"才"

内外(Inner and outer),56—57,79,95,167

内圣,20

正直,17,167

以才学为诗,179—180,183。参见"以议论为诗"

监司,27

介入,76—81

及物(Involvement with things),参见及物(jiwu)

J

寄(ji),159。参见寄(Lodging),255
贾昌,17,96,102—103,119,120,220,304,367
贾耘老,209
奸,38,96
兼并,31
姜唐佐,217
嘉祐寺,214—215,335
节(integrity),17
结(joints),288
戒,166
纪纲,36
金昌绪,349
金圣叹,247
敬,95,358
静,79
荆(王安石),93
景差,359
荆轲,23,387n54
净慈寺,142,143,144,145,319
金山寺,140
进士考试,3—5,386n11。参见"科举""科考试题"
及物(jiwu),127—128,135
均输平均法(Junshu pingjun fa),见均属平均法(Tribute Distribution and Price Equalization Policy)
居士,134
居则,66,67,163,165

K

楷体,263,270
开元寺,297
坎卦,81
慈悲,147
契丹,7,27
知识,57,66—68,73—74,79,168,203
孔安国,385n7
孔凡礼,386n12
孔平仲,303
孔文仲,97,102,303—304
孔武仲,170,174,292,303
空静,199,204
空文,367
忍(ren),147。参见忍(Forbearance)
狂,176
狂人,17
宽剩钱,126

L

蜡梅,176
山水画,285,292,295,298—299
郎晔,386n12

楞伽经, 140, 152

老子, 11, 65, 74, 80, 82, 244, 396n81

后赤壁赋, 245—249

怠惰, 166, 176—177

法家思想, 56

文字禅(Lettered Chan)。见文字禅（Wenzi chan）

力, 240

理(noumena), 294

理(li)。参见理(Pattern)

礼, 8—9, 12, 74, 203, 386n15

履卦, 85

李翱, 10, 19

李白, 177, 248, 346

李定, 48, 51, 100—101

李福顺, xv

李公麟, 174, 285, 289—291, 295—296, 303—305, 360—361

李公择, 209, 219

李光弼, 188

李清臣, 104

李斯, 269

李希烈, 263, 268, 419N19

李宜之, 50

李煜, 315, 322

李泽厚, 178, 355

李昭玘, 376

李廌, 303

李之纯, 306

李之仪, 212, 299, 303, 306—308, 36r, 424nI42

梁焘, 216

理财(Licai), 30, 71

蔺相如, 353

林语堂, xvi

陵仲子, 319

临皋亭, 209, 246, 416n104

岭南, 69, 207, 213, 258, 414n63。参见"海南岛"; "惠州"

文学创作。参见"文"

士大夫, 95, 181, 200

文人画(Literary painting), 见文人画（Wenren hua）

留, 159

刘邦, 21, 22, 25—2。参见"汉高祖"

刘攽, 289

刘敞, 264

柳公权, 264, 267, 270—27I

刘挚, 88

刘泾, 361

刘乃昌, xv

刘尚荣, xv

刘恕, 45

柳永, 3I3—314, 317, 320—321, 324, 332, 338—340

刘挚,216
柳宗元,138
刘子健,35
留守,200
罗文,61
寄宿,159,160,201,277,295—296,297,368。参见"无执"
莲华经,146—147
忠诚,258—259
庐山,142,156,185—186,237,357
卢杞,268,419N19
陆探微,300
吕陶,100,303
陆游,356
陆贽,26,132,220,367,374,376,430n56,430n54
论(argument),179
论(disquisitions,essays),6,368
洛党,98
吕布,188
吕大防,216
吕公著,33,94,104—105
吕惠卿,47,48,61,91,104;吕惠卿被贬,87,103,105,308
吕尚,355
吕祖谦,359
闾丘孝终,342—343
律诗(gelvshi).参见格律诗(Regulated poetry)

M

马梦德,210—211,229
马瑊,120—121
疯狂,176—178,179
摩诃萨,145—146
大乘佛教,152,153,158,166
瘴气,217,218
理财(Managling wealth),见理财(Licai)
慢词,339—350。参见"词"
摩尼珠,186
毛晋,418—419n11
毛滂,303
相互关联的诗作,170,233—236,242—243,258—259,289,306,355
倪雅梅,271
医疗护理,125—126。参见"医馆"
冥想,165,167,203,238,241
梅尧臣,5,265,408n32
眉山,3,144,150,200—201
孟子,6,18,30,70,74,127,319
盟,365
孟贲,23,387n52
孟昶,345,428n78
孟郊,193

商户,7,29,31,34,121
比喻,185—186,192—197
形而上学,65
米芾,261,266,274,275,292,303,361,430n26;米芾美学表达的核心,377,431n65
免役钱,29
中道,18
军事关系,6,27—28
心,84—85。参见"无心"
明,167
镜,186,364,375
迩英殿,97
密州,89,91,161—162,207
末。参见"本末"
墨宝堂,43
佛寺,149,1566—157,165
清规戒律,165
放贷人,184
月光,200,344—347,409n57
道义责任。参见"义"
生命的有限性,202,224,226,227,345—347。参见"不朽"
悼念,5,27,94,98
墨义,29
墨子,69,359
音乐,94
募役法(muyifa)。参见募役法(Hired Service Policy)
穆宗,270

N

内外(Nei/wai),见内外(Inner and outer)
新学,60—61,303;苏轼反对新学,63—65,69,78,150,155,163,164,265
新法(New Policies):对新法态度的变化,90—92,389n26,397n11;苏轼对新法的批判,33—36,56,65,70—71,79,106,176,203—204,356;新法的废除,86,87—88,92;新法对百姓的影响,40—41,46,47;新法与官僚体制的扩张,31;御史台在新法中的职能,36—37;提到新法,xiv,122;反对新法,32—33,56,303,反对新法的诗歌,39—45;概述新法,28—30。参见"科举""青苗法""募役法""新学""反对新法的诗歌""盐监""苏轼(年谱)""苏轼的被捕与审判""王安石"
聂政,23,387n54
应身,152
牛戬,308

无心, 67, 81—83, 153—156, 166
无思, 158, 159, 280, 336
无住, 158, 159, 295
无执, 157—162, 196, 227
无占, 158, 159, 160
无常, 224, 413n52

O

文体等级, 36—37
度牒(Ordination certificates), 111—113, 114—115, 125, 401n23
初心, 84, 85
欧阳辩, 206
欧阳棐, 206
欧阳修, 7, 191, 199, 220, 298, 305; 欧阳修的书法, 265, 270, 281, 367; 欧阳修与科举考试, 4, 5, 371; 欧阳修的离世, 328; 欧阳修关于人性的论争, 20; 作为文学家和书法评论家的欧阳修, 262—265, 266, 268—269, 271, 274, 275; 欧阳修对佛教的不满, 141; 欧阳修对物质的态度, 161; 欧阳修对时文的鄙弃, 371; 欧阳修关于绘画的见解, 283; 欧阳修的文赋, 222; 欧阳修的书法实践的看法, 277, 308; 欧阳修对苏洵的举荐, 3—4; 欧阳修的致仕, 33, 172; 作为苏轼座师的欧阳修, 5, 365; 作为词人的欧阳修, 314—315, 332, 338; 朱熹对于欧阳修的看法, 358, 360
宇文所安, 318

P

绘画: 绘画与佛教, 145, 294—296, 297; 绘画与书法比较, 284, 285; 西园雅集, 360—362, 429n23; 形似, 281—285, 294; 自然意象, 302; 绘画中的创新, 299; 绘画的模式, 293—296, 364; 绘画与个性, 285—292; 绘画与诗歌, 289—290, 291, 296—299, 308; 绘画与政治, 303—308; 绘画的声望, 318, 375; 苏轼的画作, 261, 292, 305, 306。参见"艺术""画竹""画马""山水画""文人画"
馆阁, 170
盘庚, 70—71
盼盼, 339—341
骈文, 371
理(Pattern), 18, 81, 82—83; 理与艺术, 267, 293—296, 301, 364, 375; 理与佛教, 294—296; 理作为礼的另一种呈现, 387n42; 王安石和程

颢对理学的看法, 58, 62, 95
大悲阁, 150—152
清风阁, 160
裴休, 传心法要, 153
人民的意愿, 12—14, 71, 204, 356, 368。参见"统治"
感知性, 186, 196—197。参见"主体性"
永久性, 224
个性与艺术, 267—268, 285—292, 302, 319, 368, 370, 375
人格化, 196
六祖坛经, 153, 158
趣味性, 169—176, 178, 276, 378—379
题画诗, 281, 285。参见"跋"
抒情主体, 318。参见"词的抒情主体"
诗: 写给苏轼的诗, 184, 199—201, 204, 250, 245—246; 诗中的古迹, 188, 224; 关于花的诗, 250—257; 关于建造桥梁的诗, 130; 与佛教有关的诗, 148, 187; 关于书法的诗, 269—270; 科举考试中的诗, 29, 34, 60, 64; 寒食节的诗, 254—255; 关于满足感的诗, 237, 257, 336; 关于死亡的人生有尽的诗, 202, 315—317, 328—330; 关于违抗的诗, 258—260; 写于登州的诗, 191—192; 思辨性的诗, 179—183, 197; 诗与情感, 195, 197—201, 203—204, 326—330; 与黄庭坚唱和的诗, 170—175, 178, 425n22; 与王安石唱和的诗, 91—92, 397nr2; 关于耕作的诗, 270, 229—232, 234; 关于挫败感的诗, 336—338; 诗与真实, 318—320; 汉晋时期, 202; 诗中的谐谑, 173, 195; 自省的诗, 205—206, 380; 和陶诗, 233—236, 242—243, 258—259, 355, 414n60, 414n65; 以镜喻诗, 364, 375; 中秋诗, 200; 作诗的动机, 190—192, 380; 关于绘画的诗, 289—290, 291, 297, 298, 302, 308; 关于诗的诗, 186—187, 190—192; 表达政治异议的诗, xiv—xv, 39—45, 49—51, 100, 173—174, 184, 392n77; 表达愤恨的诗, 235—236, 250—260; 多愁善感的诗, 199—200; 诗作为苏轼的主要成就, 377; 空间的在诗中的运用, 195—197; 谐谑戏作的诗, 169—170, 174。另见"词""作于海南岛的诗""作于杭州的诗""作于贬谪黄州时期的诗""作于惠州的诗""比喻""诗体"

"作于徐州的诗"
诗歌游戏,169,178
政策。参见"法(政策)"
政治,176,178,303—308。参见"艺术和政治""表达政治抗议的诗"
人口分布,12
猪肉,66,164
画像,282
般若,167,279,280
般若波罗蜜多心经,278
祈祷,181—182
印刷,39—40,52,63,311,325
囚犯,对待囚犯的方式,125—126,137,183
地方政府,108—122,125,135。参见"饥荒救济""公共工程项目"
蒲永升,295
公共土地,88—89
公共工程项目,110,113—115,124—125。参见"桥梁修建""水利"
惩罚,4—5,48,70
净土宗,142—145,150,368

Q

气,17,79,240,284
齐,16
奇,292
弃,242
其所以然者,73
其为人,268
乾坤八卦 75,76,77
钱荒,131
钱穆父,120—121
钱锺书,372
强情,273
秦朝,21—23;秦始皇,21,64,387n54
秦观(少游),102,208,210,281,365,367;秦观对苏轼的评价,362—363;秦观书法,279;少游词,320—321,324,341;秦观的贬谪与离世,216;秦观作为苏轼交游圈的一员,303—304,361;朱熹对秦观的批驳,360;秦观于翰林院的任职,170,372;秦观的写作,106,373
情,59,197,326—327。参见"感情""人情"
青苗法(qingmiaofa)。见青苗法(Green Sprouts Policy)
清新,299
契嵩,142,144,150
气韵生动(即谢赫"六法"之一),282
趣,268
屈原,17,177,179

取财,71

寂静,参见"空虚寂静"

至神,59

R

乌台诗案,49。参见"监禁"

隐士,178,181

史记。参见"司马迁"

赤壁(Red Cliff),221—228,315,343—344 参见"后赤壁赋";"赤壁赋";"赤壁赋"手卷

新党,103—106。参见"新法"

难民,116,120,121。参见"饥荒救济"

格律诗(Regulated poetry),330

规章制度,35,70

赈灾粮仓,109。参见"常平仓"

忍(ren)。见忍(Forbearance)

仁,9,75,135,147。参见"慈悲"

任家农场,210

人才,35。参见才(Talent)

人情,8—12

人心,84

人欲,95

仁宗,7,19,27,52,98,106

仁祖,参见"仁宗"

应物,150—153,154,158,160

尊敬。参见"敬"

赋(Rhapsody),29,221—222,370,413n48,413n51。参见"后赤壁赋""诗""赤壁赋"

赤壁赋,222—226,346。参见"后赤壁赋"

赤壁赋手卷,307,309

米,102,109—111,117,118,400n9。参见"常平仓";"饥荒救济"

仪礼,58,94。参见"礼"

周礼,61,70

岩石,292,298,305,352—353

柔奴,333

如,170

阮籍,248

统治:统治者对臣民的义务,70—72,79,81,368;通过制定政策和人力来统治,14

中有主(Ruler within),84,85

田园生活,53,332。参见"耕作"

汝州,91,104

S

圣,20,75,79,83,368

盐监,40—41,43,123,183

萨进德,xvi

色,57,322

自我中心主义,203—204,326,368

自我修养,80,165—166,219,301

专名索引

自欺,250
无我,81—85,178,227,280,293
僧肇,413n52
免役钱,29,88,89。参见"募役法"
巫,137—138
单锷,118
邵迎,370
神(shen)。见神(Daimonic)
沈括,7
神孝。参见"神宗"
神情,268
神宗:因毁谤神宗的罪名被指控,103,104—105,308;神宗及对苏轼的指控,50,52;神宗及对新法的批评,47—48,106;神宗的离世,86,90;神宗时期的经济问题,27—28;神宗的治国方略,98,99;绍述,101;神宗对王安石变法的支持,28,32,60—61,372
识,57
事,294
实,247
石介,34
诗体,325—326,378,379,406—407n1,426n41,426n48;参见"词(与诗对比)""诗"
诗言志,318
时中,19

施财,144
诗人,378
士人,283
时文,371
石盐木,130
市易法(shiyifa)。见市易法(State Trade Policy)
石钟山,354354
守于中,83
书,170
舒亶,47,48,51,100,390n39
蜀党,98
水陆法会,143
思,95
私,82,83
丝,349
思聪,167,279,281,363
丝绸,102,109,123
银,109
司马光,7,28,33,52,86,141;司马光的离世,93,94;司马光与王安石的争论,30—31;司马光与苏轼的分歧;87—93,99,100,305;司马光对募役法的反对,87—88;司马光去世后遭到的抨击,104—105;司马光对程颐的举荐,94;司马光对苏轼的举荐,33,87
司马迁,史记,21,25,26,396n86

司马相如,172,174

思堂,67

斯文,372,374

六祖,153,158,162

史乐民(Smith, Paul J.),31

雪,91

雪堂,238

宋迪,292

词(Song lyrics),见词(Ci)

宋敏求,264

宋武帝,188

空间关系,195—196

赞助,15,101

春秋,60,64,70

沙门,139

市易法,29,31,87,100

治国著述,7,11—16,17—19,220

石钟山,354

风格创新,272,302。参见"书法创新"

苏辙(子由),52,100,127,130,209,211,219,361;建议苏轼停止作诗,216,258;贾易指控苏辙,102;苏辙在科举中的表现,3,4,5,6;苏辙被贬谪,104,216,250;苏辙为苏轼作墓志,356—357,412n35;写给苏辙的诗,41—43,48,199—201,204,250;苏辙诗,162,291;苏辙在元祐时期的任职,87,170

苏迨,214

苏堤,113,124

苏遘,250,328,426n48

苏过,69,145—146,214,217

苏迈,209,214,216

苏轼(子瞻):对苏轼的评价,47,352—363;心系民生,40—41,46,356,368;苏轼仕途受挫,176,219,228,357;多元的意识形态追求与相对主义思维,16,17,36,72—73,107;对于苏轼的现代视角,363,365,377—379;关于苏轼的学术研究和著作版本,xv—xvi;苏轼的自我评估,xv,39,47,378。参见"书法""科举策论""苏轼的贬谪""苏轼的画作""苏轼诗""苏轼年谱""苏轼的写作"

苏轼年谱:xviii;苏轼获得功名及早期任命,3—6,27;苏轼为母亲哀悼,xvi,5,144;苏轼为父亲哀悼,27,181;苏轼反对新法,33—45;苏轼在杭州和各省,39—45,89,124,183,207;苏轼在徐州,124,125,184—185,187—189;苏轼被逮捕和审判,39,46—52,183,211,304,325,391n68,392n77;苏

轼被关押,48—49,52,193,233,325,391n74;苏轼放逐到黄州,52—53,86,90,208—211;苏轼在登州的短暂任职,182;在苏轼元祐时期被召回到京城,86—87;苏轼与旧党的分裂,87—90;苏轼出拟试题,89,99;苏轼对变法态度的改变,90—92;作为翰林学士的苏轼,94,100;苏轼被重新任命为杭州知州,100,101—102,108—122;元祐时期对苏轼提出的指控,98—103,305;苏轼出知颍州和定州,103,125,213—214,306—308;苏轼第一任妻子的离世,xviii,315—317;苏轼被贬谪到惠州,213,214—216;朝云的离世,328—329;苏轼被贬谪到海南岛,213,216—218;苏轼生病,217,218,240;苏轼的离世,217,218—219,353。参见"海南岛""杭州""贬谪到黄州""惠州""新法"

苏颂,391—392n76

苏洵,3—4,5,367,411n8;诋毁王安石之作的作者身份,38,389n33,390n34;苏洵的离世,27,181

苏易简,143

苏轼的交游圈,303—306,309,360—361,376—377,380

主观性,181,185—186。参见主体性

日,54—55,56

孙复,34

孙过庭,281

孙权,228

楞严经,65,146,158,162,196

佛经,66,140,152,153,158,196—197。参见"金光明经""妙法莲华经""楞严经"

T

态,280

才(Talent),35,58,356。参见才(Cai)

唐朝,222,300—301;唐代佛教经论,153,154;唐代绘画,297,298,300,302,305;唐诗,197—198,200,285,302

唐勒,359

唐太宗,357

党项族,7,27,28

陶渊明,47,319,335,355,361,378;陶渊明与苏轼的比较,232—233,237,414—415n65;对陶渊明的仿效,232—233,242—243,245,257,414n63;渊明诗,234—236;

追和陶渊明,235—236。参见"和陶诗"

道家,25,64—65,82,238—242,242,244;后赤壁赋中的道家思想,247—249

税收,131,132,133

茶,170—172

滕达道,90,91,92,397n11

物(Things),见物(Wu)

三国时期,188,221

戒定慧,166

天,282,284

天公,175—176

天理,95

天台宗,141

天衣义怀,142

天真,319

题跋(Tiba),261。参见题跋(Colophons)

帖,29

题画诗,281

提举官,42

时间,181,187—191,197,346

唐凯琳,xvi,411n1

超然台题词,161—162,224—226

超然台,161—162,224,237—250

超验性的洞察力,79

转运钱,110

树,292,305

均输法(Tribute Distribution and Price Equalization Policy),29,31,34

可信度,83

托身,159

二王,262—263,264—265,269,273,274,276,300

U

博爱,80

无意之举,75

方便,152

V

价值观,价值观的主观性,181

素食,52,94,137,172—173,209

实录,170,304,372

乡原(Village honest men),见乡原(Xiangyuan)

维摩诘所说经,196—197

W

挽词,355

王安礼,52

王安石,17,54,73,360,375;一道德,80;王安石对苏轼的评论,37—38,78—81,92,371;王安石与司马光的争论,30—31;王安石与苏轼的诗歌唱和,91,92,397n12;字说,61—62,63,64;王安石关于人性的见解,20,58,59—60,79;王安石与苏轼的会面,91—92;三经新义,61;王安石的哲学观点,56—63,79—80,95;王安石致仕,44,47,61;万言书,19,29,389n26;王安石的财政观点,30,71。参见"新学""新法"

王旦,143

王弗,xviii

王复,50

王夫之,47

王巩,212,303—304,305,306,333

王古,132

王珪,50

王国维,348

王徽之,287

王介,6

王缙,64,394n35

王莽,69

王雱,61

王钦臣,289,361

王日休,龙舒净土文,142,143—144,158

王闰之,xvii,315—317

王诜,159,296,303,304,305,361

王适,175

王世贞,361,385n8

王水照,xv,427n65

王维,295,297,305

王文诰,xv,98,192,407n9,417n121

王文濡,246

王庠,366—367

王献之,262,268,278。参见"二王"

王羲之,262,269,356。参见"二王"

王岩叟,96,98

战国时期,16,17

水,179,354;饮水,131—132,133,137;五行学说中的水,76,167;水与善,74,75;作为喻体的水,72,81—82,84,106,186,194,206;关于水的画作,295;以游泳类比,55,56,81

水陆法会,1431145

水利,113—115,124,149

方法,道,8,55,57—59,74—75,279—280,358—359

豪族,7,117

微生高,319,425n17

韦偃,291,298

韦庄,313

文(文学表达,记录,书写),95—96,212,325,367,369,370;苏轼对于文之运用的多种意涵,369—375

文(货币单位),109
温(司马光),93
温庭筠,313
文同,285,302,303,319,367,370,375,421n80,431n61;建议苏轼停止作诗,47,306;文同墨竹,286—289,294,295,296,299,306,364;文同的书法278,280
文彦博,4,32,33,141,143
文以害道,91
文德殿,105
文赋,222
文化,369
文集,370
文教,372
文人,366,369,372,373—374
文人画,261,282,283,284,296—297,304
文士,372
文学,371
文艺,369
文章,367,370,371,372,374
文字,371—372,374
文字禅,163
疏浚西湖,113—115
啸,248,416n108,416n109
白鹤峰,214,211
狂人,17,18

风,160
智慧,166,167,279—281
我,153,280。参见"无我"
写作:停止写作的建议,47,216,306,325;在被捕和审判后的写作,325—326;关于艺术的写作,302—303,365—366;关于书法的写作,261—281;程颐对于写作的观点,95—96;文学性的与应用性的写作,366—369;关于绘画的写作,261—262,281—296;写作在蔡京专权时期被禁,105;写作的原因,190—192,260,380—381;对写作的重新评估,212—213;写作的自发性,350—351;关于超越的写作,238,241;对写作的看法,364—367;写作与道,55—56,358—359。参见"词""科举策论""苏轼贬谪时期的文学作品""诗""赋""诗体""文"、考试作文、贬谪(苏轼)、从文学角度看贬谪(苏轼)、诗
无,148
物,199,279,363,375,380
吴充,52
吴道子,297,300,370
吴复古,217
吾生如寄身,202

吴仕端,214—215
吴瑛,159
武元直,225
无二,148
无念,153
无情,156
无生论,361
无思,67,178,280,336
无私,82,203
无所住,158
无我(Wuwo),见无我(Selflessness)
无心(Wuxin),见无心(No-mind)
无意,82
无忧,336

X

戏,378
西施,343
夏育,23,387n52
闲,136
咸卦,83
象(image),186,280
象,易经中的象,85
向太后,105
项羽,22,24,25,188,241
乡原,18
小词,317
萧悦,288

小令,330—337,350。参见"词"
谢安,356
谢赫,282
谢景温,33
谢民师,364,366,367
写形,294
希固,130
心,82
新,81—82
新法(Xinfa)。见新法(New Policies)
形,282,283,284
性,10—11,72
性命,20,63,64,371。参见"人性""天命"
形似,282
心光,57
新巧,46
心要,141
雄辩,356
戏作,170
虚,247
徐浩,269,419n36
许将,104
宣德,127
宣仁太后,306
玄宗,306
学,274,279,291
薛瑞生,369

虚怀能应物,154
虚空,168
循吏,135
荀子,11
徐州：作于徐州的词,323—324,327,331—333,339—341；徐州洪灾,124,184,187—188,356；作于徐州的诗,184—185,187—18,198,200,409n57。参见"黄楼"

Y

雅量,356
山本和义,175,202—203
颜（丝绸商户）,102
燕州,16
颜回（颜子）,58,93,219
晏几道,317—318
晏殊,312—313,332,338
燕肃,299
颜真卿,305,410n19；颜真卿的书法,263—264,267—268,269,270,278,370；争座位帖,272；转变后的早期风格,275,300
颜中其,xv
杨贵妃,269
阳虎,42—43
羊祜,188
杨畋,5

杨畏,104,120
扬雄,11,20,355
杨亿,34,371
杨元素,210,331
杨朱,69,355
杨立宇,xvi
养生,238—242
扬州,124
延和殿,97
延寿,宗镜录,142,154
晏子,106
颜子,参见"颜回"
姚崇,184
叶嘉莹,314,324,336,348
叶梦得,112
叶温叟,112—113,114
黄楼,125,185,187—188,341
义,30,75,147
意,82,83,179,267,272,283,284,379
益,423n121
一道德,61
以诗为词,315
伊尹,17,83—84,355
义仓,109
议论,373
阴,57
荫,389n26

阴阳,74,76—77
因人之情,12
因时之势,12
应,152
应符,160,179
应化,152
应身,152
应物,152,336
颍州,103,204—205
英州,105
英宗,27,86
因物,82
阴阳相加,76—77
意气,283
意思,284
宜兴,102,103,210,214,218
勇,147
永明寺,142
咏物词,348
咏物诗,251,348
吉川幸次郎,366,369
游,236
有,148
忧,147
有法,271
有为而作,367
欲,59
喻,192

寓(yu),159。参见寓(Lodging)
虞翻,259
庾信,299
源,294
元好问,47,228,315
袁宏,后汉纪,138—139
袁宏道,246
怨诗,199
圆通居讷,144
元祐年间：元祐年间对苏轼的指控,51,98—101,221;元祐年间的任命,372—373;元祐年间的开明统治,86,361;对元祐党人对迫害,104—106,213,216,218,304,308;元祐时期的诗歌,170;追贬元祐党人,218
乐毅,16
盂兰盆,143
云门宗,142,144

Z

造物者,175
杂学而不志于道,56
曾布,91
曾巩,4,304
曾枣庄,xv,397n11
曾子,95
詹范,215

障,136

张次山,43,181

章惇,86,104,105,215,216,257,258

张方平,3,4,7,52,139,140—141,150

张怀瓘,281

张嘉父,126

张建封,339,341

张耒,63,170,303—304,361,365,371,372

张良,17,21—26,387n51,387n57

张三夕,195

张先,322,324,332,338,426n38

张旭,198

张炎,350

张芝,270—271,300,420n56

章质夫,67

张中,217

赵秉文,62

赵令畤,206

赵孟頫,361

赵挺之,100—101,103,105,304

赵翼,52,408n31

赵子幾,32

朝云,214,328—329,338,376,426n49

真(zhen),284。参见真(Genuineness)

郑仅,189

郑靖老,361

郑清叟,218

郑侠,47—48,51

正笔,270,271

浙西,浙西的灾荒救济,108—122

哲宗,86,103,104,105,213,218

智,147

技,279

制策(Zhice),见"制科试"

直言极谏,7

致一,241

执政,38

锺繇,270—271,300,420n58

仲翼,275,279

中有主(Zhongyouzhu),见中有主(Ruler within)

钟子期,236

中庸。参见"中庸之道"

周邦彦,338

周必大,392n77

周辉,127

周瑜,221,226,228,343

周越,275,279

周種,101

珠,170

朱光庭,96,98,103

朱靖华,xv

朱寿昌,128,130,134,135
朱熹,36,96,357—360,362,365
壮,332
庄子,196,248,390—391n53,406n91
诸葛亮,6,356
诸科,29
主盟,365
文字,372
表字,216
子,251
自成一家,272

子贡,356
子思,167,406n89
子夏,172—173,174
子由。参见"苏辙"
子瞻,170。参见"苏轼"
宗本,142,143,144
纵笔,257
宗监,143
宗晓,142
左丘明,173,174

译 后 记

艾朗诺(Ronald Egan)教授的宋代文学与文化研究堪称北美汉学的当代标杆,而且在中国学术界也颇具声名,尤其是他在进入本世纪后出版的两部专著《美的焦虑:北宋士大夫的审美思想与追求》(The Problem of Beauty: Aesthetic Thought and Pursuits in Northern Song Dynasty China)以及《才女之累:李清照及其接受史》(The Burden of Female Talent: The Poet Li Qingzhao and Her History in China),英文原著出版后不久便很快被翻译为中文,皆由上海古籍出版社出版,不仅颇受专业研究者的认可,也获得了大众读者的青睐。除此之外,艾朗诺还执笔了《剑桥中国文学史》的北宋部分,是书也在英文原著出版的三年之后即获中文版的发行,与上面提到的两部著作合力奠定了艾朗诺的北宋文学研究在中国学术界的影响地位。

艾朗诺之所以能够取得如此高的学术成就,或许与他在进入本世纪之前以两位最具典范意义的北宋士大夫作为自己的研究对象密切相关。一位是其博士论文《欧阳修的文学作品》(The Literary Works of Ou-yang Hsiu)所探讨的欧阳修(1984年,剑桥大学出版社),另一位便是本书所聚焦的苏轼(1994年,哈佛大学亚洲研究中心)。因此本书不仅可以向中国读者具体展示北美汉学是如何对于如此伟大的中国作家苏轼进行个案研究的,还能够呈现艾朗诺于早年间所使用的研究方法及其重点关注的议题,让中国读者得以在现有译介成果的基础上,更为全面地了解一位优秀的北美汉学家如何形成与深化学术思想。

本书的英文原著标题其实只有"Word, Image and Deed in the Life of SuShi",也就是本译副标题所译之"苏轼人生中的言象行"。尽管本书一直都未获得汉语译介,但缘于艾朗诺在中国学界的高知名度,中国学者倒是经常会提起本书的书名,以"苏轼人生中的言象行"这个译名最为常用。至于本译的主标题"散为百东坡",则是译者与艾朗诺教授商定后增添的。这一方面是因为简短的标题便于读者记忆,有助传播,另一方面则是缘于这句苏轼自己的诗要比"苏轼人生中的言象行"更容易令早已熟知苏轼的中国读者直观知晓本书的论述视角与兴趣所在。

艾朗诺在本书开篇第一段里便颇具文学性地翻译了苏轼《泛颍》一诗里的诗句"散为百东坡,顷刻复在兹",用开宗明义的方式向读者交代了他写作此书的目的是想要尽量全面地展现苏轼极其多样化的身份面相与人生成就,以改变当日的英语世界读者只将苏轼限定在诗人或文学家这一种身份之上的局限。对于英语世界的读者来说,其在阅读本书之前通常只会知晓苏轼是一位中国古代名人,最多也就知道他是一位伟大的中国诗人,因此当其看到"Word""Image"与"Deed"这三个单词的时候,很自然地就会产生全方位地了解这位陌生的中国古代诗人的所有文字著述、身份面相与功业成就的阅读期待。

但是中国读者多多少少都会对苏轼的生平梗概与多个身份面相有所了解,甚至还可能相当熟悉,故而看到"言""象""行"三字的时候很容易会将其所指内容限定在自我已然熟知的部分,从而与艾朗诺全面还原苏轼不同人生面相的写作追求产生背离。

实际上,译者也并不那么满意用"行"来翻译"Deed",因为这个英文单词在"行为""行动"之外,还包含"功绩""成就"等义项,只有将这方面的义项囊括进来,才能承载艾朗诺探讨与呈现的苏轼在政治、思想以及书画等诗歌之外的领域所取得的同样伟大的成就。也就是说,"Deed"应该是苏轼的行迹与功绩之和。

出于上述两个方面的原因,译者一度拟将标题译作"散为百东坡:苏轼的各体创作与平生功业",试图先尽数拆解"Word""Image""Deed"与"Life"四词的意蕴所指,然后再用汉语重新组合。但很显然,这样的操作完全破坏了英文原句的韵味,俨然一副中国面孔,读起来一点也不像是北美汉学家的著作,反倒神似中国人所写的博士论文,因此遭到了译名第一读者的"老土""一点也不洋气""丧心病狂式汉化"等严肃指责。对于这番批评,译者是完全承认与全盘接受的,再加之"苏轼人生中的言象行"这个译名已经在中国学界获得了较高的知名度,所以最终选择了沿用此译名但在其前增添主标题"散为百东坡"的方案,多少也满足了译者想要在标题里显豁表达出苏轼这个个体生命有着千百种人生面相的执念。

正是由于艾朗诺想要全面探究并呈现的苏轼人生行迹与平生功业不仅仅有文学的,还有政治的、思想的、艺术的等等,从而他的这本著作是用近乎传记的方式撰写的,完全可以被视为一部由美国人撰写的苏轼评传。

这或许是因为传记的著述方式能够便于作者触及苏轼生命的多个角落,也易于作者将苏轼的种种细微行迹、诗文之外的创作与其所遭遇的平生重大事件联系起来,从而得以深入探究承载于其后的深层意蕴。管佩达(Beata Grant)在《中国文学》(*Chinese Literature: Essays, Articles, Reviews*)第17卷(1995年)上发表的书评里就将本书径称为"苏轼传",并认为艾朗诺就是在传记写作的思路下全面勾勒了苏轼的政治生涯,将以往容易被忽视的苏轼应举经历、朝堂党争、主政地方、贬谪期间的政务参预等内容做了详细的梳理,从而才能将苏轼的诗、词、奏疏、策论、书画题跋、经学注疏等各体著述都纳入本书的探讨范围,才能在一部论著当中同时探究苏轼在政治、经济、文学、书画艺术、经学理论、佛教思想以及人生挫折等多个方面的思想主张。

很明显,艾朗诺确实做到了尽可能多地呈现从苏轼身上散逸而出的东坡百相,他不仅充分关注到了苏轼极为丰富且多舛的朝政活动,还通过细致解读苏轼的经学观点、书画艺术思想与佛教思想,敏锐地指出明清以降对于苏轼的文人身份定位是不符合苏轼的真实人生样态的,当然也不是苏轼及其同道所能够认同的。尽管明清以来的"文人"需要同时精擅诗词书画等多种创作体裁,但这些体裁其实都能够被统一于"艺文"之名下,而除此之外他们便无需再拥有其他的人生面相或技艺所长。因此以"文人"定义苏轼,无疑是严重单一化了这位具有"百东坡"之相的伟大人物,只要稍作观察苏轼在政治、经学、释老等领域的人生行迹,便能够发现苏轼在艺文领域所取得的成就显然算不上他的平生功业代表。毕竟苏轼在"心似已灰之木,身如不系之舟"的时候,将自我的平生功业认作是"黄州、惠州、儋州",强调在野远谪岁月之于他的重要意义,可见政治无论如何都是苏轼在考量自我人生的时候最具首位度的那个要素。

随着由漫长接受史所造就的单一固化的东坡形象被剥去,东坡的真实百相便可以纷纷鲜活地跳动于论者眼前,艾朗诺也因此自由地在从事文学研究的时候关注非文学性的文本,恣意地通过策论、奏疏、尺牍、记文甚至经学注疏还原东坡百相,不仅使其笔下的苏轼完全突破了单纯文人的局限,真正地以一位集政治家、旧党领袖、经学家、哲学家、炼丹家以及文学家等多重身份于一身的形象示人,而且还令其率先关注到了诸多溢出传统诗文之外的但也极为重要的写作类型。

比如本书第一章讨论的贤良进卷,就是朱刚老师在本世纪头十年里率先于中国学界致力并推广的研究对象,至今犹方兴未艾,但艾朗诺在上个世纪九十年代初就关注到苏轼的这五十篇应试文章,并且也是将其视作一个统一的整体再予以相关探析。再如本书第三章专门针对《东坡易传》与《东坡书传》展开讨论,通过这两部经学注疏的解读以察见苏轼是如何认识世界、认识自我以及认知自我所处之人事遭际的。而苏轼的这两部经学注疏直到今日也没有被文学研究者很好地利用于苏轼研究当中。

管佩达在其书评中还指出,在本书的出版之前,英语世界对于苏轼一生的论述就只有林语堂的《苏东坡传》,但这本传记并不是严格意义上的学术研究,而艾朗诺则以其精湛细致的研究,终于为英语世界带来了这部完全能够取代林著的苏轼传记。毋庸置疑,管佩达此论完全就是客观事实,尽管林语堂的《苏东坡传》极大地提升了苏轼在海外的知名度,这部传记的实质还是由散文名家所写的传记文学作品,其间不仅存在较多的史实错误,还饱含着作者林语堂自我情绪的过度外显,因而大量内容其实只是主观臆测下的抒情。而且林氏全书笼罩在一片浓郁的宿命论氛围之下,亦与王水照先生所指出的苏轼以"苦难—省悟—超越"为思路的人生苦难意识和虚幻意识完全不合。

　　林语堂的《苏东坡传》在当今中国的热度始终居高不下,尤其在大众文化普及领域受到了极高的追捧,这是亟需扭转改变的认知误区。或许将诸如本书这样的由欧美学者所著的苏轼研究论著译介过来,也是一种有效的手段,至少可以让中国读者看到英语世界的苏轼研究论著究竟是何模样。

　　不可否认的是,"散为百东坡"的事实会令任何一种苏轼研究论著都无法避免存在全面与深度的有限或不足,王水照先生就曾精辟地总结道:"说不全、说不完、说不透的苏东坡,永远的苏东坡。"尤其是对于想要全面探究呈现"百东坡"之相的论著来说,说全与说透这两个追求其实是有所冲突的,想要求全就难免会牺牲论说的深度,而想要说透则只能对苏轼的丰富面相予以取舍。

　　本书就深受此扰,致使本书尽管确实呈现了苏轼的多个人生面相与多种艺术体类的创作,但还是遗漏了不少颇值探讨的问题,而且在每个领域都不能完全避免泛泛而谈之憾。这不仅是在本书英文原著出版三十年之后的我们会产生的阅读体验,其实在当日就已遭到了论者出于这个角度的批评,麦大伟(David R. McCraw)在《国际中国评论》(*China Review International*)1995 年第 2 期上发表的书评就提出了三点质疑。

　　麦大伟首先指出,本书对于苏轼思想当中的道教与道家思想内容的关注不足,且现有的与道教、道家相关的内容也存在诸多舛误,无疑是从全面性不足的角度所提出的批评。其后麦大伟又指出,本书着重呈现的是苏轼人生当中的政治面相以及苏轼在公共生活领域所取得的功业,从而导致本书对于苏轼诗歌的分析过度地偏向政治公共性解读这一端,忽略了苏诗的日常性、私人性一面。这番批评其实同时指出了本书所存在的全面性不足与深度不够的问题。以政治面相为侧重自然是艾朗诺的取舍结果,因为这一面相是苏轼与明清文人之间最为关键性的差异;而苏诗之日常性与私人性的论述缺失则主要是深度不足导致的。当然,本书最大的深度不足其实体现在麦大伟的第三点质疑之上,也就是本书完全本之20世纪80年代至90年代初各种中美学者的苏轼研究论著,基本没有提出什么原创性结论。比如本书对于苏轼经学思想的讨论,就基于贺巧治(George Hatch)与包弼德(Peter Bol)的观点;对于苏轼诗歌的分析,主要依赖傅君劢(Michael Fuller)、郑文君(Alice Cheang)、唐凯琳(Kathleen Tomlonovic)与管佩达的结论;对于东坡词的探讨,则大量复述了刘若愚、孙康宜以及林顺夫的解读。此外本书还大量征引了现代中国学者与日本汉学家的相关论述,从而麦大伟得出了这样的结论,本书是对目前众多的苏轼研究成果的集中呈现,艾朗诺成功地做到了全面讲述那些"虽然经常被提及,但却从未被详细讲述过"的苏轼故事。

毋需讳言,麦大伟在这篇自称是"鸡蛋里挑骨头"的书评里所做的三点质疑在一定程度上都是切中肯綮的,本书之失确实在此,不过对三十年后的中国读者之意义却亦在此。苏轼之所以是说不全、说不完与说不透的,不仅仅是因为其"百东坡"的丰富人生面相,也缘于遗忘与改变无时无刻不在发生。某段时期兴盛的观照苏轼的角度,偶然间发现的某个重要的却鲜为人知的苏轼行迹,都可能因为时过境迁而被忘却,最终淹没在浩瀚的"百东坡"之下。

比如上文提到的本书第三章对于苏轼知识论与自我论的考察,如果以哲学研究的视角来看当然是较粗浅的,艾朗诺并没有按照哲学研究的架构去总结概括苏轼哲学思想里对于内在自我与外部世界的认识体系,也没有按照经学研究的架构去提炼钩沉《东坡易传》与《东坡书传》所承载的苏轼经学主张。但是这些问题本来也不是此章想要探讨的内容,艾朗诺其实只是想通过考察苏轼的哲学论述与两部儒经注疏了解苏轼是如何认知自己所处的这个世界与自己这个生命个体的。也就是说艾朗诺的论述始终停留在形而下的层面,并没有形上的理论追求。这种研究思路对于中国学界来说或许比较陌生,但在上个世纪80、90年代的欧美汉学界却是较为普及的专人研究方法,尤其在法国汉学界极为盛行。比如深受年鉴学派影响的著名宋史学家蓝克利(Christian Lamouroux)教授、宋代文学史与思想史专家费飏(Stéphane Feuillas)教授,颇擅长此道,这是他们颇不同于日、美学者的重要研究法度之一。费飏还曾将苏轼的律赋与部分论文翻译成法文，而且也与艾朗诺交谊甚笃，因此本书的第三章完全可以被视作北美汉学与法国汉学在苏轼这个议题上的交流互动成果。在法国汉学的研究成果于今日依旧几无译介的现状下，艾朗诺的这章论述无疑给我们提供了一个观览备忘的窗口。

除此之外，艾朗诺对于20世纪80年代至90年代初中国学界的苏轼研究成果的参考可谓是竭泽而渔式的，他不仅将这一时期的苏轼研究论文与著作一网打尽，还全面搜辑了各种苏轼作品选集、选评以及鉴赏文字。按照今日的学术研究思维，距今三四十年前的汉语论文与著作基本上有着观念、方法甚至语言上的陈旧过时之弊，除了经典论著还值得一提之外，其他的几乎都要被淘汰；而且学术研究的主要参考对象是论文与著作，选集、鉴赏之流的文化普及类读物并不会被纳入参考或征引的范围。但是再陈旧的苏轼研究论著也很可能会藏匿有一两个不为人知的东坡之相，并且选本、注评、鉴赏在那个年代其实是重要的学术成果发布手段之一，诸如王水照、刘乃昌、曾枣庄等重要苏轼研究学者的许多观点就是借由这类图书发表传播的，更何况任何时代的中国学者都不会像外国学者那样对于质量参差不一的中文研究论著拥有同等的阅读兴趣，故而也就做不到如艾朗诺这样饶有趣味地摸遍近十年中文研究成果的各个角落，因此中国学界在20世纪80年代至90年代初揭示出的东坡之相很容易在今日被成规模地遗忘，但我们却可以在本书中看到经由艾朗诺精选后的记忆保留。

不仅如此，本书所利用的许多研究方法与思维观念还在日后得到了艾朗诺进一步延伸拓展，甚至还被他迁移到了对其他两宋士人的研究之上。

比如本书第九章所探讨的苏轼书画思想以及第十一章里对于"文"之多重意蕴所指的清理，就在《美的焦虑》一书中获得了更为全面也更具深度的论述。再如本书尝试纠正明清文人将苏轼形象错误地固化于"文人"之上的研究思路，无疑与《才女之累》一书倾尽全力地剥除千年接受史所强行赋予李清照的唯一身份"才女"异曲同工。于是乎本书不仅是苏轼研究的一片记忆承载，也是艾朗诺自己的一段学术人生痕迹留存。

虽然本书花了大量篇幅在论述苏轼的朝堂党争、治郡事迹、经学注疏、书画艺术观念之上，但无论如何也掩盖不了探讨苏轼的文学功业才是本书的内核这个事实。因此本书的原创性或者个人性观点主要就见于与苏轼文学作品相关的章节，而且还往往颇具深度，且不为中国学界所及所知。这些内容也是我们想要通过译介此书以留存的已被渐次遗忘的东坡之相。

除了上文已经提到过的对于贤良进卷、序跋等应用文体予以充分关注之外，艾朗诺在最为"文学性"的诗词二体之上也做出了许多有益论述。比如苏轼会在诗中将自己视为并没有什么了不起的个体、苏轼的"和陶诗"与陶渊明原诗之间所存在的意味深长的差异、苏轼为诗中的子由形象所赋予的寄情言情意义、苏轼革新词体的内在原因、诗词二体对于情的不同表达方式等等，就都是眼光独到或思辨缜密的观点。至少在这个层面上来看，麦大伟对于本书诗词文论述亦不具原创性与深度的批评确实有些"鸡蛋里挑骨头"了。

不过就译者个人的阅读感受来说，艾朗诺围绕空间与时间所展开的探讨才是本书最具价值的对于苏轼诗词之面相的揭示。这一方面是因为欧美汉学家所擅长的结构主义批评本就易于揭示文本内部的复杂而微妙之现象，另一方面则在于强烈而敏感的时空意识是苏轼诗词最为显著的特质。苏轼反复通过诗词吟咏慨叹个体生命的渺小与短暂，每每在与广袤永恒的宇宙对比下思辨起变与不变的问题，但又总会在感伤自身的同时，将情绪安放在尘世终究美好、人情终有所寄之上，从而使得自我不至于在梦幻泡影中无限沉沦下去，始终都能获得在红尘间继续游戏漫步的坚定信念与情绪满足。这或许就是苏轼最具魅力之处，是古今中外的读者能够在苏轼身上汲取到的人生力量，也是古今中外的论者细究苏轼人生中的种种言论文字、身份形象与行迹功业的共同终极旨归。在政治人生的梳理与结构主义文学批评相结合的考察下，本书对此话题给出了一种来自北美苏轼读者与研究者的精彩言说，并在此基础上对包括最为著名的吟咏赤壁的两赋一词在内的诸多脍炙人口的苏轼文学作品，做出了极具启发性的独到解读。

在本书最后一章的开头，艾朗诺征引了黄庭坚在苏轼去世之后所作的一首追和诗《追和东坡壶中九华》，并对此诗的前两联"有人夜半持山去，顿觉浮岚暖翠空。试问安排华屋处，何如零落乱云中"做了如下阐释：此诗的首联是将苏轼比喻为高山，从而苏轼的逝世便给这片人间风景留下了巨大的空无；此诗的颔联能使读者回忆起苏轼的两个重要人生主题：一个是他终其一生都不曾变易其志，一个则是他在每一场困境与贬谪当中都能为自己寻找到满足与心安。此论很好地总结概括了本书的论述要旨，又凝练地指出了苏轼诗词里的两大重要吟情。其一即是如苏轼这般伟大的人物也有其消逝之时，苏轼自己就经常在诗词当中想象自我当下所处的空间在其逝世之后会出现的落寞空无之景。其二则是如何在苦难当中依然相信少年时所学的道理，如何于每时每地都能寻找到此心安处。除此之外，黄庭坚此诗的尾联"赖有霜钟难席卷，袖椎来听响玲珑"也甚为意味深长，艾朗诺已经提到黄庭坚在用追寻苏轼过往足迹的方式抚慰自己的伤逝之情，但他随即将思考转至能否用政治党争的角度理解此句之上，从而遗憾地忽略了这联诗的旨意本就是苏轼诗词里的又一个重要吟情，也就是尽可能多地寻觅能够承载个体生命痕迹之物，并努力地将其保留与记忆下去。如此一来，短暂而有限的生命便可以借由长久存在的事物而获得永恒，就如黄庭坚于诗中所说的那样，苏轼的音容笑貌会因为石钟山的岿然不动而永远地留在这片他曾经行的山水之间。不过任何的事物都不会真的永恒长久，因此其承载的生命痕迹还是会消散无踪，而且山河江月毕竟都是无情之物，所有的痕迹终是要在有情之人的记忆下才能被赋予鲜活的意义，于是值得凭托的始终就只有逆旅行人。苏轼早在其二十六岁时所作的名篇《和子由渑池怀旧》一诗里就已思辨并了悟这番道理，故而他会在此诗的结尾向苏辙发出"往日崎岖还记否，路长人困蹇驴嘶"的追问，期待能够和共享许多人生经历的弟弟一起，互相成为承载对方生命痕迹的载体。也是在这样的人生思考下，苏轼会不断地许下

"但愿人长久,千里共婵娟"的期愿,就是到了被贬至海南岛上的时候,依然会以相同的词句遥问苏辙"中秋谁与共孤光,把盏凄然北望。"

苏轼的这些诗词共同地表达出了这样一种生命痕迹的流转过程:遗忘与消逝—寻觅与重提—再次被人获知与记忆。所有的个体生命都会在此过程的不断循环往复当中或持续存在于人间,或渐次湮没无闻。苏轼无疑是相当幸运的,不仅苏辙、黄庭坚等人如其所愿地在不断地重拾重提他的生命痕迹,而且后世代代读者始终都在努力追踪他的人生、捡拾他那被时人遗忘的生命痕迹,期望能够最为全面地记住他的"百东坡"之相。本书无疑是苏轼于西海所获的又一次"遗忘—寻觅—重记"机会,同时本书也将这场机会赋予了活跃于20世纪最后二十年的诸多苏轼研究者,不知艾朗诺教授本人是否也会对我们的译介工作产生如此的情感体验呢?

正因为后世读者与论者的代代努力,今日的我们并不会像黄庭坚那样地觉得苏轼的离世使得这片世间出现了巨大的虚空,只会觉得苏轼就一直伫立在那里,伟岸如山又永恒如山。但对于译者来说,如山的不仅仅是苏轼,同样也是本书的翻译工作。与黄庭坚在诗中所用的有力者夜半负山而走的典故恰恰相反,足称有力者的上海古籍出版社副总编刘赛老师于2022年9月的某个夜半时分突然为译者搬来了这座大山,说是出于种种原因,本书的翻译工作已经拖沓了三、四年之久,目前几近难产,希望译者能够接手补"锅",并在一年之内完成。刚接到这个消息之时,译者毫无疑问是打算回绝的。但是刘老师在搬来此山之后便迅速拂衣而去,只留下责任编辑彭华与译者沟通交涉。现在回头看去,这无疑是刘老师的"神之一手",也充分说明当时的他就已然拿捏住了译者。

译者于2014年辅助夏丽丽翻译《才女之累》之时初次结识了艾朗诺教授,在宋词、宋代笔记以及两宋士大夫文化等多个方面得到了艾朗诺教授的深度指教,更因为偶附骥尾的缘故时常被论者在称赞此著之余一并提起,本就适合承担捡拾与记忆艾朗诺教授这段学术痕迹的译介工作。而且《才女之累》的责任编辑正是刘赛老师,使得译者陷入了来自作者与责编两个维度的人情夹击。再加上彭华是曾与译者有过数年复旦求学交集的朱门师妹，本书的研究对象是绝大多数宋代文学研习者都深为痴迷的苏轼，苏轼研究是由王水照先生、朱刚老师所奠定、发展与传承的复旦宋代文学研究的传统专长等多个增益要素，译者最终还是在2022年底允诺了补"锅"之任。

在2023年初过完农历新年之后，译者便将主要的工作精力都放在了翻译本书之上。无奈译者自己不是有力者，举目四望又找寻不到有力者的帮助，只能一日复一日地每天移走这座夜半而来之山的三四页纸，不断地以"好歹写作对象是苏轼"自我打气，从春暖花开一直移到了黄叶满枝。无辜的彭华也在此期间不断地承受着译者的负面情绪输出，但好在本译终究顺利完成并即将出版，在此向她致以诚挚的歉意与感谢。

除了彭华，译者还需要感谢复旦大学历史学系的戎恒颖老师与现于斯坦福大学东亚系进行硕士阶段学习的周晗琪同学。戎老师向译者普及了法国汉学的基本知识，帮助译者明白了本书的第三章究竟在讨论什么；而周同学则在译者深陷无法按时交稿的泥淖之时，无比仗义地接过了最为枯燥但又工作量极大的翻译原书参考书目与索引的工作，一举将这场危机消弭于无形。

也正是由于本译的完成过程是如此，故而译文中如有疏误与缺憾，那必然全部都是译者一人的责任。比如一部英文著作的体量基本都会比其中文译本大得多，然而本译的篇幅居然极其罕见地比原书的400余页还多100来页。除了有来自本译将原书的尾注改成脚注的缘故，更为关键的原因其实还是译者本人的语言颇为冗赘，完全展示不出汉语的简洁特色。

但无论如何，这本译稿都是苏轼人生与苏轼研究的一片留痕，也是艾朗诺教授的学术人生与本次翻译经历的一道印记。因此慵懒的译者还是遵循了彭华的提议，在译后记里详述本译的始末，以此纪念悠悠而逝的时光与相伴其间的美好人情，希望艾朗诺教授以及上文提到的诸君能与译者一道，长记我们每次相聚离别时的淡月微云，并在重逢的那刻绽放出依

译后记

然春温的一笑。最后,正如艾朗诺在本书序言的致谢段落里是将最为诚挚的感谢献给陈毓贤一样,译者也要将自己最诚挚的感谢献给本译译名的第一读者刘佳,感谢你一直以来给予我的同行共度与建议批评。

赵惠俊

2024 年 5 月 6 日

图书在版编目(CIP)数据

散为百东坡：苏轼人生中的言象行／（美）艾朗诺
（Ronald C. Egan）著；赵惠俊译. -- 上海：上海古籍
出版社，2024.7.（2025.6重印）
 -- ISBN 978-7-5732-1224-5
Ⅰ.K825.6
中国国家版本馆 CIP 数据核字第 2024DV9382 号

散为百东坡：苏轼人生中的言象行
〔美〕艾朗诺（Ronald C. Egan） 著
赵惠俊 译
上海古籍出版社出版发行
（上海市闵行区号景路 159 弄 1-5 号 A 座 5F 邮政编码 201101）
（1）网址：www.guji.com.cn
（2）E-mail：guji1@guji.com.cn
（3）易文网址：www.ewen.co
苏州市越洋印刷有限公司印刷
开本 635×965 1/16 印张 33.25 插页 9 字数 461,000
2024 年 7 月第 1 版 2025 年 6 月第 2 次印刷
印数：5,101—6,600
ISBN 978-7-5732-1224-5
Ⅰ·3843 定价：108.00 元
如有质量问题，请与承印公司联系